심플 자이스토리

고등수학의 기본을 심플하게 완성!

수학 Ⅱ

자이스토리·수경출판사

- 개념 이해와 연산 능력을 함께 향상시켜 자신감을 회복시켜줍니다.
- 수학의 흥미를 잃은 학생에게 문제를 푸는 재미를 드립니다.
- 빠르게 점수를 올릴 수 있는 성적 향상 방법을 터득합니다.

① 개념 정리 – 꼼꼼한 개념 정리와 사용 방법 및 tip 제공

가장 중요하고 꼭 알아야 하는 개념을 빠짐없이 수록하였습니다. 또한 개념을 잘 이해할 수 있는 tip을 제공하여 이해를 돕고 실전 문제에서 적절하게 개념을 사용할 수 있는 방법을 제시하였습니다.

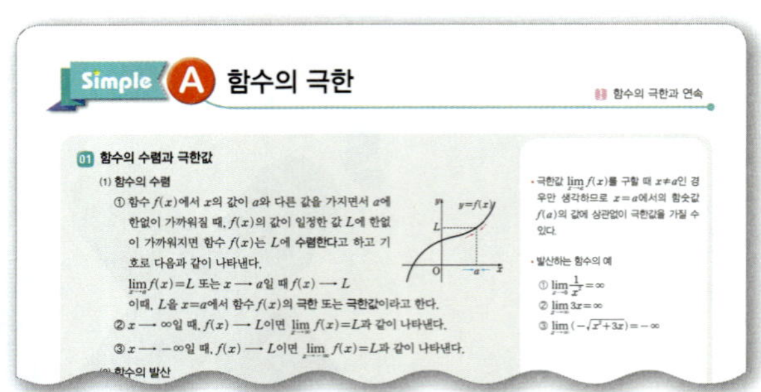

② 개념 CHECK – 개념의 이해와 암기를 위한 심플 개념 문제

중요한 개념은 빈칸에 알맞은 것을 넣으면서 다시 기억하고 헷갈리기 쉬운 개념은 O, X 문제에 답함으로써 정확하게 익힐 수 있도록 하였습니다. 가장 기초적인 문제이지만 바른 개념 이해를 위한 필수적인 문제입니다.

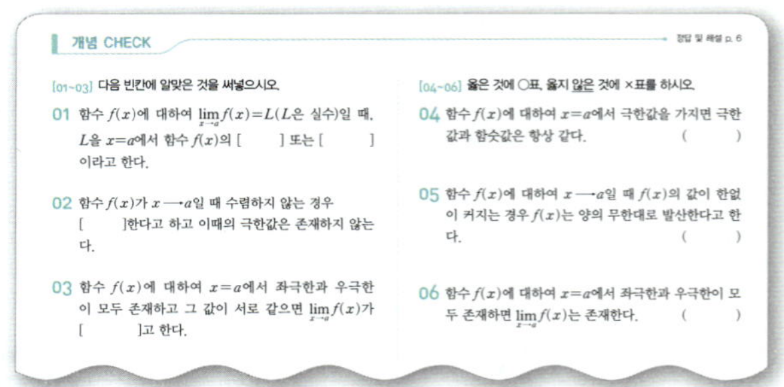

③ 연산 연습 – 기초 개념과 연산 능력 강화 문제

연산 연습은 개념 이해를 강화하고 응용 문제를 풀 수 있는 기초적인 훈련 과정입니다. 연산 연습을 충분히 해야 기본적인 실력도 든든해집니다.

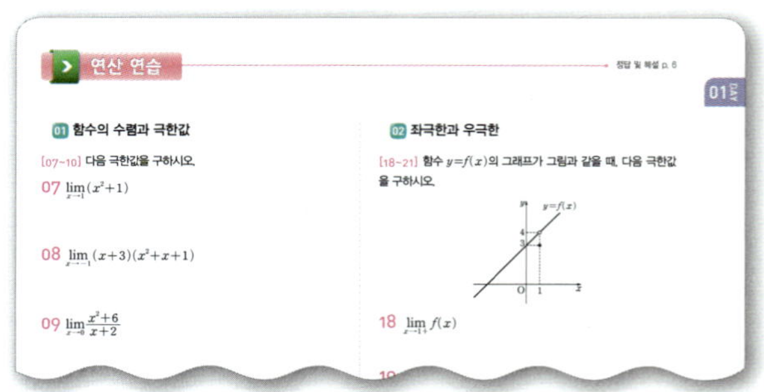

④ 유형 연습 — 내신 필수 유형 연습과 실력 향상 유형 연습

문제 해결에 필요한 개념, 발문 형태, 해결 방법 등
에 따라 유형을 나누고 시험에 많이 출제되는 유형은
★, ★★로 구별하여 학습에 도움을 주도록 하였습니다.
또한 유형별 해결 전략을 제시하여 문제 적용력 및 해
결 능력을 스스로 향상시킬 수 있도록 하였습니다.

그 유형에서 한 단계 더 생각해야 풀 수 있는
실력 Up 문제입니다.

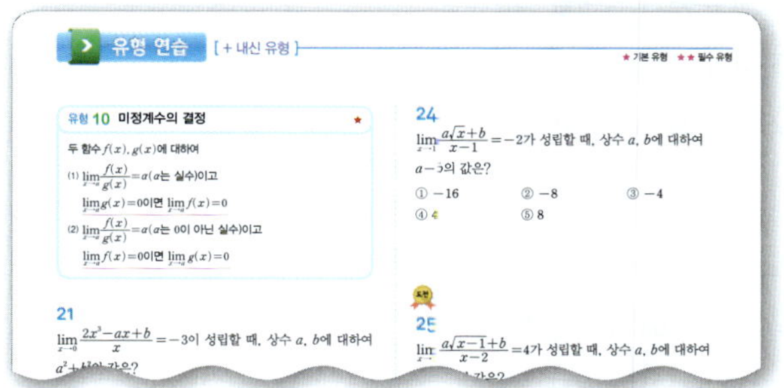

⑤ 연습 문제 + 대단원 TEST — 단원 실력 점검 및 학평·기출+기출 변형 연습 문제

☆, ☆☆, ☆☆☆ 내신, 학평 기출 및 예상 문제의 난
이도 표시입니다.

|단답형| 단답형 문제 풀이의 정확성을 높이고 답 작성
에 주의를 기울일 수 있도록 하였습니다.

|서술형| 서술형 문제에 대한 자신감을 키우고, 학교 시
험에 대비할 수 있도록 서술형 문제를 수록하였습니다.

[첨삭 해설] 좀 더 자세한 해설이나 보충이 필요한 문제에
대하여 첨삭이 들어간 문제입니다.

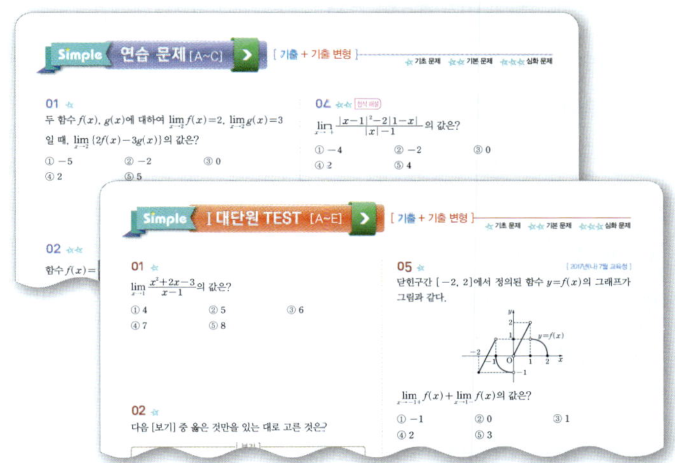

⑥ 해설편 — 쉽게 이해되고 개념을 보충해주는 입체 첨삭 해설

[다른 풀이] 문제를 풀 때는 다각적으로 사고하는 연습
이 필요합니다. 이에 다른 방법으로도 문제 풀이가 가
능함을 알려줍니다.

[첨삭 해설] 문제를 푸는 데 핵심이 되는 단서를 문제풀이
에 적용하는 방법과 더욱 정확하고 완벽하게 해설을
이해할 수 있도록 해설에 내재된 내용을 설명하였습니
다.

TIP 문제 속에 숨겨진 조건이나 더 쉽고 빠르게
풀 수 있는 스킬 등을 자세히 설명하였습니다.

[심플 정리] 문제를 풀기 위해 요구되는 주요 개념과
공식을 정리하였습니다.

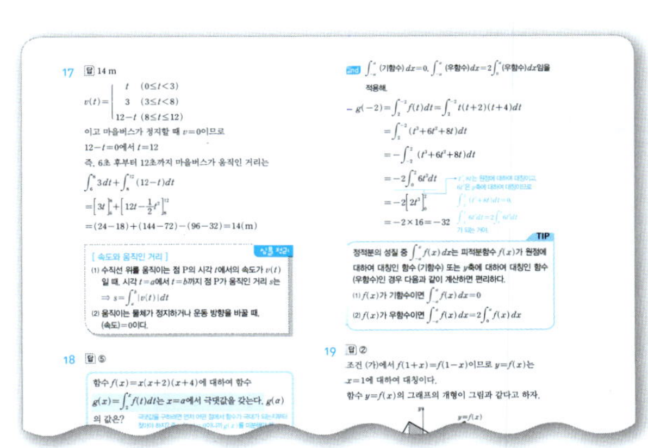

Ⅲ 적분

SIMPLE Xi story 학습계획표

※ 하루하루 계획표대로 공부하다 보면 어느덧 수학이 쉬워지게 되고 성적이 오를 것입니다. [하루 90분, 20일 완성]

Day	단원	페이지	틀린 문제 / 헷갈리는 문제 번호 적기	날짜		복습 날짜	
01	A단원	8~13		월	일	월	일
02	B단원	14~19		월	일	월	일
03	C단원 / 연습문제	20~27		월	일	월	일
04	D단원	28~33		월	일	월	일
05	E단원/ 연습문제	34~41		월	일	월	일
06	Ⅰ 대단원 TEST(A~E)	42~45		월	일	월	일
07	F단원	48~55		월	일	월	일
08	G단원/ 연습문제	56~65		월	일	월	일
09	H단원	66~73		월	일	월	일
10	I단원	74~79		월	일	월	일
11	J단원	80~87		월	일	월	일
12	J단원/ 연습문제	88~93		월	일	월	일
13	Ⅱ 대단원 TEST(F~J)	94~97		월	일	월	일
14	K단원	100~103		월	일	월	일
15	L단원/ 연습문제	104~111		월	일	월	일
16	M단원	112~117		월	일	월	일
17	M단원/ 연습문제	118~123		월	일	월	일
18	N단원	124~129		월	일	월	일
19	N단원/ 연습문제	130~135		월	일	월	일
20	Ⅲ 대단원 TEST(K~N)	136~139		월	일	월	일

I 함수의 극한과 연속

Simple A 함수의 극한

01 함수의 수렴과 극한값

(1) 함수의 수렴

① 함수 $f(x)$에서 x의 값이 a와 다른 값을 가지면서 a에 한없이 가까워질 때, $f(x)$의 값이 일정한 값 L에 한없이 가까워지면 함수 $f(x)$는 L에 수렴한다고 하고 기호로 다음과 같이 나타낸다.

$$\lim_{x \to a} f(x) = L \text{ 또는 } x \longrightarrow a \text{일 때 } f(x) \longrightarrow L$$

이때, L을 $x=a$에서 함수 $f(x)$의 극한 또는 극한값이라고 한다.

② $x \longrightarrow \infty$일 때, $f(x) \longrightarrow L$이면 $\lim\limits_{x \to \infty} f(x) = L$과 같이 나타낸다.

③ $x \longrightarrow -\infty$일 때, $f(x) \longrightarrow L$이면 $\lim\limits_{x \to -\infty} f(x) = L$과 같이 나타낸다.

(2) 함수의 발산

① 양의 무한대로 발산 : $\lim\limits_{x \to a} f(x) = \infty$ 또는 $x \longrightarrow a$일 때 $f(x) \longrightarrow \infty$

② 음의 무한대로 발산 : $\lim\limits_{x \to a} f(x) = -\infty$ 또는 $x \longrightarrow a$일 때 $f(x) \longrightarrow -\infty$

02 좌극한과 우극한

(1) $x=a$에서 함수 $f(x)$의 좌극한값이 α이면 $\lim\limits_{x \to a-} f(x) = \alpha$

(2) $x=a$에서 함수 $f(x)$의 우극한값이 β이면 $\lim\limits_{x \to a+} f(x) = \beta$

03 함수의 극한값이 존재할 조건

함수 $f(x)$에 대하여 $x=a$에서 좌극한과 우극한이 모두 존재하고 그 값이 L(L은 실수)로 같으면 $x=a$에서 함수 $f(x)$의 극한값이 존재한다. 즉,

$$\lim_{x \to a} f(x) = L \iff \lim_{x \to a-} f(x) = \lim_{x \to a+} f(x) = L$$

- 극한값 $\lim\limits_{x \to a} f(x)$를 구할 때 $x \neq a$인 경우만 생각하므로 $x=a$에서의 함숫값 $f(a)$의 값에 상관없이 극한값을 가질 수 있다.

- 발산하는 함수의 예

  ① $\lim\limits_{x \to 0} \dfrac{1}{x^2} = \infty$

  ② $\lim\limits_{x \to \infty} 3x = \infty$

  ③ $\lim\limits_{x \to \infty} (-\sqrt{x^2 + 3x}) = -\infty$

- x의 값이 a보다 크면서 a에 한없이 가까워지는 것을 기호로 $x \longrightarrow a+$, x의 값이 a보다 작으면서 a에 한없이 가까워지는 것을 기호로 $x \longrightarrow a-$와 같이 나타낸다.

- $x=0$에서 극한값이 존재하지 않는 함수의 예

$$f(x) = \begin{cases} 1 & (x \geq 0) \\ -1 & (x < 0) \end{cases}$$

개념 CHECK

정답 및 해설 p. 6

[01~03] 다음 빈칸에 알맞은 것을 써넣으시오.

01 함수 $f(x)$에 대하여 $\lim\limits_{x \to a} f(x) = L$($L$은 실수)일 때, L을 $x=a$에서 함수 $f(x)$의 [　　　] 또는 [　　　]이라고 한다.

02 함수 $f(x)$가 $x \longrightarrow a$일 때 수렴하지 않는 경우 [　　　]한다고 하고 이때의 극한값은 존재하지 않는다.

03 함수 $f(x)$에 대하여 $x=a$에서 좌극한과 우극한이 모두 존재하고 그 값이 서로 같으면 $\lim\limits_{x \to a} f(x)$가 [　　　]고 한다.

[04~06] 옳은 것에 ○표, 옳지 않은 것에 ×표를 하시오.

04 함수 $f(x)$에 대하여 $x=a$에서 극한값을 가지면 극한값과 함숫값은 항상 같다. (　　　)

05 함수 $f(x)$에 대하여 $x \longrightarrow a$일 때 $f(x)$의 값이 한없이 커지는 경우 $f(x)$는 양의 무한대로 발산한다고 한다. (　　　)

06 함수 $f(x)$에 대하여 $x=a$에서 좌극한과 우극한이 모두 존재하면 $\lim\limits_{x \to a} f(x)$는 존재한다. (　　　)

> **연산 연습**

01 함수의 수렴과 극한값

[07~10] 다음 극한값을 구하시오.

07 $\lim\limits_{x \to 1}(x^2+1)$

08 $\lim\limits_{x \to -1}(x+3)(x^2+x+1)$

09 $\lim\limits_{x \to 0}\dfrac{x^2+6}{x+2}$

10 $\lim\limits_{x \to -2}\dfrac{x^3-1}{x^2-1}$

[11~17] 그래프를 이용하여 다음 극한을 조사하시오.

11 $\lim\limits_{x \to \infty}\dfrac{1}{x}$

12 $\lim\limits_{x \to -\infty}\left(-\dfrac{1}{x}\right)$

13 $\lim\limits_{x \to 2}\dfrac{1}{|x-2|}$

14 $\lim\limits_{x \to 0}\left(-\dfrac{2}{x^2}\right)$

15 $\lim\limits_{x \to \infty}\sqrt{x+2}$

16 $\lim\limits_{x \to -\infty}(x^2+2x)$

17 $\lim\limits_{x \to \infty}(-x+5)$

02 좌극한과 우극한

[18~21] 함수 $y=f(x)$의 그래프가 그림과 같을 때, 다음 극한값을 구하시오.

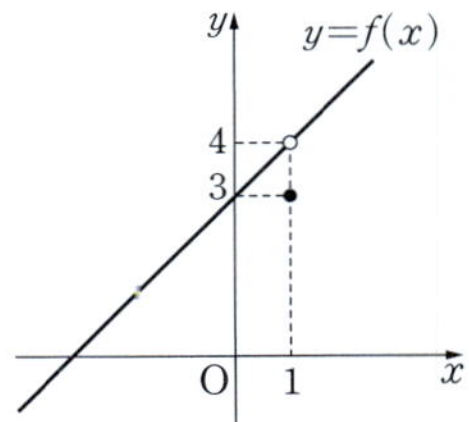

18 $\lim\limits_{x \to 1+}f(x)$

19 $\lim\limits_{x \to 1-}f(x)$

20 $\lim\limits_{x \to 0+}f(x)$

21 $\lim\limits_{x \to 0-}f(x)$

03 함수의 극한값이 존재할 조건

[22~24] 함수 $y=f(x)$으 그래프가 그림과 같을 때, 다음 극한을 조사하시오.

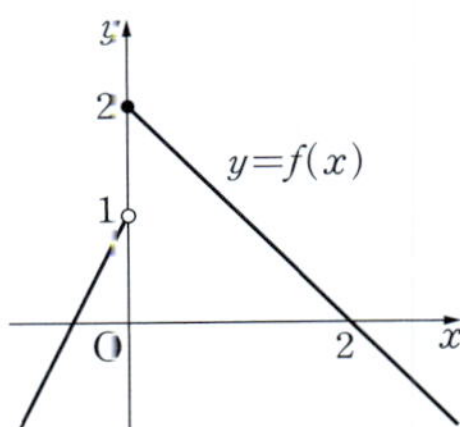

22 $\lim\limits_{x \to 0+}f(x)$

23 $\lim\limits_{x \to 0-}f(x)$

24 $\lim\limits_{x \to 0}f(x)$

유형 01 함수의 수렴과 발산

함수 $f(x)$에서 x의 값이 a에 한없이 가까워질 때 $f(x)$의 값이 일정한 값에 한없이 가까워지면 $f(x)$는 수렴한다고 하고, 수렴하지 않는 경우 발산한다고 한다.

25

다음 [보기]의 함수 중 $x=0$에서 수렴하는 것만을 있는 대로 고른 것은?

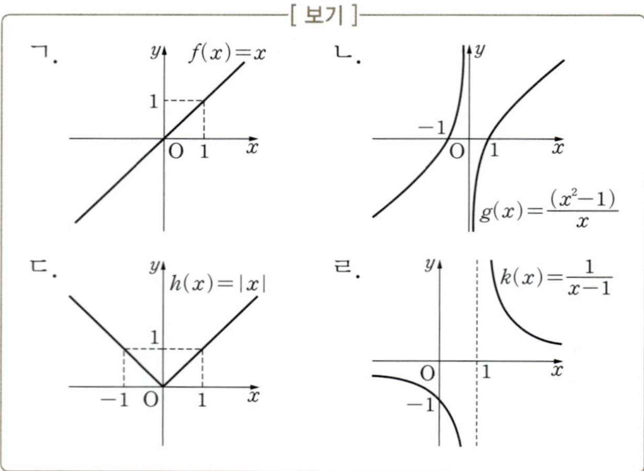

① ㄱ, ㄴ ② ㄱ, ㄷ ③ ㄴ, ㄷ
④ ㄷ, ㄹ ⑤ ㄱ, ㄷ, ㄹ

26

다음 [보기]의 함수 중 $x=2$에서 극한값이 존재하는 것만을 모두 고르시오.

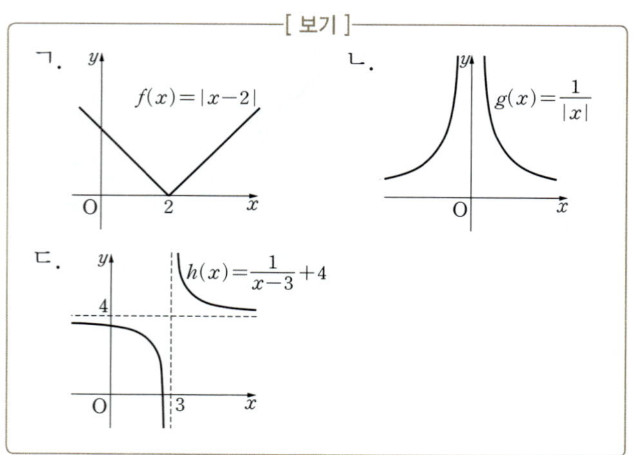

27

다음 [보기]의 함수 중 x가 한없이 커질 때 수렴하는 것만을 있는 대로 고른 것은?

[보기]
ㄱ. $f(x)=1+x$　　　ㄴ. $g(x)=1+\dfrac{1}{x^2}$

ㄷ. $h(x)=\dfrac{x-1}{x+2}$

① ㄱ ② ㄴ ③ ㄷ
④ ㄱ, ㄴ ⑤ ㄴ, ㄷ

유형 02 간단한 함수의 극한　★

일반적으로 함수 $f(x)$가 다항함수 또는 $x=a$일 때 (분모)$\neq 0$인 유리함수이면 $x=a$에서의 (극한값)=(함숫값)임을 이용하여 극한값을 구한다.

28

$\displaystyle\lim_{x\to 1}\dfrac{3x+1}{x-5}+\lim_{x\to -3}\dfrac{x-1}{x+1}+\lim_{x\to 2}\dfrac{x}{x^2-3}$ 의 값은?

① 1 ② 2 ③ 3
④ 4 ⑤ 5

29

$\displaystyle\lim_{x\to -1}(x^3+4x^2-5)=a,$

$\displaystyle\lim_{x\to 3}\dfrac{x+1}{\sqrt{x+1}}=b,$

$\displaystyle\lim_{x\to 2}(x+1)(x^2-1)=c$

일 때, $a+b+c$의 값은?

① 6 ② 7 ③ 8
④ 9 ⑤ 10

30

다음 중 옳지 <u>않은</u> 것은?

① $\lim\limits_{x\to 3}(x+3)(x-3)=0$

② $\lim\limits_{x\to 1}\dfrac{x^2-x-2}{x+1}=-1$

③ $\lim\limits_{x\to 4}\left(\sqrt{x}-\dfrac{1}{\sqrt{x}}\right)=\dfrac{7}{2}$

④ $\lim\limits_{x\to -1}(x-1)(x^2+x+1)=-2$

⑤ $\lim\limits_{x\to 0}5=5$

유형 03 좌극한과 우극한 ★ ★

(1) $\lim\limits_{x\to a+}f(x)$는 $x>a$인 구간에서 x가 a로 한없이 가까이 갈 때의 극한값을 나타낸다.

(2) $\lim\limits_{x\to a-}f(x)$는 $x<a$인 구간에서 x가 a로 한없이 가까이 갈 때의 극한값을 나타낸다.

31

함수 $y=f(x)$의 그래프가 그림과 같을 때, $\lim\limits_{x\to 0}f(x)+\lim\limits_{x\to 2+}f(x)$의 값은?

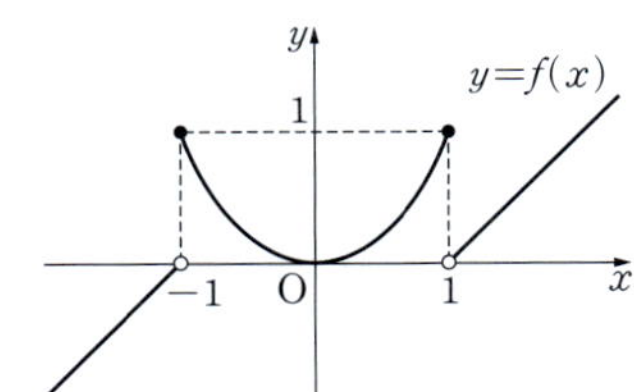

① 1　　　　② 2

③ 3　　　　④ 4

⑤ 5

32

함수 $y=f(x)$의 그래프가 그림과 같다.

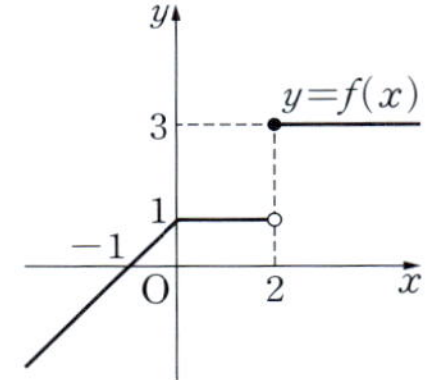

$\lim\limits_{x\to -1+}f(x)+\lim\limits_{x\to 1-}f(x)$의 값은?

① -2　　　　② -1　　　　③ 0

④ 1　　　　⑤ 2

33

함수 $y=f(x)$의 그래프가 그림과 같다.

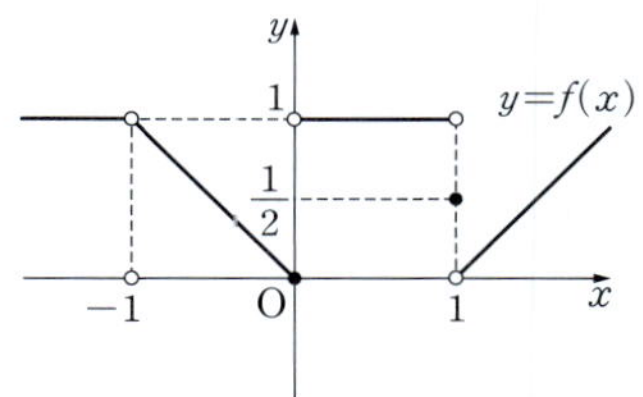

$\lim\limits_{x\to -1-}f(x)+\lim\limits_{x\to 0+}f(x)+\lim\limits_{x\to 1-}f(x)$의 값은?

① 1　　　　② $\dfrac{3}{2}$　　　　③ 2

④ $\dfrac{5}{2}$　　　　⑤ 3

34

함수 $y=f(x)$의 그래프가 그림과 같다.

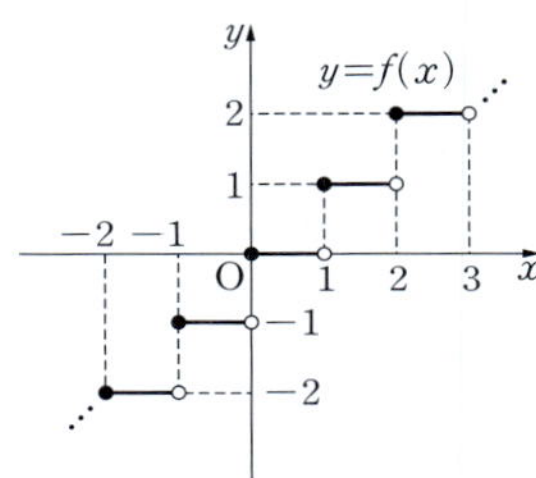

$\lim\limits_{x\to -2+}f(x)+\lim\limits_{x\to 0+}f(x)+\lim\limits_{x\to 2-}f(x)$의 값은?

① -2　　　　② -1　　　　③ 0

④ 1　　　　⑤ 2

35

함수

$$f(x)=\begin{cases}3-x^2 & (x<1)\\ x-5 & (x\geq 1)\end{cases}$$

에 대하여 $\lim\limits_{x\to 1-}f(x)+\lim\limits_{x\to 1+}f(x)$의 값은?

① -2　　　　② -1　　　　③ 0

④ 1　　　　⑤ 2

36

함수

$$f(x) = \begin{cases} x^3 - 2 & (x < 2) \\ -3x & (x \geq 2) \end{cases}$$

에 대하여 $\displaystyle\lim_{x \to 2+} f(x) - \lim_{x \to 2-} f(x)$의 값은?

① -12 ② -6 ③ 0

④ 6 ⑤ 12

37

함수 $y = f(x)$의 그래프가 그림과 같다.

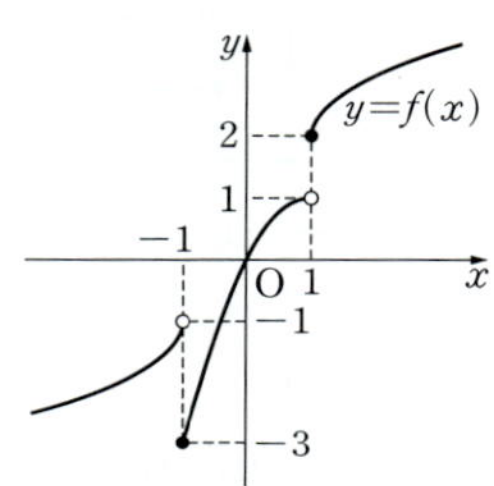

다음 [보기] 중 옳은 것만을 있는 대로 고른 것은?

┌─────────── [보기] ───────────┐

ㄱ. $f(1) = 1$

ㄴ. $\displaystyle\lim_{x \to 1-} f(x) = 1$

ㄷ. $\displaystyle\lim_{x \to -1+} f(x) = -3$

└──────────────────────────────┘

① ㄱ   ② ㄴ   ③ ㄱ, ㄷ

④ ㄴ, ㄷ   ⑤ ㄱ, ㄴ, ㄷ

38

다음 [보기] 중 극한값이 존재하는 것만을 있는 대로 고른 것은?

┌─────────── [보기] ───────────┐

ㄱ. $\displaystyle\lim_{x \to 1+} \frac{x-1}{|x-1|}$

ㄴ. $\displaystyle\lim_{x \to 1-} \frac{2x-2}{|x-1|}$

ㄷ. $\displaystyle\lim_{x \to -2+} \frac{x-2}{x+2}$

└──────────────────────────────┘

① ㄱ   ② ㄱ, ㄴ   ③ ㄱ, ㄷ

④ ㄴ, ㄷ   ⑤ ㄱ, ㄴ, ㄷ

유형 04   함수의 극한값이 존재할 조건   ★★

함수 $f(x)$에 대하여 $x = a$에서 <u>좌극한과 우극한이 모두 존재하고 그 값이 서로 같을 때</u> $x = a$에서 극한값이 존재한다고 한다. 즉,

$$\lim_{x \to a+} f(x) = \lim_{x \to a-} f(x) = \alpha\,(\text{실수}) \Longleftrightarrow \lim_{x \to a} f(x) = \alpha$$

39

다음 (가)~(다)에 알맞은 것을 구하면?

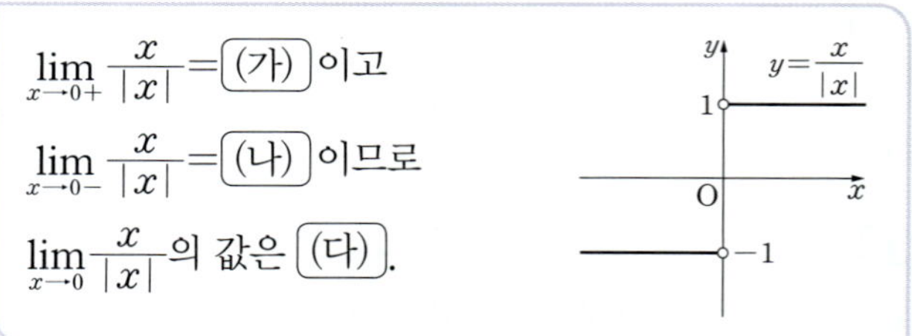

$$\lim_{x \to 0+} \frac{x}{|x|} = \boxed{(가)} \text{이고}$$

$$\lim_{x \to 0-} \frac{x}{|x|} = \boxed{(나)} \text{이므로}$$

$$\lim_{x \to 0} \frac{x}{|x|} \text{의 값은 } \boxed{(다)}.$$

	(가)	(나)	(다)
①	1	1	존재한다
②	1	-1	존재한다
③	1	-1	존재하지 않는다
④	-1	-1	존재한다
⑤	-1	1	존재하지 않는다

40

함수 $y=f(x)$의 그래프가 그림과 같다.

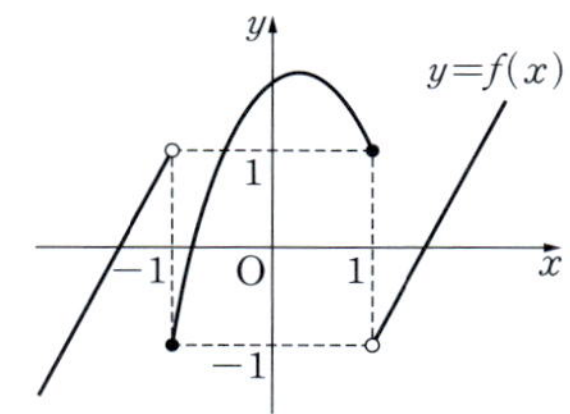

다음 [보기] 중 옳은 것만을 있는 대로 고른 것은?

[보기]

ㄱ. $\lim\limits_{x \to -1-} f(x) + \lim\limits_{x \to 1+} f(x) = 0$

ㄴ. $\lim\limits_{x \to 1} f(x)$의 값이 존재한다.

ㄷ. $-1 < k < 1$인 모든 실수 k에 대하여 $\lim\limits_{x \to k} f(x)$의 값이 존재한다.

① ㄱ ② ㄷ ③ ㄱ, ㄷ

④ ㄴ, ㄷ ⑤ ㄱ, ㄴ, ㄷ

41

함수

$$f(x)=\begin{cases} 2x-4 & (x<2) \\ x^2+p & (x \geq 2) \end{cases}$$

에 대하여 $\lim\limits_{x \to 2} f(x)$의 값이 존재하도록 하는 상수 p의 값은?

① -2 ② -3 ③ -4

④ -5 ⑤ -6

42

함수

$$f(x)=\begin{cases} (x-1)^2+3 & (x<1) \\ -x+k & (x \geq 1) \end{cases}$$

에 대하여 $\lim\limits_{x \to 1} f(x)$의 값이 존재하도록 하는 상수 k의 값은?

① 3 ② 4 ③ 5

④ 6 ⑤ 7

43

함수

$$f(x)=\begin{cases} x^3+1 & (x<-1) \\ 2x+k & (x \geq -1) \end{cases}$$

에 대하여 $\lim\limits_{x \to -1} f(x)$의 값이 존재하도록 하는 상수 k의 값은?

① -2 ② -1 ③ 0

④ 1 ⑤ 2

44

함수

$$f(x)=\begin{cases} 3x^2-k & (x>1) \\ kx-1 & (-1 \leq x \leq 1) \\ x^2+2 & (x<-1) \end{cases}$$

에 대하여 $\lim\limits_{x \to 1} f(x)$의 값이 존재할 때, $\lim\limits_{x \to -1-} f(x) + \lim\limits_{x \to -1+} f(x)$의 값은? (단, k는 상수이다.)

① -4 ② -2 ③ 0

④ 2 ⑤ 4

45

다음은 함수 $y=f(x)$의 그래프이다. $0<a<5$일 때, $\lim\limits_{x \to a} f(x)$의 값이 존재하지 않는 모든 실수 a의 값의 합은?

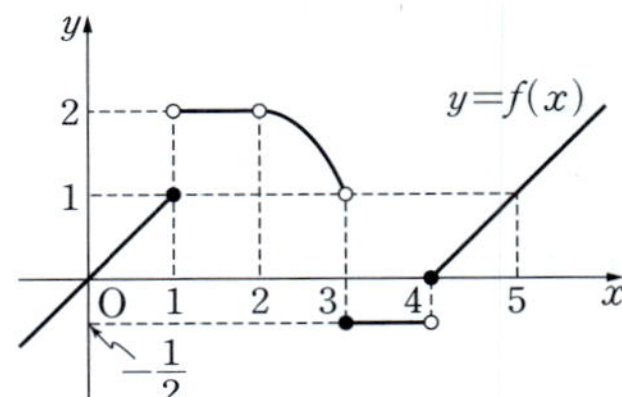

① 2 ② 4 ③ 6

④ 8 ⑤ 10

Simple B 함수의 극한값의 계산

04 함수의 극한에 대한 성질

두 함수 $f(x)$, $g(x)$에 대하여 $\lim\limits_{x \to a} f(x) = \alpha$, $\lim\limits_{x \to a} g(x) = \beta$ (α, β는 실수)일 때,

① $\lim\limits_{x \to a} \{f(x) + g(x)\} = \lim\limits_{x \to a} f(x) + \lim\limits_{x \to a} g(x) = \alpha + \beta$

② $\lim\limits_{x \to a} \{f(x) - g(x)\} = \lim\limits_{x \to a} f(x) - \lim\limits_{x \to a} g(x) = \alpha - \beta$

③ $\lim\limits_{x \to a} cf(x) = c\lim\limits_{x \to a} f(x) = c\alpha$ (단, c는 상수)

④ $\lim\limits_{x \to a} f(x)g(x) = \lim\limits_{x \to a} f(x) \times \lim\limits_{x \to a} g(x) = \alpha\beta$

⑤ $\lim\limits_{x \to a} \dfrac{f(x)}{g(x)} = \dfrac{\lim\limits_{x \to a} f(x)}{\lim\limits_{x \to a} g(x)} = \dfrac{\alpha}{\beta}$ (단, $\beta \neq 0$)

05 함수의 극한값의 계산

(1) $\dfrac{0}{0}$ 꼴의 극한값

① 분자, 분모가 모두 다항식인 경우에는 분자, 분모를 각각 인수분해한 후 공통 인수를 약분한다.

② 분자 또는 분모에 무리식이 있는 경우에는 무리식을 유리화한다.

(2) $\dfrac{\infty}{\infty}$ 꼴의 극한값

분모의 최고차항으로 분모, 분자를 각각 나눈다.

(3) $\infty - \infty$ 꼴의 극한값

① 다항식은 최고차항으로 묶는다.

② 무리식이 주어진 경우 유리화한다.

(4) $\infty \times 0$ 꼴의 극한값

식을 적당히 통분 또는 변형하여 $\dfrac{0}{0}$, $\dfrac{\infty}{\infty}$, $\infty \times (상수)$, $\dfrac{(상수)}{\infty}$ 꼴로 만든다.

- 함수의 극한에 대한 성질은 극한값이 존재할 때에만 성립하고
$$x \longrightarrow a+, \ x \longrightarrow a-,$$
$$x \longrightarrow \infty, \ x \longrightarrow -\infty$$
일 때도 모두 성립한다.

- $\dfrac{(상수)}{0}$, $\dfrac{(상수)}{\infty}$ 꼴의 극한

① $\lim\limits_{x \to 0+} \dfrac{(양수)}{x} = \infty$, $\lim\limits_{x \to 0+} \dfrac{(음수)}{x} = -\infty$

② $\lim\limits_{x \to 0-} \dfrac{(양수)}{x} = -\infty$, $\lim\limits_{x \to 0-} \dfrac{(음수)}{x} = \infty$

③ $\lim\limits_{x \to \infty} \dfrac{(상수)}{x} = 0$, $\lim\limits_{x \to -\infty} \dfrac{(상수)}{x} = 0$

- $\dfrac{\infty}{\infty}$ 꼴의 극한값

① (분모의 차수)=(분자의 차수)
  : 극한값은 최고차항의 계수의 비
② (분모의 차수)>(분자의 차수)
  : 극한값은 0
③ (분모의 차수)<(분자의 차수)
  : ∞ 또는 $-\infty$로 발산

개념 CHECK

정답 및 해설 p. 9

[01~03] 다음 빈칸에 알맞은 것을 써넣으시오.

01 두 함수 $f(x)$, $g(x)$에 대하여
$\lim\limits_{x \to a} f(x) = \alpha$, $\lim\limits_{x \to a} g(x) = \beta$ (α, β는 실수)일 때,
$\lim\limits_{x \to a} \{f(x) + g(x)\} = [\qquad]$,
$\lim\limits_{x \to a} f(x)g(x) = [\qquad]$이다.

02 $\dfrac{0}{0}$ 꼴의 극한은 분자와 분모가 모두 다항식이면 분자와 분모를 각각 [$\qquad$]하여 공통인수를 약분하여 극한값을 구한다.

03 $\dfrac{\infty}{\infty}$ 꼴의 극한은 분모의 [$\qquad$]으로 분모, 분자를 각각 나누어 극한값을 구한다.

[04~06] 옳은 것에 ○표, 옳지 <u>않은</u> 것에 ×표를 하시오.

04 두 함수 $f(x)$, $g(x)$가 각각 $x \longrightarrow a$일 때 수렴하면 $f(x) + kg(x)$ (단, k는 실수)도 $x \longrightarrow a$일 때 수렴한다. ( )

05 $\dfrac{\infty}{\infty}$ 꼴의 극한에서 (분모의 차수)>(분자의 차수)이면 극한값은 0이다. ( )

06 $\infty \times 0$ 꼴의 극한값은 항상 존재한다. ( )

04 함수의 극한에 대한 성질

[07~10] 두 함수 $f(x)$, $g(x)$에 대하여 $\lim\limits_{x \to a} f(x) = 2$이고 $\lim\limits_{x \to a} g(x) = -4$일 때, 다음 극한값을 구하시오.

07 $\lim\limits_{x \to a} \{2f(x) + g(x)\}$

08 $\lim\limits_{x \to a} f(x)g(x)$

09 $\lim\limits_{x \to a} \{f(x)\}^2$

10 $\lim\limits_{x \to a} \dfrac{f(x) + g(x)}{2f(x) - g(x)}$

05 함수의 극한값의 계산

[11~14] 다음 극한값을 구하시오.

11 $\lim\limits_{x \to 3} \dfrac{x^3 - 27}{x - 3}$

12 $\lim\limits_{x \to 1} \dfrac{(x-1)(x+2)(x-2)}{x^2 - 1}$

13 $\lim\limits_{x \to 4} \dfrac{(x-4)^2(x+1)}{x - 4}$

14 $\lim\limits_{x \to 0} \dfrac{\sqrt{9+x} - 3}{x}$

[15~16] 다음 극한값을 구하시오.

15 $\lim\limits_{x \to \infty} (\sqrt{x+1} - \sqrt{x})$

16 $\lim\limits_{x \to \infty} (\sqrt{x^2 + 3x + 4} - x)$

[17~20] 다음 극한을 조사하시오.

17 $\lim\limits_{x \to \infty} \dfrac{2x + 1}{3x^2 - 2x + 1}$

18 $\lim\limits_{x \to \infty} \dfrac{5x^2 - 4x + 1}{2x^2 + 3x - 5}$

19 $\lim\limits_{x \to -\infty} \dfrac{2x^2 + x + 3}{x^2 - 1}$

20 $\lim\limits_{x \to \infty} \dfrac{2x^2 + 4}{2x + 3}$

[21~22] 다음 극한값을 구하시오.

21 $\lim\limits_{x \to 0} \dfrac{1}{x}\left(\dfrac{1}{2} - \dfrac{1}{x+2}\right)$

22 $\lim\limits_{x \to 0} \dfrac{1}{x}\left(\dfrac{1}{2x+1} - \dfrac{1}{x+1}\right)$

유형 05 함수의 극한에 대한 성질

두 함수 $f(x)$, $g(x)$에 대하여

$\lim\limits_{x \to a} f(x) = \alpha$, $\lim\limits_{x \to a} g(x) = \beta$ (α, β는 실수)일 때,

① $\lim\limits_{x \to a}\{f(x)+g(x)\} = \lim\limits_{x \to a} f(x) + \lim\limits_{x \to a} g(x) = \alpha + \beta$

② $\lim\limits_{x \to a}\{f(x)-g(x)\} = \lim\limits_{x \to a} f(x) - \lim\limits_{x \to a} g(x) = \alpha - \beta$

③ $\lim\limits_{x \to a} cf(x) = c\lim\limits_{x \to a} f(x) = c\alpha$ (단, c는 상수)

④ $\lim\limits_{x \to a} f(x)g(x) = \lim\limits_{x \to a} f(x) \times \lim\limits_{x \to a} g(x) = \alpha\beta$

⑤ $\lim\limits_{x \to a} \dfrac{f(x)}{g(x)} = \dfrac{\lim\limits_{x \to a} f(x)}{\lim\limits_{x \to a} g(x)} = \dfrac{\alpha}{\beta}$ (단, $\beta \neq 0$)

23

두 함수 $f(x)=x+1$, $g(x)=x+3$에 대하여
$\lim\limits_{x \to 0}\{2f(x)-g(x)\}$의 값은?

① -2 ② -1 ③ 0

④ 1 ⑤ 2

24

두 함수 $f(x)$, $g(x)$에 대하여

$$\lim\limits_{x \to 2} f(x) = 4, \quad \lim\limits_{x \to 2}\{2f(x)+g(x)\} = 3$$

일 때, $\lim\limits_{x \to 2}\{f(x)+3g(x)\}$의 값은?

① -11 ② -9 ③ -7

④ -5 ⑤ -3

25

$x=1$에서 극한값이 존재하는 두 함수 $f(x)$, $g(x)$가

$$\lim\limits_{x \to 1}\{f(x)+g(x)\} = 2, \quad \lim\limits_{x \to 1}\{2f(x)-g(x)\} = 4$$

를 만족시킬 때, $\lim\limits_{x \to 1}\{3f(x)-2g(x)\}$의 값은?

① 2 ② 4 ③ 6

④ 8 ⑤ 10

26

$x=3$에서 극한값이 존재하는 두 함수 $f(x)$, $g(x)$가

$$\lim\limits_{x \to 3}\{f(x)+g(x)\} = 4, \quad \lim\limits_{x \to 3} f(x)g(x) = 2$$

를 만족시킬 때, $\lim\limits_{x \to 3}\{f(x)-g(x)\}^2$의 값을 구하시오.

27

두 함수 $f(x)$, $g(x)$에 대하여 다음 [보기] 중 옳은 것만을 있는 대로 고른 것은?

[보기]

ㄱ. $\lim\limits_{x \to a} f(x)$, $\lim\limits_{x \to a} f(x)g(x)$의 값이 각각 존재하면 $\lim\limits_{x \to a} g(x)$의 값도 존재한다.

ㄴ. $\lim\limits_{x \to a} f(x)$, $\lim\limits_{x \to a} \dfrac{g(x)}{f(x)}$의 값이 각각 존재하면 $\lim\limits_{x \to a} g(x)$의 값도 존재한다. (단, $f(x) \neq 0$)

ㄷ. $\lim\limits_{x \to a} f(x)$, $\lim\limits_{x \to a} \dfrac{f(x)}{g(x)}$의 값이 각각 존재하면 $\lim\limits_{x \to a} g(x)$의 값도 존재한다. (단, $g(x) \neq 0$)

① ㄱ ② ㄴ ③ ㄱ, ㄴ

④ ㄴ, ㄷ ⑤ ㄱ, ㄴ, ㄷ

유형 06 $\dfrac{0}{0}$ 꼴의 극한값의 계산 ★★

① 분자, 분모가 모두 다항식인 경우 분자, 분모를 각각 <u>인수분해하여 약분</u>한다.

② 무리식이 포함된 경우 <u>유리화</u>한다.

③ 절댓값 기호가 포함된 경우 부호를 따져 절댓값을 없앤다.

④ 수렴하는 $\dfrac{f(x)}{x}$ 꼴 함수가 주어진 경우 구하는 식의 분자, 분모를 각각 x로 나누어 $\dfrac{f(x)}{x}$ 꼴을 만들어 정리한다.

28

$\lim\limits_{x \to -1} \dfrac{x^3-x^2-x+1}{x^3+1}$ 의 값은?

① $\dfrac{1}{3}$ ② $\dfrac{1}{2}$ ③ 1

④ $\dfrac{4}{3}$ ⑤ $\dfrac{3}{2}$

29

실수 k에 대하여 $\lim\limits_{x \to k} \dfrac{x^2-k^2}{x-k}=4$일 때,

$\lim\limits_{x \to -k} \dfrac{x^3+k^3}{x^2-k^2}$의 값은?

① -3 ② $-\dfrac{5}{2}$ ③ -2

④ $-\dfrac{3}{2}$ ⑤ -1

30

$\lim\limits_{x \to 1} \dfrac{x^3-3x+2}{(x-1)(\sqrt{x+3}-2)}$의 값은?

① 4 ② 6 ③ 8

④ 10 ⑤ 12

31

$\lim\limits_{x \to 1} \dfrac{|x+3|-4}{x^2-4x+3}$의 값은?

① -1 ② $-\dfrac{1}{2}$ ③ 0

④ $\dfrac{1}{2}$ ⑤ 1

32

$\lim\limits_{x \to -2} \dfrac{\sqrt{x+3}-1}{x+2} + \lim\limits_{x \to 1^-} \dfrac{\sqrt{x+3}-2}{|x-1|}$의 값은?

① 0 ② $\dfrac{1}{4}$ ③ $\dfrac{1}{2}$

④ $\dfrac{3}{4}$ ⑤ 1

33

$\lim\limits_{x \to 2} \dfrac{|x^2-5x+4|-2}{x-2}$의 값은?

① 1 ② $\dfrac{3}{2}$ ③ 2

④ $\dfrac{5}{2}$ ⑤ 3

34

$\lim\limits_{x \to 0} f(x)=0$이고 $\lim\limits_{x \to 0} \dfrac{f(x)}{x}=3$일 때, $\lim\limits_{x \to 0} \dfrac{f(x)+x}{2f(x)-3x}$

의 값은?

① 1 ② $\dfrac{4}{3}$ ③ $\dfrac{5}{3}$

④ 2 ⑤ $\dfrac{7}{3}$

35

$\lim\limits_{x \to 0} f(x)=0$이고 $\lim\limits_{x \to 0} \dfrac{f(x)}{x}=k$일 때, $\lim\limits_{x \to 0} \dfrac{x^2+4f(x)}{x^2-f(x)}$의

값은? (단, k는 0이 아닌 실수이다.)

① -4 ② -2 ③ 0

④ 2 ⑤ 4

36

$\lim\limits_{x \to 0} f(x)=0$이고 $\lim\limits_{x \to 0} \dfrac{f(x)}{x}=4$일 때,

$\lim\limits_{x \to 1} \dfrac{f(x-1)}{x^2-1}$의 값은?

① 1 ② 2 ③ 3

④ 4 ⑤ 5

37

$\lim\limits_{x \to 0} f(x) = 0$ 이고 $\lim\limits_{x \to 1} \dfrac{f(x-1)}{x-1} = 1$ 일 때,

$\lim\limits_{x \to 2} \dfrac{f(x-2)}{x^2-4}$ 의 값은?

① $\dfrac{1}{4}$　　　② $\dfrac{1}{2}$　　　③ 1

④ 2　　　⑤ 4

유형 07　$\dfrac{\infty}{\infty}$ 꼴의 극한값의 계산　★★

분모의 최고차항으로 분자, 분모를 각각 나눈 다음 극한값을 구한다. 이때,

(분모의 차수)＜(분자의 차수) ⇒ ∞ 또는 −∞로 발산

(분모의 차수)＞(분자의 차수) ⇒ 극한값은 0

(분모의 차수)＝(분자의 차수) ⇒ 극한값은 $\dfrac{\text{(분자의 최고차항의 계수)}}{\text{(분모의 최고차항의 계수)}}$

38

$\lim\limits_{x \to \infty} \dfrac{\sqrt{x^2+1}+x}{2x-3}$ 의 값은?

① $\dfrac{1}{2}$　　　② 1　　　③ $\dfrac{3}{2}$

④ 2　　　⑤ $\dfrac{5}{2}$

39

$\lim\limits_{x \to \infty} \dfrac{3x}{\sqrt{x^2+1}+\sqrt{x^2+4}}$ 의 값은?

① 1　　　② $\dfrac{3}{2}$　　　③ 2

④ $\dfrac{5}{2}$　　　⑤ 3

40

$\lim\limits_{x \to -\infty} \dfrac{4x}{\sqrt{2+x^2}-2}$ 의 값은?

① -1　　　② -2　　　③ -3

④ -4　　　⑤ -5

41

$\lim\limits_{x \to -\infty} \dfrac{\sqrt{x^2+1}+\sqrt{x^2-1}}{x}$ 의 값은?

① -2　　　② -1　　　③ 0

④ 1　　　⑤ 2

42

$\lim\limits_{x \to -\infty} \dfrac{-2x}{x-\sqrt{x^2-1}}$ 의 값은?

① -2　　　② -1　　　③ 1

④ 2　　　⑤ 3

43

$\lim\limits_{x \to \infty} \dfrac{f(x)}{x} = 3$ 일 때, $\lim\limits_{x \to \infty} \dfrac{2x^2+xf(x)}{x^2-f(x)}$ 의 값은?

① 1　　　② 2　　　③ 3

④ 4　　　⑤ 5

44

함수 $f(x)=\dfrac{\sqrt{x+1}-2}{x-3}$에 대하여 $\displaystyle\lim_{x\to 3}f(x)+\lim_{x\to\infty}f(x)$ 의 값은?

① $\dfrac{1}{4}$　　　② $\dfrac{1}{2}$　　　③ $\dfrac{3}{4}$

④ 1　　　⑤ $\dfrac{5}{4}$

유형 **08**　$\infty-\infty$ 꼴의 극한값의 계산　★

분모 또는 분자에 근호가 있는 경우 근호가 있는 쪽을 유리화하여 $\dfrac{\infty}{\infty}$ 꼴로 변형한다.

45

$\displaystyle\lim_{x\to\infty}\left(\sqrt{x^2+4x+5}-x\right)$의 값은?

① 2　　　② 3　　　③ 4

④ 5　　　⑤ 6

46

$\displaystyle\lim_{x\to\infty}\left(\sqrt{x^2+2x+2}-\sqrt{x^2-2x-2}\right)$의 값은?

① 1　　　② 2　　　③ 3

④ 4　　　⑤ 5

47

$\displaystyle\lim_{x\to\infty}\dfrac{1}{x-\sqrt{x^2+6x-4}}$의 값은?

① $-\dfrac{1}{2}$　　　② $-\dfrac{1}{3}$　　　③ $-\dfrac{1}{4}$

④ $\dfrac{1}{4}$　　　⑤ $\dfrac{1}{3}$

유형 **09**　$\infty\times0$ 꼴의 극한값의 계산　★

① 분모 또는 분자에 다항식이 있는 경우 ⇒ 통분 또는 인수분해한다.

② 근호가 있는 경우 ⇒ 근호가 있는 쪽을 유리화한다.

48

$\displaystyle\lim_{x\to 1}\dfrac{1}{x-1}\left(\dfrac{1}{x^2}-1\right)$의 값은?

① -2　　　② -1　　　③ 0

④ 1　　　⑤ 2

49

$\displaystyle\lim_{x\to 1}\dfrac{20}{x-1}\left(\dfrac{1}{5}-\dfrac{1}{x+4}\right)$의 값은?

① $\dfrac{2}{5}$　　　② $\dfrac{3}{5}$　　　③ $\dfrac{4}{5}$

④ 1　　　⑤ $\dfrac{6}{5}$

50

$\displaystyle\lim_{x\to 0}\dfrac{1}{x}\left(\dfrac{1}{\sqrt{x+1}}-1\right)$의 값은?

① -1　　　② $-\dfrac{1}{2}$　　　③ 0

④ $\dfrac{1}{2}$　　　⑤ 1

06 함수의 극한과 미정계수의 결정

두 함수 $f(x)$, $g(x)$에 대하여

(1) $\lim\limits_{x \to a} \dfrac{f(x)}{g(x)} = \alpha$ (α는 실수)일 때, $\lim\limits_{x \to a} g(x) = 0$이면 $\lim\limits_{x \to a} f(x) = 0$

(2) $\lim\limits_{x \to a} \dfrac{f(x)}{g(x)} = \alpha$ (α는 0이 아닌 실수)일 때, $\lim\limits_{x \to a} f(x) = 0$이면 $\lim\limits_{x \to a} g(x) = 0$

07 함수의 극한과 대소 관계

(1) 두 함수 $f(x)$, $g(x)$에 대하여 a에 가까운 모든 x의 값에서 $f(x) \le g(x)$이고
$\lim\limits_{x \to a} f(x) = \alpha$, $\lim\limits_{x \to a} g(x) = \beta$ (단, α, β는 실수)이면
$\lim\limits_{x \to a} f(x) \le \lim\limits_{x \to a} g(x)$, 즉 $\alpha \le \beta$이다.

(2) 세 함수 $f(x)$, $g(x)$, $h(x)$에 대하여 a에 가까운 모든 x의 값에서
$f(x) \le h(x) \le g(x)$이고 $\lim\limits_{x \to a} f(x) = \lim\limits_{x \to a} g(x) = \alpha$ (α는 실수)이면
$\lim\limits_{x \to a} h(x) = \alpha$이다.

08 도형에서의 함수의 극한의 활용

(ⅰ) 구하는 선분의 길이, 도형의 넓이 등을 식으로 나타낸다.
(ⅱ) 극한의 성질을 이용하여 극한값을 구한다.

• (2)의 $\lim\limits_{x \to a} \dfrac{f(x)}{g(x)} = \alpha$에서
α는 0이 아닌 실수임에 유의하자.
예를 들어 $\lim\limits_{x \to 2} \dfrac{x-2}{x+1} = 0$에서
$\lim\limits_{x \to 2} (x-2) = 0$이지만
$\lim\limits_{x \to 2} (x+1) \ne 0$이다.

• **극한의 대소 관계**
두 함수 $f(x)$, $g(x)$에 대하여
$f(x) < g(x)$이지만
$\lim\limits_{x \to a} f(x) = \lim\limits_{x \to a} g(x)$인 경우가 있다.
예를 들어 $f(x) = \dfrac{1}{x^2}$, $g(x) = \dfrac{2}{x^2}$이면
0이 아닌 모든 실수 x에 대하여
$\dfrac{1}{x^2} < \dfrac{2}{x^2}$이지만
$\lim\limits_{x \to \infty} \dfrac{1}{x^2} = \lim\limits_{x \to \infty} \dfrac{2}{x^2} = 0$이다.

개념 CHECK

정답 및 해설 p. 14

[01~03] 다음 빈칸에 알맞은 것을 써넣으시오.

01 두 함수 $f(x)$, $g(x)$에 대하여 $\lim\limits_{x \to a} \dfrac{f(x)}{g(x)} = \alpha$ (α는 실수)
일 때, $\lim\limits_{x \to a} g(x) = 0$이면 [   ]이다.

02 두 함수 $f(x)$, $g(x)$에 대하여
$\lim\limits_{x \to a} \dfrac{f(x)}{g(x)} = \alpha$ (α는 [   ] 실수)일 때,
$\lim\limits_{x \to a} f(x) = 0$이면 [   ]이다.

03 두 함수 $f(x)$, $g(x)$에 대하여
$\lim\limits_{x \to a} f(x) = \alpha$이고 $\lim\limits_{x \to a} g(x) = \beta$ (α, β는 실수)일 때,
a에 가까운 모든 x의 값에서 $f(x) \le g(x)$이면
α [   ] β이다.

[04~06] 옳은 것에 ○표, 옳지 않은 것에 ×표를 하시오.

04 두 함수 $f(x)$, $g(x)$에 대하여 $\lim\limits_{x \to a} \dfrac{f(x)}{g(x)} = 0$일 때,
$\lim\limits_{x \to a} f(x) = 0$이면 반드시 $\lim\limits_{x \to a} g(x) = 0$이어야 한다.

(   )

05 세 함수 $f(x)$, $g(x)$, $h(x)$에 대하여
$f(x) \le h(x) \le g(x)$이고
$\lim\limits_{x \to a} f(x) = \lim\limits_{x \to a} g(x) = \alpha$ (α는 실수)이면
$\lim\limits_{x \to a} h(x) = \alpha$이다.

(   )

06 곡선 $y = \sqrt{x}$ 위의 점 P가 원점
O에 한없이 가까워질 때, $\overline{\text{OP}}$
의 길이의 극한값은 0이다.

(   )

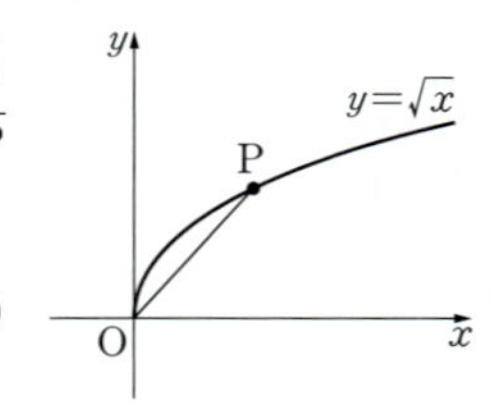

06 함수의 극한과 미정계수의 결정

[07~10] 다음 등식이 성립하도록 하는 상수 a, b 사이의 관계식을 구하시오. (단, a는 0이 아닌 실수이다.)

07 $\lim\limits_{x \to 1} \dfrac{2x^2+ax+b}{x-1} = a$

08 $\lim\limits_{x \to -1} \dfrac{ax^2-bx}{x+1} = a$

09 $\lim\limits_{x \to 4} \dfrac{x-4}{x^2-ax+b} = a$

10 $\lim\limits_{x \to 3} \dfrac{x-3}{a\sqrt{x+1}-b} = a$

[11~12] 다음 등식을 만족시키는 상수 a, b의 값을 구하시오.

11 $\lim\limits_{x \to 0} \dfrac{\sqrt{x+a}-2}{x} = b$

12 $\lim\limits_{x \to 2} \dfrac{x-2}{x^2+ax+b} = \dfrac{1}{6}$

13 다음은 x에 대한 다항식 $f(x)$가

$$\lim\limits_{x \to \infty} \frac{f(x)}{x^2+x+1} = 1, \quad \lim\limits_{x \to 1} \frac{f(x)}{x-1} = 2$$

를 만족시킬 때, $f(2)$의 값을 구하는 과정이다. □ 안에 알맞은 것을 써넣으시오.

$\lim\limits_{x \to \infty} \dfrac{f(x)}{x^2+x+1} = 1$이므로 $f(x)$는 최고차항의 계수가 $\boxed{}$인 이차식임을 알 수 있다.

또, $\lim\limits_{x \to 1} \dfrac{f(x)}{x-1} = 2$와 같이 극한값이 존재하고

$\lim\limits_{x \to 1}(x-1) = 0$이므로 $\lim\limits_{x \to 1} f(x) = \boxed{}$이다.

즉, $f(x) = (\boxed{})(x+a)$ (a는 상수)라 하면

$$\lim\limits_{x \to 1} \frac{(\boxed{})(x+a)}{x-1} = \lim\limits_{x \to 1}(\boxed{}) = 2$$

$\therefore a = \boxed{}$

따라서 $f(x) = \boxed{}$이므로

$f(2) = \boxed{}$이다.

07 함수의 극한과 대소 관계

[14~16] $x>1$에서 함수 $f(x)$가 다음을 만족시킬 때, $\lim\limits_{x \to \infty} f(x)$의 값을 구하시오.

14 $\dfrac{3x-1}{x-1} \leq f(x) \leq \dfrac{6x+7}{2x-2}$

15 $\dfrac{2x^2-5x+1}{x^2} \leq f(x) \leq \dfrac{4x^2-9x+6}{2x^2}$

16 $\dfrac{x^2-2}{3x^2+1} \leq f(x) \leq \dfrac{2x+5}{6x}$

08 도형에서의 함수의 극한의 활용

[17~20] 곡선 $y=\sqrt{x}$ 위의 점 $\mathrm{P}(t, \sqrt{t})$에 대하여 점 Q를 $\overline{\mathrm{OP}}=\overline{\mathrm{OQ}}$가 되도록 y축 위에 잡는다. 점 Q의 y좌표가 양수이고, 삼각형 OPQ의 넓이를 $S(t)$라 할 때, 다음 물음에 답하시오.

(단, O는 원점이다.)

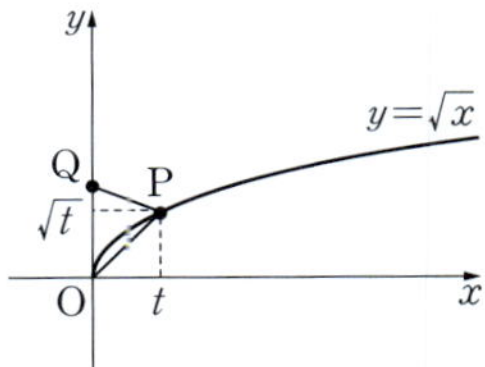

17 $\overline{\mathrm{OP}}$의 길이를 t에 대한 식으로 나타내시오.

18 $\overline{\mathrm{OP}}=\overline{\mathrm{OQ}}$를 만족시키는 점 Q의 좌표를 구하시오.

19 $S(t)$를 t에 대한 식으로 나타내시오.

20 $\lim\limits_{t \to \infty} \dfrac{S(t)}{t^2}$의 값을 구하시오.

유형 10　미정계수의 결정　★

두 함수 $f(x)$, $g(x)$에 대하여

(1) $\lim\limits_{x \to a} \dfrac{f(x)}{g(x)} = \alpha$ (α는 실수)이고

$\lim\limits_{x \to a} g(x) = 0$이면 $\lim\limits_{x \to a} f(x) = 0$

(2) $\lim\limits_{x \to a} \dfrac{f(x)}{g(x)} = \alpha$ (α는 0이 아닌 실수)이고

$\lim\limits_{x \to a} f(x) = 0$이면 $\lim\limits_{x \to a} g(x) = 0$

21

$\lim\limits_{x \to 0} \dfrac{2x^3 - ax + b}{x} = -3$이 성립할 때, 상수 a, b에 대하여 $a^2 + b^2$의 값은?

① 1 ② 3 ③ 5
④ 7 ⑤ 9

22

$\lim\limits_{x \to -2} \dfrac{x^2 + ax + b}{x + 2} = 1$이 성립할 때, 상수 a, b에 대하여 $a + b$의 값은?

① 11 ② 12 ③ 13
④ 14 ⑤ 15

23

$\lim\limits_{x \to 1} \dfrac{x - 1}{x^2 + ax + b} = 3$이 성립할 때, 상수 a, b에 대하여 ab의 값은?

① $-\dfrac{2}{9}$ ② $-\dfrac{4}{9}$ ③ $-\dfrac{2}{3}$
④ $-\dfrac{8}{9}$ ⑤ $-\dfrac{10}{9}$

24

$\lim\limits_{x \to 1} \dfrac{a\sqrt{x} + b}{x - 1} = -2$가 성립할 때, 상수 a, b에 대하여 $a - b$의 값은?

① -16 ② -8 ③ -4
④ 4 ⑤ 8

25

$\lim\limits_{x \to 2} \dfrac{a\sqrt{x - 1} + b}{x - 2} = 4$가 성립할 때, 상수 a, b에 대하여 $3a + 2b$의 값은?

① 2 ② 4 ③ 6
④ 8 ⑤ 10

26

$\lim\limits_{x \to 1} \dfrac{\sqrt{x^2 + 1} + a}{\sqrt{x} - 1} = b$가 성립할 때, 상수 a, b에 대하여 $\dfrac{a}{b}$의 값은?

① -2 ② $-\sqrt{2}$ ③ -1
④ $\sqrt{2}$ ⑤ $2\sqrt{2}$

27

$\lim\limits_{x \to 1} \dfrac{\sqrt{3x^2 + x} + ax}{x - 1} = b$가 성립할 때, 상수 a, b에 대하여 ab의 값은?

① $\dfrac{1}{4}$ ② $\dfrac{1}{2}$ ③ 1
④ 2 ⑤ 4

유형 **11** 극한의 조건을 만족시키는 다항함수 ★ ★

두 다항함수 $f(x)$, $g(x)$에 대하여

(1) $\lim\limits_{x \to \infty} \dfrac{f(x)}{g(x)} = \alpha$ ($g(x) \neq 0$, α는 0이 아닌 실수)이면

$\Rightarrow$ ($f(x)$의 차수) = ($g(x)$의 차수)

$\dfrac{(f(x)의\ 최고차항의\ 계수)}{(g(x)의\ 최고차항의\ 계수)} = \alpha$

(2) $\lim\limits_{x \to a} \dfrac{f(x)}{g(x)} = \alpha$ (α는 실수)일 때, $\lim\limits_{x \to a} g(x) = 0$이면

$\Rightarrow \lim\limits_{x \to a} f(x) = 0$

28

다항함수 $f(x)$가

$$\lim_{x \to \infty} \frac{f(x)}{2x^2 + x + 1} = 2, \quad \lim_{x \to 2} \frac{f(x)}{x^2 - x - 2} = -4$$

를 만족시킬 때, $f(0)$의 값은?

① 25   ② 30   ③ 35

④ 40   ⑤ 45

29

다항함수 $f(x)$가

$$\lim_{x \to \infty} \frac{f(x)}{3x^2 - 2x + 1} = 1, \quad \lim_{x \to -1} \frac{f(x)}{x^2 - x - 2} = \frac{1}{3}$$

을 만족시킬 때, $f(1)$의 값은?

① 6   ② 7   ③ 8

④ 9   ⑤ 10

30

다항함수 $f(x)$가

$$\lim_{x \to \infty} \frac{f(x)}{2x^2 - 1} = 1, \quad \lim_{x \to 3} \frac{f(x)}{x^2 - 5x + 6} = 6$$

을 만족시킬 때, $f(-1)$의 값은?

① -8 ② -4 ③ 0

④ 4   ⑤ 8

31

삼차함수 $f(x)$가 다음 조건을 모두 만족시킬 때, $f(1)$의 값은?

(가) $\lim\limits_{x \to 0} \dfrac{f(x)}{x} = 3$

(나) $\lim\limits_{x \to -1} \dfrac{f(x)}{x + 1} = -5$

① 1   ② 2   ③ 3

④ 4   ⑤ 5

32

함수 $f(x) = ax^2 + bx$에서

$$\lim_{x \to \infty} \frac{f(x)}{x^2 - x - 2} = 2, \quad \lim_{x \to 2} \frac{f(x)}{x^2 - x - 2} = c$$

일 때, 상수 a, b, c에 대하여 $a + b + c$의 값은?

① $-\dfrac{1}{3}$ ② $-\dfrac{2}{3}$ ③ -1

④ $-\dfrac{4}{3}$ ⑤ $-\dfrac{5}{3}$

33

다항함수 $f(x)$가 다음 조건을 모두 만족시킬 때, $f(3)$의 값은?

(가) $\lim\limits_{x \to \infty} \dfrac{f(x) - 2x^2}{x + 1} = -1$

(나) $\lim\limits_{x \to 2} \dfrac{f(x)}{x - 2}$ 의 값이 존재한다.

① 7   ② 8   ③ 9

④ 10   ⑤ 11

34

다항함수 $f(x)$가 다음 조건을 모두 만족시킬 때, $f(2)$의 값은?

> (가) $\displaystyle\lim_{x\to\infty}\frac{f(x)-x^3}{x^2}=2$
>
> (나) $\displaystyle\lim_{x\to1}\frac{f(x)}{x-1}=4$

① 8 ② 9 ③ 10
④ 11 ⑤ 12

35

다항함수 $f(x)$가 다음 조건을 모두 만족시킬 때, $f(-2)$의 값은?

> (가) $\displaystyle\lim_{x\to\infty}\frac{f(x)-2x^3}{x^2}=2$
>
> (나) $\displaystyle\lim_{x\to0}\frac{f(x)}{x}=-3$

① -1 ② -2 ③ -3
④ -4 ⑤ -5

36

이차함수 $f(x)$가 다음 조건을 모두 만족시킬 때, $f(3)$의 값은?

> (가) $\displaystyle\lim_{x\to\infty}\frac{2x^2f(x)-f(x^2)}{\{f(x)\}^2}=3$
>
> (나) $\displaystyle\lim_{x\to0}\frac{f(x)}{x}=1$

① 3 ② 4 ③ 5
④ 6 ⑤ 7

> ### 유형 12 함수의 극한과 대소 관계
>
> 두 함수 $f(x)$, $g(x)$에 대하여
> $\displaystyle\lim_{x\to a}f(x)=\alpha$, $\displaystyle\lim_{x\to a}g(x)=\beta$ (α, β는 실수)일 때
> (1) $f(x)\le g(x)$이면 $\alpha\le\beta$
> (2) 함수 $h(x)$에 대하여 $f(x)\le h(x)\le g(x)$이고 $\alpha=\beta$이면
> $\quad\displaystyle\lim_{x\to a}h(x)=\alpha$

37

모든 실수 x에 대하여 함수 $f(x)$가
$$5x^2-1\le(x^2+1)f(x)\le5x^2+7$$
을 만족시킬 때, $\displaystyle\lim_{x\to\infty}f(x)$의 값은?

① 1 ② 3 ③ 5
④ 7 ⑤ 9

38

$x>0$에서 함수 $f(x)$가
$$\frac{2x-3}{x}<f(x)<\frac{2x^2+5x}{x^2}$$
를 만족시킬 때, $\displaystyle\lim_{x\to\infty}f(x)$의 값은?

① 0 ② $\dfrac{1}{2}$ ③ 1
④ $\dfrac{3}{2}$ ⑤ 2

39

$x>0$에서 함수 $f(x)$가
$$3x+1<f(x)<3x+5$$
를 만족시킬 때, $\displaystyle\lim_{x\to\infty}\frac{\{f(x)\}^2}{x^2+x+1}$의 값은?

① 3 ② 6 ③ 9
④ 12 ⑤ 15

유형 13 도형에서의 함수의 극한의 활용 ★★

적당히 좌표를 잡고, 구하고자 하는 길이, 넓이 등을 식으로 나타낸 다음 극한의 성질을 이용하여 극한값을 구한다.

40

그림과 같이 곡선 $y=\sqrt{x}$ 위를 움직이는 점 $\mathrm{P}(t,\ \sqrt{t}\,)$에서 x축과 y축에 내린 수선의 발을 각각 Q, R라 할 때,

$$\lim_{t\to\infty}\frac{5\overline{\mathrm{OP}}^{\,2}}{3\overline{\mathrm{OQ}}^{\,2}+2\overline{\mathrm{OR}}^{\,2}}$$ 의 값은? (단, O는 원점이다.)

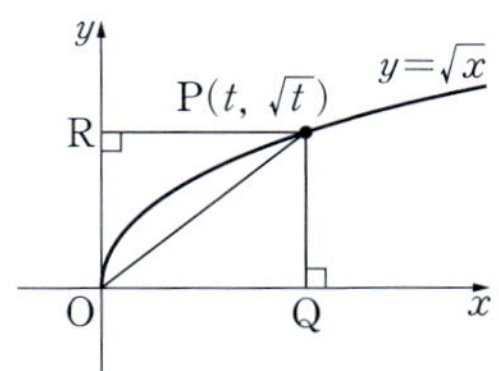

① $\dfrac{4}{3}$ ② $\dfrac{5}{3}$ ③ 2

④ $\dfrac{7}{3}$ ⑤ $\dfrac{8}{3}$

41

그림과 같이 이차함수 $y=x^2-1$의 그래프가 x축과 만나는 점 중 x좌표가 양수인 점을 P라 하고, 점 P가 아닌 이차함수의 그래프 위의 한 점을 $\mathrm{Q}(t,\ t^2-1)$이라 할 때,

$$\lim_{t\to\infty}\frac{\overline{\mathrm{PQ}}}{t^2}$$ 의 값은?

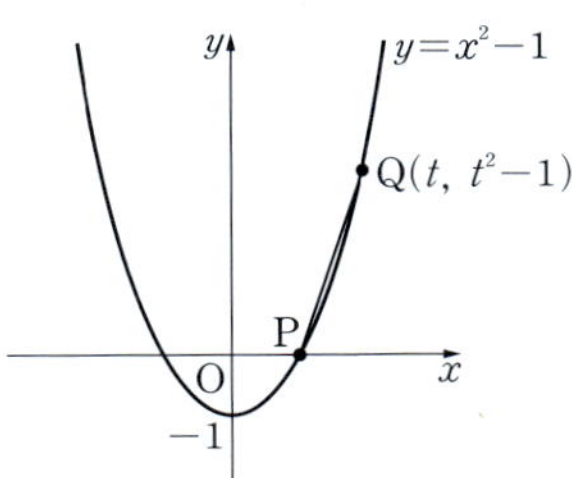

① 1 ② $\dfrac{5}{4}$ ③ $\dfrac{3}{2}$

④ $\dfrac{7}{4}$ ⑤ 2

42

그림과 같이 곡선 $y=\sqrt{x+4}$ 위의 서로 다른 두 점 $\mathrm{A}(0,\ 2)$, $\mathrm{B}(t,\ \sqrt{t+4}\,)$에 대하여 직선 AB의 기울기를 $f(t)$라 할 때, $\displaystyle\lim_{t\to 0}f(t)$의 값은?

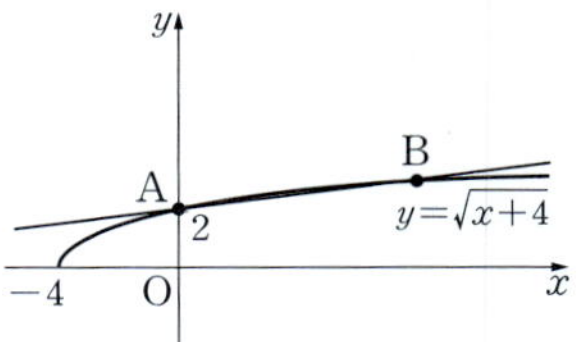

① $\dfrac{1}{5}$ ② $\dfrac{1}{4}$ ③ $\dfrac{1}{3}$

④ $\dfrac{1}{2}$ ⑤ 1

43

곡선 $y=\sqrt{2x-1}$ 위의 점 $\mathrm{P}(t,\ \sqrt{2t-1}\,)$에서 원점까지의 거리를 d_1, 점 $(1,\ 0)$까지의 거리를 d_2라 할 때, $\displaystyle\lim_{t\to\infty}(d_1-d_2)$의 값을 구하시오.

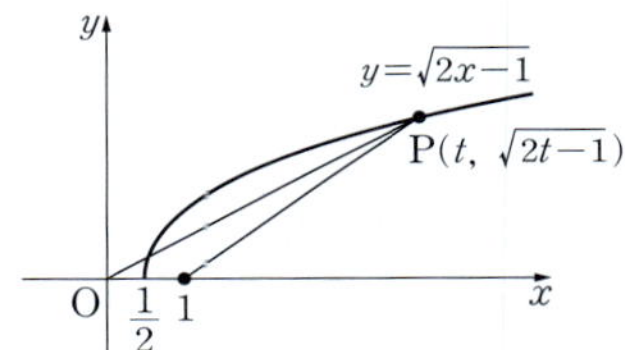

44

그림과 같이 점 $\mathrm{A}(a,\ 0)$ $(a>0)$과 점 $\mathrm{B}(0,\ 1)$에 대하여 삼각형 OAB에 내접하는 원 C가 있다. 원 C의 반지름의 길이를 r라 할 때, $\displaystyle\lim_{a\to 0+}\frac{r}{a}$의 값은? (단, O는 원점이다.)

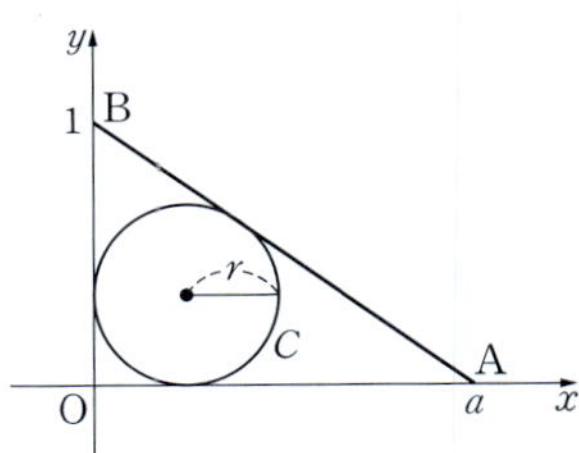

① $\dfrac{1}{8}$ ② $\dfrac{1}{4}$ ③ $\dfrac{3}{8}$

④ $\dfrac{1}{2}$ ⑤ $\dfrac{5}{8}$

01 ☆

두 함수 $f(x)$, $g(x)$에 대하여 $\lim\limits_{x \to 2} f(x)=2$, $\lim\limits_{x \to 2} g(x)=3$ 일 때, $\lim\limits_{x \to 2} \{2f(x)-3g(x)\}$의 값은?

① -5　　　② -2　　　③ 0

④ 2　　　⑤ 5

02 ☆☆

함수 $f(x)=\begin{cases} x^2-ax-b & (x \ge 1) \\ 2x^2-abx+4 & (x<1) \end{cases}$에 대하여 $\lim\limits_{x \to 1} f(x)$의 값이 존재한다. 정수 a, b에 대하여 순서쌍 $(a,\ b)$의 개수는?

① 4　　　② 5　　　③ 6

④ 7　　　⑤ 8

03 ☆

[2005년(가) 6월 평가원]

정의역이 $\{x \mid -1 \le x \le 3\}$인 함수 $y=f(x)$의 그래프가 그림과 같을 때, [보기]에서 옳은 것을 모두 고른 것은?

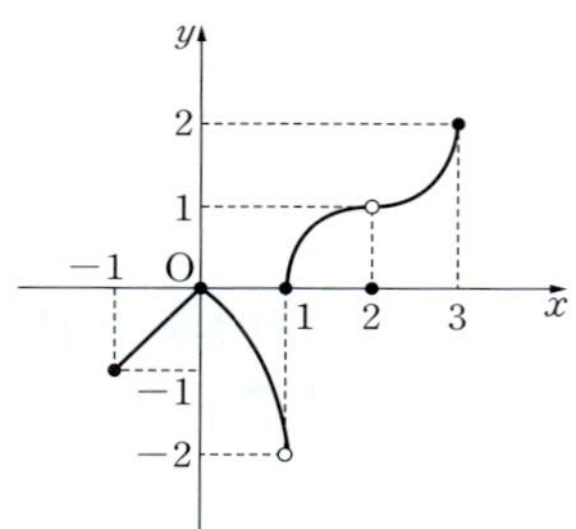

──[보기]──

ㄱ. $\lim\limits_{x \to 1} f(x)$가 존재한다.

ㄴ. $\lim\limits_{x \to 2} f(x)$가 존재한다.

ㄷ. $-1<a<1$인 실수 a에 대하여 $\lim\limits_{x \to a} f(x)$가 존재한다.

① ㄱ　　　② ㄴ　　　③ ㄷ

④ ㄱ, ㄴ　　　⑤ ㄴ, ㄷ

04 ☆☆☆ 첨삭 해설

$\lim\limits_{x \to 1+} \dfrac{|x-1|^2-2|1-x|}{|x|-1}$ 의 값은?

① -4　　　② -2　　　③ 0

④ 2　　　⑤ 4

05 ☆

$\lim\limits_{x \to 3} \dfrac{\sqrt{2x^2+7}-5}{x-3}$ 의 값은?

① $\dfrac{2}{5}$　　　② $\dfrac{3}{5}$　　　③ $\dfrac{4}{5}$

④ 1　　　⑤ $\dfrac{6}{5}$

06 ☆☆☆ 첨삭 해설

[2011년 10월 교육청]

그림은 $-3<x<3$에서 정의된 두 함수 $y=f(x)$, $y=g(x)$의 그래프이다. 옳은 것만을 [보기]에서 있는 대로 고른 것은?

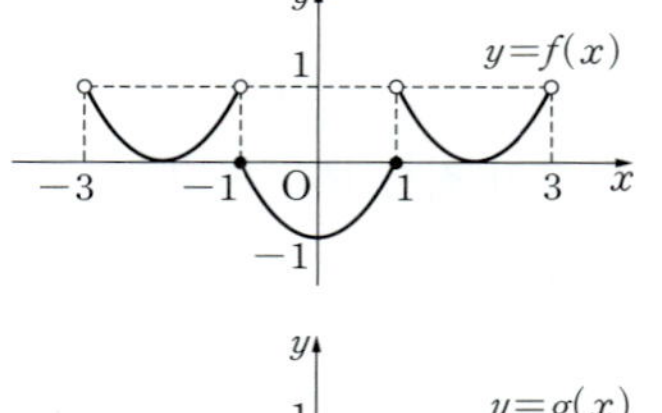

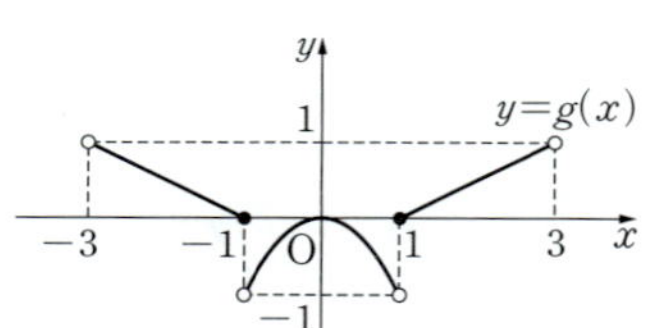

──[보기]──

ㄱ. $\lim\limits_{x \to 0} f(x)=-1$

ㄴ. $\lim\limits_{x \to 1} \{f(x)+g(x)\}=1$

ㄷ. $\lim\limits_{x \to -1} f(x)g(x)=0$

① ㄱ　　　② ㄴ　　　③ ㄱ, ㄴ

④ ㄱ, ㄷ　　　⑤ ㄱ, ㄴ, ㄷ

07 ☆

$\lim\limits_{x\to 3}\dfrac{3x^2+ax-6}{x-3}=b$가 성립할 때, 상수 a, b에 대하여 $a+b$의 값은?

① 3   ② 4   ③ 5

④ 6   ⑤ 7

08 ☆

함수 $f(x)=\begin{cases} -1 & (x\le -1) \\ x & (-1<x\le 1) \\ -3x+2 & (x>1) \end{cases}$에 대하여

$f(-1)+\lim\limits_{x\to 1^-}f(x)+\lim\limits_{x\to 2}f(x)$의 값은?

① -4 ② -2 ③ -1

④ 2   ⑤ 4

09 ☆☆

$x>1$에서 함수 $f(x)$가
$$4x+3<f(x)<4x+7$$
을 만족시킬 때, $\lim\limits_{x\to\infty}\dfrac{\{f(x)\}^2}{2x^2-1}$의 값은?

① 4   ② 5   ③ 6

④ 7   ⑤ 8

10 ☆☆ 첨삭 해설   [2014년(A) 6월 평가원]

함수 $f(x)$에 대하여 $\lim\limits_{x\to 2}\dfrac{f(x)-3}{x-2}=5$일 때,

$\lim\limits_{x\to 2}\dfrac{x-2}{\{f(x)\}^2-9}$의 값은?

① $\dfrac{1}{18}$ ② $\dfrac{1}{21}$ ③ $\dfrac{1}{24}$

④ $\dfrac{1}{27}$ ⑤ $\dfrac{1}{30}$

11 |단답형| ☆☆

$\lim\limits_{x\to\infty}\dfrac{f(x)-x^2}{x}=4$를 만족시키는 다항함수 $f(x)$의 최솟값이 4일 때, $f(3)$의 값을 구하시오.

12 ☆☆☆ 첨삭 해설

그림과 같이 곡선 $y=\sqrt{2x}$와 직선 $y=x$가 만나는 점 중에서 원점이 아닌 점을 A라 하자. 곡선 $y=\sqrt{2x}$ 위의 원점이 아닌 점 $P(t, \sqrt{2t})$에 대하여 두 점 A와 P를 지나는 직선이 x축과 만나는 점을 Q라 하고, 점 Q의 x좌표를 $f(t)$라 하자. 점 P가 곡선을 따라 점 A로 한없이 가까이 갈 때, $f(t)$의 극한값은?

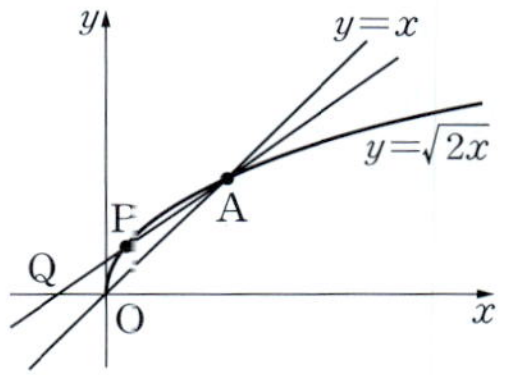

① -2 ② $-\dfrac{7}{4}$ ③ $-\dfrac{3}{2}$

④ $-\dfrac{5}{4}$ ⑤ -1

13 |서술형| ☆☆☆

함수 $f(x)=\dfrac{ax^3+bx^2+cx+d}{x^2-1}$에서

$\lim\limits_{x\to 1}f(x)=2$, $\lim\limits_{x\to\infty}f(x)=3$이 되도록 하는 상수 a, b, c, d에 대하여 $a^2+b^2+c^2+d^2$의 값을 구하시오.

Simple Ⓓ 함수의 연속

09 함수의 연속과 불연속

(1) 함수 $f(x)$가 실수 a에 대하여 다음 세 조건을 모두 만족시킬 때, 함수 $f(x)$는 $x=a$에서 **연속**이라고 한다.

  (ⅰ) 함수 $f(x)$가 $x=a$에서 정의되어 있다.

  (ⅱ) 극한값 $\lim\limits_{x \to a} f(x)$가 존재한다.

  (ⅲ) $\lim\limits_{x \to a} f(x)=f(a)$

(2) 함수 $f(x)$가 $x=a$에서 연속이 아닐 때, $f(x)$는 $x=a$에서 **불연속**이라고 한다.

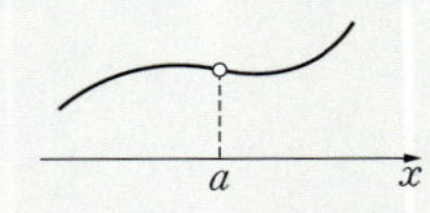

⇒ 함숫값 $f(a)$가 정의되지 않은 경우

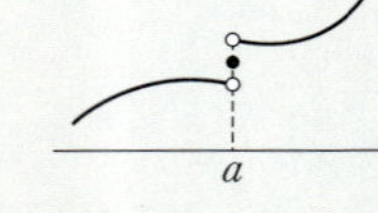

⇒ 극한값 $\lim\limits_{x \to a} f(x)$가 존재 하지 않는 경우

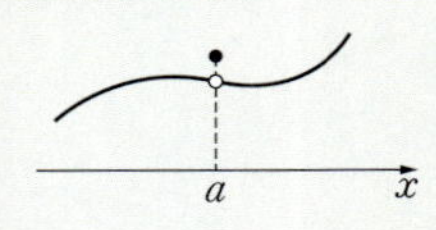

⇒ 극한값 $\lim\limits_{x \to a} f(x)$와 함숫값 $f(a)$가 서로 다른 경우

> • 극한값이 존재하려면 좌극한값과 우극한값이 같아야 한다.
> 즉, 함수 $f(x)$가 $x=a$에서 연속이면
> $$\lim\limits_{x \to a-} f(x) = \lim\limits_{x \to a+} f(x) = f(a)$$
> 가 성립한다.

10 연속함수

(1) **구간**

두 실수 a, b $(a<b)$에 대하여 다음 범위에 있는 실수의 집합을 **구간**이라 하고

$\{x|a<x<b\} \Rightarrow (a, b)$, $\{x|a\leq x<b\} \Rightarrow [a, b)$, $\{x|a\leq x\leq b\} \Rightarrow [a, b]$,

$\{x|a<x\leq b\} \Rightarrow (a, b]$, $\{x|x<a\} \Rightarrow (-\infty, a)$, $\{x|x\geq a\} \Rightarrow [a, \infty)$

와 같이 나타낸다. 특히, 실수 전체의 집합은 기호로 $(-\infty, \infty)$와 같이 나타낸다.

(2) **연속함수**

함수 $f(x)$가 어떤 구간에 속하는 모든 실수 x에서 연속일 때, $f(x)$는 그 구간에서 **연속**이라 하고, 어떤 구간에서 연속인 함수를 **연속함수**라고 한다.

> • (a, b)를 열린구간, $[a, b]$를 닫힌구간, $[a, b)$와 $(a, b]$를 반닫힌 구간 또는 반열린 구간이라고 한다.
>
> • 함수 $f(x)$가
> (ⅰ) 열린구간 (a, b)에서 연속이고
> (ⅱ) $\lim\limits_{x \to a+} f(x)=f(a)$,
> $\lim\limits_{x \to b-} f(x)=f(b)$
> 를 만족시킬 때, $f(x)$는 닫힌구간 $[a, b]$에서 연속이라고 한다.

개념 CHECK

정답 및 해설 p. 23

[01~04] 다음 빈칸에 알맞은 것을 써넣으시오.

01 함수 $f(x)$가 $x=a$에서 정의되어 있고, 극한값 [　　　]가 존재하며, $\lim\limits_{x \to a} f(x)=$[　　　]이면 함수 $f(x)$는 $x=a$에서 연속이다.

02 함수 $f(x)$가 $x=a$에서 연속이 아닐 때, $f(x)$는 $x=a$에서 [　　　]이라고 한다.

03 (a, b) 꼴의 구간을 열린구간, $[a, b]$ 꼴의 구간을 [　　　]이라고 한다.

04 함수 $f(x)$가 어떤 구간에 속하는 모든 실수 x에서 연속일 때, $f(x)$는 그 구간에서 연속이라 하고, 어떤 구간에서 연속인 함수를 [　　　]라고 한다.

[05~08] 옳은 것에 ○표, 옳지 않은 것에 ×표를 하시오.

05 $x=a$에서 함수 $f(x)$의 좌극한값과 우극한값이 다르면 $f(x)$는 $x=a$에서 불연속이다. (　　　)

06 실수 a에 대하여 집합 $\{x|x>a\}$를 구간으로 나타내면 $[a, \infty]$이다. (　　　)

07 함숫값이 존재하지 않아도 연속이 되는 경우가 있다. (　　　)

08 실수 전체의 집합은 기호로 $(-\infty, \infty)$와 같이 나타낸다. (　　　)

09 함수의 연속과 불연속

[09~11] 그래프가 다음 그림과 같은 함수 $f(x)$가 $x=2$에서 불연속인 이유를 [보기]에서 고르시오.

[보기]

ㄱ. $f(2)$의 값이 존재하지 않는다.

ㄴ. $\lim\limits_{x \to 2} f(x)$의 값이 존재하지 않는다.

ㄷ. $\lim\limits_{x \to 2} f(x)$와 $f(2)$의 값이 존재하지만 $\lim\limits_{x \to 2} f(x) \neq f(2)$이다.

09 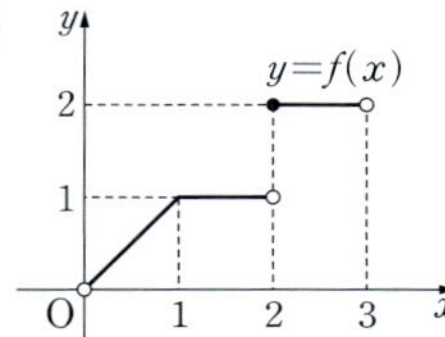 **10** 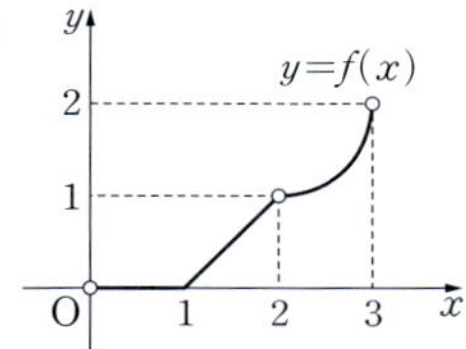

11 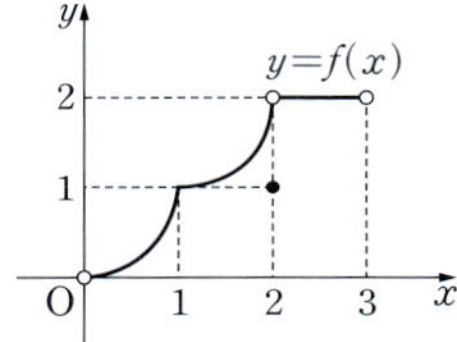

[12~14] 다음 함수 $f(x)$가 $x=0$에서 연속인지 불연속인지 조사하시오.

12 $f(x)=\begin{cases} \dfrac{x}{|x|} & (x \neq 0) \\ 0 & (x=0) \end{cases}$

13 $f(x)=\begin{cases} \dfrac{1}{x} & (x \neq 0) \\ 0 & (x=0) \end{cases}$

14 $f(x)=\begin{cases} \dfrac{x^2+2x}{x} & (x \neq 0) \\ 2 & (x=0) \end{cases}$

10 연속함수

[15~18] 다음 함수 $f(x)$가 연속인 구간을 구하시오.

15 $f(x)=3$

16 $f(x)=x^3+2x$

17 $f(x)=\dfrac{1}{x}$

18 $f(x)=\sqrt{x-1}$

[19~24] [ ] 안에 주어진 x의 값에 대하여 다음 함수의 연속성을 조사하시오.

19 $f(x)=\begin{cases} 1 & (x \geq 0) \\ -1 & (x < 0) \end{cases}$ $\quad [x=0]$

20 $g(x)=\begin{cases} x-1 & (x \neq 2) \\ 0 & (x=2) \end{cases}$ $\quad [x=2]$

21 $h(x)=\begin{cases} \dfrac{-x^2+2x}{x} & (x \neq 0) \\ 2 & (x=0) \end{cases}$ $\quad [x=0]$

22 $i(x)=\begin{cases} \sqrt{x-1}+3 & (x \geq 1) \\ 3 & (x < 1) \end{cases}$ $\quad [x=1]$

23 $j(x)=\dfrac{1}{x-1}$ $\quad [x=1]$

24 $k(x)=\dfrac{1}{x^2+1}$ $\quad [x=3]$

유형 14 $x=a$에서의 함수의 연속성 ★

함수 $f(x)$가 $x=a$에서 연속인지 알아보려면 함숫값 $f(a)$가 존재하는지, 극한값 $\lim\limits_{x\to a} f(x)$가 존재하는지, $\lim\limits_{x\to a} f(x)=f(a)$를 만족하는지 확인한다.

25

다음 [보기] 중 $x=1$에서 불연속인 함수의 그래프와 그에 대한 이유가 바르게 연결된 것은?

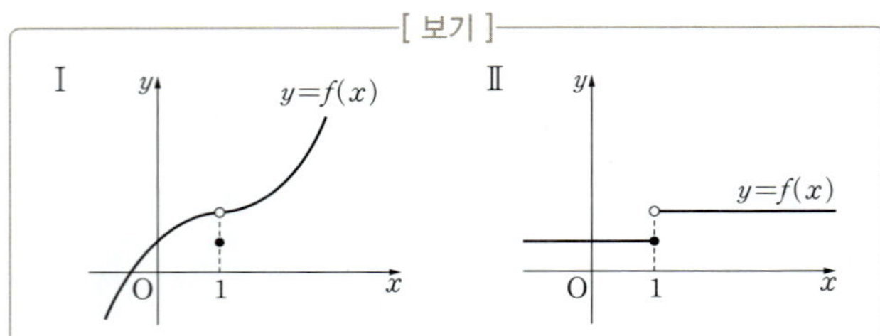

[보기]

ㄱ. $f(1)$이 정의되지 않는다.

ㄴ. $\lim\limits_{x\to 1} f(x)$가 존재하지 않는다.

ㄷ. $\lim\limits_{x\to 1} f(x) \neq f(1)$

① Ⅰ－ㄱ, Ⅱ－ㄴ   ② Ⅰ－ㄱ, Ⅱ－ㄷ

③ Ⅰ－ㄴ, Ⅱ－ㄱ   ④ Ⅰ－ㄷ, Ⅱ－ㄴ

⑤ Ⅰ－ㄷ, Ⅱ－ㄱ

26

다음 [보기]의 함수 중 $x=0$에서 연속인 것만을 있는 대로 고른 것은?

[보기]

ㄱ. $f(x)=\begin{cases} \dfrac{x}{x^2+2x} & (x\neq 0) \\[2mm] \dfrac{1}{2} & (x=0) \end{cases}$

ㄴ. $g(x)=x|x|$

ㄷ. $h(x)=\begin{cases} x^2+1 & (x\neq 0) \\ 0 & (x=0) \end{cases}$

① ㄱ   ② ㄱ, ㄴ   ③ ㄱ, ㄷ

④ ㄴ, ㄷ   ⑤ ㄱ, ㄴ, ㄷ

27

다음 [보기]의 함수 중 $x=1$에서 연속인 것만을 있는 대로 고른 것은?

[보기]

ㄱ. $f(x)=x-1+|x-1|$

ㄴ. $g(x)=\dfrac{x^2}{|x-1|}$

ㄷ. $h(x)=\sqrt{(x-1)^2}$

① ㄱ   ② ㄴ   ③ ㄷ

④ ㄱ, ㄴ   ⑤ ㄱ, ㄷ

유형 15 구간에서의 함수의 연속성

(1) $x=a$에서 함수의 그래프가 끊어져 있으면 $x=a$에서 불연속이다.

(2) 주어진 구간에서 불연속인 점이 없는 함수를 연속함수라고 한다.

28

구간 $[-2,\ 2]$에서 정의된 함수 $y=f(x)$의 그래프가 그림과 같을 때, [보기] 중 옳은 것만을 있는 대로 고른 것은?

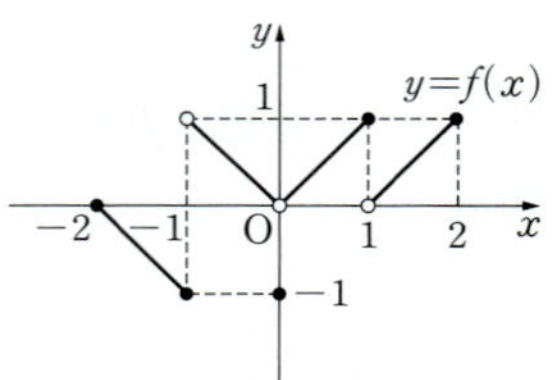

[보기]

ㄱ. $\lim\limits_{x\to 1-} f(x)=\lim\limits_{x\to -1+} f(x)$

ㄴ. $\lim\limits_{x\to -1-} f(x)=f(-1)$

ㄷ. 불연속인 x의 값의 개수는 3이다.

① ㄱ   ② ㄱ, ㄴ   ③ ㄱ, ㄷ

④ ㄴ, ㄷ   ⑤ ㄱ, ㄴ, ㄷ

29

다음 [보기]의 함수 중 실수 전체의 집합에서 항상 연속인 것만을 있는 대로 고른 것은?

[보기]
ㄱ. 이차함수 ㄴ. 유리함수
ㄷ. 상수함수 ㄹ. 무리함수

① ㄱ, ㄴ ② ㄱ, ㄷ ③ ㄱ, ㄹ
④ ㄴ, ㄷ ⑤ ㄷ, ㄹ

30

함수 $f(x)=\dfrac{1}{x-\dfrac{4}{x}}$ 이 불연속이 되는 모든 x의 값의 합은?

① -4 ② -2 ③ 0
④ 2 ⑤ 4

31

$x>0$에서 정의된 함수 $y=f(x)$의 그래프가 그림과 같을 때, 다음 [보기] 중 옳은 것만을 있는 대로 고른 것은?

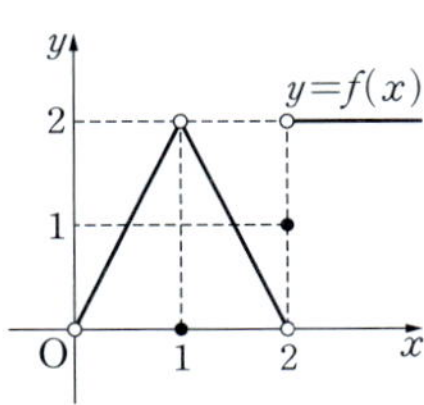

[보기]
ㄱ. $x=1$에서 $f(x)$의 극한값이 존재하지 않는다.
ㄴ. $x=2$에서 $f(x)$는 불연속이다.
ㄷ. 함수 $f(x)$가 불연속인 점의 개수는 2이다.

① ㄱ ② ㄴ ③ ㄷ
④ ㄱ, ㄴ ⑤ ㄴ, ㄷ

32

구간 $(0, 5)$에서 정의된 함수 $y=f(x)$의 그래프가 그림과 같을 때, 다음 [보기] 중 옳은 것만을 있는 대로 고른 것은?

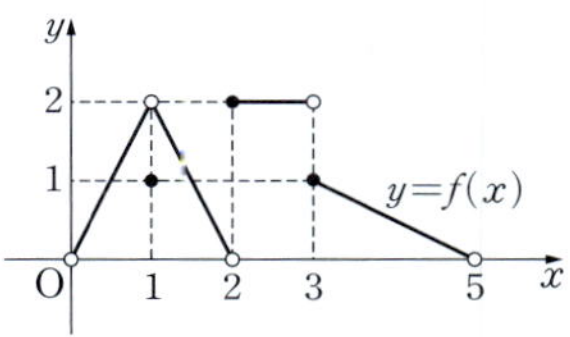

[보기]
ㄱ. $\lim\limits_{x\to 3+} f(x)=1$
ㄴ. $\lim\limits_{x\to 2+} f(x)=f(2)$
ㄷ. 함수 $f(x)$가 불연속인 x의 값의 개수는 2이다.

① ㄱ ② ㄱ, ㄴ ③ ㄱ, ㄷ
④ ㄴ, ㄷ ⑤ ㄱ, ㄴ, ㄷ

33

다음 [보기] 중 $x>0$에서 연속인 함수의 개수는?

[보기]
ㄱ. $y=5x+1$ ㄴ. $y=\sqrt{x+2}$
ㄷ. $y=\dfrac{1}{x-2}$ ㄹ. $y=|x-3|$
ㅁ. $y=\begin{cases} \dfrac{x-1}{x^2-1} & (x\neq 1) \\ \dfrac{1}{2} & (x=1) \end{cases}$

① 1 ② 2 ③ 3
④ 4 ⑤ 5

유형 16 함수의 연속과 미정계수의 결정 ★★

함수 $f(x)=\begin{cases} g(x) & (x>a) \\ h(x) & (x\le a) \end{cases}$ 가 모든 실수 x에 대하여 연속이면

$\lim\limits_{x\to a+} g(x) = \lim\limits_{x\to a-} h(x) = h(a)$ 를 만족시킨다.

34

함수 $f(x)=\begin{cases} \dfrac{-x^3+2x+4}{x-2} & (x\ne 2) \\ k & (x=2) \end{cases}$ 가 $x=2$에서 연속일

때, 상수 k의 값은?

① -6 　　 ② -7 　　 ③ -8

④ -9 　　 ⑤ -10

35

함수 $f(x)=\begin{cases} \dfrac{\sqrt{x^2+5}-3}{x+2} & (x\ne -2) \\ k & (x=-2) \end{cases}$ 가 $x=-2$에서 연속

일 때, 상수 k의 값은?

① $-\dfrac{2}{3}$ 　　 ② $-\dfrac{1}{3}$ 　　 ③ $\dfrac{1}{3}$

④ $\dfrac{2}{3}$ 　　 ⑤ 1

36

함수 $f(x)=\begin{cases} \dfrac{x^2+x+a}{x-1} & (x\ne 1) \\ b & (x=1) \end{cases}$ 가 $x=1$에서 연속일 때,

상수 a, b에 대하여 $a+b$의 값은?

① $\dfrac{1}{2}$ 　　 ② 1 　　 ③ $\dfrac{3}{2}$

④ 2 　　 ⑤ $\dfrac{5}{2}$

37

함수 $f(x)=\begin{cases} x^2-6x & (x\ge 1) \\ ax^2+bx & (x<1) \end{cases}$ 가 실수 전체의 집합에서

연속일 때, 상수 a, b에 대하여 $a+b$의 값은?

① -5 　　 ② -3 　　 ③ -1

④ 1 　　 ⑤ 3

38

함수 $f(x)=\begin{cases} px+1 & (x\le -1 \text{ 또는 } x\ge 2) \\ x^2-2x+q & (-1<x<2) \end{cases}$ 가 실수

전체의 집합에서 연속일 때, 상수 p, q에 대하여 pq의 값은?

① -2 　　 ② -1 　　 ③ 0

④ 1 　　 ⑤ 2

39

함수 $f(x)=\begin{cases} ax+1 & \left(x<-2 \text{ 또는 } x>\dfrac{7}{2}\right) \\ x^2+b & \left(-2\le x\le \dfrac{7}{2}\right) \end{cases}$ 가 구간

$(-\infty, \infty)$에서 연속일 때, $f(-1)\times f(4)$의 값은?

① -27 　　 ② -29 　　 ③ -31

④ -33 　　 ⑤ -35

유형 17 $(x-a)f(x)$ 꼴의 함수의 연속성

모든 실수 x에서 연속인 두 함수 $f(x)$, $g(x)$가
$(x-a)f(x)=g(x)$를 만족시키면
$$\Rightarrow f(a)=\lim_{x \to a}\frac{g(x)}{x-a}$$

40

$x=2$에서 연속인 함수 $f(x)$가
$$(x-2)f(x)=x^2+ax-12$$
를 만족시킬 때, $a+f(2)$의 값은? (단, a는 상수이다.)

① 10 　　　　② 12 　　　　③ 14
④ 16 　　　　⑤ 18

41

모든 실수 x에서 연속인 함수 $f(x)$가
$(x+3)f(x)=x^2+ax+b$이고 $f(-3)=-4$일 때, 상수
a, b에 대하여 ab의 값은?

① -6 　　　　② -3 　　　　③ 3
④ 6 　　　　⑤ 9

42

모든 실수 x에서 연속인 함수 $f(x)$가
$$(x^2-1)f(x)=x^3+3x^2-x-3$$
을 만족시킬 때, $f(1)+f(-1)$의 값을 구하시오.

43

열린구간 $(-1, 1)$에서 연속인 함수 $f(x)$가
$$(\sqrt{1+x}-\sqrt{1-x})f(x)=x$$
를 만족시킬 때, $f(0)$의 값은?

① 1 　　　　② 2 　　　　③ 3
④ 4 　　　　⑤ 5

유형 18 $f(x)=f(x+p)$ 꼴의 함수의 연속성

주기가 p이고, $0 \le x < p$에서 연속인 주기함수 $f(x)$가 모든 실수에서 연속이 될 조건은 $f(0)=f(p)$이다.

※ 0이 아닌 상수 p에 대하여 함수 $f(x)$가 $f(x)=f(x+p)$를 만족시킬 때, 함수 $f(x)$는 주기가 p인 주기함수이다.

44

실수 전체의 집합에서 연속인 함수 $f(x)$가
$$f(x)=\begin{cases} \dfrac{1}{2}x+1 & (0 \le x < 2) \\ ax+b & (2 \le x \le 4) \end{cases}$$
와 같이 정의되고, 모든 실수 x에 대해 $f(x)=f(x+4)$를 만족시킬 때, 상수 a, b에 대하여 $a+b$의 값은?

① $-\dfrac{3}{2}$ 　　　　② $-\dfrac{1}{2}$ 　　　　③ $\dfrac{1}{2}$
④ $\dfrac{3}{2}$ 　　　　⑤ $\dfrac{5}{2}$

45

실수 전체의 집합에서 연속인 함수 $f(x)$가
$$f(x)=\begin{cases} 2x & (0 \le x < 1) \\ a(x-1)^2+b & (1 \le x \le 3) \end{cases}$$
와 같이 정의되고, 모든 실수 x에 대해 $f(x)=f(x+3)$을 만족시킬 때, $f(8)$의 값은? (단, a, b는 상수이다.)

① 1 　　　　② $\dfrac{3}{2}$ 　　　　③ 2
④ $\dfrac{5}{2}$ 　　　　⑤ 3

46

닫힌구간 $[-4, 6]$에서 연속인 함수 $f(x)$가
$$f(x)=\begin{cases} 2x+4 & (1 \le x < 2) \\ x^3+2x+p & (2 \le x \le 6) \end{cases}$$
와 같이 정의되고, 모든 실수 x에 대해 $f(1+x)=f(1-x)$를 만족시킬 때, $f(-1)$의 값을 구하시오.
(단, p는 상수이다.)

11 연속함수의 성질

두 함수 $f(x)$와 $g(x)$가 $x=a$에서 연속이면 다음 함수도 $x=a$에서 연속이다.

(1) $f(x)+g(x)$, $f(x)-g(x)$　　(2) $cf(x)$ (단, c는 상수)

(3) $f(x)g(x)$　　(4) $\dfrac{f(x)}{g(x)}$ (단, $g(a)\neq0$)

- 두 다항함수 $f(x)$, $g(x)$에 대하여 유리함수 $\dfrac{f(x)}{g(x)}$ 는 연속함수의 성질에 따라 $g(x)=0$인 x의 값을 제외한 모든 실수 x에서 연속이다.

12 최대·최소 정리

함수 $f(x)$가 닫힌구간 $[a, b]$에서 연속이면 $f(x)$는 이 구간에서 반드시 최댓값과 최솟값을 갖는다.

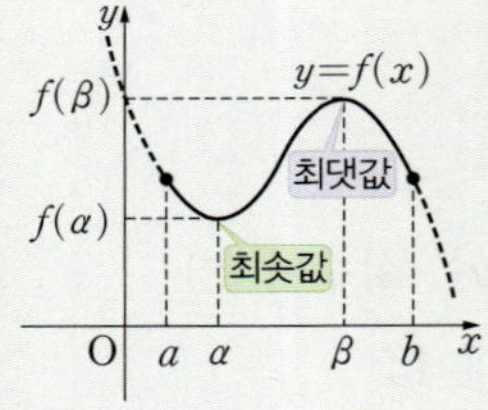

- 최댓값 또는 최솟값을 갖지 않는 경우
① 함수 $f(x)$가 닫힌구간 $[a, b]$에서 불연속인 경우

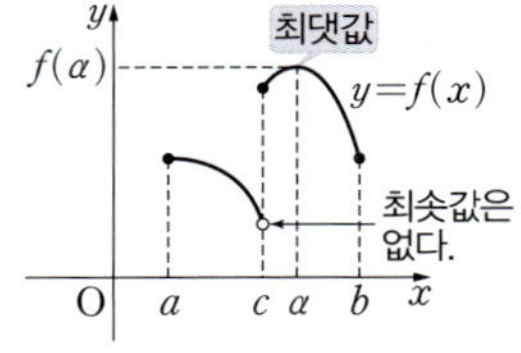

13 사잇값의 정리

(1) 사잇값의 정리

함수 $f(x)$가 닫힌구간 $[a, b]$에서 연속이고 $f(a)\neq f(b)$이면 $f(a)$와 $f(b)$ 사이의 임의의 실수 k 에 대하여 $f(c)=k$를 만족하는 c가 열린구간 (a, b) 에 적어도 하나 존재한다.

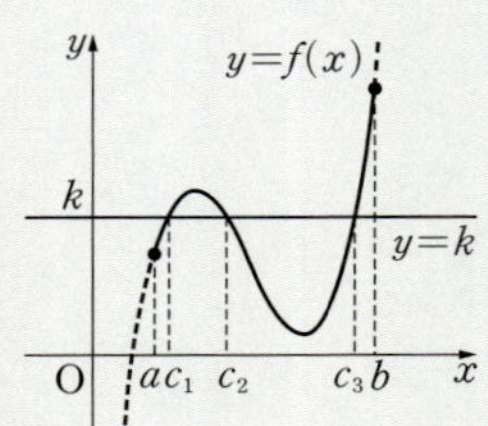

② 함수 $f(x)$가 열린구간 (a, b)에서 정의된 경우

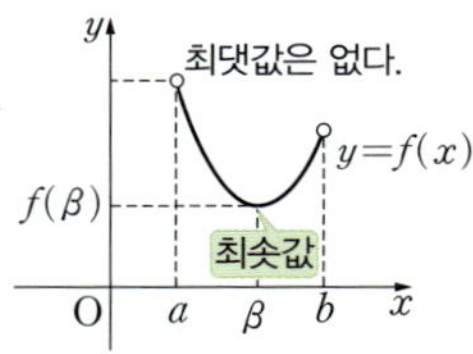

(2) 사잇값의 정리의 응용 – 방정식의 실근

함수 $f(x)$가 닫힌구간 $[a, b]$에서 연속이고 $f(a)f(b)<0$이면 방정식 $f(x)=0$은 열린구간 (a, b)에서 적어도 하나의 실근을 갖는다.

│ 개념 CHECK

정답 및 해설 p. 27

[01~04] 다음 빈칸에 알맞은 것을 써넣으시오.

01 두 함수 $f(x)$, $g(x)$가 $x=a$에서 연속이면 함수 $f(x)g(x)$도 $x=a$에서 [　　　]이다.

02 함수 $f(x)$가 닫힌구간 $[a, b]$에서 연속이면 $f(x)$는 이 구간에서 반드시 [　　　]과 [　　　]을 갖는다.

03 사잇값의 정리를 만족하려면 함수 $f(x)$가 닫힌구간 $[a, b]$에서 [　　　]이고 $f(a)$ [　　　] $f(b)$이어야 한다.

04 함수 $f(x)$가 닫힌구간 $[a, b]$에서 연속이고 $f(a)f(b)<0$이면 방정식 $f(x)=0$은 열린구간 (a, b)에서 적어도 하나의 [　　　]을 갖는다.

[05~08] 옳은 것에 ○표, 옳지 <u>않은</u> 것에 ×표를 하시오.

05 함수 $f(x)$가 $x=a$에서 연속이면 함수 $\{f(x)\}^2$도 $x=a$에서 연속이다.　　　　(　　)

06 두 함수 $f(x)$와 $g(x)$가 $x=a$에서 연속이면 유리함수 $\dfrac{f(x)}{g(x)}$도 $x=a$에서 연속이다.　　(　　)

07 함수 $f(x)$가 열린구간 (a, b)에서 정의된 경우 최댓값 또는 최솟값을 갖지 않을 수 있다.　　(　　)

08 함수 $f(x)=x^2-2$에 대하여 $f(1)=-1$, $f(2)=2$이므로 사잇값의 정리에 의하여 방정식 $f(x)=0$은 열린구간 $(1, 2)$에서 적어도 하나의 실근을 갖는다.　　　　(　　)

11 연속함수의 성질

[09~13] 두 함수 $f(x)=x-3$, $g(x)=x^2+1$에 대하여 다음 함수의 연속성을 조사하고, 불연속이 되는 x의 값을 구하시오.

09 $f(x)+g(x)$

10 $\dfrac{f(x)}{g(x)}$

11 $\dfrac{g(x)}{f(x)}$

12 $\dfrac{f(x)}{f(x)+g(x)}$

13 $\dfrac{g(x)}{g(x)-f(x)}$

[14~20] 두 함수 $f(x)=x-1$, $g(x)=x$에 대하여 다음 함수가 연속인 구간을 기호로 나타내시오.

14 $3f(x)+g(x)$

15 $f(x)-2g(x)$

16 $f(x)g(x)$

17 $4\{f(x)\}^2$

18 $\dfrac{f(x)}{g(x)}$

19 $\dfrac{1}{\{f(x)\}^2}$

20 $\dfrac{1}{f(x)g(x)}$

12 최대 · 최소 정리

[21~22] 함수 $y=f(x)$의 그래프가 그림과 같을 때, 다음 구간에서 함수 $f(x)$가 최댓값과 최솟값을 가지면 그 값을 구하시오.

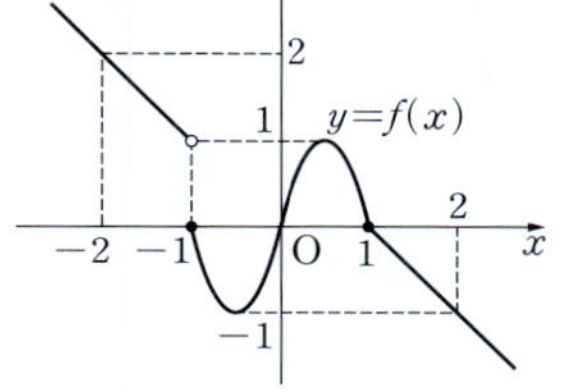

21 $[-2,\ -1]$

22 $[0,\ 1]$

[23~24] 다음 함수의 주어진 구간에서의 최댓값과 최솟값을 구하시오.

23 $f(x)=x^2-2x+4$ 　　 $[-1,\ 3]$

24 $f(x)=\dfrac{1}{x-1}$ 　　 $[2,\ 4]$

13 사잇값의 정리

25 다음은 함수 $f(x)=x^3+x$에 대하여 $f(c)=1$을 만족시키는 c가 열린구간 $(-1,\ 1)$에 반드시 존재함을 증명하는 과정이다. (가)~(라)에 알맞은 것을 써넣으시오.

> **증명**
> 함수 $f(x)=x^3+x$는 닫힌구간 $[-1,\ 1]$에서
> (가) 이다.
> 또, $f(-1)=$ (나) , $f(1)=$ (다) 이고
> (나) $<1<$ (다) 이므로 (라) 에 의하여
> $f(c)=1$을 만족시키는 c가 열린구간 $(-1,\ 1)$에
> 반드시 존재한다.

[26~28] 다음 방정식이 주어진 구간에서 실근을 반드시 가지면 ○표, 실근을 갖지 않으면 ×표를 하시오.

26 $x^2-3x+1=0$ 　　 $[3,\ 4]$ 　　　　 (　　　)

27 $x^3-3=0$ 　　 $[0,\ 2]$ 　　　　 (　　　)

28 $x^4+2x-6=0$ 　　 $[-1,\ 2]$ 　　　　 (　　　)

유형 19 연속함수의 성질 ★

두 함수 $f(x)$, $g(x)$가 $x=a$에서 연속이면 다음 함수도 $x=a$에서 연속이다.

(1) $kf(x)$ (단, k는 상수)　　(2) $f(x)\pm g(x)$

(3) $f(x)g(x)$　　(4) $\dfrac{f(x)}{g(x)}$ (단, $g(a)\neq0$)

29

두 함수 $f(x)=x^2+1$, $g(x)=x+4$에 대하여 다음 [보기] 중 모든 실수 x에서 연속인 함수의 개수는?

[보기]

ㄱ. $2f(x)+3g(x)$　　　ㄴ. $\dfrac{2}{g(x)}$

ㄷ. $\dfrac{f(x)}{f(x)+g(x)}$　　　ㄹ. $-f(x)g(x)$

ㅁ. $\dfrac{g(x)}{f(x)-g(x)}$　　　ㅂ. $\dfrac{3x}{f(x)g(x)}$

① 1　　　　② 2　　　　③ 3
④ 4　　　　⑤ 5

30

두 함수 $f(x)=x+1$, $g(x)=\dfrac{1}{x^2+1}$에 대하여 다음 [보기] 중 모든 실수 x에서 연속인 함수의 개수는?

[보기]

ㄱ. $3f(x)+g(x)$　　　ㄴ. $f(x)g(x)$

ㄷ. $\{g(x)\}^2$　　　ㄹ. $\dfrac{f(x)}{g(x)}$

ㅁ. $\dfrac{1}{f(x)}$　　　ㅂ. $g(x)-\dfrac{1}{f(x)}$

① 1　　　　② 2　　　　③ 3
④ 4　　　　⑤ 5

31

함수 $f(x)$가 $\lim\limits_{x\to1}f(x)=f(1)=2$일 때, 다음 [보기] 중 $x=1$에서 연속인 함수만을 있는 대로 고른 것은?

[보기]

ㄱ. $x^2f(x)$

ㄴ. $\dfrac{x}{f(x)}$

ㄷ. $\dfrac{1}{2-xf(x)}$

① ㄱ　　　　② ㄱ, ㄴ　　　　③ ㄱ, ㄷ
④ ㄴ, ㄷ　　　　⑤ ㄱ, ㄴ, ㄷ

32

두 함수 $y=f(x)$와 $y=g(x)$의 그래프가 그림과 같을 때, 다음 [보기]의 함수 중 $x=1$에서 연속인 것만을 있는 대로 고른 것은?

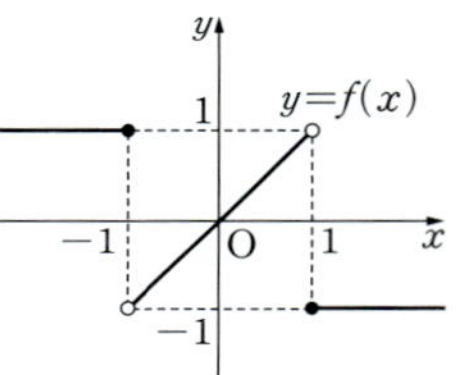

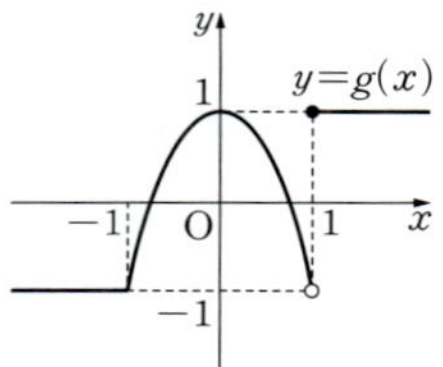

[보기]

ㄱ. $f(x)g(x)$

ㄴ. $f(x)+g(x)$

ㄷ. $\{g(x)\}^2$

① ㄱ　　　　② ㄴ　　　　③ ㄱ, ㄴ
④ ㄴ, ㄷ　　　　⑤ ㄱ, ㄴ, ㄷ

33

두 함수 $y=f(x)$와 $y=g(x)$의 그래프가 그림과 같을 때, 다음 [보기] 중 옳은 것만을 있는 대로 고른 것은?

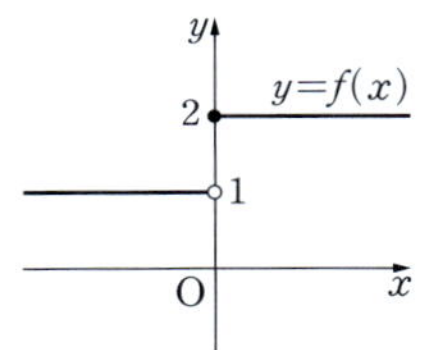 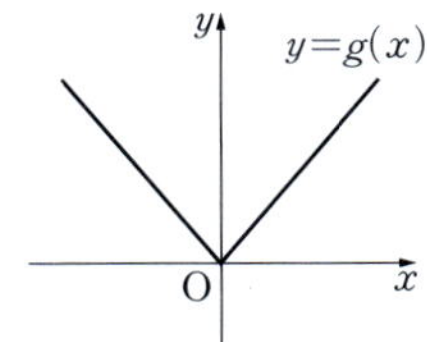

[보기]
ㄱ. 함수 $f(x)+g(x)$는 $x=0$에서 연속이다.
ㄴ. 함수 $f(x)g(x)$는 $x=0$에서 연속이다.
ㄷ. 함수 $\dfrac{g(x)}{f(x)}$는 $x=0$에서 연속이다.

① ㄱ　　　　② ㄴ　　　　③ ㄱ, ㄷ
④ ㄴ, ㄷ　　　⑤ ㄱ, ㄴ, ㄷ

34

두 함수 $y=f(x)$, $y=g(x)$의 그래프가 그림과 같을 때, 다음 [보기]의 함수 중 $x=1$에서 연속인 것만을 있는 대로 고른 것은?

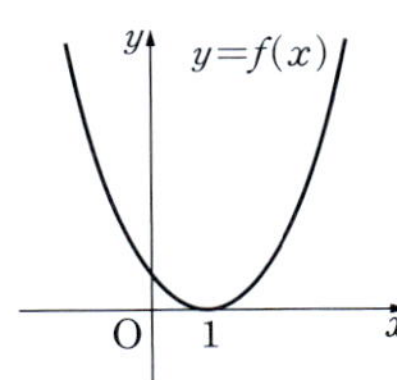 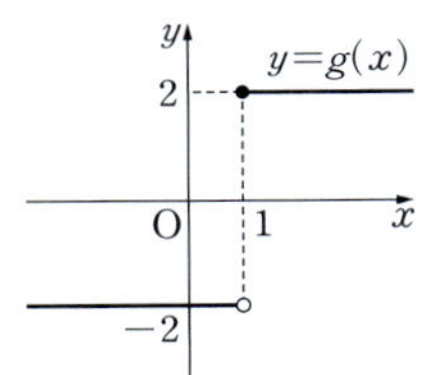

[보기]
ㄱ. $f(x)+g(x)$
ㄴ. $\{g(x)\}^2$
ㄷ. $f(x)g(x)$

① ㄱ　　　　② ㄴ　　　　③ ㄷ
④ ㄱ, ㄴ　　　⑤ ㄴ, ㄷ

35

두 함수 $f(x)=x$, $g(x)=x^2+2$에 대하여 다음 중 모든 실수 x에서 연속이 <u>아닌</u> 함수는?

① $f(x)-g(x)$　　　　② $f(x)g(x)$
③ $\dfrac{f(x)}{g(x)}$　　　　④ $\dfrac{g(x)}{f(x)}$
⑤ $\{f(x)\}^2+\{g(x)\}^2$

36

함수 $f(x)=\dfrac{x}{x^2-2kx+3k+4}$가 모든 실수 x에서 연속이 되도록 하는 정수 k의 개수는?

① 2　　　　② 3　　　　③ 4
④ 5　　　　⑤ 6

37

함수 $f(x)=\dfrac{1}{x-\dfrac{8}{x^2}}$이 $x=a$와 $x=b$에서 불연속일 때, $10a+b$의 값은? (단, $a>b$)

① 20　　　　② 21　　　　③ 22
④ 23　　　　⑤ 24

38

구간 $(-\infty,\ \infty)$에서 함수 $f(x)=\dfrac{1}{x-\dfrac{9}{x}}$이 불연속이 되는 x의 값의 개수는?

① 1　　　　② 2　　　　③ 3
④ 4　　　　⑤ 5

유형 20　연속성과 명제의 참·거짓

(1) 다항함수 $f(x)=a_nx^n+a_{n-1}x^{n-1}+\cdots+a_1x+a_0$ (a_0, a_1, $\cdots$, a_n은 상수, n은 음이 아닌 정수)은 모든 실수 x에서 연속이다.

(2) 두 다항함수 $f(x)$, $g(x)$에 대하여 유리함수 $\dfrac{f(x)}{g(x)}$는 연속함수의 성질에 따라 $g(x)=0$인 x의 값을 제외한 모든 실수 x에서 연속이다.

39

두 함수 $f(x)$, $g(x)$에 대하여 [보기] 중 옳은 것만을 있는 대로 고른 것은?

[보기]
ㄱ. $f(x)+g(x)$와 $f(x)-g(x)$가 어떤 구간에서 연속함수이면 $f(x)$도 그 구간에서 연속함수이다.
ㄴ. $\{f(x)\}^2$이 어떤 구간에서 연속함수이면 $f(x)$도 그 구간에서 연속함수이다.
ㄷ. $f(x)$와 $g(x)$가 $x=a$에서 연속이면 $\dfrac{f(x)}{g(x)}$도 $x=a$에서 연속이다.

① ㄱ　　　　② ㄱ, ㄴ　　　　③ ㄱ, ㄷ
④ ㄴ, ㄷ　　　⑤ ㄱ, ㄴ, ㄷ

40

두 함수 $f(x)$, $g(x)$에 대하여 [보기] 중 옳은 것만을 있는 대로 고른 것은?

[보기]
ㄱ. $f(x)$와 $f(x)g(x)$가 어떤 구간에서 연속함수이면 $g(x)$도 그 구간에서 연속함수이다.
ㄴ. $f(x)$와 $f(x)+g(x)$가 어떤 구간에서 연속함수이면 $\{f(x)\}^2-\{g(x)\}^2$도 그 구간에서 연속함수이다.
ㄷ. $f(x)$가 $x=a$에서 불연속이면 함수 $\dfrac{1}{f(x)}$도 $x=a$에서 불연속이다.

① ㄱ　　　　② ㄴ　　　　③ ㄷ
④ ㄱ, ㄴ　　　⑤ ㄴ, ㄷ

유형 21　최대·최소 정리

(1) 다항함수는 실수 전체에서 연속이므로 닫힌구간에서 반드시 최댓값과 최솟값을 갖는다.

(2) 증가하는 (또는 감소하는) 함수의 최대, 최소
　⇒ 닫힌구간의 양 끝점에서 최댓값 또는 최솟값을 갖는다.

(3) 유리함수
　⇒ 점근선을 포함하지 않는 닫힌구간이 주어진 경우 구간의 양 끝점에서 최댓값 또는 최솟값을 갖는다.

41

다음 [보기] 중 주어진 구간에서 최댓값과 최솟값을 모두 갖는 함수를 있는 대로 고른 것은?

[보기]
ㄱ. $f(x)=\dfrac{1}{x^2}$　　　　$[1, 4]$
ㄴ. $g(x)=\dfrac{1}{x-1}+1$　　$[0, 2]$
ㄷ. $h(x)=x^3+x-3$　　$[1, 3]$
ㄹ. $i(x)=\sqrt{x+2}$　　　$(1, 2)$

① ㄱ, ㄴ　　　② ㄱ, ㄷ　　　③ ㄴ, ㄷ
④ ㄱ, ㄷ, ㄹ　　⑤ ㄴ, ㄷ, ㄹ

42

닫힌구간 $\left[-\dfrac{1}{2}, \dfrac{1}{2}\right]$에서 정의된 함수 $f(x)=-\dfrac{3}{x-2}$의 최댓값을 M, 최솟값을 m이라 할 때, $M+m$의 값은?

① $\dfrac{12}{5}$　　　② $\dfrac{13}{5}$　　　③ $\dfrac{14}{5}$
④ 3　　　　⑤ $\dfrac{16}{5}$

유형 22 사잇값의 정리와 방정식의 해 ★★

함수 $f(x)$가 닫힌구간 $[a, b]$에서 연속이고 $f(a)f(b)<0$을 만족시키면 방정식 $f(x)=0$은 열린구간 (a, b)에서 적어도 하나의 실근을 갖는다.

43

방정식 $x^3-3x+7=0$이 오직 하나의 실근을 가질 때, 다음 중 이 방정식의 실근이 존재하는 구간은?

① $(-3, -2)$ ② $(-2, -1)$ ③ $(-1, 0)$
④ $(0, 1)$ ⑤ $(1, 2)$

44

다음 중 방정식 $x^4-5x+2=0$이 적어도 하나의 실근을 갖는 구간은?

① $(-2, -1)$ ② $(-1, 0)$ ③ $(1, 2)$
④ $(3, 4)$ ⑤ $(4, 5)$

45

방정식 $x^3-3x+k=0$이 구간 $(1, 2)$에서 적어도 하나의 실근을 갖도록 하는 실수 k의 값의 범위는?

① $-3<k<1$ ② $-2<k<2$
③ $1<k<3$ ④ $k<-2$ 또는 $k>2$
⑤ $k<-3$ 또는 $k>1$

46

방정식 $x^3+2x^2-5x+k=0$이 구간 $(1, 2)$에서 적어도 하나의 실근을 갖도록 하는 정수 k의 개수는?

① 6 ② 7 ③ 8
④ 9 ⑤ 10

47

두 함수 $f(x)=x^4+x^3-3x^2+k$, $g(x)=-x^3-5x^2+3$에 대하여 구간 $(-1, 1)$에서 방정식 $f(x)=g(x)$가 적어도 하나의 실근을 갖도록 하는 모든 정수 k의 값의 합은?

① -2 ② -1 ③ 0
④ 1 ⑤ 2

48

모든 실수 x에서 연속인 함수 $f(x)$에 대하여
$$f(-2)=-3, \ f(-1)=-1, \ f(0)=1,$$
$$f(1)=2, \ f(2)=-2$$
일 때, 방정식 $f(x)=0$은 열린구간 $(-2, 2)$에서 적어도 몇 개의 실근을 가지는가?

① 1 ② 2 ③ 3
④ 4 ⑤ 5

49

연속함수 $f(x)$가 모든 실수 x에 대하여 $f(-x)=f(x)$를 만족시키고 $f(-1)=2$, $f(0)=3$, $f(2)=-2$일 때, 방정식 $f(x)=1$의 실근의 개수의 최솟값은?

① 1 ② 2 ③ 3
④ 4 ⑤ 5

50

모든 실수 x에서 연속인 함수 $f(x)$에 대하여 $y=f(x)$의 그래프가 다섯 개의 점 $(-2, 1)$, $(-1, -3)$, $(0, 4)$, $(1, -2)$, $(2, 5)$를 지난다. 이때, 열린구간 $(-2, 2)$에서 방정식 $f(x)=x$의 실근의 개수의 최솟값은?

① 1 ② 2 ③ 3
④ 4 ⑤ 5

01 ☆☆

다음 [보기]의 함수 중 $x=0$에서 연속인 것만을 있는 대로 고른 것은?

[보기]

ㄱ. $f(x)=\begin{cases} x+3 & (x\geq 0) \\ x^2-2x+3 & (x<0) \end{cases}$

ㄴ. $f(x)=\begin{cases} \dfrac{|x|}{x} & (x\neq 0) \\ 1 & (x=0) \end{cases}$

ㄷ. $f(x)=\begin{cases} \sqrt{x^2} & (x\neq 0) \\ 0 & (x=0) \end{cases}$

① ㄱ   ② ㄷ   ③ ㄱ, ㄴ
④ ㄱ, ㄷ   ⑤ ㄱ, ㄴ, ㄷ

02 ☆

그림은 구간 $[-2,\ 2]$에서 정의된 함수 $y=f(x)$의 그래프이다. 함수 $f(x)$가 불연속인 점의 개수를 a, 극한값이 존재하지 않는 점의 개수를 b라고 할 때, $a+b$의 값은?

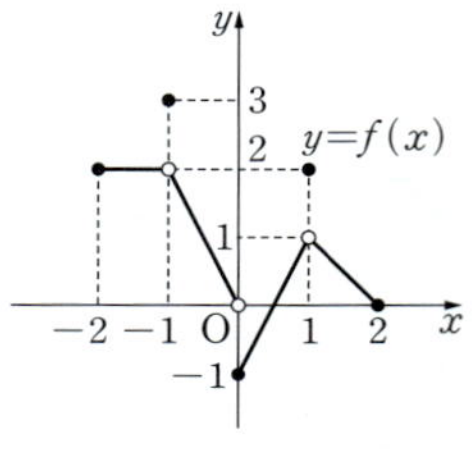

① 2   ② 3   ③ 4
④ 5   ⑤ 6

03 ☆☆ 첨삭 해설

[2008년(가) 수능]

함수

$$f(x)=\begin{cases} \dfrac{x^2+x-12}{x-3} & (x\neq 3) \\ a & (x=3) \end{cases}$$

가 모든 실수 x에서 연속일 때, a의 값은?

① 10   ② 9   ③ 8
④ 7   ⑤ 6

04 ☆☆ 첨삭 해설

[2015년(B) 6월 평가원]

닫힌구간 $[-1,\ 4]$에서 정의된 함수 $y=f(x)$의 그래프가 그림과 같다.

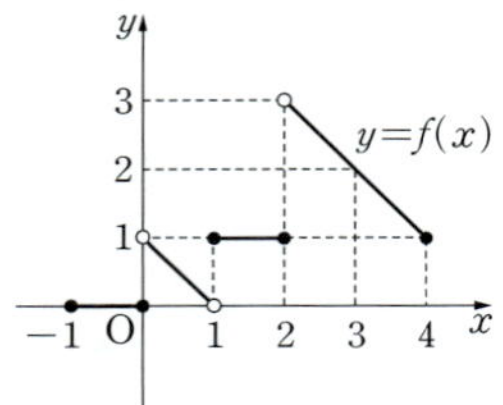

[보기]에서 옳은 것만을 있는 대로 고른 것은?

[보기]

ㄱ. $\lim\limits_{x\to 1-} f(x) < \lim\limits_{x\to 1+} f(x)$

ㄴ. $\lim\limits_{t\to\infty} f\left(\dfrac{1}{t}\right)=1$

ㄷ. 함수 $f(f(x))$는 $x=3$에서 연속이다.

① ㄱ   ② ㄷ   ③ ㄱ, ㄴ
④ ㄴ, ㄷ   ⑤ ㄱ, ㄴ, ㄷ

05 ☆☆

그림은 두 함수 $y=f(x)$, $y=g(x)$의 그래프이다. [보기] 중 옳은 것만을 있는 대로 고른 것은?

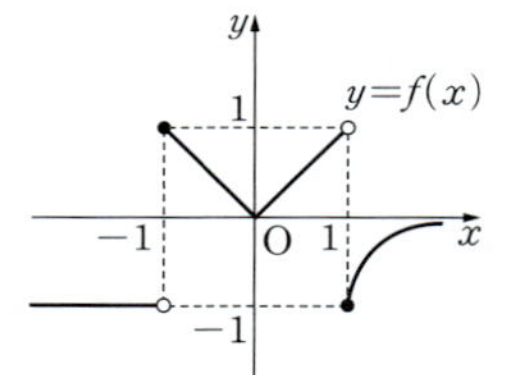 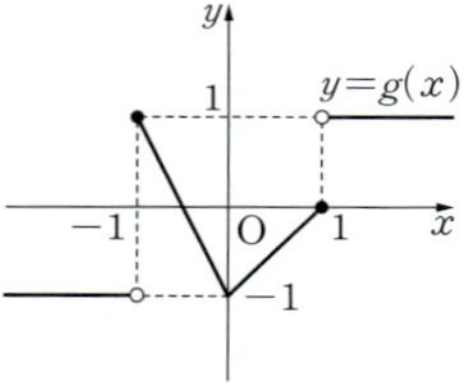

[보기]

ㄱ. $\lim\limits_{x\to 1} f(x)g(x)=-1$

ㄴ. 함수 $f(x)-g(x)$는 $x=-1$에서 연속이다.

ㄷ. 함수 $f(x)g(x)$는 $x=-1$에서 연속이다.

① ㄴ   ② ㄷ   ③ ㄱ, ㄴ
④ ㄴ, ㄷ   ⑤ ㄱ, ㄴ, ㄷ

06 |단답형| ★★☆

실수 전체에서 연속인 함수 $f(x)$에 대하여 $y=f(x)$의 그래프가 다섯 개의 점 $(-2, 3)$, $(-1, -1)$, $(0, -4)$, $(1, 4)$, $(2, 5)$를 지날 때, 이 함수의 그래프가 직선 $y=2x$와 만나는 점의 개수의 최솟값을 구하시오.

07 ★★☆ 첨삭 해설 [2006년(가) 6월 평가원]

두 함수 $f(x)$, $g(x)$에 대하여 [보기]에서 옳은 것을 모두 고른 것은?

─── [보기] ───

ㄱ. $\lim\limits_{x \to 0} f(x)$와 $\lim\limits_{x \to 0} g(x)$가 모두 존재하지 않으면 $\lim\limits_{x \to 0} \{f(x)+g(x)\}$도 존재하지 않는다.

ㄴ. $y=f(x)$가 $x=0$에서 연속이면 $y=|f(x)|$도 $x=0$에서 연속이다.

ㄷ. $y=|f(x)|$가 $x=0$에서 연속이면 $y=f(x)$도 $x=0$에서 연속이다.

① ㄴ   ② ㄷ   ③ ㄱ, ㄴ

④ ㄱ, ㄷ   ⑤ ㄴ, ㄷ

08 ★★★

함수

$$f(x)=\begin{cases} 2x+3 & (x \leq 0) \\ -x+1 & (x>0) \end{cases}$$

에 대하여 함수 $f(x)f(x-a)$가 $x=a$에서 연속이 되도록 하는 모든 실수 a의 값의 합은?

① -1 ② $-\dfrac{1}{2}$ ③ 0

④ $\dfrac{1}{2}$ ⑤ 1

09 ★★☆

함수 $y=f(x)$의 그래프가 그림과 같다.

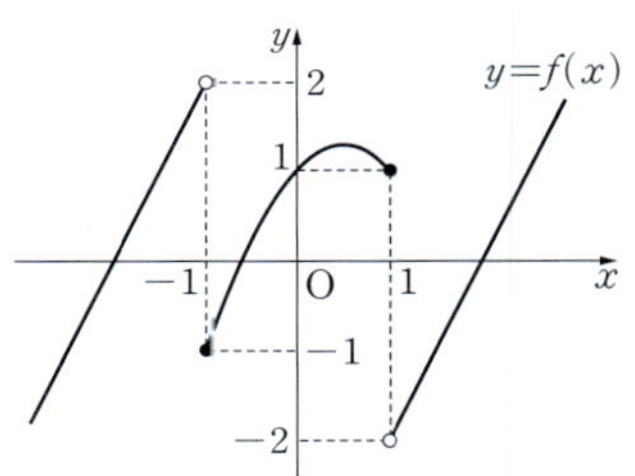

다음 [보기] 중 옳은 것만을 있는 대로 고른 것은?

─── [보기] ───

ㄱ. $\lim\limits_{x \to -1^-} f(x) + \lim\limits_{x \to 1^-} f(x) = 3$

ㄴ. $\lim\limits_{x \to 1} f(-x)$는 존재하지 않는다.

ㄷ. 함수 $f(x)f(-x)$는 $x=1$에서 연속이다.

① ㄱ   ② ㄴ   ③ ㄱ, ㄴ

④ ㄴ, ㄷ   ⑤ ㄱ, ㄴ, ㄷ

10 |단답형| ★★☆

함수 $f(x)$가 다음 조건을 모두 만족시킨다.

(가) $0 \leq x < 2$일 때,
$$f(x)=\begin{cases} |x-1| & (0 \leq x<1, \ 1<x<2) \\ 1 & (x=1) \end{cases}$$
(나) 모든 실수 x에 대하여 $f(x)=f(x+2)$이다.

열린구간 $(0, 10)$에서 함수 $f(x)$가 불연속인 모든 x의 값의 합을 구하시오.

11 |서술형| ★★☆

연속함수 $f(x)$가 모든 실수 x에 대하여 $f(x)=f(x+3)$을 만족시키고 닫힌구간 $[0, 3]$에서

$$f(x)=\begin{cases} \dfrac{b}{x-a} & (0 \leq x<2) \\ -x+1 & (2 \leq x \leq 3) \end{cases}$$

일 때, $f\left(\dfrac{7}{2}\right)$의 값을 구하시오. (단, a, b는 상수이다.)

01 ☆

$\lim\limits_{x \to 1} \dfrac{x^2+2x-3}{x-1}$의 값은?

① 4 ② 5 ③ 6

④ 7 ⑤ 8

02 ☆

다음 [보기] 중 옳은 것만을 있는 대로 고른 것은?

[보기]

ㄱ. $\lim\limits_{x \to 2+} \dfrac{x^2-2x}{|x-2|}=2$

ㄴ. $\lim\limits_{x \to 1-} \dfrac{|x^2-1|}{x-1}=2$

ㄷ. $\lim\limits_{x \to -3-} \dfrac{x^2+3x}{|x+3|}=3$

① ㄱ ② ㄱ, ㄴ ③ ㄴ, ㄷ

④ ㄱ, ㄷ ⑤ ㄱ, ㄴ, ㄷ

03 ☆

$\lim\limits_{x \to 0} \dfrac{1}{x}\left(\dfrac{1}{2+x}-\dfrac{1}{2-x}\right)$의 값은?

① -1 ② $-\dfrac{1}{2}$ ③ $\dfrac{1}{2}$

④ 1 ⑤ 2

04 |단답형| ☆ 첨삭 해설

$\lim\limits_{x \to \infty} \dfrac{f(x)}{x}=3$일 때, $\lim\limits_{x \to \infty} \dfrac{x^2+xf(x)}{x^2-f(x)}$의 값을 구하시오.

05 ☆

[2017년(나) 7월 교육청]

닫힌구간 $[-2, 2]$에서 정의된 함수 $y=f(x)$의 그래프가 그림과 같다.

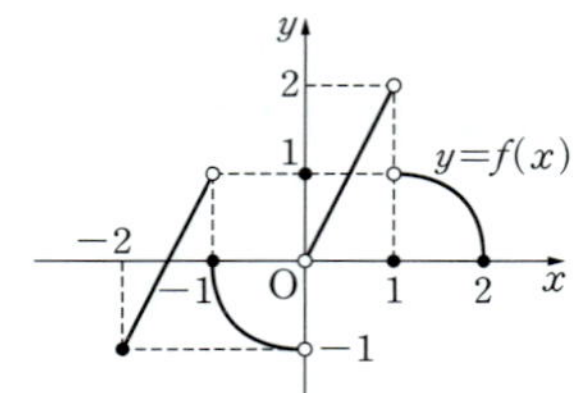

$\lim\limits_{x \to -1+} f(x)+\lim\limits_{x \to 1-} f(x)$의 값은?

① -1 ② 0 ③ 1

④ 2 ⑤ 3

06 ☆☆ 첨삭 해설

두 함수 $f(x)$, $g(x)$에 대하여

$\lim\limits_{x \to \infty} f(x)=\infty$, $\lim\limits_{x \to \infty}\{2f(x)-g(x)\}=4$를 만족시킬 때,

$\lim\limits_{x \to \infty} \dfrac{2f(x)-3g(x)}{4f(x)+g(x)}$의 값은?

① $-\dfrac{2}{3}$ ② $-\dfrac{1}{3}$ ③ 0

④ $\dfrac{1}{3}$ ⑤ $\dfrac{2}{3}$

07 ☆☆

정의역이 $\{x \,|\, 0 \le x \le 4\}$인 함수 $y=f(x)$의 그래프가 그림과 같을 때, $\lim\limits_{x \to 0+} f(f(x))+\lim\limits_{x \to 2+} f(x)$의 값은?

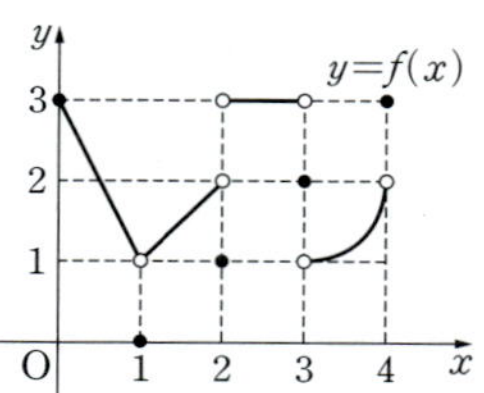

① 2 ② 3 ③ 4

④ 5 ⑤ 6

08 |단답형| ☆

$\lim\limits_{x \to 3} \dfrac{3x^2 + ax - 6}{x - 3} = b$가 성립할 때, $b - a$의 값을 구하시오.

(단, a, b는 상수이다.)

09 ☆☆ 첨삭 해설

함수 $f(x) = \dfrac{x^2 + 2x + 1}{ax^2 + bx + c}$이 다음 조건을 모두 만족시킬 때, 실수 a, b, c에 대하여 abc의 값은?

(가) $\lim\limits_{x \to \infty} f(x) = \dfrac{1}{2}$

(나) $\lim\limits_{x \to 1} |f(x)| = \infty$

(다) $\lim\limits_{x \to -3} |f(x)| = \infty$

① -24 ② -30 ③ -36
④ -42 ⑤ -48

10 ☆☆

함수 $f(x)$에 대하여 다음 [보기] 중 옳은 것만을 있는 대로 고른 것은?

[보기]

ㄱ. $\lim\limits_{x \to \infty} xf(x)$가 수렴하면 $\lim\limits_{x \to \infty} f(x) = 0$이다.

ㄴ. $\lim\limits_{x \to \infty} |f(x)| = 0$이면 $\lim\limits_{x \to \infty} f(x) = 0$이다.

ㄷ. $\lim\limits_{x \to \infty} x\{1 - f(x)\}$가 수렴하면 $\lim\limits_{x \to \infty} f(x) = 0$이다.

① ㄱ ② ㄱ, ㄴ ③ ㄱ, ㄷ
④ ㄴ, ㄷ ⑤ ㄱ, ㄴ, ㄷ

11 ☆

$\lim\limits_{x \to 9} \dfrac{f(x)}{x - 9} = 3$일 때, $\lim\limits_{x \to 9} \dfrac{f(x)}{\sqrt{x} - 3}$의 값은?

① 9 ② 12 ③ 15
④ 18 ⑤ 21

12 ☆☆

그림과 같이 무리함수 $y = \sqrt{ax}$ $(a > 0)$의 그래프 위의 임의의 점 $P(x, \sqrt{ax})$에서 x축에 내린 수선의 발을 H라 하자. $\lim\limits_{x \to \infty} (\overline{\text{OP}} - \overline{\text{OH}}) = 5$를 만족시키는 상수 a의 값은? (단, O는 원점이다.)

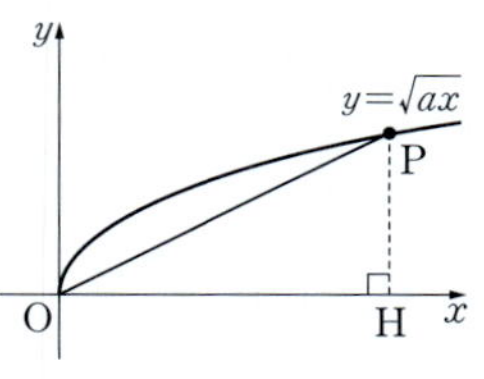

① 6 ② 7 ③ 8
④ 9 ⑤ 10

13 ☆☆☆ 도전

[2017년(나) 4월 교육청]

그림과 같이 곡선 $y = x^2$ 위의 점 $P(t, t^2)$ $(t > 0)$에 대하여 x축 위의 점 Q, y축 위의 점 R가 다음 조건을 만족시킨다.

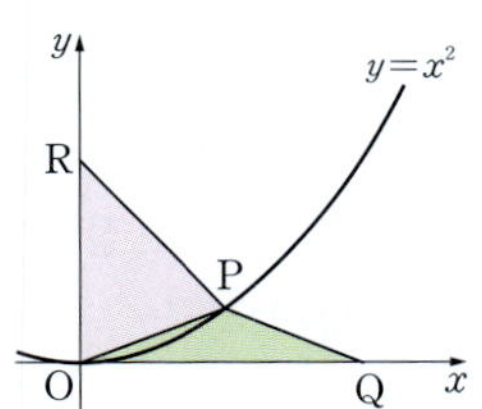

(가) 삼각형 POQ는 $\overline{\text{PO}} = \overline{\text{PQ}}$인 이등변삼각형이다.

(나) 삼각형 PRO는 $\overline{\text{RO}} = \overline{\text{RP}}$인 이등변삼각형이다.

삼각형 POQ와 삼각형 PRO의 넓이를 각각 $S(t)$, $T(t)$라 할 때, $\lim\limits_{t \to 0+} \dfrac{T(t) - S(t)}{t}$의 값은? (단, O는 원점이다.)

① $\dfrac{1}{8}$ ② $\dfrac{1}{4}$ ③ $\dfrac{3}{8}$
④ $\dfrac{1}{2}$ ⑤ $\dfrac{5}{8}$

14 ★★☆

닫힌구간 $[-2, 2]$에서 정의된 두 함수 $y=f(x)$, $y=g(x)$의 그래프가 그림과 같다.

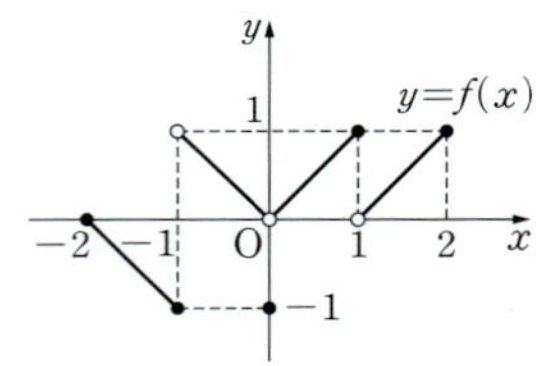 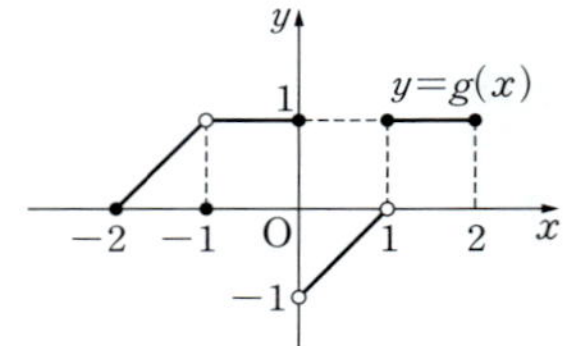

다음 [보기] 중 옳은 것만을 있는 대로 고른 것은?

[보기]
ㄱ. $\lim\limits_{x \to -2+} \{f(x)-g(x)\} = \lim\limits_{x \to 2-} \{f(x)-g(x)\}$
ㄴ. $\lim\limits_{x \to 0-} f(x)g(x)=0$
ㄷ. $\lim\limits_{x \to -1-} \dfrac{g(x)}{f(x)}=1$

① ㄱ   ② ㄴ   ③ ㄱ, ㄴ
④ ㄴ, ㄷ   ⑤ ㄱ, ㄴ, ㄷ

15 |단답형| ★

함수
$$f(x)=\begin{cases} 3x+6 & (x<2) \\ x^2+ax-4 & (x\geq 2) \end{cases}$$
가 실수 전체의 집합에서 연속이 되도록 하는 상수 a의 값을 구하시오.

16 ★★

모든 실수 x에 대하여 연속인 함수 $f(x)$가
$$(x-3)f(x)=x^2+ax-12$$
를 만족시킬 때, $f(3)$의 값은? (단, a는 상수이다.)

① 5   ② 6   ③ 7
④ 8   ⑤ 9

17 ★★   [2017년(나) 6월 평가원]

함수
$$f(x)=\begin{cases} \dfrac{x^2-5x+a}{x-3} & (x\neq 3) \\ b & (x=3) \end{cases}$$
가 실수 전체의 집합에서 연속일 때, 상수 a, b에 대하여 $a+b$의 값은?

① 1   ② 3   ③ 5
④ 7   ⑤ 9

18 ★★ 첨삭 해설   [2016년(나) 10월 교육청]

두 함수
$$f(x)=\begin{cases} -x^2+a & (x\leq 2) \\ x^2-4 & (x>2) \end{cases},$$
$$g(x)=\begin{cases} x-4 & (x\leq 2) \\ \dfrac{1}{x-2} & (x>2) \end{cases}$$
에 대하여 함수 $f(x)g(x)$가 $x=2$에서 연속이 되도록 하는 상수 a의 값은?

① 1   ② 2   ③ 3
④ 4   ⑤ 5

19 ★★

삼차방정식 $x^3-2x^2+4=0$은 오직 한 개의 실근을 갖는다. 이 방정식의 실근이 존재하는 구간은?

① $(-3, -2)$ ② $(-2, -1)$ ③ $(-1, 0)$
④ $(0, 1)$ ⑤ $(1, 2)$

20 |단답형| ★★

삼차방정식 $(x+1)(x-1)(x+2)+1=0$이 열린구간 $(-3, 1)$에서 세 실근 α, β, γ $(\alpha<\beta<\gamma)$를 가질 때, $k<\beta<k+1$이다. 정수 k의 값을 구하시오.

21 ☆☆

모든 실수 x에서 연속인 함수 $f(x)$에 대하여 $f(0)=k$, $f(3)=k-2$를 만족시킬 때, 방정식 $f(x)=2x$가 열린구간 $(0, 3)$에서 실근을 갖도록 하는 정수 k의 개수는?

① 4   ② 5   ③ 6

④ 7   ⑤ 8

22 ☆☆

다항함수 $f(x)$에 대하여 $f(-1)=1$, $f(1)=-1$일 때, 다음 [보기]의 방정식 중 열린구간 $(-1, 1)$에서 적어도 하나의 실근을 갖는 것만을 있는 대로 고른 것은?

─────── [보기]───────

ㄱ. $f(x)=x$

ㄴ. $x^2 f(x)=0$

ㄷ. $\{f(x)\}^3=0$

① ㄱ   ② ㄴ   ③ ㄱ, ㄴ

④ ㄱ, ㄷ   ⑤ ㄱ, ㄴ, ㄷ

23 |단답형| ☆☆☆ 첨삭 해설   [2016년(나) 4월 교육청]

함수 $f(x)=x^2-8x+a$에 대하여 함수 $g(x)$를

$$g(x)=\begin{cases} 2x+5a & (x \geq a) \\ f(x+4) & (x < a) \end{cases}$$

라 할 때, 다음 조건을 만족시키는 모든 실수 a의 값의 곱을 구하시오.

(가) 방정식 $f(x)=0$은 열린구간 $(0, 2)$에서 적어도 하나의 실근을 갖는다.

(나) 함수 $f(x)g(x)$는 $x=a$에서 연속이다.

24 |단답형| ☆☆

함수 $f(x)$에 대하여 $\lim\limits_{x \to 0} \dfrac{f(x)}{x}=3$일 때,

$\lim\limits_{x \to 2} \dfrac{x^3-8}{f(x-2)}$ 의 값을 구하시오.

25 |서술형| ☆☆

다항함수 $f(x)$가 다음 조건을 만족시킨다.

(가) $\lim\limits_{x \to \infty} \dfrac{f(x)}{x^2}=3$

(나) $\lim\limits_{x \to 0} \dfrac{f(x)}{x}=4$

이때, $f(2)$의 값을 구하시오.

26 |서술형| ☆☆

두 함수

$$f(x)=x-4, \quad g(x)=\begin{cases} x^2-2 & (x \geq a) \\ 4x+10 & (x < a) \end{cases}$$

에 대하여 함수 $f(x)g(x)$가 실수 전체의 집합에서 연속이 되도록 하는 모든 실수 a의 값의 합을 구하시오.

말하기 전에 생각하는 사람이 되자

말은 자신을 기쁘게도 슬프게도
건강하게도 아프게도 할 수 있습니다.
지혜롭게도 어리석게도 만듭니다.

말은 사람을 일으켜 세울 수도 있고
낙담시키거나 상처받게도 할 수 있습니다.

말하기 전에 내가 한 말이 진실한가,
도움이 되는가, 영감을 주는가,
꼭 필요한가, 그리고 친절한가를
먼저 생각해야 합니다.

분노의 입술을 가진 사람은
잔인한 마음을 가진 사람입니다.
부정적인 입술을 가진 사람은
두려운 마음을 나타냅니다.

판단하는 입술을 가진 사람은
죄책감을 가진 사람입니다.
지옥을 항상 말하는 사람은
그 마음에 지옥을 가진 사람입니다.

격려의 입술을 가진 사람은
행복한 마음을 가진 사람입니다.
온유한 입술을 가진 사람은
그 마음에 사랑이 있습니다.

자신의 입술을 제어할 줄 아는 사람은
평화의 마음이 있습니다.

[출처 : https://blog.naver.com/901213sso/221309084068]

Ⅱ 미분

14 평균변화율

함수 $y=f(x)$에서 x의 값이 a에서 b까지 변할 때의 평균변화율은

$$\frac{\Delta y}{\Delta x}=\frac{f(b)-f(a)}{b-a}=\frac{f(a+\Delta x)-f(a)}{\Delta x}\ (\text{단},\ \Delta x=b-a)$$

- x의 값의 변화량 $b-a$를 x의 증분, 이에 대한 y의 값의 변화량 $f(b)-f(a)$를 y의 증분이라 하고, 이것을 기호로 각각 Δx, Δy와 같이 나타낸다.

15 미분계수(또는 순간변화율)

함수 $y=f(x)$의 $x=a$에서의 미분계수(또는 순간변화율)은

$$f'(a)=\lim_{\Delta x\to0}\frac{\Delta y}{\Delta x}=\lim_{\Delta x\to0}\frac{f(a+\Delta x)-f(a)}{\Delta x}=\lim_{h\to0}\frac{f(a+h)-f(a)}{h}$$

- $a+\Delta x=x$라 하면
  $\Delta x \longrightarrow 0$일 때, $x \longrightarrow a$이므로
  $$f'(a)=\lim_{x\to a}\frac{f(x)-f(a)}{x-a}$$

16 평균변화율과 미분계수의 기하학적 의미

(1) 평균변화율의 기하학적 의미

함수 $y=f(x)$에서 x의 값이 a에서 b까지 변할 때, 평균변화율은 곡선 $y=f(x)$ 위의 두 점 $\mathrm{P}(a, f(a))$, $\mathrm{Q}(b, f(b))$를 지나는 직선 PQ의 기울기와 같다.

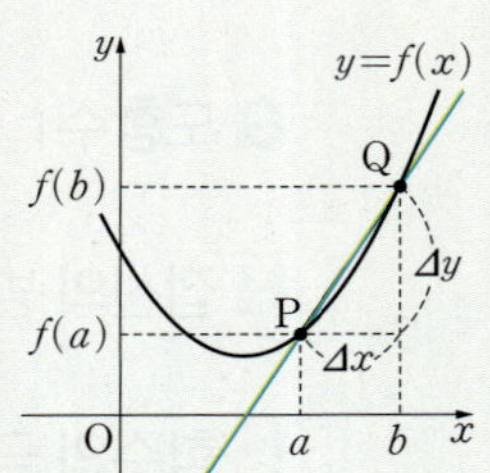

(2) 미분계수의 기하학적 의미

함수 $y=f(x)$의 $x=a$에서의 미분계수 $f'(a)$가 존재할 때, $f'(a)$는 곡선 $y=f(x)$ 위의 점 $\mathrm{P}(a, f(a))$에서의 접선의 기울기와 같다.

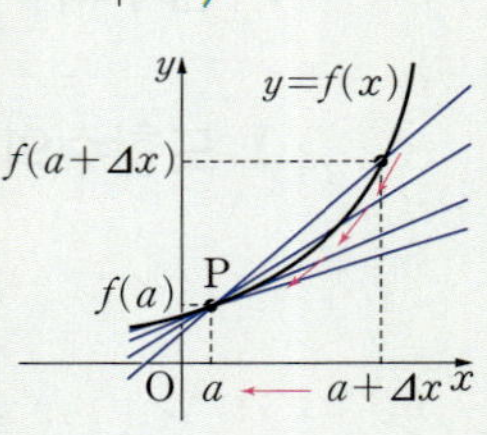

17 미분가능성과 연속성

(1) 함수 $f(x)$에 대하여 $x=a$에서의 미분계수 $f'(a)$가 존재할 때, 함수 $f(x)$는 $x=a$에서 **미분가능하다**고 한다.

(2) 함수 $f(x)$가 $x=a$에서 미분가능하면 함수 $f(x)$는 $x=a$에서 연속이다.

- (2)의 역은 성립하지 않는다. 즉, 함수 $f(x)$가 $x=a$에서 연속이라고 해서 반드시 $x=a$에서 미분가능한 것은 아니다. 예를 들면 $y=|x|$는 $x=0$에서 연속이지만 미분가능하지 않다.

개념 CHECK

정답 및 해설 p. 40

[01~03] 다음 빈칸에 알맞은 것을 써넣으시오.

01 함수 $y=f(x)$에서 x의 값이 a에서 b까지 변할 때의 평균변화율은

$$\frac{\Delta y}{\Delta x}=\frac{f(b)-[\quad]}{b-a}=\frac{[\quad]-f(a)}{\Delta x}$$

02 함수 $y=f(x)$의 $x=a$에서의 미분계수는

$$f'(a)=\lim_{h\to0}\frac{[\quad]-f(a)}{h}=\lim_{h\to a}\frac{f(x)-[\quad]}{x-a}$$

03 함수 $y=f(x)$의 $x=a$에서의 미분계수 $f'(a)$는 곡선 $y=f(x)$ 위의 점 $(a, f(a))$에서의 [\quad]의 기울기와 같다.

[04~06] 옳은 것에 ○표, 옳지 않은 것에 ×표를 하시오.

04 함수 $y=f(x)$에서 x의 값이 0에서 1까지 변할 때의 평균변화율은 $f(1)-f(0)$이다. ( )

05 함수 $f(x)=x+2$에 대하여
$$f'(1)=\lim_{h\to0}\frac{f(1+h)-f(1)}{h}$$
$$=\lim_{h\to0}\frac{\{(1+h)+2\}-(1+2)}{h}$$
$$=1$$
( )

06 함수 $f(x)$가 $x=a$에서 연속이면 함수 $f(x)$는 $x=a$에서 미분가능하다. ( )

14 평균변화율

[07~11] x의 값이 [ ]와 같이 변할 때, 다음 함수의 평균변화율을 구하시오.

07 $f(x)=2x+3$ [0에서 2까지]

08 $f(x)=x^2-2$ [−2에서 1까지]

09 $f(x)=-2x^2+x-1$ [−3에서 0까지]

10 $f(x)=x^3-1$ [−1에서 3까지]

11 $f(x)=x^2$ [a에서 $a+\Delta x$까지]

15 미분계수(또는 순간변화율)

[12~13] 다음 함수의 $x=1$에서의 미분계수를 구하시오.

12 $f(x)=x+4$

13 $f(x)=-x^2+3x$

[14~16] 함수 $f(x)$에 대하여 $f'(a)=3$일 때, 다음 극한값을 구하시오.

14 $\displaystyle\lim_{h\to 0}\dfrac{f(a-h)-f(a)}{h}$

15 $\displaystyle\lim_{h\to 0}\dfrac{f(a+3h)-f(a)}{h}$

16 $\displaystyle\lim_{h\to 0}\dfrac{f(a+h)-f(a-h)}{h}$

16 평균변화율과 미분계수의 기하학적 의미

[17~21] 다음 함수 $f(x)$에 대하여 곡선 $y=f(x)$ 위의 주어진 점에서의 접선의 기울기를 구하시오.

17 $f(x)=-4x+2$ 점 $(0, 2)$

18 $f(x)=x^2+1$ 점 $(1, 2)$

19 $f(x)=-x^2+3x-2$ 점 $(2, 0)$

20 $f(x)=3x^2-x$ 점 $(-1, 4)$

21 $f(x)=x^3$ 점 $(1, 1)$

17 미분가능성과 연속성

22 다음은 함수 $f(x)=|x|$가 $x=0$에서 연속이지만 미분가능하지 않음을 보이는 과정이다. (가), (나), (다)에 알맞은 수를 써넣으시오.

$f(0)=\displaystyle\lim_{x\to 0}f(x)=\boxed{(가)}$ 이므로
$f(x)$는 $x=0$에서 연속이다.

$\displaystyle\lim_{h\to 0+}\dfrac{f(0+h)-f(0)}{h}$

$=\displaystyle\lim_{h\to 0+}\dfrac{|h|}{h}=\lim_{h\to 0+}\dfrac{h}{h}=\boxed{(나)}\ \cdots\ \text{㉠}$

$\displaystyle\lim_{h\to 0-}\dfrac{f(0+h)-f(0)}{h}$

$=\displaystyle\lim_{h\to 0-}\dfrac{|h|}{h}=\lim_{h\to 0-}\dfrac{-h}{h}=\boxed{(다)}\ \cdots\ \text{㉡}$

㉠, ㉡에서 $\displaystyle\lim_{h\to 0}\dfrac{f(0+h)-f(0)}{h}$이 존재하지 않으므로 함수 $f(x)=|x|$는 $x=0$에서 미분가능하지 않다.

유형 23 평균변화율

함수 $y=f(x)$에 대하여 x의 값이 a에서 b까지 변할 때의 평균변화율은

$$\frac{\Delta y}{\Delta x} = \frac{f(b)-f(a)}{b-a} = \frac{f(a+\Delta x)-f(a)}{\Delta x}$$

23

함수 $f(x)=x^2-3x$에 대하여 x의 값이 a에서 $a+1$까지 변할 때의 평균변화율이 2일 때, 상수 a의 값은?

① 1　　　　　② 2　　　　　③ 3
④ 4　　　　　⑤ 5

24

함수 $f(x)=-3x^2+8x+2$에 대하여 x의 값이 1에서 a까지 변할 때의 평균변화율이 -1일 때, 상수 a의 값은?

(단, $a \neq 1$)

① -2　　　　② -1　　　　③ 0
④ 2　　　　　⑤ 3

25

함수 $f(x)$가 $f(x)-f(-1)=x^3-2x+5$를 만족시킨다. x의 값이 -1에서 2까지 변할 때, 함수 $f(x)$의 평균변화율은?

① 3　　　　　② 4　　　　　③ 5
④ 6　　　　　⑤ 7

26

함수 $f(x)=2x^2+1$에 대하여 x의 값이 -3에서 1까지 변할 때의 평균변화율과 x의 값이 k에서 0까지 변할 때의 평균변화율이 같을 때, 음수 k의 값은?

① -5　　　　② -4　　　　③ -3
④ -2　　　　⑤ -1

유형 24 평균변화율과 미정계수　★

평균변화율의 정의를 이용하여 주어진 조건에 맞게 방정식을 세운 후, 그 해를 구한다.

27

함수 $f(x)=-x^2+ax+1$에 대하여 x의 값이 0에서 2까지 변할 때의 평균변화율이 1일 때, 상수 a의 값은?

① -3　　　　② -1　　　　③ 1
④ 3　　　　　⑤ 5

28

함수 $f(x)=x^2+ax+2a-3$에 대하여 x의 값이 -1에서 1까지 변할 때의 평균변화율과 $f(0)$의 값이 같을 때, 상수 a의 값은?

① -1　　　　② 0　　　　　③ 1
④ 2　　　　　⑤ 3

유형 25 미분계수의 정의 (1)　★

미분계수를 이용한 극한값의 계산은 주어진 식을
$$\lim_{\blacksquare \to 0} \frac{f(a+\blacksquare)-f(a)}{\blacksquare}$$
의 꼴로 변형하고 $f'(a)$의 값을 이용한다.

29

다항함수 $f(x)$에 대하여 모든 실수 x에서
$$f(x+3)-f(3)=-2x^2+x$$
를 만족시킬 때, $f'(3)$의 값은?

① 1　　　　　② 2　　　　　③ 3
④ 4　　　　　⑤ 5

30

다항함수 $f(x)$에 대하여

$\lim\limits_{h \to 0} \dfrac{f(a+3h)-f(a)}{h}=2$일 때, $f'(a)$의 값은?

① $\dfrac{1}{3}$ ② $\dfrac{2}{3}$ ③ 1

④ $\dfrac{4}{3}$ ⑤ $\dfrac{5}{3}$

31

다항함수 $f(x)$에 대하여 $f'(3)=-1$일 때,

$\lim\limits_{h \to 0} \dfrac{f(3+2h)-f(3-h)}{h}$의 값은?

① -3 ② -1 ③ 0

④ 1 ⑤ 3

32

다항함수 $f(x)$가 $\lim\limits_{h \to 0} \dfrac{f(2+h)+1}{h}=-3$을 만족시킬 때,

$f'(2)+f(2)$의 값은?

① -5 ② -4 ③ -3

④ -2 ⑤ -1

33

다항함수 $f(x)$에 대하여 $f'(1)=2$일 때,

$\lim\limits_{n \to \infty} n\left\{ f\left(1+\dfrac{1}{n}\right)-f\left(1-\dfrac{3}{n}\right)\right\}$의 값은?

① 2 ② 4 ③ 6

④ 8 ⑤ 10

34

다항함수 $f(x)$에 대하여 $\lim\limits_{x \to 3} \dfrac{f(x)-f(3)}{x^2-9}=2$일 때,

$f'(3)$의 값은?

① 3 ② 6 ③ 9

④ 12 ⑤ 15

35

다항함수 $f(x)$에 대하여 $f'(1)=6$일 때, $\lim\limits_{x \to 1} \dfrac{f(x)-f(1)}{x^3-1}$

의 값은?

① 2 ② 4 ③ 6

④ 8 ⑤ 10

36

함수 $f(x)=-x^2+5$에 대하여 $\lim\limits_{x \to 2} \dfrac{f(x^2)-f(4)}{x^2-4}$의 값

은?

① -8 ② -6 ③ -4

④ -2 ⑤ 0

37

다항함수 $f(x)$에 대하여 $f(2)=-1$, $f'(2)=4$일 때, $\lim\limits_{x\to 2}\dfrac{2f(x)-xf(2)}{x-2}$의 값은?

① 5　　　　② 6　　　　③ 7
④ 8　　　　⑤ 9

38

다항함수 $f(x)$에 대하여 $f(1)=4$, $f'(1)=-2$일 때, $\lim\limits_{x\to 1}\dfrac{f(x)-4}{x^2+2x-3}$의 값은?

① $-\dfrac{5}{2}$　　　② -2　　　③ $-\dfrac{3}{2}$
④ -1　　　⑤ $-\dfrac{1}{2}$

39

함수 $f(x)=2x^2-5x+1$에 대하여 $\lim\limits_{x\to -2}\dfrac{f(x)-f(3x+4)}{x+2}$의 값은?

① 22　　　　② 24　　　　③ 26
④ 28　　　　⑤ 30

40

다항함수 $f(x)$에 대하여 $\lim\limits_{h\to 0}\dfrac{f(-1+2h)-f(-1+3h)}{h}=2$, $f(-1)=1$일 때, $\lim\limits_{x\to -1}\dfrac{x^2-f(x)}{x+1}$의 값은?

① -2　　　　② -1　　　　③ 0
④ 1　　　　⑤ 2

유형 27　평균변화율과 미분계수　★

함수 $f(x)$에 대하여
x의 값이 a에서 b까지 변할 때의 평균변화율은 $\dfrac{f(b)-f(a)}{b-a}$를,
$x=c$에서의 미분계수는 $f'(c)=\lim\limits_{x\to c}\dfrac{f(x)-f(c)}{x-c}$임을 이용한다.

41

함수 $f(x)=x^2+x-3$에 대하여 x의 값이 -1에서 2까지 변할 때의 평균변화율과 $x=a$에서의 미분계수가 같을 때, 상수 a의 값은?

① $\dfrac{1}{2}$　　　② 1　　　③ $\dfrac{3}{2}$
④ 2　　　⑤ $\dfrac{5}{2}$

42

함수 $f(x)=-x^2+3$에 대하여 x의 값이 k에서 $k+2$까지 변할 때의 평균변화율과 $x=-2$에서의 미분계수가 같을 때, 상수 k의 값은?

① -3　　　　② -2　　　　③ -1
④ 0　　　　⑤ 1

43

함수 $f(x)=x^2+ax+b$에 대하여 x의 값이 1에서 3까지 변할 때의 평균변화율이 6일 때, $f'(3)$의 값은? (단, a, b는 상수이다.)

① 4　　　　② 5　　　　③ 6
④ 7　　　　⑤ 8

유형 **28** 평균변화율과 미분계수의 기하학적 의미 ★

곡선 $y=f(x)$ 위의 두 점 $P(a, f(a))$, $Q(b, f(b))$에 대하여

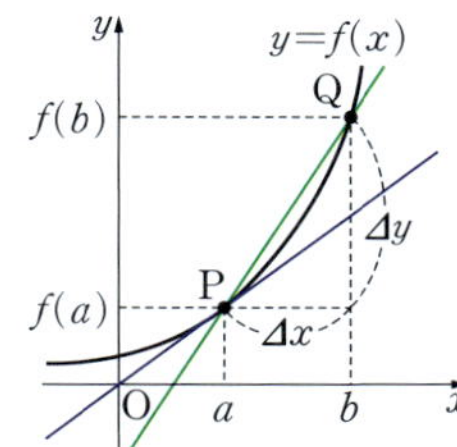

(1) (x의 값이 a에서 b까지 변할 때의 평균변화율)
  =(직선 PQ의 기울기)

(2) $f'(a)=$(점 P에서의 접선의 기울기)

44

함수 $y=f(x)$의 그래프는 그림과 같다. $y=f(x)$의 그래프 위의 두 점 A, B에 대하여 직선 AB의 기울기가 $\dfrac{7}{2}$일 때, x의 값이 1에서 4까지 변할 때의 함수 $f(x)$의 평균변화율은?

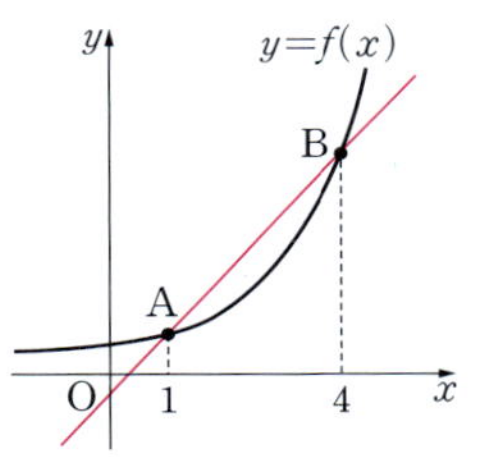

① 2　　　　② $\dfrac{5}{2}$　　　　③ 3

④ $\dfrac{7}{2}$　　　　⑤ 4

45

이차함수 $f(x)=a(x-2)^2+b$의 그래프는 그림과 같다. $y=f(x)$의 그래프 위의 두 점 A, B에 대하여 직선 AB의 기울기가 3일 때, x의 값이 0에서 2까지 변할 때의 함수 $f(x)$의 평균변화율을 구하시오. (단, a, b는 상수이다.)

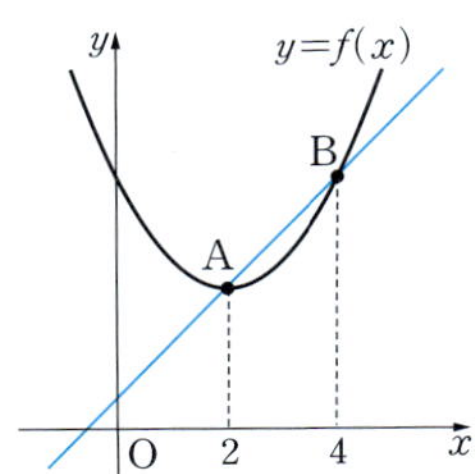

46

함수 $f(x)$에 대하여 곡선 $y=f(x)$ 위의 점 $(2, f(2))$에서의 접선의 기울기가 $\dfrac{3}{2}$일 때, $\lim\limits_{h\to0}\dfrac{f(2-h)-f(2)}{h}$의 값은?

① $-\dfrac{3}{2}$　　　　② $-\dfrac{1}{2}$　　　　③ $\dfrac{1}{2}$

④ $\dfrac{3}{2}$　　　　⑤ $\dfrac{5}{2}$

47

함수 $f(x)=x^3+1$에 대하여 곡선 $y=f(x)$ 위의 점 $(2, 9)$에서의 접선의 기울기는?

① 8　　　　② 9　　　　③ 10

④ 11　　　　⑤ 12

48

곡선 $y=f(x)$와 직선 $y=-3x+1$이 점 $(-2, 7)$에서 접할 때, $\lim\limits_{h\to0}\dfrac{f(-2+4h)-f(-2)}{3h}$의 값은?

① -7　　　　② -6　　　　③ -5

④ -4　　　　⑤ -3

49

함수 $f(x)=-x^2+2$에 대하여 곡선 $y=f(x)$ 위의 점 $(a, f(a))$에서의 접선의 기울기가 4일 때, $f(a)$의 값은?

① -3　　　　② -2　　　　③ -1

④ 1　　　　⑤ 2

유형 **29**　연속성과 미분가능성　★

(1) 함수 $f(x)$에 대하여 $x=a$에서 미분가능성을 조사하려면

　① $x=a$에서 연속인지 확인한다.

　② $\lim\limits_{h \to 0+} \dfrac{f(a+h)-f(a)}{h}=\lim\limits_{h \to 0-} \dfrac{f(a+h)-f(a)}{h}$가 성립하

　　는지 확인한다.

(2) 연속성과 미분가능성의 관계

　① 함수 $f(x)$가 $x=a$에서 미분가능하면 함수 $f(x)$는 $x=a$에

　　서 연속이다.

　② 함수 $y=f(x)$가 $x=a$에서 불연속이면 함수 $f(x)$는 $x=a$

　　에서 미분가능하지 않다.

50

다음 [보기]의 함수 중 $x=1$에서 미분가능한 것만을 있는
대로 고른 것은?

[보기]

ㄱ. $f(x)=5x+3$

ㄴ. $g(x)=|x-1|$

ㄷ. $h(x)=-\dfrac{2}{x}$

① ㄱ　　　　　② ㄱ, ㄴ　　　　③ ㄱ, ㄷ

④ ㄴ, ㄷ　　　　⑤ ㄱ, ㄴ, ㄷ

51

다음은 함수 $f(x)=x+|x|$의 $x=0$에서의 미분가능성을
조사하는 과정이다. (가)~(마)에 알맞은 것을 구하시오.

$f(0)=0$, $\lim\limits_{x \to 0} f(x)=\lim\limits_{x \to 0}\{x+|x|\}=\boxed{\text{(가)}}$

이므로 $f(x)$는 $x=0$에서 $\boxed{\text{(나)}}$이다.

$\lim\limits_{h \to 0+} \dfrac{f(0+h)-f(0)}{h}=\lim\limits_{h \to 0+} \dfrac{h+|h|}{h}=\boxed{\text{(다)}}$

$\lim\limits_{h \to 0-} \dfrac{f(0+h)-f(0)}{h}=\lim\limits_{h \to 0-} \dfrac{h+|h|}{h}=\boxed{\text{(라)}}$

즉, $\lim\limits_{h \to 0} \dfrac{f(0+h)-f(0)}{h}$ 은 존재하지 않는다.

따라서 함수 $f(x)$는 $x=0$에서 $\boxed{\text{(마)}}$.

52

다음 함수 중 $x=0$에서 연속이지만 미분가능하지 <u>않은</u> 것
은?

① $f(x)=5$　　　② $f(x)=\dfrac{|x|}{x}$　　　③ $f(x)=\sqrt{x^2}$

④ $f(x)=x|x|$　　⑤ $f(x)=x^2$

유형 **30**　구간별로 정의된 함수의 미분가능성　★

함수 $f(x)$가 $x=a$에서 미분가능하려면

(i) $\lim\limits_{x \to a+} f(x)=\lim\limits_{x \to a-} f(x)=f(a)$ ⟵ $x=a$에서 연속

(ii) $\lim\limits_{x \to a+} \dfrac{f(x)-f(a)}{x-a}=\lim\limits_{x \to a-} \dfrac{f(x)-f(a)}{x-a}$ ⟵ $f'(a)$가 존재

이어야 한다.

53

함수 $f(x)=\begin{cases} x^2-2 & (x \geq 1) \\ -1 & (x<1) \end{cases}$ 의 $x=1$에서의 미분가능성을

조사하시오.

54

다음 [보기]의 함수 중 $x=0$에서 미분가능한 것만을 있는
대로 고른 것은?

[보기]

ㄱ. $f(x)=\begin{cases} x & (x \geq 0) \\ -x & (x<0) \end{cases}$

ㄴ. $g(x)=\begin{cases} 3x-2 & (x \neq 0) \\ 2 & (x=0) \end{cases}$

ㄷ. $h(x)=\begin{cases} x^2 & (x>0) \\ -x^2 & (x \leq 0) \end{cases}$

① ㄱ　　　　　② ㄴ　　　　　③ ㄷ

④ ㄱ, ㄷ　　　　⑤ ㄴ, ㄷ

유형 31 그래프가 주어진 함수의 미분가능성 ★★

함수 $f(x)$의 그래프가 주어졌을 때, $x=a$에서 미분가능하지 않은 경우는 다음과 같다.

불연속인 점	뾰족한 점
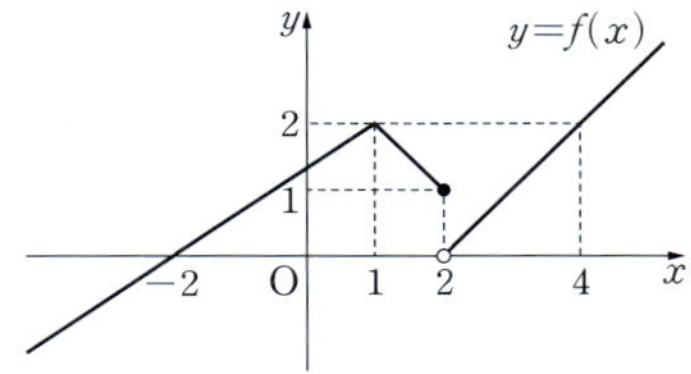	

유형 32 미분가능과 미정계수 ★★

함수 $f(x)=\begin{cases} g(x) & (x \geq a) \\ h(x) & (x < a) \end{cases}$가 모든 실수 x에서 미분가능하려면

(i) $x=a$에서 함수 $f(x)$가 연속

$$\Rightarrow \lim_{x \to a+} g(x) = \lim_{x \to a-} h(x) = g(a)$$

(ii) $x=a$에서 미분계수가 존재

$$\Rightarrow \lim_{x \to a+} \frac{g(x)-g(a)}{x-a} = \lim_{x \to a-} \frac{h(x)-h(a)}{x-a}$$

이어야 한다.

55

함수 $y=f(x)$의 그래프가 그림과 같을 때, 구간 $(-2, 4)$에서 미분가능하지 않은 점의 개수를 구하시오.

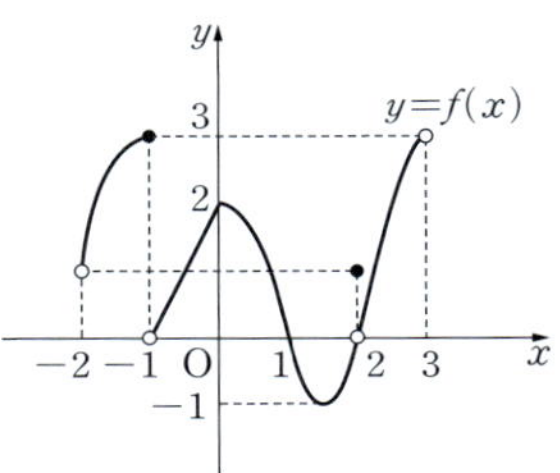

56

함수 $y=f(x)$의 그래프가 그림과 같을 때, 구간 $(-2, 3)$에서 함수 $f(x)$가 불연속인 점은 a개, 미분가능하지 않은 점은 b개이다. $a+b$의 값을 구하시오.

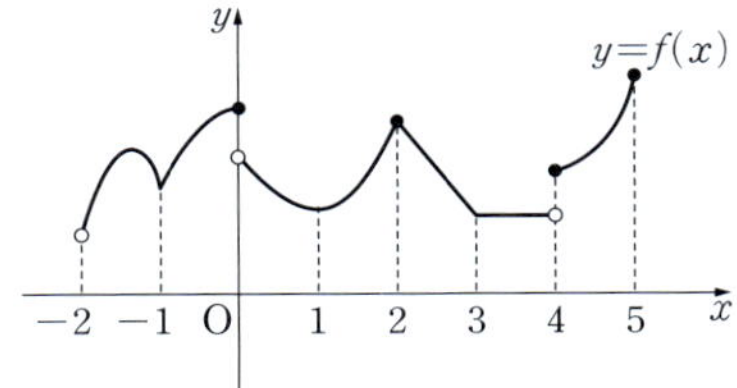

57

$-2 < x < 5$에서 정의된 함수 $y=f(x)$의 그래프가 그림과 같을 때, 함수 $f(x)$에 대한 설명으로 옳은 것은?

① $f'\left(\dfrac{3}{2}\right) < 0$이다.

② $\lim\limits_{x \to 0} f(x)$의 값이 존재한다.

③ $f'(x)=0$인 점이 존재하지 않는다.

④ 함수 $f(x)$가 불연속인 점은 3개이다.

⑤ 함수 $f(x)$가 미분가능하지 않은 점은 5개이다.

58

함수 $f(x)=\begin{cases} x^2+a & (x \geq 1) \\ bx-1 & (x < 1) \end{cases}$이 $x=1$에서 미분가능할 때, 상수 a, b에 대하여 $a+b$의 값은?

① -2 ② -1 ③ 0

④ 1 ⑤ 2

59

함수 $f(x)=\begin{cases} x^3 & (x \geq -1) \\ ax+b & (x < -1) \end{cases}$가 모든 실수 x에서 미분가능할 때, 상수 a, b에 대하여 ab의 값은?

① -6 ② -3 ③ 2

④ 3 ⑤ 6

60

함수 $f(x)=\begin{cases} -x^3+2x & (x \geq 0) \\ x^2+ax+b & (x < 0) \end{cases}$가 모든 실수 x에서 미분가능할 때, $f(-1)$의 값은? (단, a, b는 상수이다.)

① -2 ② -1 ③ 0

④ 1 ⑤ 2

18 도함수

(1) 함수 $y=f(x)$가 정의역에 속하는 모든 실수 x에 대하여 미분가능할 때, 정의역에 속하는 각 원소 x에 미분계수 $f'(x)$를 대응시키면 새로운 함수

$$f'(x)=\lim_{\Delta x \to 0}\frac{f(x+\Delta x)-f(x)}{\Delta x}$$

가 정해진다. 이 함수 $f'(x)$를 함수 $f(x)$의 **도함수**라 하고, 기호로

$$f'(x),\ y',\ \frac{dy}{dx},\ \frac{d}{dx}f(x)$$

와 같이 나타낸다.

(2) 함수 $y=f(x)$에서 도함수 $f'(x)$를 구하는 것을 함수 $y=f(x)$를 x에 대하여 **미분한다**고 하고, 그 계산법을 **미분법**이라고 한다.

19 미분법의 공식

(1) 함수 $y=x^n$ (n은 양의 정수)과 상수함수의 도함수
① $y=x^n$ ($n\geq 2$인 정수)이면 $y'=nx^{n-1}$
② $y=x$이면 $y'=1$
③ $y=c$ (c는 상수)이면 $y'=0$

(2) 함수의 실수배, 합, 차, 곱의 미분
두 함수 $f(x),\ g(x)$가 미분가능할 때
① $\{cf(x)\}'=cf'(x)$ (단, c는 상수)
② $\{f(x)+g(x)\}'=f'(x)+g'(x)$
③ $\{f(x)-g(x)\}'=f'(x)-g'(x)$
④ $\{f(x)g(x)\}'=f'(x)g(x)+f(x)g'(x)$

- $x=a$에서의 미분계수 $f'(a)$는 함수 $f(x)$의 도함수 $f'(x)$의 식에 $x=a$를 대입한 값과 같다.

- $\dfrac{dy}{dx}$는 dy를 dx로 나눈다는 뜻이 아니라 y를 x에 대하여 미분한다는 것을 뜻하며 '디와이(dy) 디엑스(dx)'라 읽는다.

- 도함수를 구할 때, Δx 대신 h를 사용하여 다음과 같이 나타내기도 한다.
$$f'(x)=\lim_{h \to 0}\frac{f(x+h)-f(x)}{h}$$

- 세 함수 $f(x),\ g(x),\ h(x)$가 미분가능할 때
$$\begin{aligned}\{f(x)g(x)h(x)\}'&=f'(x)g(x)h(x)\\&\quad+f(x)g'(x)h(x)\\&\quad+f(x)g(x)h'(x)\end{aligned}$$

- 함수 $f(x)$가 미분가능할 때, $y=\{f(x)\}^n$ (n은 양의 정수)의 도함수는 $y'=n\{f(x)\}^{n-1}f'(x)$

개념 CHECK

정답 및 해설 p. 48

[01~04] 다음 빈칸에 알맞은 것을 써넣으시오.

01 미분가능한 함수 $y=f(x)$의 도함수는
$$f'(x)=\lim_{h \to 0}\frac{[\qquad\qquad]}{h}\ \text{이다.}$$

02 함수 $f(x)$의 도함수 $f'(x)$를 구하는 것을 함수 $f(x)$를 x에 대하여 [　　　　]고 한다.

03 함수 $y=x^n$ ($n\geq 2$)이면 $y'=[\qquad]$이다.

04 두 함수 $f(x),\ g(x)$가 미분가능할 때,
$\{f(x)g(x)\}'=[\qquad\qquad]$이다.

[05~08] 옳은 것에 ○표, 옳지 않은 것에 ×표를 하시오.

05 함수 $f(x)=4$에 대하여 $f'(x)=0$이다. (　　　)

06 함수 $f(x)=\dfrac{1}{2}x^4$에 대하여 $f'(x)=4x^3$이다.
(　　　)

07 함수 $y=x^2-3x+1$에 대하여 $\dfrac{dy}{dx}=2x-3$이다.
(　　　)

08 함수 $y=(x+2)(x-4)$에 대하여 $y'=2x+1$이다.
(　　　)

18 도함수

[09~13] 도함수의 정의를 이용하여 다음 함수의 도함수를 구하시오.

09 $f(x)=-3$

10 $f(x)=-x$

11 $f(x)=4x+3$

12 $f(x)=x^2+2x$

13 $f(x)=x^3$

19 미분법의 공식

[14~17] 다음 함수를 미분하시오.

14 $y=x^4$

15 $y=x$

16 $y=12$

17 $y=\dfrac{1}{5}x^{10}$

[18~21] 다음 함수를 미분하시오.

18 $y=6x-4$

19 $y=-3x^2+8x+1$

20 $y=-\dfrac{2}{3}x^3+\dfrac{5}{2}x^2-3x$

21 $y=2x^4-x^3+3x^2-5$

[22~31] 다음 함수를 미분하시오.

22 $y=x(2x-1)$

23 $y=(x+2)(3x+5)$

24 $y=(-x^2+3)(4x-1)$

25 $y=(x^2-x+3)(x^2+2)$

26 $y=(x^3+2x)(-x+4)$

27 $y=(-2x^3+6)(x^2+x)$

28 $y=(x+1)(x+2)(x+3)$

29 $y=x(4x+3)(x^2+x)$

30 $y=(-5x+3)^2$

31 $y=(x^2+3x+2)^3$

유형 33 도함수의 정의

미분가능한 함수 $f(x)$의 도함수는
$$f'(x)=\lim_{h\to0}\frac{f(x+h)-f(x)}{h}=\lim_{t\to x}\frac{f(t)-f(x)}{t-x}$$
를 이용하여 구한다.

32

다음은 도함수의 정의를 이용하여 함수 $f(x)=x^3+x$의 도함수를 구하는 과정이다.

$$
\begin{aligned}
f'(x)&=\lim_{t\to x}\frac{f(t)-f(x)}{t-x}\\
&=\lim_{t\to x}\frac{(t^3-x^3)+(\boxed{(가)})}{t-x}\\
&=\lim_{t\to x}(t^2+\boxed{(나)})\\
&=3x^2+1
\end{aligned}
$$

위의 과정에서 (가), (나)에 알맞은 것은?

① (가) : $t-x$　(나) : $tx+x^2$
② (가) : $t-x$　(나) : $tx+x^2+1$
③ (가) : $t-x$　(나) : $tx-x^2+1$
④ (가) : $t+x$　(나) : $tx-x^2$
⑤ (가) : $t+x$　(나) : $tx+x^2+1$

33

미분가능한 함수 $f(x)$가 모든 실수 x, h에 대하여
$$f(x+h)-f(x)=2hx^2-4hx+3h^2+h$$
를 만족시킬 때, $f(x)$의 도함수 $f'(x)$를 구하면?

① $f'(x)=2x^2$
② $f'(x)=2x^2-4x$
③ $f'(x)=2x^2-4x+1$
④ $f'(x)=x^2-4x+3$
⑤ $f'(x)=x^2+4x+1$

유형 34 함수 $y=x^n$ (n은 양의 정수)과 상수함수의 도함수

(1) $y=x^n$ ($n\geq2$인 정수) $\Rightarrow y'=nx^{n-1}$
(2) $y=x \Rightarrow y'=1$
(3) $y=c$ (c는 상수) $\Rightarrow y'=0$

34

두 함수 $f(x)=x^8$, $g(x)=-6$에 대하여
$f'(-1)+g'(9)$의 값은?

① -16　　② -8　　③ 1
④ 8　　⑤ 16

35

함수 $f(x)=x^{10}$에 대하여 $\lim\limits_{h\to0}\dfrac{f(x+3h)-f(x)}{5h}$를 간단히 나타내면?

① $2x^9$　　② $6x^9$　　③ $10x^9$
④ $20x^9$　　⑤ $30x^9$

유형 35 실수배, 합, 차의 미분법

두 함수 $f(x)$, $g(x)$가 미분가능할 때
(1) $\{cf(x)\}'=cf'(x)$ (단, c는 상수)
(2) $\{f(x)+g(x)\}'=f'(x)+g'(x)$
(3) $\{f(x)-g(x)\}'=f'(x)-g'(x)$

36

함수 $f(x)=-\dfrac{4}{3}x^3+5x-2$에 대하여 $f'(-1)$의 값은?

① -2　　② -1　　③ 0
④ 1　　⑤ 2

37

함수 $f(x)=x^{12}+x^9+x^6+x^3+1$에 대하여 $f(1)+f'(1)$의 값은?

① 31 ② 32 ③ 33
④ 34 ⑤ 35

38

함수 $f(x)=2x^3+ax^2-x+4$에 대하여 $f'(1)=a$일 때, 상수 a의 값은?

① -6 ② -5 ③ -4
④ -3 ⑤ -2

39

함수 $f(x)=ax^3+3x^2+bx-4$의 도함수가 $f'(x)=6x^2+cx-2$일 때, 상수 a, b, c에 대하여 $a+b+c$의 값은?

① 2 ② 4 ③ 6
④ 8 ⑤ 10

유형 36 곱의 미분법 ★

세 함수 $f(x)$, $g(x)$, $h(x)$가 미분가능할 때

(1) $\{f(x)g(x)\}'=f'(x)g(x)+f(x)g'(x)$

(2) $\{f(x)g(x)h(x)\}'$
$=f'(x)g(x)h(x)+f(x)g'(x)h(x)+f(x)g(x)h'(x)$

(3) $[\{f(x)\}^n]'=n\{f(x)\}^{n-1}f'(x)$ (단, n은 양의 정수)

40

함수 $f(x)=\dfrac{1}{2}x(4x^2-2)$에 대하여 $f'(2)$의 값은?

① 21 ② 22 ③ 23
④ 24 ⑤ 25

41

함수 $f(x)=(3x^2-2)(x+1)$에 대하여 곡선 $y=f(x)$ 위의 점 $(-1, 0)$에서의 접선의 기울기는?

① -2 ② -1 ③ 0
④ 1 ⑤ 2

42

함수 $f(x)=(x-1)^3(2x+3)$에 대하여 $f'(2)+(f\circ f)(1)$의 값은?

① 20 ② 21 ③ 22
④ 23 ⑤ 24

43

함수 $f(x)=(x-2)(x-3)(x-4)$에 대하여 $f'(2)+f'(3)+f'(4)$의 값은?

① 1 ② 2 ③ 3
④ 4 ⑤ 5

유형 37 미분계수를 이용하여 극한값 구하기 (1) ★

주어진 식에 $f(x)$를 직접 대입하여 극한값을 구하면 복잡하므로 $f'(a)=\lim\limits_{h\to0}\dfrac{f(a+h)-f(a)}{h}=\lim\limits_{x\to a}\dfrac{f(x)-f(a)}{x-a}$를 이용할 수 있도록 식을 변형한다.

44

함수 $f(x)=-x^2+6x+4$에 대하여 $\lim\limits_{h\to0}\dfrac{f(1+2h)-f(1)}{h}$의 값은?

① 2 ② 4 ③ 6
④ 8 ⑤ 10

45

함수 $f(x)=\dfrac{4}{3}x^3-ax+1$에 대하여

$\displaystyle\lim_{h\to 0}\dfrac{f(a+h)-f(a-2h)}{h}=9$를 만족시키는 모든 상수 a

의 값의 곱은?

① -3 ② $-\dfrac{3}{4}$ ③ $\dfrac{1}{4}$

④ $\dfrac{3}{4}$ ⑤ 3

46

함수 $f(x)=x^3-x^2+x-1$에 대하여

$\displaystyle\lim_{x\to 2}\dfrac{f(x)-f(2)}{x^2-4}$의 값은?

① $\dfrac{5}{4}$ ② $\dfrac{3}{2}$ ③ $\dfrac{7}{4}$

④ 2 ⑤ $\dfrac{9}{4}$

유형 38 **미분계수를 이용하여 극한값 구하기** (2) ★

분자에 인수분해가 힘든 복잡한 식이 나오면 $f(x)$로 적절히 치환하여 $\displaystyle\lim_{x\to▲}\dfrac{f(x)-f(▲)}{x-▲}$의 형태로 고친 후, 미분계수의 정의를 이용한다.

47

$\displaystyle\lim_{x\to -1}\dfrac{x^{12}+5x^2-6}{x+1}$의 값은?

① -30 ② -28 ③ -26

④ -24 ⑤ -22

48

$\displaystyle\lim_{x\to 1}\dfrac{x^n+2x^2-3}{x-1}=8$을 만족시키는 2 이상의 자연수 n의

값은?

① 3 ② 4 ③ 5

④ 6 ⑤ 7

유형 39 **미분법과 미정계수의 결정** ★

미분계수가 주어진 다항함수 $f(x)$에서 $f'(x)$를 구한 후, 주어진 함숫값과 미분계수를 이용하여 $f(x)$의 미정계수를 구한다.

49

함수 $f(x)=x^2+ax+b$에서 $f(2)=5$, $f'(-1)=3$일 때, $f(-2)$의 값은? (단, a, b는 상수이다.)

① -15 ② -12 ③ -9

④ -6 ⑤ -3

50

이차함수 $f(x)=ax^2+bx+c$에 대하여

$f(0)=-4$, $f'(1)=7$, $f'(-1)=-5$일 때, 상수 a, b, c에 대하여 $a+b+c$의 값은?

① -2 ② -1 ③ 0

④ 1 ⑤ 2

51

삼차함수 $f(x)=ax^3+x^2+bx+c$에 대하여

$f(0)=-\dfrac{5}{2}$, $f'(0)=3$, $f'(-2)=5$일 때, $f(-1)$의 값은? (단, a, b, c는 상수이다.)

① -7 ② -6 ③ -5

④ -4 ⑤ -3

유형 40 미분계수를 이용한 미정계수의 결정 ★

함수 $f(x)$에 대하여 $\lim\limits_{x \to a} \dfrac{f(x)-b}{x-a}=c$ (c는 상수)에서 얻은 두 식 $f(a)=b,\ f'(a)=c$를 이용하여 $f(x)$의 미정계수를 구한다.

52

삼차함수 $f(x)=x^3+ax+b$에 대하여
$\lim\limits_{x \to 1} \dfrac{f(x)}{x-1}=2$일 때, $f(-1)$의 값은? (단, a, b는 상수이다.)

① -4　　　　② -2　　　　③ 0
④ 2　　　　⑤ 4

53

최고차항의 계수가 1인 삼차함수 $f(x)$에 대하여
$f(0)=1,\ \lim\limits_{x \to -2} \dfrac{f(x)-7}{x+2}=1$일 때, $f(1)$의 값은?

① 1　　　　② 2　　　　③ 3
④ 4　　　　⑤ 5

유형 41 접선의 기울기를 이용한 미정계수 구하기 ★

곡선 $y=f(x)$ 위의 점 (a, b)에서의 접선의 기울기가 m이면
$f(a)=b,\ f'(a)=m$임을 이용한다.

54

함수 $f(x)=x^3+mx^2-x$의 그래프 위의 점 $(2, f(2))$에서의 접선의 기울기가 3일 때, 상수 m의 값은?

① -2　　　　② -1　　　　③ 0
④ 1　　　　⑤ 2

55

함수 $f(x)=x^2+ax+b$에 대하여 곡선 $y=f(x)$ 위의 점 $(1, 3)$에서의 접선의 기울기가 -2일 때, 상수 a, b에 대하여 $b-a$의 값은?

① -10　　　　② -5　　　　③ 0
④ 5　　　　⑤ 10

56

함수 $f(x)=ax^2+bx+c$에 대하여 곡선 $y=f(x)$가 점 $(0, 3)$을 지나고, 곡선 $y=f(x)$ 위의 점 $(1, 6)$에서의 접선의 기울기가 2일 때, $f(2)$의 값은? (단, a, b, c는 상수이다.)

① 4　　　　② 5　　　　③ 6
④ 7　　　　⑤ 8

유형 42 다항식의 나눗셈과 도함수 ★★

(1) 다항식 $f(x)$가 $(x-a)^2$으로 나누어떨어질 조건은
　　$f(a)=0,\ f'(a)=0$이다.
(2) 다항식 $f(x)$를 $(x-a)^2$으로 나눌 때, 몫을 $Q(x)$, 나머지를 $R(x)$라 하면 $f(x)=(x-a)^2 Q(x)+R(x)$로 나타낼 수 있고, $f(a)=R(a),\ f'(a)=R'(a)$이다.

57

다항식 x^3+ax^2+bx+1이 $(x-1)^2$으로 나누어떨어질 때, 상수 a, b에 대하여 ab의 값은?

① -1　　　　② 0　　　　③ 1
④ 2　　　　⑤ 3

58

다항식 x^5+ax^3+b를 $(x-2)^2$으로 나눌 때의 나머지가 $-4x$일 때, 상수 a, b에 대하여 $a+b$의 값은?

① 9   ② 10   ③ 11
④ 12   ⑤ 13

59

다항식 $x^{10}+x^5-3$을 $(x+1)^2$으로 나눌 때의 나머지를 $R(x)$라 할 때, $R(-2)$의 값은?

① 1   ② 2   ③ 3
④ 4   ⑤ 5

유형 43 곱의 미분법의 활용 ★★

두 함수 $f(x)$, $g(x)$가 미분가능할 때,
$\{f(x)g(x)\}'=f'(x)g(x)+f(x)g'(x)$를 이용하여 주어진 미분계수를 구한다.
특히, 극한값이 주어졌을 때에는 미분계수의 정의를 이용하여 그 값의 의미를 파악한다.

60

미분가능한 함수 $f(x)$가 $f(-1)=4$, $f'(-1)=2$를 만족시킬 때, 함수 $g(x)=(x^2+x-6)f(x)$에 대하여 $g'(-1)$의 값은?

① -16 ② -14 ③ -12
④ -10 ⑤ -8

61

두 다항함수 $f(x)$, $g(x)$가
$$\lim_{x\to 1}\frac{f(x)-2}{x-1}=-1,\quad \lim_{x\to 1}\frac{g(x)+2}{x-1}=3$$을 만족시킬 때, 함수 $y=f(x)g(x)$의 $x=1$에서의 미분계수는?

① 4   ② 5   ③ 6
④ 7   ⑤ 8

62

이차함수 $f(x)=a(x-3)^2-4$의 그래프가 그림과 같다.

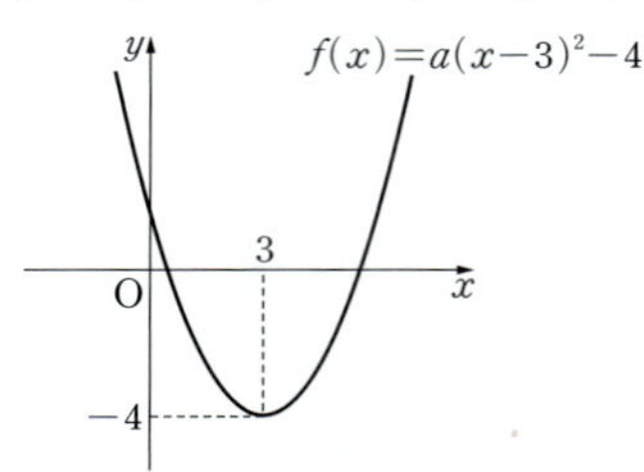

다항함수 $g(x)$에 대하여 함수 $h(x)=f(x)g(x)$라 하자. $h'(3)=4$일 때, $g'(3)$의 값은? (단, a는 상수이다.)

① -2 ② -1 ③ 1
④ 2   ⑤ 3

유형 44 미분계수를 포함한 함수의 도함수 ★

함수 $f(x)$의 식에 $f'(a)$가 포함되어 있으면
(i) 도함수 $f'(x)$를 구한다.
(ii) $f'(x)$에 $x=a$를 대입하여 $f'(a)$의 값을 구한다.
(iii) 함수 $f(x)$의 식을 완성한다.

63

다항함수 $f(x)$가 모든 실수 x에 대하여 $f(x)=-x^3+4xf'(1)$을 만족시킬 때, $f(1)$의 값은?

① 1   ② 2   ③ 3
④ 4   ⑤ 5

64

다항함수 $f(x)$가 모든 실수 x에 대하여
$f(x)=\dfrac{1}{3}x^3-x^2+2xf'(-1)$을 만족시킬 때, $f'(0)$의 값은?

① -7 ② -6 ③ -5
④ -4 ⑤ -3

주어진 등식이 임의의 실수 x에 대하여 항상 성립하면 이 등식은 x에 대한 항등식이다.

$f(x)=a_nx^n+a_{n-1}x^{n-1}+\cdots+a_0$으로 놓고 주어진 항등식에 대입한 후, 계수비교법을 이용하여 미정계수를 구한다.

65

이차함수 $f(x)$가 모든 실수 x에 대하여
$(x-1)f'(x)-2f(x)-2=0$
을 만족시키고 $f(0)=-2$일 때, $f(2)$의 값은?

① -4 ② -2 ③ 0
④ 2 ⑤ 4

66

함수 $f(x)=x^3+ax^2+bx+c$가 모든 실수 x에 대하여
$$xf'(x)-3f(x)=x^2+3x$$
를 만족시킨다. 상수 a, b, c에 대하여 $a+b-c$의 값은?

① $-\dfrac{5}{2}$ ② -2 ③ $-\dfrac{3}{2}$
④ -1 ⑤ $-\dfrac{1}{2}$

67

최고차항의 계수가 1인 다항함수 $f(x)$가 모든 실수 x에 대하여
$$f(x)f'(x)=2x^3+6x^2-4x-8$$
을 만족시킬 때, $f(1)+f'(1)$의 값을 구하시오.

다항식 $f(x)$에 대하여 $f(a)=0$, $f'(a)=0$이면 $f(x)$는 $(x-a)^2$을 인수로 갖는다.

즉, $f(x)=(x-a)^2g(x)$로 나타낼 수 있다.

68

최고차항의 계수가 1인 삼차함수 $f(x)$가 다음 조건을 모두 만족시킬 때, $f(5)$의 값은?

(가) $f(-1)=f'(-1)=0$
(나) $f(2)=3$

① 110 ② 120 ③ 130
④ 140 ⑤ 150

69

삼차함수 $f(x)$가 다음 조건을 모두 만족시킬 때, 실수 k의 값을 구하시오. (단, $k\neq-2$)

(가) $f(-2)=f(3)=0$
(나) $f'(-2)=f'(k)=0$

01 ☆   [2015년 고2(나) 9월 교육청]

함수 $f(x)=2x^3-x+1$에서 x의 값이 -1에서 2까지 변할 때의 평균변화율과 $f'(k)$의 값이 서로 같을 때, 양수 k의 값은?

① 1   ② $\dfrac{5}{4}$ ③ $\dfrac{3}{2}$

④ $\dfrac{7}{4}$ ⑤ 2

02 ☆   [2017년 고2(나) 11월 교육청]

함수 $f(x)=x^2-ax+3$에 대하여

$\displaystyle\lim_{h\to0}\dfrac{f(2+h)-f(2)}{h}=1$일 때, 상수 a의 값은?

① 1   ② 2   ③ 3

④ 4   ⑤ 5

03 ☆☆

함수 $f(x)=-\dfrac{4}{3}x^3+x^2-9x$에 대하여

$\displaystyle\lim_{h\to0}\dfrac{f(-1+6h)-f(-1+2h)}{3h}$의 값은?

① -25 ② -20 ③ -15

④ -10 ⑤ -5

04 ☆☆ 첨삭 해설

함수 $f(x)=x^3-3x^2-2x+1$일 때,

$\displaystyle\lim_{x\to2}\dfrac{f(x^2)-f(4)}{x-2}$의 값은?

① 84   ② 86   ③ 88

④ 90   ⑤ 92

05 ☆☆ 첨삭 해설   [2017년(나) 9월 평가원]

다항함수 $f(x)$가 다음 조건을 만족시킨다.

(가) $\displaystyle\lim_{x\to\infty}\dfrac{f(x)}{x^2}=2$

(나) $\displaystyle\lim_{x\to0}\dfrac{f(x)}{x}=3$

$f(2)$의 값은?

① 11   ② 14   ③ 17

④ 20   ⑤ 23

06 ☆☆

함수 $f(x)=x^3+ax^2+b$에 대하여 곡선 $y=f(x)$가 점 $(2,\ -1)$을 지나고, 점 $(2,\ -1)$에서의 접선의 기울기가 4일 때, $f(1)+f'(1)$의 값은? (단, a, b는 상수이다.)

① -4 ② -3 ③ -2

④ -1 ⑤ 0

07 ☆☆ 첨삭 해설

함수 $y=f(x)$의 그래프가 그림과 같을 때, 다음 [보기] 중 옳은 것만을 있는 대로 고른 것은?

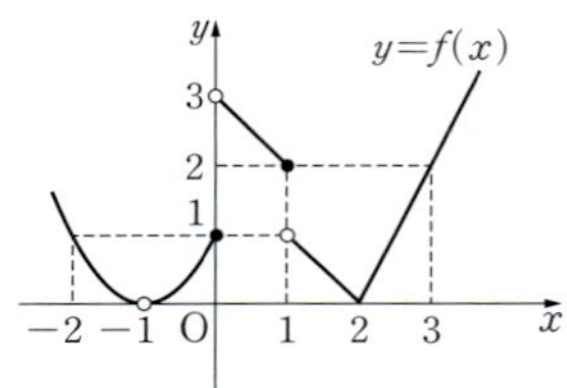

[보기]

ㄱ. 구간 $[-2, 3]$에서 함수 $f(x)$는 불연속인 점이 3개이다.

ㄴ. 구간 $[-2, 3]$에서 함수 $f(x)$는 미분가능하지 않은 점이 4개이다.

ㄷ. 도함수 $f'(x)$는 $x=2$에서 연속이다.

① ㄱ   ② ㄱ, ㄴ   ③ ㄱ, ㄷ

④ ㄴ, ㄷ   ⑤ ㄱ, ㄴ, ㄷ

08 ☆
[2017년 고2(나) 11월 교육청]

함수 $f(x)=x^3+2x^2+x$에 대하여 $f'(1)$의 값은?

① 2   ② 4   ③ 6

④ 8   ⑤ 10

09 ☆☆

두 함수 $f(x)=2x^2-x+1$, $g(x)=x^3+x$에 대하여

$\displaystyle\lim_{h\to0}\frac{f(1+h)-g(1-h)}{h}$의 값은?

① 1   ② 3   ③ 5

④ 7   ⑤ 9

10 ☆

함수 $f(x)=3(x-2)^2(x+4)$에 대하여 $f'(a)=0$을 만족시키는 모든 상수 a의 값의 곱은?

① -2 ② -4 ③ -6

④ -8 ⑤ -10

11 ☆☆

모든 실수 x에 대하여 미분가능한 함수 $f(x)$가

$$(x^2+3)f(x)=x^6+2x^4+9$$

를 만족시킬 때, $f'(-1)$의 값은?

① -5 ② -4 ③ -3

④ -2 ⑤ -1

12 ☆☆

함수 $f(x)=x^3+ax^2+bx+c$에 대하여

$$\lim_{x\to2}\frac{f(x)}{x-2}=6,\quad \lim_{h\to0}\frac{f(1+h)-f(1-2h)}{h}=3$$

을 만족시킬 때, $f'(-2)$의 값은? (단, a, b, c는 상수이다.)

① 20   ② 22   ③ 24

④ 26   ⑤ 28

13 ☆☆☆ 첨삭 해설

최고차항의 계수가 1인 삼차함수 $f(x)$가 $f(-2)=f(-1)=f(1)$을 만족시킬 때, $f'(0)$의 값은?

① -1 ② 0   ③ 1

④ 2   ⑤ 3

14 |단답형| ☆☆

함수 $f(x)=-2x^2+5x$가 모든 실수 x에 대하여

$$(x+1)f'(x)+af(x)=-9x+b$$

를 만족시킬 때, 상수 a, b에 대하여 $a+b$의 값을 구하시오.

15 |서술형| ☆☆☆

함수 $f(x)=\begin{cases} -\dfrac{1}{3}x^3 & (x\geq p) \\ x^2-3x+q & (x<p) \end{cases}$ 가 $x=p$에서 미분가능할 때, 상수 p, q에 대하여 $p+3q$의 값을 구하시오.

(단, $p>0$)

20 접선의 방정식

함수 $f(x)$가 $x=a$에서 미분가능할 때,

(1) 곡선 $y=f(x)$ 위의 점 $P(a, f(a))$에서의 접선의 방정식은 $y-f(a)=f'(a)(x-a)$

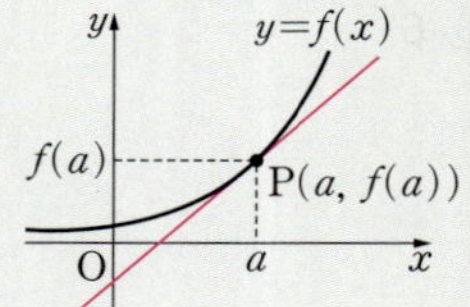

(2) 기울기 m이 주어진 접선의 방정식

(i) 접점의 좌표를 $(a, f(a))$로 놓는다.

(ii) $f'(a)=m$임을 이용하여 a의 값과 접점의 좌표 $(a, f(a))$를 구한다.

(iii) 접선의 방정식 $y-f(a)=m(x-a)$를 구한다.

(3) 곡선 밖의 한 점 (x_1, y_1)에서 곡선에 그은 접선의 방정식

(i) 접점의 좌표를 $(a, f(a))$로 놓는다.

(ii) 접선의 기울기가 $f'(a)$이므로 접선의 방정식

$$y-f(a)=f'(a)(x-a) \cdots \ \text{㉠}$$

에 $x=x_1$, $y=y_1$을 대입하여 a의 값을 구한다.

(iii) (ii)에서 구한 a의 값을 ㉠에 대입하여 접선의 방정식을 구한다.

21 평균값 정리

함수 $f(x)$가 닫힌구간 $[a, b]$에서 연속이고, 열린구간 (a, b)에서 미분가능할 때

(1) 롤의 정리

$f(a)=f(b)$이면 $f'(c)=0$인 c가 열린구간 (a, b)에 적어도 하나 존재한다.

(2) 평균값 정리

$\dfrac{f(b)-f(a)}{b-a}=f'(c)$인 c가 열린구간 (a, b)에 적어도 하나 존재한다.

• 함수 $f(x)$가 $x=a$에서 미분가능할 때, 곡선 $y=f(x)$ 위의 점 $A(a, f(a))$에서의

① 접선에 수직인 직선의 기울기

$$-\dfrac{1}{f'(a)} \ (\text{단,} f'(a) \neq 0)$$

② 접선에 수직이고, 점 A를 지나는 직선의 방정식

$$y-f(a)=-\dfrac{1}{f'(a)}(x-a)$$
$$(\text{단,} f'(a) \neq 0)$$

• **롤의 정리**

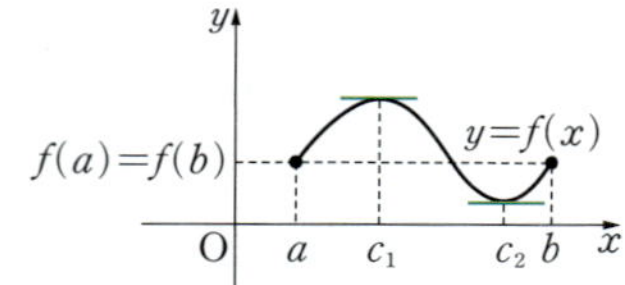

• **평균값 정리**

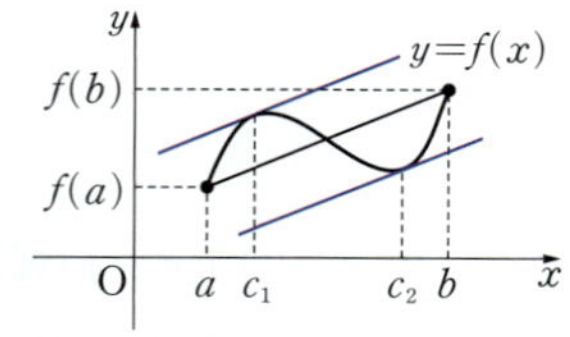

개념 CHECK

정답 및 해설 p. 58

[01~03] 다음 빈칸에 알맞은 것을 써넣으시오.

01 함수 $f(x)$가 $x=a$에서 미분가능할 때, 곡선 $y=f(x)$ 위의 점 $P(a, f(a))$에서의 접선의 기울기는 [　　　]이다.

02 다항함수 $f(x)$에 대하여 곡선 $y=f(x)$ 위의 점 $(1, f(1))$에서의 접선의 방정식은 $y-[\quad]=[\quad](x-1)$이다.

03 함수 $f(x)$가 닫힌구간 $[a, b]$에서 연속이고 열린구간 (a, b)에서 미분가능하면 $\dfrac{f(b)-f(a)}{b-a}=[\quad]$인 c가 열린구간 (a, b)에 적어도 하나 존재한다.

[04~06] 옳은 것에 ○표, 옳지 <u>않은</u> 것에 ×표를 하시오.

04 함수 $f(x)$가 $x=a$에서 미분가능할 때, 곡선 $y=f(x)$ 위의 점 $(a, f(a))$에서의 접선에 수직인 직선의 기울기는 $\dfrac{1}{f'(a)}$이다. (　　　)

05 곡선 $y=x^2$에 접하고 기울기가 1인 직선은 곡선 $y=x^2$과 $x=1$인 점에서 접한다. (　　　)

06 다항함수 $y=f(x)$의 그래프가 그림과 같을 때, 닫힌구간 $[a, b]$에서 롤의 정리를 만족시키는 상수 c의 개수는 3이다. (　　　)

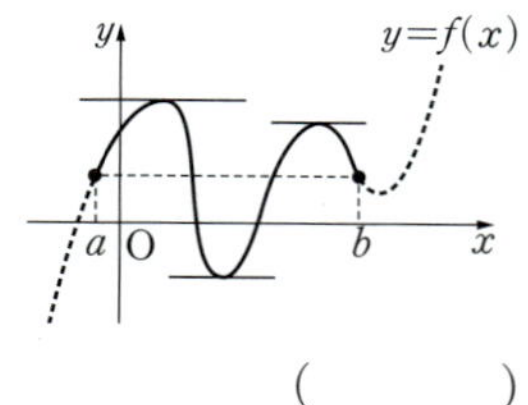

20 접선의 방정식

[07~09] 다음 곡선 위의 주어진 점에서의 접선의 방정식을 구하시오.

07 $y=x^2+3x$ 점 $(1, 4)$

08 $y=x^3-x^2+2$ 점 $(-1, 0)$

09 $y=-2x^3+x-3$ 점 $(0, -3)$

[10~11] 다음 곡선 위의 주어진 점을 지나고, 그 점에서의 접선에 수직인 직선의 방정식을 구하시오.

10 $y=-x^2+4$ 점 $(3, -5)$

11 $y=\dfrac{2}{3}x^3+4x-1$ 점 $(0, -1)$

[12~13] 다음 곡선에 접하고 기울기 m이 다음과 같은 직선의 방정식을 구하시오.

12 $y=2x^2-x$ $[m=3]$

13 $y=\dfrac{1}{3}x^3-x^2+1$ $[m=-1]$

[14~15] 다음 곡선에 접하고 주어진 직선과 평행한 직선의 방정식을 구하시오.

14 곡선 $y=3x^2-2$, 직선 $y=-6x+4$

15 곡선 $y=-2x^2+5x-1$, 직선 $y=3x+2$

[16~17] 다음 곡선 밖의 주어진 점에서 곡선에 그은 접선의 방정식을 모두 구하시오.

16 $y=x^2-x+2$ 점 $(0, -2)$

17 $y=-2x^2+3x$ 점 $(-1, -3)$

21 평균값 정리

18 함수 $f(x)=x^2+2x$에 대하여 닫힌구간 $[-2, 0]$에서 롤의 정리를 만족시키는 상수 c의 값을 구하시오.
(단, $-2<c<0$)

[19~20] 다음 함수에 대하여 주어진 구간에서 평균값 정리를 만족시키는 상수 c의 값을 구하시오.

19 $f(x)=-x^2+3x+2$ $[0, 1]$

20 $f(x)=x^3$ $[-2, 1]$

유형 47 곡선 위의 점에서의 접선의 방정식 ★★

곡선 $y=f(x)$ 위의 점 $(a, f(a))$에서의 접선의 방정식은
$$y-f(a)=f'(a)(x-a)$$

21

곡선 $y=-2x^2+x-3$ 위의 점 $(1, -4)$에서의 접선의 방정식이 $y=ax+b$일 때, 상수 a, b에 대하여 a^2+b^2의 값은?

① 4　　　　② 7　　　　③ 10
④ 13　　　⑤ 18

22

곡선 $y=x^3-3x^2+1$ 위의 점 $(-1, -3)$에서의 접선의 y절편은?

① 6　　　　② 7　　　　③ 8
④ 9　　　　⑤ 10

23

곡선 $y=3x^2-5x+k+2$ 위의 점 $(1, k)$에서의 접선이 원점을 지날 때, 상수 k의 값은?

① -2　　　② -1　　　③ 0
④ 1　　　　⑤ 2

24

곡선 $y=x^3+ax+b$ 위의 점 $(2, -1)$에서의 접선의 방정식이 $y=3x-7$일 때, 상수 a, b에 대하여 $b-a$의 값은?

① 6　　　　② 9　　　　③ 12
④ 15　　　⑤ 18

25

곡선 $y=-x^3+2x-6$ 위의 두 점 $(-1, -7)$, $(0, -6)$에서의 접선을 각각 l, m이라 하자. 두 직선 l, m의 교점의 y좌표는?

① $-\dfrac{22}{3}$　　　② $-\dfrac{20}{3}$　　　③ -6
④ $-\dfrac{16}{3}$　　　⑤ $-\dfrac{14}{3}$

26

미분가능한 함수 $f(x)$에 대하여 곡선 $y=f(x)$ 위의 점 $(-2, 3)$에서의 접선의 방정식이 $y=5x+13$이다.
함수 $g(x)=xf(x)$에 대하여 곡선 $y=g(x)$ 위의 점 $(-2, g(-2))$에서의 접선의 방정식은?

① $y=-7x-20$　　　② $y=-7x+10$
③ $y=-7x+20$　　　④ $y=7x-20$
⑤ $y=7x+20$

유형 48 기울기가 주어진 접선의 방정식 ★

기울기가 m이고 곡선 $y=f(x)$에 접하는 직선의 방정식
(ⅰ) $f'(a)=m$을 만족하는 a의 값을 구한다.
(ⅱ) $y-f(a)=f'(a)(x-a)$를 구한다.

27

곡선 $y=-x^3+3x^2-4x$에 접하고 기울기가 -1인 직선의 방정식이 $y=f(x)$일 때, $f(-1)$의 값은?

① -3 ② -2 ③ -1
④ 0 ⑤ 1

28

곡선 $y=x^3-2x+1$에 접하는 두 직선의 방정식이 $y=x+a$, $y=x+b$일 때, 상수 a, b에 대하여 $a+b$의 값은?

① 1 ② 2 ③ 3
④ 4 ⑤ 5

29

곡선 $y=-x^2+3x$에 접하고, 두 점 A$(1, 3)$, B$(2, 0)$을 지나는 직선과 기울기가 같은 직선의 방정식은?

① $y=-3x+9$ ② $y=-3x+10$
③ $y=-3x+11$ ④ $y=3x-9$
⑤ $y=3x-10$

30

곡선 $y=2x^2+ax+b$가 점 $(1, 3)$을 지나고, 점 $(1, 3)$에서의 접선의 기울기가 -1일 때, 상수 a, b에 대하여 $a-b$의 값은?

① -15 ② -14 ③ -13
④ -12 ⑤ -11

31

곡선 $y=-x^2+ax-1$이 직선 $y=3x+8$과 접할 때, 양수 a의 값은?

① 7 ② 8 ③ 9
④ 10 ⑤ 11

32

곡선 $y=2x^3-4x$에 접하고 기울기가 2인 두 직선과 주어진 곡선의 접점을 각각 A, B라 할 때, 직선 AB의 기울기를 구하시오.

33

곡선 $y=-x^3+2$ 위의 점 $(-2, 10)$에서의 접선과 곡선 $y=x^2+ax+b$ 위의 점 $(-4, 34)$에서의 접선이 일치할 때, 상수 a, b에 대하여 a^2+b^2의 값은?

① 2 ② 5 ③ 10
④ 13 ⑤ 20

34

곡선 $y=x^3-2x+2$와 x좌표가 양수인 점에서 접하고 기울기가 1인 직선이 이 곡선과 만나는 접점이 아닌 점의 좌표가 (a, b)일 때, $a+b$의 값은?

① -6 ② -4 ③ -2
④ 2 ⑤ 4

유형 49　곡선 밖의 한 점에서 곡선에 그은 접선의 방정식　★★

곡선 $y=f(x)$ 밖의 한 점 (a, b)가 주어졌을 때,

(ⅰ) 접점의 좌표를 $(t, f(t))$로 놓자.

(ⅱ) 접선의 방정식 $y-f(t)=f'(t)(x-t)$ ⋯ ㉠를 구한다.

(ⅲ) ㉠에 $x=a$, $y=b$를 대입하여 실수 t의 값을 구한다.

(ⅳ) 실수 t의 값을 ㉠에 대입하여 접선의 방정식을 구한다.

35

점 $(-1, -11)$에서 곡선 $y=x^2+3x$에 그은 두 접선의 기울기의 곱은?

① -35　　　② -33　　　③ -30

④ -28　　　⑤ -25

36

점 $(2, 0)$에서 곡선 $y=x^2+4x-1$에 서로 다른 2개의 접선을 그을 때, 두 접점의 x좌표의 합을 구하시오.

37

점 $(1, -1)$에서 곡선 $y=\dfrac{1}{2}x^2+k$에 그은 두 접선이 서로 수직으로 만날 때, 상수 k의 값을 구하시오. $\left(\text{단, } k>-\dfrac{3}{2}\right)$

38

원점에서 곡선 $y=x^3+x^2+x+3$에 그은 접선이 이 곡선과 만나는 서로 다른 두 점을 각각 P, Q라 할 때, $\overline{PQ}$의 길이는?

① $2\sqrt{37}$　　　② $3\sqrt{37}$　　　③ $4\sqrt{37}$

④ $5\sqrt{37}$　　　⑤ $6\sqrt{37}$

유형 50　접선에 수직인 직선의 방정식　★

곡선 $y=f(x)$ 위의 점 $(a, f(a))$를 지나고, 이 점에서의 접선에 수직인 직선의 방정식은

$$y-f(a)=-\frac{1}{f'(a)}(x-a)$$

39

곡선 $y=3x^2+x-4$ 위의 점 $(1, 0)$을 지나고, 이 점에서의 접선과 수직인 직선의 y절편은?

① $\dfrac{1}{8}$　　　② $\dfrac{1}{7}$　　　③ $\dfrac{1}{6}$

④ $\dfrac{1}{5}$　　　⑤ $\dfrac{1}{4}$

40

곡선 $y=-x^3+2x^2+x$ 위의 점 $(2, 2)$를 지나고 이 점에서의 접선과 수직인 직선의 방정식이 $ax+3y+b=0$일 때, 상수 a, b에 대하여 ab의 값은?

① -4　　　② -2　　　③ 0

④ 2　　　⑤ 4

41

곡선 $y=x^3-x^2+x+a$ 위의 점 $(-1, a-3)$을 지나고, 이 점에서의 접선과 수직인 직선의 x절편이 2일 때, 상수 a의 값은?

① $\dfrac{5}{2}$　　　② 3　　　③ $\dfrac{7}{2}$

④ 4　　　⑤ $\dfrac{9}{2}$

42

곡선 $y=2x^2-4x+1$ 위의 점 $(2,\ 1)$에서의 접선과 수직인 직선이 이 곡선과 다시 만나는 점의 x좌표는?

① $-\dfrac{1}{8}$ ② $-\dfrac{1}{4}$ ③ $-\dfrac{3}{8}$

④ $-\dfrac{1}{2}$ ⑤ $-\dfrac{5}{8}$

43

점 $(0,\ -3)$에서 곡선 $y=x^2-2x+1$에 두 개의 접선을 그을 때, 각각의 접점에서의 접선과 수직인 직선의 x절편을 각각 $a,\ b$라 하자. 이때, $a+b$의 값은?

① -56 ② -52 ③ -48

④ -44 ⑤ -40

직선 $y=mx+n$에 평행하고 곡선 $y=f(x)$에 접하는 직선의 방정식은

(ⅰ) 접점의 좌표를 $(a,\ f(a))$로 놓고, $f'(a)=m$을 만족시키는 a의 값을 구한다.

(ⅱ) (ⅰ)에서 구한 a의 값을 $y-f(a)=f'(a)(x-a)$에 대입한다.

44

직선 $y=-3x+7$에 평행하고 곡선 $y=-x^2-5x+3$에 접하는 직선의 방정식을 $y=mx+n$이라 할 때, 상수 m, n에 대하여 $m+n$의 값은?

① 1 ② 2 ③ 3

④ 4 ⑤ 5

45

곡선 $y=\dfrac{1}{3}x^3-1$의 접선 중에서 두 점 $(-2,\ -3)$, $(0,\ 5)$를 지나는 직선과 평행한 직선의 방정식을 모두 구하면?

① $12x-3y-13=0$ 또는 $12x-3y-19=0$

② $12x-3y+13=0$ 또는 $12x-3y-19=0$

③ $12x-3y+13=0$ 또는 $12x-3y+19=0$

④ $4x-y+9=0$ 또는 $4x-y-7=0$

⑤ $4x-y-9=0$ 또는 $4x-y+7=0$

46

곡선 $y=-\dfrac{2}{3}x^3$ 위의 점 $\left(\dfrac{1}{2},\ -\dfrac{1}{12}\right)$에서의 접선을 l이라 하자. 직선 l에 평행하고, 곡선 $y=-x^2-\dfrac{1}{2}x-5$에 접하는 직선의 방정식을 $y=f(x)$라 할 때, $f(2)$의 값은?

① -6 ② -5 ③ -4

④ -3 ⑤ -2

47

곡선 $y=x^3-2x$ 위의 점 $(1,\ -1)$에서의 접선과 이 곡선 밖의 점 $(k,\ 0)$에서 이 곡선에 그은 접선이 서로 평행할 때, 실수 k의 값은?

① $-\dfrac{10}{3}$ ② -3 ③ $-\dfrac{8}{3}$

④ $-\dfrac{7}{3}$ ⑤ -2

유형 52 곡선 위의 점과 직선 사이의 거리의 최솟값

곡선 $y=f(x)$ 위의 점과 이 곡선과 만나지 않는 직선 l 사이의 거리의 최솟값은 그림과 같이 직선 l을 평행이동시켰을 때 곡선 $y=f(x)$와 만나는 점 P와 직선 l 사이의 거리 d와 같다.

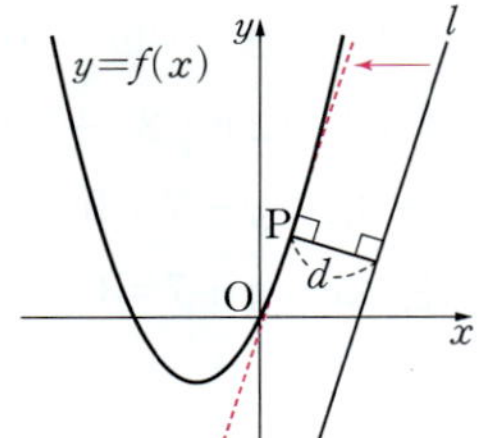

48

곡선 $y=-x^2+3x-3$ 위를 움직이는 점 P와 직선 $3x+y-8=0$ 사이의 거리가 최소가 되게 하는 점 P의 좌표를 $(m,\ n)$이라 할 때, $m-n$의 값을 구하시오.

49

곡선 $y=2x^2+1$ 위의 점과 직선 $y=4x-3$ 사이의 거리의 최솟값은?

① $\dfrac{\sqrt{17}}{17}$ ② $\dfrac{2\sqrt{17}}{17}$ ③ $\dfrac{3\sqrt{17}}{17}$

④ $\dfrac{4\sqrt{17}}{17}$ ⑤ $\dfrac{5\sqrt{17}}{17}$

유형 53 접선으로 만들어지는 도형

곡선에 접하는 직선들로 만들어지는 다각형의 넓이를 구하려면 곡선에 접하는 직선의 방정식을 모두 구한 후, 그 방정식들을 연립하여 교점의 좌표를 구해야 한다.

50

곡선 $y=2x^2-x+1$ 위의 점 $(-1,\ 4)$에서의 접선과 직선 $x=-2$ 및 x축으로 둘러싸인 도형의 넓이는?

① $\dfrac{77}{10}$ ② $\dfrac{39}{5}$ ③ $\dfrac{79}{10}$

④ 8   ⑤ $\dfrac{81}{10}$

51

곡선 $y=-x^2+6x-3$에 접하면서 기울기가 -4인 직선과 x축 및 y축으로 둘러싸인 도형의 넓이는?

① $\dfrac{121}{2}$ ② 61   ③ $\dfrac{123}{2}$

④ 62   ⑤ $\dfrac{125}{2}$

52

점 $A(0,\ 1)$에서 곡선 $y=x^2-x+2$에 그은 두 접선의 두 접점을 각각 B, C라 할 때, 삼각형 ABC의 넓이는?

① 1   ② $\dfrac{3}{2}$ ③ 2

④ $\dfrac{5}{2}$ ⑤ 3

53

함수 $f(x)=x^2+ax$의 그래프 위의 점 $(2,\ f(2))$에서의 접선과 x축, y축으로 둘러싸인 삼각형의 넓이가 8일 때, 모든 상수 a의 값의 곱은? (단, $a\neq-4$)

① 3   ② 6   ③ 9

④ 12   ⑤ 15

54

곡선 $y=x^3-x^2$ 위의 점 $P(-1,\ -2)$에서의 접선을 l, 점 P를 지나고 직선 l과 수직인 직선을 m이라 할 때, 두 직선 l, m 및 y축으로 둘러싸인 도형의 넓이는?

① $\dfrac{11}{5}$ ② $\dfrac{13}{5}$ ③ 3

④ $\dfrac{17}{5}$ ⑤ $\dfrac{19}{5}$

유형 54 공통인 접선 ★★

두 곡선 $y=f(x)$, $y=g(x)$가 $x=\alpha$인 점에서 공통인 접선을 갖는다면 다음이 성립한다.
$$f(\alpha)=g(\alpha),\ f'(\alpha)=g'(\alpha)$$

55

두 곡선 $y=-x^3$, $y=\dfrac{3}{2}x^2-\dfrac{1}{2}$이 $x=a$에서 공통인 접선을 가질 때, 공통인 접선의 y절편은? (단, a는 상수이다.)

① -4 ② -2 ③ 0
④ 2 ⑤ 4

56

두 곡선 $y=x^3+ax$, $y=-3x^2-5$가 한 점에서 접할 때, 상수 a의 값을 구하시오.

57

두 곡선 $y=x^3-ax$, $y=bx^2+c$가 점 $(1,\ -3)$에서 공통인 접선을 가질 때, 상수 a, b, c에 대하여 abc의 값은?

① 3 ② 4 ③ 5
④ 6 ⑤ 7

유형 55 평균값 정리 ★

함수 $f(x)$가 닫힌구간 $[a,\ b]$에서 연속이고, 열린구간 $(a,\ b)$에서 미분가능할 때, $\dfrac{f(b)-f(a)}{b-a}=f'(c)$인 c가 열린구간 $(a,\ b)$에 적어도 하나 존재한다.
한편, 평균값 정리에서 $f(a)=f(b)$인 경우가 **롤의 정리**이다.

58

함수 $f(x)=-2x^2+ax$가 닫힌구간 $[0,\ 2]$에서 롤의 정리를 만족시킨다. 이때, 상수 a의 값과 롤의 정리를 만족시키는 상수 c의 값을 각각 구하시오.

59

다음은 함수 $f(x)$가 닫힌구간 $[a,\ b]$에서 연속이고 열린구간 $(a,\ b)$에서 미분가능할 때, 열린구간 $(a,\ b)$에 속하는 모든 x에서 $f'(x)=0$이면 함수 $f(x)$는 닫힌구간 $[a,\ b]$에서 상수함수임을 보이는 과정이다. (가), (나), (다)에 알맞은 것을 구하시오.

$a<x<b$인 임의의 실수 x에 대하여 닫힌구간 $[a,\ x]$에서 평균값 정리를 적용하면
$$\frac{f(x)-f(a)}{x-a}=\boxed{(가)}$$
인 c가 a와 x 사이에 적어도 하나 존재한다.
그런데 조건에서 $f'(c)=0$이므로
$$f(x)-f(a)=\boxed{(나)}$$
즉, $f(x)=\boxed{(다)}$
따라서 함수 $f(x)$는 닫힌구간 $[a,\ b]$에서 상수함수이다.

60

함수 $f(x)=x^3-x^2+1$에 대하여 닫힌구간 $[-2,\ 3]$에서 평균값 정리를 만족시키는 모든 상수 c의 값의 합은?

① $\dfrac{1}{3}$ ② $\dfrac{2}{3}$ ③ 1
④ $\dfrac{4}{3}$ ⑤ $\dfrac{5}{3}$

61

함수 $y=f(x)$의 그래프가 그림과 같을 때, 닫힌구간 $[a,\ b]$에서 평균값 정리를 만족시키는 상수 c의 개수는?

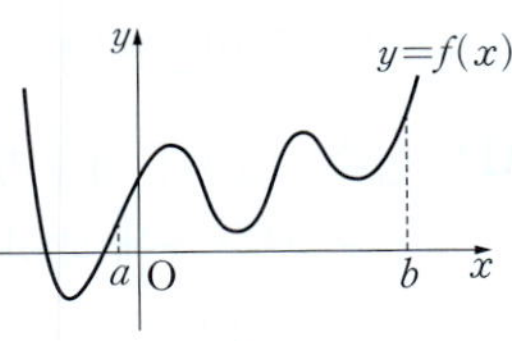

① 1 ② 2 ③ 3
④ 4 ⑤ 5

22 함수의 증가와 감소

(1) 함수 $f(x)$가 어떤 구간에 속하는 임의의 두 실수 x_1, x_2에 대하여

① $x_1 < x_2$일 때, $f(x_1) < f(x_2)$이면 함수 $f(x)$는 그 구간에서 **증가한다**고 한다.

② $x_1 < x_2$일 때, $f(x_1) > f(x_2)$이면 함수 $f(x)$는 그 구간에서 **감소한다**고 한다.

(2) 함수의 증가와 감소의 판정

함수 $f(x)$가 어떤 열린구간에서 미분가능하고, 이 구간의 모든 x에 대하여

① $f'(x) > 0$이면 $f(x)$는 그 구간에서 증가한다.

② $f'(x) < 0$이면 $f(x)$는 그 구간에서 감소한다.

23 함수의 극대와 극소

(1) 함수 $f(x)$가 $x=a$를 포함하는 어떤 열린구간에 속하는 모든 x에 대하여

① $f(x) \leq f(a)$이면 함수 $f(x)$는 $x=a$에서 **극대**라 하고, 그때의 함숫값 $f(a)$를 **극댓값**이라고 한다.

② $f(x) \geq f(a)$이면 함수 $f(x)$는 $x=a$에서 **극소**라 하고, 그때의 함숫값 $f(a)$를 **극솟값**이라고 한다.

(2) 함수의 극대와 극소의 판정

미분가능한 함수 $f(x)$에 대하여 $f'(a)=0$이고 $x=a$의 좌우에서

① $f'(x)$의 부호가 양($+$)에서 음($-$)으로 바뀌면 $f(x)$는 $x=a$에서 극대이다.

② $f'(x)$의 부호가 음($-$)에서 양($+$)으로 바뀌면 $f(x)$는 $x=a$에서 극소이다.

(3) 함수의 그래프의 개형

다항함수 $y=f(x)$의 그래프의 개형을 그리는 방법은 다음과 같다.

(i) 도함수 $f'(x)$를 구한 후, $f'(x)=0$인 x의 값을 구한다.

(ii) $f'(x)$의 부호를 조사하여 함수 $f(x)$의 증가, 감소를 표로 나타내고, 극값을 구한다.

(iii) 함수 $f(x)$의 그래프와 x축 또는 y축의 교점의 좌표를 구한다.

(iv) (ii), (iii)을 이용하여 함수 $y=f(x)$의 그래프의 개형을 그린다.

- 상수함수가 아닌 다항함수 $f(x)$가 어떤 구간에서 미분가능하고, 이 구간에서
  ① $f(x)$가 증가하면 $f'(x) \geq 0$
  ② $f(x)$가 감소하면 $f'(x) \leq 0$

- 극댓값과 극솟값을 통틀어 극값이라고 한다.

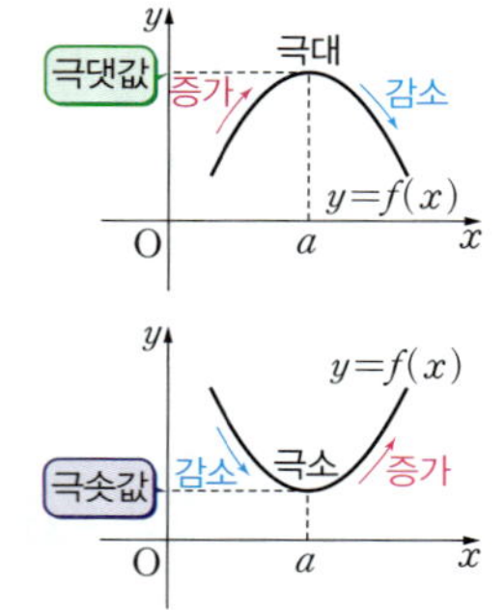

- **극값과 미분계수**

  a를 포함하는 어떤 열린구간에서 미분가능한 함수 $f(x)$가 $x=a$에서 극값을 가지면 $f'(a)=0$이다.

  [참고] 일반적으로 위의 역은 성립하지 않는다.

개념 CHECK

정답 및 해설 p. 67

[01~03] 다음 빈칸에 알맞은 것을 써넣으시오.

01 함수 $f(x)$가 어떤 열린구간에서 미분가능하고, 이 구간의 모든 x에 대하여 $f'(x) > 0$이면 함수 $f(x)$는 그 구간에서 [   ]한다.

02 함수 $f(x)$가 $x=a$를 포함하는 어떤 열린구간에 속하는 모든 x에 대하여 $f(x) \leq f(a)$이면 함수 $f(x)$는 $x=a$에서 [   ]라 한다.

03 미분가능한 함수 $f(x)$에 대하여 $f'(a)=0$이고 $x=a$의 좌우에서 $f'(x)$의 부호가 음($-$)에서 양($+$)으로 바뀌면 $f(x)$는 $x=a$에서 [   ]이다.

[04~06] 옳은 것에 ○표, 옳지 않은 것에 ×표를 하시오.

04 미분가능한 함수 $f(x)$가 주어진 구간에서 감소하면 그 구간에서 $f'(x) \geq 0$이다. (   )

05 극댓값과 극솟값을 통틀어 극값이라고 한다. (   )

06 $x=a$에서 미분가능한 함수 $f(x)$에 대하여 $f'(a)=0$이면 $f(x)$는 $x=a$에서 극값을 갖는다. (   )

22 함수의 증가와 감소

[07~10] 주어진 구간에서 다음 함수의 증가와 감소를 조사하시오.

07 $f(x)=x^2$　　$(0,\ \infty)$

08 $f(x)=-x^2+1$　　$(-\infty,\ 0)$

09 $f(x)=-x^3$　　$(-\infty,\ \infty)$

10 $f(x)=\dfrac{3}{x}$　　$(0,\ \infty)$

[11~14] 다음 함수의 증가와 감소를 조사하시오.

11 $f(x)=2x^2+3x-2$

12 $f(x)=-x^3+3x-1$

13 $f(x)=x^3-6x^2+9x+2$

14 $f(x)=3x^4-6x^2-10$

23 함수의 극대와 극소

[15~19] 다음 함수의 극값을 구하시오.

15 $f(x)=x^3-12x+5$

16 $f(x)=-x^3+6x^2-9x$

17 $f(x)=x^4+3x^2-4$

18 $f(x)=x^4-2x^3+2x-1$

19 $f(x)=-3x^4+4x^3$

[20~21] 다음 함수의 그래프의 개형을 그리시오.

20 $f(x)=x^3-3x^2+1$

21 $f(x)=x^4+4x^3+4x^2+2$

유형 56 함수의 증가와 감소

어떤 구간에서 미분가능한 함수 $f(x)$가

(1) $f'(x) > 0 \Rightarrow f(x)$는 그 구간에서 증가

(2) $f'(x) < 0 \Rightarrow f(x)$는 그 구간에서 감소

임을 이용하여 함수의 증가와 감소를 확인한다.

유형 57 함수의 증가와 감소의 조건 ★

어떤 구간에서 상수함수가 아닌 다항함수 $f(x)$가 증가하거나 감소하기 위한 조건은 다음과 같다.

(1) 그 구간에서 증가 $\Rightarrow$ 그 구간에서 $f'(x) \geq 0$

(2) 그 구간에서 감소 $\Rightarrow$ 그 구간에서 $f'(x) \leq 0$

22

함수 $f(x) = -x^3 + 6x^2 + 36x$가 증가하는 x의 값의 범위가 $a < x < b$일 때, 상수 a, b에 대하여 $b-a$의 값은?

① 4　　　　　② 6　　　　　③ 8

④ 10　　　　　⑤ 12

23

미분가능한 함수 $y = f(x)$의 도함수 $y = f'(x)$의 그래프가 그림과 같을 때, 다음 [보기] 중 옳은 것만을 있는 대로 고른 것은?

(단, $f'(-3) = f'(1) = f'(3) = 0$)

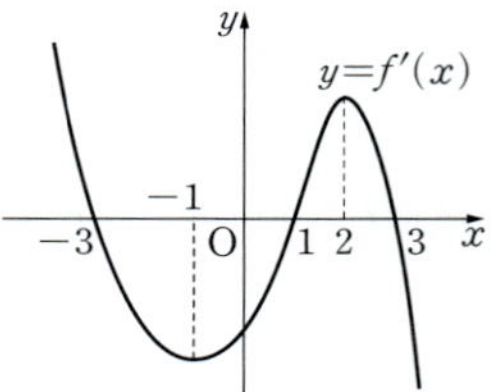

――――――[보기]――――――
ㄱ. $f(x)$는 구간 $(-3, 1)$에서 감소한다.
ㄴ. $f(x)$는 구간 $(-1, 2)$에서 증가한다.
ㄷ. $x < -3$ 또는 $1 < x < 3$에서 $f(x)$는 증가한다.

① ㄱ　　　　　② ㄱ, ㄴ　　　　　③ ㄱ, ㄷ

④ ㄴ, ㄷ　　　　　⑤ ㄱ, ㄴ, ㄷ

24

함수 $f(x) = x^3 - 3x^2 + 4$는 $x < a$ 또는 $x > b$에서 증가한다. 상수 a, b에 대하여 a의 최댓값을 M, b의 최솟값을 m이라 할 때, $M + m$의 값은?

① 1　　　　　② 2　　　　　③ 3

④ 4　　　　　⑤ 5

25

함수 $f(x) = \dfrac{1}{3}x^3 - 2x^2 + ax + 1$이 구간 $(-1, 1)$에서 증가하도록 하는 실수 a의 최솟값은?

① -2　　　　② -1　　　　③ 1

④ 2　　　　　⑤ 3

26

함수 $f(x) = x^3 - ax^2 + 9x + 2$가 감소하는 구간이 $[b, 3]$일 때, 상수 a, b에 대하여 $a + b$의 값을 구하시오.

27

함수 $f(x) = x^3 + ax^2 - 2ax + 2$가 구간 $(-\infty, \infty)$에서 증가하도록 하는 실수 a의 값의 범위는?

① $-6 \leq a \leq 0$　　　　② $-6 \leq a \leq 1$

③ $-3 \leq a \leq 1$　　　　④ $1 \leq a \leq 3$

⑤ $0 \leq a \leq 6$

28

삼차함수

$$f(x) = -\frac{1}{3}x^3 + ax^2 + (3a - 10)x - 2$$

가 임의의 두 실수 x_1, x_2에 대하여 $x_1 < x_2$이면 $f(x_1) > f(x_2)$를 만족시킬 때, 모든 정수 a의 값의 합은?

① -13　　　　② -12　　　　③ -11

④ -10　　　　⑤ -9

29

실수 전체의 집합에서 정의된 삼차함수
$$f(x)=x^3+kx^2+2x-3$$
의 역함수가 존재하기 위한 정수 k의 개수는?

① 1   ② 2   ③ 3
④ 4   ⑤ 5

유형 58 함수의 극값 ★

다항함수 $f(x)$의 극값은 다음과 같은 순서로 구한다.

(ⅰ) $f'(x)=0$을 만족시키는 x의 값 a를 구한다.

(ⅱ) $x=a$의 좌우에서 $f'(x)$의 부호를 조사한다. 이때, $f'(x)$의 부호가 양$(+)$에서 음$(-)$으로 바뀌면 극대, 음$(-)$에서 양$(+)$으로 바뀌면 극소이다.

30

함수 $f(x)=2x^3-15x^2+36x-20$의 극댓값을 M, 극솟값을 m이라 할 때, $M-m$의 값은?

① 1   ② 3   ③ 5
④ 7   ⑤ 9

31

함수 $f(x)=-x^4-4x^3+8x^2-2$의 모든 극댓값의 합은?

① 124   ② 125   ③ 126
④ 127   ⑤ 128

32

함수 $f(x)=x^3-3ax^2-9a^2x$의 극댓값과 극솟값의 합이 -176일 때, 양수 a의 값은?

① 1   ② 2   ③ 3
④ 4   ⑤ 5

33

함수 $f(x)=-2x^3+6x+5$의 그래프에서 극대가 되는 점을 P, 극소가 되는 점을 Q라 할 때, 선분 PQ의 길이는?

① $\sqrt{17}$ ② $2\sqrt{17}$ ③ $3\sqrt{17}$
④ $4\sqrt{17}$ ⑤ $5\sqrt{17}$

34

함수 $f(x)=3x^4-24x^2+8$의 그래프에서 극대 또는 극소가 되는 세 점을 꼭짓점으로 하는 삼각형의 넓이는?

① 48   ② 72   ③ 96
④ 120   ⑤ 144

유형 59 극값을 이용하여 미정계수 구하기 ★★

미분가능한 함수 $f(x)$에 더하여 $x=a$에서 극값 b를 갖는다면 $f(a)=b$, $f'(a)=0$이다.

35

함수 $f(x)=x^3+3x^2-24x+k$의 극댓값이 81일 때, $f(k)$의 값은? (단, k는 상수이다.)

① -20 ② -19 ③ -18
④ -17 ⑤ -16

36

함수 $f(x)=-\dfrac{2}{3}x^3+x^2+ax-3$이 $x=3$에서 극댓값을 갖고, $x=b$에서 극솟값을 가질 때, 상수 a, b에 대하여 $a+b$의 값을 구하시오.

37

함수 $f(x)=x^3+ax^2-6x+b$가 $x=-1$에서 극댓값 6을 가질 때, 상수 a, b에 대하여 $b-a$의 값은?

① 1   ② 2   ③ 3
④ 4   ⑤ 5

38

함수 $f(x)=x^3+ax^2+bx+c$는 $x=-2$에서 극댓값 -1을 갖고, $x=1$에서 극솟값을 갖는다고 할 때, 상수 a, b, c에 대하여 abc의 값은?

① 55   ② 66   ③ 77
④ 88   ⑤ 99

유형 60 삼차함수의 극값이 존재할 조건 ★★

삼차함수 $f(x)$에 대하여

⑴ $f(x)$가 극댓값, 극솟값을 모두 가질 조건
  ⇒ 이차방정식 $f'(x)=0$이 서로 다른 두 실근을 가져야 한다.

⑵ $f(x)$가 극값을 갖지 않을 조건
  ⇒ 이차방정식 $f'(x)=0$이 중근 또는 허근을 가져야 한다.

39

함수 $f(x)=-x^3+ax^2-3x+2$가 극값을 갖도록 하는 자연수 a의 최솟값은?

① 1   ② 2   ③ 3
④ 4   ⑤ 5

40

함수 $f(x)=\dfrac{1}{3}x^3+ax^2+(4a+12)x-1$이 극값을 갖지 않도록 하는 정수 a의 개수는?

① 6   ② 7   ③ 8
④ 9   ⑤ 10

41

함수 $f(x)=x^3-ax^2+3x$가 $-1<x<2$에서 극댓값과 극솟값을 모두 갖도록 하는 실수 a의 값의 범위를 구하시오.

유형 61 사차함수의 극값이 존재할 조건 ★★

사차함수 $f(x)$에 대하여

⑴ $f(x)$가 극댓값, 극솟값을 모두 가질 조건
  ⇒ 삼차방정식 $f'(x)=0$이 서로 다른 세 실근을 가져야 한다.

⑵ $f(x)$가 극댓값 또는 극솟값을 갖지 않을 조건
  ⇒ 삼차방정식 $f'(x)=0$이 중근 또는 허근을 가져야 한다.

42

함수 $f(x)=-x^4+2x^3-ax^2-2$가 극댓값과 극솟값을 모두 가질 때, 실수 a의 값의 범위가 $a<\alpha$ 또는 $\beta<a<\gamma$이다. $\alpha+\beta+\gamma$의 값은?

① $\dfrac{5}{8}$ ② $\dfrac{3}{4}$ ③ $\dfrac{7}{8}$
④ 1   ⑤ $\dfrac{9}{8}$

43

함수 $f(x)=\dfrac{1}{2}x^4+2ax^3+9x^2$이 극댓값을 갖지 않도록 하는 실수 a의 최댓값을 구하시오.

유형 62 도함수의 그래프를 이용한 극값의 판정 ★★

미분가능한 함수 $f(x)$의 도함수 $f'(x)$의 그래프를 이용하여 $f(x)$의 극값을 다음과 같이 판정한다.

(1) $y=f'(x)$의 그래프가 x축과 만나는 점의 x좌표 a를 찾는다.

(2) $x=a$의 좌우에서 $f'(x)$의 부호가

양에서 음으로 바뀌면 $\Rightarrow f(x)$는 $x=a$에서 극대

음에서 양으로 바뀌면 $\Rightarrow f(x)$는 $x=a$에서 극소

44

구간 $[a, e]$에서 다항함수 $y=f(x)$의 도함수 $y=f'(x)$의 그래프가 그림과 같을 때, 다음 [보기] 중 옳은 것만을 있는 대로 고른 것은? (단, $f'(b)=f'(c)=f'(d)=0$)

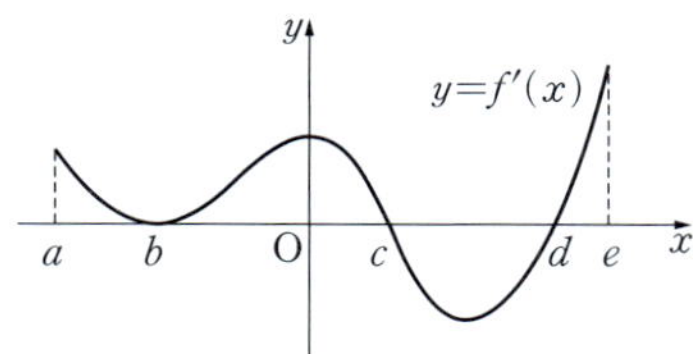

[보기]
ㄱ. $f(x)$는 구간 (b, c)에서 증가한다.
ㄴ. $f(x)$는 $x=c$에서 극소이다.
ㄷ. $f(x)$는 2개의 극값을 갖는다.

① ㄱ
② ㄱ, ㄴ
③ ㄱ, ㄷ
④ ㄴ, ㄷ
⑤ ㄱ, ㄴ, ㄷ

45

함수 $f(x)=x^3+ax^2+bx+c$의 도함수 $f'(x)$에 대하여 $y=f'(x)$의 그래프가 그림과 같다. 함수 $f(x)$의 극솟값이 -12일 때, $f(x)$의 극댓값은? (단, a, b, c는 상수이고, $f'(-2)=f'(2)=0$이다.)

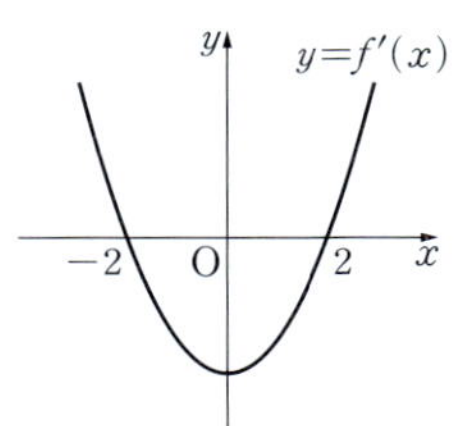

① 20
② 22
③ 24
④ 26
⑤ 28

유형 63 삼차함수의 계수의 부호 결정

삼차함수 $f(x)=ax^3+bx^2+cx+d$의 계수의 부호는 다음과 같이 파악한다.

(1) $\lim\limits_{x \to \infty} f(x)=\infty$이면 $a>0$

$\lim\limits_{x \to \infty} f(x)=-\infty$이면 $a<0$

(2) $f'(x)=3ax^2+2bx+c$에 대하여 방정식 $f'(x)=0$의 두 실근의 합과 곱의 부호를 이용하여 a, b, c의 부호를 파악한다.

(3) $y=f(x)$의 그래프가 y축과 만나는 점의 y좌표의 부호를 이용하여 d의 부호를 파악한다.

46

삼차함수 $f(x)=ax^3+bx^2+cx$의 도함수 $f'(x)$에 대하여 $y=f'(x)$의 그래프가 그림과 같을 때, 다음 [보기] 중 옳은 것만을 있는 대로 고른 것은?

(단, $\alpha+\beta>0$)

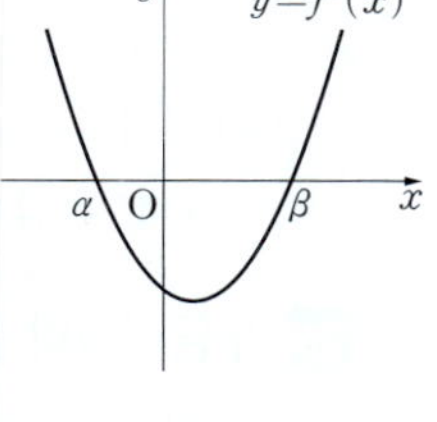

[보기]
ㄱ. $a<0$
ㄴ. $b<0$
ㄷ. $c<0$

① ㄱ
② ㄴ
③ ㄱ, ㄴ
④ ㄱ, ㄷ
⑤ ㄴ, ㄷ

47

함수 $f(x)=ax^3+bx^2+cx+d$의 그래프가 그림과 같다. 함수 $f(x)$가 $x=\alpha$, $x=\beta$에서 극값을 가질 때, 다음 [보기] 중 옳은 것만을 있는 대로 고른 것은?

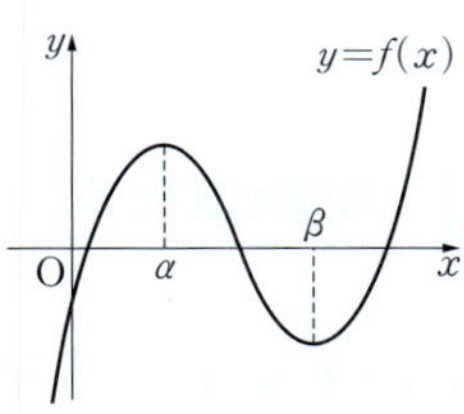

[보기]
ㄱ. $f'(\alpha)f'(\beta)<0$
ㄴ. $ab>c$
ㄷ. $abcd>0$

① ㄱ
② ㄴ
③ ㄷ
④ ㄴ, ㄷ
⑤ ㄱ, ㄴ, ㄷ

24 함수의 최댓값과 최솟값

함수 $y=f(x)$가 닫힌구간 $[a, b]$에서 연속이면 주어진 구간에서의

극댓값, 극솟값, $f(a)$, $f(b)$

중에서 가장 큰 값이 최댓값, 가장 작은 값이 최솟값이 된다.

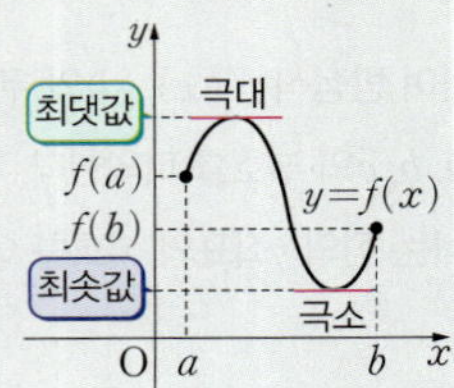
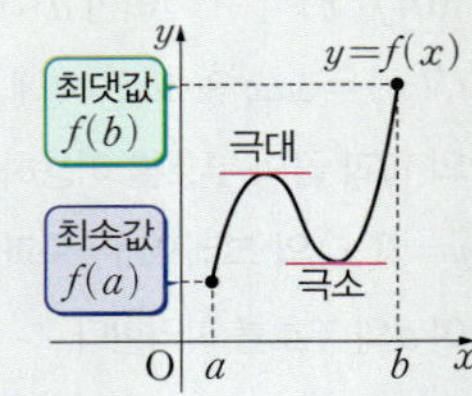
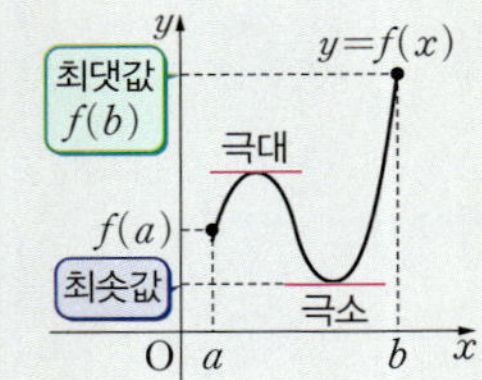

25 방정식에의 활용

(1) 방정식 $f(x)=0$의 실근의 개수
   $\iff$ 함수 $y=f(x)$의 그래프와 x축의 교점의 개수
(2) 방정식 $f(x)=g(x)$의 실근의 개수
   $\iff$ 두 함수 $y=f(x)$, $y=g(x)$의 그래프의 교점의 개수

26 부등식에의 활용

(1) 어떤 구간에서 부등식 $f(x) \geq 0$이 성립하는 것을 증명할 때에는
   그 구간에서 ($f(x)$의 최솟값)≥ 0임을 보이면 된다.
(2) 어떤 구간에서 부등식 $f(x) \geq g(x)$가 성립하는 것을 증명할 때에는
   $h(x)=f(x)-g(x)$로 놓고 그 구간에서 ($h(x)$의 최솟값)≥ 0임을 보이면 된다.

27 속도와 가속도

수직선 위를 움직이는 점 P의 시각 t에서의 위치를 $x=f(t)$라고 할 때, 시각 t에서의 점 P의 속도 v와 가속도 a는

$$v=\frac{dx}{dt}=f'(t),\ a=\frac{dv}{dt}=v'(t)$$

- 닫힌구간 $[a, b]$에서 연속함수 $f(x)$의 극값이 오직 하나뿐일 때,
  ① 극값이 극댓값이면
     (극댓값)=(최댓값)
  ② 극값이 극솟값이면
     (극솟값)=(최솟값)

- 삼차함수 $f(x)$가 극값을 가질 때, 삼차방정식 $f(x)=0$의 근의 판별
  ① 서로 다른 세 실근
     $\iff$ (극댓값)×(극솟값)<0
  ② 중근과 다른 한 실근
     $\iff$ (극댓값)×(극솟값)$=0$
  ③ 한 실근과 두 허근
     $\iff$ (극댓값)×(극솟값)>0

- 속도 v는 시각 t에서의 위치 x의 순간변화율이고, 가속도 a는 시각 t에서의 속도 v의 순간변화율이다.

- 속도 $v=f'(t)$의 부호는 운동 방향을 나타낸다.
  ① $v>0$이면 양의 방향으로 움직인다.
  ② $v<0$이면 음의 방향으로 움직인다.
  ③ $v=0$이면 운동 방향이 바뀌거나 정지한다.

개념 CHECK

정답 및 해설 p. 74

[01~03] 다음 빈칸에 알맞은 것을 써넣으시오.

01 함수 $y=f(x)$가 닫힌구간 $[a, b]$에서 연속이면
[   ], [   ], [   ], [   ] 중에서 가장 큰 값이 최댓값, 가장 작은 값이 최솟값이 된다.

02 방정식 $f(x)=0$의 실근의 개수는 함수 $y=f(x)$의 그래프와 [   ]의 교점의 개수와 같다.

03 수직선 위를 움직이는 점 P의 시각 t에서의 위치를 $x=f(t)$라고 할 때, 시각 t에서의 점 P의 속도
$v=\left[\ \ \ \right]=f'(t)$이고, 가속도 $a=\left[\ \ \ \right]=v'(t)$이다.

[04~06] 옳은 것에 ○표, 옳지 <u>않은</u> 것에 ×표를 하시오.

04 닫힌구간 $[a, b]$에서 연속함수 $f(x)$의 극값이 오직 극댓값 하나뿐이면 (극댓값)=(최댓값)이다. (   )

05 어떤 구간에서 부등식 $f(x) \geq 0$이 성립하는 것을 증명할 때에는 주어진 구간에서 함수 $f(x)$의 극솟값이 0 이상임을 보이면 된다. (   )

06 수직선 위를 움직이는 점 P의 속도가 $v=f'(t)$일 때, $v=0$이면 점 P는 운동 방향을 바꾸거나 정지한다.
(   )

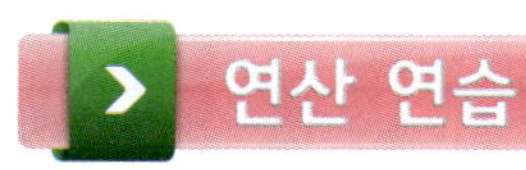

24 함수의 최댓값과 최솟값

[07~10] 주어진 구간에서 다음 함수의 최댓값과 최솟값을 구하시오.

07 $f(x)=x^3-3x+5$ $[0,\,2]$

08 $f(x)=-2x^3+6x^2+1$ $[-1,\,1]$

09 $f(x)=x^3-6x^2+9x+3$ $[0,\,4]$

10 $f(x)=-3x^4+6x^2-2$ $[-1,\,2]$

25 방정식에의 활용

[11~14] 그래프를 이용하여 다음 방정식의 서로 다른 실근의 개수를 구하시오.

11 $x^3-3x+4=0$

12 $4x^3+6x^2-5=0$

13 $x^4-6x^2+9=0$

14 $3x^4-4x^3-12x^2+5=0$

26 부등식에의 활용

15 다음은 $x\geq0$일 때, 부등식 $x^3+3\geq-x^2+5x$가 성립함을 증명하는 과정이다. (가), (나), (다)에 알맞은 것을 써넣으시오.

> **증명**
>
> $f(x)=x^3+3-(-x^2+5x)=x^3+x^2-5x+3$ 이라 하면
>
> $f'(x)=(3x+5)\times(\boxed{(가)})$이므로
>
> $f'(x)=0$에서 $x=-\dfrac{5}{3}$ 또는 $x=\boxed{(나)}$
>
> $x\geq0$일 때, $f'(x)$의 부호를 조사하여 함수 $f(x)$의 증가와 감소를 표로 나타내면 다음과 같다.
>
> | x | 0 | $\cdots$ | $\boxed{(나)}$ | $\cdots$ |
> |---|---|---|---|---|
> | $f'(x)$ | $-$ | $-$ | 0 | $+$ |
> | $f(x)$ | 3 | ↘ | 극소($\boxed{(다)}$) | ↗ |
>
> $x\geq0$일 때, 함수 $f(x)$는 $x=\boxed{(나)}$에서 극소이면서 최소이다.
>
> 이때, 최솟값이 $f(\boxed{(나)})=\boxed{(다)}$이므로 $x\geq0$인 모든 x에서 $f(x)\geq\boxed{(다)}$이다.
>
> 따라서 $x\geq0$일 때, 부등식 $x^3+3\geq-x^2+5x$가 성립한다.

27 속도와 가속도

[16~17] 수직선 위를 움직이는 점 P에 대하여 다음 물음에 답하시오.

16 점 P의 시각 t에서의 위치 x가 $x=-2t^3+6t$일 때, $t=1$에서의 속도와 가속도를 각각 구하시오.

17 점 P의 시각 t에서의 위치 x가 $x=\dfrac{1}{3}t^3-2t^2+1$일 때, $t=3$에서의 속도와 가속도를 각각 구하시오.

유형 64 삼차함수의 최댓값과 최솟값 ★

닫힌구간 $[a, b]$에서 삼차함수 $f(x)$의 극값, $f(a)$, $f(b)$의 값 중에서 가장 큰 값과 가장 작은 값이 각각 함수 $f(x)$의 최댓값과 최솟값이다.

＊다항함수는 모든 구간에서 연속인 함수이므로 삼차함수는 연속이라는 조건을 이미 만족시키고 있다.

18

닫힌구간 $[-1, 1]$에서 함수 $f(x)=x^2(x-3)$의 최댓값은?

① -1 ② 0 ③ 1
④ 2 ⑤ 3

19

닫힌구간 $[-1, 2]$에서 함수 $f(x)=2x^3-9x^2+12x-1$의 최댓값을 M, 최솟값을 m이라 할 때, $M+m$의 값은?

① -14 ② -16 ③ -18
④ -20 ⑤ -22

20

닫힌구간 $[-3, 3]$에서 함수 $f(x)=x^3-12x+8$의 최댓값을 M, 최솟값을 m이라 할 때, $\dfrac{M}{m}$의 값은?

① -6 ② -5 ③ -4
④ -3 ⑤ -2

유형 65 사차함수의 최댓값과 최솟값 ★

닫힌구간 $[a, b]$에서 사차함수 $f(x)$의 극값, $f(a)$, $f(b)$의 값 중에서 가장 큰 값과 가장 작은 값이 각각 함수 $f(x)$의 최댓값과 최솟값이다.

21

닫힌구간 $[0, 4]$에서
함수 $f(x)=-3x^4+16x^3-18x^2+3$의 최댓값은?

① 22 ② 24 ③ 26
④ 28 ⑤ 30

22

닫힌구간 $[-2, 0]$에서
함수 $f(x)=\dfrac{1}{4}x^4+\dfrac{2}{3}x^3-\dfrac{1}{2}x^2-2x+1$의 최댓값을 M, 최솟값을 m이라 할 때, Mm의 값은?

① 2 ② $\dfrac{25}{12}$ ③ $\dfrac{13}{6}$
④ $\dfrac{9}{4}$ ⑤ $\dfrac{7}{3}$

23

닫힌구간 $[-3, 0]$에서
함수 $f(x)=-x^4+6x^2-8x-1$의 최댓값을 M, 최솟값을 m이라 할 때, $M+m$의 값은?

① 19 ② 20 ③ 21
④ 22 ⑤ 23

유형 66 함수의 최대 · 최소와 미정계수 ★

미정계수를 포함한 함수 $f(x)$의 최댓값 또는 최솟값이 주어졌을 때에는 함수 $f(x)$의 최댓값 또는 최솟값을 구하여 주어진 값과 비교한 후 미정계수를 구한다.

24

닫힌구간 $[-2,\ 2]$에서 함수 $f(x)=x^3+3x^2+ax+b$는 $x=0$에서 극솟값 2를 가질 때, $f(x)$의 최댓값은?

(단, $a,\ b$는 상수이다.)

① 19 　　　　② 20 　　　　③ 21
④ 22 　　　　⑤ 23

25

닫힌구간 $[-2,\ 5]$에서 함수 $f(x)=x^3-3x^2-9x+a$의 최댓값과 최솟값의 합이 6일 때, 상수 a의 값은?

① 13 　　　　② 14 　　　　③ 15
④ 16 　　　　⑤ 17

26

닫힌구간 $[0,\ 4]$에서 함수 $f(x)=2x^3-6x^2+k$의 최솟값이 2일 때, $f(x)$의 최댓값은? (단, k는 상수이다.)

① 42 　　　　② 44 　　　　③ 46
④ 48 　　　　⑤ 50

27

함수 $f(x)=x^3+ax^2+b$에 대하여 $f'(1)=15$이고, $-4\le x\le 2$에서 $f(x)$의 최솟값이 4이다. 이때, 상수 $a,\ b$에 대하여 ab의 값은?

① 12 　　　　② 18 　　　　③ 24
④ 30 　　　　⑤ 36

28

닫힌구간 $[-1,\ 4]$에서 함수 $f(x)=-ax^4+4ax^3-4ax^2+b$의 최댓값이 30이고 최솟값이 -34일 때, 상수 $a,\ b$에 대하여 $a+b$의 값은?

(단, $a>0$)

① 30 　　　　② 31 　　　　③ 32
④ 33 　　　　⑤ 34

유형 67 치환을 이용한 함수의 최대 · 최소

(1) 복잡한 식 $f(x)$를 간단한 문자 t로 치환할 때, $f(x)$의 값의 범위를 t의 범위로 하여 최댓값과 최솟값을 구한다.
(2) 합성함수인 경우도 마찬가지로 $g(f(x))$에서 $f(x)$를 간단한 문자 t로 치환하여 위와 같은 방법으로 최댓값과 최솟값을 구한다.

29

닫힌구간 $[0,\ 4]$에서 함수
$$f(x)=(x^2-4x)^3+3(x^2-4x)^2+1$$
의 최댓값과 최솟값의 합은?

① -10 　　　　② -8 　　　　③ -6
④ -4 　　　　⑤ -2

30

닫힌구간 $[0, 3]$에서 정의된 함수
$$f(x)=(x^2-2x-1)^3-3(x^2-2x-1)$$
이 최댓값을 가질 때의 실수 x의 개수는?

① 1   ② 2   ③ 3
④ 4   ⑤ 5

31

두 함수 $f(x)$, $g(x)$가
$$f(x)=x^3-3x^2-2,\ g(x)=-x^2+1$$
일 때, 합성함수 $(f \circ g)(x)$의 최댓값은?

① -2 ② -1 ③ 0
④ 1   ⑤ 2

32

두 함수 $f(x)$, $g(x)$가
$$f(x)=x^3-8,\ g(x)=x^2-2x$$
일 때, 합성함수 $(f \circ g)(x)$는 $x=a$에서 최솟값 m을 갖는다. $a+m$의 값은?

① -10 ② -9 ③ -8
④ -7 ⑤ -6

33

실수 x, y에 대하여 $x \geq 0$, $y \geq 0$, $x+3y=6$일 때, x^2y의 최댓값과 최솟값의 합은?

① 10   ② $\dfrac{32}{3}$ ③ $\dfrac{34}{3}$
④ 12   ⑤ $\dfrac{38}{3}$

34

실수 x, y에 대하여 $y \geq 0$, $x^2+y=4$일 때, xy는 $x=a$에서 최댓값을 갖고, $x=b$에서 최솟값을 갖는다. 상수 a, b에 대하여 $a+b$의 값은?

① -4 ② $-\dfrac{4\sqrt{3}}{3}$ ③ 0
④ $\dfrac{4\sqrt{3}}{3}$ ⑤ 4

35 도전

등식 $x^2+4y^2=4$를 만족시키는 실수 x, y에 대하여 $2x^2+4xy^2$의 최솟값과 최댓값의 곱은?

① $-\dfrac{320}{27}$ ② $-\dfrac{100}{9}$ ③ $-\dfrac{280}{27}$
④ $-\dfrac{260}{27}$ ⑤ $-\dfrac{80}{9}$

유형 69 길이, 넓이의 최댓값과 최솟값 ★★

길이 또는 넓이를 하나의 변수에 대한 식으로 나타내고 변수의 범위를 구한 후 최댓값 또는 최솟값을 구한다.

36

곡선 $y=x^2$ 위의 점 P와 점 A$(3, 0)$에 대하여 선분 AP의 길이의 최솟값은?

① $\sqrt{3}$ ② 2 ③ $\sqrt{5}$
④ $\sqrt{6}$ ⑤ $\sqrt{7}$

37

곡선 $y=16-x^2$과 x축으로 둘러싸인 부분에 내접하고 한 변이 x축 위에 있는 직사각형의 넓이의 최댓값은 $\dfrac{q}{p}\sqrt{3}$이다. $p+q$의 값은? (단, p와 q는 서로소인 자연수이다.)

① 260 ② 265 ③ 270
④ 275 ⑤ 280

38

그림과 같이 곡선 $y=9-x^2$과 x축의 두 교점을 각각 A, B라 하자. 선분 AB와 이 곡선으로 둘러싸인 부분에 사다리꼴 ABCD가 내접할 때, 이 사다리꼴의 넓이의 최댓값은?

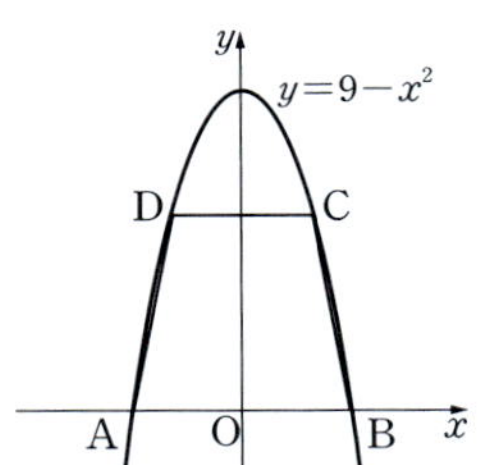

① 28 ② 30 ③ 32
④ 34 ⑤ 36

유형 70 부피의 최댓값과 최솟값 ★★

부피를 하나의 변수에 대한 식으로 나타내고 변수의 범위를 구한 후 최댓값 또는 최솟값을 구한다.

39

밑면의 반지름의 길이가 3, 높이가 6인 원뿔에 내접하는 원기둥의 부피의 최댓값은?

① 4π ② 5π ③ 6π
④ 7π ⑤ 8π

40

한 변의 길이가 12인 정사각형 모양의 종이에서 그림과 같이 색칠한 부분을 잘라내고 남은 부분을 점선을 따라 접어서 직육면체 모양의 상자를 만들려고 한다.
이 상자의 부피의 최댓값은?

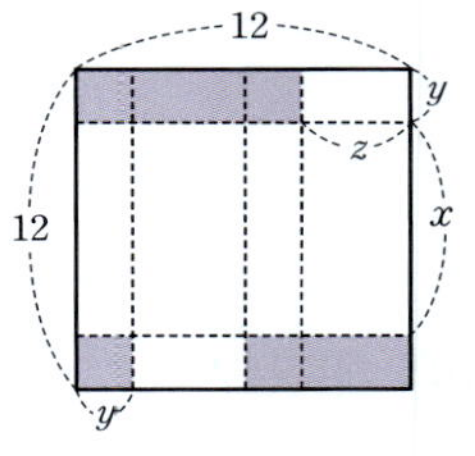

① 52 ② 56 ③ 60
④ 64 ⑤ 68

41

한 변의 길이가 24인 정삼각형 모양의 종이에서 그림과 같이 세 모퉁이에서 합동인 사각형을 잘라내고 남은 부분을 점선을 따라 접어서 뚜껑이 없는 삼각기둥 모양의 상자를 만들려고 한다.
이 상자의 부피의 최댓값은?

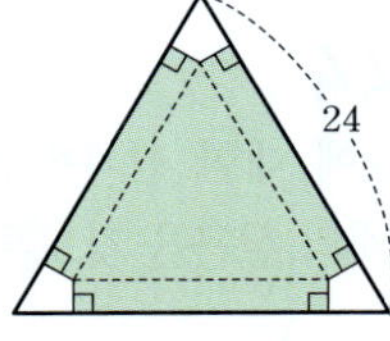

① 32 ② 64 ③ 128
④ 256 ⑤ 512

유형 71　삼차방정식의 근의 판별　★★

삼차함수 $f(x)=ax^3+bx^2+cx+d$ $(a\neq0,\ a,\ b,\ c,\ d$는 상수)가 극값을 가질 때, 삼차방정식 $ax^3+bx^2+cx+d=0$의 근을 판별하는 방법은 다음과 같다.

① 서로 다른 세 실근 $\Longleftrightarrow$ (극댓값)×(극솟값)<0

② 중근과 다른 한 실근 (서로 다른 두 실근)
$\Longleftrightarrow$ (극댓값)×(극솟값)$=0$

③ 한 실근과 두 허근 $\Longleftrightarrow$ (극댓값)×(극솟값)>0

42

x에 대한 삼차방정식 $x^3-2x=x+a$가 서로 다른 두 실근을 갖도록 하는 모든 정수 a의 값의 합은?

① -2　　　② -1　　　③ 0
④ 1　　　⑤ 2

43

x에 대한 삼차방정식 $x^3-12x=a$가 서로 다른 세 실근을 갖도록 하는 정수 a의 개수는?

① 28　　　② 29　　　③ 30
④ 31　　　⑤ 32

44

x에 대한 삼차방정식 $2x^3-a+2=6x^2+18x$가 오직 한 개의 실근을 갖도록 하는 자연수 a의 최솟값은?

① 12　　　② 13　　　③ 14
④ 15　　　⑤ 16

유형 72　방정식의 실근의 개수　★★

(1) 방정식 $f(x)=0$의 실근의 개수는 함수 $y=f(x)$의 그래프와 x축과의 교점의 개수와 같다.

(2) 방정식 $f(x)=g(x)$의 실근의 개수는 두 함수 $y=f(x)$, $y=g(x)$의 그래프의 교점의 개수와 같다.

45

사차함수 $y=f(x)$의 도함수 $y=f'(x)$의 그래프가 그림과 같다. $f(\alpha)$, $f(\beta)$, $f(\gamma)$의 값이 다음 조건을 각각 만족시킬 때, 사차방정식 $f(x)=0$의 서로 다른 실근의 개수가 작은 것부터 차례로 나열한 것은?

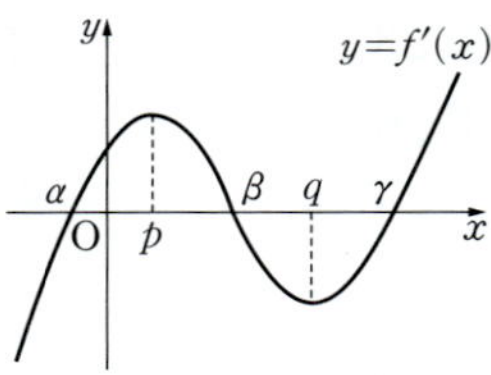

(단, $f'(\alpha)=f'(\beta)=f'(\gamma)=0$)

(가) $f(\alpha)<0,\ f(\beta)>0,\ f(\gamma)<0$
(나) $f(\alpha)f(\gamma)<0$
(다) $f(\beta)=0$

① (가), (나), (다)　　② (가), (다), (나)
③ (나), (가), (다)　　④ (나), (다), (가)
⑤ (다), (가), (나)

46

x에 대한 사차방정식 $3x^4-8x^3-6x^2+24x-k=0$의 실근의 개수를 $f(k)$라 하자. $f(k)=3$을 만족시키는 모든 실수 k의 값의 합을 구하시오.

47

x에 대한 사차방정식 $2x^4+4x^3-k=-x^4+12x^2$이 서로 다른 네 실근을 갖도록 하는 정수 k의 개수는?

① 1　　　② 2　　　③ 3
④ 4　　　⑤ 5

유형 73 방정식의 실근의 부호 ★

방정식 $f(x)=k$의 실근의 부호가 주어졌을 때, 함수 $y=f(x)$의 그래프와 직선 $y=k$를 그린 후 그래프와 직선이 만나는 점의 x좌표의 부호를 판단하여 k의 값 또는 범위를 구한다.

48

x에 대한 삼차방정식 $x^3-3x^2+3=a$가 한 개의 음수인 근과 서로 다른 두 개의 양수인 근을 갖도록 하는 모든 정수 a의 값의 합은?

① 1 　　　　② 2 　　　　③ 3

④ 4 　　　　⑤ 5

49

x에 대한 사차방정식 $x^4-4x^3-2x^2+12x+a=0$이 한 개의 음수인 근과 서로 다른 세 개의 양수인 근을 갖도록 하는 정수 a의 개수는?

① 4 　　　　② 5 　　　　③ 6

④ 7 　　　　⑤ 8

50

x에 대한 삼차방정식 $x^3-k=12x(x-3)$이 서로 다른 세 개의 양수인 근을 갖도록 하는 정수 k의 개수는?

① 28 　　　　② 29 　　　　③ 30

④ 31 　　　　⑤ 32

유형 74 두 곡선의 교점의 개수 ★

두 곡선 $y=f(x)$, $y=g(x)$의 교점의 개수는 방정식 $f(x)=g(x)$의 실근의 개수와 같으므로 $h(x)=f(x)-g(x)$라 놓고 함수 $y=h(x)$의 그래프를 그린다.

51

두 곡선 $y=2x^2-9x-12$, $y=-x^3-x^2+k$가 한 점에서 만나고 다른 한 점에서는 접할 때, 모든 실수 k의 값의 합은?

① -3 　　　　② -2 　　　　③ -1

④ 0 　　　　⑤ 1

52

곡선 $y=2x^3-3x^2-8x$와 직선 $y=4x+k$가 서로 다른 세 점에서 만나도록 하는 모든 정수 k의 개수는?

① 24 　　　　② 25 　　　　③ 26

④ 27 　　　　⑤ 28

53

곡선 $y=2x^4-4x^2+2x+1$과 직선 $y=2x+k$가 서로 다른 세 점에서 만나도록 하는 실수 k의 값은?

① -2 　　　　② -1 　　　　③ 0

④ 1 　　　　⑤ 2

유형 75　부등식의 증명　★

주어진 구간에서 부등식 $f(x)>0$이 성립함을 증명할 때에는 $(f(x)$의 최솟값$)>0$임을 보이면 된다.

*주어진 구간에서 부등식 $f(x)\geq0$이 성립함을 증명할 때에는 $(f(x)$의 최솟값$)\geq0$임을 보이면 된다.

유형 76　부등식이 항상 성립할 조건　★★

주어진 구간에서 부등식 $f(x)\geq g(x)$가 성립하는 것을 증명할 때에는 $F(x)=f(x)-g(x)$로 놓고, 주어진 구간에서 함수 $F(x)$의 최솟값을 구하여

$$(F(x)의\ 최솟값)\geq0$$

임을 보이면 된다.

54

다음은 $x\geq0$일 때, 부등식 $x^3+4\geq3x^2$이 성립함을 증명한 것이다. (가), (나)에 알맞은 것을 써넣으시오.

> **증명**
>
> $x^3+4\geq3x^2$에서 $x^3-3x^2+4\geq0$
>
> $f(x)=x^3-3x^2+4$로 놓으면
>
> $x\geq0$일 때, $f(x)$의 최솟값은 (가) 이므로
>
> $f(x)$ (나) 0
>
> 따라서 $x\geq0$일 때, 부등식 $x^3+4\geq3x^2$이 성립한다.

55

다음은 $x>1$일 때, 부등식 $2x^4-3x^2>x^2-2$가 성립함을 증명한 것이다.

> **증명**
>
> $2x^4-3x^2>x^2-2$에서 $2x^4-4x^2+2>0$
>
> $f(x)=2x^4-4x^2+2$로 놓으면
>
> $f'(x)=8x^3-8x=8x(x+1)(x-1)$
>
> $x\geq1$에서 $f(x)$의 최솟값은 (가) 이므로
>
> $x>1$인 모든 실수 x에 대하여
>
> $f(x)$ (나) 0
>
> 따라서 $x>1$인 모든 실수 x에 대하여
>
> 부등식 $2x^4-3x^2>x^2-2$가 성립한다.

위의 증명에서 (가), (나)에 알맞은 것을 차례로 구하면?

① $0,\ \geq$　　② $0,\ \leq$　　③ $0,\ >$

④ $1,\ <$　　⑤ $1,\ >$

56

모든 실수 x에 대하여 부등식

$$3x^4-4x^3+a\geq0$$

이 항상 성립하도록 하는 실수 a의 최솟값은?

① -2　　② -1　　③ 0

④ 1　　⑤ 2

57

두 함수

$$f(x)=x^4+x^3-10x+a$$
$$g(x)=x^3-3x^2$$

에 대하여 부등식 $f(x)\geq g(x)$가 모든 실수 x에 대하여 성립하도록 하는 실수 a의 최솟값은?

① 3　　② 4　　③ 5

④ 6　　⑤ 7

58

$1<x<3$일 때, 부등식 $4x^3-6x>3x^2-k$가 항상 성립하도록 하는 자연수 k의 최솟값은?

① 3　　② 4　　③ 5

④ 6　　⑤ 7

유형 77 수직선 위를 움직이는 점의 속도와 가속도 ★★

(1) 수직선 위를 움직이는 점 P의 시각 t에서의 위치가 $x=f(t)$일 때,

　① 속도 $v=\lim\limits_{\Delta t \to 0}\dfrac{\Delta x}{\Delta t}=\dfrac{dx}{dt}=f'(t)$

　② 가속도 $a=\lim\limits_{\Delta t \to 0}\dfrac{\Delta v}{\Delta t}=\dfrac{dv}{dt}$

　③ (속력)$=|v|$

(2) 수직선 위를 움직이는 점 P의 속도가 $v=f'(t)$일 때

　① $f'(t)>0$을 만족시키는 t의 값의 범위에서 점 P는 수직선의 양의 방향으로 움직인다.

　② $f'(t)<0$을 만족시키는 t의 값의 범위에서 점 P는 수직선의 음의 방향으로 움직인다.

　③ $f'(a)=0$이고 $t=a$의 좌우에서 $f'(t)$의 부호가 바뀌면 $t=a$에서 점 P의 운동 방향이 바뀐다.

59

수직선 위를 움직이는 점 P의 시각 t에서의 위치가 $x=t^3+at^2+2$이고, $t=2$일 때 점 P의 속도가 20이다. 상수 a의 값은?

① $\dfrac{1}{2}$ 　② 1 　③ $\dfrac{3}{2}$

④ 2 　⑤ $\dfrac{5}{2}$

60

수직선 위를 움직이는 점 P의 시각 t에서의 위치가 $x=\dfrac{2}{3}t^3+kt^2+t+4$이고, $t=3$일 때 점 P의 속도가 7이다. $t=3$에서의 점 P의 가속도를 구하시오. (단, k는 상수이다.)

61

수직선 위를 움직이는 점 P의 시각 t에서의 위치가 $x=-\dfrac{1}{3}t^3+t^2+6t$일 때, 점 P의 속도의 최댓값은?

① 5 　② 6 　③ 7

④ 8 　⑤ 9

62

수직선 위를 움직이는 점 P의 시각 t에서의 위치가 $f(t)=t^3-3t^2-6t$이다. $0\le t \le 3$에서의 점 P의 속력의 최댓값을 구하시오.

63

수직선 위를 움직이는 점 P의 시각 t에서의 위치가 $x=t^4-4t+10$이다. 점 P가 운동 방향을 바꿀 때의 위치는?

① 6 　② 7 　③ 8

④ 9 　⑤ 10

64

원점을 출발하여 수직선 위를 움직이는 점 P의 시각 t에서의 위치가 $x=t^3-6t^2+9t$일 때, 점 P가 출발한 후 다시 원점을 지나는 순간의 가속도는?

① 3 　② 6 　③ 9

④ 12 　⑤ 15

65

수직선 위를 움직이는 점 P의 시각 t에서의 위치가 $x=2t^3-12t^2+18t+2$이다. 점 P가 출발한 후 운동 방향을 두 번 바꾼다고 할 때, 그 두 위치 사이의 거리는?

① 6 　② 7 　③ 8

④ 9 　⑤ 10

66

수직선 위를 움직이는 점 P의 시각 t에서의 위치가
$f(t)=-t^3+at^2+bt$이다. $t=1$일 때 점 P의 위치는 5이
고, 이때의 점 P의 속도는 5이다. 점 P가 운동 방향을 바꿀
때의 시각은? (단, a, b는 상수이다.)

① 2   ② $\dfrac{7}{3}$ ③ $\dfrac{8}{3}$

④ 3   ⑤ $\dfrac{10}{3}$

> **유형 78** 수직선 위를 움직이는 서로 다른 두 점의 속도
>
> 수직선 위를 움직이는 두 점 A, B의 시각 t에서의 속도를 각각
> v_A, v_B라 할 때
> (1) 두 점 A, B가 서로 반대 방향으로 움직인다. $\Longleftrightarrow v_A v_B < 0$
> (2) 두 점 A, B가 같은 방향으로 움직인다. $\Longleftrightarrow v_A v_B > 0$
> (3) 두 점 A, B의 속도가 같다. $\Longleftrightarrow v_A = v_B$

67

수직선 위를 움직이는 두 점 A, B의 시각 t에서의 위치가
각각

$$x_A=\frac{1}{2}t^2-3t, \quad x_B=t^2-10t$$

일 때, 두 점 A, B가 서로 반대 방향으로 움직이는 시각 t
의 값의 범위는?

① $1<t<3$ ② $1<t<5$ ③ $3<t<5$

④ $3<t<6$ ⑤ $4<t<6$

68

수직선 위를 움직이는 두 점 P, Q의 시각 t에서의 위치가
각각 $x_P=t^4+12t^2$, $x_Q=6t^3+mt$이다. 두 점 P, Q의 속도
가 같아지는 순간이 두 번 있다고 할 때, 모든 상수 m의 값
의 합을 구하시오.

> **유형 79** 수직 방향으로 던져 올린 물체의 속도와 가속도
>
> 지면에서 수직으로 위로 던진 물체의 t초 후의 높이를 $h(t)$라 할 때,
> (i) 가장 높은 곳에 도달하는 시각은 $h'(t)=0$을 만족할 때이다.
> (ii) 지면에 닿는 시간은 $h(t)=0$을 만족할 때이다.

69

지면에서 수직으로 초속 30 m의 속도로 위로 던진 물체의
t초 후의 높이를 x m라 할 때, $x=30t-5t^2$인 관계가 성립
한다. 이 물체가 최고 높이에 도달했을 때의 지면으로부터
의 높이는?

① 35 m   ② 40 m   ③ 45 m

④ 50 m   ⑤ 55 m

70

지면으로부터 30 m의 높이에서 수직으로 초속 25 m의 속
도로 위로 던진 공의 t초 후의 높이를 x m라 할 때,
$x=30+25t-5t^2$인 관계가 성립한다. 이 공이 땅에 떨어
질 때의 속도는?

① -35 m/s   ② -30 m/s   ③ -25 m/s

④ -20 m/s   ⑤ -15 m/s

71

지면으로부터 25 m의 높이에서 수직으로 초속 a m의 속
도로 위로 쏘아 올린 물로켓의 t초 후의 높이를 x m라 할
때, $x=25+at-5t^2$인 관계가 성립한다고 한다. 이 물로
켓이 최고 높이에 도달할 때까지 걸린 시간이 3초일 때, 이
물로켓이 최고 높이에 도달했을 때의 지면으로부터의 높이
를 구하시오. (단, a는 상수이다.)

유형 **80** 속도의 그래프가 주어진 경우 ★

수직선 위를 움직이는 점 P의 시각 t에서의 속도 $v(t)$의 그래프에서
(1) $v(t)=0$이면 점 P는 운동 방향을 바꾸거나 정지한다.
(2) $t=a$에서의 가속도는 $t=a$에서의 접선의 기울기 $v'(a)$이다.

72

수직선 위를 움직이는 점 P의 시각 t에서의 위치를
$f(t)$라 할 때, 그림은 $y=f'(t)$의 그래프이다. 점 P가
출발한 후 운동 방향이 바뀌는 횟수와 가속도가 두 번째로
0인 시각을 차례로 나열한 것은? (단, $f'(c)=f'(e)=0$)

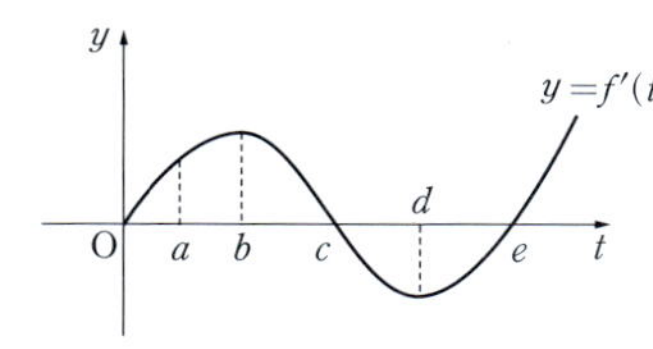

① 1, d ② 1, e ③ 2, b
④ 2, d ⑤ 2, e

73

수직선 위를 움직이는 점 P의 시각 t에서의 속도 $v(t)$의
그래프가 그림과 같을 때, 다음 [보기] 중 옳은 것만을 있는
대로 고른 것은? (단, $v(d)=v(h)=0$)

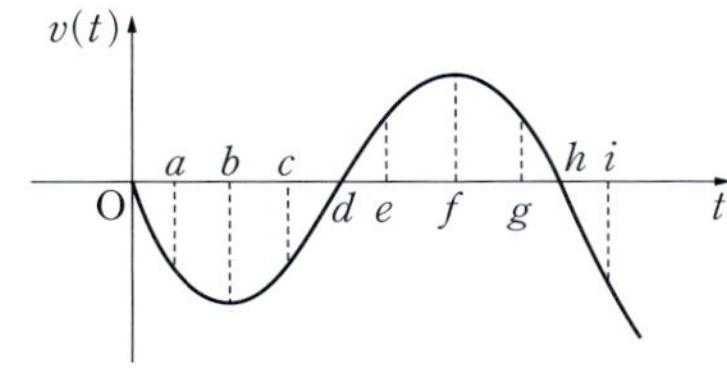

[보기]

ㄱ. $f<t<h$에서 속도가 증가하고 있다.
ㄴ. 운동 방향이 2번 바뀐다.
ㄷ. $t=b$에서 가속도는 0이다.
ㄹ. $d<t<f$에서 가속도가 증가하고 있다.

① ㄱ, ㄴ   ② ㄱ, ㄹ   ③ ㄴ, ㄷ
④ ㄷ, ㄹ   ⑤ ㄴ, ㄷ, ㄹ

유형 **81** 시각에 대한 길이, 넓이, 부피의 변화율 ★

시각 t에서의
(1) 길이 l의 변화율 : $\lim\limits_{\Delta t \to 0}\dfrac{\Delta l}{\Delta t}=\dfrac{dl}{dt}$
(2) 넓이 S의 변화율 : $\lim\limits_{\Delta t \to 0}\dfrac{\Delta S}{\Delta t}=\dfrac{dS}{dt}$
(3) 부피 V의 변화율 : $\lim\limits_{\Delta t \to 0}\dfrac{\Delta V}{\Delta t}=\dfrac{dV}{dt}$

74

시간에 따라 길이가 변하는 고무줄이 있다. 길이가
12 cm인 고무줄의 t초 후의 길이를 l cm라 할 때,
$l=t^2+2t+12$이다. $t=3$에서의 고무줄의 길이의 변화율
은?

① 4 cm/s   ② 5 cm/s   ③ 6 cm/s
④ 7 cm/s   ⑤ 8 cm/s

75

한 변의 길이가 2 cm인 정삼각형이 있다. 각 변의 길이가
매초 1 cm씩 길어질 때, 정삼각형의 넓이가 $16\sqrt{3}$ cm²가
되는 순간의 넓이의 변화율은?

① $3\sqrt{3}$ cm²/s   ② $4\sqrt{3}$ cm²/s   ③ $5\sqrt{3}$ cm²/s
④ $6\sqrt{3}$ cm²/s   ⑤ $7\sqrt{3}$ cm²/s

76

밑면은 가로의 길이가 3 cm, 세로의 길이가 4 cm인 직사
각형이고 높이가 10 cm인 직육면체가 있다. 이 직육면체
의 밑면의 가로의 길이와 세로의 길이는 매초 1 cm씩 길어
지고 높이는 매초 1 cm씩 짧아질 때, 3초 후의 직육면체의
부피의 변화율은?

① 47 cm³/s   ② 48 cm³/s   ③ 49 cm³/s
④ 50 cm³/s   ⑤ 51 cm³/s

01 ☆☆

곡선 $y=-x^3+4x-4$ 위의 점 $(1, -1)$에서의 접선이 이 곡선과 다시 만나는 점의 좌표가 (a, b)일 때, $a+b$의 값은?

① -6 ② -5 ③ -4
④ -3 ⑤ -2

02 |단답형| ☆☆   [2016년 고2(나) 11월 교육청]

함수 $f(x)=x^3-ax$에 대하여 점 $(0, 16)$에서 곡선 $y=f(x)$에 그은 접선의 기울기가 8일 때, $f(a)$의 값을 구하시오. (단, a는 상수이다.)

03 ☆☆ 첨삭 해설   [2014년(A) 6월 평가원]

곡선 $y=x^3-3x^2+x+1$ 위의 서로 다른 두 점 A, B에서의 접선이 서로 평행하다. 점 A의 x좌표가 3일 때, 점 B에서의 접선의 y절편의 값은?

① 5   ② 6   ③ 7
④ 8   ⑤ 9

04 ☆☆☆ 첨삭 해설

곡선 $y=x^2+2x+3$ 위를 움직이는 점 P와 직선 $y=2x$ 위의 두 점 A$(1, 2)$, B$(2, 4)$에 대하여 삼각형 ABP의 넓이의 최솟값은?

① $\dfrac{1}{2}$ ② 1   ③ $\dfrac{3}{2}$
④ 2   ⑤ $\dfrac{5}{2}$

05 ☆☆

두 함수 $f(x)=x^3-4x+1$, $g(x)=3x^2-7x+a$에 대하여 두 곡선 $y=f(x)$, $y=g(x)$가 점 (b, c)에서 접할 때, 상수 a, b, c에 대하여 $a+b-c$의 값은?

① 1   ② 2   ③ 3
④ 4   ⑤ 5

06 ☆☆

함수 $f(x)=\dfrac{1}{3}x^3-ax^2+2$가 열린구간 $(1, 3)$에서 감소하고, 열린구간 $(6, \infty)$에서 증가하기 위한 정수 a의 개수는?

① 1   ② 2   ③ 3
④ 4   ⑤ 5

07 ☆

함수 $f(x)=-x^3+12x+k$의 극댓값이 1일 때, 실수 k의 값은?

① -18 ② -17 ③ -16
④ -15 ⑤ -14

08 ☆☆

함수 $f(x)=x^3-(2k-3)x^2-8kx+4$가 $x=-2$에서 극댓값을 가질 때, 실수 k의 값의 범위는?

① $k>-\dfrac{5}{2}$ ② $k>-\dfrac{3}{2}$ ③ $k>-1$
④ $k<-\dfrac{5}{2}$ ⑤ $k<-\dfrac{3}{2}$

09 ☆☆☆ 첨삭 해설

삼차함수 $y=f(x)$의 도함수 $y=f'(x)$의 그래프는 그림과 같다. $f(0)=-1$일 때, 다음 [보기] 중 옳은 것만을 있는 대로 고른 것은?

(단, $f'(0)=f'(3)=0$)

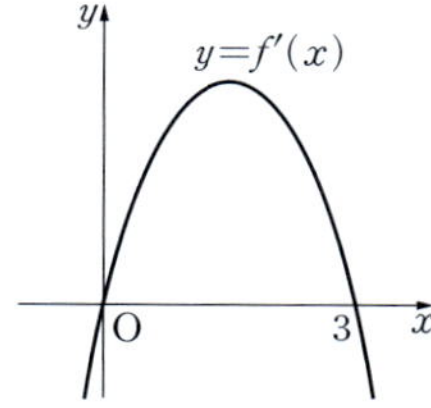

[보기]

ㄱ. $f(x)$의 극솟값은 -1이다.
ㄴ. $f(-1)<f(1)$
ㄷ. $f(x)$의 극댓값이 26이면 $f(1)=6$이다.

① ㄱ   ② ㄱ, ㄴ   ③ ㄱ, ㄷ
④ ㄴ, ㄷ   ⑤ ㄱ, ㄴ, ㄷ

10 ☆

[2017년 고2(나) 11월 교육청]

닫힌구간 $[1, 4]$에서 함수 $f(x)=x^3-3x^2+8$의 최댓값을 M, 최솟값을 m이라 할 때, $M+m$의 값은?

① 28   ② 32   ③ 36
④ 40   ⑤ 44

11 |단답형| ☆☆

삼차함수 $y=f(x)$의 도함수 $y=f'(x)$의 그래프가 그림과 같다. $f(-1)=1$, $f(2)=-4$일 때, 닫힌구간 $[-3, 2]$에서 함수 $f(x)$의 최댓값을 구하시오.

(단, $f'(-1)=f'(2)=0$)

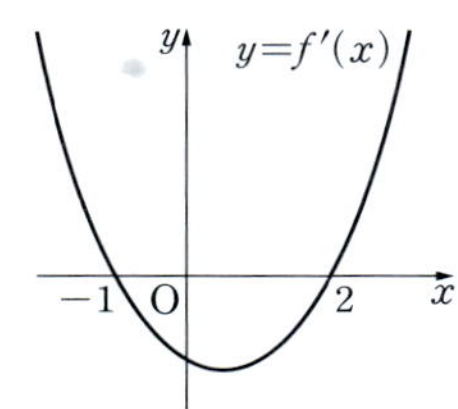

12 |단답형| ☆☆

방정식 $2x^3-3x^2+a=0$이 오직 한 개의 실근을 갖고, 그 실근이 음수가 되도록 하는 정수 a의 최솟값을 구하시오.

13 ☆☆

$x>0$인 모든 실수 x에 대하여 부등식

$$x^3+\frac{3}{2}x^2-6x+a\geq0$$

이 항상 성립하도록 하는 실수 a의 값의 범위는?

① $a\geq\dfrac{5}{2}$ ② $a\geq3$ ③ $a\geq\dfrac{7}{2}$

④ $a\leq3$ ⑤ $a\leq\dfrac{7}{2}$

14 ☆☆ 첨삭 해설

[2017년 고2(나) 11월 교육청]

수직선 위를 움직이는 점 P의 시각 $t\,(t>0)$에서의 위치 x가

$$x=t^3-9t^2+8t$$

이다. 점 P가 처음으로 원점을 지날 때, 점 P의 속도는?

① -15 ② -13 ③ -11
④ -9 ⑤ -7

15 ☆

달리는 자동차에서 브레이크를 밟은 후 자동차가 완전히 정지할 때까지 달린 거리를 제동 거리라 한다. 어느 자동차에서 브레이크를 밟은 후 t초 동안 달린 거리를 x m라 하면 t와 x 사이에는 $x=16t-0.8t^2$인 관계가 성립한다고 할 때, 이 자동차의 제동 거리는?

① 60 m   ② 70 m   ③ 80 m
④ 90 m   ⑤ 100 m

16 |서술형| ☆☆

미분가능한 함수 $f(x)$가 $x=2$에서 극솟값 -1을 가질 때, 함수 $g(x)=(x^2+1)f(x)$에 대하여 곡선 $y=g(x)$ 위의 $x=2$인 점에서의 접선의 방정식을 구하시오.

01 ☆

함수 $f(x)=kx^2+2x-5$에 대하여 x의 값이 -1에서 3까지 변할 때의 평균변화율이 4이다. $f'(k)$의 값은? (단, k는 상수이다.)

① 0 ② 2 ③ 4
④ 6 ⑤ 8

02 ☆

함수 $f(x)=2x^2-3x+1$에 대하여

$$\lim_{\Delta x \to 0} \frac{f(-1+\Delta x)-f(-1-\Delta x)}{\Delta x}$$의 값은?

① -16 ② -14 ③ -12
④ -10 ⑤ -8

03 ☆☆

미분가능한 함수 $f(x)$에 대하여

$$\lim_{x \to -2} \frac{f(x+4)-5}{x^2+x-2}=1$$일 때, $f(2)-f'(2)$의 값은?

① 2 ② 4 ③ 6
④ 8 ⑤ 10

04 |단답형| ☆☆   [2017년 고2(나) 9월 교육청]

두 상수 a, b에 대하여 함수

$$f(x)=\begin{cases}2x^2+ax+b & (x<2) \\ 5ax-12 & (x\geq 2)\end{cases}$$

가 $x=2$에서 미분가능할 때, a^2+b^2의 값을 구하시오.

05 ☆☆☆ 첨삭 해설

미분가능한 함수 $f(x)$에 대하여 원점을 지나는 함수 $y=f(x)$의 그래프와 직선 $y=-x$가 그림과 같다. $a<b<0$일 때, 다음 [보기] 중 옳은 것만을 있는 대로 고른 것은?

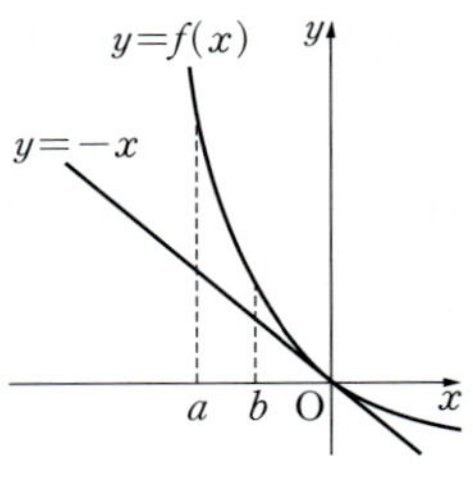

[보기]

ㄱ. $\dfrac{f(a)}{a} < \dfrac{f(b)}{b}$

ㄴ. $f(b)-f(a)>a-b$

ㄷ. $f'(a)<f'(b)$

① ㄱ ② ㄱ, ㄴ ③ ㄱ, ㄷ
④ ㄴ, ㄷ ⑤ ㄱ, ㄴ, ㄷ

06 ☆   [2016년 고2(나) 9월 교육청]

함수 $f(x)=2x^3+ax+3$에 대하여 $f'(1)=7$을 만족시키는 상수 a의 값은?

① 1 ② 2 ③ 3
④ 4 ⑤ 5

07 |단답형| ☆☆   [2017년(나) 7월 교육청]

최고차항의 계수가 1인 삼차함수 $f(x)$가 있다. 양수 t에 대하여 곡선 $y=f(x)$와 x축이 만나는 서로 다른 세 점의 x좌표가 $-2t$, 0, t일 때, $f'(4)$의 최댓값을 구하시오.

08 |단답형| ☆☆   [2016년 고2(나) 11월 교육청]

함수 $f(x)=3x^2+ax+b$가 $\lim\limits_{h \to 0} \dfrac{f(2+h)-4}{h}=3$을 만족시킬 때, 두 상수 a, b에 대하여 a^2+b^2의 값을 구하시오.

09 ★★★ [첨삭 해설]

미분가능한 함수 $f(x)$에 대하여 $f(2)=1$, $f'(2)=2$이고, 함수 $g(x)=x^3-x$일 때,

$$\lim_{x \to 2} \frac{f(x)g(x)-f(2)g(2)}{x-2}$$의 값은?

① 20　　　② 21　　　③ 22
④ 23　　　⑤ 24

10 ★★★

다항식 x^7-x^2+2를 $(x+1)^2$으로 나눌 때의 나머지는?

① $8x+8$　　　② $8x+9$　　　③ $9x+8$
④ $9x+9$　　　⑤ $9x+10$

11 ★

미분가능한 함수 $f(x)$가 $f(x)=-x^3+3x^2-4xf'(2)$를 만족시킬 때, $f'(x)=ax^2+bx+c$이다. 상수 a, b, c에 대하여 $a+b+c$의 값은?

① 1　　　② 2　　　③ 3
④ 4　　　⑤ 5

12 ★★★ [첨삭 해설]

이차함수 $f(x)$가 모든 실수 x에 대하여 다음 조건을 모두 만족시킬 때, $f(3)$의 값은?

> (가) $f(0)=3$
> (나) $2f(x)-(x+3)f'(x)=-2x-6$

① 22　　　② 24　　　③ 26
④ 28　　　⑤ 30

13 ★

함수 $f(x)=x^4+x^3+a$에 대하여 곡선 $y=f(x)$ 위의 점 $(-1, a)$에서의 접선이 점 $(2, -2)$를 지날 때, 곡선 $y=f(x)$ 위의 $x=a$인 점에서의 접선의 기울기는?

① -9　　　② -5　　　③ -1
④ 3　　　⑤ 7

14 ★★★ [2017년(나) 7월 교육청]

최고차항의 계수가 1인 삼차함수 $f(x)$에 대하여 곡선 $y=f(x)$ 위의 점 $(2, 4)$에서의 접선이 점 $(-1, 1)$에서 이 곡선과 만날 때, $f'(3)$의 값은?

① 10　　　② 11　　　③ 12
④ 13　　　⑤ 14

15 ★★★

삼차함수 $f(x)=x^3+x^2+ax-2$의 그래프 위의 점 $(-1, f(-1))$에서의 접선의 방정식이 $y=-x+b$이다. 상수 a, b에 대하여 ab의 값은?

① -2　　　② -1　　　③ 0
④ 1　　　⑤ 2

16 ★★★ [첨삭 해설]

점 $(a, -a)$에서 곡선 $y=x^2$에 그은 두 개의 접선이 서로 수직일 때, 양수 a의 값은?

① $\dfrac{1}{8}$　　　② $\dfrac{1}{4}$　　　③ $\dfrac{3}{8}$
④ $\dfrac{1}{2}$　　　⑤ $\dfrac{5}{8}$

17 ☆☆

곡선 $f(x)=-x^2+ax$ 위의 점 $(-1, b)$에서의 접선과 x축 및 y축으로 둘러싸인 부분의 넓이가 $\dfrac{1}{6}$일 때, 상수 a, b에 대하여 $a-b$의 값은? (단, $a>-2$)

① 2 　　　　　② 3 　　　　　③ 4

④ 5 　　　　　⑤ 6

18 ☆☆

함수 $f(x)=x^3+ax^2-ax+1$이 감소하는 x의 값의 범위가 $-1\le x\le b$일 때, 상수 a, b에 대하여 $a+b$의 값은?

① $\dfrac{1}{3}$ 　　　　　② $\dfrac{2}{3}$ 　　　　　③ 1

④ $\dfrac{4}{3}$ 　　　　　⑤ $\dfrac{5}{3}$

19 ☆☆

함수 $f(x)=-x^3+ax^2+3x+4+b$가 $x=-b$에서 극솟값을 갖고, $x=b$에서 극댓값을 갖는다. 함수 $f(x)$의 모든 극값의 합은? (단, a, b는 상수이다.)

① 6 　　　　　② 7 　　　　　③ 8

④ 9 　　　　　⑤ 10

20 ☆☆

최고차항의 계수가 1인 삼차함수 $f(x)$가 다음 조건을 모두 만족시킬 때, 함수 $f(x)$의 극솟값은?

> (가) $x=3$에서 극값을 갖는다.
>
> (나) $\displaystyle\lim_{x\to 0}\dfrac{f(x)}{x}=-3$

① -18 　　　　　② -9 　　　　　③ 0

④ 9 　　　　　⑤ 18

21 ☆☆

$x>0$에서 함수 $f(x)=x^3+kx^2+3x$가 극댓값과 극솟값을 모두 갖도록 하는 정수 k의 최댓값은?

① -5 　　　　　② -4 　　　　　③ -3

④ -2 　　　　　⑤ -1

22 ☆☆☆ 첨삭 해설

삼차함수 $f(x)$는 그림과 같이 $x=\alpha$에서 극솟값을 갖고, $x=\beta$에서 극댓값을 갖는다. 함수 $g(x)=f'(x)$라 할 때, 다음 [보기] 중 옳은 것만을 있는 대로 고른 것은?

(단, $\alpha+\beta>0$)

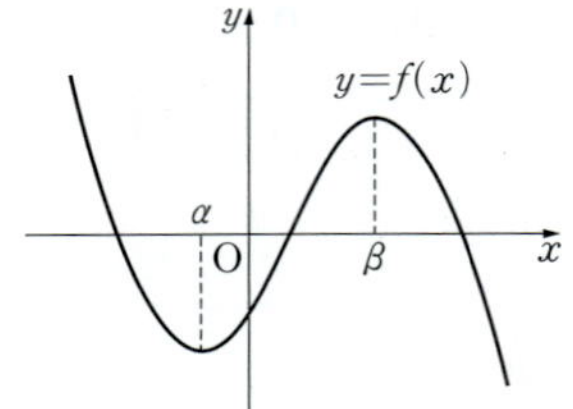

────[보기]────
ㄱ. $g(0)>0$
ㄴ. $g(x)$는 구간 $(-\infty, 0)$에서 증가한다.
ㄷ. 닫힌구간 $[\alpha, \beta]$에서 $g'(c)=0$인 c가 α와 β 사이에 한 개 존재한다.

① ㄴ 　　　　　② ㄱ, ㄴ 　　　　　③ ㄱ, ㄷ

④ ㄴ, ㄷ 　　　　　⑤ ㄱ, ㄴ, ㄷ

23 ☆☆ 첨삭 해설 　　　　　[2016년 고2(나) 11월 교육청]

닫힌구간 $[0, 5]$에서 정의된 함수 $f(x)=x^3-9x^2+15x+a$의 최솟값이 -15일 때, 최댓값은? (단, a는 상수이다.)

① 15 　　　　　② 16 　　　　　③ 17

④ 18 　　　　　⑤ 19

24 ☆☆

두 점 $A(1, 0)$, $B(5, 0)$이 있다. 점 P가 곡선 $y=-x^2$ 위를 움직일 때, $\overline{PA}^2+\overline{PB}^2$의 최솟값은?

① 10   ② 12   ③ 14
④ 16   ⑤ 18

25 ☆☆

함수 $f(x)=x(x+1)(x-4)$에 대하여 직선 $y=5x+k$와 함수 $y=f(x)$의 그래프가 서로 다른 두 점에서 만날 때, 양수 k의 값은?

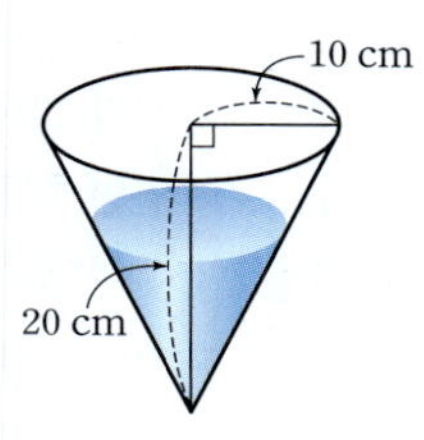

① 5   ② $\dfrac{11}{2}$

③ 6   ④ $\dfrac{13}{2}$

⑤ 7

26 ☆☆☆ 첨삭 해설

삼차방정식 $x^3-12x-k=0$은 서로 다른 세 실근을 갖는다. 세 실근 중 가장 작은 근을 α라 할 때, 정수 α의 값은? (단, k는 상수이다.)

① -5 ② -4 ③ -3
④ -2 ⑤ -1

27 ☆☆

두 함수 $f(x)$, $g(x)$가
$$f(x)=x^4-3x^2+a,\ g(x)=-x^2+24x$$
일 때, 함수 $y=f(x)$의 그래프가 함수 $y=g(x)$의 그래프보다 항상 위쪽에 있도록 하는 정수 a의 최솟값은?

① 40   ② 41   ③ 42
④ 43   ⑤ 44

28 ☆

수직선 위를 움직이는 점 P의 시각 $t(t\geq0)$에서의 속도 $v(t)$가
$$v(t)=-t^2+10t$$
이다. $t=a$에서의 점 P의 가속도가 0일 때, 상수 a의 값은?

① 4   ② 5   ③ 6
④ 7   ⑤ 8

29 ☆☆

그림과 같이 밑면의 반지름의 길이가 10 cm이고 높이가 20 cm인 원뿔 모양의 그릇이 있다. 이 그릇에 물을 넣어 수면의 높이가 매초 1.5 cm씩 올라가도록 할 때, 수면의 높이가 12 cm가 되는 순간의 물의 부피의 변화율은?

① $50\pi\ \text{cm}^3/\text{s}$ ② $51\pi\ \text{cm}^3/\text{s}$

③ $52\pi\ \text{cm}^3/\text{s}$ ④ $53\pi\ \text{cm}^3/\text{s}$

⑤ $54\pi\ \text{cm}^3/\text{s}$

30 |서술형| ☆☆

다항함수 $f(x)$가
$$\lim_{x\to\infty}\frac{f(x)-x^3}{x^2+1}=2,\ \lim_{x\to-1}\frac{f(x)}{x+1}=5$$
를 만족시킬 때, $f(1)$의 값을 구하시오.

31 |서술형| ☆☆

곡선 $y=x^3-6x^2+7x-2$의 접선 중 기울기가 최소인 접선의 방정식을 구하시오.

현재를 즐겨라

때때로 우리는 자신의 과거 때문에
자신의 현재까지 미워하는
사람을 보게 됩니다.

사람은 살아가면서
되돌릴 수 없는 이미 흘러간 시간을
가장 많이 아쉬워하고
연연해하는 반면에

가장 뜻깊고 가장 중요한 지금이라는
시간을 소홀히 하기 쉽습니다.

과거는 아무리 좋은 것이라 해도
다시 돌아오는 법이 없는
이미 흘러가버린 물과 같습니다.
그것이 아무리 최악의 것이었다 해도
지금의 자신을 어쩌지 못합니다.

우리가 관심을 집중시켜야 할 것은
지나온 시간이 얼마나 중요한 것이 아니라
남겨진 시간을 어떤 마음가짐으로
어떻게 이용할 것인가입니다.

자신이 그토록 바라고 소망하는 미래는
자신의 과거에 의해서
결정되는 것이 아니라
지금 현재의 시간에 의해서
좌지우지된다는 사실입니다.

[출처 : https://blog.naver.com/hhgz_536/221305973370]

 Ⅲ 적분

28 부정적분의 정의

함수 $F(x)$의 도함수가 $f(x)$일 때, 즉

$$F'(x)=f(x)$$

일 때, 함수 $F(x)$를 $f(x)$의 **부정적분** 또는 원시함수라고 하며 이것을 기호로

$$\int f(x)\,dx$$

와 같이 나타낸다. 또, 함수 $f(x)$의 부정적분을 구하는 것을 $f(x)$를 **적분한다**고 하고 그 계산법을 **적분법**이라고 한다.

29 부정적분과 적분상수

함수 $f(x)$의 부정적분 중 하나를 $F(x)$라 하면 $f(x)$의 임의의 부정적분은 $F(x)+C$ (C는 상수)의 꼴로 나타낼 수 있다. 즉

$$\int f(x)\,dx=F(x)+C$$

이다. 이때, C를 **적분상수**라고 한다.

30 부정적분과 미분의 관계

(1) $\dfrac{d}{dx}\left\{\displaystyle\int f(x)\,dx\right\}=f(x)$

(2) $\displaystyle\int \left\{\dfrac{d}{dx}f(x)\right\}dx=f(x)+C$ (단, C는 적분상수)

- $\displaystyle\int f(x)\,dx$를 '적분 $f(x)\,dx$' 또는 '인티그럴(integral) $f(x)\,dx$'라고 읽는다.

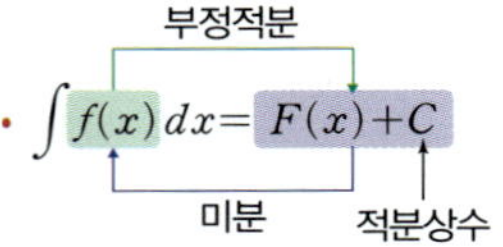

- $\displaystyle\int f(x)\,dx$에서 x를 **적분변수**, $f(x)$를 **피적분함수**라고 한다.

개념 CHECK

정답 및 해설 p. 101

[01~04] 다음 빈칸에 알맞은 것을 써넣으시오.

01 함수 $F(x)$의 도함수가 $f(x)$일 때, 즉 $F'(x)=f(x)$일 때, 함수 $F(x)$를 $f(x)$의 [   ]이라고 한다.

02 $\displaystyle\int f(x)\,dx$에서 $f(x)$를 [   ]라고 한다.

03 $\displaystyle\int f(x)\,dx=F(x)+C$일 때 C를 [   ]라고 한다.

04 $\displaystyle\int \left\{\dfrac{d}{dx}f(x)\right\}dx=$[   ] (단, C는 적분상수)이다.

[05~08] 옳은 것에 ○표, 옳지 않은 것에 ×표를 하시오.

05 $F'(x)=f(x)$일 때, 함수 $F(x)$는 $f(x)$의 도함수이다. (   )

06 함수 $f(x)$의 부정적분 중 하나를 $F(x)$라 하면 $\displaystyle\int f(x)\,dx=F(x)$이다. (   )

07 $\dfrac{d}{dx}\left\{\displaystyle\int f(x)\,dx\right\}=f(x)$이다. (   )

08 $\displaystyle\int \left\{\dfrac{d}{dx}f(x)\right\}dx=\dfrac{d}{dx}\left\{\displaystyle\int f(x)\,dx\right\}$이다. (   )

28 부정적분의 정의

[09~12] 다음 중 함수 $2x$의 부정적분인 것은 ○표, 아닌 것은 ×표를 하시오.

09 x^2　　　　　　　　(　)

10 x^2+4　　　　　　(　)

11 $3x^2-6$　　　　　(　)

12 $x^2-\dfrac{3}{4}$　　　　　(　)

29 부정적분과 적분상수

[13~16] 다음 부정적분을 구하시오.

13 $\displaystyle\int 2x^3\,dx$

14 $\displaystyle\int 4\,dx$

15 $\displaystyle\int (-3x^8)\,dx$

16 $\displaystyle\int x\,dx$

[17~19] 다음 등식을 만족시키는 다항함수 $f(x)$를 구하시오.

(단, C는 적분상수)

17 $\displaystyle\int f(x)\,dx=x^2+3x+C$

18 $\displaystyle\int f(x)\,dx=x^3+x^2+C$

19 $\displaystyle\int f(x)\,dx=\dfrac{1}{4}x^4-2x^3-x+C$

30 부정적분과 미분의 관계

[20~23] 다음을 구하시오.

20 $\dfrac{d}{dx}\left\{\displaystyle\int 4x\,dx\right\}$

21 $\dfrac{d}{dx}\left\{\displaystyle\int 5x^4\,dx\right\}$

22 $\displaystyle\int\left\{\dfrac{d}{dx}x^2\right\}dx$

23 $\displaystyle\int\left\{\dfrac{d}{dx}x^9\right\}dx$

유형 82 부정적분의 정의 ★

$F(x)$가 $f(x)$의 한 부정적분이다.
$\iff F'(x)=f(x)$
$\iff$ 함수 $F(x)$의 도함수가 $f(x)$이다.
$\iff \displaystyle\int f(x)\,dx=F(x)+C$ (단, C는 적분상수)

24

등식 $\displaystyle\int f(x)\,dx=x^3-2x+C$를 만족시키는 함수 $f(x)$는?

(단, C는 적분상수)

① $3x^2-2$　　　② $3x^2$　　　③ $\dfrac{1}{4}x^4-x^2$

④ $\dfrac{1}{4}x^4-x^2+C$　　⑤ $\dfrac{1}{4}x^4-x^2+Cx$

25

함수 $f(x)$에 대하여 $\displaystyle\int \{f(x)+1\}\,dx=\dfrac{1}{4}x^4-\dfrac{3}{2}x^2+C$
일 때, $f(1)$의 값은? (단, C는 적분상수)

① -3　　　　② -1　　　　③ 0
④ 1　　　　　⑤ 3

26

함수 $f(x)$의 부정적분 중 하나가 $2x^4+x^2-5$일 때,
$f\left(\dfrac{1}{2}\right)$의 값은?

① 1　　　　　② $\dfrac{3}{2}$　　　　③ 2
④ $\dfrac{5}{2}$　　　　　⑤ 3

27

두 함수 $f(x)=3x^2$, $g(x)=4x-5$에 대하여
$\displaystyle\int h(x)\,dx=f(x)g(x)$를 만족시키는 함수 $h(x)$가 있다.
이때, $h(1)$의 값은?

① -2　　　　② 0　　　　③ 2
④ 4　　　　　⑤ 6

유형 83 부정적분과 미분의 관계 ★★

(1) $\dfrac{d}{dx}\left\{\displaystyle\int f(x)\,dx\right\}=f(x)$

(2) $\displaystyle\int \left\{\dfrac{d}{dx}f(x)\right\}dx=f(x)+C$ (단, C는 적분상수)

28

함수 $f(x)=\dfrac{d}{dx}\left\{\displaystyle\int (x^4-2x^3+3x^2)\,dx\right\}$일 때,
$f(2)$의 값은?

① 8　　　　　② 12　　　　③ 16
④ 20　　　　⑤ 24

29

모든 실수 x에 대하여
$$\dfrac{d}{dx}\left\{\displaystyle\int (ax^3+3x^2+x-b)\,dx\right\}=2x^3+cx^2+x+9$$
가 성립할 때, 상수 a, b, c에 대하여 $a-b+c$의 값은?

① 11　　　　② 12　　　　③ 13
④ 14　　　　⑤ 15

30

함수 $f(x)=\int\left\{\dfrac{d}{dx}(2x^3-x^2+5x)\right\}dx$ 이고, $f(1)=5$ 일 때, $f(0)$ 의 값은?

① -3 ② -1 ③ 0
④ 1 ⑤ 3

31

$\log_x\left(\dfrac{d}{dx}\int x^5\,dx\right)=x^2-3x+7$ 을 만족시키는 x 의 값은?

(단, $x>0,\ x\neq1$)

① $\dfrac{1}{8}$ ② $\dfrac{1}{4}$ ③ $\dfrac{1}{2}$
④ 2 ⑤ 4

32

함수 $f(x)=\int(x^2+4x+3)\,dx$ 일 때,

$\displaystyle\lim_{h\to0}\dfrac{f(1+2h)-f(1)}{h}$ 의 값은?

① 8 ② 10 ③ 12
④ 14 ⑤ 16

33

함수 $f(x)=\int(3x^2-5)\,dx$ 일 때,

$\displaystyle\lim_{x\to1}\dfrac{f(x)-f(1)}{x-1}$ 의 값은?

① -5 ② -3 ③ -2
④ 0 ⑤ 4

34

함수 $f(x)=-3x^3+4x$ 에 대하여

$$F(x)=\dfrac{d}{dx}\left\{\int(x-1)f(x)\,dx\right\}$$

일 때, $F(-1)$ 의 값은?

① 1 ② 2 ③ 3
④ 4 ⑤ 5

35

함수 $f(x)=\dfrac{d}{dx}\left\{\int(-2x^2+8x+a)\,dx\right\}$ 의 최댓값이 9 일 때, 상수 a 의 값은?

① -3 ② -1 ③ 1
④ 3 ⑤ 5

36

함수 $f(x)=10x^{10}-9x^9+\cdots+2x^2-x$ 에 대하여

$$F(x)=\int\left\{\dfrac{d}{dx}f(x)\right\}dx$$

이고, $F(0)=10$ 일 때, $F(1)$ 의 값은?

① 3 ② 6 ③ 9
④ 12 ⑤ 15

Simple L 부정적분의 계산

31 함수 $f(x)=x^n$ (n은 음이 아닌 정수)의 부정적분

(1) k가 상수일 때, $\int k\,dx=kx+C$ (단, C는 적분상수)

(2) n이 양의 정수일 때, $\int x^n\,dx=\dfrac{1}{n+1}x^{n+1}+C$ (단, C는 적분상수)

예 $\int x^4\,dx=\dfrac{1}{4+1}x^{4+1}+C=\dfrac{1}{5}x^5+C$ (단, C는 적분상수)

32 함수의 실수배, 합, 차의 부정적분

두 함수 $f(x)$, $g(x)$가 부정적분을 가질 때

(1) $\int kf(x)\,dx=k\int f(x)\,dx$ (단, k는 0이 아닌 상수)

(2) $\int \{f(x)+g(x)\}\,dx=\int f(x)\,dx+\int g(x)\,dx$

(3) $\int \{f(x)-g(x)\}\,dx=\int f(x)\,dx-\int g(x)\,dx$

예 $\int (x^3-6x^2+2x)\,dx=\int x^3\,dx-6\int x^2\,dx+2\int x\,dx$

$$=\left(\dfrac{1}{4}x^4+C_1\right)-\left(6\times\dfrac{1}{3}x^3+C_2\right)+\left(2\times\dfrac{1}{2}x^2+C_3\right)$$

$$=\dfrac{1}{4}x^4-2x^3+x^2+(C_1-C_2+C_3)$$

이때, C_1, C_2, C_3은 모두 상수이므로 $C=C_1-C_2+C_3$이라 하면

$$\int (x^3-6x^2+2x)\,dx=\dfrac{1}{4}x^4-2x^3+x^2+C \text{ (단, } C\text{는 적분상수)}$$

- n이 양의 정수일 때

$\left(\dfrac{1}{n+1}x^{n+1}\right)'=x^n$이므로

$\int x^n\,dx=\dfrac{1}{n+1}x^{n+1}+C$

(단, C는 적분상수)

- $\int 1\,dx$는 보통 $\int dx$로 나타내고

$\int dx=x+C$ (단, C는 적분상수)

- 함수의 합, 차의 부정적분은 세 개 이상의 함수에 대해서도 성립한다.

- 적분상수가 여러 개 있을 때에는 이들을 묶어 하나의 적분상수 C로 나타낸다.

개념 CHECK

정답 및 해설 p. 103

[01~04] 다음 빈칸에 알맞은 것을 써넣으시오.

01 n이 양의 정수일 때

$$\int x^n\,dx=\dfrac{1}{[\quad\quad]}x^{[\quad\quad]}+C \text{ (단, } C\text{는 적분상수)}$$

02 $\int dx=[\quad\quad]+C$ (단, C는 적분상수)

03 $\int (x^2+x^3)\,dx=\int x^2\,dx+[\quad\quad]$

04 $\int (2x^2-x+4)\,dx$

$\quad =[\quad\quad]\int x^2\,dx-\int x\,dx+[\quad\quad]$

[05~08] 옳은 것에 ○표, 옳지 <u>않은</u> 것에 ×표를 하시오.

(단, C는 적분상수)

05 $\int 3\,dx=3+C$ (　　　)

06 $\int 6x^5\,dx=x^6+C$ (　　　)

07 $\int (x+2)\,dx+\int (x-2)\,dx=\int 2x\,dx$ (　　　)

08 $\int x(x+1)\,dx=\left(\int x\,dx\right)\times\left\{\int (x+1)\,dx\right\}$ (　　　)

31 함수 $f(x)=x^n$ (n은 음이 아닌 정수)의 부정적분

[09~12] 다음 부정적분을 구하시오.

09 $\int 2\,dx$

10 $\int x^3\,dx$

11 $\int x^7\,dx$

12 $\int x^{10}\,dx$

32 함수의 실수배, 합, 차의 부정적분

[13~22] 다음 부정적분을 구하시오.

13 $\int 4x^3\,dx$

14 $\int 5x^4\,dx$

15 $\int (6x+3)\,dx$

16 $\int (x^2+1)\,dx$

17 $\int (x^3-x)\,dx$

18 $\int (-x^4+x^2)\,dx$

19 $\int (2x^4+7x^2-1)\,dx$

20 $\int (4x^5+3x^2+5)\,dx$

21 $\int (-2x^7+6x^5-x)\,dx$

22 $\int (14x^6-10x^3+2)\,dx$

유형 84 $f(x)=x^n$ (n은 음이 아닌 정수)의 부정적분

(1) k가 상수일 때,
$$\int k\,dx=kx+C \text{ (단, } C\text{는 적분상수)}$$
(2) n이 양의 정수일 때
$$\int x^n\,dx=\frac{1}{n+1}x^{n+1}+C \text{ (단, } C\text{는 적분상수)}$$

23

다음 중 부정적분한 것으로 옳은 것은? (단, C는 적분상수)

① $\int 0\,dx=0$

② $\int dx=C$

③ $\int \frac{1}{2}x\,dx=\frac{1}{2}x^2+C$

④ $\int x^3\,dx=\frac{1}{4}x^4+C$

⑤ $\int \frac{1}{6}x^5\,dx=x^6+C$

24

부정적분 $\int 3x^2y^2\,dy$를 구하시오.

유형 85 함수의 실수배, 합, 차의 부정적분

두 함수 $f(x)$, $g(x)$가 부정적분을 가질 때
(1) $\int kf(x)\,dx=k\int f(x)\,dx$ (단, k는 0이 아닌 상수)
(2) $\int \{f(x)+g(x)\}\,dx=\int f(x)\,dx+\int g(x)\,dx$
(3) $\int \{f(x)-g(x)\}\,dx=\int f(x)\,dx-\int g(x)\,dx$

25

부정적분 $\int (x+1)^2\,dx-\int (x-1)^2\,dx$를 구하면?

(단, C는 적분상수)

① $\frac{1}{2}x^2+C$

② $2x^2+C$

③ $\frac{2}{3}(x+1)^3+C$

④ $\frac{2}{3}(x-1)^3+C$

⑤ $\frac{3}{2}(x+1)^3+C$

26

부정적분 $\int \frac{x^3}{x+1}dx+\int \frac{1}{x+1}dx$를 구하면?

(단, C는 적분상수)

① $\frac{1}{3}x^3+\frac{1}{2}x^2+x+C$

② $\frac{1}{3}x^3-\frac{1}{2}x^2+x+C$

③ $\frac{1}{2}x^3+\frac{1}{3}x^2+x+C$

④ $\frac{1}{2}x^3-\frac{1}{3}x^2+x+C$

⑤ $\frac{1}{2}x^3+\frac{1}{3}x^2-x+C$

27

부정적분 $\int \frac{1}{x}dx+\int \frac{(2x+1)(2x-1)}{x}dx$를 구하면?

(단, C는 적분상수)

① $-3x^2+C$　　② $-2x^2+C$　　③ $-x^2+C$

④ x^2+C　　⑤ $2x^2+C$

유형 86 도함수가 주어진 경우의 부정적분

$f'(x)$가 주어지고 $f(x)$를 구할 때,
$f(x)=\int f'(x)\,dx$임을 이용하여 $f(x)$를 적분상수를 포함한 식으로 나타낸다.

28

함수 $f(x)$에 대하여
$$f'(x)=4x^3-2x+3,\ f(0)=1$$
이 성립할 때, $f(2)$의 값은?

① 7　　② 10　　③ 13

④ 16　　⑤ 19

29

함수 $f(x)$를 적분해야 할 것을 잘못하여 미분하였더니 $3x^2+2x-1$이었다. $f(1)=1$일 때, 부정적분 $\int f(x)\,dx$를 구하시오.

32

삼차함수 $f(x)$의 도함수 $f'(x)$에 대하여 $y=f'(x)$의 그래프가 그림과 같다. 함수 $f(x)$의 극솟값이 0이고, $f(2)=8$일 때, 함수 $f(x)$의 극댓값을 구하시오.

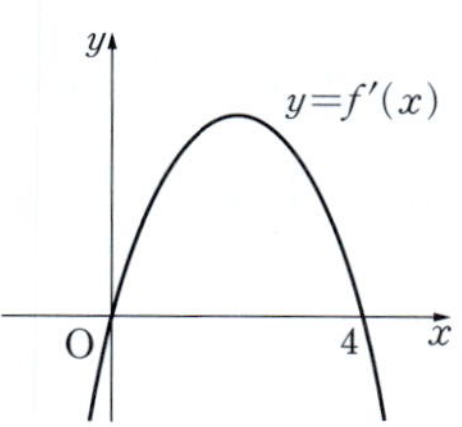

유형 87 도함수의 그래프가 주어진 경우의 부정적분 ★

함수 $f(x)$의 도함수 $f'(x)$의 그래프가 주어진 경우 그래프를 이용하여 $f'(x)$의 식을 구한 후 $f(x)=\int f'(x)\,dx$를 이용한다.

유형 88 접선의 기울기가 주어진 함수의 부정적분 ★

곡선 $y=f(x)$ 위의 임의의 점 $(x, f(x))$에서의 접선의 기울기는 $f'(x)$이므로 $f(x)=\int f'(x)\,dx$임을 이용하여 $f(x)$를 구한다.

30

연속함수 $f(x)$의 도함수 $f'(x)$에 대하여 $y=f'(x)$의 그래프가 그림과 같다. $y=f(x)$의 그래프가 점 $(0, 1)$을 지날 때, $f(2)$의 값은?

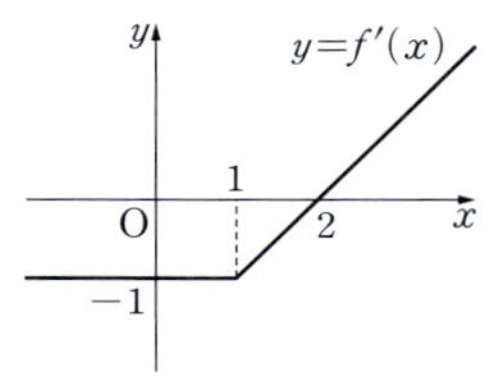

① -2 ② $-\dfrac{3}{2}$

③ -1 ④ $-\dfrac{1}{2}$

⑤ 0

33

점 $(-1, 3)$을 지나는 곡선 $y=f(x)$ 위의 임의의 점 $(x, f(x))$에서의 접선의 기울기가 $6x^2+2x-1$일 때, $f(1)$의 값은?

① -5 ② -3 ③ -1

④ 3 ⑤ 5

34

곡선 $y=f(x)$ 위의 임의의 점 $(x, f(x))$에서의 접선의 기울기가 $4x+1$이고, 이 곡선이 점 $(-1, -2)$를 지날 때, 방정식 $f(x)=0$의 모든 근의 합은?

① $-\dfrac{3}{2}$ ② $-\dfrac{1}{2}$ ③ $\dfrac{1}{2}$

④ 1 ⑤ $\dfrac{3}{2}$

31

삼차함수 $f(x)$의 도함수 $f'(x)$에 대하여 $y=f'(x)$의 그래프가 그림과 같고, $f(x)$의 극댓값이 4, 극솟값이 0일 때, $f(1)$의 값은?

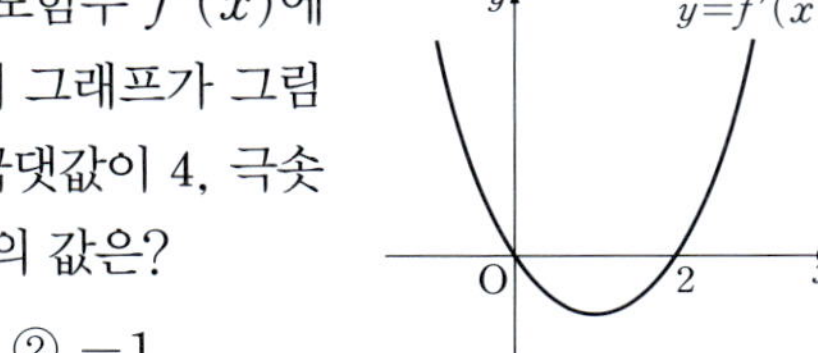

① -2 ② -1

③ 0 ④ 1

⑤ 2

35

곡선 $y=f(x)$ 위의 임의의 점 $(x, f(x))$에서의 접선의 기울기가 $3x^2-4x$이고, 이 곡선이 점 $(1, 0)$을 지날 때, 함수 $f(x)$의 극솟값을 구하시오.

36

함수 $f(x)=\int(4ax-3)\,dx$에 대하여 곡선 $y=f(x)$ 위의 점 $(-1,\,2)$에서의 접선의 기울기가 5일 때, $f(0)$의 값은? (단, a는 상수이다.)

① 1　　　② 2　　　③ 3
④ 4　　　⑤ 5

유형 89　부정적분과 함수의 연속　★ ★

함수 $f(x)$에 대하여 $f'(x)=\begin{cases}g(x)\ (x\geq a)\\ h(x)\ (x<a)\end{cases}$이고

$f(x)$가 $x=a$에서 연속이면

➡ $f(x)=\begin{cases}\int g(x)\,dx\ (x\geq a)\\ \int h(x)\,dx\ (x<a)\end{cases}$

➡ $f(a)=\lim\limits_{x\to a+}\int g(x)\,dx=\lim\limits_{x\to a-}\int h(x)\,dx$

37

모든 실수 x에 대하여 미분가능한 함수 $f(x)$의 도함수가

$$f'(x)=\begin{cases}4x-5\ (x\geq 3)\\ 7\ \ \ \ \ \ (x<3)\end{cases}$$

이고 $f(0)=-10$일 때, $f(5)$의 값을 구하시오.

38

모든 실수 x에 대하여 미분가능한 함수 $f(x)$의 도함수가

$$f'(x)=\begin{cases}3\ \ \ \ \ \ \ \ (x\geq 1)\\ 2x+1\ (x<1)\end{cases}$$

이고 $f(2)=3$일 때, $f(0)$의 값은?

① -4　　　② -3　　　③ -2
④ 1　　　⑤ 2

39

연속함수 $f(x)$의 도함수가

$$f'(x)=|x-1|+1$$

이고, $f(0)=1$일 때, $f(2)-f(-2)$의 값을 구하시오.

유형 90　부정적분과 함수의 극값　★ ★

(i) $f(x)=\int f'(x)\,dx$임을 이용하여 $f(x)$를 구한다.

(ii) $x=a$에서 극값을 가지면 $f'(a)=0$임을 이용한다.

(iii) 증가와 감소를 나타내는 표를 이용하여 극대, 극소를 찾는다.

40

최고차항의 계수가 1인 삼차함수 $f(x)$가 $x=-1$, $x=2$에서 극값을 갖는다. 함수 $f(x)$의 극솟값이 -4일 때, $f(1)$의 값은?

① -2　　　② $-\dfrac{3}{2}$　　　③ -1
④ $-\dfrac{1}{2}$　　　⑤ 0

41

함수 $f(x)$의 도함수가 $f'(x)=3x^2-7x+2$이고 $f(x)$의 극솟값이 $-\dfrac{3}{2}$일 때, $f(x)$의 극댓값은?

① $\dfrac{7}{9}$　　　② $\dfrac{22}{27}$　　　③ $\dfrac{23}{27}$
④ $\dfrac{8}{9}$　　　⑤ $\dfrac{25}{27}$

42

함수 $f(x)=x^2-3x+2$일 때, 함수 $F(x)=\int f(x)\,dx$이다. 함수 $F(x)$의 극댓값과 극솟값의 차를 구하시오.

유형 **91** 부정적분과 도함수의 정의

$$f'(a)=\lim_{h\to 0}\frac{f(a+h)-f(a)}{h}$$
$$=\lim_{x\to a}\frac{f(x)-f(a)}{x-a}$$

43

미분가능한 함수 $f(x)$가 임의의 실수 a에 대하여
$$\lim_{x\to a}\frac{f(x)-f(a)}{x-a}=4a^3-6a^2+3$$
을 만족시키고, $f(1)=0$일 때, $f(-1)$의 값은?

① -10 ② -8 ③ -6
④ -4 ⑤ -2

44

미분가능한 함수 $f(x)$에 대하여
$$\lim_{h\to 0}\frac{f(x+3h)-f(x-h)}{h}=12x^2-8x+4$$
이고 $f(1)=5$일 때, $f(3)$의 값은?

① 10   ② 15   ③ 20
④ 25   ⑤ 30

45

미분가능한 함수 $y=f(x)$에서 x, y의 증분을 각각 Δx, Δy라 할 때,
$$\Delta y=-4(\Delta x)^2+(kx-1)\Delta x$$
가 성립한다. $f(0)=1$, $f(1)=2$일 때, $f(2)$의 값은?
             (단, $\Delta x\neq 0$이고, k는 상수이다.)

① 3   ② 5   ③ 7
④ 9   ⑤ 11

유형 **92** 함수 $f(x)$와 그 부정적분 $F(x)$ 사이의 관계 ★★

함수 $f(x)$의 부정적분 중 하나를 $F(x)$라 하면
(ⅰ) 양변을 x에 대하여 미분한다.
(ⅱ) $F'(x)=f(x)$임을 이용하여 $f'(x)$를 구한다.

46

다항함수 $f(x)$의 한 부정적분 $F(x)$에 대하여
$$F(x)=xf(x)-x^5+x^2+2$$
가 성립한다. $f(0)=\dfrac{5}{3}$일 때, $f(1)$의 값을 구하시오.

47

다항함수 $f(x)$의 한 부정적분 $F(x)$에 대하여
$$(x+4)f(x)-F(x)=x^2+8x$$
가 성립한다. 다음 중 $f(x)$가 될 수 있는 것은?

① $x+4$ ② $2x-1$ ③ x^2
④ x^2+8x ⑤ $2x^2$

48

함수 $f(x)=4x-3$의 한 부정적분을 $F(x)$라고 할 때, 모든 실수 x에 대하여 부등식 $F(x)>0$이 성립한다. 다음 중 $F(0)$의 값이 될 수 있는 것은?

① $\dfrac{1}{8}$ ② $\dfrac{1}{4}$ ③ $\dfrac{1}{2}$
④ 1 ⑤ $\dfrac{5}{4}$

49

이차함수 $f(x)$의 한 부정적분 $F(x)$에 대하여
$$F(x)=xf(x)+2x^3-3x^2$$
이 성립한다. $f(0)=3$일 때, 방정식 $f(x)=0$의 모든 근의 합을 구하시오.

01 ★

함수 $f(x)$의 한 부정적분 $F(x)$에 대하여

$$F(x)=xf(x)-\frac{1}{3}x^3$$

이고, $f(0)=1$일 때, $f(3)$의 값은?

① 4　　　② $\dfrac{9}{2}$　　　③ 5

④ $\dfrac{11}{2}$　　　⑤ 6

02 |단답형| ★

다항함수 $f(x)$에 대하여

$$\frac{d}{dx}\left\{\int xf(x)\,dx\right\}=x^6+x^5+x^4+x^3+x^2+x$$

일 때, $f(2)$의 값을 구하시오.

03 ★★

미분가능한 두 함수 $f(x)$, $g(x)$가 임의의 실수 x에 대하여

$$\frac{d}{dx}\left\{\int f(x)\,dx\right\}-\int\left\{\frac{d}{dx}g(x)\right\}dx=1$$

을 만족시키고 $f(0)=0$일 때, 다음 [보기] 중 옳은 것만을 있는 대로 고른 것은?

─────[보기]─────
ㄱ. $g(0)=0$이면 $f(x)=g(x)$이다.
ㄴ. $f'(a)=g'(a)$인 a가 적어도 하나 존재한다.
ㄷ. $f(x)=g(x)+1$이다.

① ㄱ　　　② ㄱ, ㄴ　　　③ ㄱ, ㄷ
④ ㄴ, ㄷ　　　⑤ ㄱ, ㄴ, ㄷ

04 ★ 첨삭 해설　　　[2016년(A) 9월 평가원]

함수 $f(x)$가

$$f(x)=\int\left(\frac{1}{2}x^3+2x+1\right)dx-\int\left(\frac{1}{2}x^3+x\right)dx$$

이고 $f(0)=1$일 때, $f(4)$의 값은?

① $\dfrac{23}{2}$　　　② 12　　　③ $\dfrac{25}{2}$

④ 13　　　⑤ $\dfrac{27}{2}$

05 ★

함수 $f(x)=\displaystyle\int(1+2x+3x^2+\cdots+nx^{n-1})\,dx$에 대하여

$f(0)=1$일 때, $f(1)$의 값은? (단, n은 자연수이다.)

① $n-1$　　　② n　　　③ $n+1$
④ $2n$　　　⑤ $2n+1$

06 ★★★

다항함수 $f(x)$에 대하여

$$f(x)+\int xf(x)\,dx=\frac{1}{4}x^4-\frac{1}{3}x^3+\frac{3}{2}x^2-x$$

가 성립할 때, $f(-3)$의 값은?

① 11　　　② 12　　　③ 13
④ 14　　　⑤ 15

07 |단답형| ★★

함수 $f(x)$에 대하여 $f'(x)=3x^2-3x-4$이고, $y=f(x)$의 그래프가 제1사분면에서 직선 $y=2x-1$에 접할 때, 함수 $f(x)$를 구하시오.

08 ★★

함수 $f(x)=\dfrac{2x-1}{x}$에 대하여 함수 $F(x)$는

$$F(x)=\int xf'(x)\,dx+\int f(x)\,dx$$

이고 $F(1)=2$일 때, $F(5)$의 값은?

① 10　　　② 12　　　③ 14
④ 16　　　⑤ 18

09 ☆☆

함수 $f(x)$에 대하여 $f(2)=1$이고, 곡선 $y=f(x)$ 위의 점 $(x, f(x))$에서의 접선의 기울기가 $6(x-1)^2$일 때, $f(0)$의 값은?

① -1 ② -2 ③ -3

④ -4 ⑤ -5

10 ☆☆

두 다항함수 $f(x)$, $g(x)$에 대하여

$$\frac{d}{dx}\{f(x)+g(x)\}=4, \quad \frac{d}{dx}\{f(x)g(x)\}=6x+5$$

이고 $f(0)=2$, $g(0)=-1$일 때, $f(1)-g(-1)$의 값은?

① 4   ② 5   ③ 6

④ 7   ⑤ 8

11 ☆☆☆

미분가능한 함수 $f(x)$가 임의의 실수 x, y에 대하여

$$f(x+y)=f(x)+f(y)-xy-8$$

을 만족시키고 $f'(0)=5$일 때, $f(4)$의 값은?

① 14   ② 17   ③ 20

④ 23   ⑤ 26

12 ☆☆ 첨삭 해설

[2012년(가) 4월 교육청]

삼차함수 $y=f(x)$의 도함수 $y=f'(x)$의 그래프가 그림과 같다. $f'(-1)=f'(1)=0$이고 함수 $f(x)$의 극댓값이 4, 극솟값이 0일 때, $f(3)$의 값은?

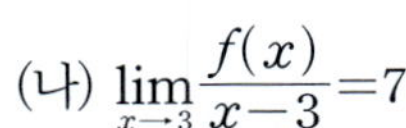

① 14   ② 16   ③ 18

④ 20   ⑤ 22

13 ☆☆

다항함수 $f(x)$의 도함수 $f'(x)$가 $f'(x)=3(x+2)(x-1)$이고 함수 $y=f(x)$의 그래프가 x축에 접할 때, $f(-1)$의 값은? (단, $f(0)>0$)

① 8   ② 9   ③ 10

④ 11   ⑤ 12

14 ☆☆☆

연속함수 $f(x)$의 도함수 $f'(x)$의 그래프가 그림과 같고, $f(0)=0$일 때, 다음 [보기] 중 함수 $f(x)$에 대한 설명으로 옳은 것만을 있는 대로 고른 것은?

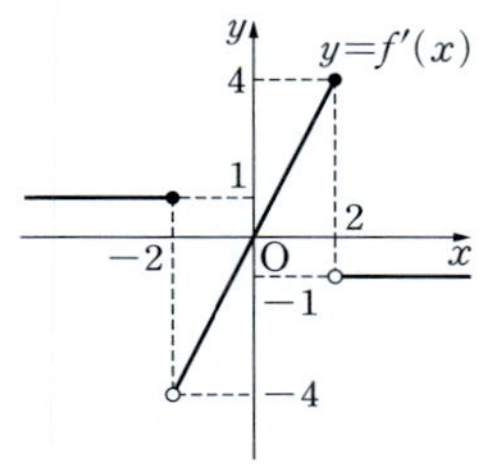

[보기]

ㄱ. 극댓값이 2개 존재한다.

ㄴ. $f(2)=4$이다.

ㄷ. $f(6)=f(-6)$이다.

① ㄷ   ② ㄱ, ㄴ   ③ ㄱ, ㄷ

④ ㄴ, ㄷ   ⑤ ㄱ, ㄴ, ㄷ

15 |서술형| ☆☆

다음 조건을 모두 만족시키는 다항함수 $f(x)$에 대하여 방정식 $f(x)=0$의 모든 근의 합을 구하시오.

(가) $\displaystyle\lim_{x\to\infty}\frac{f'(x)}{x}=2$ (나) $\displaystyle\lim_{x\to3}\frac{f(x)}{x-3}=7$

33 정적분의 정의

닫힌구간 $[a, b]$에서 연속인 함수 $f(x)$의 한 부정적분을 $F(x)$라 할 때

$$\int_a^b f(x)\,dx = \Big[\, F(x)\,\Big]_a^b = F(b) - F(a)$$

를 함수 $f(x)$의 a에서 b까지의 **정적분**이라고 한다.

34 정적분과 미분의 관계

함수 $f(t)$가 닫힌구간 $[a, b]$에서 연속이면

$$\frac{d}{dx}\left\{ \int_a^x f(t)\,dt \right\} = f(x) \ (\text{단, } a < x < b)$$

35 정적분의 성질

두 함수 $f(x)$, $g(x)$가 세 실수 a, b, c를 포함하는 구간에서 연속일 때

(1) $\displaystyle\int_a^b kf(x)\,dx = k\int_a^b f(x)\,dx$ (단, k는 상수)

(2) $\displaystyle\int_a^b \{f(x)+g(x)\}\,dx = \int_a^b f(x)\,dx + \int_a^b g(x)\,dx$

(3) $\displaystyle\int_a^b \{f(x)-g(x)\}\,dx = \int_a^b f(x)\,dx - \int_a^b g(x)\,dx$

(4) $\displaystyle\int_a^c f(x)\,dx + \int_c^b f(x)\,dx = \int_a^b f(x)\,dx$

- 닫힌구간 $[a, b]$에서 연속인 함수 $f(x)$의 두 부정적분을 $F(x)$, $G(x)$라 할 때 $F(x) = G(x) + C$ (C는 상수)이므로
$$F(b) - F(a)$$
$$= G(b) + C - G(a) - C$$
$$= G(b) - G(a)$$
즉, 함수 $f(x)$의 a에서 b까지의 정적분은 하나로 결정된다.

- $\displaystyle\int_a^a f(x)\,dx = 0$
$$\int_a^b f(x)\,dx = -\int_b^a f(x)\,dx$$

- 정적분 $\displaystyle\int_a^b f(x)\,dx$에서 x 대신에 다른 문자를 사용해도 그 값은 변하지 않는다. 즉,
$$\int_a^b f(x)\,dx = \int_a^b f(t)\,dt$$
$$= \int_a^b f(y)\,dy$$

- 정적분의 성질 (4)는 a, b, c의 대소에 관계없이 성립한다.

개념 CHECK

정답 및 해설 p. 111

[01~03] 다음 빈칸에 알맞은 것을 써넣으시오.

01 닫힌구간 $[a, b]$에서 연속인 함수 $f(x)$의 한 부정적분을 $F(x)$라 할 때, $\displaystyle\int_a^b f(x)\,dx = [\qquad\qquad]$ 를 함수 $f(x)$의 a에서 b까지의 [$\qquad$]이라고 한다.

02 함수 $f(t)$가 닫힌구간 $[a, b]$에서 연속이면 $\dfrac{d}{dx}\left\{\displaystyle\int_a^x f(t)\,dt\right\} = [\qquad]$ (단, $a < x < b$)이다.

03 함수 $f(x)$가 세 실수 a, b, c를 포함하는 구간에서 연속일 때 $\displaystyle\int_a^c f(x)\,dx + [\qquad\qquad] = \int_a^b f(x)\,dx$이다.

[04~06] 옳은 것에 ○표, 옳지 <u>않은</u> 것에 ×표를 하시오.

04 닫힌구간 $[a, b]$에서 연속인 함수 $f(x)$의 두 부정적분을 $F(x)$, $G(x)$라 하면 $F(b) - F(a) \neq G(b) - G(a)$이다. ( )

05 모든 실수 x에 대하여 $\displaystyle\int_a^x f(t)\,dt = x^2 + 2x$를 만족시키는 다항함수 $f(x) = 2x + 2$이다. ( )

06 함수 $f(x)$에 대하여 $\displaystyle\int_a^b f(x)\,dx \neq \int_a^b f(t)\,dt \neq \int_a^b f(y)\,dy$이다. ( )

33 정적분의 정의

[07~10] 다음 정적분의 값을 구하시오.

07 $\displaystyle\int_0^1 dx$

08 $\displaystyle\int_1^2 x\,dx$

09 $\displaystyle\int_1^2 x^2\,dx$

10 $\displaystyle\int_2^2 x^3\,dx$

34 정적분과 미분의 관계

[11~12] 다음을 구하시오.

11 $\displaystyle\frac{d}{dx}\int_2^x (t^2+4t)\,dt$

12 $\displaystyle\frac{d}{dx}\int_0^x (-4t^3+t-1)\,dt$

[13~14] 임의의 실수 x에 대하여 다음 등식을 만족시키는 함수 $f(x)$를 구하시오.

13 $\displaystyle\int_4^x f(t)\,dt=x^3+2$

14 $\displaystyle\int_{-1}^x f(t)\,dt=-2x^4+x+5$

35 정적분의 성질

[15~22] 다음 정적분의 값을 구하시오.

15 $\displaystyle\int_0^1 (-x+3)\,dx$

16 $\displaystyle\int_0^1 (3x^2+2x)\,dx$

17 $\displaystyle\int_{-1}^0 (4x^3-3x)\,dx$

18 $\displaystyle\int_1^2 (x+1)(x-1)\,dx$

19 $\displaystyle\int_1^2 (x+1)(x^2-x+1)\,dx$

20 $\displaystyle\int_2^0 (-6x+1)\,dx$

21 $\displaystyle\int_1^0 (9x^2-4x+5)\,dx$

22 $\displaystyle\int_0^1 (x^2+x)\,dx+\int_1^3 (x^2+x)\,dx$

유형 93 정적분의 계산

(1) 닫힌구간 $[a, b]$에서 연속인 함수 $f(x)$의 한 부정적분을 $F(x)$라 할 때, 함수 $f(x)$의 $x=a$에서 $x=b$까지의 정적분은
$$\int_a^b f(x)\,dx = \left[F(x) \right]_a^b = F(b) - F(a)$$
와 같이 나타낸다.

(2) $\int_a^a f(x)\,dx = 0$, $\int_a^b f(x)\,dx = -\int_b^a f(x)\,dx$

23

등식 $\int_0^k (4x+1)\,dx = 3$을 만족시키는 양수 k의 값은?

① $\dfrac{1}{2}$ ② 1 ③ $\dfrac{3}{2}$

④ 2 ⑤ $\dfrac{5}{2}$

24

정적분 $\int_1^1 (-x)\,dx - \int_1^0 (2x-1)\,dx$의 값은?

① -2 ② -1 ③ 0
④ 1 ⑤ 2

25

함수 $f(x) = 6x^2 - 4ax$가 $\int_0^1 f(x)\,dx = f(-1)$을 만족시킬 때, 상수 a의 값은?

① $-\dfrac{4}{3}$ ② -1 ③ $-\dfrac{2}{3}$

④ $-\dfrac{1}{3}$ ⑤ 0

26

정적분 $\int_{-1}^k (-2x+6)\,dx$의 값이 최대가 되도록 하는 상수 k의 값을 α, 그때의 정적분의 최댓값을 β라 할 때, $\alpha+\beta$의 값은?

① 11 ② 13 ③ 15
④ 17 ⑤ 19

27

다항함수 $f(x)$에 대하여 곡선 $y=f(x)$ 위의 점 $(x, f(x))$에서의 접선의 기울기가 $6x^2-2x-1$이고 $f(1)=3$일 때, 정적분 $\int_0^1 f(x)\,dx$의 값은?

① 2 ② $\dfrac{7}{3}$ ③ $\dfrac{8}{3}$

④ 3 ⑤ $\dfrac{10}{3}$

유형 94 정적분의 성질

두 함수 $f(x)$, $g(x)$가 세 실수 a, b, c를 포함하는 구간에서 연속일 때

(1) $\int_a^b kf(x)\,dx = k\int_a^b f(x)\,dx$ (단, k는 상수)

(2) $\int_a^b \{f(x)+g(x)\}\,dx = \int_a^b f(x)\,dx + \int_a^b g(x)\,dx$

(3) $\int_a^b \{f(x)-g(x)\}\,dx = \int_a^b f(x)\,dx - \int_a^b g(x)\,dx$

(4) $\int_a^c f(x)\,dx + \int_c^b f(x)\,dx = \int_a^b f(x)\,dx$

28

등식 $\int_0^1 (4x^3 + ax^2 + 2)\,dx = 0$을 만족시키는 실수 a의 값은?

① -18 ② -9 ③ 0
④ 9 ⑤ 18

29

정적분 $\displaystyle\int_{-1}^{1}(x+1)^2dx-\int_{-1}^{1}(x-1)^2dx$의 값은?

① -2 ② -1 ③ 0

④ 1 ⑤ 2

30

정적분 $\displaystyle\int_{0}^{1}\frac{x^3}{x-1}dx+\int_{1}^{0}\frac{1}{t-1}dt$의 값은?

① $\dfrac{7}{6}$ ② $\dfrac{4}{3}$ ③ $\dfrac{3}{2}$

④ $\dfrac{5}{3}$ ⑤ $\dfrac{11}{6}$

31

다음 정적분의 값을 구하시오.

$$\int_{1}^{2}(3x^2-2x)\,dx+\int_{2}^{3}(3x^2-2x)\,dx+\int_{3}^{4}(3x^2-2x)\,dx$$

32

이차함수 $f(x)$에 대하여

$$\int_{1}^{3}\{2f'(x)+4x\}\,dx=4$$

가 성립하고 $f(0)=0$, $f(3)=-7$일 때, $f(-1)$의 값은?

① $-\dfrac{2}{3}$ ② $-\dfrac{1}{3}$ ③ 0

④ $\dfrac{1}{3}$ ⑤ $\dfrac{2}{3}$

33

함수 $f(x)=\begin{cases}2x+3 & (x\geq 1)\\ x^2+4 & (x<1)\end{cases}$일 때, 정적분 $\displaystyle\int_{0}^{2}f(x)\,dx$의 값은?

① $\dfrac{19}{3}$ ② $\dfrac{22}{3}$ ③ $\dfrac{25}{3}$

④ $\dfrac{28}{3}$ ⑤ $\dfrac{31}{3}$

34

함수 $f(x)=\begin{cases}0 & (|x|>2)\\ x+2 & (|x|\leq 2)\end{cases}$일 때, 정적분

$\displaystyle\int_{-2}^{1}f(x-1)\,dx$의 값은?

① 0 ② $\dfrac{1}{2}$ ③ 1

④ $\dfrac{3}{2}$ ⑤ 2

35

함수 $y=f(x)$의 그래프가 그림과 같을 때, 정적분 $\displaystyle\int_{-2}^{3}f(x)\,dx$의 값은?

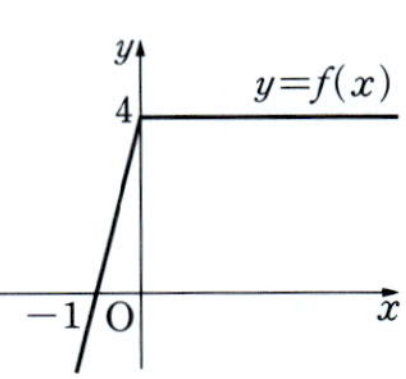

① 8 ② 10

③ 12 ④ 14

⑤ 16

36

연속함수 $y=f(x)$의 도함수 $y=f'(x)$의 그래프가 그림과 같을 때, $f(2)-f(0)$의 값은?

① -2 ② -1

③ 1 ④ 2

⑤ 3

유형 **96** 절댓값 기호를 포함한 함수의 정적분 ★★

절댓값이 0이 되는 값을 기준으로 구간을 나누어 정적분의 값을 계산한다.

37

정적분 $\displaystyle\int_0^3 |x-1|\,dx$의 값은?

① 1 ② $\dfrac{3}{2}$ ③ 2

④ $\dfrac{5}{2}$ ⑤ 3

38

정적분 $\displaystyle\int_{-2}^1 4|x|\,dx$의 값은?

① 8 ② 10 ③ 12

④ 14 ⑤ 16

39

정적분 $\displaystyle\int_{-1}^1 |x(x-1)|\,dx$의 값은?

① 1 ② $\dfrac{3}{2}$ ③ 2

④ $\dfrac{5}{2}$ ⑤ 3

40

정적분 $\displaystyle\int_1^3 \dfrac{|x^2-4|}{x+2}\,dx$의 값을 구하시오.

41

등식 $\displaystyle\int_0^a |2x-4|\,dx=5$를 만족시키는 상수 a의 값은?

(단, $a>2$)

① 3 ② 4 ③ 5

④ 6 ⑤ 7

42

함수 $f(x)=|x|+|x-1|$의 최솟값을 m이라 할 때, 정적분 $\displaystyle\int_0^m f(x)\,dx$의 값은?

① 1 ② 2 ③ 3

④ 4 ⑤ 5

유형 97 그래프의 대칭을 이용한 정적분 ★★

구간 $[-a, a]$에서 연속인 함수 $f(x)$에 대하여

(1) $f(-x)=-f(x)$인 함수 (기함수)

$\Rightarrow f(x)$는 원점에 대하여 대칭이므로

$$\int_{-a}^{a} f(x)\,dx=0$$

(2) $f(-x)=f(x)$인 함수 (우함수)

$\Rightarrow f(x)$는 y축에 대하여 대칭이므로

$$\int_{-a}^{a} f(x)\,dx=2\int_{0}^{a} f(x)\,dx$$

※ 원점에 대하여 대칭인 함수는 $y=x$, $y=x^3$, $y=x^5$, …처럼 지수가 홀수인 함수가 대표적이고, y축에 대하여 대칭인 함수는 $y=c$ (단, c는 상수), $y=x^2$, $y=x^4$, …처럼 지수가 짝수인 함수가 대표적이다.

※ (우함수)×(우함수)=(우함수)
(우함수)×(기함수)=(기함수)
(기함수)×(기함수)=(우함수)

43

정적분 $\displaystyle\int_{-2}^{2} (x-2)(x^2+2x+4)\,dx$의 값은?

① -32 ② -16 ③ 0

④ 16 ⑤ 32

44

정적분 $\displaystyle\int_{-1}^{1} x(1-x)^2\,dx$의 값은?

① $-\dfrac{4}{3}$ ② $-\dfrac{2}{3}$ ③ 0

④ $\dfrac{2}{3}$ ⑤ $\dfrac{4}{3}$

45

일차함수 $f(x)$에 대하여

$$\int_{-1}^{1} f(x)\,dx=4, \quad \int_{-1}^{1} xf(x)\,dx=6$$

이 성립할 때, $f(1)$의 값을 구하시오.

46

함수 $f(x)=1+2x+3x^2+\cdots+20x^{19}$에 대하여 정적분 $\displaystyle\int_{-1}^{1} f(x)\,dx$의 값은?

① 10 ② 15 ③ 20

④ 25 ⑤ 30

47

모든 실수 x에 대하여 $f(-x)=-f(x)$를 만족시키는 함수 $f(x)$에 대하여

$$\int_{-2}^{2} (x^2+x+1)f(x)\,dx=8$$

일 때, 정적분 $\displaystyle\int_{0}^{2} xf(x)\,dx$의 값은?

① 2 ② 4 ③ 6

④ 8 ⑤ 10

48

다음 [보기]의 함수 중

$$\int_{-3}^{3} x^3 f(x)\,dx=0$$

을 만족시키는 것만을 있는 대로 고른 것은?

[보기]

ㄱ. $f(x)=x^4+x^2$
ㄴ. $f(x)=x^3+x$
ㄷ. $f(x)=x^3+x^2+x$

① ㄱ   ② ㄱ, ㄴ   ③ ㄱ, ㄷ

④ ㄴ, ㄷ   ⑤ ㄱ, ㄴ, ㄷ

유형 98 적분구간이 상수인 정적분을 포함한 등식 ★★

$f(x)=g(x)+\displaystyle\int_a^b f(t)\,dt\,(a,b$는 상수$)$ 꼴의 등식이 주어지면

(i) $\displaystyle\int_a^b f(t)\,dt=k\,(k$는 상수$)$라 둔다.

(ii) $f(x)=g(x)+k$를 $\displaystyle\int_a^b f(t)\,dt=k$에 대입하여 정적분의 값을 구한다.

49

함수 $f(x)$가 $f(x)=2x+\displaystyle\int_0^2 f(t)\,dt$를 만족시킬 때, $f(1)$의 값은?

① -4 ② -2 ③ 0
④ 2 ⑤ 4

50

함수 $f(x)$가 $f(x)=4x^3+\displaystyle\int_0^1 xf(t)\,dt$일 때, $f(-1)$의 값은?

① -6 ② -3 ③ 0
④ 3 ⑤ 6

51

두 함수 $f(x)$, $g(x)$에 대하여

$$f(x)=6x^2-4x-\int_0^1 f(t)\,dt,$$
$$g(x)=3x^2-x+6$$

일 때, 방정식 $f(x)=g(x)$의 양의 실근은?

① $x=1$ ② $x=2$ ③ $x=3$
④ $x=4$ ⑤ $x=5$

52

이차함수 $f(x)=x^2+ax+b$가

$$f(x)=x^2-\int_0^1 xf(t)\,dt+\int_0^2 f(t)\,dt$$

를 만족시킬 때, 상수 a, b에 대하여 $a+b$의 값은?

① $\dfrac{5}{3}$ ② 2 ③ $\dfrac{7}{3}$
④ $\dfrac{8}{3}$ ⑤ 3

유형 99 적분구간에 변수가 있는 정적분을 포함한 등식 ★★

$\displaystyle\int_a^x f(t)\,dt=g(x)\,(a$는 상수$)$ 꼴의 등식이 주어지면

(i) 양변을 x에 대하여 미분한다. $\Rightarrow f(x)=g'(x)$

(ii) 양변에 $x=a$를 대입한다. $\Rightarrow g(a)=0$

53

다항함수 $f(x)$가 모든 실수 x에 대하여

$\displaystyle\int_1^x f(t)\,dt=x^3-2ax^2+a$를 만족시킬 때, $f(2)$의 값은?

(단, a는 상수이다.)

① 1 ② 2 ③ 3
④ 4 ⑤ 5

54

다항함수 $f(x)=\displaystyle\int_3^{x+1} 3t^2\,dt$에 대하여 $\displaystyle\int_0^1 f'(x)\,dx$의 값은?

① 4 ② 5 ③ 6
④ 7 ⑤ 8

55

$a>0$인 상수 a와 다항함수 $f(x)$에 대하여

$$\int_a^x f(t)\,dt = x^2 + ax - 18$$

이 성립할 때, $f(a)$의 값은?

① 3   ② 6   ③ 9

④ 12   ⑤ 15

56

다항함수 $f(x)$가 모든 실수 x에 대하여

$$xf(x) = \frac{2}{3}x^3 + \int_0^x f(t)\,dt$$

를 만족시킨다. $f(0)=-1$일 때, $f(3)$의 값은?

① 5   ② 6   ③ 7

④ 8   ⑤ 9

57

다항함수 $f(x)$가 모든 실수 x에 대하여

$$\int_1^x (x-t)f(t)\,dt = x^4 - 2x^2 + 1$$

을 만족시킬 때, 함수 $f(x)$를 구하면?

① $f(x) = x^2 - 2x + 1$ ② $f(x) = x^2 + 1$

③ $f(x) = 6x^2 - 5$ ④ $f(x) = 6x^2 - 4x + 3$

⑤ $f(x) = 12x^2 - 4$

58

다항함수 $f(x)$가 모든 실수 x에 대하여

$$\int_2^x (x^2 - t^2)f(t)\,dt = -x^4 + ax^2 - 16$$

을 만족시킬 때, 상수 a의 값은?

① 6   ② 7   ③ 8

④ 9   ⑤ 10

유형 100 정적분으로 정의된 함수의 극대·극소 ★★

정적분으로 정의된 함수 $f(x) = \int_a^x g(t)\,dt$ (a는 상수)의 극댓값, 극솟값은

(i) 양변을 x에 대하여 미분하여 $f'(x)$를 구한다.

(ii) $f'(x)=0$을 만족시키는 x의 값을 구한 후 증가와 감소를 나타내는 표를 이용한다.

59

함수 $f(x) = \int_{-4}^x (kt^2 - 4t + 1)\,dt$가 $x=1$에서 극솟값을 가질 때, 상수 k의 값은?

① -2 ② -1 ③ 1

④ 2   ⑤ 3

60

함수 $f(x) = \int_2^x (t^2 - 4t + 3)\,dt$는 $x=a$에서 극댓값 b를 가질 때, $a+b$의 값은?

① $\dfrac{5}{3}$ ② $\dfrac{8}{3}$ ③ $\dfrac{11}{3}$

④ $\dfrac{14}{3}$ ⑤ $\dfrac{17}{3}$

61

함수 $f(x) = \int_0^x (t-1)(t-2)\,dt$의 모든 극값의 합은?

① $-\dfrac{3}{2}$ ② -1 ③ 0

④ 1   ⑤ $\dfrac{3}{2}$

62

함수 $f(x)=\displaystyle\int_0^x (3t^2+at+b)\,dt$가 $x=2$에서 극솟값 -10 을 가질 때, 상수 a, b에 대하여 $a-b$의 값은?

① 1   ② 2   ③ 3
④ 4   ⑤ 5

63

이차함수 $y=f(x)$의 그래프가 그림 과 같을 때, $F(x)=\displaystyle\int_0^x f(t)\,dt$를 만 족시키는 함수 $F(x)$의 극댓값을 구 하시오.

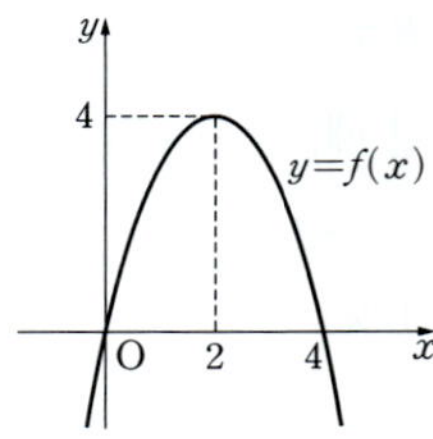

유형 **101**   정적분으로 정의된 함수의 최대 · 최소   ★

정적분으로 정의된 함수의 최댓값, 최솟값을 구할 때는 주어진 등식 의 양변을 x에 대하여 미분하여 $f(x)$ 또는 $f'(x)$를 구한 후 $f(x)$ 의 최댓값, 최솟값을 구한다.

64

임의의 실수 x에 대하여 다항함수 $f(x)$가
$$f(x)=-3x^2+3\int_0^1 xf(t)\,dt$$
를 만족시킬 때, 함수 $f(x)$의 최댓값을 구하시오.

65

$1\leq x\leq 4$에서 함수 $f(x)=\displaystyle\int_0^x (|t|-2)\,dt$의 최솟값은?

① -6 ② -4 ③ -2
④ 2   ⑤ 4

66

$0\leq a\leq 1$일 때, 정적분 $\displaystyle\int_0^1 x|x-a|\,dx$의 값이 최소가 되 도록 하는 실수 a의 값은?

① $\dfrac{1}{4}$ ② $\dfrac{\sqrt{2}}{4}$ ③ $\dfrac{1}{2}$
④ $\dfrac{\sqrt{2}}{2}$ ⑤ $\dfrac{\sqrt{3}}{2}$

유형 **102**   정적분으로 정의된 함수의 극한   ★★

함수 $f(x)$의 한 부정적분을 $F(x)$라 하면
(1) $\displaystyle\lim_{x\to 0}\frac{1}{x}\int_a^{x+a} f(t)\,dt=\lim_{x\to 0}\frac{F(x+a)-F(a)}{x}$
$$=F'(a)=f(a)$$
(2) $\displaystyle\lim_{x\to a}\frac{1}{x-a}\int_a^{x} f(t)\,dt=\lim_{x\to a}\frac{F(x)-F(a)}{x-a}$
$$=F'(a)=f(a)$$

67

함수 $f(x)=x^3-x^2+1$에 대하여 $\displaystyle\lim_{x\to 0}\frac{1}{x}\int_0^x f(t)\,dt$의 값은?

① 1   ② 2   ③ 3
④ 4   ⑤ 5

68

함수 $f(x)=x^3-4x^2+5x-2$에 대하여
$\displaystyle\lim_{x\to 1}\frac{1}{x-1}\int_1^x f(t)\,dt$의 값은?

① -4 ② -2 ③ 0
④ 2   ⑤ 4

69

$\displaystyle\lim_{x\to 2}\frac{1}{x^2-4}\int_2^x (t^2+3t-2)\,dt$의 값을 구하시오.

70

함수 $f(x)=\displaystyle\int_0^x (2t^2+t+3)\,dt$일 때,

$\displaystyle\lim_{x\to 0}\frac{1}{x}\int_0^x f'(t)\,dt$의 값은?

① 1   ② 2   ③ 3

④ 4   ⑤ 5

71

함수 $f(x)=2x^3+x^2-x-4$에 대하여

$\displaystyle\lim_{x\to 1}\frac{1}{x-1}\int_1^{x^2} f(t)\,dt$의 값은?

① -4 ② -2 ③ 0

④ 2   ⑤ 4

72

함수 $f(x)=ax^2+x+b$에 대하여

$$\lim_{x\to 0}\frac{1}{x}\int_0^x f(t)\,dt=3,$$

$$\lim_{x\to -1}\frac{1}{x+1}\int_{-1}^x f(t)\,dt=4$$

일 때, $f(1)$의 값은? (단, a, b는 상수이다.)

① 2   ② 3   ③ 4

④ 5   ⑤ 6

73

$\displaystyle\lim_{h\to 0}\frac{1}{h}\int_{2-h}^{2+3h} (x^3-2x+3)\,dx$의 값은?

① 22   ② 24   ③ 26

④ 28   ⑤ 30

74

함수 $f(x)$가 두 조건

$$f(1-x)=f(1+x),\quad \int_{-1}^{1} f(x)\,dx=2$$

를 만족시킬 때, 정적분 $\displaystyle\int_1^3 f(x)\,dx$의 값은?

① 1   ② 2   ③ 3

④ 4   ⑤ 5

75

연속함수 $f(x)$가 다음 조건을 모두 만족시킬 때, 실수 a의 값을 구하시오.

> (가) $\displaystyle\int_0^1 f(t)\,dt=1$
>
> (나) $\displaystyle\int_0^x f(t)\,dt=\frac{3}{2}x^2\int_0^a tf(t)\,dt$

76

연속함수 $f(x)$는 임의의 실수 x에 대하여 다음 조건을 모두 만족시킨다.

> (가) $f(-x)=f(x)$ (나) $f(x)=f(x+4)$

$\displaystyle\int_0^2 f(x)\,dx=16$일 때, 정적분 $\displaystyle\int_{-4}^8 f(x)\,dx$의 값은?

① 32   ② 48   ③ 64

④ 80   ⑤ 96

01 ☆

함수 $f(x)=2x^3-6ax$에 대하여 $\int_0^2 f(x)\,dx=f(1)$을 만족시키는 상수 a의 값은?

① -2　　② -1　　③ 0
④ 1　　⑤ 2

02 ☆

연속함수 $f(x)$에 대하여

$$\int_0^4 f(x)\,dx=2,\quad \int_3^7 f(x)\,dx=4,\quad \int_4^3 f(x)\,dx=1$$

일 때, $\int_0^7 f(x)\,dx$의 값은?

① 3　　② 4　　③ 5
④ 6　　⑤ 7

03 ☆ 첨삭 해설　　[2017년(나) 9월 평가원]

함수 $f(x)=\int_1^x (t-2)(t-3)\,dt$에 대하여 $f'(4)$의 값은?

① 1　　② 2　　③ 3
④ 4　　⑤ 5

04 ☆☆

함수 $y=f(x)$의 그래프가 오른쪽 그림과 같을 때, 정적분 $\int_0^4 xf(x)\,dx$의 값은?

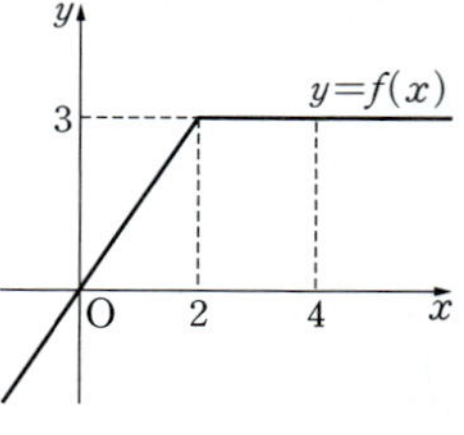

① 16　　② 18
③ 20　　④ 22
⑤ 24

05 ☆☆

$\int_{-2}^1 (x^3+6x^2+2x-3)\,dx-\int_2^1 (x^3+6x^2+2x-3)\,dx$의 값은?

① 5　　② 10　　③ 15
④ 20　　⑤ 25

06 |단답형| ☆☆ 첨삭 해설　　[2011년(가) 4월 교육청]

x에 대한 방정식 $\int_0^x |t-1|\,dt=x$의 양수인 실근이 $m+n\sqrt{2}$일 때, m^3+n^3의 값을 구하시오.

(단, m, n은 유리수이다.)

07 ☆☆

다항함수 $f(x)$가 모든 실수 x에 대하여

$$f(-x)=f(x),\quad \int_0^3 f(x)\,dx=2$$

일 때, 정적분 $\int_{-3}^3 (x^3-4x+7)f(x)\,dx$의 값은?

① 26　　② 28　　③ 30
④ 32　　⑤ 34

08 ☆☆

다항함수 $f(x)$가 모든 실수 x에 대하여

$$xf(x)=3x^4-2x^3+\int_2^x f(t)\,dt$$

를 만족시킬 때, $f(-1)$의 값은?

① -11 ② -12 ③ -13
④ -14 ⑤ -15

09 ☆☆

함수 $f(x)=\int_1^x (3t^2-2t+1)\,dt$에 대하여

$$A=\lim_{h\to0}\frac{f(1+2h)-f(1)}{h},$$
$$B=\lim_{x\to1}\frac{f(x)}{x-1}$$

라 할 때, $A+B$의 값은?

① 4   ② 5   ③ 6
④ 7   ⑤ 8

10 ☆☆

함수 $f(x)=\int_0^x (t^2+at+b)\,dt$가 $x=-3$에서 극댓값 9를 가질 때, 함수 $f(x)$의 극솟값은? (단, a, b는 상수이다.)

① $-\dfrac{1}{3}$ ② $-\dfrac{2}{3}$ ③ -1
④ $-\dfrac{4}{3}$ ⑤ $-\dfrac{5}{3}$

11 ☆☆

연속함수 $f(x)$가 모든 실수 x에 대하여 $f(x)=f(x+3)$을 만족시킬 때, 다음 중 정적분 $\int_0^1 f(x+1)\,dx$와 항상 같은 값을 갖는 것은?

① $-\int_2^3 f(x)\,dx$ ② $-\int_3^4 f(x)\,dx$

③ $\int_2^3 f(x)\,dx$ ④ $\int_3^4 f(x)\,dx$

⑤ $\int_4^5 f(x)\,dx$

12 |단답형| ☆☆☆ 첨삭 해설   [2014년(A) 7월 교육청]

연속함수 $f(x)$가 모든 실수 x에 대하여 다음 조건을 만족시킨다.

> (가) $f(-x)=f(x)$
> (나) $f(x+2)=f(x)$
> (다) $\int_{-1}^1 (2x+3)f(x)\,dx=15$

$\int_{-6}^{10} f(x)\,dx$의 값을 구하시오.

13 |서술형| ☆☆

함수 $f(x)=x^2+ax+b$가 두 조건

$$\lim_{x\to1}\frac{\int_1^x f(t)\,dt}{x-1}=1,\quad \int_0^1 f(x)\,dx=0$$

을 만족시킬 때, 상수 a, b에 대하여 $a-b$의 값을 구하시오.

36 곡선과 x축 사이의 넓이

함수 $f(x)$가 닫힌구간 $[a, b]$에서 연속일 때, 곡선 $y=f(x)$와 x축 및 두 직선 $x=a$, $x=b$로 둘러싸인 도형의 넓이 S는

$$S=\int_a^b |f(x)|\, dx$$

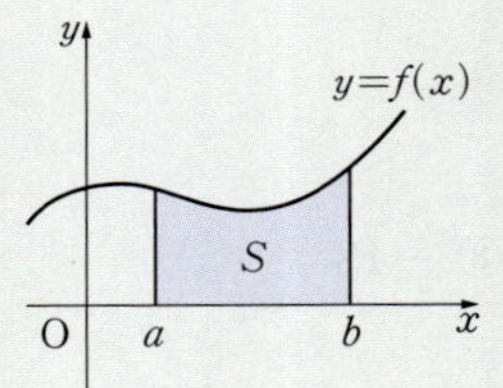

37 두 곡선 사이의 넓이

두 함수 $f(x)$, $g(x)$가 닫힌구간 $[a, b]$에서 연속일 때, 두 곡선 $y=f(x)$, $y=g(x)$와 두 직선 $x=a$, $x=b$로 둘러싸인 도형의 넓이 S는

$$S=\int_a^b |f(x)-g(x)|\, dx$$

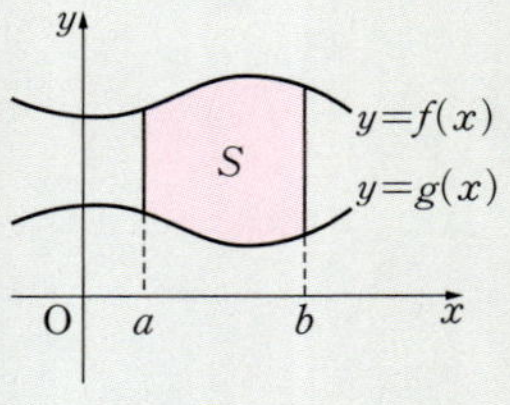

38 수직선 위를 움직이는 점의 위치와 움직인 거리

수직선 위를 움직이는 점 P의 시각 t에서의 속도를 $v(t)$, 시각 $t=t_0$에서의 점 P의 위치를 x_0이라 할 때

(1) 시각 t에서의 점 P의 위치 x는 $x=x_0+\displaystyle\int_{t_0}^t v(t)\, dt$

(2) 시각 $t=a$에서 $t=b$까지 점 P의 위치의 변화량은 $\displaystyle\int_a^b v(t)\, dt$

(3) 시각 $t=a$에서 $t=b$까지 점 P가 움직인 거리는 $\displaystyle\int_a^b |v(t)|\, dt$

• 함수 $g(y)$가 닫힌구간 $[c, d]$에서 연속일 때, 곡선 $x=g(y)$와 y축 및 두 직선 $y=c$, $y=d$로 둘러싸인 도형의 넓이 S는

$$S=\int_c^d |g(y)|\, dy$$

• 두 곡선 $y=f(x)$, $y=g(x)$로 둘러싸인 도형이 넓이는 $f(x)$, $g(x)$의 부호에 관계없이 위쪽에 위치한 함수식에서 아래쪽에 위치한 함수식를 빼서 계산하면 된다.

• 수직선 위를 움직이는 점 P의 시각 t에서의 속도를 $v(t)$라 할 때,

① $\displaystyle\int_a^b v(t)\, dt$
　❶ $t=a$에서 $t=b$까지 점 P의 위치의 변화량

② $\displaystyle\int_a^b |v(t)|\, dt$
　❶ $y=v(t)$의 그래프와 t축 및 두 직선 $t=a$, $t=b$로 둘러싸인 도형의 넓이 또는 $t=a$에서 $t=b$까지 점 P가 움직인 거리

개념 CHECK

정답 및 해설 p. 123

[01~03] 다음 빈칸에 알맞은 것을 써넣으시오.

01 함수 $f(x)$가 닫힌구간 $[a, b]$에서 연속일 때, 곡선 $y=f(x)$와 x축 및 두 직선 $x=a$, $x=b$로 둘러싸인 도형의 넓이는 [　　　　　]이다.

02 두 함수 $f(x)$, $g(x)$가 닫힌구간 $[a, b]$에서 연속일 때, 두 곡선 $y=f(x)$, $y=g(x)$와 두 직선 $x=a$, $x=b$로 둘러싸인 도형의 넓이는 [　　　　　]이다.

03 수직선 위를 움직이는 점 P의 시각 t에서의 속도를 $v(t)$라 할 때, 시각 $t=a$에서 $t=b$까지의 점 P의 위치의 변화량은 [　　　　], 움직인 거리는 [　　　　]이다.

[04~06] 옳은 것에 ○표, 옳지 않은 것에 ×표를 하시오.

04 두 함수 $f(x)$, $g(x)$가 닫힌구간 $[a, b]$에서 연속일 때, 두 곡선 $y=f(x)$, $y=g(x)$가 모두 x축보다 위쪽에 있는 경우와 모두 아래쪽에 있는 경우의 두 곡선과 직선 $x=a$, $x=b$로 둘러싸인 도형의 넓이는 다르다.

　　　　　　　　　　　（　　　　）

05 수직선 위를 움직이는 점 P의 시각 t에서의 속도를 $v(t)$, 시각 $t=t_0$에서의 위치를 x_0이라 할 때, 시각 t에서의 점 P의 위치는 $x_0+\displaystyle\int_{t_0}^t v(t)\, dt$이다.

　　　　　　　　　　　（　　　　）

06 수직선 위를 움직이는 점 P의 시각 t에서의 속도가 $v(t)$이면 시각 $t=a$에서 $t=b$까지 점 P가 움직인 거리는 $\displaystyle\int_a^b v(t)\, dt$이다.　　（　　　　）

> 연산 연습

36 곡선과 x축 사이의 넓이

[07~11] 다음 곡선과 x축으로 둘러싸인 도형의 넓이를 구하시오.

07 $y=-x^2+1$

08 $y=-x(x-2)$

09 $y=x(x-1)$

10 $y=x^2-x-6$

11 $y=-x^2-3x-2$

[12~13] 다음 곡선과 직선 및 x축으로 둘러싸인 도형의 넓이를 구하시오.

12 $y=x^2,\ x=1,\ x=2$

13 $y=x(x-2),\ x=-1,\ x=1$

37 두 곡선 사이의 넓이

[14~15] 다음 곡선과 직선으로 둘러싸인 도형의 넓이를 구하시오.

14 $y=x^2,\ y=x+2$

15 $y=x^2-2,\ y=2x+1$

[16~17] 다음 두 곡선으로 둘러싸인 도형의 넓이를 구하시오.

16 $y=-x^2,\ y=x^2-2$

17 $y=x^2-x-1,\ y=-x^2-3x+3$

38 수직선 위를 움직이는 점의 위치와 움직인 거리

[18~20] 원점을 출발하여 수직선 위를 움직이는 점 P의 시각 t에서의 속도가 $v(t)=t^2-2t$일 때, 다음을 구하시오.

18 $t=2$에서의 점 P의 위치

19 $t=1$에서 $t=3$까지 점 P의 위치의 변화량

20 $t=1$에서 $t=3$까지 점 P가 움직인 거리

[21~23] 좌표가 2인 점을 출발하여 수직선 위를 움직이는 점 P의 시각 t에서의 속도가 $v(t)=2t-4$일 때, 다음을 구하시오.

21 $t=2$에서의 점 P의 위치

22 $t=0$에서 $t=3$까지 점 P의 위치의 변화량

23 $t=0$에서 $t=3$까지 점 P가 움직인 거리

유형 104 곡선과 x축 사이의 넓이 ★

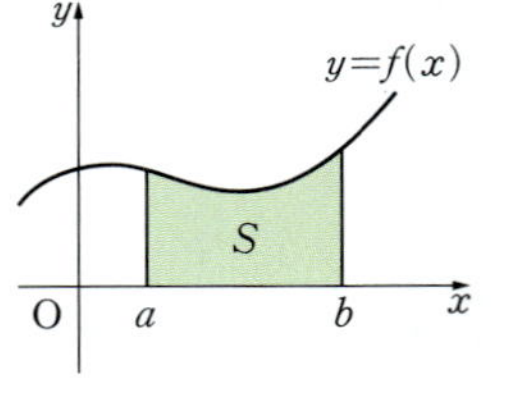

함수 $f(x)$가 닫힌구간 $[a, b]$에서 연속일 때, 곡선 $y=f(x)$와 x축 및 두 직선 $x=a$, $x=b$로 둘러싸인 도형의 넓이 S는

$$S=\int_a^b |f(x)|\,dx$$

24

곡선 $y=x(x+1)(x-1)$과 x축으로 둘러싸인 도형의 넓이는?

① $\dfrac{1}{3}$ ② $\dfrac{1}{2}$ ③ $\dfrac{2}{3}$

④ $\dfrac{3}{4}$ ⑤ 1

25

곡선 $y=x^2-4x$와 x축 및 두 직선 $x=-1$, $x=1$로 둘러싸인 도형의 넓이는?

① 1 ② 2 ③ 3

④ 4 ⑤ 5

26

곡선 $y=x^2-3x-4$와 x축 및 두 직선 $x=1$, $x=3$으로 둘러싸인 도형의 넓이는?

① $\dfrac{31}{3}$ ② $\dfrac{32}{3}$ ③ 11

④ $\dfrac{34}{3}$ ⑤ $\dfrac{35}{3}$

27

곡선 $y=-2x^2+x+1$과 x축 및 두 직선 $x=0$, $x=2$로 둘러싸인 도형의 넓이는?

① $\dfrac{5}{2}$ ② $\dfrac{8}{3}$ ③ $\dfrac{17}{6}$

④ 3 ⑤ $\dfrac{19}{6}$

28

네 직선 $x=0$, $x=1$, $y=0$, $y=1$로 둘러싸인 정사각형을 곡선 $y=x^2$이 그림과 같이 두 부분으로 나눌 때, 두 부분의 넓이의 비 $S_1 : S_2$는?

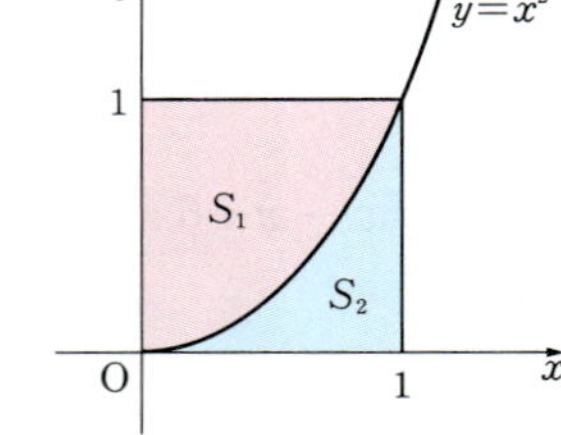

① $\sqrt{2} : 1$ ② $\sqrt{3} : 1$

③ $2 : 1$ ④ $3 : 1$

⑤ $4 : 1$

유형 105 곡선과 y축 사이의 넓이 (교육과정 外)

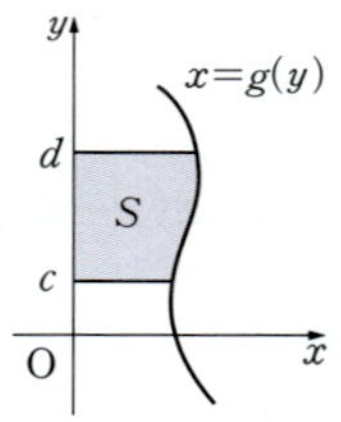

함수 $g(y)$가 닫힌구간 $[c, d]$에서 연속일 때, 곡선 $x=g(y)$와 y축 및 두 직선 $y=c$, $y=d$로 둘러싸인 도형의 넓이 S는

$$S=\int_c^d |g(y)|\,dy$$

29

곡선 $y=\sqrt{x}$와 y축 및 직선 $y=1$로 둘러싸인 도형의 넓이는?

① $\dfrac{1}{2}$ ② $\dfrac{1}{3}$ ③ $\dfrac{1}{4}$

④ $\dfrac{1}{5}$ ⑤ $\dfrac{1}{6}$

30

그림과 같이 곡선 $x=-y^2+9$와 y축으로 둘러싸인 도형의 넓이는?

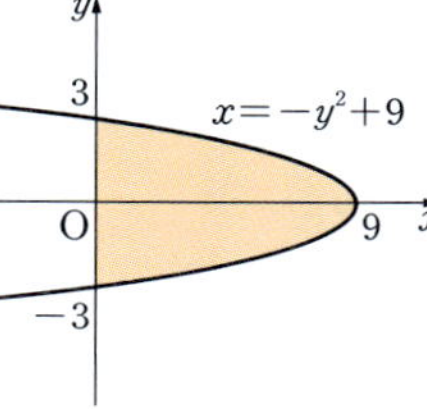

① 9   ② 18

③ 27   ④ 36

⑤ 45

31

그림과 같이 곡선 $x=y(y-a)^2$과 y축으로 둘러싸인 도형의 넓이가 $\dfrac{27}{4}$일 때, 양수 a의 값을 구하시오.

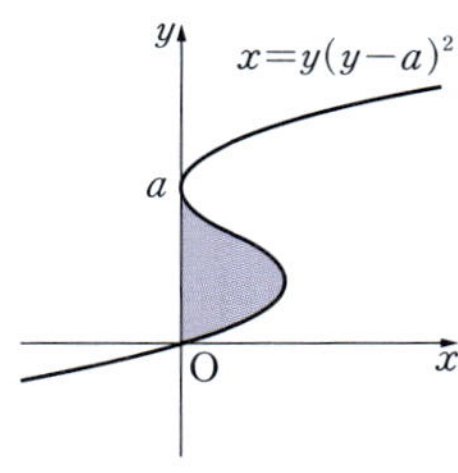

32

그림과 같이 곡선 $x=y(4-y^2)$과 y축 및 두 직선 $y=-1$, $y=1$로 둘러싸인 도형의 넓이는?

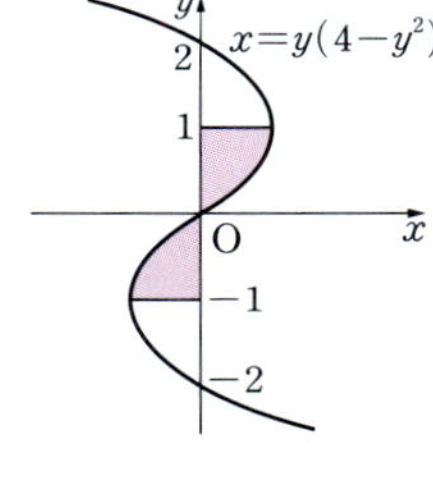

① 3   ② $\dfrac{7}{2}$

③ 4   ④ $\dfrac{9}{2}$

⑤ 5

33

그림과 같이 곡선 $x=y^2+ky$와 y축 및 직선 $y=1$로 둘러싸인 도형의 넓이가 $\dfrac{19}{3}$일 때, 양수 k의 값을 구하시오.

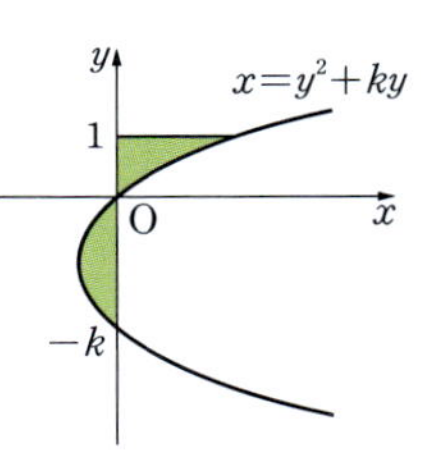

(i) 곡선과 직선을 그려 위치 관계를 파악한다.

(ii) 곡선과 직선의 교점의 x좌표를 구하여 적분구간을 정한다.

(iii) {(위쪽의 식) $-$ (아래쪽의 식)}을 정적분한다.

34

곡선 $y=-x^2+2$와 직선 $y=-x$로 둘러싸인 도형의 넓이는?

① $\dfrac{7}{2}$ ② 4   ③ $\dfrac{9}{2}$

④ 5   ⑤ $\dfrac{11}{2}$

35

곡선 $y=-x^2+6x$와 직선 $y=2x$로 둘러싸인 도형의 넓이는?

① 10   ② $\dfrac{32}{3}$ ③ $\dfrac{34}{3}$

④ 12   ⑤ $\dfrac{38}{3}$

36

곡선 $y=x^2-2x+2$와 직선 $y=x$로 둘러싸인 도형의 넓이는?

① $\dfrac{1}{6}$ ② $\dfrac{1}{3}$ ③ $\dfrac{1}{2}$

④ $\dfrac{2}{3}$ ⑤ $\dfrac{5}{6}$

37

곡선 $y=x^3-3x^2+a$와 직선 $y=a$로 둘러싸인 도형의 넓이는? (단, $a>0$)

① $\dfrac{25}{4}$　　　② $\dfrac{13}{2}$　　　③ $\dfrac{27}{4}$

④ 7　　　⑤ $\dfrac{29}{4}$

38

곡선 $y=|x(x-2)|$와 직선 $y=3$으로 둘러싸인 도형의 넓이는?

① 8　　　② $\dfrac{25}{3}$　　　③ $\dfrac{26}{3}$

④ 9　　　⑤ $\dfrac{28}{3}$

유형 107　두 곡선 사이의 넓이　★★

(i) 두 곡선을 그려 위치 관계를 파악한다.

(ii) 두 곡선의 교점의 x좌표를 구하여 적분구간을 정한다.

(iii) $\{(\text{위쪽의 식})-(\text{아래쪽의 식})\}$을 정적분한다.

39

두 곡선 $y=x^2$, $y=-x^2+2$로 둘러싸인 도형의 넓이는?

① $\dfrac{5}{3}$　　　② 2　　　③ $\dfrac{7}{3}$

④ $\dfrac{8}{3}$　　　⑤ 3

40

두 곡선 $y=x^2+3x$와 $y=-2x^2+6$으로 둘러싸인 도형의 넓이는?

① 12　　　② $\dfrac{25}{2}$　　　③ 13

④ $\dfrac{27}{2}$　　　⑤ 14

41

곡선 $y=-x^2$을 x축에 대하여 대칭이동한 후 x축의 방향으로 3만큼, y축의 방향으로 -9만큼 평행이동한 곡선을 $y=f(x)$라고 하자. 두 곡선 $y=-x^2$, $y=f(x)$로 둘러싸인 도형의 넓이는?

① 9　　　② 10　　　③ 11

④ 12　　　⑤ 13

42

두 곡선 $y=x^3-x^2$, $y=-x^2+x$로 둘러싸인 도형의 넓이는?

① $\dfrac{1}{2}$　　　② $\dfrac{2}{3}$　　　③ $\dfrac{5}{6}$

④ 1　　　⑤ $\dfrac{7}{6}$

43

두 곡선 $y=x(x+1)(x-1)$, $y=x^2-1$로 둘러싸인 도형의 넓이는?

① $\dfrac{1}{3}$　　　② $\dfrac{2}{3}$　　　③ 1

④ $\dfrac{4}{3}$　　　⑤ $\dfrac{5}{3}$

44

곡선 $y=2x^2+1$과 이 곡선 위의 점 $(1,\ 3)$에서 그은 접선 및 y축으로 둘러싸인 도형의 넓이는?

① $\dfrac{1}{3}$ ② $\dfrac{2}{3}$ ③ 1

④ $\dfrac{4}{3}$ ⑤ $\dfrac{5}{3}$

45

곡선 $y=-x^3$과 이 곡선 위의 점 $(1,\ -1)$에서의 접선으로 둘러싸인 도형의 넓이는?

① 6 ② $\dfrac{25}{4}$ ③ $\dfrac{13}{2}$

④ $\dfrac{27}{4}$ ⑤ 7

46

점 $(1,\ -3)$에서 곡선 $y=x^2$에 그은 두 접선과 이 곡선으로 둘러싸인 부분의 넓이는?

① $\dfrac{14}{3}$ ② 5 ③ $\dfrac{16}{3}$

④ $\dfrac{17}{3}$ ⑤ 6

47

곡선 $y=x^2-4$ 위의 한 점 $(t,\ t^2-4)$에서의 접선과 이 곡선 및 y축, 직선 $x=2$로 둘러싸인 도형의 넓이의 최솟값은? (단, $0<t<2$)

① $\dfrac{1}{3}$ ② $\dfrac{2}{3}$ ③ 1

④ $\dfrac{4}{3}$ ⑤ $\dfrac{5}{3}$

48

함수 $f(x)=x^2\ (x\ge0)$의 역함수를 $g(x)$라 할 때, 두 곡선 $y=f(x),\ y=g(x)$로 둘러싸인 도형의 넓이는?

① $\dfrac{1}{3}$ ② $\dfrac{2}{3}$ ③ 1

④ $\dfrac{4}{3}$ ⑤ $\dfrac{5}{3}$

49

함수 $f(x)=x^2+1\ (x\ge0)$의 역함수를 $g(x)$라 할 때, 곡선 $y=g(x)$와 x축 및 직선 $x=5$로 둘러싸인 부분의 넓이는?

① $\dfrac{14}{3}$ ② 5 ③ $\dfrac{16}{3}$

④ $\dfrac{17}{3}$ ⑤ 6

50

그림과 같이 함수 $y=f(x)$ $(x\geq0)$와 그 역함수 $y=g(x)$의 그래프가 두 점 $(0, 0)$, $(6, 6)$에서 만난다.

$\int_0^6 f(x)\,dx=10$일 때, 두 곡선 $y=f(x)$와 $y=g(x)$로 둘러싸인 도형의 넓이는?

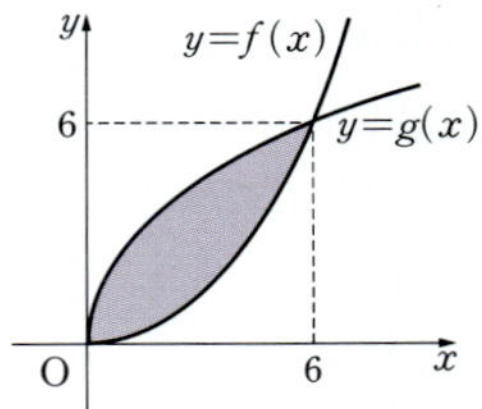

① 16　　　② 17　　　③ 18
④ 19　　　⑤ 20

51

함수 $f(x)=x^3+1$ $(x\geq0)$의 역함수를 $g(x)$라 할 때, $\int_0^1 f(x)\,dx+\int_1^2 g(x)\,dx$의 값은?

① 1　　　② 2　　　③ 3
④ 4　　　⑤ 5

52

$f(1)=1$, $f(5)=5$인 연속함수 $f(x)$와 그 역함수 $g(x)$에 대하여

$$\int_1^5 f(x)\,dx=A,\ \int_1^5 g(x)\,dx=k-A$$

가 성립할 때, 상수 k의 값은?

① 15　　　② 18　　　③ 21
④ 24　　　⑤ 27

정적분과 넓이의 관계를 이용하는 문제에서 어떤 한 수가 미지수로 주어지면 조건에 맞게 식을 세우고 정리하여 해결한다.

53

그림과 같이 이차함수 $y=x^2-(k+2)x+2k$의 그래프와 x축 및 y축으로 둘러싸인 부분의 넓이를 S_1, 이 이차함수의 그래프와 x축으로 둘러싸인 부분의 넓이를 S_2라고 할 때, $S_1=S_2$가 성립하는 상수 k의 값은? (단, $0<k<2$)

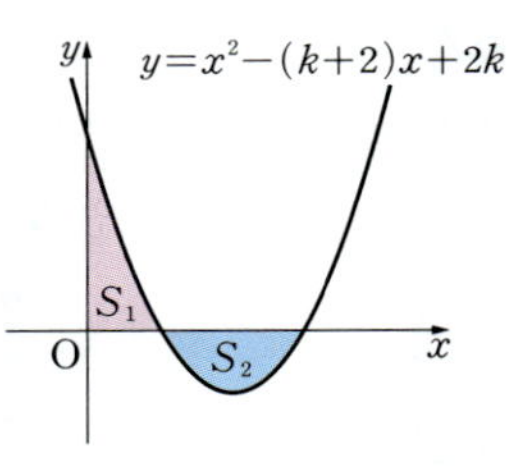

① $\dfrac{1}{4}$　　　② $\dfrac{1}{3}$　　　③ $\dfrac{2}{3}$
④ 1　　　⑤ $\dfrac{3}{2}$

54

그림은 이차함수 $y=3x^2-6x$의 그래프이다. 색칠한 두 부분 A, B의 넓이가 서로 같을 때, a의 값은? (단, $a>2$)

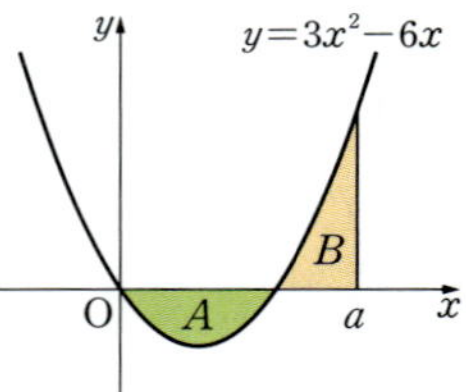

① 2　　　② $\dfrac{5}{2}$
③ 3　　　④ $\dfrac{7}{2}$
⑤ 4

55

함수 $f(x)=x(x-3)(x-a)$의 그래프와 x축으로 둘러싸인 두 도형의 넓이가 서로 같을 때, $f(2)$의 값은?

(단, $a>3$)

① 4　　　② 5　　　③ 6
④ 7　　　⑤ 8

56

곡선 $y=(x^2-1)(x-a)$와 x축으로 둘러싸인 두 도형의 넓이의 합이 최소가 되도록 하는 상수 a의 값은?

(단, $-1<a<1$)

① $-\dfrac{2}{3}$ ② $-\dfrac{1}{2}$ ③ 0

④ $\dfrac{1}{2}$ ⑤ $\dfrac{2}{3}$

57

그림과 같이 곡선 $y=ax^2$에 대하여 색칠한 부분의 넓이가 54일 때, 양수 a의 값은?

① 1 ② $\dfrac{3}{2}$

③ 2 ④ $\dfrac{5}{2}$

⑤ 3

58

곡선 $y=-x^2+x$와 x축으로 둘러싸인 도형의 넓이가 직선 $y=mx$에 의하여 이등분될 때, 상수 m에 대하여 $(1-m)^3$의 값은?

① $\dfrac{1}{12}$ ② $\dfrac{1}{6}$ ③ $\dfrac{1}{3}$

④ $\dfrac{1}{2}$ ⑤ 1

유형 **111** 위치의 변화량 ★

수직선 위를 움직이는 점 P의 시각 t에서의 속도를 $v(t)$, 시각 $t=t_0$에서의 점 P의 위치를 x_0이라 할 때

(1) 시각 t에서 점 P의 위치 $f(t)$는

$$f(t)=x_0+\int_{t_0}^{t}v(t)\,dt$$

(2) 시각 $t=a$에서 $t=b$까지 점 P의 위치의 변화량은

$$\int_{a}^{b}v(t)\,dt$$

59

원점을 출발하여 수직선 위를 움직이는 점 P의 시각 t에서의 속도가 $v(t)=12-2t$일 때, $t=5$에서의 점 P의 위치는?

① 25 ② 35 ③ 45

④ 55 ⑤ 65

60

원점을 출발하여 수직선 위를 움직이는 점 P의 시각 t에서의 속도가 $v(t)=3t^2-4t+7$일 때, $t=1$에서 $t=2$까지 점 P의 위치의 변화량은?

① 8 ② $\dfrac{17}{2}$ ③ 9

④ $\dfrac{19}{2}$ ⑤ 10

61

원점을 출발하여 수직선 위를 움직이는 점 P의 시각 t에서의 속도가 $v(t)=t^2-6t$일 때, 점 P가 다시 원점으로 되돌아오는 시각은?

① 3 ② 6 ③ 9

④ 12 ⑤ 15

62

지상 20 m 높이의 건물 옥상에서 49 m/s의 속도로 똑바로 위로 쏘아 올린 어떤 물체의 t초 후의 속도는 $v(t) = 49 - 9.8t\,(\text{m/s})$라고 한다. 쏘아 올린 지 10초 후의 이 물체의 지상으로부터의 높이는?

① 20 m ② 25 m ③ 30 m
④ 35 m ⑤ 40 m

63

A 지점을 통과한 지 t초 후의 어떤 물체의 속도는 $3 + 2t\,(\text{m/s})$이다. 이 물체가 A 지점에서 28 m 떨어진 B 지점에 도달할 때까지 걸린 시간은?

① 3초 ② 4초 ③ 5초
④ 6초 ⑤ 7초

64

두 점 P, Q가 원점에서 동시에 출발하여 수직선 위를 같은 방향으로 움직인다. t초 후의 속도가 각각

$$2t(3-t)(6-t)\,(\text{m/s}),\ 7t(4-t)\,(\text{m/s})$$

일 때, 움직이기 시작하여 두 점 P와 Q가 두 번째로 만나는 것은 출발한 지 몇 초 후인가?

① 6초 ② 8초 ③ 10초
④ 12초 ⑤ 14초

유형 112 움직인 거리 ★

수직선 위를 움직이는 점 P의 시각 t에서의 속도가 $v(t)$일 때, 시각 $t=a$에서 $t=b$까지 점 P가 움직인 거리는 $\displaystyle\int_a^b |v(t)|\,dt$

65

수직선 위를 움직이는 점 P가 있다. 점 P가 원점 O를 출발한 지 t초 후의 속도 $v(t)$는 $v(t) = -3t^2 + 6t$라 한다. 점 P가 원점에 다시 돌아올 때까지 움직인 거리는?

① 4 ② 8 ③ 12
④ 16 ⑤ 20

66

수직선 위를 움직이는 점 P의 시각 t에서의 속도 $v(t)$가 $v(t) = 40 - at$이다. 시각 $t=4$에서 점 P의 운동 방향이 바뀌었을 때, 점 P가 시각 $t=0$에서 $t=6$까지 움직인 거리는?
(단, a는 상수이다.)

① 90 ② 95 ③ 100
④ 105 ⑤ 110

67

시각 t일 때, 수직선 위를 움직이는 점 P의 위치가 $t^3 - 3t^2 - 9t + 2$이다. 시각 $t=0$부터 $t=5$까지 점 P가 움직인 거리는?

① 53 ② 55 ③ 57
④ 59 ⑤ 61

68

직선 궤도를 60 m/s의 속도로 달리는 기차가 제동을 건 지 t초 후의 속도 $v(t)$가 $v(t)=60-6t$(m/s)라 할 때, 이 기차가 제동을 건 후 완전히 정지할 때까지 이동한 거리는?

① 300 m ② 400 m ③ 500 m
④ 600 m ⑤ 700 m

유형 **113** 그래프에서의 위치와 움직인 거리 ★ ★

(1) 속도의 정적분 값은 위치의 변화량이다.

(2) 속도의 그래프와 x축으로 둘러싸인 도형의 넓이는 움직인 거리이다.

(3) $v(t)=0$일 때 운동 방향이 바뀐다.

69

원점을 출발하여 수직선 위를 움직이는 점 P의 t초 후의 속도 $v(t)$의 그래프가 그림과 같다. 점 P가 출발한 후 3초 동안 이동한 거리는?

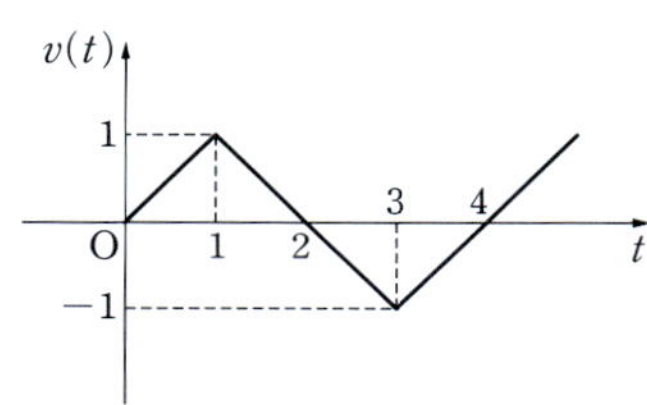

① $\dfrac{3}{2}$ ② $\dfrac{5}{2}$ ③ $\dfrac{7}{2}$
④ $\dfrac{9}{2}$ ⑤ $\dfrac{11}{2}$

70

원점을 출발하여 수직선 위를 움직이는 점 P의 시각 $t\,(0\le t\le5)$에서의 속도 $v(t)$의 그래프가 그림과 같다. 점 P가 시각 $t=0$에서 $t=5$까지 움직인 거리는?

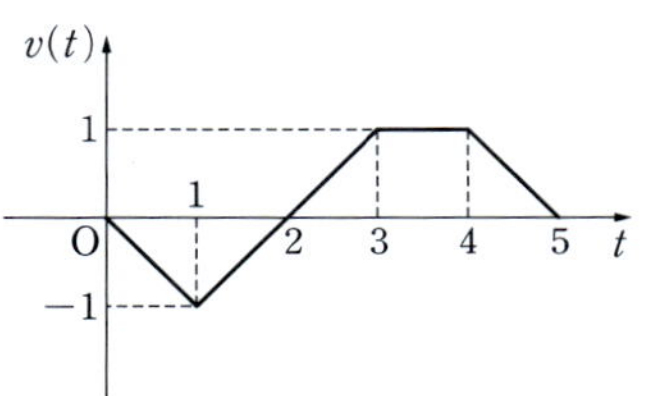

① 2 ② $\dfrac{5}{2}$ ③ 3
④ $\dfrac{7}{2}$ ⑤ 4

71

원점을 출발하여 수직선 위를 움직이는 물체의 시각 t에서의 속도 $v(t)$의 그래프가 그림과 같다. 이 물체가 출발한 후 첫 번째로 원점을 통과하는 시각은?

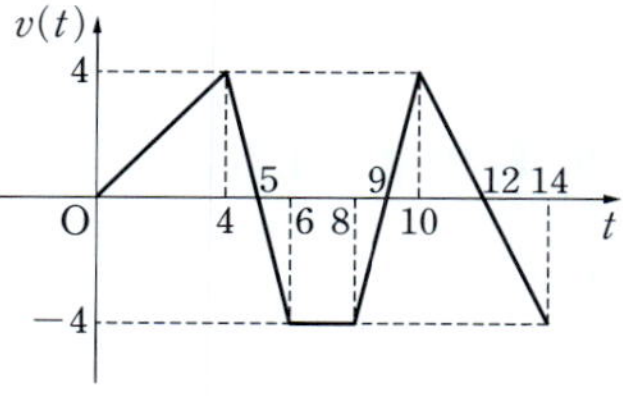

① 5 ② 8 ③ 9
④ 12 ⑤ 14

72

원점을 출발하여 수직선 위를 움직이는 점 P의 시각 t에서의 속도 $v(t)$의 그래프는 그림과 같은 이차함수의 그래프의 일부이다. 점 P가 출발할 때의 운동 방향에 대하여 반대 방향으로 움직인 거리는?

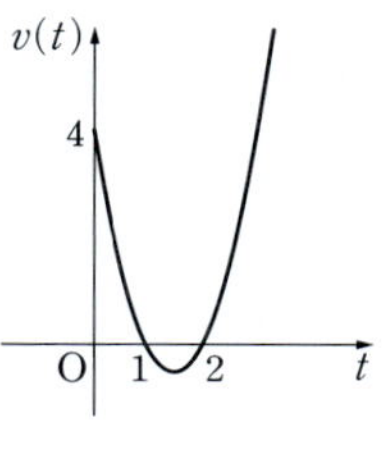

① $\dfrac{1}{3}$ ② $\dfrac{1}{2}$ ③ 1
④ $\dfrac{4}{3}$ ⑤ $\dfrac{3}{2}$

73

원점을 출발하여 수직선 위를 8초 동안 움직이는 점 P의 t초 후의 속도 $v(t)$의 그래프가 그림과 같을 때, [보기] 중 옳은 것만을 있는 대로 고른 것은?

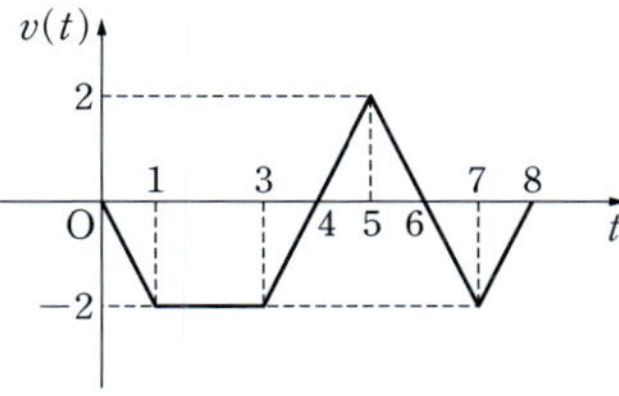

─────[보기]─────

ㄱ. 점 P가 출발 후 처음으로 정지할 때까지 움직인 거리는 1이다.

ㄴ. 점 P는 움직이는 동안 운동 방향을 두 번 바꿨다.

ㄷ. 점 P는 출발하고 나서 다시 원점을 통과하지 않는다.

① ㄱ ② ㄴ ③ ㄱ, ㄴ
④ ㄴ, ㄷ ⑤ ㄱ, ㄴ, ㄷ

01 ☆

곡선 $y=-x^2+ax$와 x축으로 둘러싸인 도형의 넓이가 $\dfrac{9}{2}$ 일 때, 양수 a의 값은?

① 2　　　　② $\dfrac{5}{2}$　　　　③ 3

④ $\dfrac{7}{2}$　　　　⑤ 4

02 ☆☆

곡선 $y=x^2-4$와 x축 및 직선 $x=3$으로 둘러싸인 두 도형의 넓이의 합은?

① 11　　　　② 13　　　　③ 15

④ 17　　　　⑤ 19

03 ☆

곡선 $y=-x^2+5x$와 직선 $y=x$로 둘러싸인 도형의 넓이는?

① 10　　　　② $\dfrac{31}{3}$　　　　③ $\dfrac{32}{3}$

④ 11　　　　⑤ $\dfrac{34}{3}$

04 ☆☆

두 곡선 $y=2x^2(x-1)$과 $y=x(x+1)(x-1)$로 둘러싸인 도형의 넓이는?

① $\dfrac{1}{12}$　　　　② $\dfrac{1}{6}$　　　　③ $\dfrac{1}{4}$

④ $\dfrac{1}{3}$　　　　⑤ $\dfrac{5}{12}$

05 ☆☆

곡선 $y=x^2-2x$와 x축 및 두 직선 $x=1$, $x=2$로 둘러싸인 도형의 넓이를 S_1, 곡선 $y=x^2$과 직선 $y=x+2$로 둘러싸인 도형의 넓이를 S_2라 할 때, S_1+S_2의 값은?

① 5　　　　② $\dfrac{31}{6}$　　　　③ $\dfrac{16}{3}$

④ $\dfrac{11}{2}$　　　　⑤ $\dfrac{17}{3}$

06 ☆☆ 첨삭 해설 　　　　[2015년(A) 10월 교육청]

곡선 $y=x^3-2x^2+k$와 직선 $y=k$로 둘러싸인 부분의 넓이는? (단, k는 상수이다.)

① $\dfrac{1}{3}$　　　　② $\dfrac{2}{3}$　　　　③ 1

④ $\dfrac{4}{3}$　　　　⑤ $\dfrac{5}{3}$

07 |단답형| ☆☆

함수 $f(x)=x^2+2\,(x\geq0)$와 그 역함수 $g(x)$에 대하여 $\displaystyle\int_0^2 f(x)\,dx+\int_2^6 g(x)\,dx$의 값을 구하시오.

08 ☆☆☆

그림과 같이 곡선 $y=x^2-2px+p^2-p$와 x축, y축으로 둘러싸인 A 부분의 넓이와 이 곡선과 x축으로 둘러싸인 B 부분의 넓이의 비가 $1:2$가 되도록 하는 양수 p의 값은?

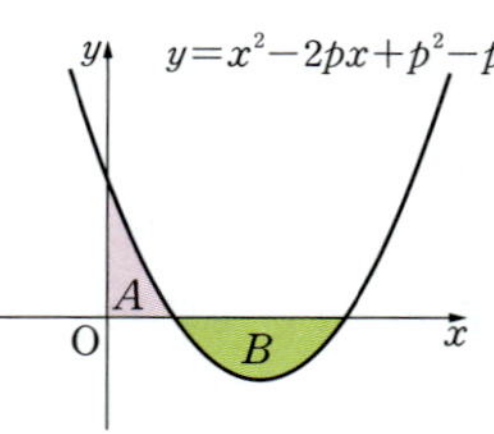

① 1　　　　② 2　　　　③ 3

④ 4　　　　⑤ 5

09 ☆☆

곡선 $y=\dfrac{1}{2}x^2+2$와 이 곡선 위의 점 $(2, 4)$에서의 접선 및 y축으로 둘러싸인 도형의 넓이는?

① $\dfrac{1}{3}$ ② $\dfrac{2}{3}$ ③ 1

④ $\dfrac{4}{3}$ ⑤ $\dfrac{5}{3}$

10 ☆

원점을 출발하여 수직선 위를 움직이는 점 P의 시각 t에서의 속도 $v(t)$는 $v(t)=-3t+9$이다. 출발 후 $t=4$일 때의 점 P의 위치와 출발 후 $t=4$까지 점 P가 움직인 거리를 각각 a, b라 할 때, $a+b$의 값은?

① 19 ② 21 ③ 23

④ 25 ⑤ 27

11 |단답형| ☆☆ [2015년 고2(가) 11월 교육청]

원점을 출발하여 수직선 위를 움직이는 점 P의 시각 t에서의 속도 $v(t)$가 다음과 같다.

$$v(t)=\begin{cases} -3t^2 & (0\le t<2) \\ a(t-2)-12 & (t\ge 2) \end{cases}$$

점 P가 출발한 후, 시각 $t=6$일 때 원점을 다시 지난다. 상수 a의 값을 구하시오.

12 ☆☆

어떤 열차가 출발하여 3 km를 달리는 동안은 시각 t분에서의 속도가 $v(t)=\dfrac{1}{4}t+\dfrac{5}{4}$ (km/분)이고 그 이후로는 속력이 일정하다. 출발 후 6분 동안 이 열차가 달린 거리는?

① 8 km ② 9 km ③ 10 km

④ 11 km ⑤ 12 km

13 |단답형| ☆

원점을 출발하여 수직선 위를 움직이는 점 P의 t초 후의 속도 $v(t)$의 그래프가 다음 그림과 같다. 시각 $t=0$에서 $t=5$까지 점 P가 움직인 거리를 구하시오.

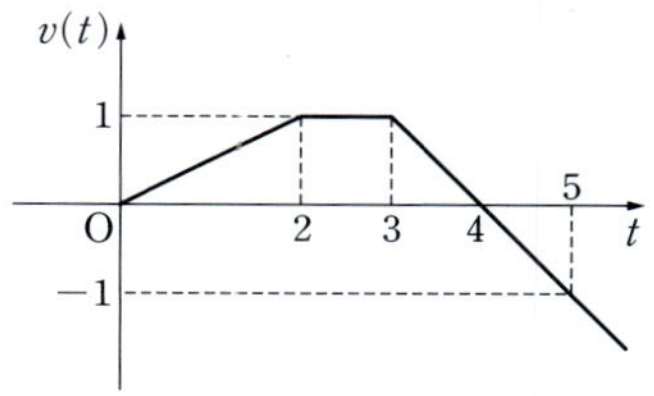

14 |단답형| ☆☆☆ 첨삭 해설 [2013년(A) 10월 교육청]

원점을 동시에 출발하여 수직선 위를 움직이는 두 점 P, Q의 시각 $t\,(0\le t\le 8)$에서의 속도가 각각

$$2t^2-8t, \quad t^3-10t^2+24t$$

이다. 두 점 P, Q 사이의 거리의 최댓값을 구하시오.

15 |서술형| ☆☆

함수 $f(x)=x^3-2x^2+2x$의 역함수를 $g(x)$라 할 때, 두 곡선 $y=f(x)$, $y=g(x)$로 둘러싸인 도형의 넓이를 구하시오.

19 DAY

01 ☆

연속함수 $f(x)$가

$$\int (x-1)f(x)\,dx = x^3 - x^2 - x + C$$

를 만족시킬 때, $f(1)$의 값은? (단, C는 적분상수)

① 1   ② 2   ③ 3
④ 4   ⑤ 5

02 ☆

함수 $f(x) = \int \left\{ \dfrac{d}{dx}(x^3 - 2x^2 + 3x) \right\} dx$에 대하여 $f(0)=1$일 때, $f(2)$의 값은?

① 3   ② 5   ③ 7
④ 9   ⑤ 11

03 ☆

다음 중 그 값이 나머지 넷과 <u>다른</u> 하나는?

① $\displaystyle\int_0^1 x\,dx$ ② $\displaystyle\int_0^{\frac{1}{2}} dx$ ③ $-\displaystyle\int_1^0 t\,dt$
④ $\displaystyle\int_{-1}^0 x\,dx$ ⑤ $\displaystyle\int_2^3 (x-2)\,dx$

04 ☆

함수 $f(x) = \displaystyle\int \dfrac{x^3-27}{x^2+3x+9}dx - \int \dfrac{x^3+27}{x^2-3x+9}dx$에 대하여 $f(0)=6$일 때, $f(-2)$의 값은?

① 6   ② 9   ③ 12
④ 15   ⑤ 18

05 ☆☆

함수 $f(x) = |x|$에 대하여

$$\int_0^3 f(x)\,dx - \int_1^3 f(x)\,dx + \int_{-2}^0 f(x)\,dx$$

의 값은?

① $\dfrac{1}{2}$ ② 1   ③ $\dfrac{3}{2}$
④ 2   ⑤ $\dfrac{5}{2}$

06 ☆☆

정적분 $\displaystyle\int_0^2 |2x-1|\,dx$의 값은?

① 1   ② $\dfrac{3}{2}$ ③ 2
④ $\dfrac{5}{2}$ ⑤ 3

07 |단답형| ☆☆ 첨삭 해설   [2014년(A) 10월 교육청]

모든 실수 x에 대하여 함수 $f(x)$는 다음 조건을 만족시킨다.

$$\int_{12}^x f(t)\,dt = -x^3 + x^2 + \int_0^1 xf(t)\,dt$$

$\displaystyle\int_0^1 f(x)\,dx$의 값을 구하시오.

08 ☆

점 $(a, f(a))$에서의 접선의 기울기가 $3a^2 - 4a$이고, 점 $(1, 2)$를 지나는 곡선 $y=f(x)$가 있다. 다음 중 이 곡선 위의 점인 것은?

① $(-2, 13)$ ② $(-1, 2)$ ③ $(0, 3)$
④ $(2, 7)$ ⑤ $(3, 11)$

09 ☆

함수 $f(x)=x^3-2x^2+6x-5$일 때,

$$\lim_{x \to 1}\frac{1}{x-1}\int_1^x f(t)\,dt$$의 값은?

① -5 ② -3 ③ 0
④ 3 ⑤ 5

10 ☆☆

연속함수 $f(x)=\begin{cases} x+a & (x\geq 2) \\ 4-2x & (x<2) \end{cases}$에 대하여 $\int_a^3 f(x)\,dx$의 값은? (단, a는 상수이다.)

① $\dfrac{29}{2}$ ② 15 ③ $\dfrac{31}{2}$
④ 16 ⑤ $\dfrac{33}{2}$

11 |단답형| ☆☆ 첨삭 해설 [2016년(나) 10월 교육청]

함수 $y=4x^3-12x^2$의 그래프를 y축의 방향으로 k만큼 평행이동한 그래프를 나타내는 함수를 $y=f(x)$라 하자.
$\int_0^3 f(x)\,dx=0$을 만족시키는 상수 k의 값을 구하시오.

12 ☆☆

그림은 이차함수 $y=x^2-2x$의 그래프이다. 색칠한 두 부분 A, B의 넓이가 서로 같을 때, a의 값은? (단, $a>2$)

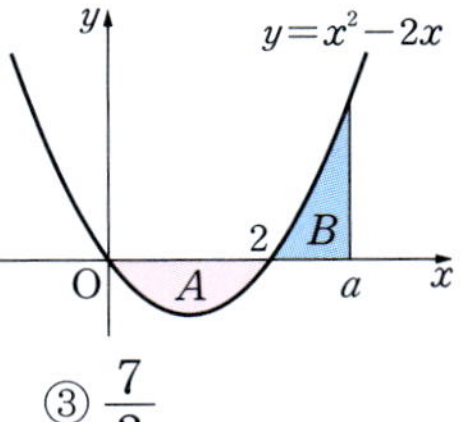

① $\dfrac{5}{2}$ ② 3 ③ $\dfrac{7}{2}$
④ 4 ⑤ $\dfrac{9}{2}$

13 ☆☆

다항함수 $f(x)$가 $k\geq 0$인 정수 k에 대하여

$$\int_k^{k+1} f(x)\,dx=2k+1$$

을 만족시킬 때, 정적분 $\int_0^6 f(x)\,dx$의 값은?

① 25 ② 36 ③ 49
④ 64 ⑤ 81

14 ☆☆☆

곡선 $y=\sqrt{x-1}+1$과 세 직선 $x=1$, $x=2$, $y=0$으로 둘러싸인 도형의 넓이는?

① 1 ② $\dfrac{4}{3}$ ③ $\dfrac{5}{3}$
④ 2 ⑤ $\dfrac{7}{3}$

15 ☆☆ 첨삭 해설 [2017년(나) 10월 교육청]

함수 $f(x)$를

$$f(x)=\begin{cases} 2x+2 & (x<0) \\ -x^2+2x+2 & (x\geq 0) \end{cases}$$

라 하자. 양의 실수 a에 대하여 $\int_{-a}^a f(x)\,dx$의 최댓값은?

① 5 ② $\dfrac{16}{3}$ ③ $\dfrac{17}{3}$
④ 6 ⑤ $\dfrac{19}{3}$

16 ★★☆

함수 $f(x)$의 도함수 $f'(x)$는 이차함수이고, $y=f'(x)$의 그래프는 그림과 같다. $f(x)$의 극댓값과 극솟값의 합이 6이고, $f(1)=\dfrac{5}{3}$일 때, $f(3)$의 값은?

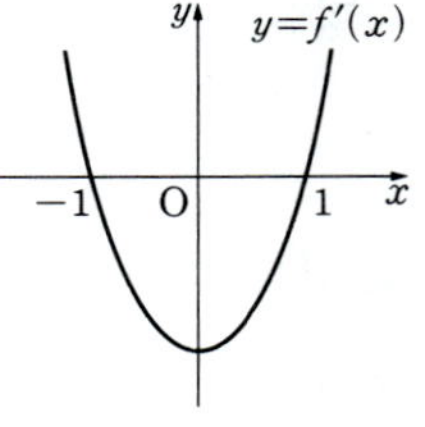

① 9　　　　② 12　　　　③ 15
④ 18　　　　⑤ 21

17 |단답형| ★★☆

정거장에 정지해 있던 마을버스가 출발한 지 t초 후의 속도 $v(t)$가 다음과 같다.

$$v(t)=\begin{cases} t & (0\le t<3) \\ 3 & (3\le t<8) \\ 12-t & (8\le t\le 12) \end{cases}$$

출발한 지 6초 후부터 마을버스가 정지할 때까지 움직인 거리를 구하시오. (단, 속도의 단위는 m/초이다.)

18 ★★☆ 첨삭 해설　　　　[2015년(A) 10월 교육청]

함수 $f(x)=x(x+2)(x+4)$에 대하여 함수
$g(x)=\displaystyle\int_2^x f(t)\,dt$는 $x=a$에서 극댓값을 갖는다.
$g(a)$의 값은?

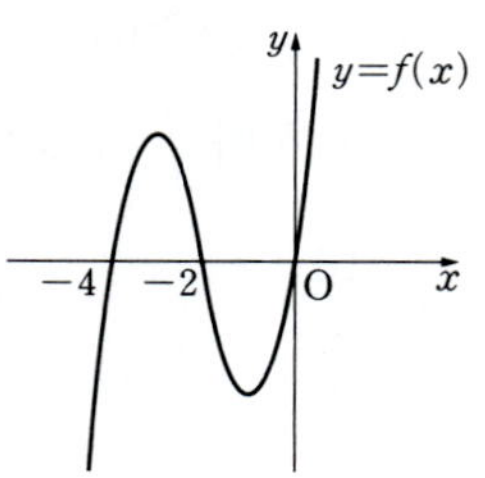

① -28　　　　② -29　　　　③ -30
④ -31　　　　⑤ -32

19 ★★☆

함수 $f(x)$가 다음 두 조건을 만족시킬 때, 정적분 $\displaystyle\int_0^1 f(x)\,dx$의 값은?

> (가) 모든 x에 대하여 $f(1+x)=f(1-x)$
> (나) $\displaystyle\int_{-1}^0 f(x)\,dx=1,\ \int_0^3 f(x)\,dx=5$

① $\dfrac{3}{2}$　　　　② 2　　　　③ $\dfrac{5}{2}$
④ 3　　　　⑤ $\dfrac{7}{2}$

20 ★★☆

임의의 실수 x에 대하여 다항함수 $f(x)$가
$$\int_1^x (x-t)f(t)\,dt=ax^3+6x+b$$
를 만족시킬 때, 실수 a, b에 대하여 ab의 값은?

① 2　　　　② 4　　　　③ 6
④ 8　　　　⑤ 10

21 ★★☆ 첨삭 해설　　　　[2010년(가) 9월 평가원]

두 곡선 $y=x^4-x^3$, $y=-x^4+x$로 둘러싸인 도형의 넓이가 곡선 $y=ax(1-x)$에 의하여 이등분될 때, 상수 a의 값은?
(단, $0<a<1$)

① $\dfrac{1}{4}$　　　　② $\dfrac{3}{8}$　　　　③ $\dfrac{5}{8}$
④ $\dfrac{3}{4}$　　　　⑤ $\dfrac{7}{8}$

22 |단답형| ☆☆

$x \geq 0$에서 함수 $y=f(x)$의 도함수인 $y=f'(x)$의 그래프가 그림과 같고, $f(0)=2$이다. $F(x)=\int_0^1 f(x-t)\,dt$ 라 할 때, $F(x)$의 최솟값을 구하시오.

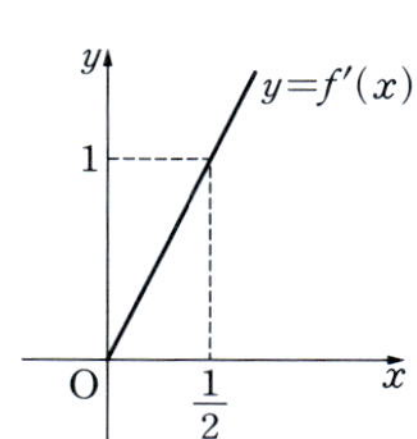

23 ☆☆

그림과 같이 곡선 $y=4x-x^2$과 두 직선 $y=x$, $x=4$로 둘러싸인 두 부분 A, B의 넓이를 각각 S_1, S_2라 할 때, S_1-S_2의 값은?

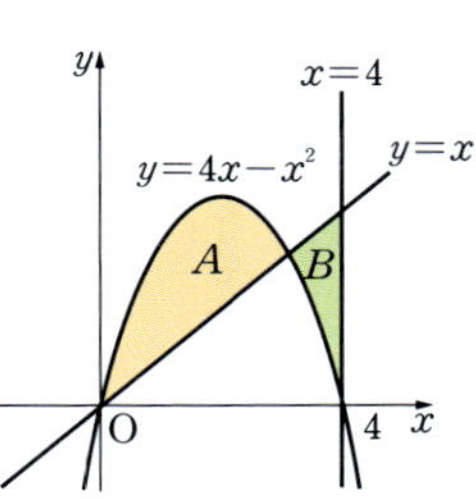

① $\dfrac{5}{3}$ ② 2

③ $\dfrac{7}{3}$ ④ $\dfrac{8}{3}$

⑤ 3

24 ☆☆☆ 첨삭 해설   [2014년(A) 10월 교육청]

모든 실수 x에 대하여 함수 $f(x)$는 다음 조건을 만족시킨다.

> (가) $f(x+2)=f(x)$
> (나) $f(x)=|x|$ $(-1 \leq x < 1)$

함수 $g(x)=\displaystyle\int_{-2}^{x} f(t)\,dt$라 할 때, 실수 a에 대하여 $g(a+4)-g(a)$의 값은?

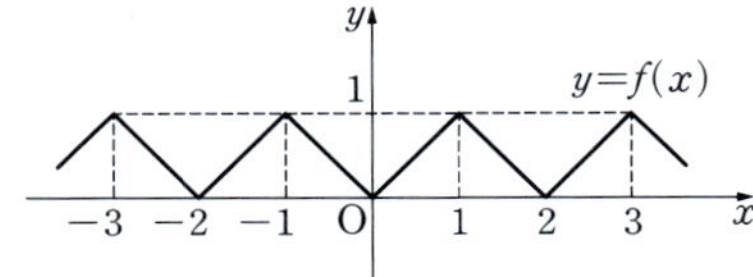

① 1 ② 2 ③ 3

④ 4 ⑤ 5

25 ☆☆☆ 첨삭 해설   [2011년(나) 10월 교육청]

수직선 위를 움직이는 두 점 P, Q가 있다. 점 P는 점 A(5)를 출발하여 시각 t에서의 속도가 $3t^2-2$이고, 점 Q는 점 B(k)를 출발하여 시각 t에서의 속도가 1이다. 두 점 P, Q가 동시에 출발한 후 2번 만나도록 하는 정수 k의 값은? (단, $k \neq 5$)

① 2 ② 4 ③ 6

④ 8 ⑤ 10

26 |서술형| ☆☆

함수 $f(x)=\displaystyle\int (x+2)(x^2-x+6)\,dx$에 대하여 $\displaystyle\lim_{h \to 0} \dfrac{f(1+h)-f(1-h)}{h}$의 값을 구하시오.

27 |서술형| ☆☆

함수 $f(x)$가 다음 조건을 모두 만족시킬 때, 함수 $y=f(x)$의 그래프와 x축으로 둘러싸인 부분의 넓이를 구하시오.

> (가) $f(0)=1$
> (나) $f'(x)=\begin{cases} 3x^2 & (x<1) \\ -2 & (x \geq 1) \end{cases}$
> (다) 함수 $f(x)$는 $x=1$에서 연속이다.

No. 1 생각의 순서를 만들어주는 책

문제 해결이 어려운 이유는 문제 해결에 실마리가 되는 생각의 순서가 잡혀 있지 않았기 때문입니다. 이 교재는 문제 해결에 필요한 생각의 순서를 쉽게 단계적으로 잡아줍니다.

No. 2 개념의 적용 원리를 깨우치는 책

수학을 잘 하기 위해서는 개념을 잘 활용할 수 있어야 합니다. 이 교재는 어떤 문제든 적절하게 개념을 이용할 수 있도록 해주는 비법이 들어있습니다.

No. 3 문제를 분석하는 힘을 키우는 책

문제를 해결하기 위해서는 문제를 분석하는 작업이 필요합니다. 이 교재는 문제 하나를 제대로 분석하면서 2~3가지의 개념을 동시에 확장해서 적용하였습니다.

No. 4 나선형 학습으로 개념이 쉽게 익숙해지는 책

문제를 풀면서 실력이 성장하고 있다는 것을 스스로 느낄 수 있도록 나선형 반복 학습 체계를 구성하였습니다.

memo

XISTORY HONORS CLUB

대한민국 No.1
자이스토리 제9기 장학생 선발!!

자이스토리와 함께 빛나는 성취를 이루어낸 수험생 여러분께
수경출판사가 장학금을 드립니다.

응모자격
- 2023/2024 수능 대비 자이스토리 교재로 학습을 한 고1·2·3학년, N수생

선발일정
- 2024년 2월 5일까지 접수 (이메일 접수)
- 2024년 2월 20일 수상자 발표
- 2024년 2월 28일 장학금 수여

선발기준
- 2023/2024 수능대비 자이스토리 교재를 활용해
  얻은 학업 성취에 대해 진솔한 학습법을 작성한 학생

시상내역
- 자이스토리 장학금 3,000만 원+α
- 부상 : Xistory Honors Club 장학증서,
  Xistory Honors Club 백팩

★ 이현일 장학금 총 400만 원(2명)
   (대학입학시 100만 원+졸업시 100만 원 지급)

"이현일 장학금"은 MIT출신으로 현 샌프란시스코 재미한인 협회장이신 이현일 씨가 우리나라 이공계
학생들을 후원하기 위해 수경출판사에 기탁한 장학금입니다. 『한국 열등생, MIT우등생』 저자

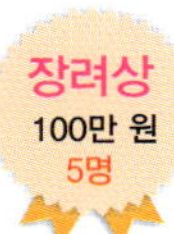

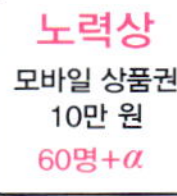

- XISTORY 1st HONORS CLUB 장학금은 2016년 2월 20일에 지급되었습니다.
- XISTORY 2nd HONORS CLUB 장학금은 2017년 2월 24일에 지급되었습니다.
- XISTORY 3rd HONORS CLUB 장학금은 2018년 2월 27일에 지급되었습니다.
- XISTORY 4th HONORS CLUB 장학금은 2019년 2월 27일에 지급되었습니다.
- XISTORY 5th HONORS CLUB 장학금은 2020년 2월 28일에 지급되었습니다.
- XISTORY 6th HONORS CLUB 장학금은 2021년 2월 26일에 지급되었습니다.
- XISTORY 7th HONORS CLUB 장학금은 2022년 2월 25일에 지급되었습니다.
- XISTORY 8th HONORS CLUB 장학금은 2023년 2월 28일에 지급되었습니다.
- XISTORY 9th HONORS CLUB 장학금은 2024년 2월 28일에 지급될 예정입니다.

* 자세한 내용은 수경출판사 홈페이지 [검색] www.book-sk.kr 를 참조하여 주시기 바랍니다.

자이스토리 · 수경출판사

* 나만의 학습계획표를 올려주세요.

교재 앞쪽에 있는 학습계획표를 작성하고, 사진을 찍어
인스타그램에 업로드 해 주신 모든 분께 매월 추첨을 통하여
바나나우유 기프티콘을 드립니다.
(게시물에 자이스토리 인스타그램 (아이디 : xistory_insta) 태그 필수)

대 상 :	수경출판사 교재 사용자라면 누구나
응모기간 :	상시모집
발 표 :	매주 화요일(개별 발표)
시상 내역 :	참여자 전원 바나나우유 기프티콘 증정

*** 참여 방법 ***

1단계 교재에 있는 학습계획표를 열심히 작성하고,
사진을 찍어 인스타그램에 업로드합니다.
- 필수 해시태그 #수경출판사 #자이스토리 #수능
  #수능기출문제집 #학습계획표
- 게시물에 자이스토리 인스타그램 (아이디 : xistory_insta)
  태그 필수

2단계 오른쪽 QR코드를 스캔하여 개인 정보 및
작성한 게시물의 URL을 기입합니다.

* 수경 Mania가 되어주세요.

수경출판사 교재의 **사용 후기**를 온라인 공간에 **작성**해주시는
모든 분들께 선물을 드립니다.

대 상 :	수경출판사 교재 사용자라면 누구나 (교사, 학부모 포함)
응모기간 :	상시모집
발 표 :	매주 화요일(개별 발표)
시상 내역 :	**참여해주신 모든 분**께 편의점 3,000원 상당 기프티콘 증정
우수 후기 작성자분께 강남인강 1년 수강권(5만원 상당) 추가 증정	

*** 작성 및 응모 방법 ***

1단계 온라인 공간(인스타그램, 카페, 블로그 등)에
수경출판사 교재로 공부하는 모습, 수경출판사 교재
표지 등 당사 교재와 관련된 사진을 업로드합니다.
이 때, 수경출판사 교재에 대한 학습 후기나 서평 등
간단한 글을 함께 작성합니다.

2단계 오른쪽 QR코드를 스캔하여 게시물이
작성되어 있는 곳의 URL, 개인 정보를
입력합니다.

* 수험장 생생체험단 모집!!

대 상
2024학년도 수능을 지원한 고3 및 N수생(성적 우수자 우선 선발)

모집인원
2024학년도 각 영역별 1~5명

일 정
·2023년 8월 1일~11월 16일 : 생생체험 원고단 후보 등록
·2023년 11월 16일~17일 : 자이스토리 각 교재별 생생체험 원고단 선정(개별 통보)
·2023년 11월 18일~19일 : 수험장에서 겪은 생생한 체험을 담은 원고 제출
·2023년 12월 중순~12월 말 : 자이스토리 각 교재에 프로필과 사진, 원고 수록

★ 생생체험단으로 선정되신 수험생에게는 소정의 원고료를 드립니다.

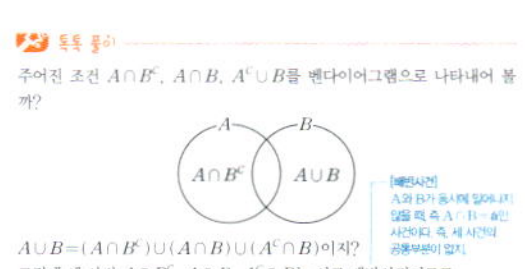

* 위 이벤트들의 자세한 내용은 수경출판사 홈페이지 [검색] **수경출판사** 를 참조하여 주시기 바랍니다.

◉ (주)수경출판사의 모든 교재에는 **마인드 트리**가 있습니다.

◉ 교재의 **마인드 트리** 10개를 모아서 보내주시는 모든 분께 선물을 드립니다.

◉ **각각 다른 교재의 마인드 트리**를 모아 주셔야 됩니다.

>> 다음 교재 중 1권과 개념정리 노트 1권을 드립니다.
- 30일 완성 수능 국어 문법 & 어휘
- 문제로 풀어 가는 기출 보카 [고교 기본편]
- 형상기억 수학공식집
  □ 고1 수학 □ 인문계 □ 자연계

중 1권 +  개념정리 노트 1권

◉ 보내실 곳 : 서울시 영등포구 양평로 21길 26(양평동 5가) IS비즈타워 807호
   (주)수경출판사 (우 07207)

◉ 언제든지 엽서에 붙이거나, 편지 봉투에 넣어 보내 주세요.

＊오려서 보내 주세요.

우 편 봉 함 엽 서

보내는 사람

＊주소 _______________________

＊이름 ____________ ＊학년 (중 ____ . 고 ____)

□□□□□

우표

받는 사람
서울시 영등포구 양평로 21길 26(양평동 5가)
IS비즈타워 807호
(주)수경출단사 교재 기획실

0 7 2 0 7

심플 **자이스토리** 수학 II

---

1. 이 책을 구입하게 된 동기는 무엇입니까? [교재명 :   ]

   ① 서점에서 다른 책들과 비교해 보고   ② 광고를 보고/듣고   ③ 학교/학원 보충 교재 [학교명(학원명):   ]
   ④ 선생님의 추천   ⑤ 친구/선배의 권유   ⑥ 기타 [   ]

2. 교재를 선택할 때 가장 큰 기준이 되는 것은?(복수 응답 가능)

   ① 유명 출판사   ② 교재 내용   ③ 디자인   ④ 난이도
   ⑤ 교재 분량   ⑥ 해설   ⑦ 동영상 강의   ⑧ 기타 [   ]

3. 이 책의 전반적인 부분에 대한 질문입니다.

   ◆ 표지 디자인 : 좋다 □ 보통이다 □ 좋지 않다 □   ◆ 본문 디자인 : 좋다 □ 보통이다 □ 좋지 않다 □
   ◆ 문제 난이도 : 어렵다 □ 알맞다 □ 쉽다 □   ◆ 교재의 분량 : 많다 □ 알맞다 □ 적다 □

4. 이 책의 구성 요소를 평가한다면?

   • 핵심 개념 정리 (   )   • 개념 CHECK (   )   • 연산 연습 (   )
   • 유형 연습 (   )   • 연습 문제 (   )   • 대단원 TEST (   )

   ① 매우 만족   ② 만족   ③ 보통   ④ 불만   ⑤ 매우 불만

5. 이 책에서 추가되어야 할 점이 있다면 무엇입니까?

6. 최근 본인이 크게 도움을 받은 책이 있다면?(또는 가장 인기있는 교재는?)

교재명 :　　　　　　　　　과목 :

7. 내가 원하는 교재가 있다면?

이름 :　　　　　　연락처 :　　　　　　이메일 :

학 교 :　　　　　　학 년 :

수학 Ⅱ

[해설편]

자이스토리 · 수경출판사

SIMPLE Xi story 빠른 정답 찾기

Ⅰ 함수의 극한과 연속

A 함수의 극한

01 극한, 극한값 **02** 발산 **03** 존재한다 **04** ×
05 ○ **06** × **07** 2 **08** 2 **09** 3 **10** -3
11 0 **12** 0 **13** ∞ **14** $-\infty$ **15** ∞ **16** ∞
17 $-\infty$ **18** 4 **19** 4 **20** 3 **21** 3 **22** 2
23 1 **24** 존재하지 않는다. **25** ⑤
26 ㄱ, ㄴ, ㄷ **27** ⑤ **28** ③ **29** ④ **30** ③
31 ④ **32** ⑤ **33** ⑤ **34** ② **35** ① **36** ①
37 ④ **38** ② **39** ③ **40** ③ **41** ③ **42** ②
43 ⑤ **44** ③ **45** ④

B 함수의 극한값의 계산

01 $\alpha+\beta,\ \alpha\beta$ **02** 인수분해 **03** 최고차항
04 ○ **05** ○ **06** × **07** 0 **08** -8
09 4 **10** $-\dfrac{1}{4}$ **11** 27 **12** $-\dfrac{3}{2}$ **13** 0 **14** $\dfrac{1}{6}$
15 0 **16** $\dfrac{3}{2}$ **17** 0 **18** $\dfrac{5}{2}$ **19** 2 **20** ∞
21 $\dfrac{1}{4}$ **22** -1 **23** ② **24** ① **25** ③ **26** 8
27 ② **28** ④ **29** ① **30** ⑤ **31** ② **32** ②
33 ① **34** ② **35** ① **36** ① **37** ① **38** ②
39 ② **40** ④ **41** ① **42** ② **43** ⑤ **44** ①
45 ① **46** ② **47** ② **48** ① **49** ③ **50** ②

C 함수의 극한의 활용

01 $\lim\limits_{x \to a} f(x)=0$ **02** 0이 아닌, $\lim\limits_{x \to a} g(x)=0$
03 ≤ **04** × **05** ○ **06** ○ **07** $a+b=-2$
08 $a+b=0$ **09** $4a-b=16$ **10** $2a-b=0$
11 $a=4,\ b=\dfrac{1}{4}$ **12** $a=2,\ b=-8$
13 1, 0, $x-1$, $x-1$, $x+a$, 1, $(x-1)(x+1)$, 3
14 3 **15** 2 **16** $\dfrac{1}{3}$ **17** $\overline{\mathrm{OP}}=\sqrt{t^2+t}$
18 $\mathrm{Q}(0,\ \sqrt{t^2+t})$ **19** $S(t)=\dfrac{1}{2}t\sqrt{t^2+t}$ **20** $\dfrac{1}{2}$
21 ⑤ **22** ① **23** ⑤ **24** ② **25** ④ **26** ③
27 ② **28** ④ **29** ② **30** ⑤ **31** ② **32** ②
33 ③ **34** ③ **35** ② **36** ④ **37** ③ **38** ⑤
39 ③ **40** ② **41** ① **42** ② **43** 1 **44** ④

연습 [A~C]

01 ① **02** ⑤ **03** ⑤ **04** ② **05** ⑤ **06** ④
07 ② **08** ① **09** ⑤ **10** ⑤ **11** 29 **12** ①
13 14

D 함수의 연속

01 $\lim\limits_{x \to a} f(x),\ f(a)$ **02** 불연속
03 닫힌구간 **04** 연속함수 **05** ○ **06** ×
07 × **08** ○ **09** ㄴ **10** ㄱ **11** ㄷ
12 불연속 **13** 불연속 **14** 연속
15 $(-\infty,\ \infty)$ **16** $(-\infty,\ \infty)$
17 $(-\infty,\ 0),\ (0,\ \infty)$ **18** $[1,\ \infty)$
19 불연속 **20** 불연속 **21** 연속 **22** 연속
23 불연속 **24** 연속 **25** ④ **26** ② **27** ⑤
28 ⑤ **29** ② **30** ③ **31** ⑤ **32** ② **33** ④
34 ⑤ **35** ① **36** ② **37** ① **38** ④ **39** ⑤
40 ② **41** ① **42** 6 **43** ① **44** ⑤ **45** ②
46 29

E 연속함수의 성질

01 연속 **02** 최댓값, 최솟값 **03** 연속, ≠ **04** 실근
05 ○ **06** × **07** ○ **08** ○
09 불연속인 x의 값은 없다. **10** 불연속인 x의 값은 없다.
11 $x=3$ **12** $x=-2,\ x=1$ **13** 불연속인 x의 값은 없다.
14 $(-\infty,\ \infty)$ **15** $(-\infty,\ \infty)$ **16** $(-\infty,\ \infty)$
17 $(-\infty,\ \infty)$ **18** $(-\infty,\ 0),\ (0,\ \infty)$
19 $(-\infty,\ 1),\ (1,\ \infty)$ **20** $(-\infty,\ 0),\ (0,\ 1),\ (1,\ \infty)$
21 최댓값 : 2, 최솟값 : 0 **22** 최댓값 : 1, 최솟값 : 0
23 최댓값 : 7, 최솟값 : 3 **24** 최댓값 : 1, 최솟값 : $\dfrac{1}{3}$
25 (가) 연속 (나) -2 (다) 2 (라) 사잇값의 정리
26 × **27** ○ **28** ○ **29** ③ **30** ④ **31** ②
32 ⑤ **33** ④ **34** ⑤ **35** ④ **36** ③ **37** ①
38 ② **39** ① **40** ② **41** ② **42** ⑤ **43** ①
44 ③ **45** ② **46** ② **47** ② **48** ② **49** ②
50 ④

연습 [D~E]

01 ④ 02 ③ 03 ④ 04 ③ 05 ④ 06 2

07 ① 08 ② 09 ③ 10 25 11 $-\dfrac{8}{5}$

I 대단원 TEST [A~E]

01 ① 02 ④ 03 ② 04 4 05 ④ 06 ①

07 ⑤ 08 18 09 ⑤ 10 ② 11 ④ 12 ⑤

13 ② 14 ③ 15 6 16 ③ 17 ④ 18 ②

19 ② 20 -1 21 ④ 22 ⑤ 23 56 24 4

25 20 26 8

Ⅱ 미분

F 미분계수

01 $f(a),\ f(a+\Delta x)$ 02 $f(a+h),\ f(a)$

03 접선 04 ○ 05 ○ 06 × 07 2 08 -1

09 7 10 7 11 $2a+\Delta x$ 12 1 13 1

14 -3 15 9 16 6 17 -4 18 2 19 -1

20 -7 21 3 22 (가) 0 (나) 1 (다) -1 23 ②

24 ④ 25 ① 26 ④ 27 ④ 28 ⑤ 29 ①

30 ② 31 ① 32 ② 33 ④ 34 ④ 35 ①

36 ① 37 ⑤ 38 ⑤ 39 ③ 40 ③ 41 ①

42 ① 43 ⑤ 44 ④ 45 -3 46 ① 47 ⑤

48 ④ 49 ② 50 ③

51 (가) 0 (나) 연속 (다) 2 (라) 0 (마) 미분가능하지 않다

52 ③ 53 미분가능하지 않다. 54 ③ 55 2

56 5 57 ⑤ 58 ⑤ 59 ⑤ 60 ②

G 도함수

01 $f(x+h)-f(x)$ 02 미분한다 03 nx^{n-1}

04 $f'(x)g(x)+f(x)g'(x)$ 05 ○ 06 × 07 ○

08 × 09 $f'(x)=0$ 10 $f'(x)=-1$

11 $f'(x)=4$ 12 $f'(x)=2x+2$ 13 $f'(x)=3x^2$

14 $y'=4x^3$ 15 $y'=1$ 16 $y'=0$

17 $y'=2x^9$ 18 $y'=6$ 19 $y'=-6x+8$

20 $y'=-2x^2+5x-3$ 21 $y'=8x^3-3x^2+6x$

22 $y'=4x-1$ 23 $y'=6x+11$

24 $y'=-12x^2+2x+12$ 25 $y'=4x^3-3x^2+10x-2$

26 $y'=-4x^3+12x^2-4x+8$

27 $y'=-10x^4-8x^3+12x+6$

G 도함수

28 $y'=3x^2+12x+11$ 29 $y'=16x^3+21x^2+6x$

30 $y'=50x-30$ 31 $y'=3(x^2+3x+2)^2(2x+3)$

32 ② 33 ③ 34 ② 35 ② 36 ④ 37 ⑤

38 ② 39 ③ 40 ③ 41 ④ 42 ① 43 ③

44 ④ 45 ② 46 ⑤ 47 ⑤ 48 ② 49 ①

50 ③ 51 ③ 52 ③ 53 ① 54 ⑤ 55 ⑤

56 ④ 57 ③ 58 ① 59 ② 60 ⑤ 61 ⑤

62 ② 63 ③ 64 ② 65 ② 66 ① 67 3

68 ② 69 $\dfrac{4}{3}$

연습 [F~G]

01 ① 02 ③ 03 ② 04 ③ 05 ② 06 ②

07 ② 08 ④ 09 ④ 10 ② 11 ④ 12 ②

13 ① 14 3 15 6

H 접선의 방정식

01 $f'(a)$ 02 $f(1),\ f'(1)$ 03 $f'(c)$ 04 ×

05 × 06 ○ 07 $y=5x-1$ 08 $y=5x+5$

09 $y=x-3$ 10 $y=\dfrac{1}{6}x-\dfrac{11}{2}$ 11 $y=-\dfrac{1}{4}x-1$

12 $y=3x-2$ 13 $y=-x+\dfrac{4}{3}$ 14 $y=-6x-5$

15 $y=3x-\dfrac{1}{2}$ 16 $y=-5x-2$ 또는 $y=3x-2$

17 $y=11x+8$ 또는 $y=3x$ 18 -1 19 $\dfrac{1}{2}$ 20 -1

21 ③ 22 ① 23 ④ 24 ⑤ 25 ① 26 ①

27 ④ 28 ② 29 ① 30 ⑤ 31 ③ 32 -2

33 ⑤ 34 ② 35 ① 36 4 37 $-\dfrac{1}{2}$ 38 ③

39 ② 40 ⑤ 41 ④ 42 ① 43 ② 44 ①

45 ② 46 ① 47 ⑤ 48 6 49 ② 50 ⑤

51 ① 52 ③ 53 ⑤ 54 ② 55 ⑤ 56 -9

57 ③ 58 $a=4,\ c=1$

59 (가) $f'(c)$ (나) 0 (다) $f(a)$ 60 ② 61 ④

I 함수의 극대·극소와 그래프

01 증가 02 극대 03 극소 04 × 05 ○ 06 ×

07 증가 08 증가 09 감소 10 감소

11 구간 $\left(-\infty,\ -\dfrac{3}{4}\right)$에서 감소, 구간 $\left(-\dfrac{3}{4},\ \infty\right)$에서 증가

12 구간 $(-\infty,\ -1)$에서 감소, 구간 $(-1,\ 1)$에서 증가, 구간 $(1,\ \infty)$에서 감소

13 구간 $(-\infty,\ 1)$에서 증가, 구간 $(1,\ 3)$에서 감소, 구간 $(3,\ \infty)$에서 증가

14 구간 $(-\infty, -1)$에서 감소, 구간 $(-1, 0)$에서 증가, 구간 $(0, 1)$에서 감소, 구간 $(1, \infty)$에서 증가

15 극댓값 : 21, 극솟값 : -11

16 극댓값 : 0, 극솟값 : -4

17 극솟값 : -4, 극댓값은 없다.

18 극솟값 : $-\dfrac{27}{16}$, 극댓값은 없다.

19 극댓값 : 1, 극솟값은 없다.　　**20** 해설 참조

21 해설 참조　**22** ③　**23** ③　**24** ②　**25** ⑤

26 7　**27** ①　**28** ②　**29** ⑤　**30** ①　**31** ④

32 ②　**33** ②　**34** ③　**35** ②　**36** 10　**37** ④

38 ⑤　**39** ④　**40** ④　**41** $3<a<\dfrac{15}{4}$　**42** ⑤

43 2　**44** ③　**45** ①　**46** ⑤　**47** ③

01 극댓값, 극솟값, $f(a), f(b)$　　**02** x축

03 $\dfrac{dx}{dt}, \dfrac{dy}{dt}$　　**04** ○　**05** ×　**06** ○

07 최댓값 : 7, 최솟값 : 3　**08** 최댓값 : 9, 최솟값 : 1

09 최댓값 : 7, 최솟값 : 3　**10** 최댓값 : 1, 최솟값 : -26

11 1　**12** 1　**13** 2　**14** 3

15 (가) $x-1$　(나) 1　(다) 0

16 속도 : 0, 가속도 : -12　**17** 속도 : -3, 가속도 : 2

18 ②　**19** ④　**20** ④　**21** ⑤　**22** ②　**23** ①

24 ④　**25** ②　**26** ①　**27** ③　**28** ②　**29** ①

30 ③　**31** ①　**32** ②　**33** ③　**34** ④　**35** ①

36 ③　**37** ②　**38** ③　**39** ⑤　**40** ④　**41** ④

42 ③　**43** ①　**44** ②　**45** ④　**46** 21　**47** ④

48 ③　**49** ③　**50** ④　**51** ②　**52** ④　**53** ④

54 (가) 0　(나) $\geq$　**55** ③　**56** ④　**57** ④　**58** ③

59 ④　**60** 8　**61** ③　**62** 9　**63** ②　**64** ②

65 ③　**66** ①　**67** ③　**68** 18　**69** ③　**70** ①

71 70 m　**72** ④　**73** ③　**74** ⑤　**75** ②　**76** ③

01 ①　**02** 48　**03** ②　**04** ③　**05** ⑤　**06** ②

07 ④　**08** ②　**09** ③　**10** ①　**11** 1　**12** 2

13 ③　**14** ⑤　**15** ③　**16** $y=-4x+3$

01 ③　**02** ②　**03** ④　**04** 20　**05** ③　**06** ①

07 56　**08** 181　**09** ④　**10** ④　**11** ③　**12** ②

13 ⑤　**14** ①　**15** ⑤　**16** ②　**17** ②　**18** ④

19 ⑤　**20** ①　**21** ②　**22** ③　**23** ③　**24** ⑤

25 ①　**26** ②　**27** ②　**28** ②　**29** ⑤　**30** 14

31 $y=-5x+6$

III 적분

01 부정적분　**02** 피적분함수　**03** 적분상수

04 $f(x)+C$　**05** ×　**06** ×　**07** ○　**08** ×

09 ○　**10** ○　**11** ×　**12** ○

13 $\dfrac{1}{2}x^4+C$ (단, C는 적분상수)　**14** $4x+C$ (단, C는 적분상수)

15 $-\dfrac{1}{3}x^9+C$ (단, C는 적분상수)

16 $\dfrac{1}{2}x^2+C$ (단, C는 적분상수)　　**17** $f(x)=2x+3$

18 $f(x)=3x^2+2x$　　**19** $f(x)=x^3-6x^2-1$

20 $4x$　**21** $5x^4$　**22** x^2+C (단, C는 적분상수)

23 x^9+C (단, C는 적분상수)　**24** ①　**25** ①　**26** ③

27 ⑤　**28** ②　**29** ④　**30** ②　**31** ④　**32** ⑤

33 ③　**34** ②　**35** ③　**36** ⑤

01 $n+1, n+1$　**02** x　**03** $\displaystyle\int x^3 dx$

04 2, $\displaystyle\int 4dx$　**05** ×　**06** ○　**07** ○　**08** ×

09 $2x+C$ (단, C는 적분상수)　**10** $\dfrac{1}{4}x^4+C$ (단, C는 적분상수)

11 $\dfrac{1}{8}x^8+C$ (단, C는 적분상수)

12 $\dfrac{1}{11}x^{11}+C$ (단, C는 적분상수)

13 x^4+C (단, C는 적분상수)　**14** x^5+C (단, C는 적분상수)

15 $3x^2+3x+C$ (단, C는 적분상수)

16 $\dfrac{1}{3}x^3+x+C$ (단, C는 적분상수)

17 $\dfrac{1}{4}x^4-\dfrac{1}{2}x^2+C$ (단, C는 적분상수)

18 $-\dfrac{1}{5}x^5+\dfrac{1}{3}x^3+C$ (단, C는 적분상수)

19 $\dfrac{2}{5}x^5+\dfrac{7}{3}x^3-x+C$ (단, C는 적분상수)

L 부정적분의 계산

20 $\frac{2}{3}x^6+x^3+5x+C$ (단, C는 적분상수)

21 $-\frac{1}{4}x^8+x^6-\frac{1}{2}x^2+C$ (단, C는 적분상수)

22 $2x^7-\frac{5}{2}x^4+2x+C$ (단, C는 적분상수)　　23 ④

24 x^2y^3+C (단, C는 적분상수)　　25 ②　26 ②

27 ⑤　28 ⑤

29 $\frac{1}{4}x^4+\frac{1}{3}x^3-\frac{1}{2}x^2+C$ (단, C는 적분상수)　30 ④

31 ⑤　32 16　33 ⑤　34 ②　35 $-\frac{5}{27}$

36 ③　37 33　38 ③　39 9　40 ④　41 ②

42 $\frac{1}{6}$　43 ⑤　44 ④　45 ③　46 1　47 ②

48 ⑤　49 2

연습 [K-L]

01 ④　02 63　03 ②　04 ④　05 ③　06 ③

07 $f(x)=x^3-\frac{3}{2}x^2-4x+9$　08 ①　09 ③　10 ④

11 ③　12 ④　13 ③　14 ⑤　15 -1

M 정적분

01 $F(b)-F(a)$, 정적분　02 $f(x)$　03 $\int_c^b f(x)\,dx$

04 ×　05 ○　06 ×　07 1　08 $\frac{3}{2}$　09 $\frac{7}{3}$

10 0　11 x^2+4x　　12 $-4x^3+x-1$

13 $f(x)=3x^2$　14 $f(x)=-8x^3+1$　　15 $\frac{5}{2}$

16 2　17 $\frac{1}{2}$　18 $\frac{4}{3}$　19 $\frac{19}{4}$　20 10　21 -6

22 $\frac{27}{2}$　23 ②　24 ③　25 ③　26 ⑤　27 ③

28 ②　29 ③　30 ⑤　31 48　32 ②　33 ⑤

34 ⑤　35 ③　36 ③　37 ④　38 ②　39 ①

40 1　41 ①　42 ①　43 ①　44 ①　45 11

46 ③　47 ②　48 ①　49 ②　50 ①　51 ②

52 ②　53 ④　54 ④　55 ②　56 ④　57 ⑤

58 ③　59 ④　60 ①　61 ④　62 ③　63 $\frac{32}{3}$

64 3　65 ③　66 ④　67 ①　68 ④　69 2

70 ③　71 ①　72 ⑤　73 ④　74 ②　75 1

76 ⑤

연습 [M]

01 ④　02 ⑤　03 ②　04 ④　05 ④　06 9

07 ②　08 ①　09 ③　10 ⑤　11 ⑤　12 40

13 $\frac{4}{3}$

N 정적분의 활용

01 $\int_a^b |f(x)|\,dx$　02 $\int_a^b |f(x)-g(x)|\,dx$

03 $\int_a^b v(t)\,dt,\ \int_a^b |v(t)|\,dt$　04 ×　05 ○　06 ×

07 $\frac{4}{3}$　08 $\frac{4}{3}$　09 $\frac{1}{6}$　10 $\frac{125}{6}$　11 $\frac{1}{6}$　12 $\frac{7}{3}$

13 2　14 $\frac{9}{2}$　15 $\frac{32}{3}$　16 $\frac{8}{3}$　17 9　18 $-\frac{4}{3}$

19 $\frac{2}{3}$　20 2　21 -2　22 -3　23 5　24 ②

25 ④　26 ④　27 ④　28 ③　29 ②　30 ④

31 3　32 ②　33 3　34 ②　35 ②　36 ①

37 ④　38 ①　39 ④　40 ④　41 ①　42 ①

43 ④　44 ②　45 ④　46 ②　47 ②　48 ①

49 ③　50 ①　51 ②　52 ④　53 ③　54 ②

55 ⑤　56 ③　57 ②　58 ④　59 ②　60 ①

61 ③　62 ①　63 ②　64 ①　65 ②　66 ②

67 ④　68 ①　69 ①　70 ③　71 ②　72 ①

73 ④

연습 [N]

01 ③　02 ②　03 ③　04 ①　05 ②　06 ④

07 12　08 ③　09 ④　10 ⑤　11 7　12 ③

13 3　14 64　15 $\frac{1}{6}$

Ⅲ 대단원 TEST [K-N]

01 ④　02 ③　03 ④　04 ⑤　05 ⑤　06 ④

07 132　08 ③　09 ③　10 ⑤　11 9　12 ②

13 ②　14 ③　15 ②　16 ③　17 14 m　18 ⑤

19 ④　20 ④　21 ④　22 $\frac{25}{12}$　23 ④　24 ②

25 ②　26 36　27 3

Ⅰ 함수의 극한과 연속

Simple A 함수의 극한

[개념 CHECK + 연산 연습] pp. 8~9

01 답 극한, 극한값

02 답 발산

03 답 존재한다

04 답 ×

그림에서 $x=1$에서의 극한값은 2이
지만 함숫값은 1이다.

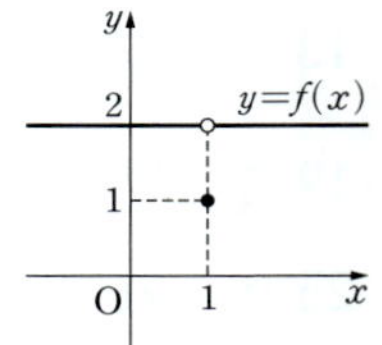

05 답 ○

06 답 ×

07 답 2

$$\lim_{x \to 1}(x^2+1)=1+1=2$$

08 답 2

$$\lim_{x \to -1}(x+3)(x^2+x+1)=2 \times 1=2$$

09 답 3

$$\lim_{x \to 0}\frac{x^2+6}{x+2}=\frac{6}{2}=3$$

10 답 -3

$$\lim_{x \to -2}\frac{x^3-1}{x^2-1}=\frac{-8-1}{4-1}=\frac{-9}{3}=-3$$

11 답 0

$$\lim_{x \to \infty}\frac{1}{x}=0$$

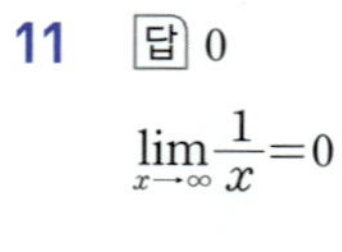

12 답 0

$$\lim_{x \to -\infty}\left(-\frac{1}{x}\right)=0$$

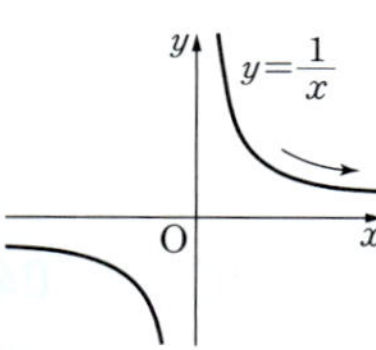

13 답 ∞

$$\lim_{x \to 2}\frac{1}{|x-2|}=\infty$$

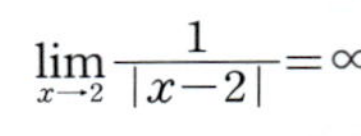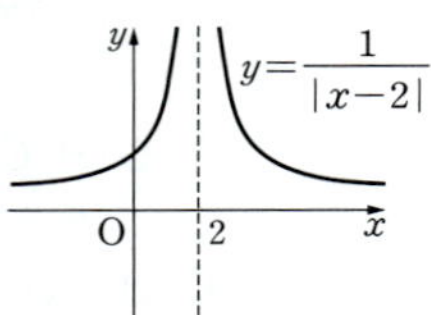

14 답 $-\infty$

$$\lim_{x \to 0}\left(-\frac{2}{x^2}\right)=-\infty$$

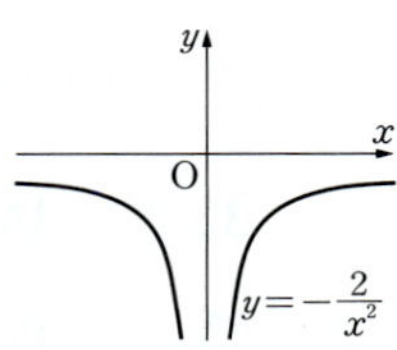

15 답 ∞

$$\lim_{x \to \infty}\sqrt{x+2}=\infty$$

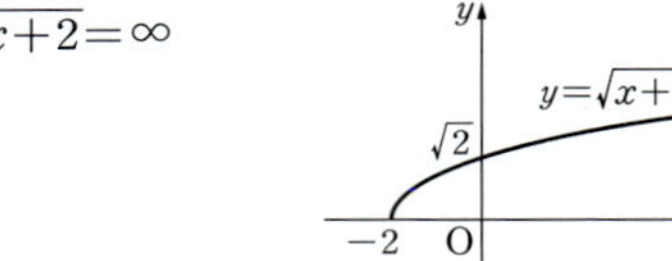

16 답 ∞

$$\lim_{x \to -\infty}(x^2+2x)=\infty$$

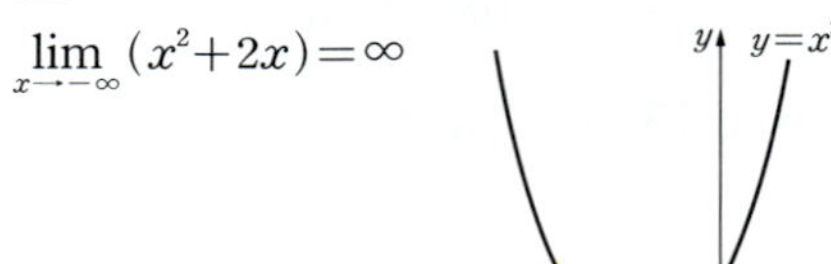

17 답 $-\infty$

$$\lim_{x \to \infty}(-x+5)=-\infty$$

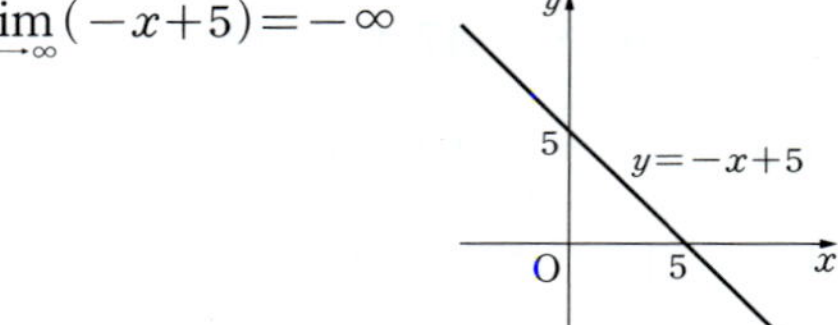

18 답 4

19 답 4

20 답 3

21 답 3

22 답 2

23 답 1

24 답 존재하지 않는다.

$\lim\limits_{x \to 0+}f(x) \neq \lim\limits_{x \to 0-}f(x)$이므로 $\lim\limits_{x \to 0}f(x)$의 값은
존재하지 않는다.

25 답 ⑤

ㄴ. 함수 $y=g(x)$의 그래프에서 $x \longrightarrow 0$일 때 함수 $g(x)$
의 함숫값은 한없이 커지거나 한없이 작아지므로
$x=0$에서 수렴하지 않는다.
따라서 $x=0$에서 수렴하는 함수인 것은 ㄱ, ㄷ, ㄹ이다.

26 답 ㄱ, ㄴ, ㄷ

ㄱ. $\lim_{x \to 2} f(x) = \lim_{x \to 2} |x-2| = 0$ (수렴)

ㄴ. $\lim_{x \to 2} g(x) = \lim_{x \to 2} \dfrac{1}{|x|} = \dfrac{1}{2}$ (수렴)

ㄷ. $\lim_{x \to 2} h(x) = \lim_{x \to 2} \left(\dfrac{1}{x-3} + 4 \right) = \dfrac{1}{2-3} + 4 = 3$ (수렴)

따라서 극한값이 존재하는 것은 ㄱ, ㄴ, ㄷ이다.

27 답 ⑤

ㄱ. $\lim_{x \to \infty} (1+x) = \infty$ (발산)

ㄴ. $\lim_{x \to \infty} \left(1 + \dfrac{1}{x^2} \right) = 1$ (수렴)

ㄷ. $\lim_{x \to \infty} \dfrac{x-1}{x+2} = \lim_{x \to \infty} \dfrac{(x+2)-3}{x+2}$

$\qquad = \lim_{x \to \infty} \left(-\dfrac{3}{x+2} + 1 \right) = 1$ (수렴)

따라서 수렴하는 것은 ㄴ, ㄷ이다.

28 답 ③

$\lim_{x \to 1} \dfrac{3x+1}{x-5} = \dfrac{3+1}{1-5} = \dfrac{4}{-4} = -1$

$\lim_{x \to -3} \dfrac{x-1}{x+1} = \dfrac{-3-1}{-3+1} = \dfrac{-4}{-2} = 2$

$\lim_{x \to 2} \dfrac{x}{x^2-3} = \dfrac{2}{4-3} = 2$

$\therefore \lim_{x \to 1} \dfrac{3x+1}{x-5} + \lim_{x \to -3} \dfrac{x-1}{x+1} + \lim_{x \to 2} \dfrac{x}{x^2-3}$

$\qquad = -1 + 2 + 2 = 3$

29 답 ④

$a = \lim_{x \to -1} (x^3 + 4x^2 - 5)$

$\quad = (-1)^3 + 4 \times (-1)^2 - 5 = -1 + 4 - 5 = -2$

$b = \lim_{x \to 3} \dfrac{x+1}{\sqrt{x+1}} = \dfrac{3+1}{\sqrt{3+1}} = \dfrac{4}{2} = 2$

$c = \lim_{x \to 2} (x+1)(x^2-1) = (2+1) \times (2^2-1) = 3 \times 3 = 9$

$\therefore a+b+c = -2+2+9 = 9$

30 답 ③

① $\lim_{x \to 3} (x+3)(x-3) = 6 \times 0 = 0$ (참)

② $\lim_{x \to 1} \dfrac{x^2-x-2}{x+1} = \dfrac{1-1-2}{1+1} = \dfrac{-2}{2} = -1$ (참)

③ $\lim_{x \to 4} \left(\sqrt{x} - \dfrac{1}{\sqrt{x}} \right) = \sqrt{4} - \dfrac{1}{\sqrt{4}} = 2 - \dfrac{1}{2} = \dfrac{3}{2}$ (거짓)

④ $\lim_{x \to -1} (x-1)(x^2+x+1) = (-1-1) \times (1-1+1)$

$\qquad = -2 \times 1 = -2$ (참)

⑤ $\lim_{x \to 0} 5 = 5$ (참)

31 답 ④

$\lim_{x \to 0} f(x) + \lim_{x \to 2+} f(x)$
$= 1 + 3 = 4$

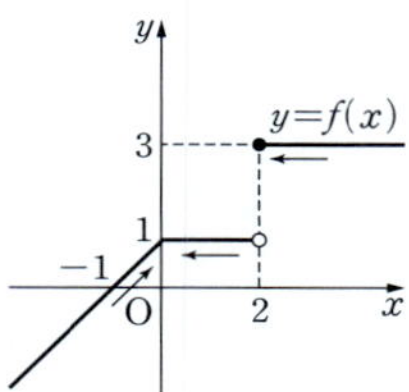

32 답 ⑤

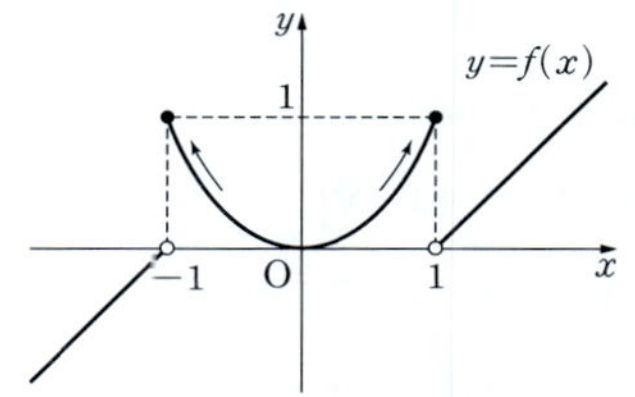

$\lim_{x \to -1+} f(x) + \lim_{x \to 1-} f(x) = 1 + 1 = 2$

33 답 ⑤

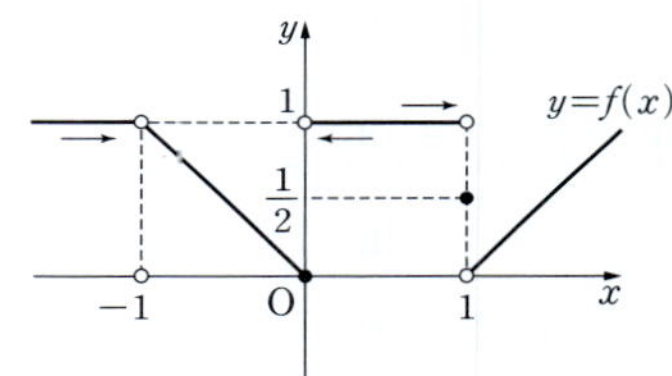

$\lim_{x \to -1-} f(x) + \lim_{x \to 0+} f(x) + \lim_{x \to 1-} f(x)$
$= 1 + 1 + 1 = 3$

34 답 ②

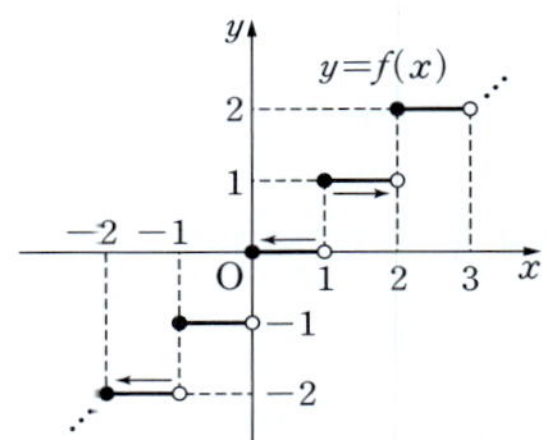

$\lim_{x \to -2+} f(x) + \lim_{x \to 0-} f(x) + \lim_{x \to 2-} f(x)$
$= -2 + 0 + 1 = -1$

35 답 ①

함수 $f(x) = \begin{cases} 3-x^2 & (x<1) \\ x-5 & (x \geq 1) \end{cases}$ 이므로

$\lim_{x \to 1-} f(x) + \lim_{x \to 1+} f(x)$
$= \lim_{x \to 1-} (3-x^2) + \lim_{x \to 1+} (x-5)$
$= 2 + (-4) = -2$

36 답 ①

함수 $f(x)=\begin{cases} x^3-2 & (x<2) \\ -3x & (x\geq 2) \end{cases}$ 이므로

$\lim\limits_{x\to 2+} f(x) - \lim\limits_{x\to 2-} f(x)$

$= \lim\limits_{x\to 2+} (-3x) - \lim\limits_{x\to 2-} (x^3-2)$

$= -6-6 = -12$

37 답 ④

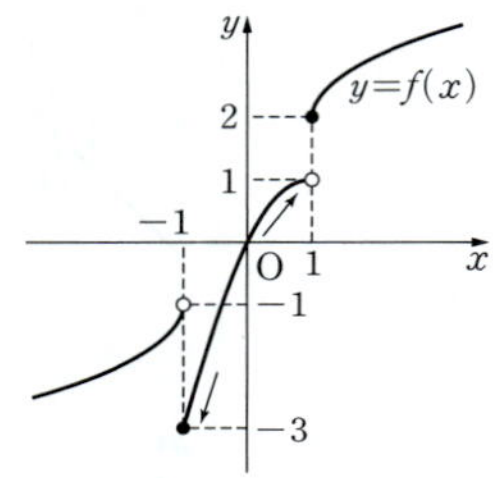

ㄱ. $f(1)=2$ (거짓)

ㄴ. $\lim\limits_{x\to 1-} f(x)=1$ (참)

ㄷ. $\lim\limits_{x\to -1+} f(x)=-3$ (참)

따라서 옳은 것은 ㄴ, ㄷ이다.

38 답 ②

ㄱ. $x>1$일 때, $|x-1|=x-1$이므로

$\lim\limits_{x\to 1+}\dfrac{x-1}{|x-1|}=\lim\limits_{x\to 1+}\dfrac{x-1}{x-1}$

$=\lim\limits_{x\to 1+} 1=1$ (수렴)

ㄴ. $x<1$일 때, $|x-1|=-(x-1)$이므로

$\lim\limits_{x\to 1-}\dfrac{2x-2}{|x-1|}=\lim\limits_{x\to 1-}\dfrac{2(x-1)}{-(x-1)}$

$=\lim\limits_{x\to 1-}(-2)=-2$ (수렴)

ㄷ. $\lim\limits_{x\to -2+}\dfrac{x-2}{x+2}$

$=\lim\limits_{x\to -2+}\dfrac{x+2-4}{x+2}$

$=\lim\limits_{x\to -2+}\left(-\dfrac{4}{x+2}+1\right)$

$=-\infty$ (발산)

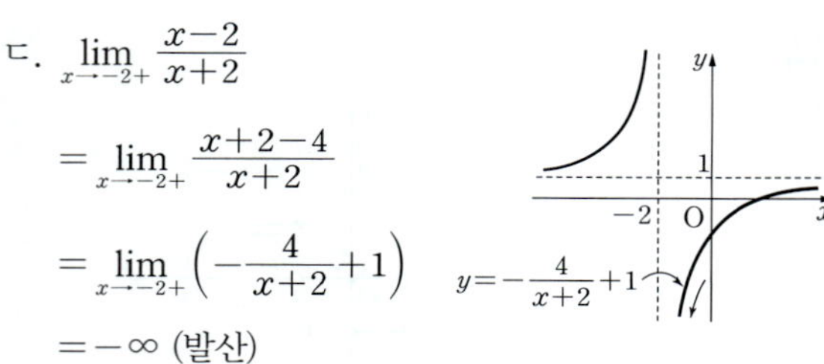

따라서 극한값이 존재하는 것은 ㄱ, ㄴ이다.

39 답 ③

주어진 $y=\dfrac{x}{|x|}$의 그래프에서

$\lim\limits_{x\to 0+}\dfrac{x}{|x|}=\lim\limits_{x\to 0+}\dfrac{x}{x}=\boxed{1}$ 이고 (가)

$\lim\limits_{x\to 0-}\dfrac{x}{|x|}=\lim\limits_{x\to 0-}\dfrac{x}{-x}=\boxed{-1}$ 이므로 (나)

$\lim\limits_{x\to 0}\dfrac{x}{|x|}$의 값은 $\boxed{\text{존재하지 않는다}}$. (다)

40 답 ③

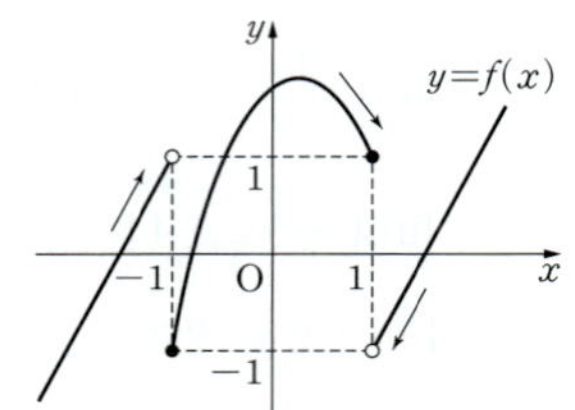

ㄱ. $\lim\limits_{x\to -1-} f(x) + \lim\limits_{x\to 1+} f(x)=1+(-1)=0$ (참)

ㄴ. $\lim\limits_{x\to 1-} f(x)=1,\ \lim\limits_{x\to 1+} f(x)=-1$이므로 $\lim\limits_{x\to 1} f(x)$의 값은 존재하지 않는다. (거짓)

ㄷ. $-1<k<1$인 모든 실수 k에 대하여 $\lim\limits_{x\to k} f(x)$의 값이 존재한다. (참)

따라서 옳은 것은 ㄱ, ㄷ이다.

41 답 ③

$\lim\limits_{x\to 2} f(x)$의 값이 존재하려면

$\lim\limits_{x\to 2-} f(x)=\lim\limits_{x\to 2+} f(x)$가 성립하여야 한다.

$f(x)=\begin{cases} 2x-4 & (x<2) \\ x^2+p & (x\geq 2) \end{cases}$ 이므로

$\lim\limits_{x\to 2-} f(x)=\lim\limits_{x\to 2-}(2x-4)=0$

$\lim\limits_{x\to 2+} f(x)=\lim\limits_{x\to 2+}(x^2+p)=4+p$

$\lim\limits_{x\to 2-} f(x)=\lim\limits_{x\to 2+} f(x)$이어야 하므로

$0=4+p \quad \therefore p=-4$

42 답 ②

$\lim\limits_{x\to 1} f(x)$의 값이 존재하려면

$\lim\limits_{x\to 1-} f(x)=\lim\limits_{x\to 1+} f(x)$가 성립하여야 한다.

$f(x)=\begin{cases} (x-1)^2+3 & (x<1) \\ -x+k & (x\geq 1) \end{cases}$ 이므로

$\lim\limits_{x\to 1-} f(x)=\lim\limits_{x\to 1-}\{(x-1)^2+3\}=3$

$\lim\limits_{x\to 1+} f(x)=\lim\limits_{x\to 1+}(-x+k)=-1+k$

$\lim\limits_{x\to 1-} f(x)=\lim\limits_{x\to 1+} f(x)$이어야 하므로

$-1+k=3 \quad \therefore k=4$

43 답 ⑤

$\lim\limits_{x \to -1} f(x)$의 값이 존재하려면

$\lim\limits_{x \to -1-} f(x) = \lim\limits_{x \to -1+} f(x)$가 성립하여야 한다.

$f(x) = \begin{cases} x^3+1 & (x<-1) \\ 2x+k & (x \geq -1) \end{cases}$이므로

$\lim\limits_{x \to -1-} f(x) = \lim\limits_{x \to -1-}(x^3+1) = 0$

$\lim\limits_{x \to -1+} f(x) = \lim\limits_{x \to -1+}(2x+k) = -2+k$

$\lim\limits_{x \to -1-} f(x) = \lim\limits_{x \to -1+} f(x)$이어야 하므로

$-2+k=0$ $\therefore k=2$

44 답 ③

$\lim\limits_{x \to 1} f(x)$의 값이 존재하려면

$\lim\limits_{x \to 1-} f(x) = \lim\limits_{x \to 1+} f(x)$가 성립하여야 한다.

$\lim\limits_{x \to 1-} f(x) = \lim\limits_{x \to 1-}(kx-1) = k-1$

$\lim\limits_{x \to 1+} f(x) = \lim\limits_{x \to 1+}(3x^2-k) = 3-k$

$\lim\limits_{x \to 1-} f(x) = \lim\limits_{x \to 1+} f(x)$이어야 하므로

$k-1=3-k,\ 2k=4$ $\therefore k=2$

따라서 $f(x) = \begin{cases} 3x^2-2 & (x>1) \\ 2x-1 & (-1 \leq x \leq 1) \\ x^2+2 & (x<-1) \end{cases}$이므로

$\lim\limits_{x \to -1-} f(x) + \lim\limits_{x \to -1+} f(x)$

$= \lim\limits_{x \to -1-}(x^2+2) + \lim\limits_{x \to -1+}(2x-1)$

$= (1+2) + (-2-1) = 0$

45 답 ④

$\lim\limits_{x \to 1-} f(x)=1,\ \lim\limits_{x \to 1+} f(x)=2$

$\lim\limits_{x \to 3-} f(x)=1,\ \lim\limits_{x \to 3+} f(x)=-\dfrac{1}{2}$

$\lim\limits_{x \to 4-} f(x)=-\dfrac{1}{2},\ \lim\limits_{x \to 4+} f(x)=0$

즉, 주어진 그래프에서 a의 값이 1, 3, 4일 때, 함수 $f(x)$의 좌극한값과 우극한값이 다르므로 $\lim\limits_{x \to a} f(x)$의 값이 존재하지 않는다.

따라서 구하는 모든 실수 a의 값의 합은

$1+3+4=8$

01 답 $\alpha+\beta,\ \alpha\beta$

02 답 인수분해

03 답 최고차항

04 답 ○

05 답 ○

06 답 ×

07 답 0

$\lim\limits_{x \to a}\{2f(x)+g(x)\} = 2\times2 + (-4) = 0$

08 답 -8

$\lim\limits_{x \to a} f(x)g(x) = 2\times(-4) = -8$

09 답 4

$\lim\limits_{x \to a}\{f(x)\}^2 = 2^2 = 4$

10 답 $-\dfrac{1}{4}$

$\lim\limits_{x \to a}\dfrac{f(x)+g(x)}{2f(x)-g(x)} = \dfrac{2+(-4)}{2\times2-(-4)} = \dfrac{-2}{8} = -\dfrac{1}{4}$

11 답 27

$\lim\limits_{x \to 3}\dfrac{x^3-27}{x-3} = \lim\limits_{x \to 3}\dfrac{(x-3)(x^2+3x+9)}{x-3}$

$\qquad = \lim\limits_{x \to 3}(x^2+3x+9)$

$\qquad = 9+9+9 = 27$

12 답 $-\dfrac{3}{2}$

$\lim\limits_{x \to 1}\dfrac{(x-1)(x+2)(x-2)}{x^2-1}$

$= \lim\limits_{x \to 1}\dfrac{(x-1)(x+2)(x-2)}{(x-1)(x+1)}$

$= \lim\limits_{x \to 1}\dfrac{(x+2)(x-2)}{x+1}$

$= \dfrac{3\times(-1)}{2} = -\dfrac{3}{2}$

13 답 0

$\lim\limits_{x \to 4}\dfrac{(x-4)^2(x+1)}{x-4}$

$= \lim\limits_{x \to 4}(x-4)(x-1)$

$= 0\times5 = 0$

14 답 $\dfrac{1}{6}$

$$\lim_{x \to 0} \frac{\sqrt{9+x}-3}{x}$$
$$=\lim_{x \to 0} \frac{(\sqrt{9+x}-3)(\sqrt{9+x}+3)}{x(\sqrt{9+x}+3)}$$
$$=\lim_{x \to 0} \frac{9+x-9}{x(\sqrt{9+x}+3)}=\lim_{x \to 0} \frac{x}{x(\sqrt{9+x}+3)}$$
$$=\lim_{x \to 0} \frac{1}{\sqrt{9+x}+3}=\frac{1}{3+3}=\frac{1}{6}$$

15 답 0

$$\lim_{x \to \infty}(\sqrt{x+1}-\sqrt{x})$$
$$=\lim_{x \to \infty} \frac{(\sqrt{x+1}-\sqrt{x})(\sqrt{x+1}+\sqrt{x})}{\sqrt{x+1}+\sqrt{x}}$$
$$=\lim_{x \to \infty} \frac{x+1-x}{\sqrt{x+1}+\sqrt{x}}=\lim_{x \to \infty} \frac{1}{\sqrt{x+1}+\sqrt{x}}=0$$

16 답 $\dfrac{3}{2}$

$$\lim_{x \to \infty}(\sqrt{x^2+3x+4}-x)$$
$$=\lim_{x \to \infty} \frac{(\sqrt{x^2+3x+4}-x)(\sqrt{x^2+3x+4}+x)}{\sqrt{x^2+3x+4}+x}$$
$$=\lim_{x \to \infty} \frac{x^2+3x+4-x^2}{\sqrt{x^2+3x+4}+x}=\lim_{x \to \infty} \frac{3x+4}{\sqrt{x^2+3x+4}+x}$$
$$=\lim_{x \to \infty} \frac{3+\dfrac{4}{x}}{\sqrt{1+\dfrac{3}{x}+\dfrac{4}{x^2}}+1}=\frac{3}{1+1}=\frac{3}{2}$$

17 답 0

$$\lim_{x \to \infty} \frac{2x+1}{3x^2-2x+1}=\lim_{x \to \infty} \frac{\dfrac{2}{x}+\dfrac{1}{x^2}}{3-\dfrac{2}{x}+\dfrac{1}{x^2}}=0$$

18 답 $\dfrac{5}{2}$

$$\lim_{x \to \infty} \frac{5x^2-4x+1}{2x^2+3x-5}=\lim_{x \to \infty} \frac{5-\dfrac{4}{x}+\dfrac{1}{x^2}}{2+\dfrac{3}{x}-\dfrac{5}{x^2}}=\frac{5}{2}$$

19 답 2

$x=-t$라 하면 $x \longrightarrow -\infty$일 때, $t \longrightarrow \infty$이므로

$$\lim_{x \to -\infty} \frac{2x^2+x+3}{x^2-1}$$
$$=\lim_{t \to \infty} \frac{2 \times (-t)^2+(-t)+3}{(-t)^2-1}$$
$$=\lim_{t \to \infty} \frac{2t^2-t+3}{t^2-1}=\lim_{t \to \infty} \frac{2-\dfrac{1}{t}+\dfrac{3}{t^2}}{1-\dfrac{1}{t^2}}=2$$

20 답 ∞

$$\lim_{x \to \infty} \frac{2x^2+4}{2x+3}=\lim_{x \to \infty} \frac{2x+\dfrac{4}{x}}{2+\dfrac{3}{x}}=\infty$$

21 답 $\dfrac{1}{4}$

$$\lim_{x \to 0} \frac{1}{x}\left(\frac{1}{2}-\frac{1}{x+2}\right)$$
$$=\lim_{x \to 0}\left\{\frac{1}{x} \times \frac{(x+2)-2}{2(x+2)}\right\}$$
$$=\lim_{x \to 0} \frac{1}{2(x+2)}=\frac{1}{2 \times 2}=\frac{1}{4}$$

22 답 -1

$$\lim_{x \to 0} \frac{1}{x}\left(\frac{1}{2x+1}-\frac{1}{x+1}\right)$$
$$=\lim_{x \to 0}\left\{\frac{1}{x} \times \frac{(x+1)-(2x+1)}{(2x+1)(x+1)}\right\}$$
$$=\lim_{x \to 0} \frac{-x}{x(2x+1)(x+1)}$$
$$=\lim_{x \to 0} \frac{-1}{(2x+1)(x+1)}=-1$$

23 답 ②

$\lim\limits_{x \to 0} f(x)=\lim\limits_{x \to 0}(x+1)=1,$

$\lim\limits_{x \to 0} g(x)=\lim\limits_{x \to 0}(x+3)=3$이므로

$$\lim_{x \to 0}\{2f(x)-g(x)\}=2\lim_{x \to 0}f(x)-\lim_{x \to 0}g(x)$$
$$=2 \times 1-3=-1$$

24 답 ①

$$\lim_{x \to 2}g(x)=\lim_{x \to 2}\{2f(x)+g(x)-2f(x)\}$$
$$=\lim_{x \to 2}\{2f(x)+g(x)\}-2\lim_{x \to 2}f(x)$$
$$=3-2 \times 4=-5$$
$$\therefore \lim_{x \to 2}\{f(x)+3g(x)\}=\lim_{x \to 2}f(x)+3\lim_{x \to 2}g(x)$$
$$=4+3 \times (-5)=-11$$

25 답 ③

두 함수 $f(x)$, $g(x)$가 $x=1$에서 극한값이 존재하므로

$\lim\limits_{x \to 1}f(x)=\alpha$, $\lim\limits_{x \to 1}g(x)=\beta$ (α, β는 실수)라 하면

$$\lim_{x \to 1}\{f(x)+g(x)\}=\lim_{x \to 1}f(x)+\lim_{x \to 1}g(x)$$
$$=\alpha+\beta=2 \cdots \text{㉠}$$
$$\lim_{x \to 1}\{2f(x)-g(x)\}=2\lim_{x \to 1}f(x)-\lim_{x \to 1}g(x)$$
$$=2\alpha-\beta=4 \cdots \text{㉡}$$

㉠+㉡을 하면

$3\alpha=6 \quad \therefore \alpha=2$

$\alpha=2$를 ㉠에 대입하면

$2+\beta=2 \quad \therefore \beta=0$

$$\therefore \lim_{x \to 1}\{3f(x)-2g(x)\}=3\lim_{x \to 1}f(x)-2\lim_{x \to 1}g(x)$$
$$=3\alpha-2\beta=3 \times 2-2 \times 0=6$$

26 답 8

$x=3$에서 두 함수 $f(x)$, $g(x)$의 극한값이 존재하므로
$\lim\limits_{x \to 3} f(x)=\alpha$, $\lim\limits_{x \to 3} g(x)=\beta\,(\alpha,\ \beta$는 실수$)$라 하면
$\lim\limits_{x \to 3}\{f(x)+g(x)\}=\lim\limits_{x \to 3} f(x)+\lim\limits_{x \to 3} g(x)=\alpha+\beta=4$
$\lim\limits_{x \to 3} f(x)g(x)=\lim\limits_{x \to 3} f(x)\times\lim\limits_{x \to 3} g(x)=\alpha\beta=2$
$\therefore \lim\limits_{x \to 3}\{f(x)-g(x)\}^2$
$\quad =\lim\limits_{x \to 3}[\{f(x)+g(x)\}^2-4f(x)g(x)]$
$\quad =\lim\limits_{x \to 3}\{f(x)+g(x)\}^2-4\lim\limits_{x \to 3} f(x)g(x)$
$\quad =(\alpha+\beta)^2-4\alpha\beta=4^2-4\times2=8$

27 답 ②

ㄱ. 【반례】$f(x)=x^2$, $g(x)=\dfrac{1}{x}$일 때,

$\quad \lim\limits_{x \to 0} f(x)=\lim\limits_{x \to 0} x^2=0$,

$\quad \lim\limits_{x \to 0} f(x)g(x)=\lim\limits_{x \to 0}\left(x^2\times\dfrac{1}{x}\right)=\lim\limits_{x \to 0} x=0$이지만

$\quad \lim\limits_{x \to 0} g(x)=\lim\limits_{x \to 0}\dfrac{1}{x}$은 ∞ 또는 $-\infty$이므로 $\lim\limits_{x \to 0} g(x)$의

$\quad$ 값은 존재하지 않는다. (거짓)

ㄴ. $\lim\limits_{x \to a} f(x)=\alpha$, $\lim\limits_{x \to a}\dfrac{g(x)}{f(x)}=\beta\,(\alpha,\ \beta$는 실수$)$라 하면

$\quad \lim\limits_{x \to a} g(x)=\lim\limits_{x \to a}\left\{f(x)\times\dfrac{g(x)}{f(x)}\right\}$

$\quad\qquad =\lim\limits_{x \to a} f(x)\times\lim\limits_{x \to a}\dfrac{g(x)}{f(x)}=\alpha\beta$ (참)

ㄷ. 【반례】$f(x)=0$, $g(x)=\dfrac{1}{x}$일 때,

$\quad \lim\limits_{x \to 0} f(x)=\lim\limits_{x \to 0} 0=0$, $\lim\limits_{x \to 0}\dfrac{f(x)}{g(x)}=\lim\limits_{x \to 0} 0=0$이지만

$\quad \lim\limits_{x \to 0} g(x)=\lim\limits_{x \to 0}\dfrac{1}{x}$의 값은 존재하지 않는다. (거짓)

따라서 옳은 것은 ㄴ이다.

28 답 ④

$\lim\limits_{x \to -1}\dfrac{x^3-x^2-x+1}{x^3+1}=\lim\limits_{x \to -1}\dfrac{(x-1)^2(x+1)}{(x+1)(x^2-x+1)}$
$\qquad\qquad =\lim\limits_{x \to -1}\dfrac{(x-1)^2}{x^2-x+1}=\dfrac{4}{1+1+1}=\dfrac{4}{3}$

29 답 ①

$\lim\limits_{x \to k}\dfrac{x^2-k^2}{x-k}=\lim\limits_{x \to k}\dfrac{(x-k)(x+k)}{x-k}$
$\qquad\qquad =\lim\limits_{x \to k}(x+k)=2k=4$
$\therefore k=2$
$\therefore \lim\limits_{x \to -k}\dfrac{x^3+k^3}{x^2-k^2}=\lim\limits_{x \to -k}\dfrac{(x+k)(x^2-kx+k^2)}{(x+k)(x-k)}$
$\qquad\qquad =\lim\limits_{x \to -k}\dfrac{x^2-kx+k^2}{x-k}$
$\qquad\qquad =\dfrac{3k^2}{-2k}=\dfrac{12}{-4}=-3$

30 답 ⑤

$\lim\limits_{x \to 1}\dfrac{x^3-3x+2}{(x-1)(\sqrt{x+3}-2)}$
$=\lim\limits_{x \to 1}\dfrac{(x-1)^2(x+2)}{(x-1)(\sqrt{x+3}-2)}$
$=\lim\limits_{x \to 1}\dfrac{(x-1)^2(x+2)(\sqrt{x+3}+2)}{(x-1)(\sqrt{x+3}-2)(\sqrt{x+3}+2)}$
$=\lim\limits_{x \to 1}\dfrac{(x-1)^2(x+2)(\sqrt{x+3}+2)}{(x-1)^2}$
$=\lim\limits_{x \to 1}(x+2)(\sqrt{x+3}+2)=3\times4=12$

31 답 ②

$x \longrightarrow 1$일 때, $x+3>0$이므로
$|x+3|=x+3$
$\therefore \lim\limits_{x \to 1}\dfrac{|x+3|-4}{x^2-4x+3}=\lim\limits_{x \to 1}\dfrac{(x+3)-4}{(x-1)(x-3)}$
$\qquad\qquad =\lim\limits_{x \to 1}\dfrac{x-1}{(x-1)(x-3)}$
$\qquad\qquad =\lim\limits_{x \to 1}\dfrac{1}{x-3}=-\dfrac{1}{2}$

32 답 ②

$\lim\limits_{x \to -2}\dfrac{\sqrt{x+3}-1}{x+2}$
$=\lim\limits_{x \to -2}\dfrac{(\sqrt{x+3}-1)(\sqrt{x+3}+1)}{(x+2)(\sqrt{x+3}+1)}$
$=\lim\limits_{x \to -2}\dfrac{x+2}{(x+2)(\sqrt{x+3}+1)}$
$=\lim\limits_{x \to -2}\dfrac{1}{\sqrt{x+3}+1}=\dfrac{1}{1+1}=\dfrac{1}{2}$
$x \longrightarrow 1-$일 때, $x-1<0$이므로
$|x-1|=-(x-1)$
$\lim\limits_{x \to 1-}\dfrac{\sqrt{x+3}-2}{|x-1|}$
$=\lim\limits_{x \to 1-}\dfrac{\sqrt{x+3}-2}{-(x-1)}$
$=\lim\limits_{x \to 1-}\dfrac{(\sqrt{x+3}-2)(\sqrt{x+3}+2)}{-(x-1)(\sqrt{x+3}+2)}$
$=\lim\limits_{x \to 1-}\dfrac{x-1}{-(x-1)(\sqrt{x+3}+2)}$
$=-\lim\limits_{x \to 1-}\dfrac{1}{\sqrt{x+3}+2}=-\dfrac{1}{2+2}=-\dfrac{1}{4}$
$\therefore$ (구하는 극한값)$=\dfrac{1}{2}+\left(-\dfrac{1}{4}\right)=\dfrac{1}{4}$

> **TIP**
>
> 절댓값 기호가 있는 식은 절댓값 기호 안의 값이 0이 되는 값을 기준으로 나누어 절댓값을 없애서 푸는 것이 기본이다.
> $x \longrightarrow 1-$는 x가 1보다 작은 값에서 한없이 1로 접근하는 값이므로 결국 $x<1$이 되어 $|x-1|=-(x-1)$로 나오게 되는 것이다.

33 답 ①

$x \longrightarrow 2$일 때, $x^2-5x+4<0$이므로

$|x^2-5x+4|=-(x^2-5x+4)$

$\therefore \lim\limits_{x \to 2}\dfrac{|x^2-5x+4|-2}{x-2}$

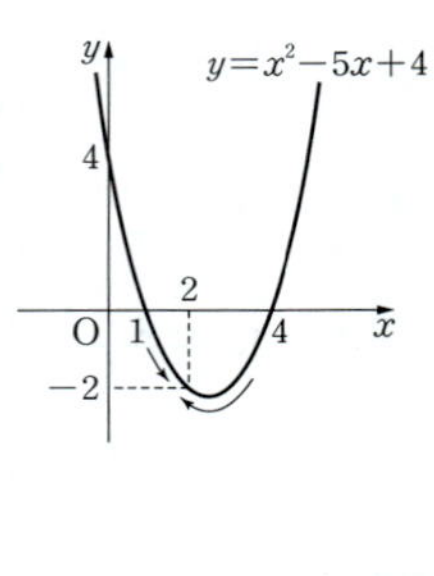

$=\lim\limits_{x \to 2}\dfrac{-(x^2-5x+4)-2}{x-2}$

$=\lim\limits_{x \to 2}\dfrac{-x^2+5x-6}{x-2}$

$=\lim\limits_{x \to 2}\dfrac{-(x-2)(x-3)}{x-2}$

$=-\lim\limits_{x \to 2}(x-3)=1$

34 답 ②

$\lim\limits_{x \to 0}\dfrac{f(x)+x}{2f(x)-3x}=\lim\limits_{x \to 0}\dfrac{\dfrac{f(x)}{x}+1}{2\times\dfrac{f(x)}{x}-3}$

$=\dfrac{\lim\limits_{x \to 0}\dfrac{f(x)}{x}+1}{2\lim\limits_{x \to 0}\dfrac{f(x)}{x}-3}=\dfrac{3+1}{2\times3-3}=\dfrac{4}{3}$

35 답 ①

$\lim\limits_{x \to 0}\dfrac{x^2+4f(x)}{x^2-f(x)}=\lim\limits_{x \to 0}\dfrac{x+4\times\dfrac{f(x)}{x}}{x-\dfrac{f(x)}{x}}$

$=\dfrac{\lim\limits_{x \to 0}x+4\lim\limits_{x \to 0}\dfrac{f(x)}{x}}{\lim\limits_{x \to 0}x-\lim\limits_{x \to 0}\dfrac{f(x)}{x}}$

$=\dfrac{4k}{-k}=-4\ (\because k\neq0)$

36 답 ②

$x-1=t$라 하면 $x=t+1$이고, $x \longrightarrow 1$일 때 $t \longrightarrow 0$이므로

$\lim\limits_{x \to 1}\dfrac{f(x-1)}{x^2-1}=\lim\limits_{x \to 1}\dfrac{f(x-1)}{(x-1)(x+1)}$

$=\lim\limits_{t \to 0}\dfrac{f(t)}{t(t+2)}=\lim\limits_{t \to 0}\dfrac{f(t)}{t}\times\lim\limits_{t \to 0}\dfrac{1}{t+2}$

$=4\times\dfrac{1}{2}=2$

37 답 ①

$x-1=t$라 하면 $x=t+1$이고, $x \longrightarrow 1$일 때 $t \longrightarrow 0$이므로

$\lim\limits_{x \to 1}\dfrac{f(x-1)}{x-1}=\lim\limits_{t \to 0}\dfrac{f(t)}{t}=1\ \cdots\ \bigcirc$

$x-2=s$라 하면 $x=s+2$이고, $x \longrightarrow 2$일 때 $s \longrightarrow 0$이므로

$\lim\limits_{x \to 2}\dfrac{f(x-2)}{x^2-4}=\lim\limits_{x \to 2}\dfrac{f(x-2)}{(x-2)(x+2)}$

$=\lim\limits_{s \to 0}\dfrac{f(s)}{s}\times\lim\limits_{s \to 0}\dfrac{1}{s+4}=1\times\dfrac{1}{4}=\dfrac{1}{4}\ (\because \bigcirc)$

38 답 ②

$\lim\limits_{x \to \infty}\dfrac{\sqrt{x^2+1}+x}{2x-3}=\lim\limits_{x \to \infty}\dfrac{\sqrt{1+\dfrac{1}{x^2}}+1}{2-\dfrac{3}{x}}=\dfrac{1+1}{2}=1$

39 답 ②

$\lim\limits_{x \to \infty}\dfrac{3x}{\sqrt{x^2+1}+\sqrt{x^2+4}}=\lim\limits_{x \to \infty}\dfrac{3}{\sqrt{1+\dfrac{1}{x^2}}+\sqrt{1+\dfrac{4}{x^2}}}$

$=\dfrac{3}{1+1}=\dfrac{3}{2}$

40 답 ④

$x=-t$라 하면 $x \longrightarrow -\infty$일 때 $t \longrightarrow \infty$이므로

$\lim\limits_{x \to -\infty}\dfrac{4x}{\sqrt{2+x^2}-2}=\lim\limits_{t \to \infty}\dfrac{-4t}{\sqrt{2+t^2}-2}$

$=\lim\limits_{t \to \infty}\dfrac{-4}{\sqrt{\dfrac{2}{t^2}+1}-\dfrac{2}{t}}=-4$

41 답 ①

$x=-t$라 하면 $x \longrightarrow -\infty$일 때 $t \longrightarrow \infty$이므로

$\lim\limits_{x \to -\infty}\dfrac{\sqrt{x^2+1}+\sqrt{x^2-1}}{x}=\lim\limits_{t \to \infty}\dfrac{\sqrt{t^2+1}+\sqrt{t^2-1}}{-t}$

$=\lim\limits_{t \to \infty}\dfrac{\sqrt{1+\dfrac{1}{t^2}}+\sqrt{1-\dfrac{1}{t^2}}}{-1}$

$=\dfrac{1+1}{-1}=-2$

42 답 ②

$x=-t$라 하면 $x \longrightarrow -\infty$일 때 $t \longrightarrow \infty$이므로

$\lim\limits_{x \to -\infty}\dfrac{-2x}{x-\sqrt{x^2-1}}=\lim\limits_{t \to \infty}\dfrac{2t}{-t-\sqrt{t^2-1}}$

$=\lim\limits_{t \to \infty}\dfrac{2}{-1-\sqrt{1-\dfrac{1}{t^2}}}=\dfrac{2}{-1-1}=-1$

43 답 ⑤

분자, 분모를 각각 x^2으로 나누면

$\lim\limits_{x \to \infty}\dfrac{2x^2+xf(x)}{x^2-f(x)}=\lim\limits_{x \to \infty}\dfrac{2+\dfrac{f(x)}{x}}{1-\dfrac{f(x)}{x}\times\dfrac{1}{x}}$

$=\dfrac{2+3}{1-3\times0}=5$

$f(x)=3x$라 하면 $\lim\limits_{x \to \infty}\dfrac{f(x)}{x}=\lim\limits_{x \to \infty}\dfrac{3x}{x}=3$을 만족한다.

즉, 주어진 식에 $f(x)=3x$를 대입하면

$\lim\limits_{x \to \infty}\dfrac{2x^2+xf(x)}{x^2-f(x)}=\lim\limits_{x \to \infty}\dfrac{2x^2+x\cdot3x}{x^2-3x}=\lim\limits_{x \to \infty}\dfrac{5x^2}{x^2-3x}$

$=\lim\limits_{x \to \infty}\dfrac{5}{1-\dfrac{3}{x}}=5$

44 답 ①

$$\lim_{x \to 3} f(x) = \lim_{x \to 3} \frac{\sqrt{x+1}-2}{x-3}$$

$$= \lim_{x \to 3} \frac{(\sqrt{x+1}-2)(\sqrt{x+1}+2)}{(x-3)(\sqrt{x+1}+2)}$$

$$= \lim_{x \to 3} \frac{x-3}{(x-3)(\sqrt{x+1}+2)}$$

$$= \lim_{x \to 3} \frac{1}{\sqrt{x+1}+2} = \frac{1}{2+2} = \frac{1}{4}$$

$$\lim_{x \to \infty} f(x) = \lim_{x \to \infty} \frac{\sqrt{x+1}-2}{x-3} = 0$$

$$(\because (\text{분자의 차수}) < (\text{분모의 차수}))$$

$$\therefore \lim_{x \to 3} f(x) + \lim_{x \to \infty} f(x) = \frac{1}{4}$$

45 답 ①

$$\lim_{x \to \infty} (\sqrt{x^2+4x+5}-x)$$

$$= \lim_{x \to \infty} \frac{(\sqrt{x^2+4x+5}-x)(\sqrt{x^2+4x+5}+x)}{\sqrt{x^2+4x+5}+x}$$

$$= \lim_{x \to \infty} \frac{4x+5}{\sqrt{x^2+4x+5}+x}$$

$$= \lim_{x \to \infty} \frac{4+\dfrac{5}{x}}{\sqrt{1+\dfrac{4}{x}+\dfrac{5}{x^2}}+1} = \frac{4}{1+1} = 2$$

46 답 ②

$$\lim_{x \to \infty} (\sqrt{x^2+2x+2}-\sqrt{x^2-2x-2})$$

$$= \lim_{x \to \infty} \frac{(\sqrt{x^2+2x+2}-\sqrt{x^2-2x-2})(\sqrt{x^2+2x+2}+\sqrt{x^2-2x-2})}{\sqrt{x^2+2x+2}+\sqrt{x^2-2x-2}}$$

$$= \lim_{x \to \infty} \frac{(x^2+2x+2)-(x^2-2x-2)}{\sqrt{x^2+2x+2}+\sqrt{x^2-2x-2}}$$

$$= \lim_{x \to \infty} \frac{4x+4}{\sqrt{x^2+2x+2}+\sqrt{x^2-2x-2}}$$

$$= \lim_{x \to \infty} \frac{4+\dfrac{4}{x}}{\sqrt{1+\dfrac{2}{x}+\dfrac{2}{x^2}}+\sqrt{1-\dfrac{2}{x}-\dfrac{2}{x^2}}} = \frac{4}{1+1} = 2$$

47 답 ②

$$\lim_{x \to \infty} \frac{1}{x-\sqrt{x^2+6x-4}}$$

$$= \lim_{x \to \infty} \frac{x+\sqrt{x^2+6x-4}}{(x-\sqrt{x^2+6x-4})(x+\sqrt{x^2+6x-4})}$$

$$= \lim_{x \to \infty} \frac{x+\sqrt{x^2+6x-4}}{x^2-(x^2+6x-4)}$$

$$= \lim_{x \to \infty} \frac{x+\sqrt{x^2+6x-4}}{-6x+4}$$

$$= \lim_{x \to \infty} \frac{1+\sqrt{1+\dfrac{6}{x}-\dfrac{4}{x^2}}}{-6+\dfrac{4}{x}} = \frac{1+1}{-6} = -\frac{1}{3}$$

48 답 ①

$$\lim_{x \to 1} \frac{1}{x-1}\left(\frac{1}{x^2}-1\right)$$

$$= \lim_{x \to 1} \left(\frac{1}{x-1} \times \frac{1-x^2}{x^2}\right)$$

$$= \lim_{x \to 1} \left\{\frac{1}{x-1} \times \frac{(1-x)(1+x)}{x^2}\right\}$$

$$= \lim_{x \to 1} \left(-\frac{x+1}{x^2}\right) = -\frac{1+1}{1} = -2$$

49 답 ③

$$\lim_{x \to 1} \frac{20}{x-1}\left(\frac{1}{5}-\frac{1}{x+4}\right)$$

$$= \lim_{x \to 1} \left\{\frac{20}{x-1} \times \frac{x-1}{5(x+4)}\right\}$$

$$= \lim_{x \to 1} \frac{4}{x+4} = \frac{4}{1+4} = \frac{4}{5}$$

50 답 ②

$$\lim_{x \to 0} \frac{1}{x}\left(\frac{1}{\sqrt{x+1}}-1\right)$$

$$= \lim_{x \to 0} \frac{1-\sqrt{x+1}}{x\sqrt{x+1}}$$

$$= \lim_{x \to 0} \frac{(1-\sqrt{x+1})(1+\sqrt{x+1})}{x\sqrt{x+1}(1+\sqrt{x+1})}$$

$$= \lim_{x \to 0} \frac{1-x-1}{x\sqrt{x+1}(1+\sqrt{x+1})}$$

$$= \lim_{x \to 0} \frac{-x}{x\sqrt{x+1}(1+\sqrt{x+1})}$$

$$= \lim_{x \to 0} \frac{-1}{\sqrt{x+1}(1+\sqrt{x+1})}$$

$$= \frac{-1}{1 \times (1+1)} = -\frac{1}{2}$$

01 답 $\lim\limits_{x\to a} f(x)=0$

02 답 0이 아닌, $\lim\limits_{x\to a} g(x)=0$

03 답 $\leq$

04 답 $\times$

【반례】 $\lim\limits_{x\to 1}\dfrac{x-1}{x+1}=0$에서 $\lim\limits_{x\to 1}(x-1)=0$이지만

$\lim\limits_{x\to 1}(x+1)=2\neq 0$이다.

05 답 $\bigcirc$

06 답 $\bigcirc$

07 답 $a+b=-2$

$\lim\limits_{x\to 1}\dfrac{2x^2+ax+b}{x-1}=\alpha$와 같이 극한값이 존재하고

$\lim\limits_{x\to 1}(x-1)=0$이므로 $\lim\limits_{x\to 1}(2x^2+ax+b)=0$

$2+a+b=0$ $\therefore a+b=-2$

08 답 $a+b=0$

$\lim\limits_{x\to -1}\dfrac{ax^2-bx}{x+1}=\alpha$와 같이 극한값이 존재하고

$\lim\limits_{x\to -1}(x+1)=0$이므로 $\lim\limits_{x\to -1}(ax^2-bx)=0$

$\therefore a+b=0$

09 답 $4a-b=16$

$\lim\limits_{x\to 4}\dfrac{x-4}{x^2-ax+b}=\alpha$와 같이 0이 아닌 극한값이 존재하고

$\lim\limits_{x\to 4}(x-4)=0$이므로 $\lim\limits_{x\to 4}(x^2-ax+b)=0$

$16-4a+b=0$ $\therefore 4a-b=16$

10 답 $2a-b=0$

$\lim\limits_{x\to 3}\dfrac{x-3}{a\sqrt{x+1}-b}=\alpha$와 같이 0이 아닌 극한값이 존재하고

$\lim\limits_{x\to 3}(x-3)=0$이므로 $\lim\limits_{x\to 3}(a\sqrt{x+1}-b)=0$

$\therefore 2a-b=0$

11 답 $a=4,\ b=\dfrac{1}{4}$

$\lim\limits_{x\to 0}\dfrac{\sqrt{x+a}-2}{x}=b$와 같이 극한값이 존재하고

$\lim\limits_{x\to 0}x=0$이므로 $\lim\limits_{x\to 0}(\sqrt{x+a}-2)=0$

$\sqrt{a}-2=0$ $\therefore a=4$

$a=4$를 주어진 식에 대입하면

$\lim\limits_{x\to 0}\dfrac{\sqrt{x+4}-2}{x}$

$=\lim\limits_{x\to 0}\dfrac{(\sqrt{x+4}-2)(\sqrt{x+4}+2)}{x(\sqrt{x+4}+2)}$

$=\lim\limits_{x\to 0}\dfrac{(x+4)-4}{x(\sqrt{x+4}+2)}$

$=\lim\limits_{x\to 0}\dfrac{1}{\sqrt{x+4}+2}=\dfrac{1}{4}$

$\therefore b=\dfrac{1}{4}$

12 답 $a=2,\ b=-8$

$\lim\limits_{x\to 2}\dfrac{x-2}{x^2+ax+b}=\dfrac{1}{6}$과 같이 0이 아닌 극한값이 존재하고

$\lim\limits_{x\to 2}(x-2)=0$이므로 $\lim\limits_{x\to 2}(x^2+ax+b)=0$

$4+2a+b=0$ $\therefore b=-2a-4 \cdots$ ㉠

㉠을 주어진 식에 대입하면

$\lim\limits_{x\to 2}\dfrac{x-2}{x^2+ax-2a-4}$

$=\lim\limits_{x\to 2}\dfrac{x-2}{(x-2)(x+2+a)}$

$=\lim\limits_{x\to 2}\dfrac{1}{x+2+a}=\dfrac{1}{4+a}$

$\dfrac{1}{4+a}=\dfrac{1}{6}$ $\therefore a=2$

$a=2$를 ㉠에 대입하면

$b=-4-4=-8$

13 답 $1,\ 0,\ x-1,\ x-1,\ x+a,\ 1,\ (x-1)(x+1),\ 3$

$\lim\limits_{x\to\infty}\dfrac{f(x)}{x^2+x+1}=1$이므로 $f(x)$는 최고차항의 계수가

$\boxed{1}$인 이차식임을 알 수 있다.

또, $\lim\limits_{x\to 1}\dfrac{f(x)}{x-1}=2$와 같이 극한값이 존재하고

$\lim\limits_{x\to 1}(x-1)=0$이므로 $\lim\limits_{x\to 1}f(x)=\boxed{0}$이다.

즉, $f(x)=(\boxed{x-1})(x+a)\,(a$는 상수$)$라 하면

$\lim\limits_{x\to 1}\dfrac{(\boxed{x-1})(x+a)}{x-1}=\lim\limits_{x\to 1}(\boxed{x+a})=2$

$1+a=2$ $\therefore a=\boxed{1}$

따라서 $f(x)=\boxed{(x-1)(x+1)}$이므로

$f(2)=1\times 3=\boxed{3}$이다.

14 답 3

$x>1$에서 $\dfrac{3x-1}{x-1}\leq f(x)\leq\dfrac{6x+7}{2x-2}$이고

$\lim\limits_{x\to\infty}\dfrac{3x-1}{x-1}=3,\ \lim\limits_{x\to\infty}\dfrac{6x+7}{2x-2}=3$이므로

$\lim\limits_{x\to\infty}f(x)=3$

15 답 2

$x>1$에서 $\dfrac{2x^2-5x+1}{x^2}\leq f(x)\leq\dfrac{4x^2-9x+6}{2x^2}$이고

$\displaystyle\lim_{x\to\infty}\dfrac{2x^2-5x+1}{x^2}=2$, $\displaystyle\lim_{x\to\infty}\dfrac{4x^2-9x+6}{2x^2}=2$이므로

$\displaystyle\lim_{x\to\infty}f(x)=2$

16 답 $\dfrac{1}{3}$

$x>1$에서 $\dfrac{x^2-2}{3x^2+1}\leq f(x)\leq\dfrac{2x+5}{6x}$이고

$\displaystyle\lim_{x\to\infty}\dfrac{x^2-2}{3x^2+1}=\dfrac{1}{3}$, $\displaystyle\lim_{x\to\infty}\dfrac{2x+5}{6x}=\dfrac{1}{3}$이므로

$\displaystyle\lim_{x\to\infty}f(x)=\dfrac{1}{3}$

17 답 $\overline{OP}=\sqrt{t^2+t}$

$\overline{OP}=\sqrt{(t-0)^2+(\sqrt{t}-0)^2}=\sqrt{t^2+t}$

18 답 $Q(0,\sqrt{t^2+t})$

$\overline{OP}=\overline{OQ}$를 만족하므로 $\overline{OQ}=\sqrt{t^2+t}$

즉, y축 위의 점 Q의 좌표는 $(0,\sqrt{t^2+t})$이다.

19 답 $S(t)=\dfrac{1}{2}t\sqrt{t^2+t}$

$S(t)=\dfrac{1}{2}\times\overline{OQ}\times(\text{점 P의 }x\text{좌표})$

$\qquad=\dfrac{1}{2}\times\sqrt{t^2+t}\times t=\dfrac{1}{2}t\sqrt{t^2+t}$

20 답 $\dfrac{1}{2}$

$\displaystyle\lim_{t\to\infty}\dfrac{S(t)}{t^2}=\lim_{t\to\infty}\dfrac{\frac{1}{2}t\sqrt{t^2+t}}{t^2}=\lim_{t\to\infty}\dfrac{\sqrt{t^2+t}}{2t}$

$\qquad=\displaystyle\lim_{t\to\infty}\dfrac{\sqrt{1+\frac{1}{t}}}{2}=\dfrac{1}{2}$

▶ **유형 연습** [+ 내신 유형]　　● 문제편 pp. 22~25

21 답 ⑤

$\displaystyle\lim_{x\to0}\dfrac{2x^3-ax+b}{x}=-3\cdots$ ㉠과 같이 극한값이 존재하고

$\displaystyle\lim_{x\to0}x=0$이므로 $\displaystyle\lim_{x\to0}(2x^3-ax+b)=0$　　∴ $b=0$

$b=0$을 ㉠에 대입하면

$\displaystyle\lim_{x\to0}\dfrac{2x^3-ax+b}{x}=\lim_{x\to0}\dfrac{2x^3-ax}{x}$

$\qquad\qquad\qquad=\displaystyle\lim_{x\to0}(2x^2-a)=-a=-3$

∴ $a=3$

∴ $a^2+b^2=9$

22 답 ①

$\displaystyle\lim_{x\to-2}\dfrac{x^2+ax+b}{x+2}=\raisebox{0pt}{$_$}\cdots$ ㉠과 같이 극한값이 존재하고

$\displaystyle\lim_{x\to-2}(x+2)=0$이므로 $\displaystyle\lim_{x\to-2}(x^2+ax+b)=0$

$4-2a+b=0$　　∴ $b=2a-4\cdots$ ㉡

$b=2a-4$를 ㉠에 대입하면

$\displaystyle\lim_{x\to-2}\dfrac{x^2+ax+b}{x+2}=\lim_{x\to-2}\dfrac{x^2+ax+2a-4}{x+2}$

$\qquad\qquad\qquad=\displaystyle\lim_{x\to-2}\dfrac{(x+2)(x+a-2)}{x+2}$

$\qquad\qquad\qquad=\displaystyle\lim_{x\to-2}(x+a-2)$

$\qquad\qquad\qquad=-2+a-2=1$

∴ $a=5$

$a=5$를 ㉡에 대입하면

$b=2\times5-4=6$

∴ $a+b=5+6=11$

23 답 ⑤

$\displaystyle\lim_{x\to1}\dfrac{x-1}{x^2+ax+b}=3\cdots$ ㉠과 같이 0이 아닌 극한값이

존재하고 $\displaystyle\lim_{x\to1}(x-1)=0$이므로 $\displaystyle\lim_{x\to1}(x^2+ax+b)=0$

$1+a+b=0$　　∴ $b=-a-1\cdots$ ㉡

$b=-a-1$을 ㉠에 대입하면

$\displaystyle\lim_{x\to1}\dfrac{x-1}{x^2+ax+b}=\lim_{x\to1}\dfrac{x-1}{x^2+ax-a-1}$

$\qquad\qquad\qquad=\displaystyle\lim_{x\to1}\dfrac{x-1}{(x-1)(x+a+1)}$

$\qquad\qquad\qquad=\displaystyle\lim_{x\to1}\dfrac{1}{x+a+1}$

$\qquad\qquad\qquad=\dfrac{1}{a+2}=3$

$a+2=\dfrac{1}{3}$　　∴ $a=-\dfrac{5}{3}$

$a=-\dfrac{5}{3}$를 ㉡에 대입하면

$b=-\left(-\dfrac{5}{3}\right)-1=\dfrac{2}{3}$

∴ $ab=-\dfrac{5}{3}\times\dfrac{2}{3}=-\dfrac{10}{9}$

TIP

함수의 미정계수를 결정할 때, $\displaystyle\lim_{x\to a}\dfrac{f(x)}{g(x)}=\alpha(\alpha\text{는 실수})$이고

$\displaystyle\lim_{x\to a}g(x)=0$이면 $\displaystyle\lim_{x\to a}f(x)=0$이다.

하지만 $\displaystyle\lim_{x\to a}\dfrac{f(x)}{g(x)}=\alpha$이고 $\displaystyle\lim_{x\to a}f(x)=0$일 때,

$\displaystyle\lim_{x\to a}g(x)=0$이 성립하려면 α는 0이 아닌 실수여야 한다.

만약 $\alpha=0$이라면 반드시 $\displaystyle\lim_{x\to a}g(x)=0$일 필요가 없다.

왜냐하면 $\displaystyle\lim_{x\to a}\dfrac{f(x)}{g(x)}=0$에서 $\displaystyle\lim_{x\to a}f(x)=0$이면

$\displaystyle\lim_{x\to a}g(x)$의 값은 0이 아닌 임의의 실수여도 되기 때문이다.

24 답 ②

$\lim\limits_{x \to 1} \dfrac{a\sqrt{x}+b}{x-1}=-2$ … ㉠와 같이 극한값이 존재하고

$\lim\limits_{x \to 1}(x-1)=0$이므로 $\lim\limits_{x \to 1}(a\sqrt{x}+b)=0$

$a+b=0$ $\quad \therefore b=-a$ … ㉡

$b=-a$를 ㉠에 대입하면

$$\lim_{x \to 1}\frac{a\sqrt{x}+b}{x-1}=\lim_{x \to 1}\frac{a\sqrt{x}-a}{x-1}=a\lim_{x \to 1}\frac{\sqrt{x}-1}{x-1}$$
$$=a\lim_{x \to 1}\frac{(\sqrt{x}-1)(\sqrt{x}+1)}{(x-1)(\sqrt{x}+1)}$$
$$=a\lim_{x \to 1}\frac{x-1}{(x-1)(\sqrt{x}+1)}$$
$$=a\lim_{x \to 1}\frac{1}{\sqrt{x}+1}=\frac{a}{2}=-2$$

$\therefore a=-4$

$a=-4$를 ㉡에 대입하면 $b=4$

$\therefore a-b=-4-4=-8$

> **TIP**
>
> 극한값을 이용하여 다음과 같이 미정계수를 구하자.
> (i) 극한값이 존재하고 (분모) $\longrightarrow 0$이면 (분자) $\longrightarrow 0$
> 또는 0이 아닌 극한값이 존재하고 (분자) $\longrightarrow 0$이면
> (분모) $\longrightarrow 0$임을 이용하여 두 상수 사이의 관계식을 구한다.
> (ii) (i)에서 얻은 관계식에서 한 문자를 다른 문자에 대해 나
> 타낸 후 주어진 극한식에 대입하여 정리한다.
> (iii) 인수분해 또는 유리화를 이용하여 극한값을 구해본다.

25 답 ④

$\lim\limits_{x \to 2} \dfrac{a\sqrt{x-1}+b}{x-2}=4$ … ㉠와 같이 극한값이 존재하고

$\lim\limits_{x \to 2}(x-2)=0$이므로 $\lim\limits_{x \to 2}(a\sqrt{x-1}+b)=0$

$a+b=0$ $\quad \therefore b=-a$ … ㉡

$b=-a$를 ㉠에 대입하면

$$\lim_{x \to 2}\frac{a\sqrt{x-1}+b}{x-2}=\lim_{x \to 2}\frac{a\sqrt{x-1}-a}{x-2}=a\lim_{x \to 2}\frac{\sqrt{x-1}-1}{x-2}$$
$$=a\lim_{x \to 2}\frac{(\sqrt{x-1}-1)(\sqrt{x-1}+1)}{(x-2)(\sqrt{x-1}+1)}$$
$$=a\lim_{x \to 2}\frac{x-2}{(x-2)(\sqrt{x-1}+1)}$$
$$=a\lim_{x \to 2}\frac{1}{\sqrt{x-1}+1}=\frac{a}{2}=4$$

$\therefore a=8$

$a=8$을 ㉡에 대입하면 $b=-8$

$\therefore 3a+2b=24-16=8$

26 답 ③

$\lim\limits_{x \to 1} \dfrac{\sqrt{x^2+1}+a}{\sqrt{x}-1}=b$ … ㉠와 같이 극한값이 존재하고

$\lim\limits_{x \to 1}(\sqrt{x}-1)=0$이므로 $\lim\limits_{x \to 1}(\sqrt{x^2+1}+a)=0$

$\sqrt{2}+a=0$ $\quad \therefore a=-\sqrt{2}$

$a=-\sqrt{2}$를 ㉠에 대입하면

$$\lim_{x \to 1}\frac{\sqrt{x^2+1}+a}{\sqrt{x}-1}$$
$$=\lim_{x \to 1}\frac{\sqrt{x^2+1}-\sqrt{2}}{\sqrt{x}-1}$$
$$=\lim_{x \to 1}\frac{(\sqrt{x}+1)(\sqrt{x^2+1}-\sqrt{2})(\sqrt{x^2+1}+\sqrt{2})}{(\sqrt{x}+1)(\sqrt{x}-1)(\sqrt{x^2+1}+\sqrt{2})}$$
$$=\lim_{x \to 1}\frac{(\sqrt{x}+1)(x^2+1-2)}{(x-1)(\sqrt{x^2+1}+\sqrt{2})}$$
$$=\lim_{x \to 1}\frac{(\sqrt{x}+1)(x-1)(x+1)}{(x-1)(\sqrt{x^2+1}+\sqrt{2})}$$
$$=\lim_{x \to 1}\frac{(\sqrt{x}+1)(x+1)}{\sqrt{x^2+1}+\sqrt{2}}=\frac{2\times 2}{\sqrt{2}+\sqrt{2}}=\frac{4}{2\sqrt{2}}=\sqrt{2}$$

$\therefore b=\sqrt{2}$

$\therefore \dfrac{a}{b}=\dfrac{-\sqrt{2}}{\sqrt{2}}=-1$

27 답 ②

$\lim\limits_{x \to 1} \dfrac{\sqrt{3x^2+x}+ax}{x-1}=b$ … ㉠와 같이 극한값이 존재하고

$\lim\limits_{x \to 1}(x-1)=0$이므로 $\lim\limits_{x \to 1}(\sqrt{3x^2+x}+ax)=0$

$2+a=0$ $\quad \therefore a=-2$

$a=-2$를 ㉠에 대입하면

$$\lim_{x \to 1}\frac{\sqrt{3x^2+x}+ax}{x-1}$$
$$=\lim_{x \to 1}\frac{\sqrt{3x^2+x}-2x}{x-1}$$
$$=\lim_{x \to 1}\frac{(\sqrt{3x^2+x}-2x)(\sqrt{3x^2+x}+2x)}{(x-1)(\sqrt{3x^2+x}+2x)}$$
$$=\lim_{x \to 1}\frac{(3x^2+x)-(2x)^2}{(x-1)(\sqrt{3x^2+x}+2x)}$$
$$=\lim_{x \to 1}\frac{-x^2+x}{(x-1)(\sqrt{3x^2+x}+2x)}$$
$$=\lim_{x \to 1}\frac{-x(x-1)}{(x-1)(\sqrt{3x^2+x}+2x)}$$
$$=\lim_{x \to 1}\frac{-x}{\sqrt{3x^2+x}+2x}=\frac{-1}{2+2}=-\frac{1}{4}$$

$\therefore b=-\dfrac{1}{4}$

$\therefore ab=(-2)\times\left(-\dfrac{1}{4}\right)=\dfrac{1}{2}$

28 답 ④

$\lim\limits_{x \to \infty} \dfrac{f(x)}{2x^2+x+1}=2$에서 $f(x)$는 이차항의 계수가 4인 이차함수이다.

또, $\lim\limits_{x \to 2} \dfrac{f(x)}{x^2-x-2}=4$와 같이 극한값이 존재하고

$\lim\limits_{x \to 2}(x^2-x-2)=0$이면 $\lim\limits_{x \to 2}f(x)=0$

즉, $f(2)=0$이므로 $f(x)$는 $x-2$를 인수로 가진다.

$f(x)=4(x-2)(x-k)$ (단, k는 상수)라 놓으면

$$\lim_{x\to2}\frac{f(x)}{x^2-x-2}=\lim_{x\to2}\frac{4(x-2)(x-k)}{(x-2)(x+1)}$$

$$=\lim_{x\to2}\frac{4(x-k)}{x+1}=\frac{4(2-k)}{3}=-4$$

$8-4k=-12$ $\therefore k=5$

따라서 $f(x)=4(x-2)(x-5)$이므로

$f(0)=4\times(-2)\times(-5)=40$

29 답 ⑤

$\lim_{x\to\infty}\dfrac{f(x)}{3x^2-2x+1}=1$에서 $f(x)$는 이차항의 계수가 3인

이차함수이다.

또, $\lim_{x\to-1}\dfrac{f(x)}{x^2-x-2}=\dfrac{1}{3}$과 같이 극한값이 존재하고

$\lim_{x\to-1}(x^2-x-2)=0$이면 $\lim_{x\to-1}f(x)=0$

즉, $f(-1)=0$이므로 $f(x)$는 $x+1$을 인수로 가진다.

$f(x)=3(x+1)(x-k)$(단, k는 상수)라 놓으면

$$\lim_{x\to-1}\frac{f(x)}{x^2-x-2}=\lim_{x\to-1}\frac{3(x+1)(x-k)}{(x-2)(x+1)}$$

$$=\lim_{x\to-1}\frac{3(x-k)}{x-2}=\frac{3(-1-k)}{-3}=\frac{1}{3}$$

$-3-3k=-1$ $\therefore k=-\dfrac{2}{3}$

따라서 $f(x)=3(x+1)\left(x+\dfrac{2}{3}\right)$이므로

$f(1)=3\times2\times\dfrac{5}{3}=10$

30 답 ⑤

$\lim_{x\to\infty}\dfrac{f(x)}{2x^2-1}=1$에서 $f(x)$는 이차항의 계수가 2인

이차함수이다.

또, $\lim_{x\to3}\dfrac{f(x)}{x^2-5x+6}=6$과 같이 극한값이 존재하고

$\lim_{x\to3}(x^2-5x+6)=0$이면 $\lim_{x\to3}f(x)=0$

즉, $f(3)=0$이므로 $f(x)$는 $x-3$을 인수로 가진다.

$f(x)=2(x-3)(x-k)$ (단, k는 상수)라 놓으면

$$\lim_{x\to3}\frac{f(x)}{x^2-5x+6}=\lim_{x\to3}\frac{2(x-3)(x-k)}{(x-3)(x-2)}$$

$$=\lim_{x\to3}\frac{2(x-k)}{x-2}=2(3-k)=6$$

$\therefore k=0$

따라서 $f(x)=2x(x-3)$이므로

$f(-1)=2\times(-1)\times(-4)=8$

31 답 ②

조건 (가)에서 $\lim_{x\to0}\dfrac{f(x)}{x}=3$과 같이 극한값이 존재하고

$\lim_{x\to0}x=0$이면 $\lim_{x\to0}f(x)=0$ $\therefore f(0)=0 \cdots \bigcirc$

또, 조건 (나)에서 $\lim_{x\to-1}\dfrac{f(x)}{x+1}=-5$와 같이 극한값이

존재하고 $\lim_{x\to-1}(x+1)=0$이면 $\lim_{x\to-1}f(x)=0$

$\therefore f(-1)=0 \cdots \bigcirc\!\!\!\!\!\!\bigcirc$

$\bigcirc$, $\bigcirc\!\!\!\!\!\!\bigcirc$에서 삼차함수 $f(x)$를

$f(x)=x(x+1)(ax+b)$ (단, a, b는 상수)로 놓으면

$$\lim_{x\to0}\frac{f(x)}{x}=\lim_{x\to0}\frac{x(x+1)(ax+b)}{x}$$

$$=\lim_{x\to0}(x+1)(ax+b)=b=3$$

$$\lim_{x\to-1}\frac{f(x)}{x+1}=\lim_{x\to-1}\frac{x(x+1)(ax+3)}{x+1}$$

$$=\lim_{x\to-1}x(ax+3)=-(-a+3)$$

$-(-a+3)=-5$ $\therefore a=-2$

따라서 $f(x)=x(x+1)(-2x+3)$이므로

$f(1)=1\times2\times1=2$

32 답 ②

$\lim_{x\to\infty}\dfrac{f(x)}{x^2-x-2}=2$에서 $f(x)=ax^2+bx$는 이차항의 계수

가 2인 이차함수이다. $\therefore a=2$

또, $\lim_{x\to2}\dfrac{f(x)}{x^2-x-2}=\lim_{x\to2}\dfrac{2x^2+bx}{x^2-x-2}=c$와 같이 극한값이

존재하고 $\lim_{x\to2}(x^2-x-2)=0$이면 $\lim_{x\to2}(2x^2+bx)=0$

$8+2b=0$ $\therefore b=-4$

$$\lim_{x\to2}\frac{2x^2-4x}{x^2-x-2}=\lim_{x\to2}\frac{2x(x-2)}{(x+1)(x-2)}$$

$$=\lim_{x\to2}\frac{2x}{x+1}=\frac{4}{3}=c$$

$\therefore a+b+c=2+(-4)+\dfrac{4}{3}=-\dfrac{2}{3}$

33 답 ③

조건 (가)에서 $\lim_{x\to\infty}\dfrac{f(x)-2x^2}{x+1}=-1$과 같이 수렴하면 분

모와 분자의 차수가 같고, 최고차항의 계수의 비가 -1이

어야 한다.

즉, $f(x)-2x^2$은 일차함수이어야 하고, 일차항의 계수는

-1이어야 하므로

$f(x)-2x^2=-x+k$ (단, k는 상수)

$\therefore f(x)=2x^2-x+k \cdots \bigcirc$

조건 (나)에서 $\lim_{x\to2}\dfrac{f(x)}{x-2}$의 값이 존재하므로

$\lim_{x\to2}(x-2)=0$이면

$\lim_{x\to2}f(x)=0$ $\therefore f(2)=0$

$\bigcirc$에 $x=2$를 대입하면

$f(2)=8-2+k=0$ $\therefore k=-6$

따라서 $f(x)=2x^2-x-6$이므로

$f(3)=18-3-6=9$

34 답 ③

조건 (가)에서 $\lim\limits_{x\to\infty}\dfrac{f(x)-x^3}{x^2}=2$와 같이 수렴하면 분모와 분자의 차수가 같고, 최고차항의 계수의 비가 2이어야 한다.

즉, $f(x)-x^3$은 이차함수이어야 하고, 이차항의 계수는 2이어야 하므로

$f(x)-x^3=2x^2+ax+b$ (단, a, b는 상수)

$\therefore f(x)=x^3+2x^2+ax+b \cdots \bigcirc$

조건 (나)에서 $\lim\limits_{x\to1}\dfrac{f(x)}{x-1}=4$와 같이 극한값이 존재하고

$\lim\limits_{x\to1}(x-1)=0$이면 $\lim\limits_{x\to1}f(x)=0$ $\therefore f(1)=0$

$\bigcirc$에 $x=1$을 대입하면

$f(1)=1+2+a+b=0$ $\therefore b=-a-3 \cdots \bigcirc\!\!\bigcirc$

$\bigcirc\!\!\bigcirc$을 $\bigcirc$에 대입하면

$f(x)=x^3+2x^2+ax+b=x^3+2x^2+ax-a-3$

$\qquad =(x-1)(x^2+3x+a+3)$

이므로

$\lim\limits_{x\to1}\dfrac{f(x)}{x-1}=\lim\limits_{x\to1}\dfrac{(x-1)(x^2+3x+a+3)}{x-1}$

$\qquad\qquad =\lim\limits_{x\to1}(x^2+3x+a+3)=1+3+a+3=4$

$\therefore a=-3$

$a=-3$을 $\bigcirc\!\!\bigcirc$에 대입하면 $b=3-3=0$

따라서 $f(x)=x^3+2x^2-3x$이므로

$f(2)=8+8-6=10$

35 답 ②

조건 (가)에서 $\lim\limits_{x\to\infty}\dfrac{f(x)-2x^3}{x^2}=2$와 같이 수렴하면 분모와 분자의 차수가 같고, 최고차항의 계수의 비가 2이어야 한다.

즉, $f(x)-2x^3$은 이차함수이어야 하고, 이차항의 계수는 2이어야 하므로

$f(x)-2x^3=2x^2+ax+b$ (단, a, b는 상수)

$\therefore f(x)=2x^3+2x^2+ax+b \cdots \bigcirc$

조건 (나)에서 $\lim\limits_{x\to0}\dfrac{f(x)}{x}=-3$과 같이 극한값이 존재하고

$\lim\limits_{x\to0}x=0$이면 $\lim\limits_{x\to0}f(x)=0$ $\therefore f(0)=0$

$\bigcirc$에 $x=0$을 대입하면

$f(0)=b=0 \cdots \bigcirc\!\!\bigcirc$

$\bigcirc\!\!\bigcirc$을 $\bigcirc$에 대입하면 $f(x)=2x^3+2x^2+ax$이므로

$\lim\limits_{x\to0}\dfrac{f(x)}{x}=\lim\limits_{x\to0}\dfrac{2x^3+2x^2+ax}{x}$

$\qquad\qquad =\lim\limits_{x\to0}(2x^2+2x+a)=a=-3$

따라서 $f(x)=2x^3+2x^2-3x$이므로

$f(-2)=-16+8+6=-2$

36 답 ④

함수 $f(x)$가 이차함수라 하므로

$f(x)=ax^2+bx+c$ (단, a, b, c는 상수, $a\neq0$)라 놓자.

$\dfrac{2x^2f(x)-f(x^2)}{\{f(x)\}^2}$에서 분자를 정리하면

$2x^2f(x)-f(x^2)$

$=2x^2(ax^2+bx+c)-(ax^4+bx^2+c)$

$=2ax^4+2bx^3+2cx^2-ax^4-bx^2-c$

$=ax^4+2bx^3+(2c-b)x^2-c \cdots \bigcirc$

또, 분모를 정리하면

$\{f(x)\}^2$

$=(ax^2+bx+c)^2$

$=a^2x^4+b^2x^2+c^2+2abx^3+2bcx+2acx^2$

$=a^2x^4+2abx^3+(b^2+2ac)x^2+2bcx+c^2 \cdots \bigcirc\!\!\bigcirc$

조건 (가)에서 $\lim\limits_{x\to\infty}\dfrac{2x^2f(x)-f(x^2)}{\{f(x)\}^2}=3$과 같이 수렴하므로 분모와 분자의 최고차항의 계수의 비가 3이다.

즉, $\bigcirc$, $\bigcirc\!\!\bigcirc$에 의하여

$\dfrac{a}{a^2}=\dfrac{1}{a}=3$ $\therefore a=\dfrac{1}{3}$

조건 (나)에서 $\lim\limits_{x\to0}\dfrac{f(x)}{x}=1$과 같이 극한값이 존재하고

$\lim\limits_{x\to0}x=0$이면 $\lim\limits_{x\to0}f(x)=0$ $\therefore f(0)=0$

$\therefore c=0$

즉, $f(x)=\dfrac{1}{3}x^2+bx$이므로

$\lim\limits_{x\to0}\dfrac{f(x)}{x}=\lim\limits_{x\to0}\dfrac{\dfrac{1}{3}x^2+bx}{x}=\lim\limits_{x\to0}\left(\dfrac{1}{3}x+b\right)=b=1$

따라서 $f(x)=\dfrac{1}{3}x^2+x$이므로

$f(3)=\dfrac{1}{3}\times9+3=6$

37 답 ③

모든 실수 x에 대하여 $x^2+1>0$이므로 주어진 부등식의 각 변을 x^2+1로 나누면

$\dfrac{5x^2-1}{x^2+1}\leq f(x)\leq\dfrac{5x^2+7}{x^2+1}$

이때, $\lim\limits_{x\to\infty}\dfrac{5x^2-1}{x^2+1}=5$, $\lim\limits_{x\to\infty}\dfrac{5x^2+7}{x^2+1}=5$이므로

$\lim\limits_{x\to\infty}f(x)=5$

> **심플 정리**
> **[극한의 대소 관계]**
> 세 함수 $f(x)$, $g(x)$, $h(x)$가 a에 가까운 모든 x의 값에서 $f(x)\leq h(x)\leq g(x)$를 만족하고
> $\lim\limits_{x\to a}f(x)=\lim\limits_{x\to a}g(x)=\alpha$ (α는 실수)이면
> $\lim\limits_{x\to a}h(x)=\alpha$이다.

38 답 ⑤

$x>0$에서 함수 $f(x)$가

$$\frac{2x-3}{x}<f(x)<\frac{2x^2+5x}{x^2}$$

를 만족시키고 $\displaystyle\lim_{x\to\infty}\frac{2x-3}{x}=2$, $\displaystyle\lim_{x\to\infty}\frac{2x^2+5x}{x^2}=2$이므로

$$\lim_{x\to\infty}f(x)=2$$

39 답 ③

$x>0$일 때, $3x+1>0$, $3x+5>0$이고

$x>0$에서 함수 $f(x)$가 $3x+1<f(x)<3x+5$를 만족시

키므로 부등식의 각 변을 제곱하면

$$(3x+1)^2<\{f(x)\}^2<(3x+5)^2$$

또, 모든 실수 x에 대하여 $x^2+x+1>0$이므로 부등식의

각 변을 x^2+x+1로 나누면

$$\frac{(3x+1)^2}{x^2+x+1}<\frac{\{f(x)\}^2}{x^2+x+1}<\frac{(3x+5)^2}{x^2+x+1}$$

이때, $\displaystyle\lim_{x\to\infty}\frac{(3x+1)^2}{x^2+x+1}=9$, $\displaystyle\lim_{x\to\infty}\frac{(3x+5)^2}{x^2+x+1}=9$이므로

$$\lim_{x\to\infty}\frac{\{f(x)\}^2}{x^2+x+1}=9$$

40 답 ②

두 점 Q, R의 좌표는 각각 $Q(t,0)$, $R(0,\sqrt{t})$이므로

$\overline{OQ}^2=t^2$, $\overline{OR}^2=t$

또한, $\overline{OP}^2=t^2+t$이므로

$$\lim_{t\to\infty}\frac{5\overline{OP}^2}{3\overline{OQ}^2+2\overline{OR}^2}=\lim_{t\to\infty}\frac{5(t^2+t)}{3t^2+2t}$$
$$=\lim_{t\to\infty}\frac{5t^2+5t}{3t^2+2t}=\frac{5}{3}$$

41 답 ①

이차함수 $y=x^2-1$의 그래프가 x축과 만나는 점의 x좌표

를 구하면

$x^2-1=0$, $(x+1)(x-1)=0$

$\therefore x=-1$ 또는 $x=1$

즉, 점 P의 좌표는 $P(1,0)$이므로

$\overline{PQ}=\sqrt{(t-1)^2+(t^2-1)^2}=\sqrt{t^4-t^2-2t+2}$

$$\therefore \lim_{t\to\infty}\frac{\overline{PQ}}{t^2}=\lim_{t\to\infty}\frac{\sqrt{t^4-t^2-2t+2}}{t^2}$$
$$=\lim_{t\to\infty}\frac{\sqrt{1-\dfrac{1}{t^2}-\dfrac{2}{t^3}+\dfrac{2}{t^4}}}{1}=1$$

42 답 ②

두 점 $A(0,2)$, $B(t,\sqrt{t+4})$에 대하여 직선 AB의 기울

기 $f(t)$를 구하면

$$f(t)=\frac{\sqrt{t+4}-2}{t-0}=\frac{\sqrt{t+4}-2}{t}$$

$$\therefore \lim_{t\to0}f(t)=\lim_{t\to0}\frac{\sqrt{t+4}-2}{t}$$
$$=\lim_{t\to0}\frac{(\sqrt{t+4}-2)(\sqrt{t+4}+2)}{t(\sqrt{t+4}+2)}$$
$$=\lim_{t\to0}\frac{(t+4)-4}{t(\sqrt{t+4}+2)}$$
$$=\lim_{t\to0}\frac{t}{t(\sqrt{t+4}+2)}$$
$$=\lim_{t\to0}\frac{1}{\sqrt{t+4}+2}=\frac{1}{2+2}=\frac{1}{4}$$

43 답 1

$d_1=\sqrt{(t-0)^2+(\sqrt{2t-1}-0)^2}=\sqrt{t^2+2t-1}$

$d_2=\sqrt{(t-1)^2+(\sqrt{2t-1}-0)^2}=\sqrt{t^2}=t\ (\because t>0)$

$$\therefore \lim_{t\to\infty}(d_1-d_2)$$
$$=\lim_{t\to\infty}(\sqrt{t^2+2t-1}-t)$$
$$=\lim_{t\to\infty}\frac{(\sqrt{t^2+2t-1}-t)(\sqrt{t^2+2t-1}+t)}{\sqrt{t^2+2t-1}+t}$$
$$=\lim_{t\to\infty}\frac{t^2+2t-1-t^2}{\sqrt{t^2+2t-1}+t}$$
$$=\lim_{t\to\infty}\frac{2t-1}{\sqrt{t^2+2t-1}+t}$$
$$=\lim_{t\to\infty}\frac{2-\dfrac{1}{t}}{\sqrt{1+\dfrac{2}{t}-\dfrac{1}{t^2}}+1}=\frac{2}{1+1}=1$$

44 답 ④

$\overline{OA}=a$, $\overline{OB}=1$, $\overline{AB}=\sqrt{a^2+1}$이므로

$$\triangle OAB=\frac{1}{2}\times\overline{OA}\times\overline{OB}$$
$$=\frac{1}{2}\times(\overline{OA}+\overline{OB}+\overline{AB})\times r$$

에서

$$\frac{1}{2}\times a\times1=\frac{1}{2}\times(a+1+\sqrt{a^2+1})\times r$$

$$\therefore r=\frac{a}{a+1+\sqrt{a^2+1}}$$

$$\therefore \lim_{a\to0+}\frac{r}{a}=\lim_{a\to0+}\frac{a}{a(a+1+\sqrt{a^2+1})}$$
$$=\lim_{a\to0+}\frac{1}{a+1+\sqrt{a^2+1}}=\frac{1}{1+1}=\frac{1}{2}$$

삼각형 ABC의 내접원의 중심을 I라 하면 삼각형의 세 변의
길이와 내접원의 반지름의 길이 사이의 관계는 다음과 같다.

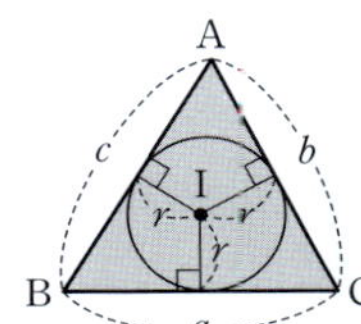
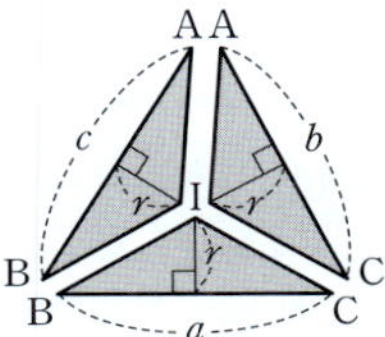

$$\triangle ABC=\triangle IAB+\triangle IBC+\triangle ICA$$
$$=\frac{1}{2}r(a+b+c)$$

01　답 ①

$\lim\limits_{x\to2}f(x)=2$, $\lim\limits_{x\to2}g(x)=3$이므로

$\lim\limits_{x\to2}\{2f(x)-3g(x)\}$

$=2\lim\limits_{x\to2}f(x)-3\lim\limits_{x\to2}g(x)$

$=2\times2-3\times3=-5$

02　답 ⑤

$\lim\limits_{x\to1}f(x)$의 값이 존재하려면

$\lim\limits_{x\to1+}f(x)=\lim\limits_{x\to1-}f(x)$이어야 한다.

$\lim\limits_{x\to1+}f(x)=\lim\limits_{x\to1+}(x^2-ax-b)=1-a-b \cdots \text{㉠}$

$\lim\limits_{x\to1-}f(x)=\lim\limits_{x\to1-}(2x^2-abx+4)$

$\qquad\qquad\quad=2-ab+4=6-ab \cdots \text{㉡}$

㉠, ㉡에서

$1-a-b=6-ab$, $ab-a-b=5$

$a(b-1)-(b-1)=6$

$\therefore (a-1)(b-1)=6$

이때, a, b가 정수이므로 위 식을 만족시키는 $a-1$, $b-1$
의 값을 표로 나타내면 다음과 같다.

$a-1$	-6	-3	-2	-1	1	2	3	6
$b-1$	-1	-2	-3	-6	6	3	2	1

따라서 구하는 순서쌍 (a, b)는

$(-5, 0)$, $(-2, -1)$, $(-1, -2)$, $(0, -5)$, $(2, 7)$,

$(3, 4)$, $(4, 3)$, $(7, 2)$의 8개이다.

03　답 ⑤

ㄱ. $\lim\limits_{x\to1-}f(x)=-2$, $\lim\limits_{x\to1+}f(x)=0$이므로

　　$\lim\limits_{x\to1-}f(x)\neq\lim\limits_{x\to1+}f(x)$

　　즉, $\lim\limits_{x\to1}f(x)$의 값은 존재하지 않는다. (거짓)

ㄴ. $\lim\limits_{x\to2-}f(x)=\lim\limits_{x\to2+}f(x)=1$

　　$\therefore \lim\limits_{x\to2}f(x)=1$ (참)

ㄷ. 그래프에서 $-1<a<1$인 실수 a에 대하여

　　$\lim\limits_{x\to a}f(x)$의 값이 항상 존재한다. (참)

따라서 옳은 것은 ㄴ, ㄷ이다.

04　답 ②

> $\lim\limits_{x\to1+}\dfrac{|x-1|^2-2|1-x|}{|x|-1}$의 값은?
>
> 절댓값 기호 안의 값이 양수인지 음수인지
> 판단해서 절댓값 기호를 없애야 해.
>
> ① -4　　② -2　　③ 0
>
> ④ 2　　　⑤ 4

1st　$x\longrightarrow1+$일 때 $x-1$과 $1-x$의 부호를 파악하자.

$x\longrightarrow1+$이면 $x>1$, 즉 $x-1>0$이므로

$\lim\limits_{x\to1+}\dfrac{|x-1|^2-2|1-x|}{|x|-1}$

$|a|=\begin{cases}a & (a\geq0)\\ -a & (a<0)\end{cases}$

즉, $x-1>0$이므로
$|x-1|=x-1$
$|1-x|=-(1-x)=x-1$
이야.

$=\lim\limits_{x\to1+}\dfrac{(x-1)^2-2(x-1)}{x-1}$

$=\lim\limits_{x\to1+}\dfrac{(x-1)(x-1-2)}{x-1}$

$=\lim\limits_{x\to1+}\dfrac{(x-1)(x-3)}{x-1}=\lim\limits_{x\to1+}(x-3)=-2$

05　답 ⑤

$\lim\limits_{x\to3}\dfrac{\sqrt{2x^2+7}-5}{x-3}=\lim\limits_{x\to3}\dfrac{(\sqrt{2x^2+7}-5)(\sqrt{2x^2+7}+5)}{(x-3)(\sqrt{2x^2+7}+5)}$

$=\lim\limits_{x\to3}\dfrac{2x^2+7-25}{(x-3)(\sqrt{2x^2+7}+5)}$

$=\lim\limits_{x\to3}\dfrac{2x^2-18}{(x-3)(\sqrt{2x^2+7}+5)}$

$=\lim\limits_{x\to3}\dfrac{2(x^2-9)}{(x-3)(\sqrt{2x^2+7}+5)}$

$=\lim\limits_{x\to3}\dfrac{2(x-3)(x+3)}{(x-3)(\sqrt{2x^2+7}+5)}$

$=\lim\limits_{x\to3}\dfrac{2(x+3)}{\sqrt{2x^2+7}+5}$

$=\dfrac{2\times6}{5+5}=\dfrac{12}{10}=\dfrac{6}{5}$

06　답 ④

> 그림은 $-3<x<3$에서 정의된 두 함수
> $y=f(x)$, $y=g(x)$의 그래프이다.
> 그림에서 $x=1$과 $x=-1$에서만 그래프가 끊겨져 있지? $x=1$과
> $x=-1$에서 좌극한값과 우극한값을 각각 구해야 해.
> 옳은 것만을 [보기]에서 있는 대로 고른 것은?
>
> 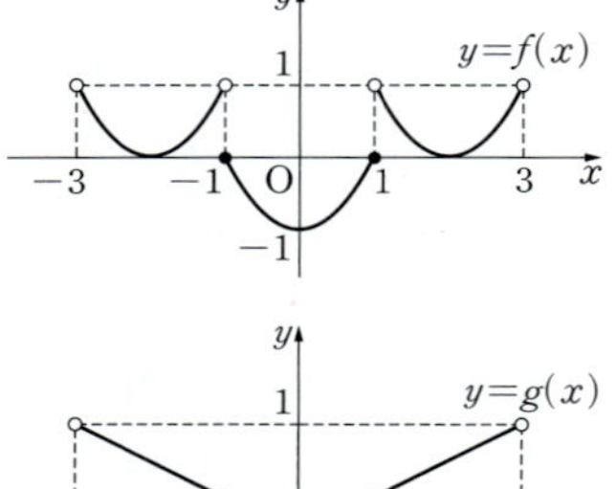
>
>
> ────[보기]────
>
> ㄱ. $\lim\limits_{x\to0}f(x)=-1$
>
> ㄴ. $\lim\limits_{x\to1}\{f(x)+g(x)\}=1$
>
> ㄷ. $\lim\limits_{x\to-1}f(x)g(x)=0$
>
> ① ㄱ　　　② ㄴ　　　③ ㄱ, ㄴ
>
> ④ ㄱ, ㄷ　　⑤ ㄱ, ㄴ, ㄷ

1st $x=a$에서 극한값이 존재한다는 것은 좌극한값과 우극한값이 같다는 거야.

ㄱ. $y=f(x)$의 그래프에서

$\lim\limits_{x\to 0+}f(x)=\lim\limits_{x\to 0-}f(x)=-1$이므로

$\lim\limits_{x\to 0}f(x)=-1$ (참)

2nd $x=1$, $x=-1$에서의 두 함수 $f(x)$, $g(x)$의 좌극한값과 우극한값을 구해.

ㄴ. $\lim\limits_{x\to 1+}\{f(x)+g(x)\}=1+0=1$ $\longrightarrow$ $\lim\limits_{x\to 1+}f(x)+\lim\limits_{x\to 1+}g(x)=1+0=1$

$\lim\limits_{x\to 1-}\{f(x)+g(x)\}=0+(-1)=-1$ $\longrightarrow$ $\lim\limits_{x\to 1-}f(x)+\lim\limits_{x\to 1-}g(x)=0+(-1)=-1$

즉, $\lim\limits_{x\to 1}\{f(x)+g(x)\}$의 값은 존재하지 않는다. (거짓)

ㄷ. $\lim\limits_{x\to 1+}f(x)g(x)=0\times(-1)=0$

$\lim\limits_{x\to 1-}f(x)g(x)=1\times 0=0$ $\longrightarrow$ $\lim\limits_{x\to 1+}f(x)\times\lim\limits_{x\to 1+}g(x)=0\times(-1)=0$

$\therefore \lim\limits_{x\to 1}f(x)g(x)=0$ (참) $\longrightarrow$ $\lim\limits_{x\to 1-}f(x)\times\lim\limits_{x\to 1-}g(x)=1\times 0=0$

따라서 옳은 것은 ㄱ, ㄷ이다.

07 답 ②

$\lim\limits_{x\to 3}\dfrac{3x^2+ax-6}{x-3}=b$ … ㉠와 같이 극한값이 존재하고

$\lim\limits_{x\to 3}(x-3)=0$이면 $\lim\limits_{x\to 3}(3x^2+ax-6)=0$

$27+3a-6=0$, $3a=-21$ $\quad\therefore a=-7$

$a=-7$을 ㉠에 대입하면

$\lim\limits_{x\to 3}\dfrac{3x^2+ax-6}{x-3}=\lim\limits_{x\to 3}\dfrac{3x^2-7x-6}{x-3}$

$=\lim\limits_{x\to 3}\dfrac{(x-3)(3x+2)}{x-3}$

$=\lim\limits_{x\to 3}(3x+2)=11$

$\therefore b=11$

$\therefore a+b=-7+11=4$

08 답 ①

함수 $f(x)=\begin{cases}-1 & (x\le -1)\\ x & (-1<x\le 1)\\ -3x+2 & (x>1)\end{cases}$에 대하여

$f(-1)=-1$

$\lim\limits_{x\to 1-}f(x)=\lim\limits_{x\to 1-}x=1$

$\lim\limits_{x\to 2}f(x)=\lim\limits_{x\to 2}(-3x+2)=-6+2=-4$

$\therefore f(-1)+\lim\limits_{x\to 1-}f(x)+\lim\limits_{x\to 2}f(x)$

$=-1+1+(-4)=-4$

09 답 ⑤

$x>1$에서 함수 $f(x)$가 $4x+3<f(x)<4x+7$을 만족시키고, $x>1$에서 $4x+3>0$, $4x+7>0$이므로 부등식의 각 변을 제곱하면

$(4x+3)^2<\{f(x)\}^2<(4x+7)^2$

또, $x>1$일 때 $2x^2-1>0$이므로 부등식의 각 변을 $2x^2-1$로 나누면

$\dfrac{(4x+3)^2}{2x^2-1}<\dfrac{\{f(x)\}^2}{2x^2-1}<\dfrac{(4x+7)^2}{2x^2-1}$

이때, $\lim\limits_{x\to\infty}\dfrac{(4x+3)^2}{2x^2-1}=8$, $\lim\limits_{x\to\infty}\dfrac{(4x+7)^2}{2x^2-1}=8$이므로

$\lim\limits_{x\to\infty}\dfrac{\{f(x)\}^2}{2x^2-1}=8$

10 답 ⑤

함수 $f(x)$에 대하여 $\lim\limits_{x\to 2}\dfrac{f(x)-3}{x-2}=5$일 때,

극한값이 존재하고 $x\to 2$일 때 (분모)$\longrightarrow 0$이므로 (분자)$\longrightarrow 0$이어야 해.

$\lim\limits_{x\to 2}\dfrac{x-2}{\{f(x)\}^2-9}$의 값은?

① $\dfrac{1}{18}$ ② $\dfrac{1}{21}$ ③ $\dfrac{1}{24}$ ④ $\dfrac{1}{27}$ ⑤ $\dfrac{1}{30}$

1st 주어진 조건에서 극한값이 존재하고, 분모가 0으로 수렴하지? 즉, 분자도 0으로 수렴해야 해.

함수 $f(x)$에 대하여 $\lim\limits_{x\to 2}\dfrac{f(x)-3}{x-2}=5$와 같이 극한값이

존재하고 $\lim\limits_{x\to 2}(x-2)=0$이면 $\lim\limits_{x\to 2}\{f(x)-3\}=0$이어야

하므로 $f(2)=3$

2nd 구하는 극한값을 변형해서 주어진 조건을 이용할 수 있게 만들자.

$\therefore \lim\limits_{x\to 2}\dfrac{x-2}{\{f(x)\}^2-9}$

$=\lim\limits_{x\to 2}\dfrac{x-2}{\{f(x)-3\}\{f(x)+3\}}$

$=\lim\limits_{x\to 2}\dfrac{x-2}{f(x)-3}\times\lim\limits_{x\to 2}\dfrac{1}{f(x)+3}$

$=\dfrac{1}{5}\times\dfrac{1}{3+3}=\dfrac{1}{30}$ $\longrightarrow$ $\lim\limits_{x\to 2}\dfrac{x-2}{f(x)-3}\cdot\lim\limits_{x\to 2}\dfrac{1}{f(x)+3}$이 모두 수렴하니까 극한의 성질을 쓸 수 있는 거야.

11 답 29

$\lim\limits_{x\to\infty}\dfrac{f(x)-x^2}{x}=4$와 같이 수렴하면 분모와 분자의 차수가

같고, 최고차항의 계수의 비가 4이어야 한다.

즉, $f(x)-x^2$은 일차함수이어야 하고, 일차항의 계수는 4

이어야 하므로

$f(x)-x^2=4x+k$ (단, k는 상수)

$\therefore f(x)=x^2+4x+k$

$f(x)=x^2+4x+k=(x+2)^2+k-4$에서

$f(x)$의 최솟값이 4이므로

$k-4=4$ $\quad\therefore k=8$

따라서 $f(x)=x^2+4x+8$이므로

$f(3)=9+12+8=29$

12 답 ①

그림과 같이 곡선 $y=\sqrt{2x}$와 직선 $y=x$가 만나는 점 중에서 원점이 아닌 점을 A라 하자. 곡선 $y=\sqrt{2x}$ 위의 원점이 아닌 점 $\mathrm{P}(t,\ \sqrt{2t}\,)$에 대하여 두 점 A와 P를 지나는 직선이 x축과 만나는 점을 Q라 하고, 점 Q의 x좌표를 $f(t)$라 하자.

  → 점 Q의 x좌표를 알기 위해서 필요한 것이 무엇인지 생각해봐. 두 점 A, P를 지나는 직선의 방정식이 필요하지?

점 P가 곡선을 따라 점 A로 한없이 가까이 갈 때, $f(t)$의 극한값은?

  → t → (점 A의 x좌표)라는 거야.

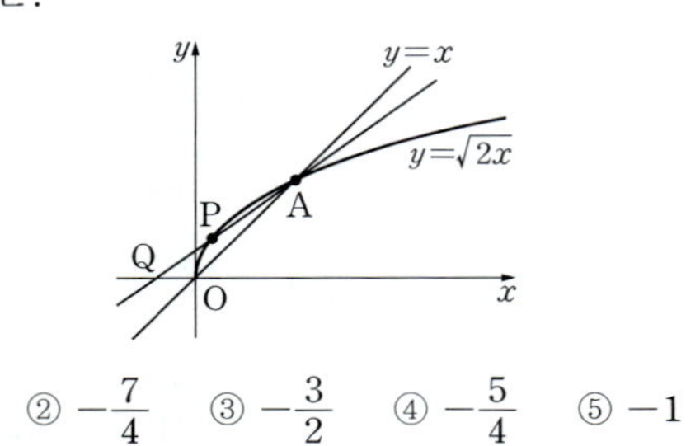

① -2 ② $-\dfrac{7}{4}$ ③ $-\dfrac{3}{2}$ ④ $-\dfrac{5}{4}$ ⑤ -1

1st 직선 AP의 방정식을 t에 대한 식으로 나타내야 해.

곡선 $y=\sqrt{2x}$와 직선 $y=x$가 만나는 점의 x좌표는

$\sqrt{2x}=x,\ 2x=x^2$

$x(x-2)=0$ $\therefore x=0$ 또는 $x=2$

따라서 점 A의 좌표는 $\mathrm{A}(2,\ 2)$이므로

점 A와 점 $\mathrm{P}(t,\ \sqrt{2t}\,)$를 지나는 직선의 방정식은

  → 점 A가 직선 $y=x$ 위의 점이므로 $x=2$일 때 $y=2$야.

$y=\dfrac{\sqrt{2t}-2}{t-2}(x-2)+2$

  → 두 점 $(x_1,\ y_1),\ (x_2,\ y_2)$를 지나는 직선의 방정식은 $y-y_1=\dfrac{y_2-y_1}{x_2-x_1}(x-x_1)$임을 이용하면 돼.

이 직선의 x절편을 구하면

  → 직선의 방정식에 $y=0$을 대입하여 정리해.

$0=\dfrac{\sqrt{2t}-2}{t-2}(x-2)+2$

$\dfrac{\sqrt{2t}-2}{t-2}(x-2)=-2,\ x-2=\dfrac{-2(t-2)}{\sqrt{2t}-2}$

$x=\dfrac{-2t+4}{\sqrt{2t}-2}+2=\dfrac{-2t+4+2\sqrt{2t}-4}{\sqrt{2t}-2}=\dfrac{2(\sqrt{2t}-t)}{\sqrt{2t}-2}$

$\therefore f(t)=\dfrac{2(\sqrt{2t}-t)}{\sqrt{2t}-2}$

2nd 유리화해서 극한값을 구해.

따라서 점 P가 곡선을 따라 점 A로 한없이 가까이 가면

$t\longrightarrow 2$이므로

$\displaystyle\lim_{t\to 2}f(t)=\lim_{t\to 2}\dfrac{2(\sqrt{2t}-t)}{\sqrt{2t}-2}$

$\displaystyle\qquad=\lim_{t\to 2}\dfrac{2(\sqrt{2t}-t)(\sqrt{2t}+t)(\sqrt{2t}+2)}{(\sqrt{2t}-2)(\sqrt{2t}+t)(\sqrt{2t}+2)}$

  → 분모, 분자에 모두 근호가 있으니까 유리화를 두 번해야 하는 거야.

$\displaystyle\qquad=\lim_{t\to 2}\dfrac{-2t(t-2)(\sqrt{2t}+2)}{2(t-2)(\sqrt{2t}+t)}$

$\displaystyle\qquad=\lim_{t\to 2}\dfrac{-t(\sqrt{2t}+2)}{\sqrt{2t}+t}$

$\displaystyle\qquad=\dfrac{-2\times(2+2)}{2+2}=-2$

13 답 14

함수 $f(x)=\dfrac{ax^3+bx^2+cx+d}{x^2-1}$에 대하여

$\displaystyle\lim_{x\to\infty}f(x)=3$과 같이 수렴하므로 분자와 분모의 차수가 같고, 최고차항의 계수의 비가 3이어야 한다.

$\therefore a=0,\ b=3$ ⋯ Ⅰ

즉, $f(x)=\dfrac{3x^2+cx+d}{x^2-1}$에서

$\displaystyle\lim_{x\to 1}f(x)=2$와 같이 극한값이 존재하고

$\displaystyle\lim_{x\to 1}(x^2-1)=0$이면 $\displaystyle\lim_{x\to 1}(3x^2+cx+d)=0$

$3+c+d=0$ $\therefore d=-3-c\ \cdots\ \bigcirc$ ⋯ Ⅱ

$\bigcirc$을 $\displaystyle\lim_{x\to 1}f(x)=2$에 대입하면

$\displaystyle\lim_{x\to 1}f(x)=\lim_{x\to 1}\dfrac{3x^2+cx+(-3-c)}{x^2-1}$

$\displaystyle\qquad=\lim_{x\to 1}\dfrac{(x-1)(3x+3+c)}{(x+1)(x-1)}$

$\displaystyle\qquad=\lim_{x\to 1}\dfrac{3x+3+c}{x+1}$

$\displaystyle\qquad=\dfrac{3+3+c}{1+1}=\dfrac{6+c}{2}=2$

$6+c=4$ $\therefore c=-2$

$c=-2$를 $\bigcirc$에 대입하면

$d=-3-(-2)=-1$ ⋯ Ⅲ

$\therefore a^2+b^2+c^2+d^2=0+9+4+1=14$ ⋯ Ⅳ

[채점 기준표]

Ⅰ	$\displaystyle\lim_{x\to\infty}f(x)=3$을 이용하여 $a,\ b$의 값을 구한다.	30%
Ⅱ	$\displaystyle\lim_{x\to 1}f(x)=2$를 이용하여 $c,\ d$ 사이의 관계식을 구한다.	30%
Ⅲ	$\displaystyle\lim_{x\to 1}f(x)=2$를 이용하여 $c,\ d$의 값을 구한다.	30%
Ⅳ	$a^2+b^2+c^2+d^2$의 값을 구한다.	10%

01 답 $\lim\limits_{x \to a} f(x),\ f(a)$

02 답 불연속

03 답 닫힌구간

04 답 연속함수

05 답 ○

06 답 ×

07 답 ×

08 답 ○

09 답 ㄴ

10 답 ㄱ

11 답 ㄷ

12 답 불연속

$$f(x) = \begin{cases} \dfrac{x}{|x|} & (x \neq 0) \\ 0 & (x = 0) \end{cases} \text{에 대하여}$$

$\lim\limits_{x \to 0-} f(x) = \lim\limits_{x \to 0-} \dfrac{x}{-x} = -1,\ \lim\limits_{x \to 0+} f(x) = \lim\limits_{x \to 0+} \dfrac{x}{x} = 1$

이므로 $\lim\limits_{x \to 0} f(x)$가 존재하지 않는다.

따라서 함수 $f(x)$는 $x = 0$에서 불연속이다.

13 답 불연속

$$f(x) = \begin{cases} \dfrac{1}{x} & (x \neq 0) \\ 0 & (x = 0) \end{cases} \text{에 대하여}$$

$\lim\limits_{x \to 0-} f(x) = \lim\limits_{x \to 0-} \dfrac{1}{x} = -\infty,\ \lim\limits_{x \to 0+} f(x) = \lim\limits_{x \to 0+} \dfrac{1}{x} = \infty$

이므로 $\lim\limits_{x \to 0} f(x)$가 존재하지 않는다.

따라서 함수 $f(x)$는 $x = 0$에서 불연속이다.

14 답 연속

$$f(x) = \begin{cases} \dfrac{x^2 + 2x}{x} & (x \neq 0) \\ 2 & (x = 0) \end{cases} \text{에 대하여}$$

$\lim\limits_{x \to 0-} f(x) = \lim\limits_{x \to 0-} \dfrac{x^2 + 2x}{x} = \lim\limits_{x \to 0-} (x+2) = 2,$

$\lim\limits_{x \to 0+} f(x) = \lim\limits_{x \to 0+} \dfrac{x^2 + 2x}{x} = \lim\limits_{x \to 0+} (x+2) = 2$

이므로 $\lim\limits_{x \to 0} f(x) = 2$이다.

이때, $f(0) = 2$이므로 $\lim\limits_{x \to 0} f(x) = f(0)$이다.

따라서 함수 $f(x)$는 $x = 0$에서 연속이다.

15 답 $(-\infty,\ \infty)$

함수 $f(x) = 3$은 모든 실수, 즉 구간 $(-\infty,\ \infty)$에서 연속이다.

16 답 $(-\infty,\ \infty)$

함수 $f(x) = x^3 + 2x$는 모든 실수, 즉 구간 $(-\infty,\ \infty)$에서 연속이다.

17 답 $(-\infty,\ 0),\ (0,\ \infty)$

함수 $f(x) = \dfrac{1}{x}$은 $x \neq 0$일 때, 즉 구간 $(-\infty,\ 0)$, $(0,\ \infty)$에서 연속이다.

18 답 $[1,\ \infty)$

함수 $f(x) = \sqrt{x-1}$은 $x - 1 \geq 0$에서 $x \geq 1$일 때, 즉 구간 $[1,\ \infty)$ 구간에서 연속이다.

19 답 불연속

$$\text{함수 } f(x) = \begin{cases} 1 & (x \geq 0) \\ -1 & (x < 0) \end{cases} \text{에 대하여}$$

$\lim\limits_{x \to 0-} f(x) = \lim\limits_{x \to 0-} (-1) = -1,$

$\lim\limits_{x \to 0+} f(x) = \lim\limits_{x \to 0+} 1 = 1$

이므로 $\lim\limits_{x \to 0} f(x)$가 존재하지 않는다.

따라서 함수 $f(x)$는 $x = 0$에서 불연속이다.

20 답 불연속

$$\text{함수 } g(x) = \begin{cases} x - 1 & (x \neq 2) \\ 0 & (x = 2) \end{cases} \text{에 대하여}$$

$\lim\limits_{x \to 2-} g(x) = \lim\limits_{x \to 2-} (x-1) = 1,$

$\lim\limits_{x \to 2+} g(x) = \lim\limits_{x \to 2+} (x-1) = 1$

이므로 $\lim\limits_{x \to 2} g(x) = 1$이다.

그런데 $g(2) = 0$이므로 $\lim\limits_{x \to 2} g(x) \neq g(2)$이다.

따라서 함수 $g(x)$는 $x = 2$에서 불연속이다.

21 답 연속

$$\text{함수 } h(x) = \begin{cases} \dfrac{-x^2 + 2x}{x} & (x \neq 0) \\ 2 & (x = 0) \end{cases} \text{에 대하여}$$

$\lim\limits_{x \to 0-} h(x) = \lim\limits_{x \to 0-} \dfrac{-x^2 + 2x}{x} = \lim\limits_{x \to 0-} (-x+2) = 2,$

$\lim\limits_{x \to 0+} h(x) = \lim\limits_{x \to 0+} \dfrac{-x^2 + 2x}{x} = \lim\limits_{x \to 0+} (-x+2) = 2$

이므로 $\lim\limits_{x \to 0} h(x) = 2$이다.

이때, $h(0) = 2$이므로 $\lim\limits_{x \to 0} h(x) = h(0)$이다.

따라서 함수 $h(x)$는 $x = 0$에서 연속이다.

22 답 연속

함수 $i(x)=\begin{cases} \sqrt{x-1}+3 & (x\geq 1) \\ 3 & (x<1) \end{cases}$ 에 대하여

$\displaystyle\lim_{x\to 1-} i(x)=\lim_{x\to 1-} 3=3$,

$\displaystyle\lim_{x\to 1+} i(x)=\lim_{x\to 1+} (\sqrt{x-1}+3)=3$

이므로 $\displaystyle\lim_{x\to 1} i(x)=3$이다.

이때, $i(1)=3$이므로 $\displaystyle\lim_{x\to 1} i(x)=i(1)$이다.

따라서 함수 $i(x)$는 $x=1$에서 연속이다.

23 답 불연속

함수 $j(x)=\dfrac{1}{x-1}$에 대하여 $j(1)$이 정의되지 않으므로

함수 $j(x)$는 $x=1$에서 불연속이다.

24 답 연속

함수 $k(x)=\dfrac{1}{x^2+1}$에 대하여

$\displaystyle\lim_{x\to 3-} k(x)=\lim_{x\to 3-}\dfrac{1}{x^2+1}=\dfrac{1}{10}$,

$\displaystyle\lim_{x\to 3+} k(x)=\lim_{x\to 3+}\dfrac{1}{x^2+1}=\dfrac{1}{10}$

이므로 $\displaystyle\lim_{x\to 3} k(x)=\dfrac{1}{10}$이다.

이때, $k(3)=\dfrac{1}{10}$이므로 $\displaystyle\lim_{x\to 3} k(x)=k(3)$

따라서 함수 $k(x)$는 $x=3$에서 연속이다.

> **유형 연습** [+ 내신 유형] ●문제편 pp. 30~33

25 답 ④

Ⅰ은 $x=1$에서 극한값 $\displaystyle\lim_{x\to 1} f(x)$가 존재하고, 함숫값 $f(1)$

도 존재하지만 $\displaystyle\lim_{x\to 1} f(x)\neq f(1)$이므로 ㄷ에 해당된다.

Ⅱ는 $\displaystyle\lim_{x\to 1-} f(x)\neq\lim_{x\to 1+} f(x)$에서 극한값 $\displaystyle\lim_{x\to 1} f(x)$가 존재

하지 않으므로 ㄴ에 해당된다.

26 답 ②

ㄱ. $\displaystyle\lim_{x\to 0} f(x)=\lim_{x\to 0}\dfrac{x}{x^2+2x}=\lim_{x\to 0}\dfrac{1}{x+2}=\dfrac{1}{2}=f(0)$이므

로 함수 $f(x)$는 $x=0$에서 연속이다.

ㄴ. $\displaystyle\lim_{x\to 0-} g(x)=\lim_{x\to 0-} (-x^2)=0$, $\displaystyle\lim_{x\to 0+} g(x)=\lim_{x\to 0+} x^2=0$

이고, $\displaystyle\lim_{x\to 0} g(x)=g(0)$이므로 함수 $g(x)$는 $x=0$에서

연속이다.

ㄷ. $\displaystyle\lim_{x\to 0} h(x)=\lim_{x\to 0} (x^2+1)=1$이지만 $h(0)=0$이므로 함

수 $h(x)$는 $x=0$에서 연속이 아니다.

따라서 $x=0$에서 연속인 함수는 ㄱ, ㄴ이다.

27 답 ⑤

ㄱ. $\displaystyle\lim_{x\to 1+} (x-1+|x-1|)=\lim_{x\to 1+} (2x-2)=0$

$\displaystyle\lim_{x\to 1-} (x-1+|x-1|)=\lim_{x\to 1-} 0=0$

$f(1)=0$

즉, $\displaystyle\lim_{x\to 1} f(x)=f(1)$이므로 함수 $f(x)$는 $x=1$에서 연

속이다.

ㄴ. $g(1)$이 정의되지 않으므로 함수 $g(x)$는 $x=1$에서 연

속이 아니다.

ㄷ. $\displaystyle\lim_{x\to 1+}\sqrt{(x-1)^2}=\lim_{x\to 1+} |x-1|=\lim_{x\to 1+} (x-1)=0$

$\displaystyle\lim_{x\to 1-}\sqrt{(x-1)^2}=\lim_{x\to 1-} |x-1|=\lim_{x\to 1-} (-x+1)=0$

$h(1)=0$

즉, $\displaystyle\lim_{x\to 1} h(x)=h(1)$이므로 함수 $h(x)$는 $x=1$에서

연속이다.

따라서 $x=1$에서 연속인 함수는 ㄱ, ㄷ이다.

28 답 ⑤

ㄱ. $\displaystyle\lim_{x\to 1-} f(x)=1$, $\displaystyle\lim_{x\to -1+} f(x)=1$

$\therefore \displaystyle\lim_{x\to 1-} f(x)=\lim_{x\to -1+} f(x)$ (참)

ㄴ. $\displaystyle\lim_{x\to -1-} f(x)=f(-1)=-1$ (참)

ㄷ. 주어진 그림에서 $x=-1$, $x=0$, $x=1$인 점에서 불연

속이므로 불연속인 x의 값의 개수는 3이다. (참)

따라서 옳은 것은 ㄱ, ㄴ, ㄷ이다.

29 답 ②

모든 다항함수(상수함수 포함)는 실수 전체의 집합에서 항

상 연속이다.

30 답 ③

$f(x)=\dfrac{1}{x-\dfrac{4}{x}}=\dfrac{1}{\dfrac{x^2-4}{x}}=\dfrac{x}{x^2-4}$

이때, 분모가 0이 되는 x의 값, 즉 $x=0$, $x^2-4=0$인 x의

값에서 함수 $f(x)$가 정의되지 않으므로 불연속이 되는 x의

값은 $x=0$ 또는 $x=2$ 또는 $x=-2$이다.

따라서 구하는 모든 x의 값의 합은 0이다.

31 답 ⑤

ㄱ. $\displaystyle\lim_{x\to 1-} f(x)=2$, $\displaystyle\lim_{x\to 1+} f(x)=2$이므로

$\displaystyle\lim_{x\to 1-} f(x)=\lim_{x\to 1+} f(x)$

즉, $x=1$에서 $f(x)$의 극한값이 존재한다. (거짓)

ㄴ. $\displaystyle\lim_{x\to 2-} f(x)=0$, $\displaystyle\lim_{x\to 2+} f(x)=2$이므로

$\displaystyle\lim_{x\to 2-} f(x)\neq\lim_{x\to 2+} f(x)$

즉, $x=2$에서 $f(x)$는 불연속이다. (참)

ㄷ. $x=1$과 $x=2$인 점에서 $f(x)$는 불연속이므로 불연속

인 점의 개수는 2이다. (참)

따라서 옳은 것은 ㄴ, ㄷ이다.

32 답 ②

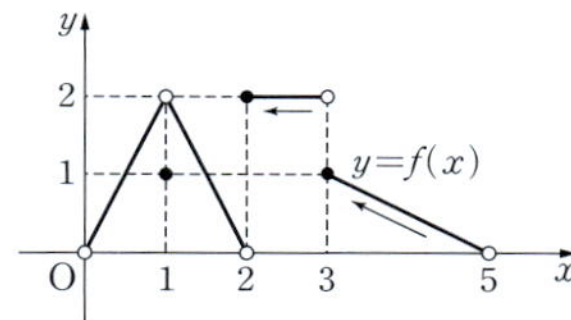

ㄱ. $\lim\limits_{x \to 3+} f(x) = 1$ (참)

ㄴ. $\lim\limits_{x \to 2+} f(x) = f(2) = 2$ (참)

ㄷ. 함수 $f(x)$는 $x=1$, $x=2$, $x=3$인 점에서 불연속이므로 불연속인 x의 값의 개수는 3이다. (거짓)

따라서 옳은 것은 ㄱ, ㄴ이다.

33 답 ④

ㄱ. $y = 5x + 1$은 실수 전체의 집합에서 연속이다.

ㄴ. $y = \sqrt{x+2}$는 $x \geq -2$에서 연속이다.

ㄷ. $y = \dfrac{1}{x-2}$은 $x = 2$에서 불연속이다.

ㄹ. $y = |x-3|$은 실수 전체의 집합에서 연속이다.

ㅁ. $f(x) = \begin{cases} \dfrac{x-1}{x^2-1} & (x \neq 1) \\ \dfrac{1}{2} & (x=1) \end{cases}$ 이라 하면

$$\lim_{x \to 1} \frac{x-1}{x^2-1} = \lim_{x \to 1} \frac{x-1}{(x-1)(x+1)}$$
$$= \lim_{x \to 1} \frac{1}{x+1}$$
$$= \frac{1}{2} = f(1)$$

즉, $x=1$에서 연속이므로 함수 $f(x)$는 실수 전체의 집합에서 연속이다.

따라서 $x > 0$에서 연속인 함수는 ㄱ, ㄴ, ㄹ, ㅁ의 4개이다.

34 답 ⑤

함수 $f(x)$가 $x=2$에서 연속이므로 함숫값과 극한값이 같아야 한다.

$f(2) = \lim\limits_{x \to 2} \dfrac{-x^3 + 2x + 4}{x-2}$ 이므로

$$k = \lim_{x \to 2} \frac{-x^3 + 2x + 4}{x-2}$$
$$= \lim_{x \to 2} \frac{-(x-2)(x^2 + 2x + 2)}{x-2}$$
$$= -\lim_{x \to 2} (x^2 + 2x + 2) = -10$$

35 답 ①

함수 $f(x)$가 $x = -2$에서 연속이므로 함숫값과 극한값이 같아야 한다.

$f(-2) = \lim\limits_{x \to -2} \dfrac{\sqrt{x^2+5}-3}{x+2}$ 이므로

$$k = \lim_{x \to -2} \frac{\sqrt{x^2+5}-3}{x+2}$$
$$= \lim_{x \to -2} \frac{x^2+5-9}{(x+2)(\sqrt{x^2+5}+3)}$$
$$= \lim_{x \to -2} \frac{(x+2)(x-2)}{(x+2)(\sqrt{x^2+5}+3)}$$
$$= \lim_{x \to -2} \frac{x-2}{\sqrt{x^2+5}+3} = \frac{-4}{6} = -\frac{2}{3}$$

36 답 ②

함수 $f(x)$가 $x=1$에서 연속이므로 함숫값과 극한값이 같아야 한다.

$\lim\limits_{x \to 1} \dfrac{x^2+x+a}{x-1} = b$에서 $\lim\limits_{x \to 1}(x-1) = 0$이므로

$\lim\limits_{x \to 1}(x^2+x+a) = 0$이 되어야 한다.

$1 + 1 + a = 0 \qquad \therefore a = -2$

$$\lim_{x \to 1} \frac{x^2+x-2}{x-1} = \lim_{x \to 1} \frac{(x-1)(x+2)}{x-1}$$
$$= \lim_{x \to 1}(x+2) = 3 = b$$

$\therefore a + b = -2 + 3 = 1$

37 답 ①

함수 $f(x) = \begin{cases} x^2 - 6x & (x \geq 1) \\ ax^2 + bx & (x < 1) \end{cases}$ 가 실수 전체의 집합에서 연속이려면 $x=1$에서 연속이면 된다.

즉, $\lim\limits_{x \to 1-} f(x) = \lim\limits_{x \to 1+} f(x) = f(1)$이어야 하므로

$\lim\limits_{x \to 1-}(ax^2+bx) = \lim\limits_{x \to 1+}(x^2-6x) = f(1)$

$\therefore a + b = 1 - 6 = -5$

38 답 ④

함수 $f(x) = \begin{cases} px+1 & (x \leq -1 \text{ 또는 } x \geq 2) \\ x^2 - 2x + q & (-1 < x < 2) \end{cases}$ 가 실수 전체의 집합에서 연속이려면 $x = -1$, $x = 2$에서 연속이면 된다.

(i) $x = -1$에서 연속이 되려면

$\lim\limits_{x \to -1-} f(x) = \lim\limits_{x \to -1+} f(x) = f(-1)$에서

$-p + 1 = 1 + 2 + q$

$\therefore p + q = -2 \cdots \bigcirc$

(ii) $x = 2$에서 연속이 되려면

$\lim\limits_{x \to 2-} f(x) = \lim\limits_{x \to 2+} f(x) = f(2)$에서

$4 - 4 + q = 2p + 1$

$\therefore 2p - q = -1 \cdots \bigcirc$

$\bigcirc$, $\bigcirc$을 연립하면 $p = -1$, $q = -1$

$\therefore pq = (-1) \times (-1) = 1$

39 답 ⑤

함수 $f(x)=\begin{cases} ax+1 & \left(x<-2 \text{ 또는 } x>\dfrac{7}{2}\right) \\ x^2+b & \left(-2\leq x\leq \dfrac{7}{2}\right) \end{cases}$ 가

구간 $(-\infty, \infty)$에서 연속이 되도록 하려면

$x=-2$, $x=\dfrac{7}{2}$에서 연속이면 된다.

(i) $x=-2$에서 연속이 되려면

$$\lim_{x\to-2-}f(x)=\lim_{x\to-2+}f(x)=f(-2)$$

$$-2a+1=4+b$$

$$\therefore 2a+b=-3 \cdots \text{㉠}$$

(ii) $x=\dfrac{7}{2}$에서 연속이 되려면

$$\lim_{x\to\frac{7}{2}-}f(x)=\lim_{x\to\frac{7}{2}+}f(x)=f\left(\dfrac{7}{2}\right)$$

$$\dfrac{49}{4}+b=\dfrac{7}{2}a+1$$

$$\therefore \dfrac{7}{2}a-b=\dfrac{45}{4} \cdots \text{㉡}$$

㉠, ㉡을 연립하면 $a=\dfrac{3}{2}$, $b=-6$

따라서 $f(x)=\begin{cases} \dfrac{3}{2}x+1 & \left(x<-2 \text{ 또는 } x>\dfrac{7}{2}\right) \\ x^2-6 & \left(-2\leq x\leq \dfrac{7}{2}\right) \end{cases}$ 이므로

$$f(-1)\times f(4)=(1-6)\times\left(\dfrac{3}{2}\times 4+1\right)=-35$$

40 답 ②

$x\neq 2$일 때, $f(x)=\dfrac{x^2+ax-12}{x-2}$

함수 $f(x)$가 $x=2$에서 연속이므로 $\lim\limits_{x\to 2}f(x)=f(2)$이다.

즉, $\lim\limits_{x\to 2}\dfrac{x^2+ax-12}{x-2}=f(2)$에서 $\lim\limits_{x\to 2}(x-2)=0$이므로

$$\lim_{x\to 2}(x^2+ax-12)=0$$

$$4+2a-12=0 \qquad \therefore a=4$$

$$\lim_{x\to 2}\dfrac{x^2+4x-12}{x-2}=\lim_{x\to 2}\dfrac{(x-2)(x+6)}{x-2}$$

$$=\lim_{x\to 2}(x+6)=8=f(2)$$

$$\therefore a+f(2)=4+8=12$$

[다른 풀이]

$x=2$에서 연속인 함수 $f(x)$가

$(x-2)f(x)=x^2+ax-12$를 만족시키므로

양변에 $x=2$를 대입하면

$$0=4+2a-12$$

$$2a=8 \qquad \therefore a=4$$

$$(x-2)f(x)=x^2+4x-12=(x-2)(x+6)$$

$x\neq 2$일 때, $f(x)=x+6$이고 $x=2$에서 연속이므로

$$f(2)=\lim_{x\to 2}f(x)=\lim_{x\to 2}(x+6)=8$$

$$\therefore a+f(2)=4+8=12$$

41 답 ①

$x\neq -3$일 때, $f(x)=\dfrac{x^2+ax+b}{x+3}$

함수 $f(x)$가 $x=-3$에서 연속이므로 $\lim\limits_{x\to-3}f(x)=f(-3)$

즉, $\lim\limits_{x\to-3}\dfrac{x^2+ax+b}{x+3}=f(-3)$에서 $\lim\limits_{x\to-3}(x+3)=0$이므

로 $\lim\limits_{x\to-3}(x^2+ax+b)=0$

$$9-3a+b=0 \qquad \therefore b=3a-9 \cdots \text{㉠}$$

$$\lim_{x\to-3}\dfrac{x^2+ax+b}{x+3}=\lim_{x\to-3}\dfrac{x^2+ax+3a-9}{x+3}$$

$$=\lim_{x\to-3}\dfrac{(x+3)(x-3+a)}{x+3}$$

$$=\lim_{x\to-3}(x-3+a)=-6+a$$

이때, $f(-3)=-4$이므로

$$-6+a=-4 \qquad \therefore a=2$$

$a=2$를 ㉠에 대입하면

$$b=3\times 2-9=-3$$

$$\therefore ab=2\times(-3)=-6$$

42 답 6

$x\neq \pm 1$일 때,

$$f(x)=\dfrac{x^3+3x^2-x-3}{x^2-1}=\dfrac{(x^2-1)(x+3)}{x^2-1}$$

$f(x)$가 $x=\pm 1$에서 연속이므로

$$f(1)=\lim_{x\to 1}f(x)=\lim_{x\to 1}\dfrac{(x^2-1)(x+3)}{x^2-1}$$

$$=\lim_{x\to 1}(x+3)=4$$

$$f(-1)=\lim_{x\to-1}f(x)=\lim_{x\to-1}\dfrac{(x^2-1)(x+3)}{x^2-1}$$

$$=\lim_{x\to-1}(x+3)=2$$

$$\therefore f(1)+f(-1)=4+2=6$$

43 답 ①

$x\neq 0$일 때, $f(x)=\dfrac{x}{\sqrt{1+x}-\sqrt{1-x}}$

$x=0$에서 연속이므로

$$f(0)=\lim_{x\to 0}f(x)=\lim_{x\to 0}\dfrac{x}{\sqrt{1+x}-\sqrt{1-x}}$$

$$=\lim_{x\to 0}\dfrac{x(\sqrt{1+x}+\sqrt{1-x})}{1+x-(1-x)}$$

$$=\lim_{x\to 0}\dfrac{x(\sqrt{1+x}+\sqrt{1-x})}{2x}$$

$$=\lim_{x\to 0}\dfrac{\sqrt{1+x}+\sqrt{1-x}}{2}=\dfrac{1+1}{2}=1$$

44 답 ⑤

실수 전체의 집합에서 연속인 함수 $f(x)$가

$$f(x)=\begin{cases} \dfrac{1}{2}x+1 & (0\leq x<2) \\ ax+b & (2\leq x\leq 4) \end{cases}$$

와 같이 정의되었으므로 $f(x)$는 $x=2$에서 연속이다.

$$\lim_{x \to 2-} \left(\frac{1}{2}x+1\right)=\lim_{x \to 2+}(ax+b)=f(2)$$

$1+1=2a+b \qquad \therefore 2a+b=2 \cdots \text{㉠}$

이때, $f(x)$는 $x=0$과 $x=4$에서도 연속이고

$f(x)=f(x+4)$, 즉 주기가 4인 함수이므로 $f(0)=f(4)$

$\therefore 1=4a+b \cdots \text{㉡}$

㉠, ㉡을 연립하면 $a=-\dfrac{1}{2}$, $b=3$

$\therefore a+b=\left(-\dfrac{1}{2}\right)+3=\dfrac{5}{2}$

45 답 ②

실수 전체의 집합에서 연속인 함수 $f(x)$가

$$f(x)=\begin{cases} 2x & (0 \le x < 1) \\ a(x-1)^2+b & (1 \le x \le 3) \end{cases}$$

와 같이 정의되었으므로 $f(x)$는 $x=1$에서 연속이다.

$$\lim_{x \to 1-} 2x=\lim_{x \to 1+}\{a(x-1)^2+b\}=f(1)$$

$2=a \times 0+b \qquad \therefore b=2 \cdots \text{㉠}$

이때, $f(x)$는 $x=0$과 $x=3$에서도 연속이고

$f(x)=f(x+3)$, 즉 주기가 3인 함수이므로 $f(0)=f(3)$

$0=a \times 2^2+b \qquad \therefore 0=4a+b \cdots \text{㉡}$

㉠을 ㉡에 대입하면

$4a+2=0 \qquad \therefore a=-\dfrac{1}{2}$

따라서 $f(x)=\begin{cases} 2x & (0 \le x < 1) \\ -\dfrac{1}{2}(x-1)^2+2 & (1 \le x \le 3) \end{cases}$

이므로

$f(8)=f(5+3)=f(5)=f(2+3)=f(2)$

$\qquad =-\dfrac{1}{2} \times (2-1)^2+2=-\dfrac{1}{2}+2=\dfrac{3}{2}$

46 답 29

닫힌구간 $[-4, 6]$에서 연속인 함수 $f(x)$가

$$f(x)=\begin{cases} 2x+4 & (1 \le x < 2) \\ x^3+2x+p & (2 \le x \le 6) \end{cases}$$

와 같이 정의되었으므로 $x=2$에서 연속이다.

$$\lim_{x \to 2-}(2x+4)=\lim_{x \to 2+}(x^3+2x+p)=f(2)$$

$4+4=8+4+p \qquad \therefore p=-4$

이때, 구하는 $f(-1)$의 값은 주어진 식에서 정의가 되지 않았으므로 $f(1+x)=f(1-x)$를 이용하여 값을 구하자.

즉, $f(1+x)=f(1-x)$에 $x=-2$를 대입하면

$f(-1)=f(3)=27+6-4=29$

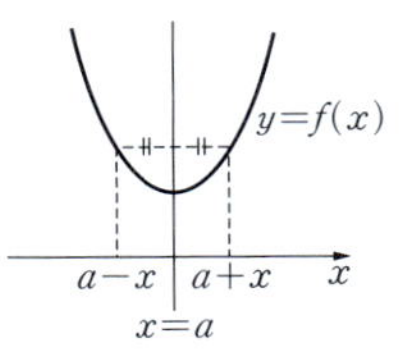

> **TIP**
> 모든 실수 x에 대하여 함수 $f(x)$가 $f(a+x)=f(a-x)$를 만족시키면 함수 $f(x)$는 직선 $x=a$에 대하여 대칭이다.

I

E

01 답 연속

02 답 최댓값, 최솟값

03 답 연속, $\neq$

04 답 실근

05 답 ○

두 연속함수의 곱도 연속함수이므로 함수 $f(x)$가 $x=a$에서 연속이면 함수 $\{f(x)\}^2=f(x)f(x)$도 $x=a$에서 연속이다.

06 답 ×

【반례】 $f(x)=|x|$, $g(x)=x$이면 $f(x)$와 $g(x)$가 $x=0$에서 연속이지만 함수 $\dfrac{f(x)}{g(x)}=\dfrac{|x|}{x}$는 $x=0$에서 연속이 아니다.

07 답 ○

08 답 ○

09 답 불연속인 x의 값은 없다.

두 함수 $f(x)=x-3$, $g(x)=x^2+1$은 모든 실수 x에 대하여 연속인 함수이다.

따라서 함수 $f(x)+g(x)$도 모든 실수 x에 대하여 연속이다.

10 답 불연속인 x의 값은 없다.

두 함수 $f(x)$, $g(x)$가 모두 연속함수이고

$g(x)=x^2+1=0$이 되는 x의 값이 없으므로

함수 $\dfrac{f(x)}{g(x)}$는 모든 실수 x에 대하여 연속이다.

11 답 $x=3$

$f(x)=x-3$이므로

$x-3=0$에서 $x=3$

따라서 함수 $\dfrac{g(x)}{f(x)}$는 $x=3$에서 불연속이다.

12 답 $x=-2$, $x=1$

$f(x)+g(x)=x-3+x^2+1=x^2+x-2$이므로

$f(x)+g(x)=0$에서

$x^2+x-2=0$, $(x+2)(x-1)=0$

$\therefore x=-2$ 또는 $x=1$

따라서 함수 $\dfrac{f(x)}{f(x)+g(x)}$는 $x=-2$ 또는 $x=1$에서 불연속이다.

13 답 불연속인 x의 값은 없다.

$$g(x)-f(x)=x^2+1-(x-3)=x^2-x+4$$
$$=\left(x-\frac{1}{2}\right)^2+\frac{15}{4}>0$$

이므로 $g(x)-f(x)$가 0이 되는 x의 값은 없다.

따라서 $\dfrac{g(x)}{g(x)-f(x)}$는 모든 실수 x에 대하여 연속이다.

14 답 $(-\infty,\ \infty)$

두 함수 $f(x)=x-1$, $g(x)=x$는 모든 실수 x에 대하여 연속이므로 $3f(x)+g(x)$도 모든 실수 x에 대하여 연속이다.

15 답 $(-\infty,\ \infty)$

16 답 $(-\infty,\ \infty)$

17 답 $(-\infty,\ \infty)$

18 답 $(-\infty,\ 0),\ (0,\ \infty)$

함수 $\dfrac{f(x)}{g(x)}$에서

$g(x)=0,\ x=0$이다.

따라서 $x=0$에서 함수 $\dfrac{f(x)}{g(x)}$는 불연속이므로 연속인 구간은 $(-\infty,\ 0),\ (0,\ \infty)$이다.

19 답 $(-\infty,\ 1),\ (1,\ \infty)$

함수 $\dfrac{1}{\{f(x)\}^2}$에서

$\{f(x)\}^2=0,\ (x-1)^2=0 \qquad \therefore\ x=1$

따라서 $x=1$에서 함수 $\dfrac{1}{\{f(x)\}^2}$은 불연속이므로 연속인 구간은 $(-\infty,\ 1),\ (1,\ \infty)$이다.

20 답 $(-\infty,\ 0),\ (0,\ 1),\ (1,\ \infty)$

함수 $\dfrac{1}{f(x)g(x)}$에서

$f(x)g(x)=0,\ (x-1)x=0$

$\therefore\ x=0$ 또는 $x=1$

따라서 $x=0$ 또는 $x=1$에서 함수 $\dfrac{1}{f(x)g(x)}$은 불연속이므로 연속인 구간은 $(-\infty,\ 0),\ (0,\ 1),\ (1,\ \infty)$이다.

21 답 최댓값 : 2, 최솟값 : 0

22 답 최댓값 : 1, 최솟값 : 0

23 답 최댓값 : 7, 최솟값 : 3

함수 $f(x)=x^2-2x+4$는 구간 $[-1,\ 3]$에서 연속이므로 최대·최소 정리에 의해 최댓값과 최솟값을 갖는다.

$$f(x)=x^2-2x+4=(x-1)^2+3$$

즉, $x=1$일 때 $f(x)$는 최솟값 $f(1)=3$을 갖는다.

또, $f(-1)=1+2+4=7$, $f(3)=9-6+4=7$이므로 함수 $f(x)$는 $x=-1$ 또는 $x=3$에서 최댓값 7을 갖는다.

24 답 최댓값 : 1, 최솟값 : $\dfrac{1}{3}$

함수 $f(x)=\dfrac{1}{x-1}$은 구간 $[2,\ 4]$에서 연속이므로 최대·최소 정리에 의해 최댓값과 최솟값을 갖는다.

$f(2)=\dfrac{1}{2-1}=1$, $f(4)=\dfrac{1}{4-1}=\dfrac{1}{3}$이므로 함수 $f(x)$는

$x=2$에서 최댓값 1, $x=4$에서 최솟값 $\dfrac{1}{3}$을 갖는다.

25 답 (가) 연속   (나) -2 (다) 2   (라) 사잇값의 정리

함수 $f(x)=x^3+x$는 닫힌구간 $[-1,\ 1]$에서 연속 $^{(가)}$이다.

또, $f(-1)=-1-1=-2 ^{(나)}$, $f(1)=1+1=2 ^{(다)}$이고

$-2<1<2$이므로 사잇값의 정리 $^{(라)}$에 의하여 $f(c)=1$을 만족시키는 c가 열린구간 $(-1,\ 1)$에 반드시 존재한다.

26 답 $\times$

$f(x)=x^2-3x+1$로 놓으면 함수 $f(x)$는 닫힌구간 $[3,\ 4]$에서 연속이다.

이때, $f(3)=9-9+1=1>0$, $f(4)=16-12+1=5>0$이므로 $f(c)=0$인 c가 열린구간 $(3,\ 4)$에 존재하지 않는다.

따라서 방정식 $x^2-3x+1=0$은 닫힌구간 $[3,\ 4]$에서 실근을 갖지 않는다.

27 답 $\bigcirc$

$f(x)=x^3-3$으로 놓으면 함수 $f(x)$는 닫힌구간 $[0,\ 2]$에서 연속이다.

이때, $f(0)=-3<0$, $f(2)=8-3=5>0$이므로

$f(0)f(2)<0$

즉, 사잇값의 정리에 의해 $f(c)=0$인 c가 열린구간 $(0,\ 2)$에 적어도 하나 존재한다.

따라서 방정식 $x^3-3=0$은 닫힌구간 $[0,\ 2]$에서 적어도 하나의 실근을 갖는다.

28 답 $\bigcirc$

$f(x)=x^4+2x-6$으로 놓으면 함수 $f(x)$는 닫힌구간 $[-1,\ 2]$에서 연속이다.

이때, $f(-1)=1-2-6=-7<0$,

$f(2)=16+4-6=14>0$이므로 $f(-1)f(2)<0$

즉, 사잇값의 정리에 의해 $f(c)=0$인 c가 열린구간 $(-1,\ 2)$에 적어도 하나 존재한다.

따라서 방정식 $x^4+2x-6=0$은 닫힌구간 $[-1,\ 2]$에서 적어도 하나의 실근을 갖는다.

29 답 ③

ㄱ, ㄹ. 두 함수 $f(x)$와 $g(x)$가 모든 실수에서 연속이므로 함수 $2f(x)+3g(x)$와 $-f(x)g(x)$는 모든 실수 x에서 연속이다.

ㄴ. $g(-4)=0$이므로 함수 $\dfrac{2}{g(x)}$는 $x=-4$에서 불연속이다.

ㄷ. $f(x)+g(x)=x^2+x+5=\left(x+\dfrac{1}{2}\right)^2+\dfrac{19}{4}>0$이므로

함수 $\dfrac{f(x)}{f(x)+g(x)}$는 모든 실수 x에서 연속이다.

ㅁ. $f(x)-g(x)=0$에서 $x^2+1-(x+4)=0$

$x^2-x-3=0$ ∴ $x=\dfrac{1\pm\sqrt{13}}{2}$

즉, 함수 $\dfrac{g(x)}{f(x)-g(x)}$는 $x=\dfrac{1\pm\sqrt{13}}{2}$에서 불연속이다.

ㅂ. $f(x)g(x)=0$에서 $(x^2+1)(x+4)=0$ ∴ $x=-4$

즉, 함수 $\dfrac{3x}{f(x)g(x)}$는 $x=-4$에서 불연속이다.

따라서 모든 실수 x에서 연속인 함수는 ㄱ, ㄷ, ㄹ의 3개이다.

30 답 ④

ㄱ, ㄴ, ㄷ, ㄹ. 세 함수 $f(x)$, $g(x)$, $\dfrac{1}{g(x)}$은 모든 실수 x에서 연속이므로 함수 $3f(x)+g(x)$, $f(x)g(x)$,

$\{g(x)\}^2$, $\dfrac{f(x)}{g(x)}$도 모든 실수 x에서 연속함수이다.

ㅁ. 함수 $\dfrac{1}{f(x)}$, 즉 $\dfrac{1}{x+1}$은 $x=-1$에서 불연속이다.

ㅂ. $g(x)-\dfrac{1}{f(x)}=\dfrac{1}{x^2+1}-\dfrac{1}{x+1}=\dfrac{x-x^2}{(x^2+1)(x+1)}$에서

$(x^2+1)(x+1)=0$ ∴ $x=-1$

즉, 함수 $g(x)-\dfrac{1}{f(x)}$은 $x=-1$에서 불연속이다.

따라서 모든 실수 x에서 연속인 함수는 ㄱ, ㄴ, ㄷ, ㄹ의 4개이다.

31 답 ②

$\lim\limits_{x\to 1}f(x)=f(1)=2$이므로 함수 $f(x)$는 $x=1$에서 연속이다.

ㄱ. $g(x)=x^2$이라 할 때, 두 함수 $g(x)$와 $f(x)$가 $x=1$에서 연속이므로 함수 $x^2f(x)$도 $x=1$에서 연속이다.

ㄴ. $f(1)\neq0$이므로 함수 $\dfrac{x}{f(x)}$는 $x=1$에서 연속이다.

ㄷ. $x=1$일 때, (분모)$=2-1\cdot f(1)=2-2=0$이므로 함수

$\dfrac{1}{2-xf(x)}$은 $x=1$에서 불연속이다.

따라서 $x=1$에서 연속인 함수는 ㄱ, ㄴ이다.

32 답 ⑤

ㄱ. $\lim\limits_{x\to 1-}f(x)g(x)=\lim\limits_{x\to 1-}f(x)\times\lim\limits_{x\to 1-}g(x)$
$=1\times(-1)=-1$

$\lim\limits_{x\to 1+}f(x)g(x)=\lim\limits_{x\to 1+}f(x)\times\lim\limits_{x\to 1+}g(x)$
$=(-1)\times1=-1$

$f(1)g(1)=(-1)\times1=-1$

즉, 함수 $f(x)g(x)$는 $x=1$에서 연속이다.

ㄴ. $\lim\limits_{x\to 1-}\{f(x)+g(x)\}=\lim\limits_{x\to 1-}f(x)+\lim\limits_{x\to 1-}g(x)$
$=1+(-1)=0$

$\lim\limits_{x\to 1+}\{f(x)+g(x)\}=\lim\limits_{x\to 1+}f(x)+\lim\limits_{x\to 1+}g(x)$
$=(-1)+1=0$

$f(1)+g(1)=(-1)+1=0$

즉, 함수 $f(x)+g(x)$는 $x=1$에서 연속이다.

ㄷ. $\lim\limits_{x\to 1-}\{g(x)\}^2=(-1)^2=1$

$\lim\limits_{x\to 1+}\{g(x)\}^2=1^2=1$

$\{g(1)\}^2=1^2=1$

즉, 함수 $\{g(x)\}^2$은 $x=1$에서 연속이다.

따라서 $x=1$에서 연속인 함수는 ㄱ, ㄴ, ㄷ이다.

33 답 ④

ㄱ. $\lim\limits_{x\to 0-}\{f(x)+g(x)\}$
$=\lim\limits_{x\to 0-}f(x)+\lim\limits_{x\to 0-}g(x)$
$=1+0=1$

$\lim\limits_{x\to 0+}\{f(x)+g(x)\}$
$=\lim\limits_{x\to 0+}f(x)+\lim\limits_{x\to 0+}g(x)$
$=2+0=2$

즉, $x=0$에서 극한값이 존재하지 않으므로 함수 $f(x)+g(x)$는 $x=0$에서 불연속이다. (거짓)

ㄴ. $\lim\limits_{x\to 0-}f(x)g(x)=\lim\limits_{x\to 0-}f(x)\times\lim\limits_{x\to 0-}g(x)$
$=1\times0=0$

$\lim\limits_{x\to 0+}f(x)g(x)=\lim\limits_{x\to 0+}f(x)\times\lim\limits_{x\to 0+}g(x)$
$=2\times0=0$

$f(0)g(0)=2\times0=0$

즉, 함수 $f(x)g(x)$는 $x=0$에서 연속이다. (참)

ㄷ. $\lim\limits_{x\to 0-}\dfrac{g(x)}{f(x)}=\dfrac{\lim\limits_{x\to 0-}g(x)}{\lim\limits_{x\to 0-}f(x)}=\dfrac{0}{1}=0$

$\lim\limits_{x\to 0+}\dfrac{g(x)}{f(x)}=\dfrac{\lim\limits_{x\to 0+}g(x)}{\lim\limits_{x\to 0+}f(x)}=\dfrac{0}{2}=0$

$\dfrac{g(0)}{f(0)}=\dfrac{0}{2}=0$

즉, 함수 $\dfrac{g(x)}{f(x)}$는 $x=0$에서 연속이다. (참)

따라서 옳은 것은 ㄴ, ㄷ이다.

34 답 ⑤

ㄱ. $\lim\limits_{x\to 1-}\{f(x)+g(x)\}=\lim\limits_{x\to 1-}f(x)+\lim\limits_{x\to 1-}g(x)$
$$=0+(-2)=-2$$
$\lim\limits_{x\to 1+}\{f(x)+g(x)\}=\lim\limits_{x\to 1+}f(x)+\lim\limits_{x\to 1+}g(x)$
$$=0+2=2$$
즉, 함수 $f(x)+g(x)$는 $x=1$에서 극한값이 존재하지 않으므로 $x=1$에서 불연속이다.

ㄴ. $\lim\limits_{x\to 1-}\{g(x)\}^2=(-2)^2=4$
$\lim\limits_{x\to 1+}\{g(x)\}^2=2^2=4$
$\{g(1)\}^2=2^2=4$
즉, 함수 $\{g(x)\}^2$은 $x=1$에서 연속이다.

ㄷ. $\lim\limits_{x\to 1-}f(x)g(x)=\lim\limits_{x\to 1-}f(x)\times\lim\limits_{x\to 1-}g(x)$
$$=0\times(-2)=0$$
$\lim\limits_{x\to 1+}f(x)g(x)=\lim\limits_{x\to 1+}f(x)\times\lim\limits_{x\to 1+}g(x)$
$$=0\times 2=0$$
$f(1)g(1)=0\times 2=0$
즉, 함수 $f(x)g(x)$는 $x=1$에서 연속이다.

따라서 $x=1$에서 연속인 것은 ㄴ, ㄷ이다.

35 답 ④

①, ② 두 함수 $f(x)$, $g(x)$가 모든 실수 x에서 연속이므로 함수 $f(x)-g(x)$, $f(x)g(x)$도 모든 실수 x에서 연속이다.

③ $\dfrac{f(x)}{g(x)}=\dfrac{x}{x^2+2}$에서 $x^2+2>0$이므로 모든 실수 x에 대하여 $g(x)\neq 0$이다.
즉, 함수 $\dfrac{f(x)}{g(x)}$는 모든 실수 x에서 연속이다.

④ $\dfrac{g(x)}{f(x)}=\dfrac{x^2+2}{x}$는 $x=0$에서 불연속이다.

⑤ 두 함수 $f(x)$, $g(x)$가 모든 실수 x에서 연속이므로 함수 $\{f(x)\}^2$, $\{g(x)\}^2$도 모든 실수 x에서 연속이다.
즉, 함수 $\{f(x)\}^2+\{g(x)\}^2$도 모든 실수 x에서 연속이다.

36 답 ③

함수 $f(x)=\dfrac{x}{x^2-2kx+3k+4}$가 모든 실수 x에서 연속이 이 되려면 (분모)$\neq 0$이어야 하므로
$x^2-2kx+3k+4\neq 0$
즉, 이차방정식 $x^2-2kx+3k+4=0$의 판별식을 D라 할 때, $D<0$이어야 하므로
$\dfrac{D}{4}=k^2-(3k+4)<0$
$x^2-3k-4<0$, $(k+1)(k-4)<0$
$\therefore -1<k<4$
따라서 정수 k는 0, 1, 2, 3의 4개이다.

37 답 ①

함수 $f(x)=\dfrac{1}{x-\dfrac{8}{x^2}}$은 (분모)$=0$인 점에서 불연속이므로

$x-\dfrac{8}{x^2}=0$ 또는 $x=0$

이때, $x-\dfrac{8}{x^2}=0$, 즉 $x^3=8$에서 $x=2$

따라서 $a=2$, $b=0$ $(\because a>b)$이므로 $10a+b=20$

38 답 ③

함수 $f(x)=\dfrac{1}{x-\dfrac{9}{x}}$은 (분모)$=0$인 점에서 불연속이므로

$x-\dfrac{9}{x}=0$ 또는 $x=0$

이때, $x-\dfrac{9}{x}=0$, 즉 $x^2=9$에서 $x=\pm 3$

따라서 함수 $f(x)$가 불연속이 되는 x의 값은 -3, 0, 3의 3개이다.

39 답 ①

ㄱ. 어떤 구간에서 연속함수인 $f(x)+g(x)$와
$f(x)-g(x)$의 합도 연속함수이므로
$f(x)=\dfrac{1}{2}\{f(x)+g(x)+f(x)-g(x)\}$도 그 구간에서 연속함수이다. (참)

ㄴ. 【반례】 함수 $f(x)=\begin{cases}1 & (x\geq 0)\\ -1 & (x<0)\end{cases}$은 $x=0$에서 불연속이지만 $\lim\limits_{x\to 0}\{f(x)\}^2=\{f(0)\}^2=1$이므로 함수 $\{f(x)\}^2$은 $x=0$에서 연속이다. (거짓)

ㄷ. 【반례】 $f(x)=x-1$, $g(x)=x$는 $x=0$에서 연속이지만 함수 $\dfrac{f(x)}{g(x)}$는 $x=0$에서 불연속이다. (거짓)

따라서 옳은 것은 ㄱ이다.

40 답 ②

ㄱ. 【반례】 $f(x)=x^2$, $g(x)=\dfrac{1}{x}$이면 $f(x)$와 $f(x)g(x)$는 $x=0$에서 연속이지만 $g(x)$는 $x=0$에서 불연속이다. (거짓)

ㄴ. $f(x)$와 $f(x)+g(x)$가 연속함수이면
$g(x)=\{f(x)+g(x)\}-f(x)$도 연속함수이므로 $\{f(x)\}^2-\{g(x)\}^2$도 연속함수이다. (참)

ㄷ. 【반례】 $f(x)=\dfrac{1}{x}$은 $x=0$에서 불연속이지만

$\dfrac{1}{f(x)}=x$는 모든 실수 x에서 연속이다. (거짓)

따라서 옳은 것은 ㄴ이다.

41 답 ②

ㄱ. 닫힌구간 $[1,\,4]$에서 함수 $f(x)=\dfrac{1}{x^2}$은 연속이므로
최댓값과 최솟값을 모두 갖는다.

ㄴ. 함수 $g(x)=\dfrac{1}{x-1}+1$은 $x=1$에서 점근선을 가지므로
구간 $[0,\,2]$에서 최댓값과 최솟값을 모두 갖지 않는다.

ㄷ. 함수 $h(x)=x^3+x-3$은 실수 전체에서 연속이므로
닫힌구간 $[1,\,3]$에서 최댓값과 최솟값을 모두 갖는다.

ㄹ. 함수 $i(x)=\sqrt{x+2}$는
$x\geq-2$에서 연속인 함수이
지만 열린구간 $(1,\,2)$에서
최댓값과 최솟값을 모두 갖
지 않는다.

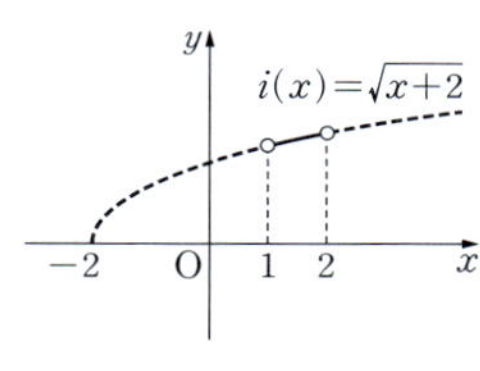

따라서 주어진 구간에서 최댓값과 최솟값을 모두 갖는 함
수는 ㄱ, ㄷ이다.

42 답 ⑤

유리함수 $f(x)=-\dfrac{3}{x-2}$
은 점근선의 방정식이
$x=2,\ y=0$이고,
닫힌구간 $\left[-\dfrac{1}{2},\,\dfrac{1}{2}\right]$에
서 증가하는 함수이므로

$M=f\left(\dfrac{1}{2}\right)=-\dfrac{3}{\dfrac{1}{2}-2}=2$

$m=f\left(-\dfrac{1}{2}\right)=-\dfrac{3}{-\dfrac{1}{2}-2}=\dfrac{6}{5}$

$\therefore M+m=2+\dfrac{6}{5}=\dfrac{16}{5}$

43 답 ①

$f(x)=x^3-3x+7$이라 하면 $f(x)$는 모든 실수 x에서 연
속함수이고
$f(-3)=-27+9+7=-11<0$
$f(-2)=-8+6+7=5>0$
$f(-1)=-1+3+7=9>0$
$f(0)=7>0$
$f(1)=1-3+7=5>0$
$f(2)=8-6+7=9>0$
이므로 사잇값의 정리에 의해 $f(x)$는 구간 $(-3,\,-2)$에
서 실근을 갖는다.

44 답 ③

$f(x)=x^4-5x+2$라 하면 $f(x)$는 모든 실수 x에서 연속
함수이고
$f(-2)=16+10+2=28>0$
$f(-1)=1+5+2=8>0$
$f(0)=2>0$
$f(1)=1-5+2=-2<0$
$f(2)=16-10+2=8>0$
$f(3)=81-15+2=68>0$
$f(4)=256-20+2=238>0$
$f(5)=625-25+2=602>0$
이므로 사잇값의 정리에 의해 방정식 $f(x)=0$은 구간
$(1,\,2)$에서 적어도 하나의 실근을 갖는다.

45 답 ②

$f(x)=x^3-3x+k$라 하면 $f(x)$는 모든 실수 x에서 연속
함수이므로 사잇값의 정리에 의해 $f(1)f(2)<0$이면 구간
$(1,\,2)$에서 적어도 하나의 실근을 갖는다.
이때, $f(1)=1-3+k=k-2,\ f(2)=8-6+k=k+2$
이므로
$(k-2)(k+2)<0$ $\therefore -2<k<2$

46 답 ②

$f(x)=x^3+2x^2-5x+k$라 하면 $f(x)$는 모든 실수 x에서
연속함수이므로 사잇값의 정리에 의해 $f(1)f(2)<0$이면
구간 $(1,\,2)$에서 적어도 하나의 실근을 갖는다.
이때, $f(1)=1+2-5+k=k-2$,
$f(2)=8+8-10+k=k+6$이므로
$(k-2)(k+6)<0$ $\therefore -6<k<2$
따라서 정수 k의 값은 $-5,\ -4,\ \cdots,\ 0,\ 1$로 7개이다.

47 답 ③

$h(x)=f(x)-g(x)$라 하면 $f(x),\ g(x)$는 모든 실수 x에
서 연속함수이므로 함수 $h(x)$도 연속함수이다.
즉, 함수 $h(x)$에 대하여 $h(-1)h(1)<0$이면 방정식
$h(x)=0$은 열린구간 $(-1,\,1)$에서 적어도 하나의 실근을
갖는다.
$h(x)=x^4+x^3-3x^2+k-(-x^3-5x^2+3)$
$\quad\quad=x^4+2x^3+2x^2+k-3$
에서
$h(-1)=1-2+2+k-3=k-2$,
$h(1)=1+2+2+k-3=k+2$
이므로
$(k-2)(k+2)<0$ $\therefore -2<k<2$
따라서 정수 k는 $-1,\ 0,\ 1$이므로 모든 정수 k의 값의 합은
$-1+0+1=0$

48 답 ②

함수 $f(x)$는 모든 실수 x에서 연속이므로 닫힌구간
$[-2, 2]$에서 연속이다. 이때,
$f(-2)f(-1)>0,\ f(-1)f(0)<0,$
$f(0)f(1)>0,\ f(1)f(2)<0$
이므로 사잇값의 정리에 의해 방정식 $f(x)=0$은 열린구
간 $(-1, 0)$과 $(1, 2)$에서 적어도 하나의 실근을 갖는다.
따라서 방정식 $f(x)=0$은 열린구간 $(-2, 2)$에서 적어도
2개의 실근을 갖는다.

49 답 ②

연속함수 $f(x)$가 모든 실수 x에서 $f(-x)=f(x)$를 만족시
키므로 $f(1)=f(-1)=2,\ f(-2)=f(2)=-2$
이때, $g(x)=f(x)-1$이라 하면
$g(-2)=f(-2)-1=-2-1=-3<0$
$g(-1)=f(-1)-1=2-1=1>0$
$g(0)=f(0)-1=3-1=2>0$
$g(1)=f(1)-1=2-1=1>0$
$g(2)=f(2)-1=-2-1=-3<0$
즉, $g(-2)g(-1)<0,\ g(1)g(2)<0$이므로 사잇값의 정
리에 의해 방정식 $g(x)=0$은 열린구간 $(-2, -1),\ (1, 2)$
에서 각각 적어도 하나의 실근을 갖는다.
따라서 방정식 $g(x)=0$, 즉 $f(x)=1$의 실근의 개수의 최
솟값은 2이다.

50 답 ④

함수 $y=f(x)$의 그래프가 다섯 개의 점
$(-2, 1),\ (-1, -3),\ (0, 4),\ (1, -2),\ (2, 5)$를 지난
다고 하므로 $f(-2)=1,\ f(-1)=-3,\ f(0)=4,$
$f(1)=-2,\ f(2)=5$이다.
구하는 것은 방정식 $f(x)=x$의 실근의 개수이므로 방정식
$f(x)-x=0$의 실근의 개수와 같다.
이때, $g(x)=f(x)-x$라 두면
$g(-2)=f(-2)-(-2)=1+2=3>0$
$g(-1)=f(-1)-(-1)=-3+1=-2<0$
$g(0)=f(0)-0=4>0$
$g(1)=f(1)-1=-2-1=-3<0$
$g(2)=f(2)-2=5-2=3>0$
즉, $g(-2)g(-1)<0,\ g(-1)g(0)<0,\ g(0)g(1)<0,$
$g(1)g(2)<0$이므로 사잇값의 정리에 의해 방정식
$g(x)=0$은 열린구간 $(-2, -1),\ (-1, 0),\ (0, 1),\ (1, 2)$
에서 각각 적어도 하나의 실근을 갖는다.
따라서 방정식 $g(x)=0$, 즉 $f(x)=x$의 실근의 개수의 최
솟값은 4이다.

01 답 ④

ㄱ. $\lim\limits_{x\to 0} f(x)=f(0)=3$이므로 $x=0$에서 연속이다.

ㄴ. $\lim\limits_{x\to 0-} f(x)=\lim\limits_{x\to 0-}\dfrac{-x}{x}=-1$

　　$\lim\limits_{x\to 0+} f(x)=\lim\limits_{x\to 0+}\dfrac{x}{x}=1$

　　즉, $x=0$에서 극한값이 존재하지 않으므로 불연속이다.

ㄷ. $\sqrt{x^2}=|x|$이므로 $f(x)=\begin{cases} |x| & (x\neq 0) \\ 0 & (x=0) \end{cases}$

　　$\lim\limits_{x\to 0+} f(x)=\lim\limits_{x\to 0+} x=0,\ \lim\limits_{x\to 0-} f(x)=\lim\limits_{x\to 0-}(-x)=0$

　　이고 $f(0)=0$이므로 $\lim\limits_{x\to 0} f(x)=f(0)$

　　즉, $x=0$에서 연속이다.

따라서 $x=0$에서 연속인 함수는 ㄱ, ㄷ이다.

> **심플 정리**
>
> **[함수의 연속]**
> 함수 $f(x)$가 $x=a$에서 연속인지 알아보려면 다음 세 가지
> 를 모두 확인해야 한다.
> (i) $f(a)$가 존재하는지 확인
> (ii) $\lim\limits_{x\to a} f(x)$가 존재하는지 확인
> 　　$\Rightarrow \lim\limits_{x\to a-} f(x)$와 $\lim\limits_{x\to a+} f(x)$가 같은지 확인
> (iii) $\lim\limits_{x\to a} f(x)=f(a)$인지 확인

02 답 ③

구간 $[-2, 2]$에서 정의된 함수 $y=f(x)$의 그래프를 보면
$x=-1,\ x=0,\ x=1$에서 불연속이므로 $a=3$
또, $x=0$에서 극한값이 존재하지 않으므로 $b=1$
$\therefore a+b=3+1=4$

03 답 ④

> 함수
> $$f(x)=\begin{cases} \dfrac{x^2+x-12}{x-3} & (x\neq 3) \\ a & (x=3) \end{cases}$$
> 　→ 함수 $f(x)$가 모든 실수
> 　　x에서 연속이려면
> 　　$x=3$에서 연속이면
> 　　되지?
> 가 모든 실수 x에서 연속일 때, a의 값은?
> ① 10　② 9　③ 8　④ 7　⑤ 6

1st $x=3$에서 연속이려면 (극한값)=(함숫값)이어야 해.

$f(x)$가 모든 실수 x에서 연속이려면 $x=3$에서 연속이면 된다.
즉, $\lim\limits_{x\to 3} f(x)=f(3)$이어야 하므로

$\lim\limits_{x\to 3} f(x)=\lim\limits_{x\to 3}\dfrac{x^2+x-12}{x-3}=\lim\limits_{x\to 3}\dfrac{(x-3)(x+4)}{x-3}$

$\qquad\qquad =\lim\limits_{x\to 3}(x+4)=7$　　$\dfrac{0}{0}$ 꼴이므로 분자를 인수분해하여
　　　　　　　　　　　　　　　　　　분모, 분자를 0으로 만드는 인수를
$\therefore f(3)=a=7$　　　　　　　　　약분해.

04 답 ③

닫힌구간 $[-1, 4]$에서 정의된 함수 $y=f(x)$의 그래프가 그림과 같다. [보기]에서 옳은 것만을 있는 대로 고른 것은?

[보기]

ㄱ. $\displaystyle\lim_{x \to 1-} f(x) < \lim_{x \to 1+} f(x)$

ㄴ. $\displaystyle\lim_{t \to \infty} f\left(\frac{1}{t}\right)=1$ ▸ $\frac{1}{t}=s$로 치환해 봐. $t \to \infty$일 때, $s \to 0+$야.

ㄷ. 함수 $f(f(x))$는 $x=3$에서 연속이다.

① ㄱ   ② ㄷ   ③ ㄱ, ㄴ

④ ㄴ, ㄷ   ⑤ ㄱ, ㄴ, ㄷ ▸ $\displaystyle\lim_{x \to 3+} f(f(x))=\lim_{x \to 3-} f(f(x))$ $=f(f(3))$ 이어야 해.

1st 그래프를 보고 $x=1$에서의 좌극한값과 우극한값을 비교하자.

ㄱ. 그래프에서 $\displaystyle\lim_{x \to 1-} f(x)=0$, $\displaystyle\lim_{x \to 1+} f(x)=1$이므로

$\displaystyle\lim_{x \to 1-} f(x) < \lim_{x \to 1+} f(x)$ (참)

2nd 그래프를 이용하려면 $f\left(\frac{1}{t}\right)$을 $f(x)$ 꼴로 바꾸어야 해.

ㄴ. $\frac{1}{t}=s$라 하면 $t \to \infty$일 때 $s \to 0+$이므로

$\displaystyle\lim_{t \to \infty} f\left(\frac{1}{t}\right)=\lim_{s \to 0+} f(s)=1$ (참)

ㄷ. $f(x)=\alpha$라 하면

$\displaystyle\lim_{x \to 3-} f(f(x))=\lim_{\alpha \to 2+} f(\alpha)=3$

$\displaystyle\lim_{x \to 3+} f(f(x))=\lim_{\alpha \to 2-} f(\alpha)=1$

즉, 극한값이 존재하지 않으므로 $x=3$에서 불연속이다. (거짓) ▸ $x \to 3-$에서 $f(x) \to 2+$이고, $x \to 3+$에서 $f(x) \to 2-$야.

따라서 옳은 것은 ㄱ, ㄴ이다.

05 답 ④

ㄱ. $\displaystyle\lim_{x \to 1-} f(x)g(x)=\lim_{x \to 1-} f(x) \times \lim_{x \to 1-} g(x)$
$=1 \times 0=0$

$\displaystyle\lim_{x \to 1+} f(x)g(x)=\lim_{x \to 1+} f(x) \times \lim_{x \to 1+} g(x)$
$=-1 \times 1=-1$

즉, $\displaystyle\lim_{x \to 1} f(x)g(x)$의 값은 존재하지 않는다. (거짓)

ㄴ. $\displaystyle\lim_{x \to -1-} \{f(x)-g(x)\}=\lim_{x \to -1-} f(x)-\lim_{x \to -1-} g(x)$
$=-1-(-1)=0$

$\displaystyle\lim_{x \to -1+} \{f(x)-g(x)\}=\lim_{x \to -1+} f(x)-\lim_{x \to -1+} g(x)$
$=1-1=0$

$f(-1)-g(-1)=1-1=0$

즉, 함수 $f(x)-g(x)$는 $x=-1$에서 연속이다. (참)

ㄷ. $\displaystyle\lim_{x \to -1-} f(x)g(x)=\lim_{x \to -1-} f(x) \times \lim_{x \to -1-} g(x)$
$=-1 \times (-1)=1$

$\displaystyle\lim_{x \to -1+} f(x)g(x)=\lim_{x \to -1+} f(x) \times \lim_{x \to -1+} g(x)$
$=1 \times 1=1$

$f(-1)g(-1)=1 \times 1=1$

즉, 함수 $f(x)g(x)$는 $x=-1$에서 연속이다. (참)

따라서 옳은 것은 ㄴ, ㄷ이다.

06 답 2

함수 $y=f(x)$의 그래프와 직선 $y=2x$의 교점의 개수는 방정식 $f(x)=2x$, 즉 $f(x)-2x=0$의 실근의 개수와 같다.

$g(x)=f(x)-2x$라 하면 함수 $g(x)$는 실수 전체에서 연속이고

$g(-2)=f(-2)-2 \times (-2)=3+4=7>0$

$g(-1)=f(-1)-2 \times (-1)=-1+2=1>0$

$g(0)=f(0)-0=-4<0$

$g(1)=f(1)-2 \times 1=4-2=2>0$

$g(2)=f(2)-2 \times 2=5-4=1>0$

즉, $g(-1)g(0)<0$, $g(0)g(1)<0$이므로 사잇값의 정리에 의해 함수 $g(x)$는 열린구간 $(-1, 0)$, $(0, 1)$에서 각각 적어도 하나의 실근을 갖는다.

따라서 방정식 $g(x)=0$은 적어도 2개의 실근을 가지므로 $y=f(x)$의 그래프와 직선 $y=2x$의 교점의 개수의 최솟값은 2이다.

07 답 ①

두 함수 $f(x)$, $g(x)$에 대하여 [보기]에서 옳은 것을 모두 고른 것은? ▸ 반례가 있으면 반례를 하나 잡아서 거짓임을 밝히면 돼.

[보기]

ㄱ. $\displaystyle\lim_{x \to 0} f(x)$와 $\displaystyle\lim_{x \to 0} g(x)$가 모두 존재하지 않으면 $\displaystyle\lim_{x \to 0} \{f(x)-g(x)\}$도 존재하지 않는다.

ㄴ. $y=f(x)$가 $x=0$에서 연속이면 $y=|f(x)|$도 $x=0$에서 연속이다.

ㄷ. $y=|f(x)|$가 $x=0$에서 연속이면 $y=f(x)$도 $x=0$에서 연속이다.

① ㄴ   ② ㄷ   ③ ㄱ, ㄴ

④ ㄱ, ㄷ   ⑤ ㄴ, ㄷ

1st 분수함수를 예로 들어 생각해보자.

ㄱ. 【반례】 $f(x)=\left|\frac{1}{x}\right|$, $g(x)=-\left|\frac{1}{x}\right|$이면

$\displaystyle\lim_{x \to 0}\left|\frac{1}{x}\right|=\infty$, $\displaystyle\lim_{x \to 0}\left(-\left|\frac{1}{x}\right|\right)=-\infty$로

$x=0$에서의 극한값이 모두 존재하지 않지만

$\displaystyle\lim_{x \to 0} \{f(x)+g(x)\}=\lim_{x \to 0} 0=0$으로 극한값이 존재한다. (거짓)

2nd 연속함수에 절댓값을 붙인 함수는 연속함수임을 확인해보자.

ㄴ. $y=f(x)$가 $x=0$에서 연속이므로

$\lim\limits_{x\to 0} f(x)=f(0)$을 만족한다.

(i) $f(0)=0$인 경우
$f(0)>0$ 또는 $f(0)=0$ 또는
$f(0)<0$으로 나누어 확인해보자.

$\lim\limits_{x\to 0+} |f(x)|=\lim\limits_{x\to 0-} |f(x)|=|f(0)|=0$

(ii) $f(0)=a\ (a>0)$인 경우

$\lim\limits_{x\to 0} |f(x)|=\lim\limits_{x\to 0} f(x)=f(0)=a=|f(0)|$

(iii) $f(0)=b\ (b<0)$인 경우

$\lim\limits_{x\to 0} |f(x)|=\lim\limits_{x\to 0} \{-f(x)\}$
$=-f(0)=-b=|f(0)|\ (\because b<0)$

(i)~(iii)에서 함수 $y=|f(x)|$는 $x=0$에서 연속이다.

(참)

ㄷ. 【반례】 $f(x)=\begin{cases} 1 & (x\geq 0) \\ -1 & (x<0) \end{cases}$ 이면

$|f(x)|=1$은 $x=0$에서 연속이지만 $f(x)$는 $x=0$에서 불연속이다. (거짓)

따라서 옳은 것은 ㄴ이다.

08 답 ②

(i) $a>0$일 때

$\lim\limits_{x\to a+} f(x)f(x-a)=(-a+1)\times 1=-a+1$

$\lim\limits_{x\to a-} f(x)f(x-a)=(-a+1)\times 3=3(-a+1)$

$f(a)f(0)=3(-a+1)$

함수 $f(x)f(x-a)$가 $x=a$에서 연속이므로

$-a+1=3(-a+1),\ -a+1=-3a+3$

$2a=2 \qquad \therefore a=1$

(ii) $a<0$일 때

$\lim\limits_{x\to a+} f(x)f(x-a)=(2a+3)\times 1=2a+3$

$\lim\limits_{x\to a-} f(x)f(x-a)=(2a+3)\times 3=3(2a+3)$

$f(a)f(0)=3(2a+3)$

함수 $f(x)f(x-a)$가 $x=a$에서 연속이므로

$2a+3=3(2a+3),\ 2a+3=6a+9$

$4a=-6 \qquad \therefore a=-\dfrac{3}{2}$

(iii) $a=0$일 때,

$f(x)f(x-a)=\{f(x)\}^2$이므로

$\lim\limits_{x\to a+} f(x)f(x-a)=\lim\limits_{x\to 0+} \{f(x)\}^2=1^2=1$

$\lim\limits_{x\to a-} f(x)f(x-a)=\lim\limits_{x\to 0-} \{f(x)\}^2=3^2=9$

즉, 극한값이 존재하지 않으므로 함수 $f(x)f(x-a)$는 $x=a$에서 불연속이다.

(i)~(iii)에서 조건을 만족시키는 a의 값은

$a=1$ 또는 $a=-\dfrac{3}{2}$

따라서 모든 a의 값의 합은 $1-\dfrac{3}{2}=-\dfrac{1}{2}$이다.

09 답 ③

ㄱ. 그래프에서

$\lim\limits_{x\to 1-} f(x)=2,\ \lim\limits_{x\to 1-} f(x)=1$이므로

$\lim\limits_{x\to 1-} f(x)+\lim\limits_{x\to 1-} f(x)=2+1=3$ (참)

ㄴ. $-x=t$로 놓으면 $x\to 1+$일 때 $t\to -1-$이고,

$x\to 1-$일 때 $t\to -1+$이다.

$\lim\limits_{x\to 1+} f(-x)=\lim\limits_{t\to -1-} f(t)=2$

$\lim\limits_{x\to 1-} f(-x)=\lim\limits_{t\to -1+} f(t)=-1$

이므로 극한값이 존재하지 않는다. (참)

ㄷ. ㄴ을 이용해 극한값을 구하면

$\lim\limits_{x\to 1-} f(x)f(-x)=\lim\limits_{x\to 1-} f(x)\times \lim\limits_{x\to 1-} f(-x)$
$=1\times(-1)=-1$

$\lim\limits_{x\to 1+} f(x)f(-x)=\lim\limits_{x\to 1+} f(x)\times \lim\limits_{x\to 1+} f(-x)$
$=-2\times 2=-4$

에서 극한값이 존재하지 않으므로 불연속이다. (거짓)

따라서 옳은 것은 ㄱ, ㄴ이다.

10 답 25

조건 (가)에서 함수 $f(x)$는 $0\leq x<2$에서

$f(x)=\begin{cases} |x-1| & (0\leq x<1,\ 1<x<2) \\ 1 & (x=1) \end{cases}$

이므로 $y=f(x)$의 그래프는 [그림1]과 같다.

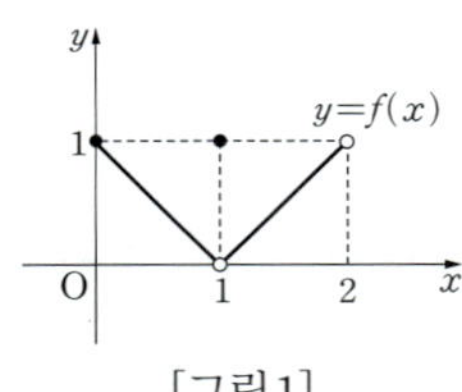

[그림1]

조건 (나)에서 함수 $f(x)$가 모든 실수 x에 대하여

$f(x)=f(x+2)$를 만족하므로 주기가 2인 함수 $y=f(x)$의 그래프는 [그림2]와 같다.

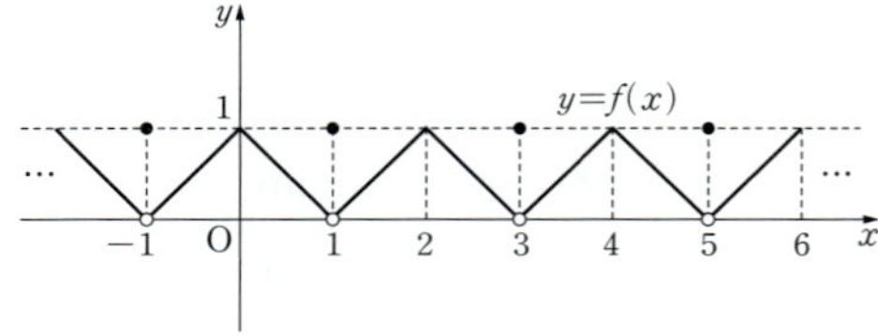

[그림2]

따라서 함수 $y=f(x)$는 $x=1,\ 3,\ 5,\ \cdots$에서 불연속이므로 구간 $(0,\ 10)$에서 불연속인 모든 x의 값의 합은

$1+3+5+7+9=25$

11 답 $-\dfrac{8}{5}$

함수 $f(x)$는 실수 전체에서 연속이므로 $x=2$에서도 연속이다.

즉, $\lim\limits_{x\to 2-} f(x)=\lim\limits_{x\to 2+} f(x)=f(2)$이므로

$\dfrac{b}{2-a}=-2+1=-1$

$\therefore b=a-2 \cdots \bigcirc$ ··· Ⅰ

또, 함수 $f(x)$는 $f(x)=f(x+3)$을 만족시키므로

$f(0)=f(3)$에서

$\dfrac{b}{-a}=-3+1=-2$

$\therefore b=2a \cdots \bigcirc\!\bigcirc$ ··· Ⅱ

$\bigcirc$, $\bigcirc\!\bigcirc$을 연립하면 $a=-2$, $b=-4$

따라서 $f(x)=\begin{cases} -\dfrac{4}{x+2} & (0\le x<2) \\ -x+1 & (2\le x\le 3)\end{cases}$ 이므로

$f\!\left(\dfrac{7}{2}\right)=f\!\left(\dfrac{1}{2}+3\right)=f\!\left(\dfrac{1}{2}\right)$

$\quad =-\dfrac{4}{\dfrac{1}{2}+2}=-\dfrac{8}{5}$ ··· Ⅲ

[채점 기준표]

Ⅰ	$x=2$에서 연속임을 이용하여 a, b 사이의 관계식을 찾는다.	30%
Ⅱ	$f(0)=f(3)$임을 이용하여 a, b 사이의 관계식을 찾는다.	30%
Ⅲ	$f\!\left(\dfrac{7}{2}\right)$의 값을 구한다.	40%

TIP

두 함수 $g(x)$, $h(x)$에 대하여 닫힌구간 $[a, c]$에서

$$f(x)=\begin{cases} g(x) & (a\le x<b) \\ h(x) & (b\le x\le c)\end{cases}$$

로 정의되고 $p=c-a$에 대하여 $f(x)=f(x+p)$를 만족시키는 함수 $f(x)$가 실수 전체의 집합에서 연속이면 다음을 만족시킨다.

(1) $\lim\limits_{x\to b-} g(x)=\lim\limits_{x\to b+} h(x)$

(2) $g(a)=h(c)$

01 답 ①

$\lim\limits_{x\to 1} \dfrac{x^2+2x-3}{x-1}=\lim\limits_{x\to 1} \dfrac{(x-1)(x+3)}{x-1}$

$\qquad =\lim\limits_{x\to 1}(x+3)=4$

02 답 ④

ㄱ. $\lim\limits_{x\to 2+} \dfrac{x^2-2x}{|x-2|}=\lim\limits_{x\to 2+} \dfrac{x(x-2)}{x-2}$

$\qquad\qquad =\lim\limits_{x\to 2+} x=2$ (참)

ㄴ. $\lim\limits_{x\to 1-} \dfrac{|x^2-1|}{x-1}=\lim\limits_{x\to 1-} \dfrac{-(x^2-1)}{x-1}$

$\qquad\qquad =\lim\limits_{x\to 1-} \dfrac{-(x+1)(x-1)}{x-1}$

$\qquad\qquad =\lim\limits_{x\to 1-} \{-(x+1)\}=-2$ (거짓)

ㄷ. $\lim\limits_{x\to -3-} \dfrac{x^2+3x}{|x+3|}=\lim\limits_{x\to -3-} \dfrac{x(x+3)}{-(x+3)}$

$\qquad\qquad =\lim\limits_{x\to -3-}(-x)=3$ (참)

따라서 극한값을 바르게 구한 것은 ㄱ, ㄷ 이다.

03 답 ②

$\lim\limits_{x\to 0} \dfrac{1}{x}\left(\dfrac{1}{2+x}-\dfrac{1}{2-x}\right)$

$=\lim\limits_{x\to 0}\left\{\dfrac{1}{x}\times\dfrac{-2x}{(2+x)(2-x)}\right\}$

$=\lim\limits_{x\to 0}\dfrac{-2}{(2+x)(2-x)}=-\dfrac{1}{2}$

04 답 4

$\lim\limits_{x\to\infty}\dfrac{f(x)}{x}=3$일 때, $\lim\limits_{x\to\infty}\dfrac{x^2+xf(x)}{x^2-f(x)}$의 값을 구하시오.

$\lim\limits_{x\to\infty}\dfrac{f(x)}{x}=3$을 이용할 수 있게 식을 변형하자.

1st 분모와 분자를 각각 x로 나눠봐.

$\lim\limits_{x\to\infty}\dfrac{x^2+xf(x)}{x^2-f(x)}=\lim\limits_{x\to\infty}\dfrac{1+\dfrac{f(x)}{x}}{1-\dfrac{f(x)}{x}\times\dfrac{1}{x}}$

$\qquad =\dfrac{1+3}{1-3\times 0}=4$

$\lim\limits_{x\to\infty}\dfrac{f(x)}{x}=3$이고

$\lim\limits_{x\to\infty}\dfrac{1}{x}=0$이지?

05 답 ④

주어진 그림에서

$\lim\limits_{x\to -1+} f(x)=0$, $\lim\limits_{x\to 1-} f(x)=2$

$\therefore$ (구하는 값)$=0+2=2$

06 답 ①

두 함수 $f(x)$, $g(x)$에 대하여
$\lim\limits_{x\to\infty} f(x)=\infty$, $\lim\limits_{x\to\infty}\{2f(x)-g(x)\}=4$
를 만족시킬 때, $\lim\limits_{x\to\infty}\dfrac{2f(x)-3g(x)}{4f(x)+g(x)}$의 값은?

① $-\dfrac{2}{3}$ ② $-\dfrac{1}{3}$ ③ 0

④ $\dfrac{1}{3}$ ⑤ $\dfrac{2}{3}$

> $2f(x)-g(x)=h(x)$라 하면 $\lim\limits_{x\to\infty} h(x)=4$야.
> 주어진 식을 $f(x)$와 $h(x)$에 대한 식으로 변형해봐.

1st $2f(x)-g(x)=h(x)$라 놓고 주어진 극한식을 정리하자.

$2f(x)-g(x)=h(x)$라 하면 $g(x)=2f(x)-h(x)$이고, $\lim\limits_{x\to\infty} h(x)=4$이다.

2nd 분자, 분모를 각각 $f(x)$로 나누어 극한값을 구하자.

$$\lim_{x\to\infty}\frac{2f(x)-3g(x)}{4f(x)+g(x)}=\lim_{x\to\infty}\frac{2f(x)-3\{2f(x)-h(x)\}}{4f(x)+2f(x)-h(x)}$$

$$=\lim_{x\to\infty}\frac{-4f(x)+3h(x)}{6f(x)-h(x)}$$

$$=\lim_{x\to\infty}\frac{-4+\dfrac{3h(x)}{f(x)}}{6-\dfrac{h(x)}{f(x)}}$$

$$=\frac{-4+0}{6-0}=-\frac{2}{3}$$

> $\dfrac{\infty}{\infty}$ 꼴이니까 분모, 분자를 각각 $f(x)$로 나눠.
> $\lim\limits_{x\to\infty} f(x)=\infty$이므로 $\lim\limits_{x\to\infty}\dfrac{1}{f(x)}=0$이야.

07 답 ⑤

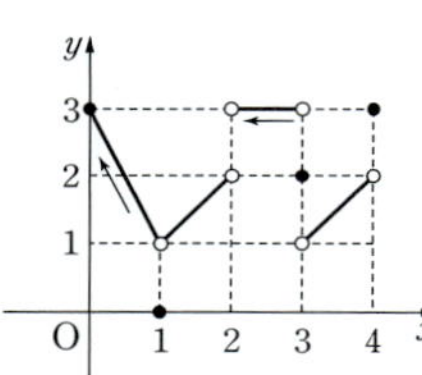

$f(x)=s$라 하면 $x\longrightarrow 0+$일 때 $s\longrightarrow 3-$이므로

$$\lim_{x\to 0+} f(f(x))=\lim_{s\to 3-} f(s)=3$$

$$\therefore \lim_{x\to 0+} f(f(x))+\lim_{x\to 2+} f(x)=3+3=6$$

08 답 18

$\lim\limits_{x\to 3}\dfrac{3x^2+ax-6}{x-3}=b$와 같이 수렴하고 $\lim\limits_{x\to 3}(x-3)=0$이면 $\lim\limits_{x\to 3}(3x^2+ax-6)=0$

$27+3a-6=0$

$3a=-21$ $\therefore a=-7$

$$\lim_{x\to 3}\frac{3x^2+ax-6}{x-3}=\lim_{x\to 3}\frac{3x^2-7x-6}{x-3}$$

$$=\lim_{x\to 3}\frac{(x-3)(3x+2)}{x-3}$$

$$=\lim_{x\to 3}(3x+2)=11=b$$

$$\therefore b-a=11-(-7)=18$$

09 답 ⑤

함수 $f(x)=\dfrac{x^2+2x+1}{ax^2+bx+c}$이 다음 조건을 모두 만족시킬 때, 실수 a, b, c에 대하여, abc의 값은?

(가) $\lim\limits_{x\to\infty} f(x)=\dfrac{1}{2}$
> $f(x)$의 분자와 분모의 최고차항의 계수의 비가 $\dfrac{1}{2}$이야.

(나) $\lim\limits_{x\to 1}|f(x)|=\infty$
> $f(x)$의 극한이 발산하는 경우는 $x\to 1$일 때 $\dfrac{(상수)}{0}$ 꼴인 경우야.

(다) $\lim\limits_{x\to -3}|f(x)|=\infty$

① -24 ② -30 ③ -36 ④ -42 ⑤ -48

1st 조건 (가)를 이용하여 $f(x)$의 분모의 최고차항의 계수를 구하자.

$$\lim_{x\to\infty} f(x)=\lim_{x\to\infty}\frac{x^2+2x+1}{ax^2+bx+c}=\frac{1}{a}$$

> $\dfrac{\infty}{\infty}$ 꼴에서 (분모의 차수)=(분자의 차수)이면 극한값은 최고차항의 계수의 비야.

이때, 조건 (가)에서 $\lim\limits_{x\to\infty} f(x)=\dfrac{1}{2}$이므로

$$\frac{1}{a}=\frac{1}{2}\quad \therefore a=2$$

2nd 분자가 일정한 수로 수렴할 때, 분모가 0으로 수렴하면 전체 극한값은 ∞ 또는 $-\infty$로 발산하지.

조건 (나)의

$$\lim_{x\to 1}|f(x)|=\lim_{x\to 1}\left|\frac{x^2+2x+1}{ax^2+bx+c}\right|=\infty$$

에서 $\lim\limits_{x\to 1}(x^2+2x+1)=4$이므로 $\lim\limits_{x\to 1}(ax^2+bx+c)=0$ 이어야 $\lim\limits_{x\to 1}|f(x)|=\infty$가 된다.

> 양수 c에 대하여 $\dfrac{c}{0}$ 꼴은 ∞가 되기 때문이야.

즉, 분모인 ax^2+bx+c는 $x-1$을 인수로 가진다.

또, 조건 (다)의

> 인수정리에 의해 다항식 $f(x)$에 대하여 $f(\alpha)=0$이면 $f(x)$는 $x-\alpha$라는 인수를 가지는 거야.

$$\lim_{x\to -3}|f(x)|=\lim_{x\to -3}\left|\frac{x^2+2x+1}{ax^2+bx+c}\right|=\infty$$

에서 $\lim\limits_{x\to -3}(x^2+2x+1)=4$이므로

$$\lim_{x\to -3}(ax^2+bx+c)=0$$이어야 $\lim\limits_{x\to -3}|f(x)|=\infty$가 된다.

즉, 분모인 ax^2+bx+c는 $x+3$을 인수로 가진다.

$$\therefore ax^2+bx+c=2(x-1)(x+3)=2x^2+4x-6$$

따라서 $a=2$, $b=4$, $c=-6$이므로

$$abc=2\times 4\times(-6)=-48$$

[함수의 극한] **심플 정리**

두 다항함수 $f(x)$, $g(x)$에 대하여

(1) $\lim\limits_{x\to\infty}\dfrac{f(x)}{g(x)}=\alpha$ ($\alpha\neq 0$인 실수)일 때, $f(x)$와 $g(x)$의 차수가 같고, 최고차항의 계수의 비가 α이다.

(2) $\lim\limits_{x\to a}\dfrac{f(x)}{g(x)}=\beta$ (β는 실수)일 때, $\lim\limits_{x\to a} g(x)=0$이면 $\lim\limits_{x\to a} f(x)=0$

(3) $\lim\limits_{x\to b}\dfrac{f(x)}{g(x)}=\gamma$ ($\gamma\neq 0$인 실수)일 때, $\lim\limits_{x\to b} f(x)=0$이면 $\lim\limits_{x\to b} g(x)=0$

10 답 ②

ㄱ. $xf(x)=g(x)$라 하고, $\lim\limits_{x\to\infty}xf(x)=\alpha$ (α는 상수)라

하면 $x\neq0$일 때, $f(x)=\dfrac{g(x)}{x}$이므로

$\lim\limits_{x\to\infty}f(x)=\lim\limits_{x\to\infty}\dfrac{g(x)}{x}=0$ (참)

ㄴ. $\lim\limits_{x\to\infty}|f(x)|=0$이면

$f(x)\geq0$일 때, $\lim\limits_{x\to\infty}f(x)=0$

$f(x)<0$일 때, $\lim\limits_{x\to\infty}\{-f(x)\}=0$에서 $\lim\limits_{x\to\infty}f(x)=0$

$\therefore \lim\limits_{x\to\infty}f(x)=0$ (참)

ㄷ. $x\{1-f(x)\}=h(x)$라 하면 $f(x)=1-\dfrac{h(x)}{x}$

$\lim\limits_{x\to\infty}x\{1-f(x)\}=\beta$ (β는 상수)라 하면

$\lim\limits_{x\to\infty}h(x)=\beta$이므로

$\lim\limits_{x\to\infty}f(x)=\lim\limits_{x\to\infty}\left\{1-\dfrac{h(x)}{x}\right\}=1$ (거짓)

따라서 옳은 것은 ㄱ, ㄴ이다.

11 답 ④

$\lim\limits_{x\to9}\dfrac{f(x)}{\sqrt{x}-3}=\lim\limits_{x\to9}\dfrac{f(x)(\sqrt{x}+3)}{(\sqrt{x}-3)(\sqrt{x}+3)}$

$=\lim\limits_{x\to9}\left\{\dfrac{f(x)}{x-9}\times(\sqrt{x}+3)\right\}=3\times6=18$

12 답 ⑤

점 H의 좌표가 $(x,\,0)$이므로 $\overline{OP}-\overline{OH}=\sqrt{x^2+ax}-x$

$\lim\limits_{x\to\infty}(\overline{OP}-\overline{OH})=\lim\limits_{x\to\infty}(\sqrt{x^2+ax}-x)$

$=\lim\limits_{x\to\infty}\dfrac{(\sqrt{x^2+ax}-x)(\sqrt{x^2+ax}+x)}{\sqrt{x^2+ax}+x}$

$=\lim\limits_{x\to\infty}\dfrac{ax}{\sqrt{x^2+ax}+x}$

$=\lim\limits_{x\to\infty}\dfrac{a}{\sqrt{1+\dfrac{a}{x}}+1}=\dfrac{a}{2}=5$

$\therefore a=10$

13 답 ②

삼각형 POQ가 이등변삼각형이므로 점 P에서 선분 OQ에 내린 수선의 발을 H라 하면 점 H는 선분 OQ의 길이를 이등분한다. 이때, 점 H의 좌표는 $(t,\,0)$이므로 점 Q의 좌표는 $(2t,\,0)$이다.

즉, 삼각형 POQ의 넓이는 $S(t)=\dfrac{1}{2}\times2t\times t^2=t^3$

또한, 삼각형 PRO가 이등변삼각형이므로 선분 OP의 수직이등분선이 y축과 만나는 점이 R이다.

직선 OP의 기울기는 $\dfrac{t^2}{t}=t$이므로 직선 OP와 수직인 직선의 기울기는 $-\dfrac{1}{t}$이다.

즉, 선분 OP의 중점을 M이라 하면 $M\left(\dfrac{t}{2},\,\dfrac{t^2}{2}\right)$이므로

직선 MR의 방정식은

$y-\dfrac{t^2}{2}=-\dfrac{1}{t}\left(x-\dfrac{t}{2}\right)$ $\therefore y=-\dfrac{1}{t}x+\dfrac{t^2}{2}+\dfrac{1}{2}$

따라서 직선 MR가 y축과 만나는 점 R의 좌표는

$R\left(0,\,\dfrac{t^2}{2}+\dfrac{1}{2}\right)$이므로 삼각형 PRO의 넓이는

$T(t)=\dfrac{1}{2}\times\left(\dfrac{t^2}{2}+\dfrac{1}{2}\right)\times t=\dfrac{1}{4}(t^3+t)$

$\therefore \lim\limits_{t\to0+}\dfrac{T(t)-S(t)}{t}=\lim\limits_{t\to0+}\dfrac{\dfrac{1}{4}(t^3+t)-t^3}{t}$

$=\lim\limits_{t\to0+}\left(-\dfrac{3}{4}t^2+\dfrac{1}{4}\right)=\dfrac{1}{4}$

다른 풀이

점 R의 좌표를 $(0,\,a)$(단, $a>0$)라 하면

$\overline{RP}=\sqrt{t^2+(a-t^2)^2}$

이때, $\overline{RO}=\overline{RP}$이므로

$a=\sqrt{t^2+(a-t^2)^2},\ a^2=t^2+a^2-2at^2+t^4$

$2at^2=t^2(t^2+1)$ $\therefore a=\dfrac{t^2}{2}+\dfrac{1}{2}$

$\therefore R\left(0,\,\dfrac{t^2}{2}+\dfrac{1}{2}\right)$

(이하 동일)

14 답 ③

ㄱ. $\lim\limits_{x\to-2+}\{f(x)-g(x)\}$

$=\lim\limits_{x\to-2+}f(x)-\lim\limits_{x\to-2+}g(x)=0-0=0$

$\lim\limits_{x\to-2-}\{f(x)-g(x)\}$

$=\lim\limits_{x\to-2-}f(x)-\lim\limits_{x\to-2-}g(x)=1-1=0$

$\therefore \lim\limits_{x\to-2+}\{f(x)-g(x)\}=\lim\limits_{x\to-2-}\{f(x)-g(x)\}$ (참)

ㄴ. $\lim\limits_{x\to0-}f(x)g(x)$

$=\lim\limits_{x\to0-}f(x)\times\lim\limits_{x\to0-}g(x)$

$=0\times1=0$ (참)

ㄷ. $\lim\limits_{x\to-1-}\dfrac{g(x)}{f(x)}=\dfrac{\lim\limits_{x\to-1-}g(x)}{\lim\limits_{x\to-1-}f(x)}=\dfrac{1}{-1}=-1$ (거짓)

따라서 옳은 것은 ㄱ, ㄴ이다.

15 답 6

함수 $f(x)=\begin{cases}3x+6 & (x<2)\\ x^2+ax-4 & (x\geq2)\end{cases}$가 실수 전체의 집합에

서 연속이려면 $x=2$에서 연속이면 되므로

$\lim\limits_{x\to2-}f(x)=\lim\limits_{x\to2+}f(x)=f(2)$이어야 한다.

즉, $\lim\limits_{x\to2-}(3x+6)=\lim\limits_{x\to2+}(x^2+ax-4)=f(2)$에서

$6+6=4+2a-4$ $\therefore a=6$

16 답 ③

$x \neq 3$일 때, $f(x) = \dfrac{x^2 + ax - 12}{x - 3}$

모든 실수 x에 대하여 연속이므로 $\lim\limits_{x \to 3} f(x) = f(3)$이어야

한다.

이때, $\lim\limits_{x \to 3}(x-3) = 0$이므로 $\lim\limits_{x \to 3}(x^2 + ax - 12) = 0$

$9 + 3a - 12 = 0$ $\quad \therefore a = 1$

$$\therefore f(3) = \lim_{x \to 3} f(x) = \lim_{x \to 3} \frac{x^2 + x - 12}{x - 3}$$

$$= \lim_{x \to 3} \frac{(x-3)(x+4)}{x-3} = \lim_{x \to 3}(x+4) = 7$$

17 답 ④

함수 $f(x) = \begin{cases} \dfrac{x^2 - 5x + a}{x - 3} & (x \neq 3) \\ b & (x = 3) \end{cases}$ 가 실수 전체의 집합

에서 연속이므로 $x = 3$에서 연속이다.

$$f(3) = \lim_{x \to 3} \frac{x^2 - 5x + a}{x - 3} = b$$

이때, $\lim\limits_{x \to 3}(x - 3) = 0$이면 $\lim\limits_{x \to 3}(x^2 - 5x + a) = 0$

$9 - 15 + a = 0$ $\quad \therefore a = 6$

$$b = \lim_{x \to 3} \frac{x^2 - 5x + 6}{x - 3} = \lim_{x \to 3} \frac{(x-2)(x-3)}{x-3}$$

$$= \lim_{x \to 3}(x - 2) = 1$$

$$\therefore a + b = 6 + 1 = 7$$

18 답 ②

> 두 함수
>
> $$f(x) = \begin{cases} -x^2 + a & (x \leq 2) \\ x^2 - 4 & (x > 2) \end{cases},$$
>
> $$g(x) = \begin{cases} x - 4 & (x \leq 2) \\ \dfrac{1}{x - 2} & (x > 2) \end{cases}$$
>
> 함수 $f(x)g(x)$가 $x=2$에서 연속이 되려면 $x=2$에 대하여 좌극한값과 우극한값이 같아야 하고 $x=2$에서의 극한값과 $f(2)g(2)$의 값이 같으면 되겠지?
>
> 에 대하여 함수 $f(x)g(x)$가 $x = 2$에서 연속이 되도록
>
> 하는 상수 a의 값은?
>
> ① 1 ② 2 ③ 3
>
> ④ 4 ⑤ 5

1st 함수 $f(x)g(x)$가 $x = 2$에서 연속이 되는 조건을 구하자.

함수 $f(x)g(x)$가 $x = 2$에서 연속이 되려면

$$\lim_{x \to 2} f(x)g(x) = f(2)g(2)$$

함수 $F(x)$가 $x = a$에서 연속이기 위해서는 다음을 모두 만족해야 해.
(i) $F(a)$의 값이 정의되어 있고

즉, $\lim\limits_{x \to 2-} f(x)g(x) = \lim\limits_{x \to 2+} f(x)g(x) = f(2)g(2)$

(ii) $\lim\limits_{x \to a} F(x)$가 존재하며

가 성립해야 한다.

(iii) $\lim\limits_{x \to a} F(x) = F(a)$

2nd 연속이 되는 조건을 만족하는 상수 a의 값을 구하자.

$$\lim_{x \to 2-} f(x)g(x) = \lim_{x \to 2-} (-x^2 + a) \times (x - 4)$$

$$= (-4 + a) \times (-2) = 8 - 2a$$

$$\lim_{x \to 2+} f(x)g(x) = \lim_{x \to 2+} (x^2 - 4) \times \frac{1}{x - 2}$$

$$= \lim_{x \to 2+} \frac{(x+2)(x-2)}{x - 2}$$

$$= \lim_{x \to 2+} (x + 2) = 4$$

$\dfrac{0}{0}$ 꼴이므로 분자를 인수분해하여 분모, 분자의 공통인수를 약분해

$$f(2)g(2) = (-4 + a) \times (-2) = 8 - 2a$$

$8 - 2a = 4$ $\quad \therefore a = 2$

> 함수 $f(x) = \begin{cases} g(x) & (x \geq a) \\ h(x) & (x < a) \end{cases}$ 가 $x = a$에서 연속이면
>
> $g(a) = h(a)$이다. (단, $g(x)$, $h(x)$는 다항함수이다.)

19 답 ②

$f(x) = x^3 - 2x^2 + 4$라 하면 $f(x)$는 연속함수이고

$f(-3) = -27 - 18 + 4 = -41 < 0$

$f(-2) = -8 - 8 + 4 = -12 < 0$

$f(-1) = -1 - 2 + 4 = 1 > 0$

$f(0) = 4 > 0$

$f(1) = 1 - 2 + 4 = 3 > 0$

$f(2) = 8 - 8 + 4 = 4 > 0$

이므로 $f(-2)f(-1) < 0$에서 사잇값의 정리에 의해 방정식 $f(x) = 0$의 실근은 구간 $(-2, -1)$에 존재한다.

20 답 -1

$f(x) = (x+1)(x-1)(x+2) + 1$이라 놓자.

$f(-3) = (-2) \times (-4) \times (-1) + 1 = -7 < 0$

$f(-2) = 1 > 0$

$f(-1) = 1 > 0$

$f(0) = 1 \times (-1) \times 2 + 1 = -1 < 0$

$f(1) = 1 > 0$

$f(2) = 3 \times 1 \times 4 + 1 = 13 > 0$

즉, 함수 $f(x)$는 닫힌구간 $[-3, 1]$에서 연속이고

$f(-3)f(-2) < 0$, $f(-1)f(0) < 0$, $f(0)f(1) < 0$이므

로 사잇값의 정리에 의해 방정식 $f(x) = 0$은 열린구간

$(-3, -2)$, $(-1, 0)$, $(0, 1)$에서 각각 하나의 실근을

갖는다.

따라서 $-3 < \alpha < -2$, $-1 < \beta < 0 < \gamma < 1$이므로

$k = -1$이다.

21 답 ④

$g(x) = f(x) - 2x$라 하면 $g(x)$는 닫힌구간 $[0, 3]$에서

연속이고 열린구간 $(0, 3)$에서 실근을 가지므로 사잇값의

정리에 의해 $g(0)g(3) < 0$이어야 한다.

$\{f(0) - 2 \times 0\}\{f(3) - 2 \times 3\} < 0$

$k(k - 8) < 0$ $\quad \therefore 0 < k < 8$

따라서 정수 k는 $1, 2, \cdots, 7$의 7개이다.

22 답 ⑤

ㄱ. $g(x)=f(x)-x$로 놓으면 $g(x)$는 닫힌구간 $[-1, 1]$에서 연속이다.

$g(-1)=f(-1)-(-1)=1+1=2>0$

$g(1)=f(1)-1=-1-1=-2<0$

즉, $g(-1)g(1)<0$이므로 방정식 $g(x)=0$, 즉 방정식 $f(x)=x$는 열린구간 $(-1, 1)$에서 적어도 하나의 실근을 갖는다.

ㄴ. $h(x)=x^2f(x)$로 놓으면 $h(x)$는 닫힌구간 $[-1, 1]$에서 연속이다.

$h(-1)=(-1)^2\times f(-1)=1\times 1=1>0$

$h(1)=1^2\times f(1)=1\times(-1)=-1<0$

즉, $h(-1)h(1)<0$이므로 방정식 $h(x)=0$, 즉 방정식 $x^2f(x)=0$은 열린구간 $(-1, 1)$에서 적어도 하나의 실근을 갖는다.

ㄷ. $j(x)=\{f(x)\}^3$으로 놓으면 $j(x)$는 닫힌구간 $[-1, 1]$에서 연속이다.

$j(-1)=\{f(-1)\}^3=1^3=1>0$

$j(1)=\{f(1)\}^3=(-1)^3=-1<0$

즉, $j(-1)j(1)<0$이므로 방정식 $j(x)=0$, 즉 방정식 $\{f(x)\}^3=0$은 열린구간 $(-1, 1)$에서 적어도 하나의 실근을 갖는다.

따라서 열린구간 $(-1, 1)$에서 적어도 하나의 실근을 갖는 방정식은 ㄱ, ㄴ, ㄷ이다.

TIP

사잇값의 정리를 이용하면 방정식의 실근의 존재 여부를 판단할 수 있고, 그 실근이 어떤 구간에 존재하는지 알아볼 수 있다. 하지만 그 실근이 구체적으로 어떤 값을 갖는지는 알 수 없다.

23 답 56

함수 $f(x)=x^2-8x+a$에 대하여 함수 $g(x)$를

$$g(x)=\begin{cases} 2x+5a & (x\geq a) \\ f(x+4) & (x<a) \end{cases}$$

라 할 때, 다음 조건을 만족시키는 모든 실수 a의 값의 곱을 구하시오. → 열린구간 $(0, 2)$에서 적어도 하나의 실근을 가지려면 사잇값의 정리에 의해 $f(0)f(2)<0$이어야 해.

(가) 방정식 $f(x)=0$은 열린구간 $(0, 2)$에서 적어도 하나의 실근을 갖는다.

(나) 함수 $f(x)g(x)$는 $x=a$에서 연속이다.

주어진 함수가 연속일 조건을 이용하여 실수 a의 값을 구하자.

1st 방정식 $f(x)=0$이 열린구간 (a, b)에서 적어도 하나의 실근을 가지려면 $f(a)f(b)<0$이어야 하지?

조건 (가)에서 방정식 $f(x)=0$은 열린구간 $(0, 2)$에서 적어도 하나의 실근을 가지므로

$f(0)f(2)=a(a-12)<0$

→ [사잇값의 정리의 응용] 함수 $f(x)$가 닫힌구간 $[\alpha, \beta]$에서 연속이고 $f(\alpha)f(\beta)<0$이면 방정식 $f(x)=0$은 열린구간 (α, β)에서 적어도 하나의 실근을 갖는다.

$\therefore 0<a<12 \cdots \bigcirc$

2nd 연속이 되는 조건을 만족하는 상수 a의 값을 구하자.

조건 (나)에서 함수 $f(x)g(x)$는 $x=a$에서 연속이므로

$\displaystyle\lim_{x\to a-}f(x)g(x)=\lim_{x\to a+}f(x)g(x)$이어야 한다.

$\displaystyle\lim_{x\to a-}f(x)g(x)$

→ 함수 $f(x)$와 $f(x+4)$는 다항함수이므로 극한값은 각각 $f(a)$와 $f(a+4)$가 돼

$=\displaystyle\lim_{x\to a-}(x^2-8x+a)f(x+4)$

$=(a^2-8a+a)\{(a+4)^2-8(a+4)+a\}$

$=a(a-7)(a^2+a-16) \cdots \bigcirc\!\!\!\bigcirc$

$\displaystyle\lim_{x\to a+}f(x)g(x)$

$=\displaystyle\lim_{x\to a+}(x^2-8x+a)(2x+5a)$

$=(a^2-8a+a)(2a+5a)$

$=7a^2(a-7) \cdots \bigcirc\!\!\!\bigcirc\!\!\!\bigcirc$

$f(a)g(a)=(a^2-8a+a)(2a+5a)=7a^2(a-7)$

$\bigcirc\!\!\!\bigcirc=\bigcirc\!\!\!\bigcirc\!\!\!\bigcirc$이어야 하므로

$a(a-7)(a^2+a-16)=7a^2(a-7)$

→ 양변에서 $(a-7)$을 약분하지 말고 공통인수로 묶어야 해.

$a(a-7)(a^2+a-16)-7a^2(a-7)=0$

$a(a-7)(a^2+a-16-7a)=0$

$a(a-7)(a^2-6a-16)=0$

$a(a-7)(a-8)(a+2)=0$

$\therefore a=-2$ 또는 $a=0$ 또는 $a=7$ 또는 $a=8$

따라서 $\bigcirc$에 의해 $a=7$ 또는 $a=8$이므로 모든 실수 a의 값의 곱은 $7\times 8=56$이다.

24 답 4

$\displaystyle\lim_{x\to 2}\frac{x^3-8}{f(x-2)}$에서 $x-2=t$라 하면

$x=t+2$이고, $x\longrightarrow 2$일 때 $t\longrightarrow 0$이므로

$\displaystyle\lim_{x\to 2}\frac{x^3-8}{f(x-2)}=\lim_{t\to 0}\frac{(t+2)^3-8}{f(t)}$

$=\displaystyle\lim_{t\to 0}\frac{t^3+6t^2+12t}{f(t)}$

$=\displaystyle\lim_{t\to 0}\left\{(t^2+6t+12)\times\frac{t}{f(t)}\right\}$

$=\displaystyle\lim_{t\to 0}(t^2+6t+12)\times\lim_{t\to 0}\frac{1}{\dfrac{f(t)}{t}}$

$=12\times\dfrac{1}{3}=4$

25 답 20

조건 (가)에서 $\displaystyle\lim_{x\to\infty}\frac{f(x)}{x^2}=3$과 같이 수렴하려면 $\dfrac{f(x)}{x^2}$의 분모와 분자의 차수가 같아야 하고, 최고차항의 계수의 비가 3이어야 하므로 $f(x)$는 이차항의 계수가 3인 이차함수이다. $\cdots$ ⓘ

조건 (나)에서 $\displaystyle\lim_{x\to 0}\frac{f(x)}{x}=4$와 같이 수렴하고 $\displaystyle\lim_{x\to 0}x=0$이면 $\displaystyle\lim_{x\to 0}f(x)=0$, 즉 $f(0)=0$이어야 한다.

즉, 이차함수 $f(x)$에 대하여 $f(0)=0$이므로 이차식 $f(x)$는 x를 인수로 가진다.

$f(x)=3x(x-k)$ (단, k는 상수)로 놓으면

$$\lim_{x \to 0}\frac{f(x)}{x}=\lim_{x \to 0}\frac{3x(x-k)}{x}=\lim_{x \to 0}3(x-k)$$
$$=-3k=4$$

$$\therefore k=-\frac{4}{3}$$

따라서 $f(x)=3x\left(x+\frac{4}{3}\right)=3x^2+4x$이므로 $\quad\cdots$ Ⅱ

$$f(2)=12+8=20 \qquad \cdots \text{ Ⅲ}$$

[채점 기준표]

Ⅰ	$f(x)$가 이차함수인 것과 $f(x)$의 최고차항의 계수를 구한다.	40%
Ⅱ	$f(x)$의 식을 구한다.	40%
Ⅲ	$f(2)$의 값을 구한다.	20%

26 답 8

$f(x)=x-4$, $g(x)=\begin{cases} x^2-2 & (x \geq a) \\ 4x+10 & (x < a) \end{cases}$ 에 대하여

$f(x)g(x)=\begin{cases} (x-4)(x^2-2) & (x \geq a) \\ (x-4)(4x+10) & (x < a) \end{cases}$

함수 $f(x)g(x)$가 실수 전체의 집합에서 연속이면 $x=a$에서 연속이므로

$$\lim_{x \to a+}f(x)g(x)=\lim_{x \to a-}f(x)g(x)=f(a)g(a)$$

가 성립해야 한다. $\qquad \cdots$ Ⅰ

$$\lim_{x \to a-}f(x)g(x)=\lim_{x \to a-}(x-4)(4x+10)=(a-4)(4a+10)$$
$$\lim_{x \to a+}f(x)g(x)=\lim_{x \to a+}(x-4)(x^2-2)=(a-4)(a^2-2)$$
$$f(a)g(a)=(a-4)(a^2-2) \qquad \cdots \text{ Ⅱ}$$

즉, $(a-4)(a^2-2)=(a-4)(4a+10)$에서

$$(a-4)(a^2-2)-(a-4)(4a+10)=0$$
$$(a-4)(a^2-4a-12)=0$$
$$(a-4)(a-6)(a+2)=0$$
$$\therefore a=-2 \text{ 또는 } a=4 \text{ 또는 } a=6$$

따라서 모든 a의 값의 합은 $-2+4+6=8$이다. $\quad\cdots$ Ⅲ

[채점 기준표]

Ⅰ	$f(x)g(x)$가 $x=a$에서 연속이 됨을 안다.	20%
Ⅱ	$f(x)g(x)$의 $x=a$에서의 좌극한, 우극한, 함숫값을 구한다.	40%
Ⅲ	a의 값을 모두 구하고 그 합을 계산한다.	40%

> **심플 정리**
>
> 두 함수
> $$f(x)=\begin{cases} f_1(x) & (x \geq a) \\ f_2(x) & (x < a) \end{cases}, g(x)=\begin{cases} g_1(x) & (x \geq a) \\ g_2(x) & (x < a) \end{cases}$$
> 에 대하여 $f(x)g(x)=\begin{cases} f_1(x)g_1(x) & (x \geq a) \\ f_2(x)g_2(x) & (x < a) \end{cases}$ 이다.

Ⅱ 미분

Simple F 미분계수

[개념 CHECK + 연산 연습] pp. 48~49

01 답 $f(a), f(a+\Delta x)$

02 답 $f(a+h), f(a)$

03 답 접선

04 답 ○

05 답 ○

06 답 ×

07 답 2

$$\text{(평균변화율)}=\frac{f(2)-f(0)}{2-0}=\frac{7-3}{2}=2$$

08 답 -1

$$\text{(평균변화율)}=\frac{f(1)-f(-2)}{1-(-2)}=\frac{-1-2}{3}=-1$$

09 답 7

$$\text{(평균변화율)}=\frac{f(0)-f(-3)}{0-(-3)}=\frac{-1-(-22)}{3}=7$$

10 답 7

$$\text{(평균변화율)}=\frac{f(3)-f(-1)}{3-(-1)}=\frac{26-(-2)}{4}=7$$

11 답 $2a+\Delta x$

$$\text{(평균변화율)}=\frac{f(a+\Delta x)-f(a)}{(a+\Delta x)-a}$$
$$=\frac{(a+\Delta x)^2-a^2}{\Delta x}=\frac{a^2+2a\Delta x+(\Delta x)^2-a^2}{\Delta x}$$
$$=2a+\Delta x$$

12 답 1

$$f'(1)=\lim_{x \to 1}\frac{f(x)-f(1)}{x-1}=\lim_{x \to 1}\frac{(x+4)-5}{x-1}$$
$$=\lim_{x \to 1}\frac{x-1}{x-1}=1$$

13 답 1

$$f'(1)=\lim_{x \to 1}\frac{f(x)-f(1)}{x-1}=\lim_{x \to 1}\frac{(-x^2+3x)-2}{x-1}$$
$$=\lim_{x \to 1}\frac{-x^2+3x-2}{x-1}=\lim_{x \to 1}\frac{-(x-1)(x-2)}{x-1}$$
$$=\lim_{x \to 1}(-x+2)=1$$

14 답 -3

$$\lim_{h\to 0}\frac{f(a-h)-f(a)}{h}$$
$$=\lim_{h\to 0}\left\{\frac{f(a-h)-f(a)}{-h}\times(-1)\right\}$$
$$=f'(a)\times(-1)=3\times(-1)=-3$$

15 답 9

$$\lim_{h\to 0}\frac{f(a+3h)-f(a)}{h}$$
$$=\lim_{h\to 0}\left\{\frac{f(a+3h)-f(a)}{3h}\times 3\right\}$$
$$=f'(a)\times 3=3\times 3=9$$

16 답 6

$$\lim_{h\to 0}\frac{f(a+h)-f(a-h)}{h}$$
$$=\lim_{h\to 0}\frac{f(a+h)-f(a)-f(a-h)+f(a)}{h}$$
$$=\lim_{h\to 0}\frac{f(a+h)-f(a)}{h}-\lim_{h\to 0}\left\{\frac{f(a-h)-f(a)}{-h}\times(-1)\right\}$$
$$=f'(a)+f'(a)=2f'(a)=2\times 3=6$$

17 답 -4

$$f'(0)=\lim_{x\to 0}\frac{f(x)-f(0)}{x-0}=\lim_{x\to 0}\frac{-4x+2-2}{x}$$
$$=\lim_{x\to 0}\frac{-4x}{x}=-4$$

18 답 2

$$f'(1)=\lim_{x\to 1}\frac{f(x)-f(1)}{x-1}=\lim_{x\to 1}\frac{(x^2+1)-2}{x-1}$$
$$=\lim_{x\to 1}\frac{x^2-1}{x-1}$$
$$=\lim_{x\to 1}\frac{(x+1)(x-1)}{x-1}$$
$$=\lim_{x\to 1}(x+1)=2$$

19 답 -1

$$f'(2)=\lim_{x\to 2}\frac{f(x)-f(2)}{x-2}=\lim_{x\to 2}\frac{(-x^2+3x-2)-0}{x-2}$$
$$=\lim_{x\to 2}\frac{-x^2+3x-2}{x-2}=\lim_{x\to 2}\frac{-(x-1)(x-2)}{x-2}$$
$$=\lim_{x\to 2}(-x+1)=-1$$

20 답 -7

$$f'(-1)=\lim_{x\to -1}\frac{f(x)-f(-1)}{x-(-1)}$$
$$=\lim_{x\to -1}\frac{(3x^2-x)-4}{x+1}$$
$$=\lim_{x\to -1}\frac{3x^2-x-4}{x+1}$$
$$=\lim_{x\to -1}\frac{(3x-4)(x+1)}{x+1}$$
$$=\lim_{x\to -1}(3x-4)=-7$$

21 답 3

$$f'(1)=\lim_{x\to 1}\frac{f(x)-f(1)}{x-1}=\lim_{x\to 1}\frac{x^3-1}{x-1}$$
$$=\lim_{x\to 1}\frac{(x-1)(x^2+x+1)}{x-1}$$
$$=\lim_{x\to 1}(x^2+x+1)=3$$

22 답 (가) 0　(나) 1　(다) -1

$$f(0)=\lim_{x\to 0}f(x)=\boxed{0}\ \text{(가) 이므로}$$
$f(x)$는 $x=0$에서 연속이다.

$$\lim_{h\to 0+}\frac{f(0+h)-f(0)}{h}=\lim_{h\to 0+}\frac{|h|}{h}$$
$$=\lim_{h\to 0+}\frac{h}{h}=\boxed{1}\ \text{(나)}\ \cdots\ \bigcirc$$
$$\lim_{h\to 0-}\frac{f(0+h)-f(0)}{h}=\lim_{h\to 0-}\frac{|h|}{h}$$
$$=\lim_{h\to 0-}\frac{-h}{h}=\boxed{-1}\ \text{(다)}\ \cdots\ \bigcirc$$

$\bigcirc$, $\bigcirc$에서 $\lim\limits_{h\to 0}\dfrac{f(0+h)-f(0)}{h}$이 존재하지 않으므로

함수 $f(x)=|x|$는 $x=0$에서 미분가능하지 않다.

23 답 ②

$$\frac{f(a+1)-f(a)}{(a+1)-a}$$
$$=\{(a+1)^2-3(a+1)\}-(a^2-3a)$$
$$=(a^2+2a+1-3a-3)-a^2+3a$$
$$=2a-2=2\qquad \therefore a=2$$

24 답 ④

$$\frac{f(a)-f(1)}{a-1}=\frac{(-3a^2+8a+2)-7}{a-1}=-1$$
$$-3a^2+8a-5=-a+1$$
$$-3a^2+9a-6=0,\ a^2-3a+2=0$$
$$(a-1)(a-2)=0\qquad \therefore a=2\ (\because a\neq 1)$$

25 답 ①

함수 $f(x)$에 대하여 x의 값이 -1에서 2까지 변할 때,
평균변화율은

$$\frac{f(2)-f(-1)}{2-(-1)}=\frac{f(2)-f(-1)}{3}$$

이므로 $f(2)-f(-1)$의 값을 구하면 된다.

이때, $f(x)-f(-1)=x^3-2x+5$에 $x=2$를 대입하면

$$f(2)-f(-1)=2^3-2\times 2+5=9$$이므로

$$(\text{평균변화율})=\frac{f(2)-f(-1)}{3}=\frac{9}{3}=3$$

26 답 ④

함수 $f(x)=2x^2+1$에 대하여 x의 값이 -3에서 1까지 변할 때의 평균변화율은

$$\frac{f(1)-f(-3)}{1-(-3)}=\frac{3-19}{4}=-4 \cdots \text{㉠}$$

또, x의 값이 k에서 0까지 변할 때의 평균변화율은

$$\frac{f(0)-f(k)}{0-k}=\frac{1-(2k^2+1)}{-k}$$
$$=\frac{-2k^2}{-k}=2k \ (\because k\neq 0) \cdots \text{㉡}$$

㉠$=$㉡이므로

$$2k=-4 \quad \therefore k=-2$$

27 답 ④

$$\frac{f(2)-f(0)}{2-0}=\frac{(-4+2a+1)-1}{2}=\frac{2a-4}{2}=a-2=1$$

$$\therefore a=3$$

28 답 ⑤

함수 $f(x)=x^2+ax+2a-3$에 대하여

$$f(0)=2a-3 \cdots \text{㉠}$$

함수 $f(x)$에 대하여 x의 값이 -1에서 1까지 변할 때의 평균변화율은

$$\frac{f(1)-f(-1)}{1-(-1)}=\frac{(1+a+2a-3)-(1-a+2a-3)}{2}=a$$

이것이 ㉠과 같아야 하므로

$$2a-3=a \quad \therefore a=3$$

29 답 ①

$f(x+3)-f(3)=-2x^2+x$에서

$$f'(3)=\lim_{x\to 0}\frac{f(x+3)-f(3)}{x}=\lim_{x\to 0}\frac{-2x^2+x}{x}$$
$$=\lim_{x\to 0}(-2x+1)=1$$

30 답 ②

$$\lim_{h\to 0}\frac{f(a+3h)-f(a)}{h}=\lim_{h\to 0}\left\{\frac{f(a+3h)-f(a)}{3h}\times 3\right\}$$
$$=f'(a)\times 3=2$$

$$\therefore f'(a)=\frac{2}{3}$$

31 답 ①

$$\lim_{h\to 0}\frac{f(3+2h)-f(3-h)}{h}$$
$$=\lim_{h\to 0}\frac{\{f(3+2h)-f(3)\}-\{f(3-h)-f(3)\}}{h}$$
$$=\lim_{h\to 0}\left\{\frac{f(3+2h)-f(3)}{2h}\times 2\right\}$$
$$\qquad -\lim_{h\to 0}\left\{\frac{f(3-h)-f(3)}{-h}\times(-1)\right\}$$
$$=2f'(3)+f'(3)=3f'(3)=3\times(-1)=-3$$

$\lim_{h\to 0}\dfrac{f(a+kh)-f(a)}{h}$ 꼴을 변형하면

$$\lim_{h\to 0}\frac{f(a+kh)-f(a)}{h}=\lim_{h\to 0}\left\{\frac{f(a+kh)-f(a)}{kh}\times k\right\}$$
$$=f'(a)\times k=kf'(a)$$

이다. 그럼, $\lim_{h\to 0}\dfrac{f(a+kh)-f(a+mh)}{h}$와 같이 복잡한 꼴은 어떻게 변형할까?

위의 과정에서

$$\lim_{h\to 0}\frac{f(a+kh)-f(a)}{h}=kf'(a)\text{이고}$$

같은 방법으로 하면

$$\lim_{h\to 0}\frac{f(a+mh)-f(a)}{h}=mf'(a)\text{이므로}$$

$$\lim_{h\to 0}\frac{f(a+kh)-f(a+mh)}{h}$$
$$=\lim_{h\to 0}\frac{f(a+kh)-f(a)}{h}-\lim_{h\to 0}\frac{f(a+mh)-f(a)}{h}$$
$$=kf'(a)-mf'(a)=(k-m)f'(a)$$

32 답 ②

$\lim_{h\to 0}\dfrac{f(2+h)+1}{h}=-3$으로 극한값이 존재하고

$\lim_{h\to 0}h=0$이므로 $\lim_{h\to 0}\{f(2+h)+1\}=0$이어야 한다.

$$\therefore f(2)=-1$$

$$\lim_{h\to 0}\frac{f(2+h)+1}{h}=\lim_{h\to 0}\frac{f(2+h)-f(2)}{h}$$
$$=f'(2)=-3$$

$$\therefore f'(2)+f(2)=-3+(-1)=-4$$

[함수의 극한의 미정계수의 결정] 심플 정리

두 함수 $f(x)$, $g(x)$에 대하여 다음이 성립한다.

(1) $\lim_{x\to a}\dfrac{f(x)}{g(x)}=\alpha$ (α는 실수)이고
$\lim_{x\to a}g(x)=0$이면 $\lim_{x\to a}f(x)=0$

(2) $\lim_{x\to a}\dfrac{f(x)}{g(x)}=\alpha$ (α는 0이 아닌 실수)이고
$\lim_{x\to a}f(x)=0$이면 $\lim_{x\to a}g(x)=0$

33 답 ④

$\dfrac{1}{n}=h$라 하면 $n\longrightarrow\infty$일 때, $h\longrightarrow 0$이므로

$$\lim_{n\to\infty}n\left\{f\left(1+\frac{1}{n}\right)-f\left(1-\frac{3}{n}\right)\right\}$$
$$=\lim_{h\to 0}\frac{\{f(1+h)-f(1)\}-\{f(1-3h)-f(1)\}}{h}$$
$$=\lim_{h\to 0}\frac{f(1+h)-f(1)}{h}$$
$$\qquad -\lim_{h\to 0}\left\{\frac{f(1-3h)-f(1)}{-3h}\times(-3)\right\}$$
$$=f'(1)+3f'(1)=4f'(1)=4\times 2=8$$

34 답 ④

$x^2-9=x^2-3^2=(x+3)(x-3)$이므로

$$\lim_{x\to 3}\frac{f(x)-f(3)}{x^2-9}=\lim_{x\to 3}\left\{\frac{f(x)-f(3)}{x-3}\times\frac{1}{x+3}\right\}$$
$$=\lim_{x\to 3}\frac{f(x)-f(3)}{x-3}\times\lim_{x\to 3}\frac{1}{x+3}$$
$$=f'(3)\times\frac{1}{6}=2$$

$$\therefore f'(3)=12$$

TIP

주어진 식을 인수분해하거나 주어진 식에 적절한 식을 곱하거나 나누어서 원하는 형태로 만든 다음

$$\lim_{\blacksquare\to\blacktriangle}\frac{f(\blacksquare)-f(\blacktriangle)}{\blacksquare-\blacktriangle}=f'(\blacktriangle)$$

를 이용한다. 이때, $\blacksquare$는 $\blacksquare$끼리, $\blacktriangle$는 $\blacktriangle$끼리 서로 같도록 만들어주는 것이 핵심이다.

35 답 ①

$x^3-1=(x-1)(x^2+x+1)$이므로

$$\lim_{x\to 1}\frac{f(x)-f(1)}{x^3-1}=\lim_{x\to 1}\left\{\frac{f(x)-f(1)}{x-1}\times\frac{1}{x^2+x+1}\right\}$$
$$=\lim_{x\to 1}\frac{f(x)-f(1)}{x-1}\times\lim_{x\to 1}\frac{1}{x^2+x+1}$$
$$=f'(1)\times\frac{1}{3}$$
$$=6\times\frac{1}{3}=2$$

36 답 ①

$x^2=t$라 하면 $x\longrightarrow 2$일 때, $t\longrightarrow 4$이므로

$$\lim_{x\to 2}\frac{f(x^2)-f(4)}{x^2-4}=\lim_{t\to 4}\frac{f(t)-f(4)}{t-4}=f'(4)$$

$f(x)=-x^2+5$에서

$$f'(4)=\lim_{x\to 4}\frac{f(x)-f(4)}{x-4}$$
$$=\lim_{x\to 4}\frac{(-x^2+5)-(-11)}{x-4}$$
$$=\lim_{x\to 4}\frac{-x^2+16}{x-4}$$
$$=\lim_{x\to 4}\frac{-(x+4)(x-4)}{x-4}$$
$$=\lim_{x\to 4}(-x-4)=-8$$

37 답 ⑤

$$\lim_{x\to 2}\frac{2f(x)-xf(2)}{x-2}$$
$$=\lim_{x\to 2}\frac{2f(x)-2f(2)-xf(2)+2f(2)}{x-2}$$
$$=\lim_{x\to 2}\frac{2\{f(x)-f(2)\}-f(2)\times(x-2)}{x-2}$$
$$=\lim_{x\to 2}\frac{2\{f(x)-f(2)\}}{x-2}-\lim_{x\to 2}\frac{f(2)\times(x-2)}{x-2}$$
$$=2f'(2)-f(2)$$
$$=2\times 4-(-1)=9$$

38 답 ⑤

$$\lim_{x\to 1}\frac{f(x)-4}{x^2+2x-3}$$
$$=\lim_{x\to 1}\frac{f(x)-f(1)}{(x+3)(x-1)}\ (\because f(1)=4)$$
$$=\lim_{x\to 1}\left\{\frac{f(x)-f(1)}{x-1}\times\frac{1}{x+3}\right\}$$
$$=\lim_{x\to 1}\frac{f(x)-f(1)}{x-1}\times\lim_{x\to 1}\frac{1}{x+3}$$
$$=f'(1)\times\frac{1}{4}$$
$$=-2\times\frac{1}{4}\ (\because f'(1)=-2)$$
$$=-\frac{1}{2}$$

39 답 ③

$$\lim_{x\to -2}\frac{f(x)-f(3x+4)}{x+2}$$
$$=\lim_{x\to -2}\frac{\{f(x)-f(-2)\}-\{f(3x+4)-f(-2)\}}{x-(-2)}$$
$$=\lim_{x\to -2}\frac{f(x)-f(-2)}{x-(-2)}-\lim_{x\to -2}\left\{\frac{f(3x+4)-f(-2)}{(3x+4)-(-2)}\times 3\right\}$$

이때, $\displaystyle\lim_{x\to -2}\left\{\frac{f(3x+4)-f(-2)}{(3x+4)-(-2)}\times 3\right\}$에서

$3x+4=t$로 치환하면 $x\longrightarrow -2$일 때, $t\longrightarrow -2$이므로

(주어진 식)
$$=\lim_{x\to -2}\frac{f(x)-f(-2)}{x-(-2)}-\lim_{t\to -2}\left\{\frac{f(t)-f(-2)}{t-(-2)}\times 3\right\}$$
$$=f'(-2)-3f'(-2)$$
$$=-2f'(-2)$$

한편,

$$f'(-2)=\lim_{x\to -2}\frac{f(x)-f(-2)}{x-(-2)}$$
$$=\lim_{x\to -2}\frac{(2x^2-5x+1)-19}{x-(-2)}$$
$$=\lim_{x\to -2}\frac{2x^2-5x-18}{x+2}$$
$$=\lim_{x\to -2}\frac{(x+2)(2x-9)}{x+2}$$
$$=\lim_{x\to -2}(2x-9)=-13$$

$$\therefore \lim_{x\to -2}\frac{f(x)-f(3x+4)}{x+2}=-2f'(-2)$$
$$=-2\times(-13)=26$$

40 답 ③

$$\lim_{h\to 0}\frac{f(-1+2h)-f(-1+3h)}{h}$$
$$=\lim_{h\to 0}\left\{\frac{f(-1+2h)-f(-1)}{2h}\times 2\right\}$$
$$\qquad -\lim_{h\to 0}\left\{\frac{f(-1+3h)-f(-1)}{3h}\times 3\right\}$$
$$=2f'(-1)-3f'(-1)$$
$$=-f'(-1)=2$$
$$\therefore f'(-1)=-2 \cdots \unicode{x25CB}$$

따라서 $f(-1)=1$이므로

$$\lim_{x \to -1} \frac{x^2-f(x)}{x+1}$$
$$=\lim_{x \to -1} \frac{x^2 f(-1)-f(x)}{x+1} \ (\because f(-1)=1)$$
$$=\lim_{x \to -1} \frac{x^2 f(-1)-f(x)+f(-1)-f(-1)}{x+1}$$
$$=\lim_{x \to -1} \frac{f(-1) \times (x^2-1)}{x+1} - \lim_{x \to -1} \frac{f(x)-f(-1)}{x-(-1)}$$
$$=\lim_{x \to -1} \frac{f(-1) \times (x-1)(x+1)}{x+1} - \lim_{x \to -1} \frac{f(x)-f(-1)}{x-(-1)}$$
$$=-2f(-1)-f'(-1)$$
$$=-2 \times 1-(-2)(\because \ \bigcirc, f(-1)=1)$$
$$=0$$

41 답 ①

x의 값이 -1에서 2까지 변할 때의 평균변화율은
$$\frac{f(2)-f(-1)}{2-(-1)}=\frac{(4+2-3)-(1-1-3)}{3}=2 \cdots \bigcirc$$
$x=a$에서의 미분계수 $f'(a)$는
$$f'(a)=\lim_{x \to a} \frac{f(x)-f(a)}{x-a}$$
$$=\lim_{x \to a} \frac{(x^2+x-3)-(a^2+a-3)}{x-a}$$
$$=\lim_{x \to a} \frac{(x^2-a^2)+(x-a)}{x-a}$$
$$=\lim_{x \to a} \frac{(x+a)(x-a)+(x-a)}{x-a}$$
$$=\lim_{x \to a} \frac{(x-a)(x+a+1)}{x-a}$$
$$=\lim_{x \to a} (x+a+1)=2a+1$$

이것이 $\bigcirc$과 같으므로
$$2a+1=2 \qquad \therefore a=\frac{1}{2}$$

42 답 ①

x의 값이 k에서 $k+2$까지 변할 때의 평균변화율은
$$\frac{f(k+2)-f(k)}{(k+2)-k}=\frac{\{-(k+2)^2+3\}-(-k^2+3)}{2}$$
$$=\frac{(-k^2-4k-4+3)-(-k^2+3)}{2}$$
$$=\frac{-4k-4}{2}=-2k-2 \cdots \bigcirc$$

$x=-2$에서의 미분계수 $f'(-2)$는
$$f'(-2)=\lim_{x \to -2} \frac{f(x)-f(-2)}{x-(-2)}$$
$$=\lim_{x \to -2} \frac{(-x^2+3)-(-1)}{x+2}$$
$$=\lim_{x \to -2} \frac{-(x^2-4)}{x+2}=\lim_{x \to -2} \frac{-(x+2)(x-2)}{x+2}$$
$$=\lim_{x \to -2} (-x+2)=4$$

이것이 $\bigcirc$과 같으므로
$$-2k-2=4 \qquad \therefore k=-3$$

43 답 ⑤

함수 $f(x)=x^2+ax+b$에 대하여 x의 값이 1에서 3까지 변할 때의 평균변화율이 6이므로
$$\frac{f(3)-f(1)}{3-1}=\frac{(9+3a+b)-(1+a+b)}{2}$$
$$=\frac{8+2a}{2}=4+a=6$$

$\therefore a=2$

$f(x)=x^2+2x+b$이므로
$$f'(3)=\lim_{x \to 3} \frac{f(x)-f(3)}{x-3}$$
$$=\lim_{x \to 3} \frac{(x^2+2x+b)-(15+b)}{x-3}$$
$$=\lim_{x \to 3} \frac{x^2+2x-15}{x-3}$$
$$=\lim_{x \to 3} \frac{(x+5)(x-3)}{x-3}$$
$$=\lim_{x \to 3} (x+5)=8$$

44 답 ④

$(x$의 값이 1에서 4까지 변할 때의 평균변화율$)$
$$=(직선 \ AB의 \ 기울기)$$
$$=\frac{7}{2}$$

45 답 -3

이차함수 $f(x)=a(x-2)^2+b$의 그래프는 직선 $x=2$에 대하여 대칭이므로 $f(0)=f(4)$
두 점 $A(2, f(2))$, $B(4, f(4))$에 대하여
$$(직선 \ AB의 \ 기울기)=\frac{f(4)-f(2)}{2}=3$$
이므로
$(x$의 값이 0에서 2까지 변할 때의 평균변화율$)$
$$=\frac{f(2)-f(0)}{2-0}=\frac{f(2)-f(4)}{2}$$
$$=-\frac{f(4)-f(2)}{2}=-3$$

46 답 ①

점 $(2, f(2))$에서의 접선의 기울기가 $\dfrac{3}{2}$이므로

$$f'(2)=\frac{3}{2} \cdots ㉠$$

$$\therefore \lim_{h\to 0}\frac{f(2-h)-f(2)}{h}$$

$$=\lim_{h\to 0}\left\{\frac{f(2-h)-f(2)}{-h}\times(-1)\right\}$$

$$=f'(2)\times(-1)$$

$$=-\frac{3}{2}\ (\because ㉠)$$

47 답 ⑤

곡선 $y=f(x)$ 위의 점 $(2, 9)$에서의 접선의 기울기는
$f'(2)$이므로

$$f'(2)=\lim_{x\to 2}\frac{f(x)-f(2)}{x-2}$$

$$=\lim_{x\to 2}\frac{(x^3+1)-9}{x-2}$$

$$=\lim_{x\to 2}\frac{x^3-8}{x-2}$$

$$=\lim_{x\to 2}\frac{(x-2)(x^2+2x+4)}{x-2}$$

$$=\lim_{x\to 2}(x^2+2x+4)=12$$

48 답 ④

직선 $y=-3x+1$은 곡선 $y=f(x)$ 위의 점 $(-2, 7)$에서
의 접선이고 점 $(-2, 7)$에서의 접선의 기울기가 $f'(-2)$
이므로

$$f'(-2)=-3 \cdots ㉠$$

$$\therefore \lim_{h\to 0}\frac{f(-2+4h)-f(-2)}{3h}$$

$$=\lim_{h\to 0}\left\{\frac{f(-2+4h)-f(-2)}{4h}\times\frac{4}{3}\right\}$$

$$=f'(-2)\times\frac{4}{3}=-3\times\frac{4}{3}\ (\because ㉠)$$

$$=-4$$

49 답 ②

함수 $f(x)=-x^2+2$에 대하여 곡선 $y=f(x)$ 위의
점 $(a, f(a))$에서의 접선의 기울기가 4이므로 $f'(a)=4$

$$f'(a)=\lim_{x\to a}\frac{f(x)-f(a)}{x-a}$$

$$=\lim_{x\to a}\frac{(-x^2+2)-(-a^2+2)}{x-a}$$

$$=\lim_{x\to a}\frac{-(x^2-a^2)}{x-a}$$

$$=\lim_{x\to a}\frac{-(x-a)(x+a)}{x-a}$$

$$=\lim_{x\to a}(-x-a)=-2a=4$$

$$\therefore a=-2$$

$$\therefore f(a)=f(-2)=-(-2)^2+2=-2$$

50 답 ③

ㄱ. $f(x)=5x+3$은 $x=1$에서 연속이다.

$$\lim_{x\to 1+}\frac{f(x)-f(1)}{x-1}=\lim_{x\to 1+}\frac{(5x+3)-8}{x-1}$$

$$=\lim_{x\to 1+}\frac{5(x-1)}{x-1}=5$$

$$\lim_{x\to 1-}\frac{f(x)-f(1)}{x-1}=\lim_{x\to 1-}\frac{(5x+3)-8}{x-1}$$

$$=\lim_{x\to 1-}\frac{5(x-1)}{x-1}=5$$

$$\therefore \lim_{x\to 1+}\frac{f(x)-f(1)}{x-1}=\lim_{x\to 1-}\frac{f(x)-f(1)}{x-1}$$

즉, 함수 $f(x)$는 $x=1$에서 미분가능하다.

ㄴ. $g(x)=|x-1|$은 $x=1$에서 연속이다.

$$\lim_{x\to 1+}\frac{g(x)-g(1)}{x-1}=\lim_{x\to 1+}\frac{|x-1|}{x-1}$$

$$=\lim_{x\to 1+}\frac{x-1}{x-1}=1$$

$$\lim_{x\to 1-}\frac{g(x)-g(1)}{x-1}=\lim_{x\to 1-}\frac{|x-1|}{x-1}$$

$$=\lim_{x\to 1-}\frac{-(x-1)}{x-1}=-1$$

$$\therefore \lim_{x\to 1+}\frac{g(x)-g(1)}{x-1}\neq\lim_{x\to 1-}\frac{g(x)-g(1)}{x-1}$$

즉, 함수 $g(x)$는 $x=1$에서 미분가능하지 않다.

ㄷ. 함수 $h(x)=-\dfrac{2}{x}$는 $x=1$에서 연속이다.

$$\lim_{x\to 1+}\frac{h(x)-h(1)}{x-1}=\lim_{x\to 1+}\frac{-\frac{2}{x}-(-2)}{x-1}$$

$$=\lim_{x\to 1+}\frac{2(x-1)}{x(x-1)}=2$$

$$\lim_{x\to 1-}\frac{h(x)-h(1)}{x-1}=\lim_{x\to 1-}\frac{-\frac{2}{x}-(-2)}{x-1}$$

$$=\lim_{x\to 1-}\frac{2(x-1)}{x(x-1)}=2$$

$$\therefore \lim_{x\to 1+}\frac{h(x)-h(1)}{x-1}=\lim_{x\to 1-}\frac{h(x)-h(1)}{x-1}$$

즉, 함수 $h(x)$는 $x=1$에서 미분가능하다.

따라서 $x=1$에서 미분가능한 것은 ㄱ, ㄷ이다.

51 답 (가) 0 (나) 연속 (다) 2 (라) 0 (마) 미분가능하지 않다

$$f(0)=0,\ \lim_{x\to 0}f(x)=\lim_{x\to 0}\{x+|x|\}=0 \quad \text{(가)}$$

이므로 $f(x)$는 $x=0$에서 연속 이다. (나)

$$\lim_{h\to 0+}\frac{f(0+h)-f(0)}{h}=\lim_{h\to 0+}\frac{h+|h|}{h}=\lim_{h\to 0+}\frac{2h}{h}=2 \quad \text{(다)}$$

$$\lim_{h\to 0-}\frac{f(0+h)-f(0)}{h}=\lim_{h\to 0-}\frac{h+|h|}{h}=\lim_{h\to 0-}\frac{0}{h}=0 \quad \text{(라)}$$

즉, $\lim_{h\to 0+}\dfrac{f(0+h)-f(0)}{h}\neq\lim_{h\to 0-}\dfrac{f(0+h)-f(0)}{h}$이므로

$\lim_{h\to 0}\dfrac{f(0+h)-f(0)}{h}$ 은 존재하지 않는다.

(마)

따라서 함수 $f(x)$는 $x=0$에서 미분가능하지 않다.

52 답 ③

① $\lim_{x \to 0} f(x) = f(0) = 5$

$\lim_{x \to 0} \dfrac{f(x)-f(0)}{x} = \lim_{x \to 0} \dfrac{5-5}{x} = 0$

즉, 함수 $f(x)=5$는 $x=0$에서 연속이고 미분가능하다.

② $\lim_{x \to 0+} \dfrac{|x|}{x} = \lim_{x \to 0+} \dfrac{x}{x} = 1$, $\lim_{x \to 0-} \dfrac{|x|}{x} = \lim_{x \to 0-} \dfrac{-x}{x} = -1$

즉, 함수 $f(x)=\dfrac{|x|}{x}$는 $x=0$에서 연속이 아니다.

③ $\lim_{x \to 0} f(x) = f(0) = 0$

$f(x)=\sqrt{x^2}=|x|$이므로

$\lim_{x \to 0+} \dfrac{f(x)-f(0)}{x} = \lim_{x \to 0+} \dfrac{|x|}{x} = \lim_{x \to 0+} \dfrac{x}{x} = 1$

$\lim_{x \to 0-} \dfrac{f(x)-f(0)}{x} = \lim_{x \to 0-} \dfrac{|x|}{x} = \lim_{x \to 0-} \dfrac{-x}{x} = -1$

즉, 함수 $f(x)=\sqrt{x^2}$은 $x=0$에서 연속이지만 미분가능하지 않다.

④ $\lim_{x \to 0} f(x) = f(0) = 0$

$\lim_{x \to 0+} \dfrac{f(x)-f(0)}{x} = \lim_{x \to 0+} \dfrac{x|x|}{x} = \lim_{x \to 0+} \dfrac{x^2}{x} = 0$

$\lim_{x \to 0-} \dfrac{f(x)-f(0)}{x} = \lim_{x \to 0-} \dfrac{x|x|}{x} = \lim_{x \to 0-} \dfrac{-x^2}{x} = 0$

즉, 함수 $f(x)=x|x|$는 $x=0$에서 연속이고 미분가능하다.

⑤ $\lim_{x \to 0} f(x) = f(0) = 0$

$\lim_{x \to 0+} \dfrac{f(x)-f(0)}{x} = \lim_{x \to 0+} \dfrac{x^2}{x} = 0$

$\lim_{x \to 0-} \dfrac{f(x)-f(0)}{x} = \lim_{x \to 0-} \dfrac{x^2}{x} = 0$

즉, 함수 $f(x)=x^2$은 $x=0$에서 연속이고 미분가능하다.

따라서 $x=0$에서 연속이지만 미분가능하지 않은 것은 ③이다.

53 답 미분가능하지 않다.

$f(1)=1^2-2=-1$이고,

$\lim_{x \to 1+} f(x) = \lim_{x \to 1+} (x^2-2) = -1$

$\lim_{x \to 1-} f(x) = \lim_{x \to 1-} (-1) = -1$

$\therefore \lim_{x \to 1+} f(x) = \lim_{x \to 1-} f(x) = f(1)$

즉, 함수 $f(x)$는 $x=1$에서 연속이다.

$\lim_{x \to 1+} \dfrac{f(x)-f(1)}{x-1} = \lim_{x \to 1+} \dfrac{(x^2-2)-(-1)}{x-1}$

$= \lim_{x \to 1+} \dfrac{(x+1)(x-1)}{x-1}$

$= \lim_{x \to 1+} (x+1) = 2$

$\lim_{x \to 1-} \dfrac{f(x)-f(1)}{x-1} = \lim_{x \to 1-} \dfrac{-1-(-1)}{x-1} = 0$

$\therefore \lim_{x \to 1+} \dfrac{f(x)-f(1)}{x-1} \neq \lim_{x \to 1-} \dfrac{f(x)-f(1)}{x-1}$

따라서 함수 $f(x)$는 $x=1$에서 미분가능하지 않다.

54 답 ③

ㄱ. $f(0)=0$이고,

$\lim_{x \to 0+} f(x) = \lim_{x \to 0+} x = 0$, $\lim_{x \to 0-} f(x) = \lim_{x \to 0-} (-x) = 0$

$\therefore \lim_{x \to 0+} f(x) = \lim_{x \to 0-} f(x) = f(0)$

즉, 함수 $f(x)$는 $x=0$에서 연속이다.

$\lim_{x \to 0+} \dfrac{f(x)-f(0)}{x} = \lim_{x \to 0+} \dfrac{x}{x} = 1$

$\lim_{x \to 0-} \dfrac{f(x)-f(0)}{x} = \lim_{x \to 0-} \dfrac{-x}{x} = -1$

$\therefore \lim_{x \to 0+} \dfrac{f(x)-f(0)}{x} \neq \lim_{x \to 0-} \dfrac{f(x)-f(0)}{x}$

즉, 함수 $f(x)$는 $x=0$에서 미분가능하지 않다.

ㄴ. $g(0)=2$, $\lim_{x \to 0} g(x) = \lim_{x \to 0} (3x-2) = -2$

이므로 함수 $g(x)$는 $x=0$에서 연속이 아니다.

즉, 함수 $g(x)$는 $x=0$에서 미분가능하지 않다.

ㄷ. $h(0)=0$이고,

$\lim_{x \to 0+} h(x) = \lim_{x \to 0+} x^2 = 0$, $\lim_{x \to 0-} h(x) = \lim_{x \to 0-} (-x^2) = 0$

$\therefore \lim_{x \to 0+} h(x) = \lim_{x \to 0-} h(x) = h(0)$

즉, 함수 $h(x)$는 $x=0$에서 연속이다.

$\lim_{x \to 0+} \dfrac{h(x)-h(0)}{x} = \lim_{x \to 0+} \dfrac{x^2}{x} = 0$

$\lim_{x \to 0-} \dfrac{h(x)-h(0)}{x} = \lim_{x \to 0-} \dfrac{-x^2}{x} = 0$

$\therefore \lim_{x \to 0+} \dfrac{h(x)-h(0)}{x} = \lim_{x \to 0-} \dfrac{h(x)-h(0)}{x}$

즉, 함수 $h(x)$는 $x=0$에서 미분가능하다.

따라서 $x=0$에서 미분가능한 것은 ㄷ이다.

55 답 2

함수 $f(x)$는 $x=2$에서 불연속이므로 $x=2$에서 미분가능하지 않다.

또한, $x=1$에서 그래프가 꺾여 있으므로(뾰족점) 함수 $f(x)$는 $x=1$에서 미분가능하지 않다.

따라서 구간 $(-2, 4)$에서 미분가능하지 않은 점은 2개이다.

56 답 5

함수 $f(x)$는 구간 $(-2, 3)$에서 $x=-1$, $x=2$일 때 불연속이므로 $a=2$

또한, 함수 $f(x)$의 그래프가 $x=0$에서 꺾여 있으므로 $x=0$에서 미분가능하지 않고, $x=-1$, $x=2$에서 불연속이므로 $x=-1$, $x=2$에서 미분가능하지 않으므로 $b=3$

$\therefore a+b=2+3=5$

57 답 ⑤

① $x=\dfrac{3}{2}$에서의 접선의 기울기는 양수이므로
$$f'\left(\dfrac{3}{2}\right)>0$$

② $\lim\limits_{x\to0-}f(x)\neq\lim\limits_{x\to0+}f(x)$이므로 $\lim\limits_{x\to0}f(x)$의 값은 존재하지 않는다.

③ 그림과 같이 곡선 $y=f(x)$ 위의 점 $(a,f(a))$와 점 $(1,f(1))$에서의 접선의 기울기는 0이고, 구간 $(3,4)$에 속하는 곡선 $y=f(x)$ 위의 모든 점에서의 접선의 기울기는 0이다.

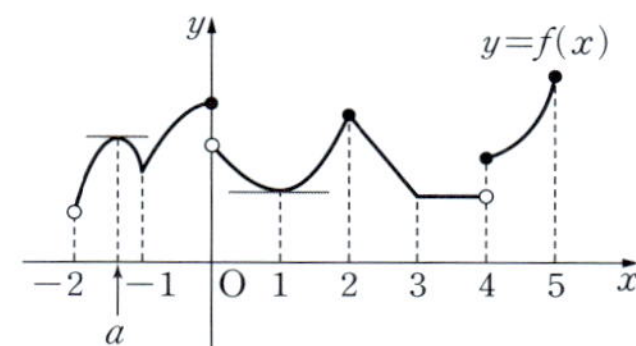

즉, $f'(x)=0$인 점은 무수히 많이 존재한다.

④ 함수 $f(x)$는 $x=0$, $x=4$에서 불연속이므로 불연속인 점은 2개이다.

⑤ 함수 $f(x)$의 그래프는 $x=-1$, $x=2$, $x=3$에서 꺾여 있으므로 $x=-1$, $x=2$, $x=3$에서 미분가능하지 않고, $x=0$, $x=4$에서 불연속이므로 $x=0$, $x=4$에서 미분가능하지 않다.

즉, 함수 $f(x)$가 미분가능하지 않은 점은 5개이다.

따라서 옳은 것은 ⑤이다.

58 답 ⑤

함수 $f(x)$가 $x=1$에서 미분가능하므로 $x=1$에서 연속이다.
$$f(1)=\lim_{x\to1+}(x^2+a)=\lim_{x\to1-}(bx-1)$$
$$\therefore 1+a=b-1 \cdots \text{㉠}$$

또한, 함수 $f(x)$가 $x=1$에서 미분가능하므로
$$\lim_{x\to1+}\frac{f(x)-f(1)}{x-1}=\lim_{x\to1+}\frac{(x^2+a)-(1+a)}{x-1}$$
$$=\lim_{x\to1+}\frac{x^2-1}{x-1}$$
$$=\lim_{x\to1+}\frac{(x+1)(x-1)}{x-1}$$
$$=\lim_{x\to1+}(x+1)=2 \cdots \text{㉡}$$

$$\lim_{x\to1-}\frac{f(x)-f(1)}{x-1}=\lim_{x\to1-}\frac{(bx-1)-(1+a)}{x-1}$$
$$=\lim_{x\to1-}\frac{(bx-1)-(b-1)}{x-1} \; (\because \text{㉠})$$
$$=\lim_{x\to1-}\frac{b(x-1)}{x-1}=b \cdots \text{㉢}$$

㉡=㉢이므로 $b=2$

$b=2$를 ㉠에 대입하면
$$1+a=2-1 \quad \therefore a=0$$
$$\therefore a+b=0+2=2$$

59 답 ⑤

함수 $f(x)$가 모든 실수 x에서 미분가능하려면 $x=-1$에서 미분가능하기만 하면 된다.

먼저, 함수 $f(x)$는 $x=-1$에서 연속이므로
$$f(-1)=\lim_{x\to-1+}x^3=\lim_{x\to-1-}(ax+b)$$
$$-1=-a+b \quad \therefore b=a-1 \cdots \text{㉠}$$

또한, 함수 $f(x)$는 $x=-1$에서 미분가능하므로
$$\lim_{x\to-1+}\frac{f(x)-f(-1)}{x-(-1)}$$
$$=\lim_{x\to-1+}\frac{x^3-(-1)}{x+1}$$
$$=\lim_{x\to-1+}\frac{x^3+1}{x+1}$$
$$=\lim_{x\to-1+}\frac{(x+1)(x^2-x+1)}{x-1}$$
$$=\lim_{x\to-1+}(x^2-x+1)=3 \cdots \text{㉡}$$

$$\lim_{x\to-1-}\frac{f(x)-f(-1)}{x-(-1)}$$
$$=\lim_{x\to-1-}\frac{(ax+b)-(-1)}{x+1}$$
$$=\lim_{x\to-1-}\frac{ax+a-1+1}{x+1} \; (\because \text{㉠})$$
$$=\lim_{x\to-1-}\frac{a(x+1)}{x+1}=a \cdots \text{㉢}$$

㉡=㉢이므로 $a=3$

$a=3$을 ㉠에 대입하면
$$b=3-1=2$$
$$\therefore ab=3\times2=6$$

60 답 ②

함수 $f(x)$가 모든 실수 x에서 미분가능하려면 $x=0$에서 미분가능하기만 하면 된다.

먼저, 함수 $f(x)$는 $x=0$에서 연속이므로
$$f(0)=\lim_{x\to0+}(-x^3+2x)=\lim_{x\to0-}(x^2+ax+b)$$
$$\therefore b=0$$

또한, 함수 $f(x)$는 $x=0$에서 미분가능하므로
$$\lim_{x\to0+}\frac{f(x)-f(0)}{x}=\lim_{x\to0+}\frac{-x^3+2x}{x}$$
$$=\lim_{x\to0+}(-x^2+2)=2 \cdots \text{㉠}$$

$$\lim_{x\to0-}\frac{f(x)-f(0)}{x}=\lim_{x\to0-}\frac{x^2+ax}{x} \; (\because b=0)$$
$$=\lim_{x\to0-}(x+a)=a \cdots \text{㉡}$$

㉠=㉡이므로 $a=2$

즉, $f(x)=\begin{cases}-x^3+2x & (x\geq0)\\ x^2+2x & (x<0)\end{cases}$ 이므로
$$f(-1)=(-1)^2+2\times(-1)=-1$$

01 답 $f(x+h)-f(x)$

02 답 미분한다

03 답 nx^{n-1}

04 답 $f'(x)g(x)+f(x)g'(x)$

05 답 ○

06 답 ×

$$f'(x)=\frac{1}{2}\times(x^4)'=\frac{1}{2}\times 4x^3=2x^3$$

07 답 ○

08 답 ×

$$y'=(x+2)'(x-4)+(x+2)(x-4)'$$
$$=x-4+x+2=2x-2$$

09 답 $f'(x)=0$

$$f'(x)=\lim_{h\to 0}\frac{f(x+h)-f(x)}{h}$$
$$=\lim_{h\to 0}\frac{(-3)-(-3)}{h}=0$$

10 답 $f'(x)=-1$

$$f'(x)=\lim_{h\to 0}\frac{f(x+h)-f(x)}{h}$$
$$=\lim_{h\to 0}\frac{(-x-h)-(-x)}{h}$$
$$=\lim_{h\to 0}\frac{-h}{h}=-1$$

11 답 $f'(x)=4$

$$f'(x)=\lim_{h\to 0}\frac{f(x+h)-f(x)}{h}$$
$$=\lim_{h\to 0}\frac{\{4(x+h)+3\}-(4x+3)}{h}$$
$$=\lim_{h\to 0}\frac{4h}{h}=4$$

12 답 $f'(x)=2x+2$

$$f'(x)=\lim_{h\to 0}\frac{f(x+h)-f(x)}{h}$$
$$=\lim_{h\to 0}\frac{\{(x+h)^2+2(x+h)\}-(x^2+2x)}{h}$$
$$=\lim_{h\to 0}\frac{2hx+2h+h^2}{h}$$
$$=\lim_{h\to 0}(2x+2+h)=2x+2$$

13 답 $f'(x)=3x^2$

$$f'(x)=\lim_{h\to 0}\frac{f(x+h)-f(x)}{h}$$
$$=\lim_{h\to 0}\frac{(x+h)^3-x^3}{h}$$
$$=\lim_{h\to 0}\frac{3x^2h+3xh^2+h^3}{h}$$
$$=\lim_{h\to 0}(3x^2+3xh+h^2)=3x^2$$

14 답 $y'=4x^3$

15 답 $y'=1$

16 답 $y'=0$

17 답 $y'=2x^9$

18 답 $y'=6$

19 답 $y'=-6x+8$

$$y'=-3\times 2x+8=-6x+8$$

20 답 $y'=-2x^2+5x-3$

$$y'=-\frac{2}{3}\times 3x^2+\frac{5}{2}\times 2x-3=-2x^2+5x-3$$

21 답 $y'=8x^3-3x^2+6x$

$$y'=2\times 4x^3-3x^2+3\times 2x=8x^3-3x^2+6x$$

22 답 $y'=4x-1$

$$y'=1\times(2x-1)+x\times 2$$
$$=2x-1+2x=4x-1$$

23 답 $y'=6x+11$

$$y'=1\times(3x+5)+(x+2)\times 3$$
$$=3x+5+3x+6=6x+11$$

24 답 $y'=-12x^2+2x+12$

$$y'=-2x\times(4x-1)+(-x^2+3)\times 4$$
$$=-8x^2+2x-4x^2+12$$
$$=-12x^2+2x+12$$

25 답 $y'=4x^3-3x^2+10x-2$

$$y'=(2x-1)\times(x^2+2)+(x^2-x+3)\times 2x$$
$$=2x^3+4x-x^2-2+2x^3-2x^2+6x$$
$$=4x^3-3x^2+10x-2$$

26 답 $y'=-4x^3+12x^2-4x+8$

$$y'=(3x^2+2)\times(-x+4)+(x^3+2x)\times(-1)$$
$$=-3x^3+12x^2-2x+8-x^3-2x$$
$$=-4x^3+12x^2-4x+8$$

27 답 $y'=-10x^4-8x^3+12x+6$

$y'=-6x^2\times(x^2+x)+(-2x^3+6)\times(2x+1)$

$\quad=-6x^4-6x^3-4x^4-2x^3+12x+6$

$\quad=-10x^4-8x^3+12x+6$

28 답 $y'=3x^2+12x+11$

$y'=1\times(x+2)\times(x+3)+(x+1)\times1\times(x+3)$
$\qquad\qquad\qquad\qquad\quad+(x+1)\times(x+2)\times1$

$\quad=x^2+5x+6+x^2+4x+3+x^2+3x+2$

$\quad=3x^2+12x+11$

29 답 $y'=16x^3+21x^2+6x$

$y'=1\times(4x+3)\times(x^2+x)+x\times4\times(x^2+x)$
$\qquad\qquad\qquad\qquad\quad+x\times(4x+3)\times(2x+1)$

$\quad=4x^3+7x^2+3x+4x^3+4x^2+8x^3+10x^2+3x$

$\quad=16x^3+21x^2+6x$

30 답 $y'=50x-30$

$y'=2\times(-5x+3)\times(-5)$

$\quad=50x-30$

31 답 $y'=3(x^2+3x+2)^2(2x+3)$

> **유형 연습** [+ 내신 유형] ● 문제편 pp. 58~63

32 답 ②

$f'(x)=\lim_{t\to x}\dfrac{f(t)-f(x)}{t-x}$

$\quad=\lim_{t\to x}\dfrac{(t^3+t)-(x^3+x)}{t-x}$

$\quad=\lim_{t\to x}\dfrac{(t^3-x^3)+(\boxed{t-x})}{t-x}$ ← (가)

$\quad=\lim_{t\to x}\dfrac{(t-x)(t^2+tx+x^2)+(t-x)}{t-x}$

$\quad=\lim_{t\to x}(t^2+\boxed{tx+x^2+1})$ ← (나)

$\quad=x^2+x^2+x^2+1$

$\quad=3x^2+1$

33 답 ③

$f(x+h)-f(x)=2hx^2-4hx+3h^2+h$이므로

$f'(x)=\lim_{h\to0}\dfrac{f(x+h)-f(x)}{h}$

$\quad=\lim_{h\to0}\dfrac{2hx^2-4hx+3h^2+h}{h}$

$\quad=\lim_{h\to0}\dfrac{h(2x^2-4x+3h+1)}{h}$

$\quad=\lim_{h\to0}(2x^2-4x+3h+1)$

$\quad=2x^2-4x+1$

34 답 ②

$f(x)=x^8$에 대하여 $f'(x)=8x^7$이므로

$f'(-1)=-8$

또, $g(x)=-6$에 대하여 $g'(x)=0$이므로

$g'(9)=0$

$\therefore f'(-1)+g'(9)=-8$

35 답 ②

$f'(x)=10x^9$이므로

$\lim_{h\to0}\dfrac{f(x+3h)-f(x)}{5h}$

$=\lim_{h\to0}\left\{\dfrac{f(x+3h)-f(x)}{3h}\times\dfrac{3}{5}\right\}$

$=f'(x)\times\dfrac{3}{5}=10x^9\times\dfrac{3}{5}=6x^9$

> **[도함수의 정의]** 심플 정리
>
> 미분가능한 함수 $f(x)$에 대하여
>
> $f'(x)=\lim_{\star\to0}\dfrac{f(x+\star)-f(x)}{\star}$
>
> $\quad=\lim_{\blacksquare\to x}\dfrac{f(\blacksquare)-f(x)}{\blacksquare-x}$

36 답 ④

$f(x)=-\dfrac{4}{3}x^3+5x-2$에 대하여

$f'(x)=-4x^2+5$이므로

$f'(-1)=-4\times(-1)^2+5=1$

37 답 ⑤

$f(x)=x^{12}+x^9+x^6+x^3+1$에 대하여

$f(1)=1+1+1+1+1=5$

또, $f'(x)=12x^{11}+9x^8+6x^5+3x^2$이므로

$f'(1)=12+9+6+3=30$

$\therefore f(1)+f'(1)=5+30=35$

38 답 ②

$f(x)=2x^3+ax^2-x+4$에 대하여

$f'(x)=6x^2+2ax-1$이므로

$f'(1)=6+2a-1=2a+5$

이때, $f'(1)=a$이므로

$2a+5=a\quad\therefore a=-5$

39 답 ③

$f(x)=ax^3+3x^2+bx-4$에 대하여

$f'(x)=3ax^2+6x+b$

$f'(x)=6x^2+cx-2$라 하므로 계수끼리 같아야 한다.

즉, $3a=6$, $6=c$, $b=-2$에서

$a=2$, $b=-2$, $c=6$

$\therefore a+b+c=2+(-2)+6=6$

40 답 ③

$f(x)=\dfrac{1}{2}x(4x^2-2)$에 대하여

$f'(x)=\dfrac{1}{2}\times 1\times(4x^2-2)+\dfrac{1}{2}x\times 8x$

$\qquad=2x^2-1+4x^2=6x^2-1$

$\therefore f'(2)=6\times 2^2-1=23$

41 답 ④

곡선 $y=f(x)$ 위의 점 $(-1,\,0)$에서의 접선의 기울기는
$f'(-1)$이다.

$f(x)=(3x^2-2)(x+1)$에 대하여

$f'(x)=6x\times(x+1)+(3x^2-2)\times 1$

$\qquad=6x^2+6x+3x^2-2$

$\qquad=9x^2+6x-2$

$\therefore f'(-1)=9-6-2=1$

42 답 ①

$f(x)=(x-1)^3(2x+3)$에 대하여

$f(1)=0$이므로

$(f\circ f)(1)=f(f(1))=f(0)$

$\qquad\qquad\qquad\quad=(0-1)^3\times(0+3)=-3$

또한,

$f'(x)=3(x-1)^2\times(2x+3)+(x-1)^3\times 2$

$\qquad=(x-1)^2(6x+9+2x-2)$

$\qquad=(x-1)^2(8x+7)$

$\therefore f'(2)=1\times(16+7)=23$

$\therefore f'(2)+(f\circ f)(1)=23+(-3)=20$

43 답 ③

$f(x)=(x-2)(x-3)(x-4)$에 대하여

$f'(x)=1\times(x-3)\times(x-4)+(x-2)\times 1\times(x-4)$

$\qquad\qquad\qquad\qquad\qquad\quad+(x-2)\times(x-3)\times 1$

$\qquad=(x-3)(x-4)+(x-2)(x-4)$

$\qquad\qquad\qquad\qquad\qquad\quad+(x-2)(x-3)$

즉, $f'(2)=(-1)\times(-2)=2$, $f'(3)=1\times(-1)=-1$,
$f'(4)=2\times 1=2$이므로

$f'(2)+f'(3)+f'(4)=2+(-1)+2=3$

44 답 ④

$\displaystyle\lim_{h\to 0}\dfrac{f(1+2h)-f(1)}{h}=\lim_{h\to 0}\left\{\dfrac{f(1+2h)-f(1)}{2h}\times 2\right\}$

$\qquad\qquad\qquad\qquad\qquad=2f'(1)$

이때, $f(x)=-x^2+6x+4$에 대하여

$f'(x)=-2x+6$이므로

$f'(1)=-2+6=4$

$\therefore$ (구하는 값)$=2f'(1)=2\times 4=8$

45 답 ②

$\displaystyle\lim_{h\to 0}\dfrac{f(a+h)-f(a-2h)}{h}$

$=\displaystyle\lim_{h\to 0}\dfrac{f(a+h)-f(a)+f(a)-f(a-2h)}{h}$

$=\displaystyle\lim_{h\to 0}\left\{\dfrac{f(a+h)-f(a)}{h}-\dfrac{f(a-2h)-f(a)}{-2h}\times(-2)\right\}$

$=\displaystyle\lim_{h\to 0}\dfrac{f(a+h)-f(a)}{h}+2\times\lim_{h\to 0}\dfrac{f(a-2h)-f(a)}{-2h}$

$=f'(a)+2f'(a)=3f'(a)$

이때, $3f'(a)=9$이므로 $f'(a)=3$

한편, $f(x)=\dfrac{4}{3}x^3-ax+1$에 대하여 $f'(x)=4x^2-a$이고,

$f'(a)=4a^2-a=3$이므로

$4a^2-a-3=0$, $(4a+3)(a-1)=0$

$\therefore a=-\dfrac{3}{4}$ 또는 $a=1$

따라서 모든 상수 a의 값의 곱은 $-\dfrac{3}{4}$이다.

46 답 ⑤

$\displaystyle\lim_{x\to 2}\dfrac{f(x)-f(2)}{x^2-4}$

$=\displaystyle\lim_{x\to 2}\dfrac{f(x)-f(2)}{(x-2)(x+2)}$

$=\displaystyle\lim_{x\to 2}\left\{\dfrac{f(x)-f(2)}{x-2}\times\dfrac{1}{x+2}\right\}$

$=\displaystyle\lim_{x\to 2}\dfrac{f(x)-f(2)}{x-2}\times\lim_{x\to 2}\dfrac{1}{x+2}$

$=f'(2)\times\dfrac{1}{4}=\dfrac{1}{4}f'(2)$

한편, $f(x)=x^3-x^2+x-1$에 대하여

$f'(x)=3x^2-2x+1$이므로

$f'(2)=12-4+1=9$

$\therefore \displaystyle\lim_{x\to 2}\dfrac{f(x)-f(2)}{x^2-4}=\dfrac{1}{4}f'(2)=\dfrac{9}{4}$

47 답 ⑤

$f(x)=x^{12}+5x^2$으로 놓으면 $f(-1)=6$이므로

$\displaystyle\lim_{x\to -1}\dfrac{x^{12}+5x^2-6}{x+1}=\lim_{x\to -1}\dfrac{f(x)-f(-1)}{x-(-1)}$

$\qquad\qquad\qquad\qquad\qquad=f'(-1)$

$f'(x)=12x^{11}+10x$이므로

$f'(-1)=-12-10=-22$

$\therefore \displaystyle\lim_{x\to -1}\dfrac{x^{12}+5x^2-6}{x+1}=-22$

48 답 ②

$f(x)=x^n+2x^2$으로 놓으면 $f(1)=3$이므로

$\displaystyle\lim_{x\to 1}\dfrac{x^n+2x^2-3}{x-1}=\lim_{x\to 1}\dfrac{f(x)-f(1)}{x-1}=f'(1)=8$

이때, $f'(x)=nx^{n-1}+4x$이므로

$n+4=8$ $\quad\therefore n=4$

49 답 ①

$f(x)=x^2+ax+b$에 대하여

$f(2)=4+2a+b=5$이므로

$2a+b=1$ … ㉠

$f'(x)=2x+a$에서

$f'(-1)=-2+a=3$이므로 $a=5$

$a=5$를 ㉠에 대입하면

$10+b=1$ $\therefore b=-9$

따라서 $f(x)=x^2+5x-9$이므로

$f(-2)=4-10-9=-15$

50 답 ③

$f(x)=ax^2+bx+c$에 대하여

$f(0)=c=-4$

이때, $f'(x)=2ax+b$이므로

$f'(1)=2a+b=7$ … ㉠

$f'(-1)=-2a+b=-5$ … ㉡

㉠+㉡을 하면

$2b=2$ $\therefore b=1$

$b=1$을 ㉠에 대입하면

$2a+1=7$ $\therefore a=3$

$\therefore a+b+c=3+1+(-4)=0$

51 답 ③

$f(x)=ax^3+x^2+bx+c$에 대하여

$f(0)=c=-\dfrac{5}{2}$

이때, $f'(x)=3ax^2+2x+b$이므로

$f'(0)=b=3$ … ㉠

$f'(-2)=12a-4+b=5$ … ㉡

㉠을 ㉡에 대입하면

$12a=6$ $\therefore a=\dfrac{1}{2}$

따라서 $f(x)=\dfrac{1}{2}x^3+x^2+3x-\dfrac{5}{2}$이므로

$f(-1)=-\dfrac{1}{2}+1-3-\dfrac{5}{2}=-5$

52 답 ③

$\lim\limits_{x\to 1}\dfrac{f(x)}{x-1}=2$에서 극한값이 존재하고

$\lim\limits_{x\to 1}(x-1)=0$이므로 $\lim\limits_{x\to 1}f(x)=0$이어야 한다.

$\therefore f(1)=0$ … ㉠

$\lim\limits_{x\to 1}\dfrac{f(x)}{x-1}=\lim\limits_{x\to 1}\dfrac{f(x)-f(1)}{x-1}$ $(\because ㉠)$

$\qquad\qquad =f'(1)=2$

$f(x)=x^3+ax+b$에서

$f(1)=1+a+b=0$이므로

$a+b=-1$ … ㉡

$f'(x)=3x^2+a$에서 $f'(1)=3+a=2$이므로

$a=-1$

$a=-1$을 ㉡에 대입하면 $b=0$

따라서 $f(x)=x^3-x$이므로

$f(-1)=-1-(-1)=0$

53 답 ①

최고차항의 계수가 1인 삼차함수 $f(x)$를

$f(x)=x^3+ax^2+bx+c$ (단, a, b, c는 상수)로 놓으면

$f(0)=c=1$

$\lim\limits_{x\to -2}\dfrac{f(x)-7}{x+2}=1$에서 극한값이 존재하고

$\lim\limits_{x\to -2}(x+2)=0$이므로 $\lim\limits_{x\to -2}\{f(x)-7\}=0$이어야 한다.

$\therefore f(-2)=7$ … ㉠

즉, $f(-2)=-8+4a-2b+1=7$에서 $2a-b=7$ … ㉡

$\lim\limits_{x\to -2}\dfrac{f(x)-7}{x+2}=\lim\limits_{x\to -2}\dfrac{f(x)-f(-2)}{x-(-2)}$ $(\because ㉠)$

$\qquad\qquad =f'(-2)=1$

이때, $f'(x)=3x^2+2ax+b$이므로

$f'(-2)=12-4a+b=1$에서

$4a-b=11$ … ㉢

㉢-㉡을 하면

$2a=4$ $\therefore a=2$

$a=2$를 ㉡에 대입하면

$4-b=7$ $\therefore b=-3$

따라서 $f(x)=x^3+2x^2-3x+1$이므로

$f(1)=1+2-3+1=1$

54 답 ①

함수 $f(x)=x^3+mx^2-x$의 그래프 위의 점 $(2, f(2))$에서의 접선의 기울기가 3이므로 $f'(2)=3$

$f'(x)=3x^2+2mx-1$에서

$f'(2)=12+4m-1=3$

$\therefore m=-2$

55 답 ⑤

함수 $f(x)=x^2+ax+b$에 대하여 곡선 $y=f(x)$ 위의 점 $(1, 3)$에서의 접선의 기울기가 -2이므로 $f'(1)=-2$

$f'(x)=2x+a$에서

$f'(1)=2+a=-2$이므로 $a=-4$

또한, 점 $(1, 3)$은 곡선 $y=f(x)$ 위의 점이므로

$f(1)=3$에서

$1+a+b=3$ $\therefore a+b=2$ … ㉠

$a=-4$를 ㉠에 대입하면

$-4+b=2$ $\therefore b=6$

$\therefore b-a=6-(-4)=10$

56 답 ④

함수 $f(x)=ax^2+bx+c$에 대하여 곡선 $y=f(x)$가 점 $(0,\ 3)$을 지나므로

$f(0)=c=3$

곡선 $y=f(x)$ 위의 점 $(1,\ 6)$에서의 접선의 기울기가 2이므로 $f(1)=6,\ f'(1)=2$

$f(1)=a+b+c=a+b+3=6$에서

$a+b=3\ \cdots\ ㉠$

$f'(x)=2ax+b$에서

$f'(1)=2a+b=2\ \cdots\ ㉡$

$㉡-㉠$을 하면 $a=-1$

$a=-1$을 $㉠$에 대입하면

$-1+b=3\quad\therefore\ b=4$

따라서 $f(x)=-x^2+4x+3$이므로

$f(2)=-4+8+3=7$

57 답 ③

다항식 x^3+ax^2+bx+1이 $(x-1)^2$으로 나누어떨어지므로 몫을 $Q(x)$라 하면

$x^3+ax^2+bx+1=(x-1)^2Q(x)\ \cdots\ ㉠$

$㉠$의 양변에 $x=1$을 대입하면

$1+a+b+1=0\quad\therefore\ a+b=-2\ \cdots\ ㉡$

$㉠$의 양변을 x에 대하여 미분하면

$3x^2+2ax+b=2(x-1)Q(x)+(x-1)^2Q'(x)\ \cdots\ ㉢$

$㉢$의 양변에 $x=1$을 대입하면

$3+2a+b=0\quad\therefore\ 2a+b=-3\ \cdots\ ㉣$

$㉣-㉡$을 하면 $a=-1$

$a=-1$을 $㉡$에 대입하면

$-1+b=-2\quad\therefore\ b=-1$

$\therefore\ ab=(-1)\times(-1)=1$

58 답 ①

다항식 x^5+ax^3+b를 $(x-2)^2$으로 나눌 때의 몫을 $Q(x)$라 하면

$x^5+ax^3+b=(x-2)^2Q(x)-4x\ \cdots\ ㉠$

$㉠$의 양변에 $x=2$를 대입하면

$32+8a+b=-8\quad\therefore\ 8a+b=-40\ \cdots\ ㉡$

$㉠$의 양변을 x에 대하여 미분하면

$5x^4+3ax^2=2(x-2)Q(x)+(x-2)^2Q'(x)-4\ \cdots\ ㉢$

$㉢$의 양변에 $x=2$를 대입하면

$80+12a=-4\quad\therefore\ a=-7$

$a=-7$을 $㉡$에 대입하면

$-56+b=-40\quad\therefore\ b=16$

$\therefore\ a+b=-7+16=9$

59 답 ②

다항식 $x^{10}+x^5-3$을 $(x+1)^2$으로 나눌 때의 몫을 $Q(x)$, 나머지 $R(x)=ax+b$ (단, $a,\ b$는 상수)라 하면

$x^{10}+x^5-3=(x+1)^2Q(x)+ax+b\ \cdots\ ㉠$

$㉠$의 양변에 $x=-1$을 대입하면

$1-1-3=-a+b\quad\therefore\ a-b=3\ \cdots\ ㉡$

$㉠$의 양변을 x에 대하여 미분하면

$10x^9+5x^4=2(x+1)Q(x)+(x+1)^2Q'(x)+a\ \cdots\ ㉢$

$㉢$의 양변에 $x=-1$을 대입하면

$-10+5=a\quad\therefore\ a=-5$

$a=-5$를 $㉡$에 대입하면

$-5-b=3\quad\therefore\ b=-8$

따라서 $R(x)=-5x-8$이므로

$R(-2)=10-8=2$

60 답 ①

$g(x)=(x^2+x-6)f(x)$의 양변을 x에 대하여 미분하면

$g'(x)=(2x+1)\times f(x)+(x^2+x-6)\times f'(x)$

위 식에 $x=-1$을 대입하면

$g'(-1)=-f(-1)-6f'(-1)$

$\qquad\quad=-4-6\times2\ (\because\ f(-1)=4,\ f'(-1)=2)$

$\qquad\quad=-16$

61 답 ⑤

$\lim\limits_{x\to1}\dfrac{f(x)-2}{x-1}=-1$에서 극한값이 존재하고

$\lim\limits_{x\to1}(x-1)=0$이므로 $\lim\limits_{x\to1}\{f(x)-2\}=0$이다.

$\therefore\ f(1)=2\ \cdots\ ㉠$

즉,

$\lim\limits_{x\to1}\dfrac{f(x)-2}{x-1}=\lim\limits_{x\to1}\dfrac{f(x)-f(1)}{x-1}\ (\because\ ㉠)$

$\qquad\qquad\qquad=f'(1)=-1\ \cdots\ ㉡$

또한, $\lim\limits_{x\to1}\dfrac{g(x)+2}{x-1}=3$에서 극한값이 존재하고

$\lim\limits_{x\to1}(x-1)=0$이므로 $\lim\limits_{x\to1}\{g(x)+2\}=0$이다.

$\therefore g(1)=-2 \cdots$ ㉢

즉,

$\lim\limits_{x\to1}\dfrac{g(x)+2}{x-1}=\lim\limits_{x\to1}\dfrac{g(x)-g(1)}{x-1}$ $(\because$ ㉢$)$

$\qquad\qquad\qquad\quad =g'(1)=3 \cdots$ ㉣

함수 $y=f(x)g(x)$를 x에 대하여 미분하면

$y'=f'(x)g(x)+f(x)g'(x)$

따라서 $x=1$에서의 미분계수는

$f'(1)g(1)+f(1)g'(1)$

$=-1\times(-2)+2\times3$ $(\because$ ㉠, ㉡, ㉢, ㉣$)$

$=8$

62 답 ②

점 $(3,\ -4)$가 함수 $y=f(x)$의 그래프 위의 점이므로

$f(3)=-4 \cdots$ ㉠

$f(x)=a(x-3)^2-4$에 대하여 $f'(x)=2a(x-3)$이므로

$f'(3)=0 \cdots$ ㉡

$h(x)=f(x)g(x)$의 양변을 x에 대하여 미분하면

$h'(x)=f'(x)g(x)+f(x)g'(x)$

여기에 $x=3$을 대입하면

$h'(3)=f'(3)g(3)+f(3)g'(3)$

$\qquad =0\times g(3)+(-4)\times g'(3)(\because$ ㉠, ㉡$)$

$\qquad =4$

$-4g'(3)=4 \qquad \therefore g'(3)=-1$

63 답 ③

$f(x)=-x^3+4xf'(1)$의 양변을 x에 대하여 미분하면

$f'(x)=-3x^2+4f'(1)$

위 식에 $x=1$을 대입하면

$f'(1)=-3+4f'(1) \qquad \therefore f'(1)=1$

따라서 $f(x)=-x^3+4x$이므로

$f(1)=-1+4=3$

64 답 ②

$f(x)=\dfrac{1}{3}x^3-x^2+2xf'(-1)$의 양변을 x에 대하여 미분

하면

$f'(x)=x^2-2x+2f'(-1)$

위 식에 $x=-1$을 대입하면

$f'(-1)=1+2+2f'(-1)$

$\therefore f'(-1)=-3$

따라서 $f'(x)=x^2-2x-6$이므로

$f'(0)=-6$

65 답 ②

이차함수 $f(x)=ax^2+bx+c$ (단, a, b, c는 상수)라 하면

$f(0)=-2$이므로

$c=-2$

$f(x)=ax^2+bx-2 \cdots$ ㉠에서

$f'(x)=2ax+b \cdots$ ㉡

$(x-1)f'(x)-2f(x)-2=0$에 ㉠, ㉡을 대입하면

$(x-1)(2ax+b)-2(ax^2+bx-2)-2=0$

$2ax^2+bx-2ax-b-2ax^2-2bx+4-2=0$

$(2a+b)x+b-2=0 \cdots$ ㉢

㉢이 x에 대한 항등식이므로

$2a+b=0,\ b=2$

$b=2$를 $2a+b=0$에 대입하면

$2a+2=0 \quad \therefore a=-1$

따라서 $f(x)=-x^2+2x-2$이므로

$f(2)=-4+4-2=-2$

66 답 ①

$f(x)=x^3+ax^2+bx+c \cdots$ ㉠에서

$f'(x)=3x^2+2ax+b \cdots$ ㉡

$xf'(x)-3f(x)=x^2+3x$에 ㉠, ㉡을 대입하면

$x(3x^2+2ax+b)-3(x^3+ax^2+bx+c)=x^2+3x$

$3x^3+2ax^2+bx-3x^3-3ax^2-3bx-3c=x^2+3x$

$-ax^2-2bx-3c=x^2+3x \cdots$ ㉢

㉢이 x에 대한 항등식이므로

$-a=1,\ -2b=3,\ -3c=0$

$\therefore a=-1,\ b=-\dfrac{3}{2},\ c=0$

$\therefore a+b-c=-1+\left(-\dfrac{3}{2}\right)-0=-\dfrac{5}{2}$

67 답 3

다항함수 $f(x)$의 최고차항의 차수를 n (단, n은 자연수)이

라 하면 $f'(x)$의 최고차항의 차수는 $n-1$이다.

$f(x)f'(x)$의 최고차항의 차수는 $n+(n-1)=2n-1$이

고, 주어진 등식의 우변의 최고차항의 차수 3과 같아야 하

므로

$2n-1=3 \quad \therefore n=2$

즉, $f(x)$는 이차함수이다.

최고차항의 계수가 1인 이차함수 $f(x)$를

$f(x)=x^2+ax+b$ (단, a, b는 상수) $\cdots$ ㉠라 하면

$f'(x)=2x+a \cdots$ ㉡

$f(x)f'(x)=2x^3+6x^2-4x-8$에 ㉠, ㉡을 대입하면

$(x^2+ax+b)(2x+a)=2x^3+6x^2-4x-8$

$2x^3+ax^2+2ax^2+a^2x+2bx+ab=2x^3+6x^2-4x-8$

$2x^3+3ax^2+(a^2+2b)x+ab=2x^3+6x^2-4x-8 \cdots$ ㉢

ⓒ이 x에 대한 항등식이므로

$3a=6$, $a^2+2b=-4$, $ab=-8$

$3a=6$에서 $a=2$

$a=2$를 $a^2+2b=-4$에 대입하면

$4+2b=-4$ $\therefore b=-4$

즉, $f(x)=x^2+2x-4$이므로

$f(1)=1+2-4=-1$

또, $f'(x)=2x+2$이므로

$f'(1)=2+2=4$

$\therefore f(1)+f'(1)=-1+4=3$

68 답 ②

조건 (가)에 의해 $f(x)$는 $(x+1)^2$을 인수로 갖는다.

즉, 삼차함수 $f(x)$의 최고차항의 계수가 1이므로

$f(x)=(x+1)^2(x+a)$ (단, a는 상수)

로 놓자.

조건 (나)에서 $f(2)=3$이므로

$f(2)=9(2+a)=3$ $\therefore a=-\dfrac{5}{3}$

따라서 $f(x)=(x+1)^2\left(x-\dfrac{5}{3}\right)$이므로

$f(5)=36\times\dfrac{10}{3}=120$

69 답 $\dfrac{4}{3}$

조건 (가), (나)에서 $f(-2)=f'(-2)=0$이므로 $f(x)$는 $(x+2)^2$을 인수로 갖는다.

또한, 조건 (가)에서 $f(3)=0$이므로 $f(x)$는 $x-3$을 인수로 갖는다.

즉, $f(x)$가 삼차함수이므로

$f(x)=a(x+2)^2(x-3)$ (단, $a\neq0$인 상수)

으로 놓자.

$\begin{aligned}f'(x)&=a\times2(x+2)(x-3)+a(x+2)^2\times1\\&=2a(x+2)(x-3)+a(x+2)^2\\&=a(x+2)\{2(x-3)+(x+2)\}\\&=a(x+2)(3x-4)\end{aligned}$

조건 (나)에서 $f'(k)=0$이므로

$f'(k)=a(k+2)(3k-4)=0$

여기서 $k\neq-2$, $a\neq0$이므로

$3k-4=0$ $\therefore k=\dfrac{4}{3}$

01 답 ①

x의 값이 -1에서 2까지 변할 때의 평균변화율은

$\dfrac{f(2)-f(-1)}{2-(-1)}=\dfrac{(16-2+1)-(-2+1+1)}{3}$

$\qquad\qquad\qquad\quad=\dfrac{15-0}{3}=5\ \cdots\ \bigcirc$

함수 $f(x)=2x^3-x+1$에 대하여 $f'(x)=6x^2-1$

여기에 $x=k$를 대입하면

$f'(k)=6k^2-1\ \cdots\ \bigcirc$

$\bigcirc=\bigcirc$이므로

$6k^2-1=5$, $k^2=1$ $\therefore k=1\ (\because k>0)$

> **[평균변화율과 미분계수]**　심플 정리
>
> (1) 평균변화율
>
> 　함수 $y=f(x)$에서 x의 값이 a에서 b까지 변할 때의 평균변화율은
>
> $$\dfrac{\Delta y}{\Delta x}=\dfrac{f(b)-f(a)}{b-a}=\dfrac{f(a+\Delta x)-f(a)}{\Delta x}$$
>
> (2) 미분계수
>
> 　함수 $y=f(x)$의 $x=a$에서의 미분계수는
>
> $$f'(a)=\lim_{\Delta x\to0}\dfrac{\Delta y}{\Delta x}=\lim_{\Delta x\to0}\dfrac{f(a+\Delta x)-f(a)}{\Delta x}$$
>
> $$\qquad=\lim_{x\to a}\dfrac{f(x)-f(a)}{x-a}$$

02 답 ③

$\lim\limits_{h\to0}\dfrac{f(2+h)-f(2)}{h}=f'(2)=1$

$f(x)=x^2-ax+3$에 대하여 $f'(x)=2x-a$이므로

$f'(2)=4-a=1$ $\therefore a=3$

03 답 ②

$\lim\limits_{h\to0}\dfrac{f(-1+6h)-f(-1+2h)}{3h}$

$=\lim\limits_{h\to0}\dfrac{f(-1+6h)-f(-1)+f(-1)-f(-1+2h)}{3h}$

$=\lim\limits_{h\to0}\dfrac{\{f(-1+6h)-f(-1)\}-\{f(-1+2h)\}-f(-1)}{3h}$

$=\lim\limits_{h\to0}\left\{\dfrac{f(-1+6h)-f(-1)}{6h}\times\dfrac{6}{3}\right\}$

$\qquad\qquad-\lim\limits_{h\to0}\left\{\dfrac{f(-1+2h)-f(-1)}{2h}\times\dfrac{2}{3}\right\}$

$=2f'(-1)-\dfrac{2}{3}f'(-1)=\dfrac{4}{3}f'(-1)$

한편, $f(x)=-\dfrac{4}{3}x^3+x^2-9x$에 대하여

$f'(x)=-4x^2+2x-9$이므로

$f'(-1)=-4-2-9=-15$

$\therefore \lim\limits_{h\to0}\dfrac{f(-1+6h)-f(-1+2h)}{3h}$

$\qquad=\dfrac{4}{3}f'(-1)=\dfrac{4}{3}\times(-15)=-20$

04 답 ③

함수 $f(x)=x^3-3x^2-2x+1$일 때,
$\lim\limits_{x\to2}\dfrac{f(x^2)-f(4)}{x-2}$의 값은? ▶ $\lim\limits_{\blacksquare\to\blacktriangle}\dfrac{f(\blacksquare)-f(\blacktriangle)}{\blacksquare-\blacktriangle}$ 꼴로 바꾸면 미분계수를 구할 수 있어.

① 84 ② 86 ③ 88 ④ 90 ⑤ 92

1st 분자의 꼴을 잘 살펴봐. $f(x^2)-f(4)$이니까 분모는 x^2-4가 되어야겠지?

$\lim\limits_{x\to2}\dfrac{f(x^2)-f(4)}{x-2}$

$=\lim\limits_{x\to2}\left\{\dfrac{f(x^2)-f(4)}{(x-2)(x+2)}\times(x+2)\right\}$

$=\lim\limits_{x\to2}\left\{\dfrac{f(x^2)-f(4)}{x^2-4}\times(x+2)\right\}$ ▶ $\lim\limits_{\blacksquare\to\blacktriangle}\dfrac{f(\blacksquare)-f(\blacktriangle)}{\blacksquare-\blacktriangle}$ 꼴에 맞추기 위해 $x-2$를 x^2-4로 바꾼 거야.

$=\lim\limits_{x\to2}\dfrac{f(x^2)-f(4)}{x^2-4}\times\lim\limits_{x\to2}(x+2)$

$=4f'(4)$

2nd 이제 $f(x)$에서 $f'(x)$를 구해서 $f'(4)$의 값을 찾으면 돼.

$f(x)=x^3-3x^2-2x+1$에 대하여

$f'(x)=3x^2-6x-2$이므로 $f'(4)=48-24-2=22$

$\therefore \lim\limits_{x\to2}\dfrac{f(x^2)-f(4)}{x-2}=4f'(4)=4\times22=88$

05 답 ②

다항함수 $f(x)$가 다음 조건을 만족시킨다.

(가) $\lim\limits_{x\to\infty}\dfrac{f(x)}{x^2}=2$ ▶ 조건 (가)에서 $f(x)$의 차수와 최고차항의 계수를 알 수 있어.

(나) $\lim\limits_{x\to0}\dfrac{f(x)}{x}=3$ ▶ 조건 (나)에서는 $f(0),f'(0)$의 값을 알려 주고 있어.

$f(2)$의 값은?

① 11 ② 14 ③ 17 ④ 20 ⑤ 23

1st 조건 (가)에서 다항함수 $f(x)$의 차수가 2가 아닐 때, 수렴값 2가 나오는지 살펴보자.

조건 (가)에서 다항함수 $f(x)$의 최고차항의 차수가 2보다 크면 $\lim\limits_{x\to\infty}\dfrac{f(x)}{x^2}=\infty$가 되고, 2보다 작으면 $\lim\limits_{x\to\infty}\dfrac{f(x)}{x^2}=0$이 된다. ▶ $\dfrac{\infty}{\infty}$ 꼴의 함수의 극한에서 분자의 차수와 분모의 차수가 같으면 극한값은 최고차항의 계수의 비야.

즉, 다항함수 $f(x)$의 차수는 2로 분모와 같아야 하고, 최고차항의 계수는 2이어야 한다.

즉, $f(x)=2x^2+ax+b$ (단, a, b는 상수) $\cdots$ ㉠

2nd 조건 (나)에서 미정계수의 결정에 의해 $f(0)$의 값을, 미분계수의 정의에 의해 $f'(0)$의 값을 알 수 있지?

조건 (나)에서 $\lim\limits_{x\to0}\dfrac{f(x)}{x}=3$이고

$\lim\limits_{x\to0}x=0$이므로 $\lim\limits_{x\to0}f(x)=0$이어야 한다.

$\therefore f(0)=0$

즉, ㉠에 $x=0$을 대입하면

$f(0)=b=0$

또, $\lim\limits_{x\to0}\dfrac{f(x)}{x}=\lim\limits_{x\to0}\dfrac{f(x)-f(0)}{x-0}=f'(0)$이므로

$f'(0)=3$

즉, $f(x)=2x^2+ax$에 대하여

$f'(x)=4x+a$이므로 $f'(0)=a=3$

따라서 $f(x)=2x^2+3x$이므로

$f(2)=8+6=14$

06 답 ②

함수 $f(x)=x^3+ax^2+b$에 대하여 곡선 $y=f(x)$가 점 $(2,-1)$을 지나므로 $f(2)=-1$

$8+4a+b=-1$ $\therefore 4a+b=-9$ $\cdots$ ㉠

또, 곡선 $y=f(x)$ 위의 점 $(2,-1)$에서의 접선의 기울기가 4이므로 $f'(2)=4$

$f(x)=x^3+ax^2+b$에 대하여 $f'(x)=3x^2+2ax$이므로

$f'(2)=12+4a=4$ $\therefore a=-2$

$a=-2$를 ㉠에 대입하면

$-8+b=-9$ $\therefore b=-1$

즉, $f(x)=x^3-2x^2-1$이고, $f'(x)=3x^2-4x$이므로

$f(1)=1-2-1=-2$, $f'(1)=3-4=-1$

$\therefore f(1)+f'(1)=-2+(-1)=-3$

07 답 ②

함수 $y=f(x)$의 그래프가 그림과 같을 때, 다음 [보기] 중 옳은 것만을 있는 대로 고른 것은?

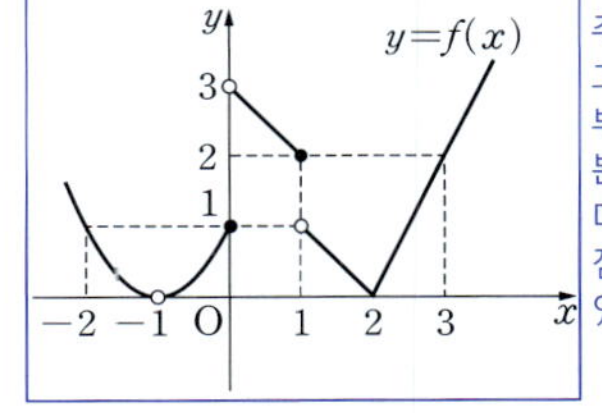

[보기]

ㄱ. 구간 $[-2,3]$에서 함수 $f(x)$는 불연속인 점이 3개이다.

ㄴ. 구간 $[-2,3]$에서 함수 $f(x)$는 미분가능하지 않은 점이 4개이다.

ㄷ. 도함수 $f'(x)$는 $x=2$에서 연속이다.

① ㄱ ② ㄱ, ㄴ ③ ㄱ, ㄷ ④ ㄴ, ㄷ ⑤ ㄱ, ㄴ, ㄷ

1st 그래프에서 끊어진 부분은 불연속인 점을, 불연속인 점과 뾰족 점은 미분가능하지 않은 점을 나타내고 있어.

ㄱ. 구간 $[-2,3]$에서 함수 $f(x)$는 $x=-1$, $x=0$, $x=1$에서 불연속이므로 불연속인 점은 3개이다. (참)

ㄴ. 불연속이면 미분가능하지 않으므로 함수 $f(x)$는

$x=-1$, $x=0$, $x=1$에서 미분가능하지 않다.

또한, $x=2$인 점에서 그래프가 꺾여 있으므로 $x=2$에서 미분가능하지 않다.

즉, 함수 $f(x)$는 $x=-1$, $x=0$, $x=1$, $x=2$에서 미분가능하지 않으므로 미분가능하지 않은 점은 4개이다. (참)

2nd 연속이 되기 위해서는 먼저 함숫값이 정의되어 있어야 해.

ㄷ. $f(x)$는 $x=2$에서 미분가능하지 않으므로 $f'(x)$는 $x=2$에서 정의되지 않는다.

즉, $f'(x)$는 $x=2$에서 연속이 아니다. (거짓)

따라서 옳은 것은 ㄱ, ㄴ이다.

08 답 ④

$f(x)=x^3+2x^2+x$에 대하여

$f'(x)=3x^2+4x+1$이므로

$f'(1)=3+4+1=8$

09 답 ④

$f(1)=2-1+1=2$, $g(1)=1+1=2$이므로

$\lim_{h\to0}\dfrac{f(1+h)-g(1-h)}{h}$

$=\lim_{h\to0}\dfrac{f(1+h)-2-g(1-h)+2}{h}$

$=\lim_{h\to0}\dfrac{f(1+h)-f(1)-g(1-h)+g(1)}{h}$

$=\lim_{h\to0}\dfrac{f(1+h)-f(1)}{h}$

$\qquad\qquad -\lim_{h\to0}\left\{\dfrac{g(1-h)-g(1)}{-h}\times(-1)\right\}$

$=f'(1)+g'(1)$

한편, $f(x)=2x^2-x+1$에 대하여 $f'(x)=4x-1$이므로

$f'(1)=3$

$g(x)=x^3+x$에 대하여 $g'(x)=3x^2+1$이므로 $g'(1)=4$

$\therefore \lim_{h\to0}\dfrac{f(1+h)-g(1-h)}{h}=f'(1)+g'(1)=3+4=7$

10 답 ②

$f(x)=3(x-2)^2(x+4)$에 대하여

$f'(x)=3\times2(x-2)(x+4)+3(x-2)^2\times1$

$\qquad=6(x-2)(x+4)+3(x-2)^2$

$\qquad=(x-2)(6x+24+3x-6)$

$\qquad=(x-2)(9x+18)$

$\qquad=9(x-2)(x+2)$

이므로

$f'(a)=9(a-2)(a+2)=0$

$\therefore a=2$ 또는 $a=-2$

따라서 모든 상수 a의 값의 곱은 -4이다.

11 답 ④

$(x^2+3)f(x)=x^6+2x^4+9$의 양변을 x에 대하여 미분하면

$2xf(x)+(x^2+3)f'(x)=6x^5+8x^3$

위 식에 $x=-1$을 대입하면

$-2f(-1)+4f'(-1)=-14 \cdots \bigcirc$

한편, $(x^2+3)f(x)=x^6+2x^4+9$에 $x=-1$을 대입하면

$4f(-1)=12 \quad \therefore f(-1)=3$

따라서 $f(-1)=3$을 $\bigcirc$에 대입하면

$-2\times3+4f'(-1)=-14 \quad \therefore f'(-1)=-2$

12 답 ②

$\lim_{x\to2}\dfrac{f(x)}{x-2}=6$에서 극한값이 존재하고 $\lim_{x\to2}(x-2)=0$이므로 $\lim_{x\to2}f(x)=0$

$\therefore f(2)=0 \cdots \bigcirc$

$\lim_{x\to2}\dfrac{f(x)}{x-2}=\lim_{x\to2}\dfrac{f(x)-f(2)}{x-2} \; (\because \bigcirc)$

$\qquad\qquad =f'(2)=6 \cdots \bigcirc\!\!\bigcirc$

$\lim_{h\to0}\dfrac{f(1+h)-f(1-2h)}{h}$

$=\lim_{h\to0}\dfrac{f(1+h)-f(1)-f(1-2h)+f(1)}{h}$

$=\lim_{h\to0}\dfrac{f(1+h)-f(1)}{h}$

$\qquad\qquad -\lim_{h\to0}\left\{\dfrac{f(1-2h)-f(1)}{-2h}\times(-2)\right\}$

$=f'(1)+2f'(1)=3f'(1)=3$

$\therefore f'(1)=1 \cdots \bigcirc\!\!\bigcirc\!\!\bigcirc$

이때, $f'(x)=3x^2+2ax+b$에서

$f'(2)=12+4a+b=6 \; (\because \bigcirc\!\!\bigcirc)$

$\therefore 4a+b=-6 \cdots \textcircled{e}$

$f'(1)=3+2a+b=1 \; (\because \bigcirc\!\!\bigcirc\!\!\bigcirc)$

$\therefore 2a+b=-2 \cdots \textcircled{p}$

$\textcircled{e}-\textcircled{p}$을 하면

$2a=-4 \quad \therefore a=-2$

$a=-2$를 $\textcircled{p}$에 대입하면

$-4+b=-2 \quad \therefore b=2$

따라서 $f'(x)=3x^2-4x+2$이므로

$f'(-2)=12+8+2=22$

13 답 ①

최고차항의 계수가 1인 삼차함수 $f(x)$가

$f(-2)=f(-1)=f(1)$을 만족시킬 때, $f'(0)$의 값은?

① -1 ② 0 ③ 1

④ 2 ⑤ 3

$f(-2)=f(-1)=f(1)=k$ (단, k는 상수)라 하면

$f(-2)-k=0$

$f(-1)-k=0$

$f(1)-k=0$

즉, 새로운 함수 $f(x)-k$는 $x+2$, $x+1$, $x-1$을 인수로 갖는 삼차함수이다.

$\therefore f(x)-k=(x+2)(x+1)(x-1)$

$f(x)$는 최고차항의 계수가 1인 삼차함수이므로 상수 k를 뺀 새로운 함수 $f(x)-k$도 최고차항의 계수가 1인 삼차함수가 되는 거야.

2nd 미분가능한 함수 f, g, h에 대하여
$(fgh)'=f'gh+fg'h+fgh'$이 성립해.

위 식의 양변을 x에 대하여 미분하면

$f'(x)=1\times(x+1)\times(x-1)+(x+2)\times1\times(x-1)$
$\qquad\qquad\qquad\qquad +(x+2)\times(x+1)\times1$

$\qquad=(x+1)(x-1)+(x+2)(x-1)$
$\qquad\qquad\qquad\qquad\qquad +(x+2)(x+1)$

$\therefore f'(0)=-1+(-2)+2=-1$

[인수정리]

x에 대한 다항식 $f(x)$에 대하여
(1) $f(x)$가 일차식 $x-\alpha$로 나누어떨어지면 $f(\alpha)=0$이다.
(2) $f(\alpha)=0$이면 $f(x)$는 $x-\alpha$로 나누어떨어진다.
　　즉, $f(x)$는 $x-\alpha$를 인수로 갖는다.

---

14 답 3

$f(x)=-2x^2+5x \cdots \bigcirc$를 x에 대하여 미분하면

$f'(x)=-4x+5 \cdots \bigcirc$

$\bigcirc$, $\bigcirc$을 $(x+1)f'(x)+af(x)=-9x+b$에 대입하면

$(x+1)(-4x+5)+a(-2x^2+5x)=-9x+b$

$-4x^2+x+5-2ax^2+5ax=-9x+b$

$(-2a-4)x^2+(5a+1)x+5=-9x+b$

위 식은 모든 실수 x에 대하여 성립하므로 x에 대한 항등식이다. 항등식의 성질에 의해

$-2a-4=0, 5a+1=-9, 5=b$

$\therefore a=-2, b=5$

$\therefore a+b=-2+5=3$

---

15 답 6

함수 $f(x)$는 $x=p$에서 미분가능하므로 $f(x)$는 $x=p$에서 연속이다.

$f(p)=\lim_{x\to p+}\left(-\dfrac{1}{3}x^3\right)=\lim_{x\to p-}(x^2-3x+q)$에서

$-\dfrac{1}{3}p^3=p^2-3p+q$

$\therefore q=-\dfrac{1}{3}p^3-p^2+3p \cdots \bigcirc \qquad\qquad \cdots \text{I}$

한편,

$\lim_{x\to p+}\dfrac{f(x)-f(p)}{x-p}$

$=\lim_{x\to p+}\dfrac{-\dfrac{1}{3}x^3+\dfrac{1}{3}p^3}{x-p}$

$=-\dfrac{1}{3}\lim_{x\to p+}\dfrac{x^3-p^3}{x-p}$

$=-\dfrac{1}{3}\lim_{x\to p+}\dfrac{(x-p)(x^2+px+p^2)}{x-p}$

$=-\dfrac{1}{3}\lim_{x\to p+}(x^2+px+p^2)$

$=-p^2 \cdots \bigcirc$

$\lim_{x\to p-}\dfrac{f(x)-f(p)}{x-p}$

$=\lim_{x\to p-}\dfrac{x^2-3x+q+\dfrac{1}{3}p^3}{x-p}$

$=\lim_{x\to p-}\dfrac{x^2-3x-\dfrac{1}{3}p^3-p^2+3p+\dfrac{1}{3}p^3}{x-p} (\because \bigcirc)$

$=\lim_{x\to p-}\dfrac{x^2-p^2-3(x-p)}{x-p}$

$=\lim_{x\to p-}\dfrac{(x-p)(x+p)-3(x-p)}{x-p}$

$=\lim_{x\to p-}\dfrac{(x-p)(x+p-3)}{x-p}$

$=\lim_{x\to p-}(x+p-3)$

$=2p-3 \cdots \bigcirc$

함수 $f(x)$가 $x=p$에서 미분가능하므로 $\bigcirc=\bigcirc$이 성립해야 한다.

$-p^2=2p-3, p^2+2p-3=0$

$(p-1)(p+3)=0 \quad \therefore p=1 (\because p>0) \qquad \cdots \text{II}$

$p=1$을 $\bigcirc$에 대입하면

$q=-\dfrac{1}{3}-1+3=\dfrac{5}{3}$

$\therefore p+3q=1+5=6 \qquad\qquad\qquad \cdots \text{III}$

[채점 기준표]

I	$f(x)$는 $x=p$에서 연속임을 이용하여 p, q 사이의 관계식을 구한다.	30%
II	$f(x)$가 $x=p$에서 미분가능함을 이용하여 p의 값을 구한다.	50%
III	q의 값을 구하고, $p+3q$의 값을 구한다.	20%

01 답 $f'(a)$

02 답 $f(1), f'(1)$

03 답 $f'(c)$

04 답 ×

05 답 ×

곡선 $y=x^2$에 대하여 $y'=2x$이므로 기울기가 1일 때의
x의 값을 구하면
$$2x=1 \quad \therefore x=\frac{1}{2}$$
따라서 $x=\frac{1}{2}$인 점에서 접한다.

06 답 ○

07 답 $y=5x-1$

$f(x)=x^2+3x$로 놓으면 $f'(x)=2x+3$
$$\therefore f'(1)=5$$
따라서 구하는 접선의 방정식은
$$y-4=5(x-1) \quad \therefore y=5x-1$$

08 답 $y=5x+5$

$f(x)=x^3-x^2+2$로 놓으면 $f'(x)=3x^2-2x$
$$\therefore f'(-1)=5$$
따라서 구하는 접선의 방정식은
$$y=5(x+1) \quad \therefore y=5x+5$$

09 답 $y=x-3$

$f(x)=-2x^3+x-3$으로 놓으면
$$f'(x)=-6x^2+1$$
$$\therefore f'(0)=1$$
따라서 구하는 접선의 방정식은
$$y-(-3)=1\times(x-0) \quad \therefore y=x-3$$

10 답 $y=\frac{1}{6}x-\frac{11}{2}$

$f(x)=-x^2+4$로 놓으면 $f'(x)=-2x$
$$\therefore f'(3)=-6$$
점 $(3, -5)$에서의 접선에 수직인 직선의 기울기는
$$-\frac{1}{-6}=\frac{1}{6}$$
따라서 구하는 직선의 방정식은
$$y+5=\frac{1}{6}(x-3) \quad \therefore y=\frac{1}{6}x-\frac{11}{2}$$

11 답 $y=-\frac{1}{4}x-1$

$f(x)=\frac{2}{3}x^3+4x-1$로 놓으면 $f'(x)=2x^2+4$
$$\therefore f'(0)=4$$
점 $(0, -1)$에서의 접선에 수직인 직선의 기울기는 $-\frac{1}{4}$
따라서 구하는 직선의 방정식은
$$y-(-1)=-\frac{1}{4}(x-0) \quad \therefore y=-\frac{1}{4}x-1$$

12 답 $y=3x-2$

$f(x)=2x^2-x$로 놓으면 $f'(x)=4x-1$
접점의 좌표를 $(a, 2a^2-a)$라 하자.
접선의 기울기가 3이므로
$$f'(a)=4a-1=3 \quad \therefore a=1$$
즉, 접점의 좌표는 $(1, 1)$이다.
따라서 구하는 직선의 방정식은
$$y-1=3(x-1) \quad \therefore y=3x-2$$

13 답 $y=-x+\frac{4}{3}$

$f(x)=\frac{1}{3}x^3-x^2+1$로 놓으면 $f'(x)=x^2-2x$
접점의 좌표를 $\left(a, \frac{1}{3}a^3-a^2+1\right)$이라 하자.
접선의 기울기가 -1이므로
$$f'(a)=a^2-2a=-1$$
$$(a-1)^2=0 \quad \therefore a=1$$
즉, 접점의 좌표는 $\left(1, \frac{1}{3}\right)$이다.
따라서 구하는 직선의 방정식은
$$y-\frac{1}{3}=-(x-1) \quad \therefore y=-x+\frac{4}{3}$$

14 답 $y=-6x-5$

$f(x)=3x^2-2$로 놓으면 $f'(x)=6x$
접점의 좌표를 $(a, 3a^2-2)$라 하자.
구하는 직선과 직선 $y=-6x+4$가 평행하므로 구하는 직
선의 기울기는 -6이다.
$$f'(a)=6a=-6 \quad \therefore a=-1$$
즉, 접점의 좌표는 $(-1, 1)$이다.
따라서 구하는 직선의 방정식은
$$y-1=-6(x+1) \quad \therefore y=-6x-5$$

15 답 $y=3x-\frac{1}{2}$

$f(x)=-2x^2+5x-1$로 놓으면 $f'(x)=-4x+5$
접점의 좌표를 $(a, -2a^2+5a-1)$이라 하자.
구하는 직선과 직선 $y=3x+2$가 평행하므로 구하는 직선
의 기울기는 3이다.

$$f'(a)=-4a+5=3 \quad \therefore a=\frac{1}{2}$$

즉, 접점의 좌표는 $\left(\frac{1}{2},\ 1\right)$이다.

따라서 구하는 직선의 방정식은

$$y-1=3\left(x-\frac{1}{2}\right) \qquad \therefore y=3x-\frac{1}{2}$$

16 답 $y=-5x-2$ 또는 $y=3x-2$

$f(x)=x^2-x+2$로 놓으면 $f'(x)=2x-1$

접점의 좌표를 $(a,\ a^2-a+2)$라 하자.

$f'(a)=2a-1$이므로 점 $(a,\ a^2-a+2)$에서의 접선의 방정식은

$$y=(2a-1)(x-a)+a^2-a+2$$

이 접선이 점 $(0,\ -2)$를 지나므로

$$-2=-2a^2+a+a^2-a+2$$

$a^2=4 \quad \therefore a=-2$ 또는 $a=2$

(i) $a=-2$일 때,

기울기는 $f'(-2)=2\times(-2)-1=-5$이고

접점의 좌표는 $(-2,\ 8)$이므로

구하는 접선의 방정식은

$$y-8=-5(x+2) \quad \therefore y=-5x-2$$

(ii) $a=2$일 때,

기울기는 $f'(2)=2\times2-1=3$이고

접점의 좌표는 $(2,\ 4)$이므로

구하는 접선의 방정식은

$$y-4=3(x-2) \quad \therefore y=3x-2$$

17 답 $y=11x+8$ 또는 $y=3x$

$f(x)=-2x^2+3x$로 놓으면 $f'(x)=-4x+3$

접점의 좌표를 $(a,\ -2a^2+3a)$라 하자.

$f'(a)=-4a+3$이므로 점 $(a,\ -2a^2+3a)$에서의 접선의 방정식은

$$y=(-4a+3)(x-a)-2a^2+3a$$

이 접선이 점 $(-1,\ -3)$을 지나므로

$$-3=(-4a+3)(-1-a)-2a^2+3a$$

$$-3=4a+4a^2-3-3a-2a^2+3a$$

$2a^2+4a=0,\ 2a(a+2)=0 \quad \therefore a=-2$ 또는 $a=0$

(i) $a=-2$일 때,

기울기는 $f'(-2)=11$이고

접점의 좌표는 $(-2,\ -14)$이므로

구하는 접선의 방정식은

$$y+14=11(x+2) \quad \therefore y=11x+8$$

(ii) $a=0$일 때,

기울기는 $f'(0)=3$이고

접점의 좌표는 $(0,\ 0)$이므로

구하는 접선의 방정식은 $y=3x$

18 답 -1

함수 $f(x)=x^2+2x$는 닫힌구간 $[-2,\ 0]$에서 연속이고 열린구간 $(-2,\ 0)$에서 미분가능하며 $f(-2)=f(0)=0$이므로 롤의 정리에 의해 $f'(c)=0$인 c가 -2와 0 사이에 적어도 하나 존재한다.

따라서 $f'(x)=2x+2$이므로

$$f'(c)=2c+2=0 \quad \therefore c=-1$$

19 답 $\dfrac{1}{2}$

함수 $f(x)=-x^2+3x+2$는 닫힌구간 $[0,\ 1]$에서 연속이고 열린구간 $(0,\ 1)$에서 미분가능하므로 평균값 정리에 의해 $\dfrac{f(1)-f(0)}{1-0}=f'(c)$인 c가 0과 1 사이에 적어도 하나 존재한다.

이때, $\dfrac{f(1)-f(0)}{1-0}=4-2=2$이고

$f'(x)=-2x+3$에서 $f'(c)=-2c+3$이므로

$$-2c+3=2 \quad \therefore c=\frac{1}{2}$$

20 답 -1

함수 $f(x)=x^3$은 닫힌구간 $[-2,\ 1]$에서 연속이고 열린구간 $(-2,\ 1)$에서 미분가능하므로 평균값 정리에 의해 $\dfrac{f(1)-f(-2)}{1-(-2)}=f'(c)$인 c가 -2와 1 사이에 적어도 하나 존재한다.

이때, $\dfrac{f(1)-f(-2)}{1-(-2)}=\dfrac{1-(-8)}{3}=3$이고

$f'(x)=3x^2$에서 $f'(c)=3c^2$이므로

$3c^2=3,\ c^2=1$

$$\therefore c=-1\ (\because\ -2<c<1)$$

► 유형 연습 [+ 내신 유형] ⟶ 문제편 pp. 68~73

21 답 ③

$f(x)=-2x^2+x-3$으로 놓으면

$$f'(x)=-4x+1$$

$$\therefore f'(1)=-3$$

점 $(1,\ -4)$에서의 접선의 방정식은

$$y+4=-3(x-1)$$

$$\therefore y=-3x-1$$

따라서 $a=-3,\ b=-1$이므로

$$a^2+b^2=(-3)^2+(-1)^2=10$$

22 답 ①

$f(x)=x^3-3x^2+1$로 놓으면 $f'(x)=3x^2-6x$

$\therefore f'(-1)=9$

점 $(-1, -3)$에서의 접선의 방정식은

$y+3=9(x+1)$ $\quad \therefore y=9x+6$

따라서 구하는 접선의 y절편은 6이다.

23 답 ④

$f(x)=3x^2-5x+k+2$로 놓으면 $f'(x)=6x-5$

$\therefore f'(1)=1$

점 $(1, k)$에서의 접선의 방정식은

$y-k=1\times(x-1)$

$\therefore y=x+k-1$

이 접선이 원점을 지나므로 $x=0, y=0$을 대입하면

$k-1=0$ $\quad \therefore k=1$

24 답 ⑤

점 $(2, -1)$이 곡선 $y=x^3+ax+b$ 위의 점이므로

$-1=8+2a+b$

$\therefore 2a+b=-9 \cdots \bigcirc$

$f(x)=x^3+ax+b$로 놓으면 $f'(x)=3x^2+a$

점 $(2, -1)$에서의 접선의 기울기가 3이므로

$f'(2)=12+a=3$ $\quad \therefore a=-9$

$a=-9$를 $\bigcirc$에 대입하면

$-18+b=-9$ $\quad \therefore b=9$

$\therefore b-a=9-(-9)=18$

25 답 ①

$f(x)=-x^3+2x-6$으로 놓으면

$f'(x)=-3x^2+2$

두 점 $(-1, -7)$, $(0, -6)$에서의 접선의 기울기를 각각 구하면

$f'(-1)=-1, f'(0)=2$

점 $(-1, -7)$에서의 접선 l의 방정식은

$y+7=-(x+1)$ $\quad \therefore y=-x-8 \cdots \bigcirc$

점 $(0, -6)$에서의 접선 m의 방정식은

$y+6=2x$ $\quad \therefore y=2x-6 \cdots \bigcirc\!\bigcirc$

$\bigcirc$, $\bigcirc\!\bigcirc$을 연립하면

$-x-8=2x-6, 3x=-2$ $\quad \therefore x=-\dfrac{2}{3}$

$x=-\dfrac{2}{3}$를 $\bigcirc$에 대입하면

$y=\dfrac{2}{3}-8=-\dfrac{22}{3}$

따라서 두 직선 l, m의 교점의 y좌표는 $-\dfrac{22}{3}$이다.

26 답 ①

점 $(-2, 3)$은 곡선 $y=f(x)$ 위의 점이므로

$f(-2)=3 \cdots \bigcirc$

점 $(-2, 3)$에서의 접선의 방정식이 $y=5x+13$이므로

점 $(-2, 3)$에서의 접선의 기울기가 5이다.

$\therefore f'(-2)=5 \cdots \bigcirc\!\bigcirc$

$g(x)=xf(x)$에 $x=-2$를 대입하면

$g(-2)=-2f(-2)$

$\qquad =-2\times3 \; (\because \bigcirc)$

$\qquad =-6$

$g(x)=xf(x)$의 양변을 x에 대하여 미분하면

$g'(x)=f(x)+xf'(x)$

여기에 $x=-2$를 대입하면

$g'(-2)=f(-2)-2f'(-2)$

$\qquad =3-2\times5 \; (\because \bigcirc, \bigcirc\!\bigcirc)$

$\qquad =-7$

따라서 구하는 접선의 방정식은 기울기가 -7이고,

점 $(-2, -6)$을 지나므로

$y+6=-7(x+2)$

$\therefore y=-7x-20$

27 답 ④

$g(x)=-x^3+3x^2-4x$로 놓으면

$g'(x)=-3x^2+6x-4$

접점의 좌표를 $(a, g(a))$라 하자.

접선의 기울기가 -1이므로

$g'(a)=-3a^2+6a-4=-1$

$-3a^2+6a-3=0$

$-3(a-1)^2=0$ $\quad \therefore a=1$

즉, $g(a)=g(1)=-1+3-4=-2$이므로

접점의 좌표는 $(1, -2)$이다.

기울기가 -1이고 점 $(1, -2)$를 지나는 직선의 방정식은

$y+2=-(x-1)$ $\quad \therefore y=-x-1$

따라서 $f(x)=-x-1$이므로

$f(-1)=1-1=0$

28 답 ②

$f(x)=x^3-2x+1$로 놓으면

$f'(x)=3x^2-2$

접점의 좌표를 (t, t^3-2t+1)이라 하자.

두 접선의 기울기가 모두 1이므로

$f'(t)=3t^2-2=1$

$t^2=1$ $\quad \therefore t=-1$ 또는 $t=1$

즉, 접점의 좌표는 $(-1, 2)$ 또는 $(1, 0)$이다.

(ⅰ) 기울기가 1이고 점 $(-1, 2)$를 지나는 직선의 방정식은
$$y-2=x+1 \quad \therefore y=x+3$$
(ⅱ) 기울기가 1이고, 점 $(1, 0)$을 지나는 직선의 방정식은
$$y=x-1$$
따라서 $a=3$, $b=-1$ 또는 $a=-1$, $b=3$이므로
$$a+b=3+(-1)=2$$

29 답 ①

두 점 A$(1, 3)$, B$(2, 0)$을 지나는 직선의 기울기는
$$\frac{0-3}{2-1}=-3$$
$f(x)=-x^2+3x$로 놓으면 $f'(x)=-2x+3$
접점의 좌표를 $(t, -t^2+3t)$라 하자.
이 점에서의 접선의 기울기는 $f'(t)=-2t+3$이므로
$$-2t+3=-3 \quad \therefore t=3$$
따라서 접점의 좌표는 $(3, 0)$이고, 접선의 기울기가 -3이
므로 구하는 직선의 방정식은
$$y=-3(x-3) \quad \therefore y=-3x+9$$

30 답 ⑤

$f(x)=2x^2+ax+b$로 놓으면 $f'(x)=4x+a$
이 곡선이 점 $(1, 3)$을 지나므로 $f(1)=3$
$$2+a+b=3 \quad \therefore a+b=1 \cdots \text{㉠}$$
또, 점 $(1, 3)$에서의 접선의 기울기가 -1이므로
$$f'(1)=-1$$
$$4+a=-1 \quad \therefore a=-5$$
$a=-5$를 ㉠에 대입하면
$$-5+b=1 \quad \therefore b=6$$
$$\therefore a-b=-5-6=-11$$

31 답 ③

곡선 $y=-x^2+ax-1$에 접하고 기울기가 3인 접선의 방
정식을 구하자.
$f(x)=-x^2+ax-1$로 놓으면 $f'(x)=-2x+a$
접점의 좌표를 $(t, -t^2+at-1)$이라 하자.
이 점에서의 접선의 기울기는 $f'(t)=-2t+a$이므로 접선
의 방정식은
$$y+t^2-at+1=(-2t+a)(x-t)$$
$$\therefore y=(-2t+a)x+t^2-1 \cdots \text{㉠}$$
㉠이 직선 $y=3x+8$과 일치해야 하므로
$$-2t+a=3 \cdots \text{㉡}, \quad t^2-1=8$$
$t^2-1=8$에서
$$t^2=9 \quad \therefore t=-3 \text{ 또는 } t=3$$
$t=-3$을 ㉡에 대입하면 $a=-3$
$t=3$을 ㉡에 대입하면 $a=9$
따라서 양수 a의 값은 9이다.

32 답 -2

$f(x)=2x^3-4x$로 놓으면 $f'(x)=6x^2-4$
접점의 좌표를 $(a, 2a^3-4a)$라 하자.
이 점에서의 접선의 기울기는 $f'(a)=6a^2-4$이고, 접선의
기울기가 2이므로
$$6a^2-4=2$$
$$a^2=1 \quad \therefore a=-1 \text{ 또는 } a=1$$
$a=-1$일 때, 접점의 좌표는 $(-1, 2)$
$a=1$일 때, 접점의 좌표는 $(1, -2)$
즉, 접점의 좌표는 A$(-1, 2)$, B$(1, -2)$ 또는
A$(1, -2)$, B$(-1, 2)$이므로
직선 AB의 기울기는 $\dfrac{-2-2}{1-(-1)}=-2$이다.

33 답 ⑤

$f(x)=-x^3+2$로 놓으면 $f'(x)=-3x^2$
점 $(-2, 10)$에서의 접선의 기울기는
$$f'(-2)=-12$$
또, $g(x)=x^2+ax+b$로 놓으면
$$g'(x)=2x+a$$
점 $(-4, 34)$에서의 접선의 기울기는
$$g'(-4)=-8+a$$
이때, $f'(-2)=g'(-4)$이므로
$$-8+a=-12 \quad \therefore a=-4$$
점 $(-4, 34)$가 곡선 $y=x^2+ax+b$ 위의 점이므로
$$g(-4)=34$$
$$16-4a+b=34 \quad \therefore -4a+b=18$$
여기에 $a=-4$를 대입하면
$$16+b=18 \quad \therefore b=2$$
$$\therefore a^2+b^2=16+4=20$$

34 답 ②

$f(x)=x^3-2x+2$로 놓으면 $f'(x)=3x^2-2$
접점의 좌표를 (t, t^3-2t+2) $(t>0)$라 하면 접선의 기울
기는 $f'(t)=3t^2-2$이므로
$$3t^2-2=1, \ t^2=1 \quad \therefore t=1 \ (\because t>0)$$
즉, 기울기가 1이고 점 $(1, 1)$을 지나는 직선의 방정식은
$$y-1=x-1 \quad \therefore y=x$$
곡선 $y=x^3-2x+2$와 직선 $y=x$의 교점의 좌표를 구하기
위해 연립하면
$$x=x^3-2x+2, \ x^3-3x+2=0$$
$$(x-1)^2(x+2)=0 \quad \therefore x=1 \text{ 또는 } x=-2$$
따라서 접점이 아닌 교점의 좌표는 $(-2, -2)$이므로
$$a=-2, \ b=-2\text{이다.}$$
$$\therefore a+b=-2+(-2)=-4$$

35 답 ①

$f(x)=x^2+3x$로 놓으면 $f'(x)=2x+3$

접점의 좌표를 $(a,\ a^2+3a)$라 하자.

이 점에서의 접선의 기울기는 $f'(a)=2a+3$이므로 접선의 방정식은

$$y-a^2-3a=(2a+3)(x-a)$$

$$\therefore\ y=(2a+3)x-a^2$$

이 접선이 점 $(-1,\ -11)$을 지나므로

$$-11=-(2a+3)-a^2$$

$$a^2+2a-8=0,\ (a+4)(a-2)=0$$

$$\therefore\ a=-4\ \text{또는}\ a=2$$

$a=-4$일 때, 접선의 기울기는

$$f'(-4)=-8+3=-5$$

$a=2$일 때, 접선의 기울기는

$$f'(2)=4+3=7$$

따라서 두 접선의 기울기의 곱은 $-5\times7=-35$이다.

36 답 4

$f(x)=x^2+4x-1$로 놓으면 $f'(x)=2x+4$

접점의 좌표를 $(a,\ a^2+4a-1)$이라 하자.

이 점에서의 접선의 기울기는 $f'(a)=2a+4$이므로 접선의 방정식은

$$y-a^2-4a+1=(2a+4)(x-a)$$

$$\therefore\ y=(2a+4)x-a^2-1$$

이 직선이 점 $(2,\ 0)$을 지나므로

$$0=2(2a+4)-a^2-1$$

$$\therefore\ a^2-4a-7=0$$

따라서 두 접점의 x좌표의 합은 이차방정식의 근과 계수의 관계에 의하여 $-\dfrac{-4}{1}=4$이다.

> **[근과 계수의 관계]**　　심플 정리
>
> (1) 이차방정식 $ax^2+bx+c=0$의 두 근을 $\alpha,\ \beta$라 하면
> $$\alpha+\beta=-\frac{b}{a},\ \alpha\beta=\frac{c}{a}$$
> (2) 삼차방정식 $ax^3+bx^2+cx+d=0$의 세 근을 $\alpha,\ \beta,\ \gamma$라 하면
> $$\alpha+\beta+\gamma=-\frac{b}{a},\ \alpha\beta+\beta\gamma+\gamma\alpha=\frac{c}{a},\ \alpha\beta\gamma=-\frac{d}{a}$$

37 답 $-\dfrac{1}{2}$

$f(x)=\dfrac{1}{2}x^2+k$로 놓으면 $f'(x)=x$

접점의 좌표를 $\left(a,\ \dfrac{1}{2}a^2+k\right)$라 하자.

이 점에서의 접선의 기울기는 $f'(a)=a$이므로 접선의 방정식은

$$y-\frac{1}{2}a^2-k=a(x-a)\qquad\therefore\ y=ax-\frac{1}{2}a^2+k$$

이 직선이 점 $(1,\ -1)$을 지나므로

$$-1=a-\frac{1}{2}a^2+k$$

$$\therefore\ a^2-2a-2k-2=0\ \cdots\ \text{㉠}$$

㉠의 두 근을 $a=\alpha$ 또는 $a=\beta$라 하면

$$f'(\alpha)=\alpha,\ f'(\beta)=\beta$$

이때, 두 접선이 서로 수직으로 만나므로 기울기의 곱은 -1이다.

$$\therefore\ \alpha\beta=-1$$

따라서 a에 대한 이차방정식 ㉠에서 근과 계수의 관계에 의해

$$-2k-2=-1\qquad\therefore\ k=-\frac{1}{2}$$

38 답 ③

$f(x)=x^3+x^2+x+3$으로 놓으면

$$f'(x)=3x^2+2x+1$$

접점의 좌표를 $(a,\ a^3+a^2+a+3)$이라 하자.

이 점에서의 접선의 기울기는

$f'(a)=3a^2+2a+1$이므로 접선의 방정식은

$$y-a^3-a^2-a-3=(3a^2+2a+1)(x-a)$$

$$\therefore\ y=(3a^2+2a+1)x-2a^3-a^2+3$$

이 직선이 원점을 지나므로 $2a^3+a^2-3=0$

$$(a-1)(2a^2+3a+3)=0\qquad\therefore\ a=1$$

즉, 원점에서 곡선 $y=f(x)$에 그은 접선의 방정식은

$$y=6x$$이다.

이때, 곡선 $y=x^3+x^2+x+3$과 접선 $y=6x$가 만나는 점의 좌표를 구하기 위해 두 식을 연립하면

$$6x=x^3+x^2+x+3,\ x^3+x^2-5x+3=0$$

$$(x-1)^2(x+3)=0\qquad\therefore\ x=1\ \text{또는}\ x=-3$$

$x=1$일 때, 교점의 좌표는 $(1,\ 6)$

$x=-3$일 때, 교점의 좌표는 $(-3,\ -18)$

따라서 $\mathrm{P}(1,\ 6),\ \mathrm{Q}(-3,\ -18)$ 또는 $\mathrm{P}(-3,\ -18),\ \mathrm{Q}(1,\ 6)$이므로

$$\overline{\mathrm{PQ}}=\sqrt{(-3-1)^2+(-18-6)^2}=4\sqrt{37}$$

39 답 ②

$f(x)=3x^2+x-4$로 놓으면 $f'(x)=6x+1$

점 $(1,\ 0)$에서의 접선의 기울기는 $f'(1)=7$이므로

점 $(1,\ 0)$에서의 접선과 수직인 직선의 기울기는 $-\dfrac{1}{7}$이다.

구하는 직선의 방정식은 점 $(1,\ 0)$을 지나고 기울기가 $-\dfrac{1}{7}$이므로

$$y=-\frac{1}{7}(x-1)\qquad\therefore\ y=-\frac{1}{7}x+\frac{1}{7}$$

따라서 이 직선의 y절편은 $\dfrac{1}{7}$이다.

40 답 ⑤

$f(x)=-x^3+2x^2+x$로 놓으면

$f'(x)=-3x^2+4x+1$

점 $(2, 2)$에서의 접선의 기울기는 $f'(2)=-3$이므로

점 $(2, 2)$에서의 접선과 수직인 직선의 기울기는 $\dfrac{1}{3}$이다.

구하는 직선의 방정식은 점 $(2, 2)$를 지나고 기울기가 $\dfrac{1}{3}$

이므로

$y-2=\dfrac{1}{3}(x-2)$, $3y-6=x-2$

$\therefore -x+3y-4=0$

이 식이 $ax+3y+b=0$과 일치해야 하므로

$a=-1$, $b=-4$

$\therefore ab=(-1)\times(-4)=4$

41 답 ③

$f(x)=x^3-x^2+x+a$로 놓으면 $f'(x)=3x^2-2x+1$

점 $(-1, a-3)$에서의 접선의 기울기는 $f'(-1)=6$이므

로 점 $(-1, a-3)$에서의 접선과 수직인 직선의 기울기는

$-\dfrac{1}{6}$이다.

구하는 직선의 방정식은 점 $(-1, a-3)$을 지나고

기울기가 $-\dfrac{1}{6}$이므로

$y-a+3=-\dfrac{1}{6}(x+1)$

이때, 이 직선의 x절편이 2이므로 $x=2$, $y=0$을 대입하면

$-a+3=-\dfrac{1}{6}\times(2+1)$, $-a+3=-\dfrac{1}{2}$

$\therefore a=\dfrac{7}{2}$

42 답 ①

$f(x)=2x^2-4x+1 \cdots \ominus$이라 하면 $f'(x)=4x-4$

점 $(2, 1)$에서의 접선의 기울기는 $f'(2)=4$이므로

점 $(2, 1)$에서의 접선과 수직인 직선의 기울기는 $-\dfrac{1}{4}$이다.

구하는 직선의 방정식은 점 $(2, 1)$을 지나고 기울기가

$-\dfrac{1}{4}$이므로

$y-1=-\dfrac{1}{4}(x-2)$ $\therefore y=-\dfrac{1}{4}x+\dfrac{3}{2} \cdots \Box$

곡선과 직선의 교점의 좌표를 구하기 위해 $\ominus$, $\Box$을 연립

하면

$-\dfrac{1}{4}x+\dfrac{3}{2}=2x^2-4x+1$, $8x^2-15x-2=0$

$(x-2)(8x+1)=0$ $\therefore x=2$ 또는 $x=-\dfrac{1}{8}$

따라서 구하는 점의 x좌표는 $-\dfrac{1}{8}$이다.

43 답 ②

$f(x)=x^2-2x+1$로 놓으면

$f'(x)=2x-2$

접점의 좌표를 (t, t^2-2t+1)이라 하자.

이 점에서의 접선의 기울기는 $f'(t)=2t-2$이므로 접선의

방정식은

$y-t^2+2t-1=(2t-2)(x-t)$

$\therefore y=(2t-2)x-t^2+1$

이 직선이 점 $(0, -3)$을 지나므로

$-3=-t^2+1$, $t^2=4$

$\therefore t=-2$ 또는 $t=2$

점 (t, t^2-2t+1)에서의 접선과 수직인 직선의 방정식은

$y=-\dfrac{1}{2t-2}(x-t)+t^2-2t+1 \cdots \ominus$

$\ominus$에 $t=-2$를 대입하여 정리하면

$y=\dfrac{1}{6}x+\dfrac{28}{3}$

또, $\ominus$에 $t=2$를 대입하여 정리하면

$y=-\dfrac{1}{2}x+2$

(i) $y=\dfrac{1}{6}x+\dfrac{28}{3}$에 $y=0$을 대입하면

$0=\dfrac{1}{6}x+\dfrac{28}{3}$ $\therefore x=-56$

즉, 직선 $y=\dfrac{1}{6}x+\dfrac{28}{3}$의 x절편은 -56이다.

(ii) $y=-\dfrac{1}{2}x+2$에 $y=0$을 대입하면

$0=-\dfrac{1}{2}x+2$ $\therefore x=4$

즉, 직선 $y=-\dfrac{1}{2}x+2$의 x절편은 4이다.

$\therefore a+b=-56+4=-52$

44 답 ①

$f(x)=-x^2-5x+3$으로 놓으면

$f'(x)=-2x-5$

접점의 좌표를 $(a, -a^2-5a+3)$이라 하자.

이 점에서의 접선의 기울기는 $f'(a)=-2a-5$이고

이 점에서의 접선이 직선 $y=-3x+7$과 평행하므로

$-2a-5=-3$

$-2a=2$ $\therefore a=-1$

즉, 접점의 좌표는 $(-1, 7)$이다.

구하는 직선의 방정식은 점 $(-1, 7)$을 지나고 기울기가

-3이므로

$y-7=-3(x+1)$

$\therefore y=-3x+4$

따라서 $m=-3$, $n=4$이므로

$m+n=-3+4=1$

45 답 ②

$f(x)=\dfrac{1}{3}x^3-1$이라 놓으면 $f'(x)=x^2$

접점의 좌표를 $\left(a,\ \dfrac{1}{3}a^3-1\right)$이라 하자.

이 점에서의 접선의 기울기는 $f'(a)=a^2$

한편, 두 점 $(-2,\ -3)$, $(0,\ 5)$를 지나는 직선의 기울기는

$$\dfrac{5-(-3)}{0-(-2)}=4$$

이고, 이 직선과 구하는 접선이 평행하므로

점 $\left(a,\ \dfrac{1}{3}a^3-1\right)$에서의 접선의 기울기는

$f'(a)=a^2=4$ $\quad \therefore\ a=-2$ 또는 $a=2$

(i) $a=-2$일 때, 접점의 좌표는 $\left(-2,\ -\dfrac{11}{3}\right)$이므로

접선의 방정식은

$$y+\dfrac{11}{3}=4(x+2),\ 3y+11=12(x+2)$$

$\therefore\ 12x-3y+13=0$

(ii) $a=2$일 때, 접점의 좌표는 $\left(2,\ \dfrac{5}{3}\right)$이므로

접선의 방정식은

$$y-\dfrac{5}{3}=4(x-2),\ 3y-5=12(x-2)$$

$\therefore\ 12x-3y-19=0$

따라서 구하는 접선의 방정식은 $12x-3y+13=0$ 또는 $12x-3y-19=0$이다.

46 답 ①

$g(x)=-\dfrac{2}{3}x^3$으로 놓으면 $g'(x)=-2x^2$

점 $\left(\dfrac{1}{2},\ -\dfrac{1}{12}\right)$에서의 접선 l의 기울기는

$$g'\left(\dfrac{1}{2}\right)=-\dfrac{1}{2}$$

즉, 직선 l에 평행하고 곡선 $y=-x^2-\dfrac{1}{2}x-5$에 접하는

직선의 기울기도 $-\dfrac{1}{2}$이다.

$h(x)=-x^2-\dfrac{1}{2}x-5$로 놓으면 $h'(x)=-2x-\dfrac{1}{2}$

접점의 좌표를 $\left(a,\ -a^2-\dfrac{1}{2}a-5\right)$라 하자.

이 점에서의 접선의 기울기는

$h'(a)=-2a-\dfrac{1}{2}=-\dfrac{1}{2}$ $\quad \therefore\ a=0$

즉, 접점의 좌표는 $(0,\ -5)$이고 기울기가 $-\dfrac{1}{2}$인

접선의 방정식은 $y=-\dfrac{1}{2}x-5$

따라서 $f(x)=-\dfrac{1}{2}x-5$이므로

$$f(2)=-\dfrac{1}{2}\times 2-5=-6$$

47 답 ⑤

$f(x)=x^3-2x$라 하면 $f'(x)=3x^2-2$

곡선 밖의 점 $(k,\ 0)$에서 곡선 $y=f(x)$에 그은 접선에 대하여 접점의 좌표를 $(a,\ a^3-2a)$라 하자.

이 점에서의 접선의 기울기는 $f'(a)=3a^2-2$이므로 접선의 방정식은

$$y-a^3+2a=(3a^2-2)(x-a)$$

$\therefore\ y=(3a^2-2)x-2a^3$

이 직선이 점 $(k,\ 0)$을 지나므로

$2a^3=(3a^2-2)k\ \cdots\ \text{㉠}$

한편, 점 $(1,\ -1)$에서의 접선의 기울기는 $f'(1)=1$

이 접선과 점 $(k,\ 0)$에서 곡선 $y=f(x)$에 그은 접선이 서로 평행하므로

$f'(a)=3a^2-2=1$

$a^2=1$ $\quad \therefore\ a=1$ 또는 $a=-1$

그런데 $a\neq 1$이므로 $a=-1$

따라서 $a=-1$을 ㉠에 대입하면

$k=-2$

48 답 6

직선 $3x+y-8=0$을 평행이동시켜 곡선 $y=-x^2+3x-3$과 접하게 되는 접점을 $\mathrm{P}(a,\ -a^2+3a-3)$이라 하자.

점 P에서 직선 $3x+y-8=0$에 이르는 거리가 곡선 위를 움직이는 점과 직선 사이의 거리의 최솟값이므로 주어진 곡선에 대하여 기울기가 -3인 접선의 방정식을 구하자.

$f(x)=-x^2+3x-3$으로 놓으면 $f'(x)=-2x+3$

점 $\mathrm{P}(a,\ -a^2+3a-3)$에서의 접선의 기울기가 -3이므로

$f'(a)=-2a+3=-3$ $\quad \therefore\ a=3$

$-a^2+3a-3$에 $a=3$을 대입하면 $-9+9-3=-3$

따라서 구하는 점 P의 좌표는 $\mathrm{P}(3,\ -3)$에서

$m=3,\ n=-3$이므로

$m-n=3-(-3)=6$

49 답 ②

직선 $y=4x-3$을 평행이동시켜 곡선 $y=2x^2+1$과 접하게 될 때의 접점을 $\mathrm{P}(a,\ 2a^2+1)$이라 하고, 주어진 곡선에 대하여 기울기가 4인 접선의 방정식을 구하자.

$f(x)=2x^2+1$로 놓으면 $f'(x)=4x$

점 $\mathrm{P}(a,\ 2a^2+1)$에서의 접선의 기울기가 4이므로

$f'(a)=4a=4$ $\quad \therefore\ a=1$

즉, 점 P의 좌표는 $\mathrm{P}(1,\ 3)$이다.

따라서 주어진 곡선 위의 점에서 직선에 이르는 거리의 최솟값은 점 $\mathrm{P}(1,\ 3)$과 직선 $4x-y-3=0$ 사이의 거리이므로

$$\dfrac{|4\times 1-1\times 3-3|}{\sqrt{4^2+(-1)^2}}=\dfrac{2}{\sqrt{17}}=\dfrac{2\sqrt{17}}{17}$$

$$\boxed{\text{심플 정리}}$$

[점과 직선 사이의 거리]

점 (x_1, y_1)과 직선 $ax+by+c=0$ 사이의 거리 d는

$$d=\frac{|ax_1+by_1+c|}{\sqrt{a^2+b^2}}$$

50 답 ⑤

$f(x)=2x^2-x+1$로 놓으면

$f'(x)=4x-1$

곡선 위의 점 $(-1, 4)$에서의 접선의 기울기는

$f'(-1)=-5$

기울기가 -5이고 점 $(-1, 4)$를 지나는 접선의 방정식은

$y-4=-5(x+1)$

$\therefore y=-5x-1$

두 직선 $y=-5x-1$, $x=-2$ 및 x축으로 둘러싸인 도형
은 그림과 같다.

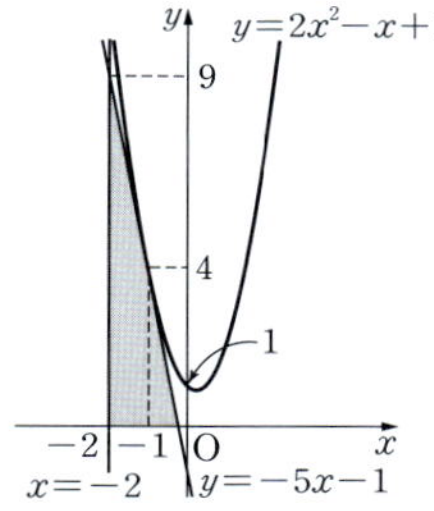

직선 $x=-2$와 직선 $y=-5x-1$의 교점의 좌표를 구하자.

$x=-2$를 $y=-5x-1$에 대입하면

$y=10-1=9$

즉, 직선 $x=-2$와 직선 $y=-5x-1$의 교점의 좌표는
$(-2, 9)$이다.

또한, 직선 $y=-5x-1$이 x축과 만나는 점의 좌표를 구
하자.

$y=-5x-1$에 $y=0$을 대입하면

$0=-5x-1 \quad \therefore x=-\dfrac{1}{5}$

즉, 직선 $y=-5x-1$이 x축과 만나는 점의 좌표는
$\left(-\dfrac{1}{5}, 0\right)$이다.

따라서 구하는 도형의 넓이는

$\dfrac{1}{2}\times\left\{\left(-\dfrac{1}{5}\right)-(-2)\right\}\times 9=\dfrac{1}{2}\times\dfrac{9}{5}\times 9=\dfrac{81}{10}$

51 답 ①

$f(x)=-x^2+6x-3$으로 놓으면

$f'(x)=-2x+6$

접점의 좌표를 $(a, -a^2+6a-3)$이라 하자.

이 점에서의 접선의 기울기가 -4이므로

$f'(a)=-2a+6=-4$

$\therefore a=5$

접점의 좌표는 $(5, 2)$이므로 접선의
방정식은

$y-2=-4(x-5)$

$\therefore y=-4x+22$

따라서 직선 $y=-4x+22$의 x절편
은 $\dfrac{11}{2}$, y절편은 22이므로 구하는 도

형의 넓이는

$\dfrac{1}{2}\times\dfrac{11}{2}\times 22=\dfrac{121}{2}$

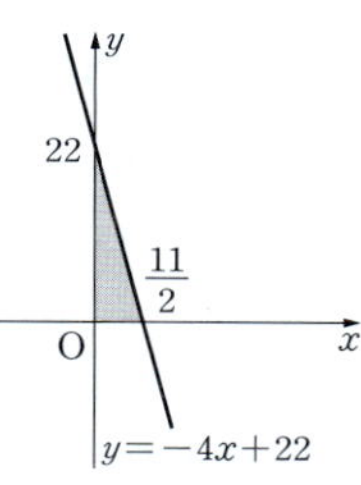

52 답 ③

$f(x)=x^2-x+2$로 놓으면 $f'(x)=2x-1$

접점의 좌표를 (a, a^2-a+2)라 하자.

이 점에서의 접선의 기울기는 $f'(a)=2a-1$이므로 접선
의 방정식은

$y-a^2+a-2=(2a-1)(x-a)$

$\therefore y=(2a-1)x-a^2+2$

이 직선이 점 $(0, 1)$을 지나므로

$1=-a^2+2, \ a^2=1$

$\therefore a=1$ 또는 $a=-1$

$a=-1$일 때, 접점의 좌표는 $(-1, 4)$

$a=1$일 때, 접점의 좌표는 $(1, 2)$

구하는 두 접점 $B(1, 2)$, $C(-1, 4)$(또는 $B(-1, 4)$,
$C(1, 2)$)와 점 $A(0, 1)$이 이루는 삼각형은 그림과 같다.

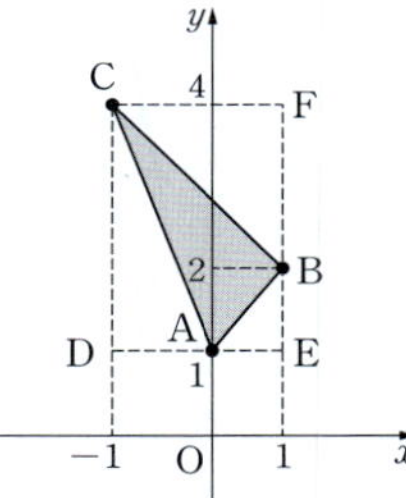

$\therefore$ (삼각형 ABC의 넓이)

$\quad =$ (직사각형 CDEF의 넓이) $-$ (삼각형 CDA의 넓이)

$\qquad -$ (삼각형 AEB의 넓이) $-$ (삼각형 BFC의 넓이)

$\quad =2\times 3-\dfrac{1}{2}\times 1\times 3-\dfrac{1}{2}\times 1\times 1-\dfrac{1}{2}\times 2\times 2$

$\quad =6-\dfrac{3}{2}-\dfrac{1}{2}-2=2$

53 답 ⑤

$f(x)=x^2+ax$에 대하여 $f'(x)=2x+a$

점 $(2, 2a+4)$에서의 접선의 기울기는 $f'(2)=4+a$이므
로 이 점에서의 접선의 방정식은

$y-2a-4=(a+4)(x-2)$

$\therefore y=(a+4)x-4$

이때, 직선 $y=(a+4)x-4$의 x절편은 $\dfrac{4}{a+4}$, y절편은 -4이고 점 $(2,\,2a+4)$에서의 접선과 x축, y축으로 둘러싸인 삼각형의 넓이가 8이므로

$$\frac{1}{2}\times\left|\frac{4}{a+4}\right|\times 4=8,\ |a+4|=1$$

$a+4=\pm 1$

$\therefore a=-3$ 또는 $a=-5$

따라서 모든 상수 a의 값의 곱은 $-3\times(-5)=15$이다.

54 답 ②

$f(x)=x^3-x^2$으로 놓으면

$f'(x)=3x^2-2x$

점 $(-1,\,-2)$에서의 접선의 기울기는 $f'(-1)=5$

이 점에서의 접선 l의 방정식은

$y+2=5(x+1)$ $\therefore y=5x+3$

한편, 직선 m은 직선 l과 수직이므로 직선 m의 기울기는 $-\dfrac{1}{5}$이다.

기울기가 $-\dfrac{1}{5}$이고, 점 $(-1,\,-2)$를 지나는 직선 m의 방정식은

$y+2=-\dfrac{1}{5}(x+1)$ $\therefore y=-\dfrac{1}{5}x-\dfrac{11}{5}$

즉, 두 직선 l, m 및 y축으로 둘러싸인 부분은 그림과 같다.

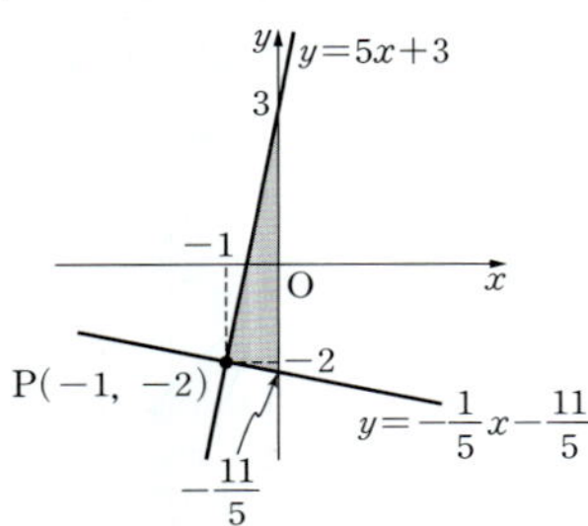

따라서 두 직선 l, m의 y절편은 각각 3, $-\dfrac{11}{5}$이므로 구하는 도형의 넓이는

$$\frac{1}{2}\times\left\{3-\left(-\frac{11}{5}\right)\right\}\times 1=\frac{13}{5}$$

55 답 ②

$f(x)=-x^3$, $g(x)=\dfrac{3}{2}x^2-\dfrac{1}{2}$로 놓으면

$f'(x)=-3x^2$, $g'(x)=3x$

두 곡선이 $x=a$에서 공통인 접선을 가지므로

(i) $f(a)=g(a)$에서

$-a^3=\dfrac{3}{2}a^2-\dfrac{1}{2}$, $2a^3+3a^2-1=0$

$(a+1)^2(2a-1)=0$ $\therefore a=-1$ 또는 $a=\dfrac{1}{2}$

(ii) $f'(a)=g'(a)$에서

$-3a^2=3a$, $a(a+1)=0$ $\therefore a=0$ 또는 $a=-1$

(i), (ii)에 의해 $a=-1$일 때, 즉 점 $(-1,\,1)$에서 공통인 접선을 갖는다.

이때, $f'(-1)=g'(-1)=-3$이므로 점 $(-1,\,1)$을 지나고 기울기가 -3인 공통인 접선의 방정식은

$y-1=-3(x+1)$ $\therefore y=-3x-2$

따라서 직선 $y=-3x-2$의 y절편은 -2이다.

56 답 -9

$f(x)=x^3+ax$, $g(x)=-3x^2-5$로 놓으면

$f'(x)=3x^2+a$, $g'(x)=-6x$

두 곡선이 $x=t$인 점에서 접한다고 하면

(i) $f(t)=g(t)$에서

$t^3+at=-3t^2-5$ $\cdots$ ㉠

(ii) $f'(t)=g'(t)$에서

$3t^2+a=-6t$ $\therefore a=-3t^2-6t$ $\cdots$ ㉡

㉡을 ㉠에 대입하면 $t^3+(-3t^2-6t)t=-3t^2-5$

$t^3-3t^3-6t^2=-3t^2-5$, $2t^3+3t^2-5=0$

$(t-1)(2t^2+5t+5)=0$ $\therefore t=1$

따라서 $t=1$을 ㉡에 대입하면

$a=-3-6=-9$

57 답 ③

$f(x)=x^3-ax$, $g(x)=bx^2+c$로 놓으면

$f'(x)=3x^2-a$, $g'(x)=2bx$

두 곡선이 점 $(1,\,-3)$에서 공통인 접선을 가지므로

$f(1)=-3$에서

$1-a=-3$ $\therefore a=4$ $\cdots$ ㉠

$g(1)=-3$에서 $b+c=-3$ $\cdots$ ㉡

또, 점 $(1,\,-3)$에서의 접선의 기울기가 같으므로

$f'(1)=g'(1)$에서

$3-a=2b$, $3-4=2b$ $(\because$ ㉠$)$ $\therefore b=-\dfrac{1}{2}$

$b=-\dfrac{1}{2}$을 ㉡에 대입하면

$-\dfrac{1}{2}+c=-3$ $\therefore c=-\dfrac{5}{2}$

$\therefore abc=4\times\left(-\dfrac{1}{2}\right)\times\left(-\dfrac{5}{2}\right)=5$

58 답 $a=4$, $c=1$

함수 $f(x)=-2x^2+ax$는 닫힌구간 $[0,\,2]$에서 연속이고 열린구간 $(0,\,2)$에서 미분가능하다.

이때, 롤의 정리를 만족시키면 $f(0)=f(2)$이므로

$0=-8+2a$ $\therefore a=4$

롤의 정리에 의해 $f'(c)=0$인 c가 열린구간 $(0,\,2)$에 적어도 하나 존재하므로

$f'(x)=-4x+a$, 즉 $f'(x)=-4x+4$에서

$-4c+4=0$ $\therefore c=1$

59 답 (가) $f'(c)$　(나) 0　(다) $f(a)$

$a<x<b$인 임의의 실수 x에 대하여 닫힌구간 $[a,\ x]$에서
평균값 정리를 적용하면

$$\frac{f(x)-f(a)}{x-a}=\overset{\text{(가)}}{f'(c)}$$

인 c가 a와 x 사이에 적어도 하나 존재한다.
그런데 조건에서 $f'(c)=0$이므로 $f(x)-f(a)=\overset{\text{(나)}}{0}$
즉, $f(x)=\overset{\text{(다)}}{f(a)}$
따라서 함수 $f(x)$는 닫힌구간 $[a,\ b]$에서 상수함수이다.

60 답 ②

함수 $f(x)=x^3-x^2+1$은 닫힌구간 $[-2,\ 3]$에서 연속이고
열린구간 $(-2,\ 3)$에서 미분가능하므로

평균값 정리에 의해 $\dfrac{f(3)-f(-2)}{3-(-2)}=f'(c)$인 c가 -2와

3 사이에 적어도 하나 존재한다.

이때, $\dfrac{f(3)-f(-2)}{3-(-2)}=\dfrac{19-(-11)}{5}=6$이고

$f'(x)=3x^2-2x$에서 $f'(c)=3c^2-2c$이므로

$3c^2-2c=6$

$3c^2-2c-6=0\ \cdots\ (*)$

$\therefore\ c=\dfrac{1+\sqrt{19}}{3}$ 또는 $c=\dfrac{1-\sqrt{19}}{3}$

따라서 $-2<\dfrac{1+\sqrt{19}}{3}<3$, $-2<\dfrac{1-\sqrt{19}}{3}<3$이므로 구하

는 모든 실수 c의 값의 합은 $\dfrac{1+\sqrt{19}}{3}+\dfrac{1-\sqrt{19}}{3}=\dfrac{2}{3}$이다.

> **TIP**
>
> $(*)$에서 이차방정식의 근과 계수의 관계를 이용하여 모든 실수 c의 값의 합을 $-\dfrac{-2}{3}=\dfrac{2}{3}$로 바로 구하는 것은 바르게 푼 것이 아니다.
> 그 이유는 c의 값의 범위가 $-2<c<3$으로 정해져 있기 때문이다.
> 서술형 문제에서 위의 풀이와 같은 과정으로 풀지 않을 경우 정확한 풀이가 아니어서 감점을 받을 수 있으므로 주의해야 한다.

61 답 ④

닫힌구간 $[a,\ b]$에서 평균값 정리를 만족시키는 상수 c는
두 점 $(a,\ f(a))$, $(b,\ f(b))$를 잇는 직선의 기울기와 같은
미분계수를 갖는 점의 x좌표이다.
즉, 그림과 같이 두 점
$(a,\ f(a))$, $(b,\ f(b))$를
잇는 직선과 평행한 접선
을 4개 그을 수 있으므로
상수 c의 개수는 4이다.

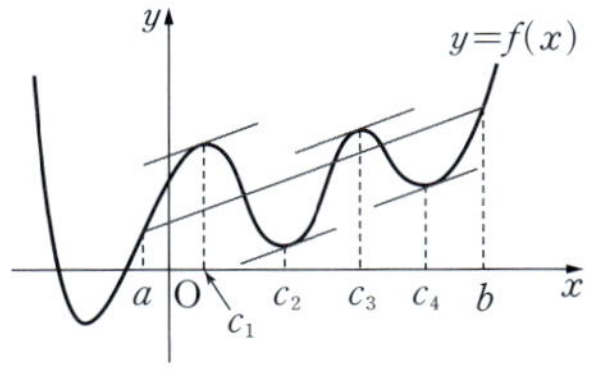

01 답 증가

02 답 극대

03 답 극소

04 답 ×

05 답 ○

06 답 ×

【반례】$f(x)=c$ (단, c는 상수)이면 $f'(x)=0$에서
$f'(1)=0$이지만 $f(x)$는 $x=1$에서 극값을 갖지 않는다.

07 답 증가

임의의 두 양수 x_1, x_2에 대하여
$x_1<x_2$일 때
$f(x_1)-f(x_2)$
$=x_1{}^2-x_2{}^2$
$=(x_1+x_2)(x_1-x_2)<0$
$\therefore\ f(x_1)<f(x_2)$
따라서 함수 $f(x)=x^2$은 구간 $(0,\ \infty)$에서 증가한다.

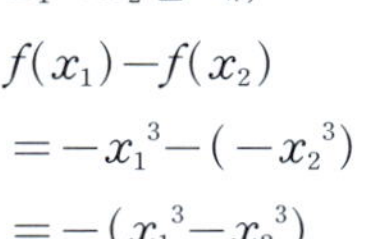

08 답 증가

임의의 두 음수 x_1, x_2에 대하여
$x_1<x_2$일 때,
$f(x_1)-f(x_2)$
$=-x_1{}^2+1-(-x_2{}^2+1)$
$=-(x_1{}^2-x_2{}^2)$
$=-(x_1+x_2)(x_1-x_2)<0$
$\therefore\ f(x_1)<f(x_2)$
따라서 함수 $f(x)=-x^2+1$은 구간 $(-\infty,\ 0)$에서 증가
한다.

09 답 감소

임의의 두 실수 x_1, x_2에 대하여
$x_1<x_2$일 때,
$f(x_1)-f(x_2)$
$=-x_1{}^3-(-x_2{}^3)$
$=-(x_1{}^3-x_2{}^3)$
$=-(x_1-x_2)(x_1{}^2+x_1x_2+x_2{}^2)$

이때, $x_1{}^2+x_1x_2+x_2{}^2=\left(x_1+\dfrac{x_2}{2}\right)^2+\dfrac{3}{4}x_2{}^2>0$이므로

$f(x_1)-f(x_2)>0$　$\therefore\ f(x_1)>f(x_2)$
따라서 함수 $f(x)=-x^3$은 구간 $(-\infty,\ \infty)$에서 감소한다.

10 답 감소

임의의 두 양수 x_1, x_2에 대하여

$x_1 < x_2$일 때,

$f(x_1) - f(x_2)$

$= \dfrac{3}{x_1} - \dfrac{3}{x_2} = \dfrac{3(x_2 - x_1)}{x_1 x_2} > 0$

$\therefore f(x_1) > f(x_2)$

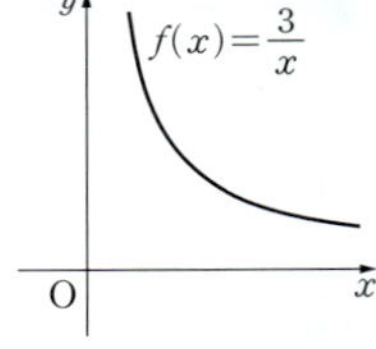

따라서 함수 $f(x) = \dfrac{3}{x}$은 구간 $(0, \infty)$에서 감소한다.

11 답 구간 $\left(-\infty, -\dfrac{3}{4}\right)$에서 감소, 구간 $\left(-\dfrac{3}{4}, \infty\right)$에서 증가

$f(x) = 2x^2 + 3x - 2$에서 $f'(x) = 4x + 3$

$f'(x) = 0$에서 $4x + 3 = 0$ $\therefore x = -\dfrac{3}{4}$

$f'(x)$의 부호를 조사하여 $f(x)$의 증가와 감소를 표로 나타내면 다음과 같다.

x	$\cdots$	$-\dfrac{3}{4}$	$\cdots$
$f'(x)$	$-$	0	$+$
$f(x)$	$\searrow$		$\nearrow$

따라서 함수 $f(x)$는 구간 $\left(-\infty, -\dfrac{3}{4}\right)$에서 감소하고,

구간 $\left(-\dfrac{3}{4}, \infty\right)$에서 증가한다.

12 답 구간 $(-\infty, -1)$에서 감소, 구간 $(-1, 1)$에서 증가, 구간 $(1, \infty)$에서 감소

$f(x) = -x^3 + 3x - 1$에서

$f'(x) = -3x^2 + 3 = -3(x+1)(x-1)$

$f'(x) = 0$에서

$-3(x+1)(x-1) = 0$ $\therefore x = -1$ 또는 $x = 1$

$f'(x)$의 부호를 조사하여 $f(x)$의 증가와 감소를 표로 나타내면 다음과 같다.

x	$\cdots$	-1	$\cdots$	1	$\cdots$
$f'(x)$	$-$	0	$+$	0	$-$
$f(x)$	$\searrow$		$\nearrow$		$\searrow$

따라서 함수 $f(x)$는 구간 $(-\infty, -1)$에서 감소, 구간 $(-1, 1)$에서 증가, 구간 $(1, \infty)$에서 감소한다.

13 답 구간 $(-\infty, 1)$에서 증가, 구간 $(1, 3)$에서 감소, 구간 $(3, \infty)$에서 증가

$f(x) = x^3 - 6x^2 + 9x + 2$에서

$f'(x) = 3x^2 - 12x + 9 = 3(x-1)(x-3)$

$f'(x) = 0$에서

$3(x-1)(x-3) = 0$ $\therefore x = 1$ 또는 $x = 3$

$f'(x)$의 부호를 조사하여 $f(x)$의 증가와 감소를 표로 나타내면 다음과 같다.

x	$\cdots$	1	$\cdots$	3	$\cdots$
$f'(x)$	$+$	0	$-$	0	$+$
$f(x)$	$\nearrow$		$\searrow$		$\nearrow$

따라서 함수 $f(x)$는 구간 $(-\infty, 1)$에서 증가, 구간 $(1, 3)$에서 감소, 구간 $(3, \infty)$에서 증가한다.

14 답 구간 $(-\infty, -1)$에서 감소, 구간 $(-1, 0)$에서 증가, 구간 $(0, 1)$에서 감소, 구간 $(1, \infty)$에서 증가

$f(x) = 3x^4 - 6x^2 - 10$에서

$f'(x) = 12x^3 - 12x = 12x(x+1)(x-1)$

$f'(x) = 0$에서

$12x(x+1)(x-1) = 0$

$\therefore x = -1$ 또는 $x = 0$ 또는 $x = 1$

$f'(x)$의 부호를 조사하여 $f(x)$의 증가와 감소를 표로 나타내면 다음과 같다.

x	$\cdots$	-1	$\cdots$	0	$\cdots$	1	$\cdots$
$f'(x)$	$-$	0	$+$	0	$-$	0	$+$
$f(x)$	$\searrow$		$\nearrow$		$\searrow$		$\nearrow$

따라서 함수 $f(x)$는 구간 $(-\infty, -1)$에서 감소, 구간 $(-1, 0)$에서 증가, 구간 $(0, 1)$에서 감소, 구간 $(1, \infty)$에서 증가한다.

15 답 극댓값 : 21, 극솟값 : -11

$f(x) = x^3 - 12x + 5$에서

$f'(x) = 3x^2 - 12 = 3(x+2)(x-2)$

$f'(x) = 0$에서

$3(x+2)(x-2) = 0$ $\therefore x = -2$ 또는 $x = 2$

$f'(x)$의 부호를 조사하여 $f(x)$의 증가와 감소를 표로 나타내면 다음과 같다.

x	$\cdots$	-2	$\cdots$	2	$\cdots$
$f'(x)$	$+$	0	$-$	0	$+$
$f(x)$	$\nearrow$	21	$\searrow$	-11	$\nearrow$

따라서 함수 $f(x)$는

$x = -2$에서 극대이고, 극댓값은

$f(-2) = -8 + 24 + 5 = 21$

$x = 2$에서 극소이고 극솟값은

$f(2) = 8 - 24 + 5 = -11$

16 답 극댓값 : 0, 극솟값 : -4

$f(x) = -x^3 + 6x^2 - 9x$에서

$f'(x) = -3x^2 + 12x - 9 = -3(x-1)(x-3)$

$f'(x) = 0$에서

$-3(x-1)(x-3) = 0$ $\therefore x = 1$ 또는 $x = 3$

$f'(x)$의 부호를 조사하여 $f(x)$의 증가와 감소를 표로 나타내면 다음과 같다.

x	$\cdots$	1	$\cdots$	3	$\cdots$
$f'(x)$	$-$	0	$+$	0	$-$
$f(x)$	↘	-4	↗	0	↘

따라서 함수 $f(x)$는 $x=1$에서 극소이고, 극솟값은

$f(1)=-1+6-9=-4$

$x=3$에서 극대이고, 극댓값은 $f(3)=-27+54-27=0$

17 답 극솟값 : -4, 극댓값은 없다.

$f(x)=x^4+3x^2-4$에서

$f'(x)=4x^3+6x=2x(2x^2+3)$

$f'(x)=0$에서 $2x(2x^2+3)=0$ ∴ $x=0$

$f'(x)$의 부호를 조사하여 $f(x)$의 증가와 감소를 표로 나타내면 다음과 같다.

x	$\cdots$	0	$\cdots$
$f'(x)$	$-$	0	$+$
$f(x)$	↘	-4	↗

따라서 함수 $f(x)$는 $x=0$에서 극소이고 극솟값은

$f(0)=-4$

극댓값은 없다.

18 답 극솟값 : $-\dfrac{27}{16}$, 극댓값은 없다.

$f(x)=x^4-2x^3+2x-1$에서

$f'(x)=4x^3-6x^2+2=2(2x^3-3x^2+1)$
$\qquad =2(x-1)^2(2x+1)$

$f'(x)=0$에서

$2(x-1)^2(2x+1)=0$ ∴ $x=-\dfrac{1}{2}$ 또는 $x=1$

$f'(x)$의 부호를 조사하여 $f(x)$의 증가와 감소를 표로 나타내면 다음과 같다.

x	$\cdots$	$-\dfrac{1}{2}$	$\cdots$	1	$\cdots$
$f'(x)$	$-$	0	$+$	0	$+$
$f(x)$	↘	$-\dfrac{27}{16}$	↗		↗

따라서 함수 $f(x)$는 $x=-\dfrac{1}{2}$에서 극소이고 극솟값은

$f\left(-\dfrac{1}{2}\right)=\dfrac{1}{16}+\dfrac{1}{4}-1-1=-\dfrac{27}{16}$

극댓값은 없다.

19 답 극댓값 : 1, 극솟값은 없다.

$f(x)=-3x^4+4x^3$에서

$f'(x)=-12x^3+12x^2=-12x^2(x-1)$

$f'(x)=0$에서

$-12x^2(x-1)=0$ ∴ $x=0$ 또는 $x=1$

$f'(x)$의 부호를 조사하여 $f(x)$의 증가와 감소를 표로 나타내면 다음과 같다.

x	$\cdots$	0	$\cdots$	1	$\cdots$
$f'(x)$	$+$	0	$+$	0	$-$
$f(x)$	↗		↗	1	↘

따라서 함수 $f(x)$는 $x=1$에서 극대이고 극댓값은

$f(1)=-3+4=1$

극솟값은 없다.

20 답 해설 참조

$f(x)=x^3-3x^2+1$에서 $f'(x)=3x^2-6x=3x(x-2)$

$f'(x)=0$에서

$3x(x-2)=0$ ∴ $x=0$ 또는 $x=2$

$f'(x)$의 부호를 조사하여 $f(x)$의 증가와 감소를 표로 나타내면 다음과 같다.

x	$\cdots$	0	$\cdots$	2	$\cdots$
$f'(x)$	$+$	0	$-$	0	$+$
$f(x)$	↗	1	↘	-3	↗

함수 $f(x)$는 $x=0$어서 극대이고 극댓값은 $f(0)=1$

또, 함수 $f(x)$는 $x=2$에서

극소이고 극솟값은

$f(2)=8-12+1=-3$

따라서 함수 $f(x)=x^3-3x^2+1$

의 그래프의 개형은 그림과 같다.

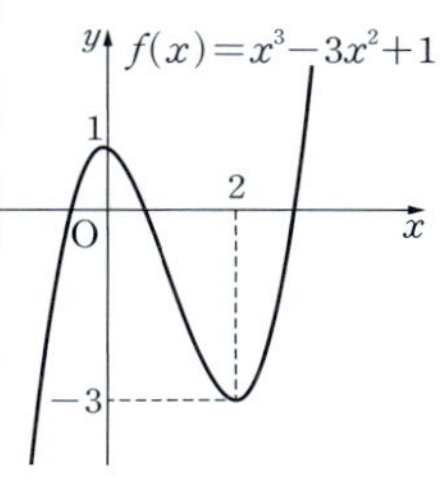

21 답 해설 참조

$f(x)=x^4+4x^3+4x^2+2$에서

$f'(x)=4x^3+12x^2+8x=4x(x^2+3x+2)$
$\qquad =4x(x+1)(x+2)$

$f'(x)=0$에서

$4x(x+1)(x+2)=0$

∴ $x=-2$ 또는 $x=-1$ 또는 $x=0$

$f'(x)$의 부호를 조사하여 $f(x)$의 증가와 감소를 표로 나타내면 다음과 같다.

x	$\cdots$	-2	$\cdots$	-1	$\cdots$	0	$\cdots$
$f'(x)$	$-$	0	$+$	0	$-$	0	$+$
$f(x)$	↘	2	↗	3	↘	2	↗

함수 $f(x)$는 $x=-2$, $x=0$에서 극소이고 극솟값은

$f(-2)=16-32+16+2=2$, $f(0)=2$

또, 함수 $f(x)$는 $x=-1$에서 극대이므로 극댓값은

$f(-1)=1-4+4+2=3$

따라서 함수

$f(x)=x^4+4x^3+4x^2+2$의

그래프의 개형은 그림과 같다.

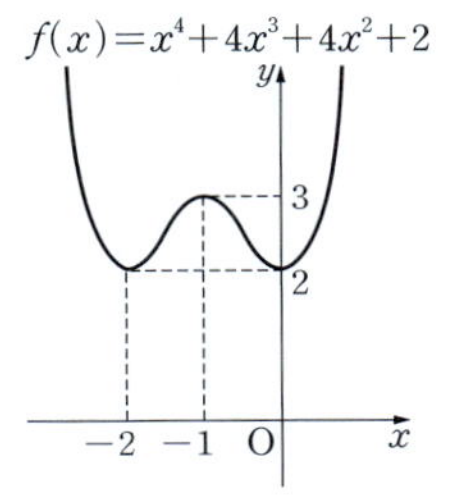

22　답 ③

$f(x)=-x^3+6x^2+36x$에서

$f'(x)=-3x^2+12x+36=-3(x+2)(x-6)$

이때, $f'(x)>0$인 구간에서 함수 $f(x)$는 증가하므로

$-3(x+2)(x-6)>0$, $(x+2)(x-6)<0$

$\therefore -2<x<6$

따라서 $a=-2$, $b=6$이므로

$b-a=6-(-2)=8$

23　답 ③

ㄱ. 구간 $(-3,\,1)$에서 $f'(x)<0$이므로 $f(x)$는 구간 $(-3,\,1)$에서 감소한다. (참)

ㄴ. 구간 $(-1,\,1)$에서 $f'(x)<0$이므로 $f(x)$는 구간 $(-1,\,1)$에서 감소하고, 구간 $(1,\,2)$에서 $f'(x)>0$이므로 $f(x)$는 구간 $(1,\,2)$에서 증가한다. (거짓)

ㄷ. $x<-3$ 또는 $1<x<3$에서 $f'(x)>0$이므로 $f(x)$는 $x<-3$ 또는 $1<x<3$에서 증가한다. (참)

따라서 옳은 것은 ㄱ, ㄷ이다.

> **[함수의 증가·감소]**　　심플 정리!
> (1) 함수 $y=f(x)$가 어떤 구간에서 미분가능하고
> 　① $f'(x)>0$이면 $y=f(x)$는 그 구간에서 증가한다.
> 　② $f'(x)<0$이면 $y=f(x)$는 그 구간에서 감소한다.
> (2) 함수 $y=f(x)$의 도함수 $y=f'(x)$의 그래프에서
> 　① x축의 윗부분 $\Rightarrow f'(x)>0 \Rightarrow f(x)$가 증가
> 　② x축의 아랫부분 $\Rightarrow f'(x)<0 \Rightarrow f(x)$가 감소

24　답 ②

$f(x)=x^3-3x^2+4$에서 $f'(x)=3x^2-6x=3x(x-2)$

$f'(x)>0$인 구간에서 $f(x)$가 증가하므로

$3x(x-2)>0$　$\therefore x<0$ 또는 $x>2$

따라서 a의 최댓값 $M=0$, b의 최솟값 $m=2$이므로

$M+m=0+2=2$

25　답 ⑤

$f(x)=\dfrac{1}{3}x^3-2x^2+ax+1$에서

$f'(x)=x^2-4x+a=(x-2)^2+a-4$

함수 $f(x)$가 구간 $(-1,\,1)$에서 증가하려면 $-1<x<1$에서 $f'(x)\geq0$이어야 하므로 그림과 같이 $f'(1)\geq0$이어야 한다.

따라서 $f'(1)=-3+a\geq0$에서

$a\geq3$이므로 실수 a의 최솟값은 3이다.

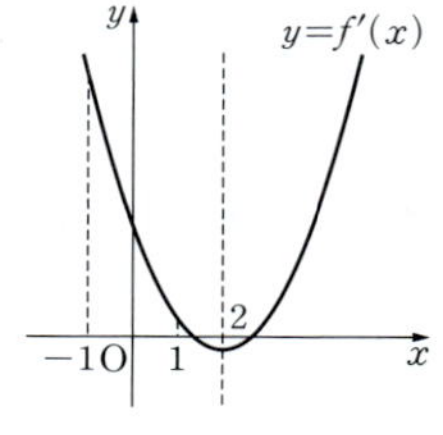

26　답 7

$f(x)=x^3-ax^2+9x+2$에서

$f'(x)=3x^2-2ax+9$

$f'(x)\leq0$을 만족시키는 구간에서 $f(x)$는 감소한다.

그런데 함수 $f(x)$가 감소하는 구간이 $[b,\,3]$이므로 부등식 $3x^2-2ax+9\leq0$의 해는 $b\leq x\leq3$이다.

즉, 이차방정식 $3x^2-2ax+9=0$의 해가 $x=b$ 또는 $x=3$이므로 이차방정식의 근과 계수의 관계에 의하여

$b+3=\dfrac{2a}{3}$, $3b=\dfrac{9}{3}$

$3b=\dfrac{9}{3}=3$에서 $b=1$

$b=1$을 $b+3=\dfrac{2a}{3}$에 대입하면

$1+3=\dfrac{2a}{3}$, $2a=12$　$\therefore a=6$

$\therefore a+b=6+1=7$

27　답 ①

삼차함수 $f(x)$가 구간 $(-\infty,\,\infty)$에서 증가하려면 모든 실수 x에 대하여 $f'(x)\geq0$이어야 한다.

$f(x)=x^3+ax^2-2ax+2$에서

$f'(x)=3x^2+2ax-2a$

이차방정식 $f'(x)=0$의 판별식을 D라고 하면 모든 실수 x에 대하여 $f'(x)\geq0$이 성립하기 위해서는 $D\leq0$이어야 한다.

$\dfrac{D}{4}=a^2+6a\leq0$에서

$a(a+6)\leq0$　$\therefore -6\leq a\leq0$

28　답 ②

임의의 두 실수 x_1, x_2에 대하여 $x_1<x_2$이면 $f(x_1)>f(x_2)$를 만족시키므로 함수 $f(x)$는 모든 구간에서 감소한다.

즉, 모든 실수 x에 대하여 $f'(x)\leq0$이어야 한다.

$f(x)=-\dfrac{1}{3}x^3+ax^2+(3a-10)x-2$에서

$f'(x)=-x^2+2ax+(3a-10)$

$f'(x)\leq0$에서

$-x^2+2ax+(3a-10)\leq0$

$x^2-2ax-(3a-10)\geq0$

모든 실수 x에 대하여 위의 부등식이 성립하므로 이차방정식 $x^2-2ax-(3a-10)=0$의 판별식을 D라 하면 $D\leq0$이어야 한다.

$\dfrac{D}{4}=a^2+3a-10\leq0$에서

$(a+5)(a-2)\leq0$　$\therefore -5\leq a\leq2$

따라서 이를 만족시키는 정수 a는 -5, -4, $\cdots$, 1, 2이므로 모든 정수 a의 값의 합은 -12이다.

29 답 ⑤

함수 $f(x)$의 역함수가 존재하려면 $f(x)$가 일대일대응이어야 하므로 실수 전체의 집합에서 $f(x)$는 증가하는 함수 또는 감소하는 함수이어야 한다.

그런데 삼차함수 $f(x)=x^3+kx^2+2x-3$의 최고차항의 계수가 양수이므로 $f(x)$는 증가하는 함수이어야 한다.

즉, 모든 실수 x에 대하여 $f'(x)\geq0$이어야 하므로

$f(x)=x^3+kx^2+2x-3$에서

$f'(x)=3x^2+2kx+2\geq0$

이차방정식 $f'(x)=0$의 판별식을 D라 하면 $D\leq0$이어야 하므로

$\dfrac{D}{4}=k^2-6\leq0$ $\therefore -\sqrt{6}\leq k\leq\sqrt{6}$

따라서 $-3<-\sqrt{6}<-2$, $2<\sqrt{6}<3$이므로 구하는 정수 k는 -2, -1, 0, 1, 2의 5개이다.

30 답 ①

$f(x)=2x^3-15x^2+36x-20$에서

$f'(x)=6x^2-30x+36=6(x-2)(x-3)$

$f'(x)=0$에서

$6(x-2)(x-3)=0$ $\therefore x=2$ 또는 $x=3$

$f'(x)$의 부호를 조사하여 $f(x)$의 증가와 감소를 표로 나타내면 다음과 같다.

x	$\cdots$	2	$\cdots$	3	$\cdots$
$f'(x)$	$+$	0	$-$	0	$+$
$f(x)$	$\nearrow$	8	$\searrow$	7	$\nearrow$

따라서 함수 $f(x)$는 $x=2$에서 극댓값을 가지므로

$M=f(2)=16-60+72-20=8$

$x=3$에서 극솟값을 가지므로

$m=f(3)=54-135+108-20=7$

$\therefore M-m=8-7=1$

31 답 ④

$f(x)=-x^4-4x^3+8x^2-2$에서

$f'(x)=-4x^3-12x^2+16x$

$\qquad=-4x(x^2+3x-4)$

$\qquad=-4x(x+4)(x-1)$

$f'(x)=0$에서

$-4x(x+4)(x-1)=0$

$\therefore x=-4$ 또는 $x=0$ 또는 $x=1$

$f'(x)$의 부호를 조사하여 $f(x)$의 증가와 감소를 표로 나타내면 다음과 같다.

x	$\cdots$	-4	$\cdots$	0	$\cdots$	1	$\cdots$
$f'(x)$	$+$	0	$-$	0	$+$	0	$-$
$f(x)$	$\nearrow$	126	$\searrow$	-2	$\nearrow$	1	$\searrow$

따라서 함수 $f(x)$는 $x=-4$에서 극댓값

$f(-4)=-256+256+128-2=126$

$x=1$에서 극댓값

$f(1)=-1-4+8-2=1$

을 가지므로 모든 극댓값의 합은 $126+1=127$이다.

32 답 ②

$f(x)=x^3-3ax^2-9a^2x$에서

$f'(x)=3x^2-6ax-9a^2$

$\qquad=3(x^2-2ax-3a^2)$

$\qquad=3(x+a)(x-3a)$

$f'(x)=0$에서

$3(x+a)(x-3a)=0$

$\therefore x=-a$ 또는 $x=3a$

$a>0$이므로 $f'(x)$의 부호를 조사하여 $f(x)$의 증가와 감소를 표로 나타내면 다음과 같다.

x	$\cdots$	$-a$	$\cdots$	$3a$	$\cdots$
$f'(x)$	$+$	0	$-$	0	$+$
$f(x)$	$\nearrow$	$5a^3$	$\searrow$	$-27a^3$	$\nearrow$

함수 $f(x)$는 $x=-a$에서 극댓값

$f(-a)=-a^3-3a^3+9a^3=5a^3$

을 갖고, $x=3a$에서 극솟값

$f(3a)=27a^3-27a^3-27a^3=-27a^3$

을 갖는다.

이때, 극댓값과 극솟값의 합이 -176이므로

$5a^3+(-27a^3)=-176$

$-22a^3=-176$, $a^3=8$ $\therefore a=2$

33 답 ②

$f(x)=-2x^3+6x+5$에서

$f'(x)=-6x^2+6=-6(x+1)(x-1)$

$f'(x)=0$에서

$-6(x+1)(x-1)=0$

$\therefore x=-1$ 또는 $x=1$

$f'(x)$의 부호를 조사하여 $f(x)$의 증가와 감소를 표로 나타내면 다음과 같다.

x	$\cdots$	-1	$\cdots$	1	$\cdots$
$f'(x)$	$-$	0	$+$	0	$-$
$f(x)$	$\searrow$	1	$\nearrow$	9	$\searrow$

함수 $f(x)$는 $x=1$에서 극댓값

$f(1)=-2+6+5=9$

$x=-1$에서 극솟값

$f(-1)=2-6+5=1$

을 가지므로 두 점 P, Q의 좌표는 P$(1, 9)$, Q$(-1, 1)$이다.

$\therefore$ (선분 PQ의 길이)$=\sqrt{(-1-1)^2+(1-9)^2}=2\sqrt{17}$

34 답 ③

$f(x)=3x^4-24x^2+8$에서

$f'(x)=12x^3-48x=12x(x+2)(x-2)$

$f'(x)=0$에서 $12x(x+2)(x-2)=0$

$\therefore x=-2$ 또는 $x=0$ 또는 $x=2$

$f'(x)$의 부호를 조사하여 $f(x)$의 증가와 감소를 표로 나타내면 다음과 같다.

x	$\cdots$	-2	$\cdots$	0	$\cdots$	2	$\cdots$
$f'(x)$	$-$	0	$+$	0	$-$	0	$+$
$f(x)$	$\searrow$	-40	$\nearrow$	8	$\searrow$	-40	$\nearrow$

함수 $f(x)$는 $x=-2$ 또는 $x=2$일 때 극솟값

$f(-2)=f(2)=48-96+8=-40$

을 갖고, $x=0$일 때 극댓값 $f(0)=8$

을 갖는다.

따라서 세 점 $(-2,\ -40)$, $(2,\ -40)$, $(0,\ 8)$을 꼭짓점으로 하는 삼각형의 넓이는 $\dfrac{1}{2}\times4\times48=96$이다.

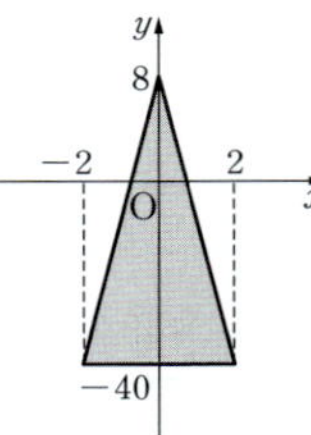

35 답 ②

$f(x)=x^3+3x^2-24x+k$에서

$f'(x)=3x^2+6x-24=3(x+4)(x-2)$

$f'(x)=0$에서

$3(x+4)(x-2)=0$ $\therefore x=-4$ 또는 $x=2$

$f'(x)$의 부호를 조사하여 $f(x)$의 증가와 감소를 표로 나타내면 다음과 같다.

x	$\cdots$	-4	$\cdots$	2	$\cdots$
$f'(x)$	$+$	0	$-$	0	$+$
$f(x)$	$\nearrow$	81	$\searrow$		$\nearrow$

함수 $f(x)$는 $x=-4$일 때 극댓값 81을 가지므로

$f(-4)=-64+48+96+k=81$ $\therefore k=1$

따라서 $f(x)=x^3+3x^2-24x+1$이므로

$f(1)=1+3-24+1=-19$

36 답 10

$f(x)=-\dfrac{2}{3}x^3+x^2+ax-3$에서

$f'(x)=-2x^2+2x+a$

$x=3$에서 극댓값을 가지므로 $f'(3)=0$

$-18+6+a=0$ $\therefore a=12$

$f'(x)=-2x^2+2x+12=-2(x-3)(x+2)$

$x=-2$에서 $f'(-2)=0$이고, $x=-2$의 좌우에서 $f'(x)$의 부호는 음에서 양으로 바뀌므로 $f(x)$는 $x=-2$에서 극솟값을 갖는다.

$\therefore b=-2$

$\therefore a+b=12+(-2)=10$

37 답 ④

$f(x)=x^3+ax^2-6x+b$에서

$f'(x)=3x^2+2ax-6$

함수 $f(x)$가 $x=-1$에서 극댓값 6을 가지므로

$f(-1)=6$에서

$-1+a+6+b=6$

$\therefore a+b=1 \cdots$ ㉠

$f'(-1)=0$에서

$3-2a-6=0,\ -2a=3$ $\therefore a=-\dfrac{3}{2}$

$a=-\dfrac{3}{2}$을 ㉠에 대입하면

$-\dfrac{3}{2}+b=1$ $\therefore b=\dfrac{5}{2}$

$\therefore b-a=\dfrac{5}{2}-\left(-\dfrac{3}{2}\right)=4$

38 답 ⑤

$f(x)=x^3+ax^2+bx+c$에서

$f'(x)=3x^2+2ax+b$

함수 $f(x)$가 $x=-2$ 또는 $x=1$에서 극값을 가지므로 방정식 $f'(x)=0$의 두 근은 $x=-2$ 또는 $x=1$이다.

이차방정식 근과 계수의 관계에 의해

$-2+1=-\dfrac{2a}{3}$ $\therefore a=\dfrac{3}{2}$

$(-2)\times1=\dfrac{b}{3}$ $\therefore b=-6$

즉, $f(x)=x^3+\dfrac{3}{2}x^2-6x+c$이다.

이때, 함수 $f(x)$는 $x=-2$에서 극댓값 -1을 가지므로

$f(-2)=-1$에서

$f(-2)=-8+\dfrac{3}{2}\times4-6\times(-2)+c=-1$

$\therefore c=-11$

$\therefore abc=\dfrac{3}{2}\times(-6)\times(-11)=99$

39 답 ④

$f(x)=-x^3+ax^2-3x+2$에서

$f'(x)=-3x^2+2ax-3$

함수 $f(x)$가 극값을 가지려면 이차방정식 $f'(x)=0$이 서로 다른 두 실근을 가져야 한다.

즉, 이차방정식 $-3x^2+2ax-3=0$의 판별식을 D라 할 때, $D>0$이어야 한다.

$\dfrac{D}{4}=a^2-9>0$에서

$(a+3)(a-3)>0$

$\therefore a<-3$ 또는 $a>3$

따라서 자연수 a의 최솟값은 4이다.

40 답 ④

$f(x)=\dfrac{1}{3}x^3+ax^2+(4a+12)x-1$로 놓으면

$f'(x)=x^2+2ax+(4a+12)$

함수 $f(x)$가 극값을 갖지 않으려면 이차방정식 $f'(x)=0$
이 중근 또는 허근을 가져야 한다.

즉, 이차방정식 $x^2+2ax+(4a+12)=0$의 판별식을 D라
할 때, $D\le 0$이어야 한다.

$\dfrac{D}{4}=a^2-(4a+12)\le 0$에서

$a^2-4a-12\le 0,\ (a+2)(a-6)\le 0$

$\therefore\ -2\le a\le 6$

따라서 구하는 정수 a는 -2, -1, $\cdots$, 5, 6의 9개이다.

41 답 $3<a<\dfrac{15}{4}$

$f(x)=x^3-ax^2+3x$에서

$f'(x)=3x^2-2ax+3$

함수 $f(x)$가 $-1<x<2$에서 극댓값과 극솟값을 모두 가
지려면 이차방정식 $f'(x)=0$이 $-1<x<2$에서 서로 다
른 두 실근을 가져야 한다.

이차방정식 $3x^2-2ax+3=0$의 판별식을 D라 하자.

(i) $\dfrac{D}{4}=a^2-9>0$에서

　$(a+3)(a-3)>0$　$\therefore\ a<-3$ 또는 $a>3$ … ㉠

(ii) $f'(-1)=3+2a+3>0$에서

　$2a>-6$　$\therefore\ a>-3$ … ㉡

(iii) $f'(2)=12-4a+3>0$에서

　$-4a>-15$　$\therefore\ a<\dfrac{15}{4}$ … ㉢

(iv) 이차함수 $y=f'(x)$의 그래프의 축

　은 $x=\dfrac{a}{3}$이므로

　$-1<\dfrac{a}{3}<2$에서

　$-3<a<6$ … ㉣

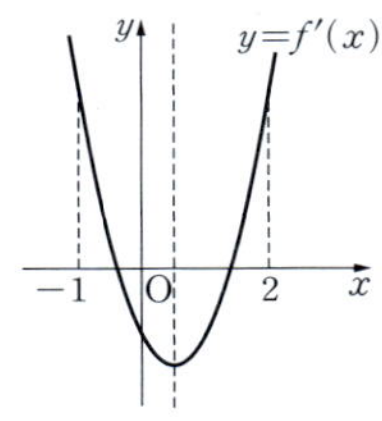

따라서 ㉠~㉣의 공통범위를 구하면

$3<a<\dfrac{15}{4}$

42 답 ⑤

$f(x)=-x^4+2x^3-ax^2-2$에서

$f'(x)=-4x^3+6x^2-2ax=-2x(2x^2-3x+a)$

사차함수 $f(x)$가 극댓값과 극솟값을 모두 가지려면 삼차
방정식 $f'(x)=0$이 서로 다른 세 실근을 가져야 하므로 이
차방정식 $2x^2-3x+a=0$이 0이 아닌 서로 다른 두 실근
을 가져야 한다.

(i) $x=0$은 이차방정식 $2x^2-3x+a=0$의 해가 될 수 없
　으므로 $a\ne 0$

(ii) 이차방정식 $2x^2-3x+a=0$의 판별식을 D라 하면

　$D=9-8a>0$　$\therefore\ a<\dfrac{9}{8}$

(i), (ii)에 의하여 $a<0$ 또는 $0<a<\dfrac{9}{8}$

따라서 $\alpha=0$, $\beta=0$, $\gamma=\dfrac{9}{8}$이므로

$\alpha+\beta+\gamma=\dfrac{9}{8}$

43 답 2

$f(x)=\dfrac{1}{2}x^4+2ax^3+9x^2$에서

$f'(x)=2x^3+6ax^2+18x=2x(x^2+3ax+9)$

사차함수 $f(x)$가 극댓값을 갖지 않으려면 삼차방정식
$f'(x)=0$이 한 실근과 두 허근 또는 한 실근과 다른 중근
또는 삼중근을 가져야 한다.

(i) 방정식 $2x(x^2+3ax+9)=0$이 한 실근과 두 허근을
　갖는 경우
　이차방정식 $x^2-3ax+9=0$이 허근을 가져야 하므로
　판별식을 D라 하면
　$D=9a^2-36<0$　$\therefore\ -2<a<2$

(ii) 방정식 $2x(x^2+3ax+9)=0$이 한 실근과 다른 중근을
　갖는 경우
　$x=0$은 이차방정식 $x^2+3ax+9=0$의 해가 아니므로
　$D=9a^2-36=0$　$\therefore\ a=-2$ 또는 $a=2$

(iii) $x=0$은 이차방정식 $x^2+3ax+9=0$의 해가 아니므로
　방정식 $2x(x^2+3ax+9)=0$은 삼중근을 갖지 않는다.

(i)~(iii)에 의하여 $-2\le a\le 2$이므로 a의 최댓값은 2이다.

44 답 ③

ㄱ. 구간 $(b,\ c)$에서 $f'(x)>0$이므로 $f(x)$는 구간 $(b,\ c)$
　에서 증가한다. (참)

ㄴ. $f'(c)=0$이고, $x=c$의 좌우에서 $f'(x)$의 부호가 양에
　서 음으로 바뀌므로 $f(x)$는 $x=c$에서 극대이다. (거짓)

ㄷ. $f'(b)=0$이지만 $x=b$의 좌우에서 $f'(x)$의 부호가 바
　뀌지 않으므로 $f(x)$는 $x=b$에서 극값을 갖지 않는다.
　$f'(d)=0$이고, $x=d$의 좌우에서 $f'(x)$의 부호가 음에
　서 양으로 바뀌므로 $f(x)$는 $x=d$에서 극소이다.
　즉, $f(x)$는 $x=c$에서 극대, $x=d$에서 극소이므로
　$f(x)$는 2개의 극값을 갖는다. (참)

따라서 옳은 것은 ㄱ, ㄷ이다.

45 답 ①

$f(x)=x^3+ax^2+bx+c$에서

$f'(x)=3x^2+2ax+b$

$f'(-2)=f'(2)=0$이므로 이차방정식 $f'(x)=0$의 두 근
은 $x=-2$ 또는 $x=2$이다.

이차방정식 $3x^2+2ax+b=0$의 근과 계수의 관계에 의해

$$(-2)+2=-\frac{2a}{3} \quad \therefore a=0$$

$$(-2)\times 2=\frac{b}{3} \quad \therefore b=-12$$

$$\therefore f(x)=x^3-12x+c$$

한편, $f'(2)=0$이고 $x=2$의 좌우에서 $f'(x)$의 부호가 음에서 양으로 바뀌므로 $f(x)$는 $x=2$에서 극솟값 -12를 갖는다.

$$f(2)=8-24+c=-12 \quad \therefore c=4$$

즉, $f(x)=x^3-12x+4$이고, $x=-2$의 좌우에서 $f'(x)$의 부호가 양에서 음으로 바뀌므로 $f(x)$는 $x=-2$에서 극댓값을 갖는다.

따라서 함수 $f(x)$의 극댓값은

$$f(-2)=-8+24+4=20$$

46 답 ⑤

$f(x)=ax^3+bx^2+cx$에서 $f'(x)=3ax^2+2bx+c$

ㄱ. $\lim\limits_{x\to\infty}f'(x)=\infty$이므로

  $3a>0 \quad \therefore a>0$ (거짓)

ㄴ. α, β는 이차방정식 $3ax^2+2bx+c=0$의 두 근이므로 근과 계수의 관계에 의해

  $$\alpha+\beta=-\frac{2b}{3a}>0 \ (\because \alpha+\beta>0)$$

  이때, ㄱ에서 $a>0$이므로 $b<0$ (참)

ㄷ. $y=f'(x)$의 그래프가 x축보다 아래쪽에서 y축과 만나므로 $f'(0)=c<0$ (참)

따라서 옳은 것은 ㄴ, ㄷ이다.

47 답 ③

ㄱ. 함수 $f(x)$가 $x=\alpha$, $x=\beta$에서 극값을 가지므로

  $f'(\alpha)=f'(\beta)=0$에서 $f'(\alpha)f'(\beta)=0$ (거짓)

ㄴ. 함수 $f(x)=ax^3+bx^2+cx+d$의 그래프에서

  $\lim\limits_{x\to\infty}f(x)=\infty$이므로 $a>0$

  $f'(x)=3ax^2+2bx+c$에서 방정식 $f'(x)=0$의 두 실근은 α, β이고, α, β는 서로 다른 두 양수이므로 근과 계수의 관계에 의하여

  $$\alpha+\beta=-\frac{2b}{3a}>0, \ \alpha\beta=\frac{c}{3a}>0$$

  이때, $a>0$이므로 $b<0$, $c>0$

  즉, $ab<0$, $c>0$이므로 $ab<c$이다. (거짓)

ㄷ. 함수 $y=f(x)$의 그래프가 x축보다 아래쪽에서 y축과 만나므로 $d<0$

  즉, $a>0$, $b<0$, $c>0$, $d<0$이므로 $abcd>0$ (참)

따라서 옳은 것은 ㄷ이다.

01 답 극댓값, 극솟값, $f(a)$, $f(b)$

02 답 x축

03 답 $\dfrac{dx}{dt} \cdot \dfrac{dv}{dt}$

04 답 ○

05 답 ×

함수 $f(x)$의 최솟값이 0 이상임을 보이면 된다.

06 답 ○

07 답 최댓값 : 7, 최솟값 : 3

$f(x)=x^3-3x+5$에서

$$f'(x)=3x^2-3=3(x+1)(x-1)$$

$f'(x)=0$에서

$3(x+1)(x-1)=0 \quad \therefore x=-1$ 또는 $x=1$

닫힌구간 $[0, 2]$에서 $f'(x)$의 부호를 조사하여 $f(x)$의 증가와 감소를 표로 나타내면 다음과 같다.

x	0	$\cdots$	1	$\cdots$	2
$f'(x)$	$-$	$-$	0	$+$	$+$
$f(x)$	5	↘	극소(3)	↗	7

따라서 함수 $f(x)$는 $x=2$에서 최댓값 7, $x=1$에서 최솟값 3을 갖는다.

08 답 최댓값 : 9, 최솟값 : 1

$f(x)=-2x^3+6x^2+1$에서

$$f'(x)=-6x^2+12x=-6x(x-2)$$

$f'(x)=0$에서

$-6x(x-2)=0 \quad \therefore x=0$ 또는 $x=2$

닫힌구간 $[-1, 1]$에서 $f'(x)$의 부호를 조사하여 $f(x)$의 증가와 감소를 표로 나타내면 다음과 같다.

x	-1	$\cdots$	0	$\cdots$	1
$f'(x)$	$-$	$-$	0	$+$	$+$
$f(x)$	9	↘	극소(1)	↗	5

따라서 함수 $f(x)$는 $x=-1$에서 최댓값 9, $x=0$에서 최솟값 1을 갖는다.

09 답 최댓값 : 7, 최솟값 : 3

$f(x)=x^3-6x^2+9x+3$에서

$$f'(x)=3x^2-12x+9=3(x^2-4x+3)$$
$$=3(x-1)(x-3)$$

$f'(x)=0$에서

$3(x-1)(x-3)=0$ $\therefore x=1$ 또는 $x=3$

닫힌구간 $[0,\ 4]$에서 $f'(x)$의 부호를 조사하여 $f(x)$의 증가와 감소를 표로 나타내면 다음과 같다.

x	0	$\cdots$	1	$\cdots$	3	$\cdots$	4
$f'(x)$	$+$	$+$	0	$-$	0	$+$	$+$
$f(x)$	3	$\nearrow$	극대 (7)	$\searrow$	극소 (3)	$\nearrow$	7

따라서 함수 $f(x)$는 $x=1$ 또는 $x=4$에서 최댓값 7을 갖고, $x=0$ 또는 $x=3$에서 최솟값 3을 갖는다.

10 답 최댓값 : 1, 최솟값 : -26

$f(x)=-3x^4+6x^2-2$에서

$$\begin{aligned} f'(x) &=-12x^3+12x \\ &=-12x(x^2-1) \\ &=-12x(x+1)(x-1) \end{aligned}$$

$f'(x)=0$에서

$-12x(x+1)(x-1)=0$

$\therefore x=-1$ 또는 $x=0$ 또는 $x=1$

닫힌구간 $[-1,\ 2]$에서 $f'(x)$의 부호를 조사하여 $f(x)$의 증가와 감소를 표로 나타내면 다음과 같다.

x	-1	$\cdots$	0	$\cdots$	1	$\cdots$	2
$f'(x)$	0	$-$	0	$+$	0	$-$	$-$
$f(x)$	1	$\searrow$	극소 (-2)	$\nearrow$	극대 (1)	$\searrow$	-26

따라서 함수 $f(x)$는 $x=-1$ 또는 $x=1$에서 최댓값 1, $x=2$에서 최솟값 -26을 갖는다.

11 답 1

$f(x)=x^3-3x+4$라 하면

$f'(x)=3x^2-3=3(x+1)(x-1)$

$f'(x)=0$에서

$3(x+1)(x-1)=0$

$\therefore x=-1$ 또는 $x=1$

$f'(x)$의 부호를 조사하여 $f(x)$의 증가와 감소를 표로 나타내고, 그 그래프의 개형을 그리면 다음과 같다.

x	$\cdots$	-1	$\cdots$	1	$\cdots$
$f'(x)$	$+$	0	$-$	0	$+$
$f(x)$	$\nearrow$	극대(6)	$\searrow$	극소(2)	$\nearrow$

따라서 함수 $y=f(x)$의 그래프가 x축과 한 점에서 만나므로 주어진 방정식의 서로 다른 실근의 개수는 1이다.

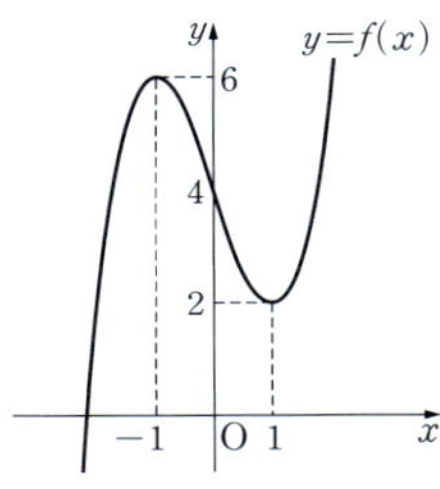

12 답 1

$f(x)=4x^3+6x^2-5$라 하면

$f'(x)=12x^2+12x=12x(x+1)$

$f'(x)=0$에서

$12x(x+1)=0$

$\therefore x=-1$ 또는 $x=0$

$f'(x)$의 부호를 조사하여 $f(x)$의 증가와 감소를 표로 나타내고, 그 그래프의 개형을 그리면 다음과 같다.

x	$\cdots$	-1	$\cdots$	0	$\cdots$
$f'(x)$	$+$	0	$-$	0	$+$
$f(x)$	$\nearrow$	극대 (-3)	$\searrow$	극소 (-5)	$\nearrow$

따라서 함수 $y=f(x)$의 그래프가 x축과 한 점에서 만나므로 주어진 방정식의 서로 다른 실근의 개수는 1이다.

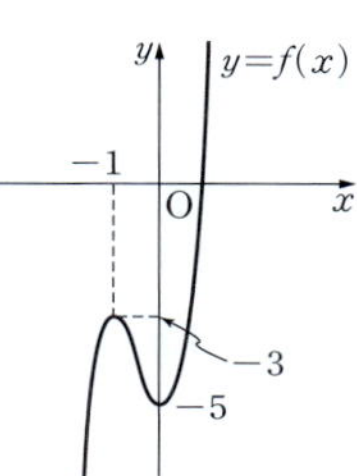

13 답 2

$f(x)=x^4-6x^2+9$라 하면

$$\begin{aligned} f'(x) &=4x^3-12x=4x(x^2-3) \\ &=4x(x+\sqrt{3})(x-\sqrt{3}) \end{aligned}$$

$f'(x)=0$에서

$4x(x+\sqrt{3})(x-\sqrt{3})=0$

$\therefore x=-\sqrt{3}$ 또는 $x=0$ 또는 $x=\sqrt{3}$

$f'(x)$의 부호를 조사하여 $f(x)$의 증가와 감소를 표로 나타내고, 그 그래프의 개형을 그리면 다음과 같다.

x	$\cdots$	$-\sqrt{3}$	$\cdots$	0	$\cdots$	$\sqrt{3}$	$\cdots$
$f'(x)$	$-$	0	$+$	0	$-$	0	$+$
$f(x)$	$\searrow$	극소 (0)	$\nearrow$	극대 (9)	$\searrow$	극소 (0)	$\nearrow$

따라서 함수 $y=f(x)$의 그래프가 x축과 두 점에서 만나므로 주어진 방정식의 서로 다른 실근의 개수는 2이다.

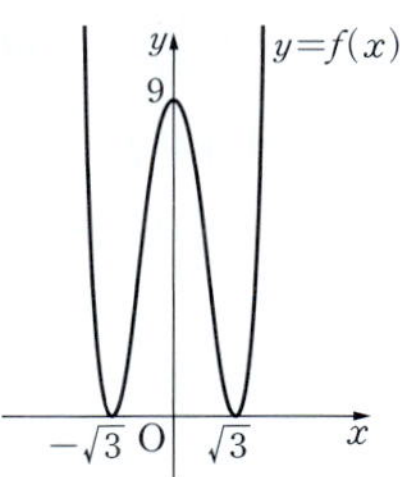

14 답 3

$f(x)=3x^4-4x^3-12x^2+5$라 하면

$$\begin{aligned} f'(x) &=12x^3-12x^2-24x=12x(x^2-x-2) \\ &=12x(x+1)(x-2) \end{aligned}$$

$f'(x)=0$에서

$12x(x+1)(x-2)=0$

$\therefore x=-1$ 또는 $x=0$ 또는 $x=2$

$f'(x)$의 부호를 조사하여 $f(x)$의 증가와 감소를 표로 나타내고, 그 그래프의 개형을 그리면 다음과 같다.

x	$\cdots$	-1	$\cdots$	0	$\cdots$	2	$\cdots$
$f'(x)$	$-$	0	$+$	0	$-$	0	$+$
$f(x)$	$\searrow$	극소 (0)	$\nearrow$	극대 (5)	$\searrow$	극소 (-27)	$\nearrow$

따라서 함수 $y=f(x)$의 그래프가 x축과 세 점에서 만나므로 주어진 방정식의 서로 다른 실근의 개수는 3이다.

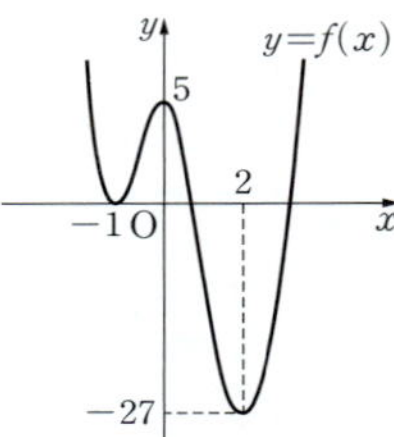

---

18 답 ②

$f(x)=x^2(x-3)=x^3-3x^2$에서

$f'(x)=3x^2-6x=3x(x-2)$

$f'(x)=0$에서

$3x(x-2)=0$ $\therefore x=0$ 또는 $x=2$

주어진 구간에서 함수 $f(x)$의 증가와 감소를 표로 나타내면 다음과 같다.

x	-1	$\cdots$	0	$\cdots$	1
$f'(x)$	$+$	$+$	0	$-$	$-$
$f(x)$	-4	$\nearrow$	극대(0)	$\searrow$	-2

따라서 함수 $f(x)$는 $x=0$일 때 최댓값 0을 갖는다.

19 답 ④

$f(x)=2x^3-9x^2+12x-1$에서

$f'(x)=6x^2-18x+12=6(x^2-3x+2)$

$\qquad\quad\, =6(x-1)(x-2)$

$f'(x)=0$에서

$6(x-1)(x-2)=0$ $\therefore x=1$ 또는 $x=2$

주어진 구간에서 함수 $f(x)$의 증가와 감소를 표로 나타내면 다음과 같다.

x	-1	$\cdots$	1	$\cdots$	2
$f'(x)$	$+$	$+$	0	$-$	0
$f(x)$	-24	$\nearrow$	극대(4)	$\searrow$	3

즉, $x=1$일 때 최댓값 $M=f(1)=4$,

$x=-1$일 때 최솟값 $m=f(-1)=-24$이므로

$M+m=4+(-24)=-20$

20 답 ④

$f(x)=x^3-12x+8$에서

$f'(x)=3x^2-12=3(x^2-4)$

$\qquad\quad\, =3(x+2)(x-2)$

$f'(x)=0$에서

$3(x+2)(x-2)=0$ $\therefore x=-2$ 또는 $x=2$

주어진 구간에서 함수 $f(x)$의 증가와 감소를 표로 나타내면 다음과 같다.

x	-3	$\cdots$	-2	$\cdots$	2	$\cdots$	3
$f'(x)$	$+$	$+$	0	$-$	0	$+$	$+$
$f(x)$	17	$\nearrow$	극대 (24)	$\searrow$	극소 (-8)	$\nearrow$	-1

즉, $x=-2$일 때 최댓값 $M=f(-2)=24$,

$x=2$일 때 최솟값 $m=f(2)=-8$이므로

$\dfrac{M}{m}=\dfrac{24}{-8}=-3$

---

15 답 (가) $x-1$ (나) 1 (다) 0

$f(x)=x^3+3-(-x^2+5x)=x^3+x^2-5x+3$

이라 하면

$f'(x)=3x^2+2x-5$

$\qquad\quad =(3x+5)\times(\,x-1\,)$이므로 (가)

$f'(x)=0$에서 $x=-\dfrac{5}{3}$ 또는 $x=1$ (나)

$x\geq0$일 때, $f'(x)$의 부호를 조사하여 함수 $f(x)$의 증가와 감소를 표로 나타내면 다음과 같다.

x	0	$\cdots$	1	$\cdots$
$f'(x)$	$-$	$-$	0	$+$
$f(x)$	3	$\searrow$	극소$(\,0\,)$	$\nearrow$

(다)

$x\geq0$일 때, 함수 $f(x)$는 $x=1$에서 극소이면서 최소이다.

이때, 최솟값이 $f(1)=0$이므로 $x\geq0$인 모든 x에서 $f(x)\geq0$이다.

따라서 $x\geq0$일 때, 부등식 $x^3+3\geq-x^2+5x$가 성립한다.

16 답 속도 : 0, 가속도 : -12

t초 후의 속도를 v, 가속도를 a라고 하면

$v=\dfrac{dx}{dt}=-6t^2+6$, $a=\dfrac{dv}{dt}=-12t$

따라서 $t=1$에서의 속도와 가속도는

$v=-6+6=0$, $a=-12$

17 답 속도 : -3, 가속도 : 2

t초 후의 속도를 v, 가속도를 a라고 하면

$v=\dfrac{dx}{dt}=t^2-4t$, $a=\dfrac{dv}{dt}=2t-4$

따라서 $t=3$에서의 속도와 가속도는

$v=9-12=-3$, $a=6-4=2$

21 답 ⑤

$f(x)=-3x^4+16x^3-18x^2+3$에서

$f'(x)=-12x^3+48x^2-36x=-12x(x^2-4x+3)$

$\qquad\quad=-12x(x-1)(x-3)$

$f'(x)=0$에서 $-12x(x-1)(x-3)=0$

$\therefore x=0$ 또는 $x=1$ 또는 $x=3$

주어진 구간에서 함수 $f(x)$의 증가와 감소를 표로 나타내
면 다음과 같다.

x	0	$\cdots$	1	$\cdots$	3	$\cdots$	4
$f'(x)$	0	$-$	0	$+$	0	$-$	$-$
$f(x)$	3	$\searrow$	극소 (-2)	$\nearrow$	극대 (30)	$\searrow$	-29

따라서 함수 $f(x)$는 $x=3$일 때 최댓값 30을 갖는다.

22 답 ②

$f(x)=\dfrac{1}{4}x^4+\dfrac{2}{3}x^3-\dfrac{1}{2}x^2-2x+1$에서

$f'(x)=x^3+2x^2-x-2$

$\qquad\quad=(x+2)(x+1)(x-1)$

$f'(x)=0$에서

$(x+2)(x+1)(x-1)=0$

$\therefore x=-2$ 또는 $x=-1$ 또는 $x=1$

주어진 구간에서 함수 $f(x)$의 증가와 감소를 표로 나타내
면 다음과 같다.

x	-2	$\cdots$	-1	$\cdots$	0
$f'(x)$	0	$+$	0	$-$	$-$
$f(x)$	$\dfrac{5}{3}$	$\nearrow$	극대 $\left(\dfrac{25}{12}\right)$	$\searrow$	1

즉, $x=-1$일 때 최댓값 $M=\dfrac{25}{12}$, $x=0$일 때 최솟값

$m=1$이므로 $Mm=\dfrac{25}{12}\times 1=\dfrac{25}{12}$

23 답 ①

$f(x)=-x^4+6x^2-8x-1$에서

$f'(x)=-4x^3+12x-8$

$\qquad\quad=-4(x-1)^2(x+2)$

$f'(x)=0$에서

$-4(x-1)^2(x+2)=0$ $\therefore x=-2$ 또는 $x=1$

주어진 구간에서 함수 $f(x)$의 증가와 감소를 표로 나타내
면 다음과 같다.

x	-3	$\cdots$	-2	$\cdots$	0
$f'(x)$	$+$	$+$	0	$-$	$-$
$f(x)$	-4	$\nearrow$	극대 (23)	$\searrow$	-1

즉, $x=-2$일 때 최댓값 $M=23$, $x=-3$일 때 최솟값

$m=-4$이므로 $M+m=23+(-4)=19$

24 답 ④

$f(x)=x^3+3x^2+ax+b$에서

$f'(x)=3x^2+6x+a$

함수 $f(x)$가 $x=0$에서 극솟값 2를 가지므로

$f(0)=2,\ f'(0)=0$

$f(0)=2$에서 $b=2$

$f'(0)=0$에서 $a=0$

즉, $f(x)=x^3+3x^2+2$이므로

$f'(x)=3x^2+6x=3x(x+2)$

$f'(x)=0$에서

$3x(x+2)=0$ $\therefore x=0$ 또는 $x=-2$

주어진 구간에서 함수 $f(x)$의 증가와 감소를 표로 나타내
면 다음과 같다.

x	-2	$\cdots$	0	$\cdots$	2
$f'(x)$	0	$-$	0	$+$	$+$
$f(x)$	6	$\searrow$	극소(2)	$\nearrow$	22

따라서 함수 $f(x)$는 $x=2$일 때 최댓값 22를 갖는다.

25 답 ②

$f(x)=x^3-3x^2-9x+a$에서

$f'(x)=3x^2-6x-9$

$\qquad\quad=3(x+1)(x-3)$

$f'(x)=0$에서

$3(x+1)(x-3)=0$ $\therefore x=-1$ 또는 $x=3$

주어진 구간에서 함수 $f(x)$의 증가와 감소를 표로 나타내
면 다음과 같다.

x	-2	$\cdots$	-1	$\cdots$	3	$\cdots$	5
$f'(x)$	$+$	$+$	0	$-$	0	$+$	$+$
$f(x)$	$a-2$	$\nearrow$	극대 $(a+5)$	$\searrow$	극소 $(a-27)$	$\nearrow$	$a+5$

이때, $a-27<a-2<a+5$이므로 함수 $f(x)$는

$x=-1$ 또는 $x=5$일 때, (최댓값)$=a+5$

$x=3$일 때, (최솟값)$=a-27$

을 갖고, 주어진 구간에서 함수 $f(x)$의 최댓값과 최솟값의

합이 6이므로

$(a+5)+(a-27)=6$

$2a-22=6$ $\therefore a=14$

26 답 ①

$f(x)=2x^3-6x^2+k$에서

$f'(x)=6x^2-12x=6x(x-2)$

$f'(x)=0$에서

$6x(x-2)=0$ $\therefore x=0$ 또는 $x=2$

주어진 구간에서 함수 $f(x)$의 증가와 감소를 표로 나타내
면 다음과 같다.

x	0	$\cdots$	2	$\cdots$	4
$f'(x)$	0	$-$	0	$+$	$+$
$f(x)$	k	$\searrow$	극소 $(-8+k)$	$\nearrow$	$32+k$

이때, $-8+k<k<32+k$이므로 함수 $f(x)$는

$x=2$일 때, 최솟값 $-8+k$,

$x=4$일 때, 최댓값 $32+k$

를 갖고, 주어진 구간에서 함수 $f(x)$의 최솟값이 2이므로

$-8+k=2$ $\therefore k=10$

따라서 함수 $f(x)$의 최댓값은

$32+k=32+10=42$

27 답 ③

$f(x)=x^3+ax^2+b$에서 $f'(x)=3x^2+2ax$

$f'(1)=15$라 하므로

$3+2a=15$ $\therefore a=6$

즉, $f(x)=x^3+6x^2+b$이고

$f'(x)=3x^2+12x=3x(x+4)$이므로

$f'(x)=0$에서

$3x(x+4)=0$ $\therefore x=-4$ 또는 $x=0$

주어진 구간에서 함수 $f(x)$의 증가와 감소를 표로 나타내면 다음과 같다.

x	-4	$\cdots$	0	$\cdots$	2
$f'(x)$	0	$-$	0	$+$	$+$
$f(x)$	$b+32$	$\searrow$	극소 (b)	$\nearrow$	$b+32$

이때, $b<b+32$이므로 함수 $f(x)$는 $x=0$일 때 최솟값 b를 갖는다.

따라서 $b=4$이므로 $ab=6\times4=24$

28 답 ②

$f(x)=-ax^4+4ax^3-4ax^2+b\ (a>0)$에서

$f'(x)=-4ax^3+12ax^2-8ax=-4ax(x^2-3x+2)$

$\qquad\quad=-4ax(x-1)(x-2)$

$f'(x)=0$에서

$-4ax(x-1)(x-2)=0$

$\therefore x=0$ 또는 $x=1$ 또는 $x=2$

주어진 구간에서 함수 $f(x)$의 증가와 감소를 표로 나타내면 다음과 같다.

x	-1	$\cdots$	0	$\cdots$	1	$\cdots$	2	$\cdots$	4
$f'(x)$	$+$	$+$	0	$-$	0	$+$	0	$-$	$-$
$f(x)$	$-9a+b$	$\nearrow$	극대 (b)	$\searrow$	극소 $(-a+b)$	$\nearrow$	극대 (b)	$\searrow$	$-64a+b$

이때, $a>0$이므로

$-64a+b<-9a+b<-a+b<b$

따라서 함수 $f(x)$의 최댓값과 최솟값은

$x=0$ 또는 $x=2$일 때, (최댓값)$=b$

$x=4$일 때, (최솟값)$=-64a+b$

를 갖고, 주어진 구간에서 함수 $f(x)$의 최댓값과 최솟값은 각각 30, -34이므로

$b=30$, $-64a+b=-34$

이를 연립하여 풀면 $a=1$, $b=30$이므로

$a+b=1+30=31$

29 답 ①

$x^2-4x=t$로 놓으면

$x^2-4x=(x-2)^2-4$이므로

$0\le x\le4$에서 t의 값의 범위는

$-4\le t\le0$

$g(t)=t^3+3t^2+1$이라 하면

$g'(t)=3t^2+6t=3t(t+2)$

$g'(t)=0$에서

$3t(t+2)=0$ $\therefore t=-2$ 또는 $t=0$

$-4\le t\le0$에서 함수 $g(t)$의 증가와 감소를 표로 나타내면 다음과 같다.

t	-4	$\cdots$	-2	$\cdots$	0
$g'(t)$	$+$	$+$	0	$-$	0
$g(t)$	-15	$\nearrow$	극대(5)	$\searrow$	1

따라서 함수 $g(t)$의 최댓값과 최솟값은

$t=-2$일 때, (최댓값)$=5$

$t=-4$일 때, (최솟값)$=-15$

$\therefore$ (최댓값)$+$(최솟값)$=5+(-15)=-10$

30 답 ③

$x^2-2x-1=t$로 놓으면

$x^2-2x-1=(x-1)^2-2$이므로

$0\le x\le3$에서 t의 값의 범위는

$-2\le t\le2$

$g(t)=t^3-3t$라 하면

$g'(t)=3t^2-3=3(t+1)(t-1)$

$g'(t)=0$에서

$3(t+1)(t-1)=0$ $\therefore t=-1$ 또는 $t=1$

$-2\le t\le2$에서 함수 $g(t)$의 증가와 감소를 표로 나타내면 다음과 같다.

t	-2	$\cdots$	-1	$\cdots$	1	$\cdots$	2
$g'(t)$	$+$	$+$	0	$-$	0	$+$	$+$
$g(t)$	-2	$\nearrow$	극대 (2)	$\searrow$	극소 (-2)	$\nearrow$	2

따라서 함수 $g(t)$는 $t=-1$ 또는 $t=2$일 때 최댓값을 갖는다.

(i) $t=-1$일 때,

$x^2-2x-1=-1$을 만족시키는 x는

$x^2-2x=0$, $x(x-2)=0$

$\therefore x=0$ 또는 $x=2$

(ii) $t=2$일 때,

$x^2-2x-1=2$를 만족시키는 x는

$x^2-2x-3=0$, $(x+1)(x-3)=0$

$\therefore x=-1$ 또는 $x=3$

따라서 (i), (ii)에 의해 구간 $[0,3]$에서 정의된 함수 $f(x)$가 최댓값을 가질 때의 실수 x의 개수는 $0, 2, 3$의 3이다.

31 답 ①

$g(x)=-x^2+1=t$로 놓으면

t의 값의 범위는 $t\le1$

$(f\circ g)(x)$에 $g(x)=t$를 대입하면

$(f\circ g)(x)=f(g(x))=f(t)$
$\qquad\qquad\quad=t^3-3t^2-2$

$f(t)=t^3-3t^2-2$에서

$f'(t)=3t^2-6t=3t(t-2)$

$f'(t)=0$에서

$3t(t-2)=0$ $\therefore t=0$ 또는 $t=2$

$t\le1$에서 함수 $f(t)$의 증가와 감소를 표로 나타내면 다음과 같다.

t	$\cdots$	0	$\cdots$	1
$f'(t)$	$+$	0	$-$	$-$
$f(t)$	$\nearrow$	극대(-2)	$\searrow$	-4

따라서 함수 $f(t)$는 $t=0$일 때 최댓값을 가지므로 합성함수 $(f\circ g)(x)$의 최댓값은 -2이다.

32 답 ③

$g(x)=x^2-2x=(x-1)^2-1$

$g(x)=x^2-2x=t$로 놓으면

t의 값의 범위는 $t\ge-1$

$(f\circ g)(x)$에 $g(x)=t$를 대입하면

$(f\circ g)(x)=f(g(x))=f(t)=t^3-8$

$f(t)=t^3-8$에서 $f'(t)=3t^2$

$f'(t)=0$에서 $t=0$

$t\ge-1$에서 함수 $f(t)$의 증가와 감소를 표로 나타내면 다음과 같다.

t	-1	$\cdots$	0	$\cdots$
$f'(t)$	$+$	$+$	0	$+$
$f(t)$	-9	$\nearrow$	-8	$\nearrow$

즉, 함수 $f(t)$는 $t=-1$일 때 최솟값 -9를 갖는다.

이때, $x^2-2x=-1$에서 $x=1$이므로 함수 $(f\circ g)(x)$는 $x=1$일 때 최솟값 -9를 갖는다.

따라서 $a=1$, $m=-9$이므로

$a+m=1+(-9)=-8$

33 답 ②

$x+3y=6$에서 $y=2-\dfrac{1}{3}x$

$x\ge0$, $y\ge0$이므로

$x\ge0$, $2-\dfrac{1}{3}x\ge0$

$\therefore 0\le x\le6$

$y=2-\dfrac{1}{3}x$를 x^2y에 대입하면

$x^2y=x^2\left(2-\dfrac{1}{3}x\right)=-\dfrac{1}{3}x^3+2x^2$

$f(x)=-\dfrac{1}{3}x^3+2x^2$이라 하면

$f'(x)=-x^2+4x=-x(x-4)$

$f'(x)=0$에서

$-x(x-4)=0$ $\therefore x=0$ 또는 $x=4$

$0\le x\le6$에서 함수 $f(x)$의 증가와 감소를 표로 나타내면 다음과 같다.

x	0	$\cdots$	4	$\cdots$	6
$f'(x)$	0	$+$	0	$-$	$-$
$f(x)$	0	$\nearrow$	극대 $\left(\dfrac{32}{3}\right)$	$\searrow$	0

따라서 함수 $f(x)$는 $x=4$에서 최댓값 $\dfrac{32}{3}$,

$x=0$ 또는 $x=6$에서 최솟값 0을 가지므로

$(최댓값)+(최솟값)=\dfrac{32}{3}+0=\dfrac{32}{3}$

[다른 풀이]

$x+3y=6$에서 $x=6-3y$

$x\ge0$, $y\ge0$이므로

$6-3y\ge0$, $y\ge0$ $\therefore 0\le y\le2$

$x=6-3y$를 x^2y에 대입하면

$x^2y=(6-3y)^2y=9y^3-36y^2+36y$

$g(y)=9y^3-36y^2+36y$라 하면

$g'(y)=27y^2-72y+36=9(3y-2)(y-2)$

$g'(y)=0$에서

$9(3y-2)(y-2)=0$ $\therefore y=\dfrac{2}{3}$ 또는 $y=2$

따라서 $g(0)=0$, $g\left(\dfrac{2}{3}\right)=\dfrac{32}{3}$, $g(2)=0$

이므로 함수 $g(y)$의 최댓값은 $\dfrac{32}{3}$, 최솟값은 0이다.

$\therefore (최댓값)+(최솟값)=\dfrac{32}{3}$

34 답 ③

$y=4-x^2$에서 $y\geq0$이므로 $4-x^2\geq0$

$(x-2)(x+2)\leq0$ ∴ $-2\leq x\leq2$

$y=4-x^2$을 xy에 대입하면 $x(4-x^2)=-x^3+4x$

$f(x)=-x^3+4x$라 하면

$f'(x)=-3x^2+4=-3\left(x+\dfrac{2\sqrt3}{3}\right)\left(x-\dfrac{2\sqrt3}{3}\right)$

$f'(x)=0$에서 $-3\left(x+\dfrac{2\sqrt3}{3}\right)\left(x-\dfrac{2\sqrt3}{3}\right)=0$

∴ $x=-\dfrac{2\sqrt3}{3}$ 또는 $x=\dfrac{2\sqrt3}{3}$

$-2\leq x\leq2$에서 함수 $f(x)$의 증가와 감소를 표로 나타내면 다음과 같다.

x	-2	$\cdots$	$-\dfrac{2\sqrt3}{3}$	$\cdots$	$\dfrac{2\sqrt3}{3}$	$\cdots$	2
$f'(x)$	$-$	$-$	0	$+$	0	$-$	$-$
$f(x)$	0	$\searrow$	극소 $\left(-\dfrac{16\sqrt3}{9}\right)$	$\nearrow$	극대 $\left(\dfrac{16\sqrt3}{9}\right)$	$\searrow$	0

따라서 함수 $f(x)$는 $x=-\dfrac{2\sqrt3}{3}$에서 최솟값 $-\dfrac{16\sqrt3}{9}$,

$x=\dfrac{2\sqrt3}{3}$에서 최댓값 $\dfrac{16\sqrt3}{9}$을 가지므로

$a=\dfrac{2\sqrt3}{3}$, $b=-\dfrac{2\sqrt3}{3}$ ∴ $a+b=0$

35 답 ①

$x^2+4y^2=4$에서 $y^2=\dfrac{4-x^2}{4}$

실수 y에 대하여 $y^2\geq0$이므로 $\dfrac{4-x^2}{4}\geq0$

$4-x^2\geq0$, $(x+2)(x-2)\leq0$

∴ $-2\leq x\leq2$

$y^2=\dfrac{4-x^2}{4}$을 $2x^2+4xy^2$에 대입하면

$2x^2+4xy^2=2x^2+4x\times\left(\dfrac{4-x^2}{4}\right)$

$\qquad\qquad\quad=-x^3+2x^2+4x$

$f(x)=-x^3+2x^2+4x$라 하면

$f'(x)=-3x^2+4x+4=-(3x+2)(x-2)$

$f'(x)=0$에서

$-(3x+2)(x-2)=0$ ∴ $x=-\dfrac{2}{3}$ 또는 $x=2$

$-2\leq x\leq2$에서 함수 $f(x)$의 증가와 감소를 표로 나타내면 다음과 같다.

x	-2	$\cdots$	$-\dfrac{2}{3}$	$\cdots$	2
$f'(x)$	$-$	$-$	0	$+$	0
$f(x)$	8	$\searrow$	극소 $\left(-\dfrac{40}{27}\right)$	$\nearrow$	8

따라서 함수 $f(x)$는 $x=-\dfrac{2}{3}$에서 최솟값 $-\dfrac{40}{27}$,

$x=-2$ 또는 $x=2$에서 최댓값 8을 갖는다.

∴ (최솟값)$\times$(최댓값)$=-\dfrac{320}{27}$

36 답 ③

곡선 $y=x^2$ 위의 점 P의 x좌표를 t라 하면 $\mathrm P(t,\ t^2)$

$\overline{\mathrm{AP}}^2=(t-3)^2+(t^2-0)^2=t^4+t^2-6t+9$

이때, $\overline{\mathrm{AP}}^2$의 값이 최소일 때 $\overline{\mathrm{AP}}$의 값도 최소이다.

$f(t)=t^4+t^2-6t+9$라 하면

$f'(t)=4t^3+2t-6$

$\qquad=2(2t^3+t-3)$

$\qquad=2(t-1)(2t^2+2t+3)$

$$\begin{array}{r|rrrr} 1 & 2 & 0 & 1 & -3 \\ & & 2 & 2 & 3 \\ \hline & 2 & 2 & 3 & 0 \end{array}$$

$f'(t)=0$에서

$2(t-1)(2t^2+2t+3)=0$ ∴ $t=1$

함수 $f(t)$의 증가와 감소를 표로 나타내면 다음과 같다.

t	$\cdots$	1	$\cdots$
$f'(t)$	$-$	0	$+$
$f(t)$	$\searrow$	극소(5)	$\nearrow$

따라서 함수 $f(t)$는 $t=1$일 때 극소이면서 최소이므로 선분 AP의 길이의 최솟값은 $\sqrt5$이다.

37 답 ②

그림과 같이 직사각형 ABCD의 한 꼭짓점 D의 x좌표를 $a(0<a<4)$라 하면

$\mathrm A(-a,\ 16-a^2)$, $\mathrm B(-a,\ 0)$

$\mathrm C(a,\ 0)$, $\mathrm D(a,\ 16-a^2)$

이때, 직사각형 ABCD의 넓이를 $S(a)$라고 하면

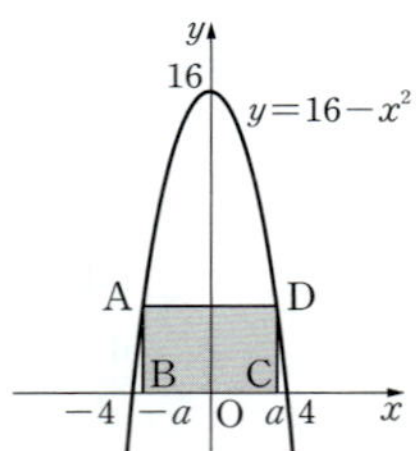

$S(a)=2a(16-a^2)=-2a^3+32a$에서

$S'(a)=-6a^2+32=-6\left(a^2-\dfrac{16}{3}\right)$

$S'(a)=0$에서

$-6\left(a^2-\dfrac{16}{3}\right)=0$

$-6\left(a+\dfrac{4\sqrt3}{3}\right)\left(a-\dfrac{4\sqrt3}{3}\right)=0$

∴ $a=-\dfrac{4\sqrt3}{3}$ 또는 $a=\dfrac{4\sqrt3}{3}$

$0<a<4$에서 함수 $S(a)$의 증가와 감소를 표로 나타내면 다음과 같다.

a	(0)	$\cdots$	$\dfrac{4\sqrt{3}}{3}$	$\cdots$	(4)
$S'(a)$		$+$	0	$-$	
$S(a)$		↗	극대	↘	

함수 $S(a)$는 $a=\dfrac{4\sqrt{3}}{3}$일 때 극대이면서 최대이므로

직사각형의 넓이의 최댓값은

$$S\!\left(\frac{4\sqrt{3}}{3}\right)=-2\times\left(\frac{4\sqrt{3}}{3}\right)^{3}+32\times\frac{4\sqrt{3}}{3}=\frac{256\sqrt{3}}{9}$$

따라서 $p=9$, $q=256$이므로

$$p+q=9+256=265$$

38 답 ③

$9-x^2=0$에서

$(3+x)(3-x)=0$

$\therefore x=3$ 또는 $x=-3$

즉, $\mathrm{A}(-3,\,0)$, $\mathrm{B}(3,\,0)$이고,

점 C의 x좌표를

$a\,(0<a<3)$라 하면

$\mathrm{C}(a,\,9-a^2)$, $\mathrm{D}(-a,\,9-a^2)$

$\overline{\mathrm{AB}}=6$이고, $\overline{\mathrm{CD}}=2a$이므로 사다리꼴 ABCD의 넓이를

$S(a)$라 하면

$$S(a)=\frac{1}{2}(6+2a)(9-a^2)=-a^3-3a^2+9a+27$$

$$S'(a)=-3a^2-6a+9=-3(a+3)(a-1)$$

$S'(a)=0$에서

$-3(a+3)(a-1)=0 \quad \therefore a=-3$ 또는 $a=1$

$0<a<3$에서 함수 $S(a)$의 증가와 감소를 표로 나타내면

다음과 같다.

a	(0)	$\cdots$	1	$\cdots$	(3)
$S'(a)$		$+$	0	$-$	
$S(a)$		↗	극대(32)	↘	

따라서 함수 $S(a)$는 $a=1$일 때 극대이면서 최대이므로

사다리꼴 ABCD의 넓이의 최댓값은

$$S(1)=-1-3+9+27=32$$

39 답 ⑤

그림과 같이 원기둥의 밑면의 반지름

의 길이를 x, 높이를 y라 하면

$3:6=x:(6-y)$

$\therefore y=6-2x\ (0<x<3)$

원기둥의 부피를 $V(x)$라 하면

$$V(x)=\pi x^2 y=\pi x^2(6-2x)=2\pi(3x^2-x^3)$$

$$V'(x)=2\pi(6x-3x^2)=-6\pi x(x-2)$$

$V'(x)=0$에서

$-6\pi x(x-2)=0 \quad \therefore x=0$ 또는 $x=2$

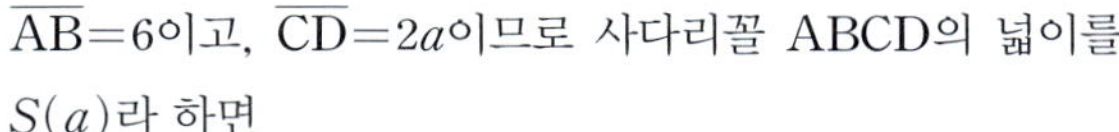

$0<x<3$에서 함수 $V(x)$의 증가와 감소를 표로 나타내면

다음과 같다.

x	(0)	$\cdots$	2	$\cdots$	(3)
$V'(x)$		$+$	0	$-$	
$V(x)$		↗	극대(8π)	↘	

따라서 함수 $V(x)$는 $x=2$일 때 극대이면서 최대이므로

원기둥의 부피의 최댓값은

$$V(2)=2\pi\times(12-8)=8\pi$$

40 답 ④

그림에서 $2y+x=12$, $2y+2z=12$이므로

$x=12-2y$, $z=6-y \cdots$ ㉠

$x>0$, $y>0$, $z>0$이므로

$x=12-2y>0$, $y>0$, $z=6-y>0$

$\therefore 0<y<6$

직육면체의 부피를 $V(y)$라 하면

$$V(y)=xyz=(12-2y)\times y\times(6-y)\ (\because \text{㉠})$$
$$=2y^3-24y^2+72y$$

$$V'(y)=6y^2-48y+72=6(y-2)(y-6)$$

$V'(y)=0$에서

$6(y-2)(y-6)=0 \quad \therefore y=2$ 또는 $y=6$

$0<y<6$에서 함수 $V(y)$의 증가와 감소를 표로 나타내면

다음과 같다.

y	(0)	$\cdots$	2	$\cdots$	(6)
$V'(y)$		$+$	0	$-$	
$V(y)$		↗	극대(64)	↘	

따라서 함수 $V(y)$는 $y=2$일 때 극대이면서 최대이므로

이 상자의 부피의 최댓값은

$$V(2)=16-96+144=64$$

41 답 ④

그림과 같이 잘라 낼 사각형에서 긴 변의 길이를 x라 하면 삼각기둥의 밑면인 정삼각형의 한 변의 길이는 $24-2x$이다.

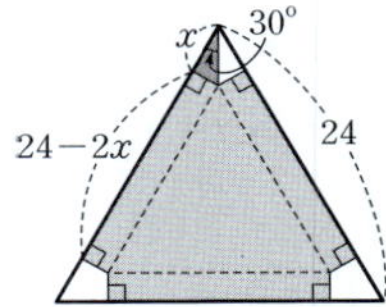

즉, $x>0$, $24-2x>0$이므로 $0<x<12$

삼각기둥의 높이를 h라 하면

$$h=x\tan 30°=\frac{x}{\sqrt{3}}$$

삼각기둥의 부피를 $V(x)$라 하면

$$V(x)=\frac{\sqrt{3}}{4}(24-2x)^2 h$$
$$=\sqrt{3}(12-x)^2\times\frac{x}{\sqrt{3}}$$
$$=x(x-12)^2$$

$$V'(x)=(x-12)^2+x\times2(x-12)$$
$$=3(x-4)(x-12)$$

$V'(x)=0$에서

$3(x-4)(x-12)=0$　∴ $x=4$ 또는 $x=12$

$0<x<12$에서 함수 $V(x)$의 증가와 감소를 표로 나타내면 다음과 같다.

x	(0)	$\cdots$	4	$\cdots$	(12)
$V'(x)$		$+$	0	$-$	
$V(x)$		↗	극대(256)	↘	

따라서 함수 $V(x)$는 $x=4$일 때 극대이면서 최대이므로 이 상자의 부피의 최댓값은

$$V(4)=4\times8^2=256$$

42　답 ③

$x^3-2x=x+a$에서 $x^3-3x-a=0$

$f(x)=x^3-3x-a$로 놓으면

$f'(x)=3x^2-3=3(x+1)(x-1)$

$f'(x)=0$에서

$3(x+1)(x-1)=0$　∴ $x=-1$ 또는 $x=1$

함수 $f(x)$는 $x=-1$ 또는 $x=1$에서 극댓값 또는 극솟값을 가지므로 극댓값 또는 극솟값은

$$f(-1)=-1+3-a=2-a$$
$$f(1)=1-3-a=-2-a$$

방정식 $f(x)=0$이 서로 다른 두 실근을 갖기 위한 조건은 (극댓값)$\times$(극솟값)$=0$이므로

$(2-a)(-2-a)=0$

∴ $a=-2$ 또는 $a=2$

따라서 조건을 만족시키는 모든 정수 a의 값의 합은 0이다.

다른 풀이

$x^3-2x=x+a$에서 $x^3-3x=a$

이때, 방정식 $x^3-3x=a$가 서로 다른 두 실근을 가져야 하므로 함수 $y=x^3-3x$의 그래프와 직선 $y=a$의 교점이 2개이어야 한다.

$g(x)=x^3-3x$로 놓으면

$g'(x)=3x^2-3=3(x+1)(x-1)$

$g'(x)=0$에서

$3(x+1)(x-1)=0$　∴ $x=-1$ 또는 $x=1$

함수 $g(x)$의 증가와 감소를 표로 나타내면 다음과 같다.

x	$\cdots$	-1	$\cdots$	1	$\cdots$
$g'(x)$	$+$	0	$-$	0	$+$
$g(x)$	↗	극대(2)	↘	극소(-2)	↗

함수 $y=g(x)$의 그래프를 그린 후, $y=g(x)$의 그래프와의 교점이 2개가 되도록 직선 $y=a$를 그으면 다음 그림과 같다.

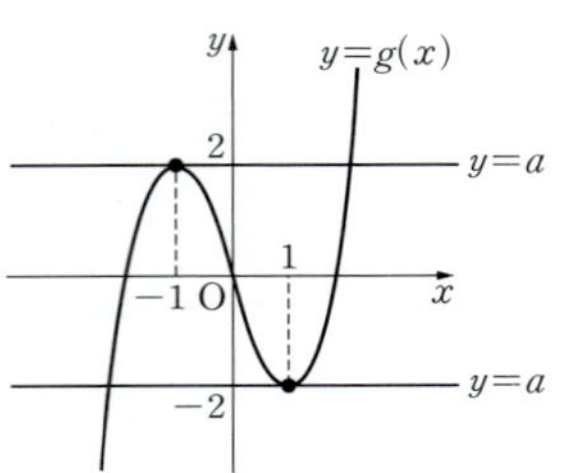

따라서 조건을 만족시키는 정수 a의 값은 $a=-2$ 또는 $a=2$이므로 그 합은 0이다.

43　답 ④

$x^3-12x=a$에서

$x^3-12x-a=0$

$f(x)=x^3-12x-a$로 놓으면

$f'(x)=3x^2-12=3(x+2)(x-2)$

$f'(x)=0$에서

$3(x+2)(x-2)=0$　∴ $x=-2$ 또는 $x=2$

함수 $f(x)$의 증가와 감소를 표로 나타내면 다음과 같다.

x	$\cdots$	-2	$\cdots$	2	$\cdots$
$f'(x)$	$+$	0	$-$	0	$+$
$f(x)$	↗	극대$(16-a)$	↘	극소$(-16-a)$	↗

즉, 함수 $f(x)$의 극댓값은 $f(-2)=16-a$, 극솟값은 $f(2)=-16-a$이고, 삼차방정식이 서로 다른 세 실근을 가지려면 (극댓값)$\times$(극솟값)<0이어야 하므로

$(16-a)(-16-a)<0$　∴ $-16<a<16$

따라서 정수 a는 -15, -14, $\cdots$, 0, 1, 2, $\cdots$, 14, 15로 31개이다.

44　답 ②

$2x^3-a+2=6x^2+18x$에서

$2x^3-6x^2-18x-a+2=0$

$f(x)=2x^3-6x^2-18x-a+2$로 놓으면

$f'(x)=6x^2-12x-18=6(x^2-2x-3)$
$$=6(x+1)(x-3)$$

$f'(x)=0$에서

$6(x+1)(x-3)=0$　∴ $x=-1$ 또는 $x=3$

즉, 함수 $f(x)$는 $x=-1$ 또는 $x=3$에서 극댓값 또는 극솟값을 갖고 삼차방정식 $f(x)=0$이 오직 한 개의 실근, 즉 한 실근과 두 허근을 가지려면 (극댓값)$\times$(극솟값)>0이어야 한다.

$$f(-1)=-2-6+18-a+2=12-a$$
$$f(3)=54-54-54-a+2=-52-a$$

이므로

$(12-a)(-52-a)>0$　∴ $a<-52$ 또는 $a>12$

따라서 자연수 a의 최솟값은 13이다.

45 답 ④

$y=f'(x)$의 그래프가 x축과 만나는 점의 x좌표가 α, β, γ
이고 $\alpha<\beta<\gamma$이므로 함수 $f(x)$의 증가와 감소를 표로 나
타내면 다음과 같다.

x	$\cdots$	α	$\cdots$	β	$\cdots$	γ	$\cdots$
$f'(x)$	$-$	0	$+$	0	$-$	0	$+$
$f(x)$	$\searrow$	극소	$\nearrow$	극대	$\searrow$	극소	$\nearrow$

따라서 $f(\alpha)$, $f(\beta)$, $f(\gamma)$의 값은 각각 극솟값, 극댓값, 극
솟값이다.

조건 (가)에서 $f(\alpha)<0$, $f(\beta)>0$, $f(\gamma)<0$을 만족시키는
경우 함수 $y=f(x)$의 그래프의 개형은 [그림 1]과 같으므
로 사차방정식 $f(x)=0$은 서로 다른 네 실근을 갖는다.

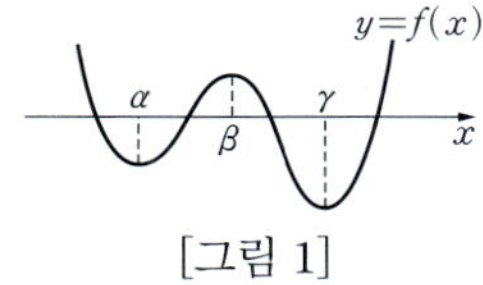

[그림 1]

조건 (나)에서 $f(\alpha)f(\gamma)<0$을 만족시키는 경우 함수
$y=f(x)$의 그래프의 개형은 [그림 2]와 같으므로 사차방정
식 $f(x)=0$은 서로 다른 두 실근을 갖는다.

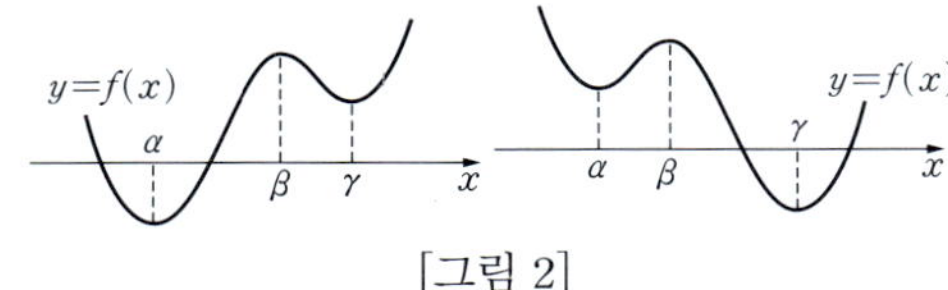

[그림 2]

조건 (다)에서 $f(\beta)=0$을 만족시키는 경우 함수 $y=f(x)$
의 그래프의 개형은 [그림 3]과 같으므로 사차방정식
$f(x)=0$은 서로 다른 세 실근을 갖는다.

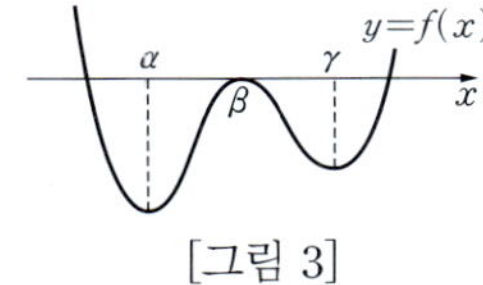

[그림 3]

따라서 서로 다른 실근의 개수가 작은 것부터 차례로 나열
하면 (나), (다), (가)이다.

46 답 21

$3x^4-8x^3-6x^2+24x-k=0$에서
$3x^4-8x^3-6x^2+24x=k$
$g(x)=3x^4-8x^3-6x^2+24x$로 놓으면
$g'(x)=12x^3-24x^2-12x+24$
$\qquad=12(x^3-2x^2-x+2)$
$\qquad=12(x+1)(x-1)(x-2)$
$g'(x)=0$에서
$12(x+1)(x-1)(x-2)=0$
$\therefore x=-1$ 또는 $x=1$ 또는 $x=2$
함수 $g(x)$의 증가와 감소를 표로 나타내면 다음과 같다.

x	$\cdots$	-1	$\cdots$	1	$\cdots$	2	$\cdots$
$g'(x)$	$-$	0	$+$	0	$-$	0	$+$
$g(x)$	$\searrow$	극소 (-19)	$\nearrow$	극대 (13)	$\searrow$	극소 (8)	$\nearrow$

$f(k)=3$일 때, 즉 주어진 방정식
이 서로 다른 세 실근을 가지려면
그림과 같이 함수 $y=g(x)$의 그
래프와 직선 $y=k$가 한 점에서 접
하고 서로 다른 두 점에서 만나야
하므로 $k=8$ 또는 $k=13$이다.

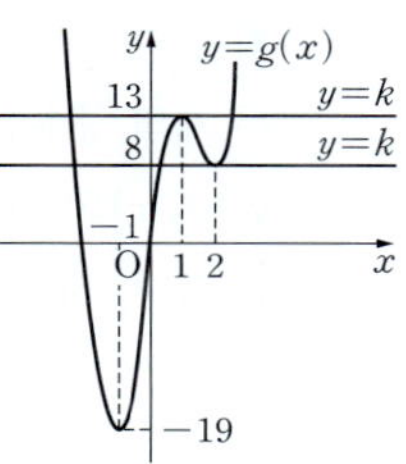

따라서 조건을 만족시키는 모든 실수 k의 값의 합은
$8+13=21$이다.

47 답 ④

$2x^4+4x^3-k=-x^4+12x^2$에서 $3x^4+4x^3-12x^2=k$
이때, 방정식 $3x^4+4x^3-12x^2=k$가 서로 다른 네 실근을
가지려면 함수 $y=3x^4+4x^3-12x^2$의 그래프와 직선 $y=k$
의 교점이 4개이어야 한다.
$f(x)=3x^4+4x^3-12x^2$으로 놓으면
$f'(x)=12x^3+12x^2-24x=12x(x^2+x-2)$
$\qquad=12x(x+2)(x-1)$
$f'(x)=0$에서 $12x(x+2)(x-1)=0$
$\therefore x=-2$ 또는 $x=0$ 또는 $x=1$
함수 $f(x)$의 증가와 감소를 표로 나타내면 다음과 같다.

x	$\cdots$	-2	$\cdots$	0	$\cdots$	1	$\cdots$
$f'(x)$	$-$	0	$+$	0	$-$	0	$+$
$f(x)$	$\searrow$	극소 (-32)	$\nearrow$	극대 (0)	$\searrow$	극소 (-5)	$\nearrow$

함수 $y=f(x)$의 그래프를 그린 후
교점이 4개가 되도록 직선 $y=k$를
그으면 그림과 같다.

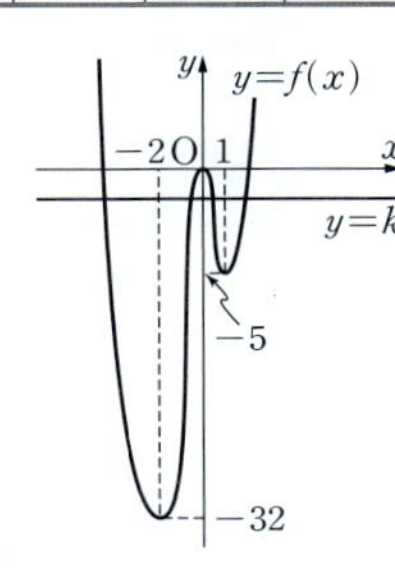

따라서 방정식
$2x^4+4x^3-k=-x^4+12x^2$이 서로
다른 네 실근을 갖도록 하는 실수 k
의 값의 범위는 $-5<k<0$이므로
정수 k는 -4, -3, -2, -1의 4개이다.

48 답 ③

$f(x)=x^3-3x^2+3$으로 놓으면
$f'(x)=3x^2-6x=3x(x-2)$
$f'(x)=0$에서
$3x(x-2)=0$ $\quad \therefore x=0$ 또는 $x=2$
함수 $f(x)$의 증가와 감소를 표로 나타내면 다음과 같다.

x	$\cdots$	0	$\cdots$	2	$\cdots$
$f'(x)$	$+$	0	$-$	0	$+$
$f(x)$	↗	극대 (3)	↘	극소 (-1)	↗

방정식 $x^3-3x^2+3=a$가 한 개의 음수인 근과 서로 다른 두 개의 양수인 근을 갖도록 하려면 그림과 같이 함수 $y=f(x)$의 그래프와 직선 $y=a$의 교점의 x좌표가 한 개는 음수, 서로 다른 두 개는 양수가 되도록 하면 된다.

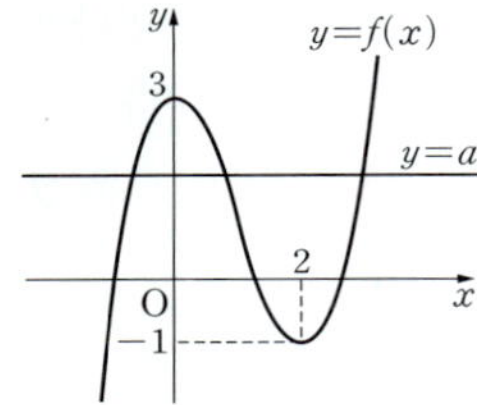

즉, 조건을 만족시키는 a의 값의 범위는 $-1<a<3$이다.
따라서 정수 a는 0, 1, 2이므로 그 합은 $0+1+2=3$이다.

49 답 ③

$x^4-4x^3-2x^2+12x+a=0$에서
$x^4-4x^3-2x^2+12x=-a$
$f(x)=x^4-4x^3-2x^2+12x$로 놓으면
$f'(x)=4x^3-12x^2-4x+12$
$\quad\;\;=4(x^3-3x^2-x+3)$
$\quad\;\;=4(x+1)(x-1)(x-3)$
$f'(x)=0$에서
$4(x+1)(x-1)(x-3)=0$
$\therefore x=-1$ 또는 $x=1$ 또는 $x=3$
함수 $f(x)$의 증가와 감소를 표로 나타내면 다음과 같다.

x	$\cdots$	-1	$\cdots$	1	$\cdots$	3	$\cdots$
$f'(x)$	$-$	0	$+$	0	$-$	0	$+$
$f(x)$	↘	극소 (-9)	↗	극대 (7)	↘	극소 (-9)	↗

방정식 $x^4-4x^3-2x^2+12x+a=0$이 한 개의 음수인 근과 서로 다른 세 개의 양수인 근을 갖도록 하려면 그림과 같이 함수 $y=f(x)$의 그래프와 직선 $y=-a$의 교점의 x좌표가 한 개는 음수, 서로 다른 세 개는 양수가 되도록 하면 된다.

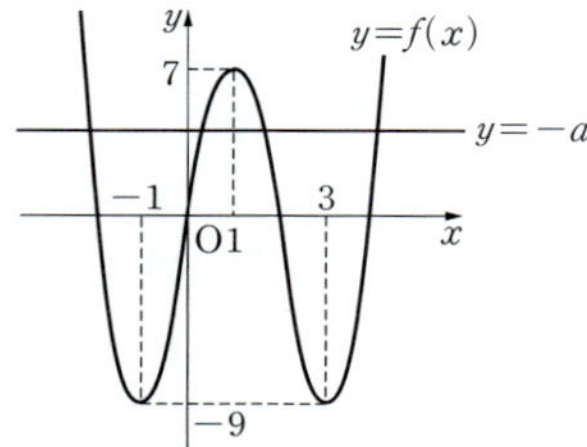

따라서 조건을 만족시키는 a의 값의 범위는 $0<-a<7$에서 $-7<a<0$이므로 정수 a는 -1, -2, $\cdots$, -6의 6개이다.

50 답 ④

$x^3-k=12x(x-3)$에서 $x^3-k=12x^2-36x$
$\therefore x^3-12x^2+36x=k$
$f(x)=x^3-12x^2+36x$로 놓으면
$f'(x)=3x^2-24x+36=3(x^2-8x+12)$
$\quad\;\;=3(x-2)(x-6)$
$f'(x)=0$에서
$3(x-2)(x-6)=0$ $\quad\therefore x=2$ 또는 $x=6$
함수 $f(x)$의 증가와 감소를 표로 나타내면 다음과 같다.

x	$\cdots$	2	$\cdots$	6	$\cdots$
$f'(x)$	$+$	0	$-$	0	$+$
$f(x)$	↗	극대 (32)	↘	극소 (0)	↗

방정식 $x^3-k=12x(x-3)$이 서로 다른 세 개의 양수인 근을 갖도록 하려면 그림과 같이 함수 $y=f(x)$의 그래프와 직선 $y=k$의 교점의 x좌표가 세 개 모두 양수가 되도록 하면 된다.

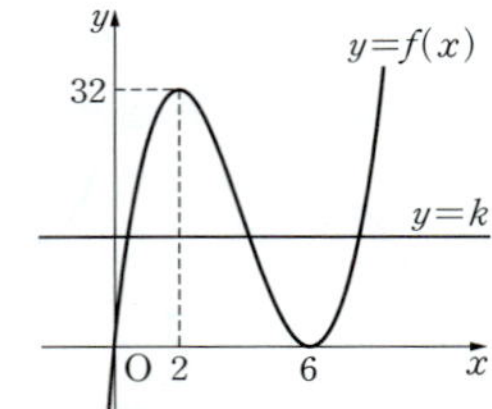

따라서 조건을 만족시키는 k의 값의 범위는 $0<k<32$이므로 정수 k는 1, 2, $\cdots$, 31의 31개이다.

51 답 ②

두 곡선 $y=2x^2-9x-12$, $y=-x^3-x^2+k$가 한 점에서 만나고 다른 한 점에서 접하려면 방정식
$2x^2-9x-12=-x^3-x^2+k$, 즉 $x^3+3x^2-9x-12=k$가 중근과 다른 한 실근을 가져야 한다.
즉, 함수 $y=x^3+3x^2-9x-12$의 그래프와 직선 $y=k$의 서로 다른 교점의 개수가 2이어야 한다.
$f(x)=x^3+3x^2-9x-12$로 놓으면
$f'(x)=3x^2+6x-9=3(x^2+2x-3)$
$\quad\;\;=3(x+3)(x-1)$
$f'(x)=0$에서
$3(x+3)(x-1)=0$ $\quad\therefore x=-3$ 또는 $x=1$
함수 $f(x)$의 증가와 감소를 표로 나타내면 다음과 같다.

x	$\cdots$	-3	$\cdots$	1	$\cdots$
$f'(x)$	$+$	0	$-$	0	$+$
$f(x)$	↗	극대 (15)	↘	극소 (-17)	↗

함수 $y=f(x)$의 그래프와 직선 $y=k$의 서로 다른 교점의 개수가 2가 되도록 그리면 그림과 같다.

따라서 실수 k의 값은
$k=-17$ 또는 $k=15$이므로 그 합
은 $-17+15=-2$이다.

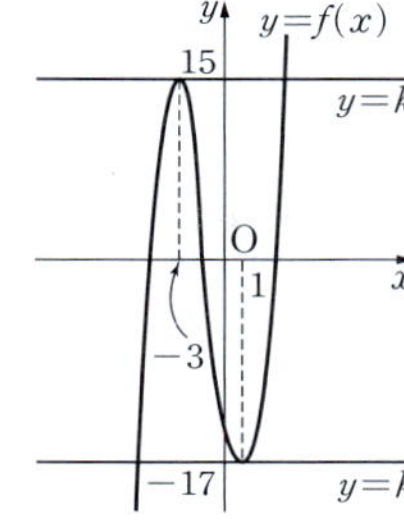

다른 풀이

$g(x)=x^3+3x^2-9x-12-k$로 놓으면
$g'(x)=3x^2+6x-9=3(x+3)(x-1)$
$g'(x)=0$에서 $x=-3$ 또는 $x=1$
이때, 함수 $g(x)$는 $x=-3$, $x=1$에서 극값을 가지고,
삼차방정식 $g(x)=0$이 중근과 다른 한 실근을 가지려면
(극댓값)$\times$(극솟값)$=0$이어야 하므로
$g(-3)g(1)=(15-k)(-17-k)=0$
$\therefore k=-17$ 또는 $k=15$
따라서 구하는 k의 값의 합은 $-17+15=-2$이다.

52 답 ③

주어진 곡선과 직선이 서로 다른 세 점에서 만나려면 방정
식 $2x^3-3x^2-8x=4x+k$, 즉 $2x^3-3x^2-12x=k$가 서
로 다른 세 실근을 가져야 한다.
즉, 함수 $y=2x^3-3x^2-12x$의 그래프와 직선 $y=k$의 서
로 다른 교점의 개수가 3이어야 한다.
$f(x)=2x^3-3x^2-12x$로 놓으면
$f'(x)=6x^2-6x-12=6(x^2-x-2)=6(x+1)(x-2)$
$f'(x)=0$에서
$6(x+1)(x-2)=0$ $\therefore x=-1$ 또는 $x=2$
함수 $f(x)$의 증가와 감소를 표로 나타내면 다음과 같다.

x	$\cdots$	-1	$\cdots$	2	$\cdots$
$f'(x)$	$+$	0	$-$	0	$+$
$f(x)$	$\nearrow$	극대 (7)	$\searrow$	극소 (-20)	$\nearrow$

함수 $y=f(x)$의 그래프와
직선 $y=k$의 서로 다른 교
점의 개수가 3이 되도록 그
리면 그림과 같다.
따라서 $-20<k<7$이므로
정수 k는 -19, -18, $\cdots$,
5, 6의 26개이다.

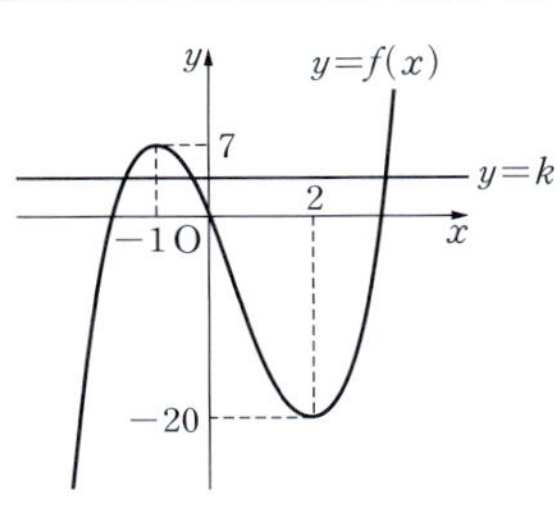

53 답 ④

곡선 $y=2x^4-4x^2+2x+1$과 직선 $y=2x+k$가 서로 다른
세 점에서 만나려면 방정식 $2x^4-4x^2+2x+1=2x+k$,
즉 $2x^4-4x^2+1=k$가 서로 다른 세 실근을 가져야 한다.

즉, 함수 $y=2x^4-4x^2+1$의 그래프와 직선 $y=k$의 서로
다른 교점의 개수가 3이어야 한다.
$f(x)=2x^4-4x^2+1$로 놓으면
$f'(x)=8x^3-8x=8x(x^2-1)$
$\qquad =8x(x+1)(x-1)$
$f'(x)=0$에서
$8x(x+1)(x-1)=0$
$\therefore x=-1$ 또는 $x=0$ 또는 $x=1$
함수 $f(x)$의 증가와 감소를 표로 나타내면 다음과 같다.

x	$\cdots$	-1	$\cdots$	0	$\cdots$	1	$\cdots$
$f'(x)$	$-$	0	$+$	0	$-$	0	$+$
$f(x)$	$\searrow$	극소 (-1)	$\nearrow$	극대 (1)	$\searrow$	극소 (-1)	$\nearrow$

따라서 $y=f(x)$의 그래프와 직선 $y=k$가 서로 다른 세 점
에서 만나려면 그림과 같이 $k=1$이어야 한다.

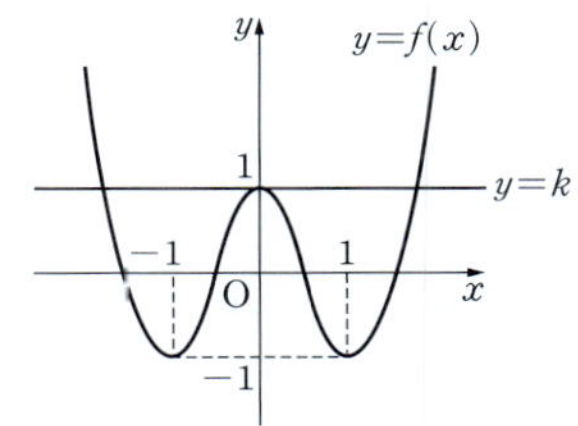

54 답 (가) 0 (나) $\geq$

$x^3+4\geq3x^2$에서
$x^3-3x^2+4\geq0$
$f(x)=x^3-3x^2+4$로 놓으면
$f'(x)=3x^2-6x=3x(x-2)$
$f'(x)=0$에서
$3x(x-2)=0$ $\therefore x=0$ 또는 $x=2$
$x\geq0$에서 함수 $f(x)$의 증가와 감소를 표로 나타내면 다음
과 같다.

x	0	$\cdots$	2	$\cdots$
$f'(x)$	0	$-$	0	$+$
$f(x)$	4	$\searrow$	극소(0)	$\nearrow$

함수 $f(x)$는 $x=2$에서 극소이면서 최소이므로 최솟값은
$f(2)=8-12+4=\boxed{0}$ ← (가)
즉, $x\geq0$일 때 $f(x)\boxed{\geq}0$이므로
$\qquad$ ↖ (나)
$x^3-3x^2+4\geq0$
$\therefore x^3+4\geq3x^2$
따라서 $x\geq0$일 때, 부등식 $x^3+4\geq3x^2$이 성립한다.

55 답 ③

$2x^4-3x^2>x^2-2$에서 $2x^4-4x^2+2>0$
$f(x)=2x^4-4x^2+2$로 놓으면
$f'(x)=8x^3-8x=8x(x^2-1)$
$\qquad =8x(x+1)(x-1)$

$f'(x)=0$에서

$8x(x+1)(x-1)=0$

$\therefore x=-1$ 또는 $x=0$ 또는 $x=1$

$x\geq1$에서 함수 $f(x)$의 증가와 감소를 표로 나타내면 다음과 같다.

x	1	$\cdots$
$f'(x)$	0	+
$f(x)$	0	↗

$x\geq1$에서 함수 $f(x)$는 $x=1$일 때, 최솟값을 가지므로

$f(1)=2-4+2=$ 0 ← (가)

즉, $x>1$인 실수 x에 대하여 부등식 $f(x)>0$ ← (나)

따라서 $x>1$인 모든 실수 x에 대하여

부등식 $2x^4-3x^2>x^2-2$가 성립한다.

56 답 ④

$f(x)=3x^4-4x^3+a$로 놓으면

$f'(x)=12x^3-12x^2=12x^2(x-1)$

$f'(x)=0$에서

$12x^2(x-1)=0$ $\therefore x=0$ 또는 $x=1$

함수 $f(x)$의 증가와 감소를 표로 나타내면 다음과 같다.

x	$\cdots$	0	$\cdots$	1	$\cdots$
$f'(x)$	−	0	−	0	+
$f(x)$	↘	a	↘	극소 $(a-1)$	↗

따라서 함수 $f(x)$는 $x=1$에서 극소이면서 최소이므로 모든 실수 x에 대하여 주어진 부등식이 성립하려면

$f(1)=3-4+a=a-1\geq0$ $\therefore a\geq1$

따라서 실수 a의 최솟값은 1이다.

57 답 ④

$F(x)=f(x)-g(x)$로 놓으면

$F(x)=(x^4+x^3-10x+a)-(x^3-3x^2)$

$\qquad =x^4+3x^2-10x+a$

$F'(x)=4x^3+6x-10$

$\qquad =2(2x^3+3x-5)$

$\qquad =2(x-1)(2x^2+2x+5)$

$$\begin{array}{r|rrrr} 1 & 2 & 0 & 3 & -5 \\ & & 2 & 2 & 5 \\ \hline & 2 & 2 & 5 & 0 \end{array}$$

$F'(x)=0$에서

$2(x-1)(2x^2+2x+5)=0$ $\therefore x=1$

함수 $F(x)$의 증가와 감소를 표로 나타내면 다음과 같다.

x	$\cdots$	1	$\cdots$
$F'(x)$	−	0	+
$F(x)$	↘	극소 $(a-6)$	↗

함수 $F(x)$는 $x=1$에서 극소이면서 최소이므로 최솟값은

$F(1)=1+3-10+a=a-6$

따라서 모든 실수 x에 대하여 $f(x)\geq g(x)$가 성립하려면

$(F(x)$의 최솟값$)\geq0$이어야 하므로

$a-6\geq0$ $\therefore a\geq6$

따라서 실수 a의 최솟값은 6이다.

58 답 ③

$4x^3-6x>3x^2-k$에서

$4x^3-3x^2-6x+k>0$

$f(x)=4x^3-3x^2-6x+k$로 놓으면

$f'(x)=12x^2-6x-6=6(2x^2-x-1)$

$\qquad =6(2x+1)(x-1)$

$f'(x)=0$에서

$6(2x+1)(x-1)=0$ $\therefore x=-\dfrac{1}{2}$ 또는 $x=1$

$1<x<3$에서 함수 $f(x)$의 증가와 감소를 표로 나타내면 다음과 같다.

x	(1)	$\cdots$	(3)
$f'(x)$		+	
$f(x)$		↗	

즉, 함수 $f(x)$는 $1<x<3$에서 증가하므로 $1<x<3$에서 $f(x)>0$이 성립하려면 $f(1)\geq0$이어야 한다.

$f(1)=4-3-6+k\geq0$

$\therefore k\geq5$

따라서 조건을 만족시키는 자연수 k의 최솟값은 5이다.

59 답 ④

점 P의 시각 t에서의 위치가 $x=t^3+at^2+2$이므로 속도를 v라 하면

$v=\dfrac{dx}{dt}=3t^2+2at$ $\cdots$ ㉠

$t=2$일 때, $v=20$이라 하므로 ㉠에 $t=2$를 대입하면

$12+4a=20$

$4a=8$ $\therefore a=2$

60 답 8

점 P의 시각 t에서의 위치가

$x=\dfrac{2}{3}t^3+kt^2+t+4$이므로 속도를 v라 하면

$v=\dfrac{dx}{dt}=2t^2+2kt+1$

$t=3$일 때의 속도가 7이므로

$18+6k+1=7$ $\therefore k=-2$

$\therefore v=2t^2-4t+1$

따라서 점 P의 가속도를 a라 하면

$a=\dfrac{dv}{dt}=4t-4$

이므로 $t=3$일 때의 가속도는 $12-4=8$이다.

61 답 ③

점 P의 시각 t에서의 위치가

$x=-\dfrac{1}{3}t^3+t^2+6t$이므로 속도를 v라 하면

$v=\dfrac{dx}{dt}=-t^2+2t+6=-(t-1)^2+7$

따라서 $t\geq0$에서 점 P는 $t=1$일 때 속도가 최대이므로 속도의 최댓값은 7이다.

62 답 9

점 P의 시각 t에서의 위치가

$f(t)=t^3-3t^2-6t$이므로 속도를 v라 하면

$v=f'(t)=3t^2-6t-6=3(t-1)^2-9$

$t=1$일 때, 점 P의 속도의 최솟값은 -9이고

$f'(0)=-6$, $f'(3)=27-18-6=3$

즉, $0\leq t\leq3$에서 $-9\leq f'(t)\leq3$이므로

$0\leq|f'(t)|\leq9$

따라서 점 P의 속력의 최댓값은 9이다.

63 답 ②

점 P의 시각 t에서의 위치가

$x=t^4-4t+10$이므로 속도를 v라 하면

$v=\dfrac{dx}{dt}=4t^3-4=4(t^3-1)$

$\quad=4(t-1)(t^2+t+1)$

점 P가 운동 방향을 바꾸는 순간의 속도는 $v=0$이므로

$4(t-1)(t^2+t+1)=0$ $\quad\therefore t=1$

따라서 운동 방향을 바꿀 때의 점 P의 위치는

$x=1-4+10=7$

64 답 ②

점 P의 시각 t에서의 위치가 $x=t^3-6t^2+9t$이고, 점 P가 원점을 지날 때는 $x=0$이므로

$t^3-6t^2+9t=0$, $t(t^2-6t+9)=0$

$t(t-3)^2=0$ $\quad\therefore t=0$ 또는 $t=3$

즉, 점 P가 출발한 후 다시 원점을 지날 때는 $t=3$일 때이다.

점 P의 속도를 v, 가속도를 a라 하면

$v=\dfrac{dx}{dt}=3t^2-12t+9$

$a=\dfrac{dv}{dt}=6t-12$

따라서 $t=3$일 때의 점 P의 가속도는 $18-12=6$이다.

65 답 ③

점 P의 시각 t에서의 위치가

$x=2t^3-12t^2+18t+2$이므로 속도 v를 구하면

$v=\dfrac{dx}{dt}=6t^2-24t+18$

$\quad=6(t^2-4t+3)=6(t-1)(t-3)$

점 P가 운동 방향을 바꾸는 순간의 속도는 $v=0$이므로

$6(t-1)(t-3)=0$ $\quad\therefore t=1$ 또는 $t=3$

$t=1$일 때의 점 P의 위치 x_1은

$x_1=2-12+18+2=10$

$t=3$일 때의 점 P의 위치 x_2는

$x_2=54-108+54+2=2$

따라서 두 위치 x_1, x_2 사이의 거리는 $|10-2|=8$이다.

66 답 ①

$t=1$일 때의 점 P의 위치가 5이므로 $f(1)=5$에서

$-1+a+b=5$

$\therefore a+b=6$ … ㉠

점 P의 시각 t에서의 속도를 $v(t)$라 하면

$v(t)=f'(t)=-3t^2+2at+b$ … ㉡

$t=1$일 때, 점 P의 속도는 $v(1)=5$이므로

㉡에 $t=1$을 대입하면

$v(1)=f'(1)=-3+2a+b=5$

$\therefore 2a+b=8$ … ㉢

㉢$-$㉠을 하면 $a=2$

$a=2$를 ㉠에 대입하면

$2+b=6$ $\quad\therefore b=4$

즉, $v(t)=-3t^2+4t+4=-(3t+2)(t-2)$이고 점 P가 시각 t에서 운동 방향을 바꾸면 속도 $v(t)=0$이므로

$-(3t+2)(t-2)=0$ $\quad\therefore t=2\,(\because t\geq0)$

67 답 ③

두 점 A, B의 시각 t에서의 속도를 각각 v_A, v_B라 하면

$v_A=t-3$, $v_B=2t-10$ … ㉠

이때, 두 점 A, B가 서로 반대 방향으로 움직이므로

$v_Av_B<0$

㉠을 위 식에 대입하면

$(t-3)(2t-10)<0$, $2(t-3)(t-5)<0$

$\therefore 3<t<5$

68 답 18

두 점 P, Q의 시각 t에서의 위치가 각각 $x_P=t^4+12t^2$, $x_Q=6t^3+mt$이므로 두 점 P, Q의 시각 t에서의 속도를 각각 v_P, v_Q라 하면

$v_P=4t^3+24t$, $v_Q=18t^2+m$

두 점 P, Q의 속도가 같게 되는 때가 두 번 있으려면 $t\geq0$에서 $v_P=v_Q$를 만족시키는 시각 t의 값이 두 개 존재해야 한다.

따라서 t에 대한 방정식 $4t^3+24t=18t^2+m$, 즉 $4t^3-18t^2+24t=m$이 음이 아닌 서로 다른 두 실근을 가져야 하므로 곡선 $y=4t^3-18t^2+24t$와 직선 $y=m$이 t좌표가 음이 아닌 서로 다른 두 점에서 만나야 한다.

$f(t)=4t^3-18t^2+24t$로 놓으면
$$f'(t)=12t^2-36t+24=12(t^2-3t+2)$$
$$=12(t-1)(t-2)$$
$f'(t)=0$에서
$12(t-1)(t-2)=0$ $\therefore t=1$ 또는 $t=2$
$t\geq0$에서 함수 $f(t)$의 증가와 감소를 표로 나타내면 다음과 같다.

t	0	$\cdots$	1	$\cdots$	2	$\cdots$
$f'(t)$	+	+	0	−	0	+
$f(t)$		↗	극대 (10)	↘	극소 (8)	↗

따라서 $y=f(t)$의 그래프는 다음 그림과 같다.

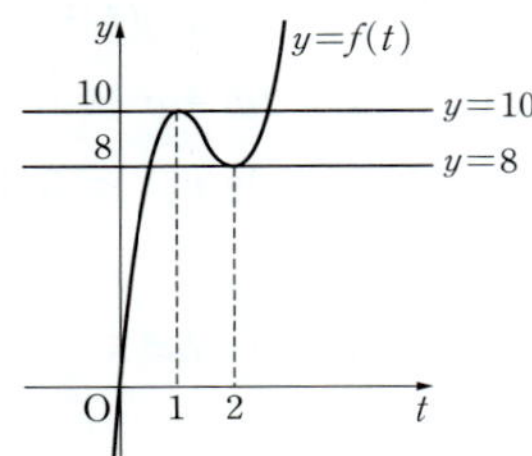

곡선 $y=f(t)$와 직선 $y=m$이 t좌표가 음이 아닌 서로 다른 두 점에서 만나려면
$m=8$ 또는 $m=10$
따라서 모든 상수 m의 값의 합은 $8+10=18$이다.

69 답 ③

t초 후의 높이를 $x\,\mathrm{m}$라 할 때, $x=30t-5t^2\cdots$ ㉠인 관계가 있으므로 이 물체의 시각 t에서의 속도를 v라 하면
$$v=\frac{dx}{dt}=30-10t\,(\mathrm{m/s}) \cdots ㉡$$
위로 던진 물체가 최고 높이에 도달하는 순간의 속도 $v=0$이므로 ㉡에서
$30-10t=0$ $\therefore t=3$
따라서 ㉠에 $t=3$을 대입하면
$x=90-45=45\,(\mathrm{m})$

70 답 ①

t초 후의 높이를 $x\,\mathrm{m}$라 할 때, $x=30+25t-5t^2$인 관계가 있으므로 이 공의 시각 t에서의 속도를 v라 하면
$$v=\frac{dx}{dt}=25-10t \cdots ㉠$$
한편, 공이 땅에 떨어지면 높이는 0 m, 즉 $x=0$이므로
$30+25t-5t^2=0$
$t^2-5t-6=0$
$(t+1)(t-6)=0$
$\therefore t=6\,(\because t\geq0)$
따라서 $t=6$을 ㉠에 대입하면
$v=25-60=-35\,(\mathrm{m/s})$

71 답 70 m

물로켓의 속도를 v라 하면
$$v=\frac{dx}{dt}=a-10t$$
이때, 최고 높이에 도달했을 때의 속도 $v=0$이고 그때까지 걸린 시간이 3초이므로
$a-30=0$ $\therefore a=30$
따라서 $x=25+30t-5t^2$이므로 최고 높이에 도달했을 때의 높이는
$25+90-45=70\,(\mathrm{m})$

72 답 ④

점 P가 출발한지 t초 후의 속도를 v라 하면
$$v=f'(t)$$
출발한 후 점 P의 운동 방향이 바뀌는 시각은 속도가 0이 되는 시각 좌우에서 속도의 부호가 바뀔 때이다.
즉, $t=c$, $t=e$에서 운동 방향이 바뀌므로 운동 방향이 바뀌는 횟수는 2회이다.
가속도가 0인 시각은 $y=f'(t)$의 그래프에서 접선의 기울기가 0이 되는 시각이다.

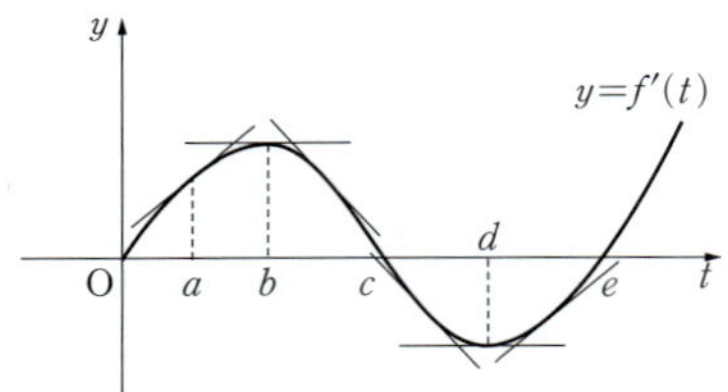

시각 $t=b$와 $t=d$에서 접선의 기울기가 0이므로 시각 $t=b$, $t=d$에서 가속도가 0이다.
즉, 가속도가 두 번째로 0인 시각은 $t=d$일 때이다.
따라서 구하는 것을 차례로 나열하면 2, d이다.

73 답 ③

ㄱ. $f<t<h$에서 함수 $v(t)$의 그래프가 감소하므로 속도는 감소한다. (거짓)
ㄴ. $t=d$와 $t=h$에서 $v(t)=0$이고, 그 점의 좌우에서 $v(t)$의 부호가 달라지므로 점 P는 운동 방향이 2번 바뀐다. (참)
ㄷ.

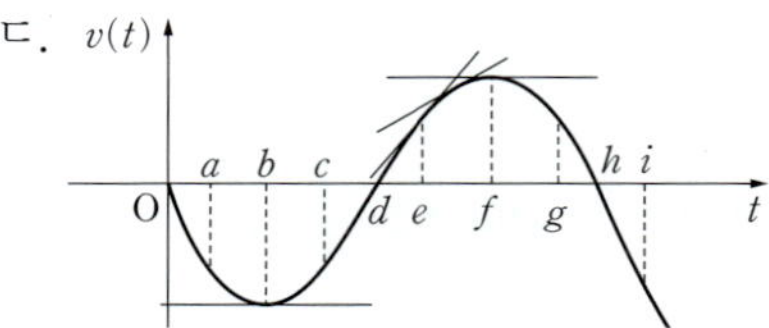

$t=b$일 때, 접선의 기울기가 0이므로 가속도는 0이다.
(참)
ㄹ. ㄷ의 그림을 보면 $d<t<f$에서 접선의 기울기가 작아지므로 가속도는 감소한다. (거짓)
따라서 옳은 것은 ㄴ, ㄷ이다.

74 답 ⑤

$l=t^2+2t+12$에서

$$\frac{dl}{dt}=2t+2$$

따라서 $t=3$일 때, 고무줄의 길이의 변화율은

$$2\times3+2=8(\text{cm/s})$$

75 답 ②

한 변의 길이가 $2\,\text{cm}$인 정삼각형에서 각 변의 길이가 매초 $1\,\text{cm}$씩 길어지므로 t초 후의 정삼각형의 한 변의 길이는 $(2+t)\,\text{cm}$이다.

이때, t초 후의 정삼각형의 넓이를 $S\,\text{cm}^2$라 하면

$$S=\frac{\sqrt{3}}{4}(2+t)^2=\frac{\sqrt{3}}{4}(t^2+4t+4)$$

$$\therefore \frac{dS}{dt}=\frac{\sqrt{3}}{4}(2t+4)=\frac{\sqrt{3}}{2}(t+2)$$

한편, 정삼각형의 넓이가 $16\sqrt{3}\,\text{cm}^2$가 될 때의 t의 값을 구하면

$$\frac{\sqrt{3}}{4}(2+t)^2=16\sqrt{3}, \ (2+t)^2=64$$

$$2+t=\pm8 \quad \therefore t=6\ (\because t\geq0)$$

따라서 $t=6$일 때, 정삼각형의 넓이의 변화율은

$$\frac{\sqrt{3}}{2}\times(6+2)=4\sqrt{3}(\text{cm}^2/\text{s})$$

76 답 ③

밑면은 가로의 길이가 $3\,\text{cm}$, 세로의 길이가 $4\,\text{cm}$인 직사각형이고 높이가 $10\,\text{cm}$인 직육면체에서 밑면의 가로의 길이와 세로의 길이는 매초 $1\,\text{cm}$씩 길어지고 높이는 매초 $1\,\text{cm}$씩 짧아지므로 t초 후의 밑면의 가로의 길이와 세로의 길이, 높이는 각각 $(3+t)\,\text{cm}$, $(4+t)\,\text{cm}$, $(10-t)\,\text{cm}$이다.

이때, t초 후의 직육면체의 부피를 $V\,\text{cm}^3$라 하면

$$V=(3+t)(4+t)(10-t)$$

$$\therefore \frac{dV}{dt}=(4+t)(10-t)+(3+t)(10-t)-(3+t)(4+t)$$

$$=-3t^2+6t+58$$

따라서 $t=3$일 때, 직육면체의 부피의 변화율은

$$-3\times9+6\times3+58=49(\text{cm}^3/\text{s})$$

01 답 ①

$f(x)=-x^3+4x-4$로 놓으면 $f'(x)=-3x^2+4$

점 $(1, -1)$에서의 접선의 기울기는

$$f'(1)=-3+4=1$$

즉, 점 $(1, -1)$에서의 접선의 방정식은

$$y+1=1\times(x-1) \quad \therefore y=x-2$$

이 접선과 곡선이 만나는 점의 x좌표를 구하기 위해 연립하면

$$-x^3+4x-4=x-2$$

$$x^3-3x+2=0$$

$$(x-1)^2(x+2)=0$$

$$\therefore x=1 \ \text{또는} \ x=-2$$

즉, $x=-2$일 때, $y=-2-2=-4$

$$\begin{array}{r|rrrr}
1 & 1 & 0 & -3 & 2 \\
  &   & 1 & 1 & -2 \\
\hline
1 & 1 & 1 & -2 & 0 \\
  &   & 1 & 2 &   \\
\hline
  & 1 & 2 & 0 &
\end{array}$$

따라서 곡선과 접선이 다시 만나는 점의 좌표는 $(-2, -4)$이므로 $a=-2$, $b=-4$

$$\therefore a+b=(-2)+(-4)=-6$$

[인수정리와 조립제법]   심플 정리

(1) 인수정리

다항식 $f(x)$에 대하여 $f(\alpha)=0$이면 $f(x)$는 $x-\alpha$를 인수로 가진다.

(2) 조립제법

다항식 ax^3+bx^2+cx+d를 일차식 $x-\alpha$로 나눌 때,

$$\begin{array}{c|cccc}
\alpha & a & b & c & d \\
       &   & a\alpha & a\alpha^2+b\alpha & a\alpha^3+b\alpha^2+c\alpha \\
\hline
       & a & a\alpha+b & a\alpha^2+b\alpha+c & a\alpha^3+b\alpha^2+c\alpha+d
\end{array}$$

$$\therefore \text{몫}: ax^2+(a\alpha+b)x+(a\alpha^2+b\alpha+c)$$
$$\text{나머지}: a\alpha^3+b\alpha^2+c\alpha+d$$

---

02 답 48

곡선 $y=f(x)$ 위의 접점의 좌표를 (t, t^3-at)라 하면 접선의 기울기는 $f'(t)=3t^2-a$

즉, 점 (t, t^3-at)에서의 접선의 방정식은

$$y-(t^3-at)=(3t^2-a)(x-t)$$

이 직선이 점 $(0, 16)$을 지나므로

$$16-(t^3-at)=(3t^2-a)(0-t)$$

$$16-t^3+at=-3t^3+at$$

$$2t^3=-16, \ t^3=-8$$

$$\therefore t=-2 \ (\because t\text{는 실수})$$

$t=-2$일 때 접선의 기울기는 8이므로

$$f'(-2)=12-a=8$$

$$\therefore a=4$$

따라서 $f(x)=x^3-4x$이므로

$$f(a)=f(4)=64-16=48$$

03 답 ②

> 곡선 $y=x^3-3x^2+x+1$ 위의 서로 다른 두 점 A, B
> 에서의 접선이 서로 평행하다.
>> 접선이 서로 평행하다고 하니까 기울기가 같다는
>> 거야. 즉, 미분계수가 같아야 해.
>
> 점 A의 x좌표가 3일 때, 점 B에서의 접선의 y절편의
> 값은?
>
> ① 5　　② 6　　③ 7　　④ 8　　⑤ 9

1st 먼저 도함수를 구하여 접선의 기울기를 구해야겠지?

$f(x)=x^3-3x^2+x+1$로 놓으면

$f'(x)=3x^2-6x+1$

점 A의 x좌표가 3이므로 점 A에서의 접선의 기울기는

$f'(3)=27-18+1=10$

2nd 점 B에서의 접선의 기울기가 점 A에서의 접선의 기울기와 같
음을 이용하여 점 B의 좌표를 구하자.

이때, 점 B의 x좌표를 $a(a\neq3)$라 하면 점 B에서의 접선
의 기울기와 점 A에서의 접선의 기울기가 같으므로

$f'(a)=f'(3)=10$
> 두 점 A, B에서의 접선이 평행하므로 접선의 기울기,
> 즉 미분계수가 같아.

$f'(a)=3a^2-6a+1=10$

$3a^2-6a-9=0,\ a^2-2a-3=0$

$(a+1)(a-3)=0$

$\therefore a=-1\ (\because a\neq3)$

또, $f(-1)=-1-3-1+1=-4$이므로

점 B의 좌표는 $(-1,\ -4)$이다.

3rd 직선 $y=ax+b$의 y절편은 b야.
> 미분가능한 함수 $f(x)$에 대하여
> 곡선 $y=f(x)$ 위의 점 (x_1, y_1)
> 에서의 접선의 방정식은
> $y-y_1=f'(x_1)(x-x_1)$

곡선 위의 점 B에서의 접선의 방정식은

$y+4=10(x+1)$　　$\therefore y=10x+6$

따라서 구하는 접선의 y절편의 값은 6이다.

04 답 ③

> 곡선 $y=x^2+2x+3$ 위를 움직이는 점 P와 직선
> $y=2x$ 위의 두 점 A(1, 2), B(2, 4)에 대하여 삼각
> 형 ABP의 넓이의 최솟값은?
>> 삼각형 ABP에서 두 점 A, B는 고정된 점이니까 점 P의 위치에 따라 넓이가
>> 결정돼. 두 점 A, B를 지나는 직선과 점 P 사이의 거리가 최소일 때 삼각형
>> ABP의 넓이는 최소가 되겠지?
>
> ① $\dfrac{1}{2}$　　② 1　　③ $\dfrac{3}{2}$
>
> ④ 2　　⑤ $\dfrac{5}{2}$

1st 삼각형 ABP의 넓이가 최소가 되는 점 P의 위치를 구해.

삼각형 ABP의 넓이가 최소이려면 점 P와 두 점 A, B를
지나는 직선 사이의 거리가 최소이어야 하므로 점 P에서
의 접선의 기울기가 두 점 A(1, 2), B(2, 4)를 지나는 직
선의 기울기인 2와 같아야 한다.

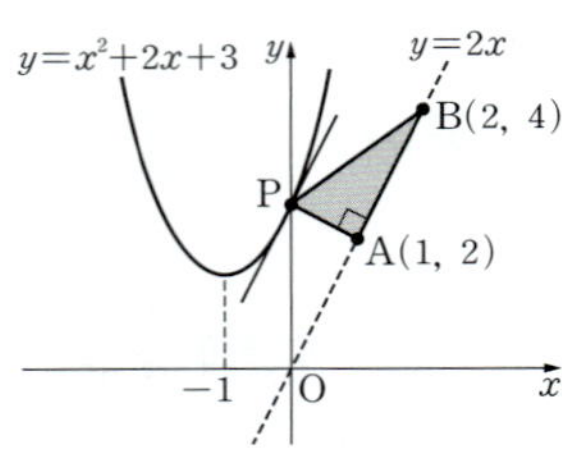

2nd 점 P의 좌표를 구하자.

점 P의 x좌표를 a라 하자.

$f(x)=x^2+2x+3$으로 놓으면 $f'(x)=2x+2$이므로

$f'(a)=2a+2=2$　$\therefore a=0$
> 점 P에서의 접선과 직선 $y=2x$가
> 평행이야.

점 P의 좌표는 $(0, 3)$이고, 점 P와 직선 $y=2x$,

즉 $2x-y=0$ 사이의 거리는
> △ABP에서 $\overline{AB}$를 밑변으로 하면
> 점 P와 직선 $y=2x$ 사이의 거리가
> △ABP의 높이가 돼.

$\dfrac{|-3|}{\sqrt{2^2+(-1)^2}}=\dfrac{3}{\sqrt{5}}$

따라서 $\overline{AB}=\sqrt{1^2+2^2}=\sqrt{5}$이므로

(삼각형 ABP의 넓이의 최솟값)$=\dfrac{1}{2}\times\sqrt{5}\times\dfrac{3}{\sqrt{5}}=\dfrac{3}{2}$

> **TIP**
> 곡선 위의 점과 직선 사이의 최단 거리는
> (i) 주어진 직선과 평행한 곡선의 접선의 접점의 좌표를 구한
> 다.
> (ii) 이 접점과 직선 사이의 거리가 구하는 최단 거리이다.

05 답 ⑤

두 곡선 $y=f(x),\ y=g(x)$가 점 (b, c)에서 접하므로

$f(b)=g(b)=c,\ f'(b)=g'(b)$

$f(x)=x^3-4x+1$에서 $f'(x)=3x^2-4$

$g(x)=3x^2-7x+a$에서 $g'(x)=6x-7$

$f'(b)=g'(b)$이므로

$3b^2-4=6b-7,\ 3b^2-6b+3=0$

$3(b-1)^2=0$　　$\therefore b=1$

또한, $f(b)=g(b)=c$이므로

$b^3-4b+1=3b^2-7b+a=c$ … ㉠

㉠에 $b=1$을 대입하면

$1-4+1=3-7+a=c$

$\therefore a=2,\ c=-2$

$\therefore a+b-c=2+1-(-2)=5$

06 답 ②

$f(x)=\dfrac{1}{3}x^3-ax^2+2$에서

$f'(x)=x^2-2ax=x(x-2a)$

함수 $f(x)$가 열린구간 $(1, 3)$에서 감소하고, 열린구간
$(6, \infty)$에서 증가하므로

$1<x<3$일 때, $f'(x)\leq0$

$x>6$일 때, $f'(x)\geq0$

즉, $y=f'(x)$의 그래프는 그림과 같아야 한다.

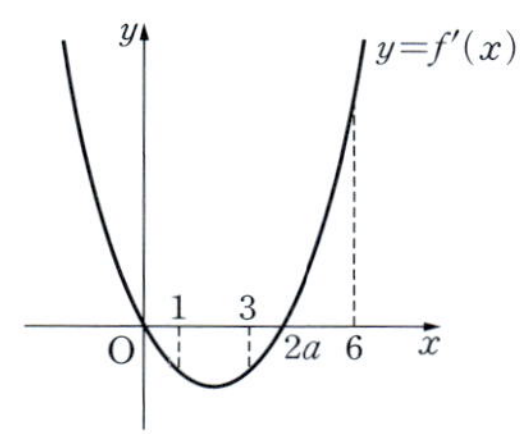

따라서 $3\le 2a\le 6$에서 $\dfrac{3}{2}\le a\le 3$이므로 정수 a는 2, 3의 2개이다.

07 답 ④

$f(x)=-x^3+12x+k$에서
$f'(x)=-3x^2+12=-3(x^2-4)$
$=-3(x+2)(x-2)$
$f'(x)=0$에서
$-3(x+2)(x-2)=0$ $\therefore x=-2$ 또는 $x=2$
함수 $f(x)$의 증가와 감소를 표로 나타내면 다음과 같다.

x	$\cdots$	-2	$\cdots$	2	$\cdots$
$f'(x)$	$-$	0	$+$	0	$-$
$f(x)$	$\searrow$	극소 $(k-16)$	$\nearrow$	극대 $(k+16)$	$\searrow$

따라서 함수 $f(x)$의 극댓값이 1이므로
$k+16=1$ $\therefore k=-15$

08 답 ②

$f(x)=x^3-(2k-3)x^2-8kx+4$에서
$f'(x)=3x^2-2(2k-3)x-8k$
$=(x+2)(3x-4k)$
$f'(x)=0$에서
$(x+2)(3x-4k)=0$ $\therefore x=-2$ 또는 $x=\dfrac{4k}{3}$
함수 $f(x)$가 $x=-2$에서 극댓값을 가지므로 함수 $f(x)$의 증가와 감소를 표로 나타내면 다음과 같아야 한다.

x	$\cdots$	-2	$\cdots$	$\dfrac{4k}{3}$	$\cdots$
$f'(x)$	$+$	0	$-$	0	$+$
$f(x)$	$\nearrow$	극대	$\searrow$	극소	$\nearrow$

따라서 $\dfrac{4k}{3}>-2$이므로 $k>-\dfrac{3}{2}$이다.

(1) 삼차함수 $f(x)=ax^3+bx^2+cx+d$에 대하여 이차방정식 $f'(x)=0$이 서로 다른 두 실근 α, β $(\alpha<\beta)$를 가질 때
  ① $a>0$이면 $x=\alpha$에서 극대, $x=\beta$에서 극소
  ② $a<0$이면 $x=\alpha$에서 극소, $x=\beta$에서 극대
(2) 사차함수 $f(x)=ax^4+bx^3+cx^2+dx+e$에 대하여 삼차방정식 $f'(x)=0$이 서로 다른 세 실근 α, β, γ $(\alpha<\beta<\gamma)$를 가질 때
  ① $a>0$이면 $x=\alpha$, $x=\gamma$에서 극소, $x=\beta$에서 극대
  ② $a<0$이면 $x=\alpha$, $x=\gamma$에서 극대, $x=\beta$에서 극소

09 답 ③

삼차함수 $y=f(x)$의 도함수 $y=f'(x)$의 그래프는 그림과 같다. $f(0)=-1$일 때, 다음 [보기] 중 옳은 것만을 있는 대로 고른 것은? (단, $f'(0)=f'(3)=0$)

→ 그림은 도함수 $y=f'(x)$의 그래프야. 이 그래프에서 주의 깊게 봐야 하는 것은 $f'(x)$의 부호야. x축 위는 양, x축 아래는 음이지?

[보기]
ㄱ. $f(x)$의 극솟값은 -1이다.
ㄴ. $f(-1)<f(1)$ → 삼차함수 $f(x)$가 $x=0$과 $x=3$에서 극값을 가질 때 그래프의 개형을 생각해야 해.
ㄷ. $f(x)$의 극댓값이 26이면 $f(1)=6$이다.

① ㄱ   ② ㄱ, ㄴ   ③ ㄱ, ㄷ
④ ㄴ, ㄷ   ⑤ ㄱ, ㄴ, ㄷ

1st $f'(0)=f'(3)=0$이므로 방정식 $f'(x)=0$의 두 근이 0, 3이지? 이것으로 삼차함수 $f(x)$를 구해보자.

$y=f(x)$는 삼차함수이므로
$f(x)=ax^3+bx^2+cx+d$(단, a, b, c, d는 상수, $a\ne 0$)
로 놓으면
$f(0)=-1$이므로 $d=-1$
즉, $f(x)=ax^3+bx^2+cx-1$에서
$f'(x)=3ax^2+2bx+c$
이차방정식 $f'(x)=0$의 두 근이 0, 3이므로
이차방정식의 근과 계수의 관계에 의해
이차방정식 $ax^2+bx+c=0$의 두 근을 α, β라고 하면
(1) $\alpha+\beta=-\dfrac{b}{a}$ (2) $\alpha\beta=\dfrac{c}{a}$

$0+3=-\dfrac{2b}{3a}$ $\therefore b=-\dfrac{9}{2}a$
$0\times 3=\dfrac{c}{3a}$ $\therefore c=0$
$\therefore f(x)=ax^3-\dfrac{9}{2}ax^2-1$

2nd 극솟값은 $f'(a)=0$인 $x=a$의 좌우에서 $f'(x)$의 부호가 어떻게 바뀌는지 생각해봐.

ㄱ. $x=0$의 좌우에서 $f'(x)$의 부호가 음에서 양으로 바뀌므로 $f(x)$는 $x=0$에서 극솟값을 갖는다.
즉, 극솟값은 $f(0)=-1$이다. (참)

3rd 도함수 $y=f'(x)$의 그래프를 보고 함수 $y=f(x)$의 그래프를 유추해봐.

ㄴ. $f(-1)=-a-\dfrac{9}{2}a-1=-\dfrac{11}{2}a-1$
$f(1)=a-\dfrac{9}{2}a-1=-\dfrac{7}{2}a-1$
$f(x)$는 $x=0$에서 극솟값, $x=3$에서 극댓값을 가지므로
$\lim_{x\to\infty}f(x)=-\infty$에서 $a<0$

$$f(-1)-f(1)=\left(-\frac{11}{2}a-1\right)-\left(-\frac{7}{2}a-1\right)$$
$$=-2a>0$$
$$\therefore f(-1)>f(1)\ (\text{거짓})$$

ㄷ. $f(x)$가 $x=3$에서 극댓값 26을 가지면
$$f(3)=27a-\frac{81}{2}a-1=-\frac{27}{2}a-1=26$$
$$-\frac{27}{2}a=27 \quad \therefore a=-2$$
즉, $f(x)=-2x^3+9x^2-1$이므로
$$f(1)=-2+9-1=6\ (\text{참})$$
따라서 옳은 것은 ㄱ, ㄷ이다.

10 답 ①

$f(x)=x^3-3x^2+8$에서
$$f'(x)=3x^2-6x=3x(x-2)$$
$f'(x)=0$에서
$$3x(x-2)=0 \quad \therefore x=0 \text{ 또는 } x=2$$
닫힌구간 $[1,\ 4]$에서 함수 $f(x)$의 증가와 감소를 표로 나타내면 다음과 같다.

x	1	$\cdots$	2	$\cdots$	4
$f'(x)$	$-$	$-$	0	$+$	$+$
$f(x)$	6	$\searrow$	극소(4)	$\nearrow$	24

따라서 닫힌구간 $[1,\ 4]$에서 함수 $f(x)$는
$x=2$에서 최솟값 $m=4$, $x=4$에서 최댓값 $M=24$를 가지므로
$$M+m=24+4=28$$

11 답 1

주어진 도함수 $y=f'(x)$의 그래프를 이용하여 닫힌구간 $[-3,\ 2]$에서 함수 $f(x)$의 증가와 감소를 표로 나타내면 다음과 같다.

x	-3	$\cdots$	-1	$\cdots$	2
$f'(x)$	$+$	$+$	0	$-$	0
$f(x)$	$\nearrow$	$\nearrow$	극대(1)	$\searrow$	-4

따라서 닫힌구간 $[-3,\ 2]$에서 함수 $f(x)$는 $x=-1$에서 극대이면서 최대이므로 최댓값은 $f(-1)=1$이다.

12 답 2

주어진 방정식 $2x^3-3x^2+a=0$에서
$$2x^3-3x^2=-a$$
$f(x)=2x^3-3x^2$으로 놓으면
$$f'(x)=6x^2-6x=6x(x-1)$$
$f'(x)=0$에서
$$6x(x-1)=0 \quad \therefore x=0 \text{ 또는 } x=1$$
함수 $f(x)$의 증가와 감소를 표로 나타내면 다음과 같다.

x	$\cdots$	0	$\cdots$	1	$\cdots$
$f'(x)$	$+$	0	$-$	0	$+$
$f(x)$	$\nearrow$	극대(0)	$\searrow$	극소(-1)	$\nearrow$

즉, 함수 $y=f(x)$의 그래프의 개형은 그림과 같다.

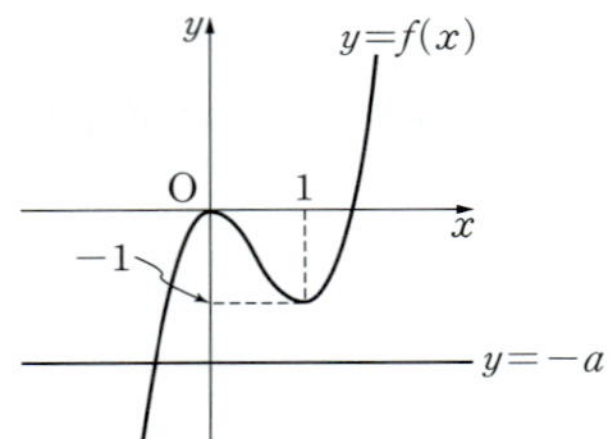

함수 $y=f(x)$의 그래프와 직선 $y=-a$의 교점의 x좌표의 값이 음수 1개만 되도록 하는 실수 a의 값의 범위는
$$-a<-1 \quad \therefore a>1$$
따라서 정수 a의 최솟값은 2이다.

13 답 ③

$f(x)=x^3+\dfrac{3}{2}x^2-6x+a$로 놓으면
$$f'(x)=3x^2+3x-6=3(x+2)(x-1)$$
$f'(x)=0$에서
$$3(x+2)(x-1)=0 \quad \therefore x=-2 \text{ 또는 } x=1$$
$x>0$에서 함수 $f(x)$의 증가와 감소를 표로 나타내면 다음과 같다.

x	(0)	$\cdots$	1	$\cdots$
$f'(x)$	$-$	$-$	0	$+$
$f(x)$	$\searrow$	$\searrow$	극소 $\left(a-\dfrac{7}{2}\right)$	$\nearrow$

따라서 $x>0$에서 함수 $f(x)$는 $x=1$일 때, 극소이면서 최소이므로 최솟값은
$$f(1)=a-\frac{7}{2}$$
$x>0$인 모든 실수 x에 대하여 주어진 부등식이 성립하려면 (최솟값)≥0이어야 하므로
$$a-\frac{7}{2}\geq0 \quad \therefore a\geq\frac{7}{2}$$

14 답 ⑤

수직선 위를 움직이는 점 P의 시각 $t\ (t>0)$에서의 위치 x가
$$x=t^3-9t^2+8t$$
이다. 점 P가 처음으로 원점을 지날 때, 점 P의 속도는?
점 P가 원점을 지난다는 것은 위치가 0,
즉 $x=0$인 경우야.

① -15 ② -13 ③ -11
④ -9 ⑤ -7

1st 점 P가 원점을 지날 때는 $x=0$임을 이용하자.

점 P의 시각 t $(t>0)$에서의 위치 x가

$$x=t^3-9t^2+8t=t(t^2-9t+8)$$
$$=t(t-1)(t-8)$$

이므로 $x=0$에서

$$t(t-1)(t-8)=0$$

∴ $t=0$ 또는 $t=1$ 또는 $t=8$ 만약 $t\geq0$이라면 $t=1$은 두 번째로 원점을 지날 때의 시각이야.

이때, $t>0$이므로 $t=1$에서 처음으로 원점을 지난다.

2nd 속도 $v=\dfrac{dx}{dt}$야. 여기에 $t=1$을 대입하면 돼.

시각 t에서의 점 P의 속도를 v라 하면

점 P의 시각 t에서의 위치를 x라 하면 속도 $v=\dfrac{dx}{dt}$, 가속도 $a=\dfrac{dv}{dt}$

$$v=\frac{dx}{dt}=3t^2-18t+8$$

따라서 $t=1$에서의 속도는

$$v=3-18+8=-7$$

15 답 ③

t와 x 사이에는 $x=16t-0.8t^2$인 관계가 성립하므로 브레이크를 밟은 지 t초 후의 자동차 속도를 v라 하면

$$v=\frac{dx}{dt}=16-1.6t$$

자동차가 정지할 때의 속도 $v=0$이므로

$$16-1.6t=0$$
$$1.6t=16 \quad ∴ t=10$$

따라서 제동 거리는 $x=16t-0.8t^2$에 $t=10$을 대입하면

$$x=160-80=80\,(\text{m})$$

16 답 $y=-4x+3$

함수 $f(x)$가 $x=2$에서 극솟값 -1을 가지므로

$$f(2)=-1,\ f'(2)=0 \cdots ㉠ \qquad \cdots \text{I}$$

$g(x)=(x^2+1)f(x)$의 양변을 x에 대하여 미분하면

$$g'(x)=2xf(x)+(x^2+1)f'(x)$$

곡선 $y=g(x)$ 위의 $x=2$인 점에서의 접선의 기울기는

$$g'(2)=4f(2)+5f'(2)$$
$$=4\times(-1)+5\times0\ (∵ ㉠)$$
$$=-4$$

또, $g(2)=5f(2)=-5\ (∵ ㉠) \qquad \cdots \text{II}$

따라서 곡선 $y=g(x)$ 위의 점 $(2,-5)$에서의 접선의 방정식은

$$y+5=-4(x-2) \quad ∴ y=-4x+3 \qquad \cdots \text{III}$$

[채점 기준표]

I	$f(2),\ f'(2)$의 값을 각각 구한다.	30%
II	$g'(2),\ g(2)$의 값을 각각 구한다.	40%
III	곡선 $y=g(x)$ 위의 점 $(2, g(2))$에서의 접선의 방정식 구한다.	30%

01 답 ③

x의 값이 -1에서 3까지 변할 때의 $f(x)$의 평균변화율이 4라고 하므로

$$\frac{f(3)-f(-1)}{3-(-1)}=\frac{(9k+6-5)-(k-2-5)}{4}=4$$

$$2k+2=4 \quad ∴ k=1$$

따라서 $f(x)=x^2+2x-5$에서 $f'(x)=2x+2$이므로

$$f'(k)=f'(1)=2+2=4$$

02 답 ②

$$\lim_{\Delta x\to0}\frac{f(-1+\Delta x)-f(-1-\Delta x)}{\Delta x}$$

$$=\lim_{\Delta x\to0}\frac{f(-1+\Delta x)-f(-1)-f(-1-\Delta x)+f(-1)}{\Delta x}$$

$$=\lim_{\Delta x\to0}\frac{f(-1+\Delta x)-f(-1)}{\Delta x}$$

$$-\lim_{\Delta x\to0}\left\{\frac{f(-1-\Delta x)-f(-1)}{-\Delta x}\times(-1)\right\}$$

$$=f'(-1)+f'(-1)=2f'(-1)$$

따라서 $f(x)=2x^2-3x+1$에서 $f'(x)=4x-3$이므로 구하는 값은

$$2f'(-1)=2\times(-4-3)=-14$$

03 답 ④

$$\lim_{x\to-2}\frac{f(x+4)-5}{x^2+x-2}=1에서$$

$$\lim_{x\to-2}(x^2+x-2)=0이므로$$

$$\lim_{x\to-2}\{f(x+4)-5\}=0 \quad ∴ f(2)=5 \cdots ㉠$$

$$\lim_{x\to-2}\frac{f(x+4)-5}{x^2+x-2}$$

$$=\lim_{x\to-2}\frac{f(x+4)-f(2)}{(x+2)(x-1)}\ (∵ ㉠)$$

$$=\lim_{x\to-2}\left\{\frac{f(x+4)-f(2)}{(x+4)-2}\times\frac{1}{x-1}\right\}$$

$$=-\frac{1}{3}f'(2)=1$$

$$∴ f'(2)=-3$$

$$∴ f(2)-f'(2)=5-(-3)=8$$

04 답 20

함수 $f(x)$가 $x=2$에서 미분가능하므로 $x=2$에서 연속이다.

즉, $\lim\limits_{x\to2+}f(x)=\lim\limits_{x\to2-}f(x)=f(2)$이므로

$$\lim_{x\to2+}(5ax-12)=\lim_{x\to2-}(2x^2+ax+b)=10a-12에서$$

$$10a-12=8+2a+b \cdots ㉠$$

$$∴ 8a-b=20 \cdots ㉡$$

또, 함수 $f(x)$가 $x=2$에서 미분가능하므로 미분계수 $f'(2)$의 값이 존재한다.

$$\lim_{h \to 0+} \frac{f(2+h)-f(2)}{h}$$

$$= \lim_{h \to 0+} \frac{5a(2+h)-12-(10a-12)}{h}$$

$$= \lim_{h \to 0+} \frac{5ah}{h}=5a$$

$$\lim_{h \to 0-} \frac{f(2+h)-f(2)}{h}$$

$$= \lim_{h \to 0-} \frac{2(2+h)^2+a(2+h)+b-(10a-12)}{h}$$

$$= \lim_{h \to 0-} \frac{2h^2+8h+8+2a+ah+b-(8+2a+b)}{h} \ (\because \ \text{㉠})$$

$$= \lim_{h \to 0-} \frac{2h^2+(8+a)h}{h}=\lim_{h \to 0-}(2h+8+a)=8+a$$

$$\lim_{h \to 0+} \frac{f(2+h)-f(2)}{h}=\lim_{h \to 0-} \frac{f(2+h)-f(2)}{h} \text{이므로}$$

$$5a=8+a \quad \therefore \ a=2$$

$a=2$를 ㉡에 대입하면

$$16-a=20 \quad \therefore \ b=-4$$

$$\therefore \ a^2+b^2=2^2+(-4)^2=20$$

05 답 ③

> 미분가능한 함수 $f(x)$에 대하여 원점을 지나는 함수 $y=f(x)$의 그래프와 직선 $y=-x$가 그림과 같다. $a<b<0$일 때, 다음 [보기] 중 옳은 것만을 있는 대로 고른 것은?
> $f(0)=0$임을 알 수 있어.
>
> [보기]
> ㄱ. $\dfrac{f(a)}{a}<\dfrac{f(b)}{b}$ $\dfrac{f(a)}{a}=\dfrac{f(a)-f(0)}{a-0}$, $\dfrac{f(b)}{b}=\dfrac{f(b)-f(0)}{b-0}$
> ㄴ. $f(b)-f(a)>a-b$ 으로 변형하여 생각해봐.
> ㄷ. $f'(a)<f'(b)$
>
> ① ㄱ ② ㄱ, ㄴ ③ ㄱ, ㄷ
> ④ ㄴ, ㄷ ⑤ ㄱ, ㄴ, ㄷ

1st 주어진 식을 평균변화율에 대한 식으로 바꿔서 생각하자.

ㄱ. $y=f(x)$의 그래프가 원점을 지나므로 $f(0)=0$이다.

즉, $\dfrac{f(a)}{a}=\dfrac{f(a)-f(0)}{a-0}$은 원점과 점 $(a, f(a))$를

이은 직선의 기울기이고, $\dfrac{f(b)}{b}=\dfrac{f(b)-f(0)}{b-0}$은 원점

과 점 $(b, f(b))$를 이은 직선의 기울기이므로 주어진

그림에서

$$\frac{f(a)}{a}<\frac{f(b)}{b} \ (\text{참})$$

ㄴ. $\dfrac{f(b)-f(a)}{b-a}$는 두 점 $(a, f(a))$, $(b, f(b))$를 연결한

직선의 기울기이고, 이 값은 직선 $y=-x$의 기울기

-1보다 작으므로

$$\frac{f(b)-f(a)}{b-a}<-1$$

$$\therefore \ f(b)-f(a)<a-b \ (\text{거짓})$$

2nd $f'(a)$와 $f'(b)$는 각각 곡선 $y=f(x)$의 $x=a$, $x=b$에서의 접선의 기울기야.
$b-a>0$이므로 양변에 $b-a$를 곱해도 부등호의 방향은 변하지 않아.

ㄷ. $f'(a)$는 곡선 $y=f(x)$ 위의 점 $(a, f(a))$에서의 접선

의 기울기이고, $f'(b)$는 곡선 $y=f(x)$ 위의 점

$(b, f(b))$에서의 접선의 기울기이므로 $f'(a)<f'(b)$이

다. (참)

따라서 옳은 것은 ㄱ, ㄷ이다.

06 답 ①

$f(x)=2x^3+ax+3$에서

$$f'(x)=6x^2+a$$

$$f'(1)=6+a=7 \quad \therefore \ a=1$$

07 답 56

곡선 $y=f(x)$와 x축이 만나는 서로 다른 세 점의 x좌표가

$-2t$, 0, t이므로

$$f(-2t)=0, \ f(0)=0, \ f(t)=0$$

즉, $f(x)$는 $x+2t$, x, $x-t$를 인수로 가지고, 최고차항의

계수가 1인 삼차함수이므로

$f(x)=x(x+2t)(x-t)$에서

$$f'(x)=(x+2t)(x-t)+x(x-t)+x(x+2t)$$

$$=x^2+tx-2t^2+x^2-tx+x^2+2tx$$

$$=3x^2+2tx-2t^2$$

$$\therefore \ f'(4)=-2t^2+8t+48=-2(t-2)^2+56$$

따라서 $f'(4)$의 최댓값은 $t=2$일 때 56이다.

08 답 181

$\displaystyle\lim_{h \to 0} \frac{f(2+h)-4}{h}=3$에서 극한값이 존재하고

$\displaystyle\lim_{h \to 0}h=0$이므로 $\displaystyle\lim_{h \to 0}\{f(2+h)-4\}=0$이어야 한다.

$$\therefore \ f(2)=4 \ \cdots \ \text{㉠}$$

즉, $f(x)=3x^2+ax+b$에 $x=2$를 대입하면

$$f(2)=12+2a+b=4 \quad \therefore \ 2a+b=-8 \ \cdots \ \text{㉡}$$

$$\lim_{h \to 0} \frac{f(2+h)-4}{h}=\lim_{h \to 0} \frac{f(2+h)-f(2)}{h} \ (\because \ \text{㉠})$$

$$=f'(2)=3$$

$f(x)=3x^2+ax+b$에서 $f'(x)=6x+a$이므로

$$f'(2)=12+a=3 \quad \therefore \ a=-9$$

$a=-9$를 ㉡에 대입하면

$$-18+b=-8 \quad \therefore \ b=10$$

$$\therefore \ a^2+b^2=81+100=181$$

09 답 ④

$h(x)=f(x)g(x)$라 하면 $h(x)$는 미분가능한 함수이므로

$$\lim_{x\to 2}\frac{f(x)g(x)-f(2)g(2)}{x-2}$$
$$=\lim_{x\to 2}\frac{h(x)-h(2)}{x-2}$$
$$=h'(2)$$

또한, $g(x)=x^3-x$에서 $g'(x)=3x^2-1$이므로

$g(2)=6,\ g'(2)=11$

따라서 $h'(x)=f'(x)g(x)+f(x)g'(x)$이므로

(구하는 값)$=h'(2)$
$$=f'(2)g(2)+f(2)g'(2)$$
$$=2\times 6+1\times 11=23$$

10 답 ④

다항식 x^7-x^2+2를 $(x+1)^2$으로 나눌 때의 몫을 $Q(x)$,

나머지 $R(x)=ax+b\,(a,\ b$는 상수$)$라 하면

$x^7-x^2+2=(x+1)^2Q(x)+ax+b\ \cdots\ \bigcirc$

위 식의 양변을 x에 대하여 미분하면

$7x^6-2x=2(x+1)Q(x)+(x+1)^2Q'(x)+a\ \cdots\ \bigcirc\!\bigcirc$

$\bigcirc$에 $x=-1$을 대입하면

$-1-1+2=-a+b\quad \therefore\ -a+b=0\ \cdots\ \bigcirc\!\bigcirc\!\bigcirc$

$\bigcirc\!\bigcirc$에 $x=-1$을 대입하면

$7+2=a\quad \therefore\ a=9$

$a=9$를 $\bigcirc\!\bigcirc\!\bigcirc$에 대입하면

$-9+b=0\quad \therefore\ b=9$

따라서 나머지 $R(x)=9x+9$이다.

11 답 ③

$f(x)=-x^3+3x^2-4xf'(2)$에서

$f'(x)=-3x^2+6x-4f'(2)$

위 식에 $x=2$를 대입하면

$f'(2)=-12+12-4f'(2)\quad \therefore\ f'(2)=0$

따라서 $f'(x)=-3x^2+6x$에서

$a=-3,\ b=6,\ c=0$이므로

$a+b+c=(-3)+6+0=3$

12 답 ②

> 이차함수 $f(x)$가 모든 실수 x에 대하여 다음 조건을
> 모두 만족시킬 때, $f(3)$의 값은?
>
> (가) $f(0)=3$ 이차함수 $f(x)=ax^2+bx+c$로 놓고 $f(x)$와 $f'(x)$의 식을 대입하여 정리해 봐.
> (나) $2f(x)-(x+3)f'(x)=-2x-6$
>
> ① 22   ② 24   ③ 26
> ④ 28   ⑤ 30

1st 조건 (가)를 이용하여 함수 $f(x)$의 상수항을 구하자.

함수 $f(x)$가 이차함수이므로

$f(x)=ax^2+bx+c$ (단, $a,\ b,\ c$는 상수, $a\neq 0$)로 놓자.

조건 (가)에 의해 $f(0)=3$이므로 $c=3$

즉, $f(x)=ax^2+bx+3$이고 $f'(x)=2ax+b$이다.

2nd 조건 (나)에서 $f(x)$와 $f'(x)$를 대입한 식이 모든 실수 x에 대하여 성립하니까 항등식이 떠오르지?

조건 (나)의 $f(x)=ax^2+bx+3,$ $f'(x)=2ax+b$를 각각 대입한 거야.

$2f(x)-(x+3)f'(x)=-2x-6$에서

$2(ax^2+bx+3)-(x+3)(2ax+b)=-2x-6$

$2ax^2+2bx+6-2ax^2+(-b-6a)x-3b=-2x-6$

$(-6a+b)x+6-3b=-2x-6$

위의 식은 x에 대한 항등식이므로

$-6a+b=-2,\ 6-3b=-6$ x의 계수끼리, 상수항끼리 같아야 해.

$6-3b=-6$에서 $b=4$

$b=4$를 $-6a+b=-2$에 대입하면

$-6a+4=-2\quad \therefore\ a=1$

따라서 $f(x)=x^2+4x+3$이므로

$f(3)=9+12+3=24$

13 답 ⑤

$f(x)=x^4+x^3+a$에서 $f'(x)=4x^3+3x^2$

점 $(-1,\ a)$에서의 접선의 기울기는

$f'(-1)=-4+3=-1$

점 $(-1,\ a)$에서의 접선의 방정식은

$y-a=-(x+1)\quad \therefore\ y=-x+a-1$

이 접선이 점 $(2,\ -2)$를 지나므로 위 식에 $x=2,\ y=-2$를 대입하면

$-2=-2+a-1\quad \therefore\ a=1$

따라서 곡선 $y=f(x)$ 위의 $x=a=1$인 점에서의 접선의 기울기는 $f'(a)=f'(1)=4+3=7$이다.

14 답 ①

곡선 $y=f(x)$ 위의 점 $(2,\ 4)$에서의 접선이 점 $(-1,\ 1)$에서 이 곡선과 만나므로 두 점 $(2,\ 4),\ (-1,\ 1)$을 지나는 직선의 방정식을 구하면

$y-1=\dfrac{1-4}{-1-2}(x+1)\quad \therefore\ y=x+2$

곡선 $y=f(x)$와 직선 $y=x+2$는 점 $(2,\ 4)$에서 접하고 점 $(-1,\ 1)$에서 만나므로 방정식 $f(x)=x+2$는 중근 $x=2$와 실근 $x=-1$을 갖는다.

즉, $f(x)$의 최고차항의 계수가 1에서

$f(x)-(x+2)=(x-2)^2(x+1)$이므로

$f(x)=(x-2)^2(x+1)+(x+2)=x^3-3x^2+x+6$

따라서 $f'(x)=3x^2-6x+1$이므로

$f'(3)=27-18+1=10$

15 답 ⑤

$f(x)=x^3+x^2+ax-2$에서

$f'(x)=3x^2+2x+a$

점 $(-1, f(-1))$에서의 접선의 기울기가 -1이므로

$f'(-1)=3-2+a=-1$

$\therefore a=-2$

즉, $f(x)=x^3+x^2-2x-2$이므로

$f(-1)=-1+1+2-2=0$

직선 $y=-x+b$는 점 $(-1, 0)$을 지나므로

$0=1+b$ $\therefore b=-1$

따라서 $a=-2$, $b=-1$이므로

$ab=(-2)\times(-1)=2$

16 답 ②

> 점 $(a, -a)$에서 곡선 $y=x^2$에 그은 **두 개의 접선이 서로 수직**일 때, 양수 a의 값은?
> 두 직선이 서로 수직이면 기울기의 곱은 -1이야.
>
> ① $\dfrac{1}{8}$ ② $\dfrac{1}{4}$ ③ $\dfrac{3}{8}$
>
> ④ $\dfrac{1}{2}$ ⑤ $\dfrac{5}{8}$

1st 곡선 $y=x^2$ 위의 점에서의 접선의 방정식을 구하자.

$f(x)=x^2$으로 놓으면 $f'(x)=2x$

점 $(a, -a)$에서 곡선 $y=f(x)$에 그은 접선과 곡선의 접점의 좌표를 (t, t^2)이라 하면 이 점에서의 접선의 기울기는 $f'(t)=2t$이고, 접선의 방정식은

$y-t^2=2t(x-t)$

$\therefore y=2tx-t^2$

2nd 이 접선이 점 $(a, -a)$를 지남을 이용하여 t에 대한 방정식을 유도하자.

이 직선이 점 $(a, -a)$를 지나므로

$-a=2ta-t^2$

$\therefore t^2-2at-a=0$

t에 대한 이차방정식 $t^2-2at-a=0$의 두 근을 α, β라 하면 근과 계수의 관계에 의해

$\alpha\beta=-a \cdots$ ㉠

→ $\alpha\beta$의 값을 구한 이유는 두 직선의 기울기의 곱을 이용하기 위해서야.

3rd 두 직선이 수직으로 만나면 기울기의 곱이 -1이지?

한편, 점 $(a, -a)$에서 곡선 $y=x^2$에 그은 두 개의 접선의 기울기는 각각

→ 접점의 x좌표인 t의 값이 α, β의 2개지?

$f'(\alpha)=2\alpha$, $f'(\beta)=2\beta$

두 접선이 서로 수직이므로

$4\alpha\beta=-1$

→ 두 직선이 서로 수직으로 만나면 두 직선의 기울기의 곱은 -1이야.

따라서 ㉠에 의해

$-4a=-1$ $\therefore a=\dfrac{1}{4}$

> **[근과 계수의 관계]**
>
> (1) 이차방정식 $ax^2+bx+c=0$의 두 근을 α, β라고 하면
>
> $\alpha+\beta=-\dfrac{b}{a}$, $\alpha\beta=\dfrac{c}{a}$
>
> (2) 삼차방정식 $ax^3+bx^2+cx+d=0$의 세 근을 α, β, γ라고 하면
>
> $\alpha+\beta+\gamma=-\dfrac{b}{a}$, $\alpha\beta+\beta\gamma+\gamma\alpha=\dfrac{c}{a}$, $\alpha\beta\gamma=-\dfrac{d}{a}$

17 답 ②

$f(x)=-x^2+ax$에서

$f'(x)=-2x+a$

점 $(-1, b)$에서의 접선의 기울기는

$f'(-1)=2+a$

또한, $f(-1)=b$이므로

$-1-a=b \cdots$ ㉠

점 $(-1, b)$, 즉 점 $(-1, -a-1)$에서의 접선의 방정식은

$y+a+1=(a+2)(x+1)$

$\therefore y=(a+2)x+1$

직선 $y=(a+2)x+1$의 x절편은 $-\dfrac{1}{a+2}$, y절편은 1이고

접선과 x축 및 y축으로 둘러싸인 부분의 넓이가 $\dfrac{1}{6}$이므로

$\dfrac{1}{2}\times\dfrac{1}{a+2}\times1=\dfrac{1}{6}$

$a+2=3$ $\therefore a=1$

$a=1$을 ㉠에 대입하면

$b=-1-1=-2$

$\therefore a-b=1-(-2)=3$

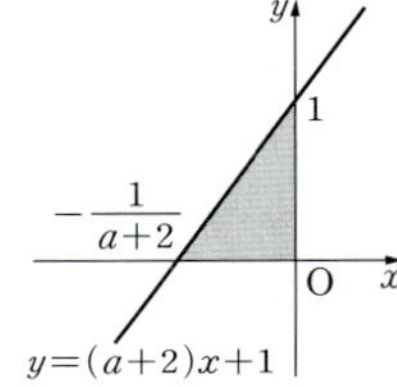

18 답 ④

$f(x)=x^3+ax^2-ax+1$에서

$f'(x)=3x^2+2ax-a$

함수 $f(x)$가 감소하는 x의 값은

$f'(x)\leq0$을 만족해야 하고, 이를 만족하는 x의 값의 범위가

$-1\leq x\leq b$이므로 이차방정식 $f'(x)=0$의 두 근이

-1, b이다.

이차방정식 $3x^2+2ax-a=0$의 근과 계수의 관계에 의해

$-1+b=-\dfrac{2a}{3}$, $-1\times b=-\dfrac{a}{3}$

$-1\times b=-\dfrac{a}{3}$, 즉 $a=3b$를 $-1+b=-\dfrac{2a}{3}$에 대입하면

$-1+b=-2b$ $\therefore b=\dfrac{1}{3}$

$b=\dfrac{1}{3}$을 $a=3b$에 대입하면 $a=1$

$\therefore a+b=1+\dfrac{1}{3}=\dfrac{4}{3}$

19 답 ⑤

$f(x)=-x^3+ax^2+3x-4+b$에서

$f'(x)=-3x^2+2ax+3$

함수 $f(x)$가 $x=-b$, $x=b$에서 극값을 가지므로 이차방

정식 $f'(x)=0$의 두 근이 $-b$, b이다.

이차방정식 $f'(x)=-3x^2+2ax+3=0$의 근과 계수의 관

계에 의해

$$-b+b=-\frac{2a}{-3}=\frac{2a}{3}, \quad -b\times b=\frac{3}{-3}=-1$$

$-b+b=\frac{2a}{3}$에서 $a=0$

$-b\times b=-1$에서

$b^2=1 \quad \therefore b=1 \ \text{또는} \ b=-1$

즉, $f'(x)=-3x^2+3=-3(x+1)(x-1)$이고,

함수 $f(x)$가 $x=-1$에서 극솟값을 갖고, $x=1$에서

극댓값을 가지므로 $b=1$

$\therefore f(x)=-x^3+3x+5$

따라서 함수 $f(x)$의

극솟값은 $f(-1)=1-3+5=3$,

극댓값은 $f(1)=-1+3+5=7$

이므로 모든 극값의 합은 $3+7=10$이다.

20 답 ①

$f(x)=x^3+ax^2+bx+c$ (단, a, b, c는 상수)로 놓으면

$f'(x)=3x^2+2ax+b$

조건 (가)에서 함수 $f(x)$는 $x=3$에서 극값을 갖는다고 하

므로 $f'(3)=0 \cdots \ㄱ$

조건 (나)에서 $\lim\limits_{x\to 0}\dfrac{f(x)}{x}=-3$과 같이 극한값이 존재하고

$\lim\limits_{x\to 0}x=0$이므로 $\lim\limits_{x\to 0}f(x)=0$이어야 한다.

$\therefore f(0)=0 \cdots \ㄴ$

$$\lim_{x\to 0}\frac{f(x)}{x}=\lim_{x\to 0}\frac{f(x)-f(0)}{x-0} \ (\because \ㄴ)$$
$$=f'(0)=-3$$

$f(0)=0$이므로 $f(x)=x^3+ax^2+bx+c$에 $x=0$을 대입

하면 $c=0$

$f'(0)=-3$이므로 $f'(x)=3x^2+2ax+b$에 $x=0$을 대입

하면 $b=-3$

$ㄱ$에 의해

$f'(3)=27+6a+b=0 \cdots \ㄷ$

$b=-3$을 $ㄷ$에 대입하면

$27+6a-3=0 \quad \therefore a=-4$

즉, $f(x)=x^3-4x^2-3x$이고

$f'(x)=3x^2-8x-3=(3x+1)(x-3)$

$f'(x)=0$에서

$(3x+1)(x-3)=0 \quad \therefore x=-\dfrac{1}{3} \ \text{또는} \ x=3$

함수 $f(x)$의 증가와 감소를 표로 나타내면 다음과 같다.

x	$\cdots$	$-\dfrac{1}{3}$	$\cdots$	3	$\cdots$
$f'(x)$	$+$	0	$-$	0	$+$
$f(x)$	$\nearrow$	극대	$\searrow$	극소	$\nearrow$

따라서 함수 $f(x)$는 $x=3$에서 극솟값을 가지므로 구하는

극솟값은

$f(3)=27-36-9=-18$이다.

21 답 ②

$f(x)=x^3+kx^2+3x$에서

$f'(x)=3x^2+2kx+3$

함수 $f(x)$가 $x>0$에서 극댓값과 극솟값을 모두 가지려면

방정식 $f'(x)=0$이 양수인 서로 다른 두 실근을 가져야 하

므로

(i) 이차방정식 $3x^2+2kx+3=0$의 판별식을 D라 하면

$D>0$이므로

$\dfrac{D}{4}=k^2-9>0$에서 $(k+3)(k-3)>0$

$\therefore k<-3 \ \text{또는} \ k>3 \cdots \ㄱ$

(ii) 두 근의 합이 양수이어야 하므로

$-\dfrac{2k}{3}>0 \quad \therefore k<0 \cdots \ㄴ$

(iii) 두 근의 곱이 양수이어야 하므로 $\dfrac{3}{3}=1>0$

(i)~(iii)에서 $ㄱ$, $ㄴ$의 공통범위를 구하면 $k<-3$이므로

정수 k의 최댓값은 -4이다.

22 답 ⑤

삼차함수 $f(x)$는 그림과 같이 $x=\alpha$에서 극솟값을 갖

고, $x=\beta$에서 극댓값을 갖는다. 함수 $g(x)=f'(x)$라

할 때, [보기] 중 옳은 것만을 있는 대로 고른 것은?

(단, $\alpha+\beta>0$)

함수 $f(x)$가 $x=\alpha$, $x=\beta$에서 극값을 가지므로
$f'(\alpha)=0$, $f'(\beta)=0$이야.

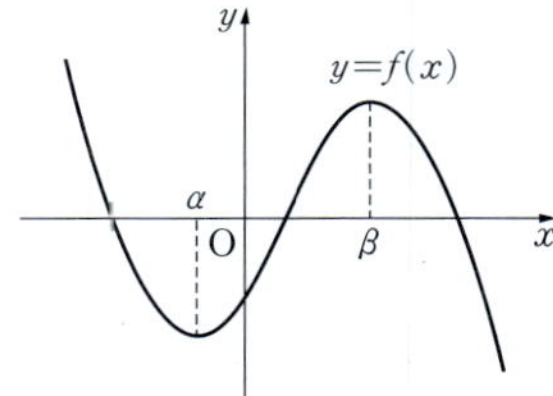

[보기]

ㄱ. $g(0)>0$ → $y=g'(x)$의 그래프의 개형을 그려봐.

ㄴ. $g(x)$는 구간 $(-\infty, 0)$에서 증가한다.

ㄷ. 닫힌구간 $[\alpha, \beta]$에서 $g'(c)=0$인 c가 α와 β 사

이에 한 개 존재한다. 이 문장은 롤의 정리와
관계가 있겠네~.

① ㄴ　　　② ㄱ, ㄴ　　　③ ㄱ, ㄷ

④ ㄴ, ㄷ　　　⑤ ㄱ, ㄴ, ㄷ

1st $g(x)=f'(x)$이므로 $g(0)=f'(0)>0$인지 따져주면 돼.

ㄱ. $g(x)=f'(x)$에서 $g(0)=f'(0)$

이때, $x=0$인 점에서의 함수 $y=f(x)$의 그래프의 접선의 기울기 $f'(0)$은 양수이므로 $g(0)>0$ (참)

2nd $g(x)$의 그래프를 그려서 구간 $(-\infty,\ 0)$에서 증가하는지 알아보자.

ㄴ. $g(x)=a(x-\alpha)(x-\beta)$(단, $a<0$)의 그래프는 그림과 같다.

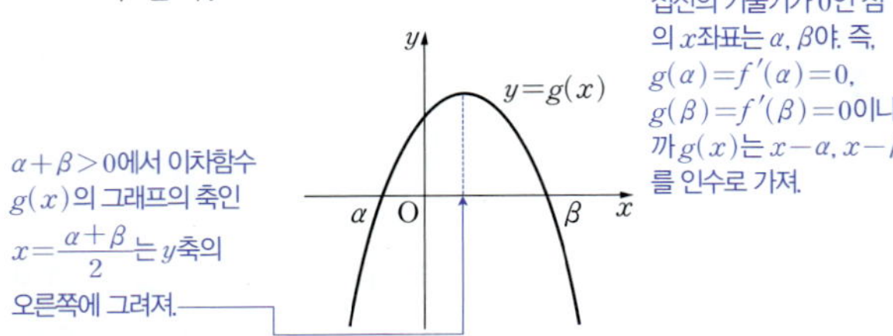

즉, 함수 $g(x)$는 구간 $(-\infty,\ 0)$에서 증가한다. (참)

3rd $g(\alpha)=g(\beta)=0$이니까 롤의 정리를 떠올려봐.

ㄷ. 함수 $g(x)$는 닫힌구간 $[\alpha,\ \beta]$에서 연속이고 열린구간 $(a,\ b)$에서 미분가능하다.

이때, $g(\alpha)=g(\beta)=0$이므로 롤의 정리에 의해 $g'(c)=0$인 c가 α와 β 사이에 적어도 하나 존재한다. 그런데 함수 $g(x)$의 그래프에서 접선의 기울기가 0인 점은 하나뿐이므로 $g'(c)=0$인 c는 α와 β 사이에 한 개만 존재한다. (참) → 이차함수의 극값은 한 개만 존재하지?

따라서 옳은 것은 ㄱ, ㄴ, ㄷ이다.

23 답 ③

> 닫힌구간 $[0,\ 5]$에서 정의된 함수
> $f(x)=x^3-9x^2+15x+a$의 최솟값이 -15일 때, 최
> 댓값은? (단, a는 상수이다.) → 닫힌구간에서 최솟값은 극솟값과 구간의 양 끝값에서의 함숫값 중 가장 작은 값이야.
> ① 15　　② 16　　③ 17　　④ 18　　⑤ 19

1st 함수 $f(x)$에 대하여 닫힌구간 $[0,\ 5]$에서 $f'(x)=0$인 x의 값을 구하자. → 함수의 최대·최소를 구할 때에는 기본적으로 극값, 구간의 양 끝값에서의 함숫값을 구해봐야 해.

$f(x)=x^3-9x^2+15x+a$에서

$f'(x)=3x^2-18x+15=3(x-1)(x-5)$

$f'(x)=0$에서

$3(x-1)(x-5)=0$　∴ $x=1$ 또는 $x=5$

2nd 닫힌구간 $[0,\ 5]$에서 최솟값을 구하고, a의 값을 구하자.

닫힌구간 $[0,\ 5]$에서 함수 $f(x)$의 증가와 감소를 표로 나타내면 다음과 같다.

x	0	$\cdots$	1	$\cdots$	5
$f'(x)$	+	+	0	−	0
$f(x)$	a	↗	극대 $(a+7)$	↘	$a-25$

즉, 닫힌구간 $[0,\ 5]$에서 함수 $f(x)$는 최댓값 $a+7$, 최솟값 $a-25$를 갖는다. → 주어진 구간에서 함수 $f(x)$가 극댓값을 가지면 (극댓값)=(최댓값)이야.

이때, 최솟값이 -15라 하므로

$a-25=-15$　∴ $a=10$

따라서 최댓값은 $a+7=10+7=17$이다.

24 답 ⑤

점 P가 곡선 $y=-x^2$ 위를 움직이므로

점 P의 좌표를 $(a,\ -a^2)$으로 놓으면

$\overline{PA}^2+\overline{PB}^2=(a-1)^2+a^4+(a-5)^2+a^4$

$\qquad\qquad\quad=2a^4+2a^2-12a+26$

$f(a)=2a^4+2a^2-12a+26$이라 하면

$f'(a)=8a^3+4a-12=4(2a^3+a-3)$

$\qquad\ =4(a-1)(2a^2+2a+3)$

$f'(a)=0$에서

$4(a-1)(2a^2+2a+3)=0$　∴ $a=1$

함수 $f(a)$의 증가와 감소를 표로 나타내면 다음과 같다.

a	$\cdots$	1	$\cdots$
$f'(a)$	−	0	+
$f(a)$	↘	극소	↗

따라서 함수 $f(a)$는 $a=1$에서 극소이면서 최소이므로 함수 $f(a)$, 즉 $\overline{PA}^2+\overline{PB}^2$의 최솟값은

$f(1)=2+2-12+26=18$

25 답 ①

$y=5x+k$와 $y=x(x+1)(x-4)$를 연립하면

$x(x+1)(x-4)=5x+k,\ x(x+1)(x-4)-5x=k$

∴ $x^3-3x^2-9x=k$

방정식 $x^3-3x^2-9x=k$가 서로 다른 두 실근을 가지면 직선 $y=5x+k$와 함수 $y=f(x)$의 그래프가 서로 다른 두 점에서 만난다.

즉, $h(x)=x^3-3x^2-9x$라 놓으면 방정식 $h(x)=k$를 만족시키는 서로 다른 두 실근이 존재하면 된다.

$h'(x)=3x^2-6x-9=3(x^2-2x-3)$

$\qquad\ =3(x+1)(x-3)$

$h'(x)=0$에서

$3(x+1)(x-3)=0$　∴ $x=-1$ 또는 $x=3$

함수 $h(x)$의 증가와 감소를 표로 나타내면 다음과 같다.

x	$\cdots$	-1	$\cdots$	3	$\cdots$
$h'(x)$	+	0	−	0	+
$h(x)$	↗	극대	↘	극소	↗

따라서 함수 $h(x)$는 $x=-1$에서 극댓값

$h(-1)=-1-3+9=5$

를 갖고, $x=3$에서 극솟값

$h(3)=27-27-27=-27$

을 갖는다.

이때, 함수 $y=h(x)$의 그래프와 직선 $y=k$의 교점이 2개
이려면 그림과 같이 직선 $y=k$가 함수 $h(x)$의 극대 또는
극소인 점에서 접하면 된다.

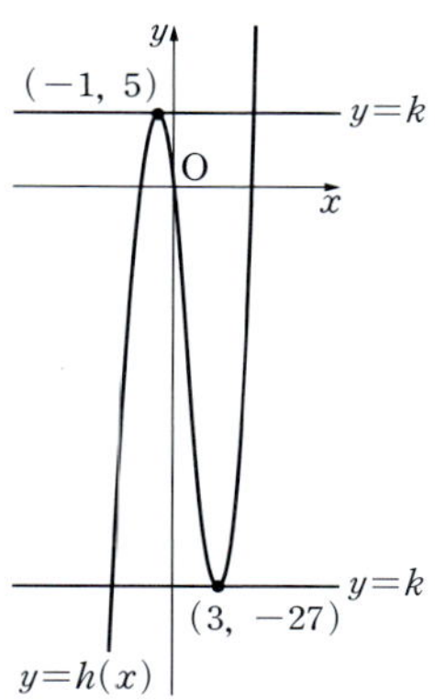

따라서 $k=5$ 또는 $k=-27$이므로 양수 k의 값은 5이다.

26 답 ③

삼차방정식 $x^3-12x-k=0$은 서로 다른 세 실근을 갖
는다. 세 실근 중 가장 작은 근을 α라 할 때, 정수 α의
값은? (단, k는 상수이다.)

① -5 ② -4 ③ -3
④ -2 ⑤ -1

1st 주어진 삼차방정식을 함수의 그래프로 바꾸어 생각하자.

삼차방정식 $x^3-12x-k=0$에서 $x^3-12x=k$

$f(x)=x^3-12x$로 놓으면

$f'(x)=3x^2-12$

$\qquad =3(x^2-4)$

$\qquad =3(x+2)(x-2)$

삼차방정식 $x^3-12x-k=0$의
실근의 개수는 함수 $y=x^3-12x$
의 그래프와 직선 $y=k$의 교점의
개수와 같아.

$f'(x)=0$에서

$3(x+2)(x-2)=0$ $\therefore x=-2$ 또는 $x=2$

함수 $f(x)$의 증가와 감소를 표로 나타내면 다음과 같다.

x	$\cdots$	-2	$\cdots$	2	$\cdots$
$f'(x)$	$+$	0	$-$	0	$+$
$f(x)$	↗	극대 (16)	↘	극소 (-16)	↗

함수 $y=f(x)$의 그래프를 그리면 그림과 같다.

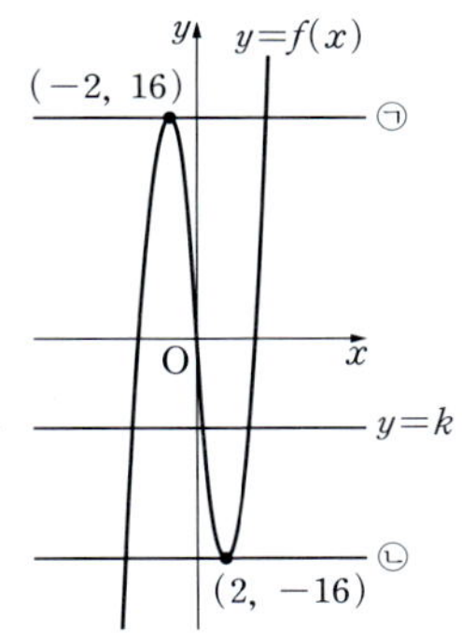

2nd 주어진 방정식이 서로 다른 세 실근을 가지려면 함수 $y=f(x)$
의 그래프와 직선 $y=k$가 서로 다른 세 점에서 만나야 해.

함수 $y=f(x)$의 그래프와 직선 $y=k$가 서로 다른 세 점에
서 만나야 하므로 그림에서

$-16 < k < 16$

3rd 방정식의 서로 다른 세 실근 중 가장 작은 근 α의 값의 범위를
구하자.

직선 $y=k$가 ㉠일 때의 삼차방정식의 근을 구하면

$x^3-12x=16$

$x^3-12x-16=0$

$(x+2)^2(x-4)=0$

$\therefore x=-2$ 또는 $x=4$

또, 직선 $y=k$가 ㉡일 때의 삼차방정식의 근을 구하면

$x^3-12x=-16$

$x^3-12x+16=0$

$(x-2)^2(x+4)=0$

$\therefore x=2$ 또는 $x=-4$

즉, 함수 $y=f(x)$의 그래프와 직선 $y=k$가 서로 다른 세
점에서 만날 때, 주어진 방정식의 가장 작은 실근 α의 값
의 범위는 $-4 < \alpha < -2$이다.

따라서 정수 α의 값은 -3이다.

27 답 ②

함수 $y=f(x)$의 그래프가 함수 $y=g(x)$의 그래프보다 항
상 위쪽에 있기 위해서는

$f(x) > g(x)$, 즉 $f(x)-g(x) > 0$이어야 한다.

$h(x)=f(x)-g(x)$라 놓으면

$h(x)=x^4-3x^2+a-(-x^2+24x)$

$\qquad =x^4-2x^2-24x+a$

이므로

$h'(x)=4x^3-4x-24$

$\qquad =4(x^3-x-6)$

$\qquad =4(x-2)(x^2+2x+3)$

$h'(x)=0$에서

$4(x-2)(x^2+2x-3)=0$ $\therefore x=2$

함수 $h(x)$의 증가와 감소를 표로 나타내면 다음과 같다.

x	$\cdots$	2	$\cdots$
$h'(x)$	$-$	0	$+$
$h(x)$	↘	극소 $(a-40)$	↗

함수 $h(x)$는 $x=2$일 때 극소이면서 최소이므로 주어진
부등식이 항상 성립하려면

$h(2)=16-8-48+a=a-40 > 0$이어야 한다.

따라서 $a>40$이므로 정수 a의 최솟값은 41이다.

28 답 ②

속도 $v(t)$를 t에 대하여 미분하면 가속도이므로
$t=a$에서의 가속도는 $v'(a)$이다.
즉, $v(t)=-t^2+10t$에서 $v'(t)=-2t+10$이므로
$v'(a)=-2a+10=0$
$\therefore a=5$

29 답 ⑤

t초 후의 수면의 반지름의 길이를
r cm, 수면의 높이를 h cm라 하면
그림에서

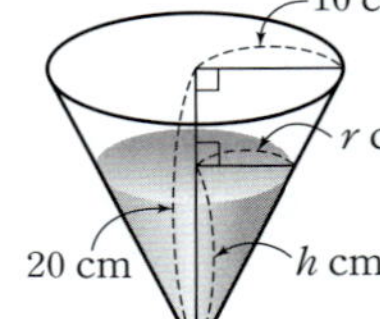

$10:20=r:h$
$\therefore r=\dfrac{1}{2}h$

이때, 수면의 높이가 매초 1.5 cm씩 올라가므로 t초 후의
수면의 높이는 $h=1.5t=\dfrac{3}{2}t\,(\text{cm})$이고, 수면의 반지름의
길이는 $r=\dfrac{1}{2}h=\dfrac{1}{2}\times\dfrac{3}{2}t=\dfrac{3}{4}t\,(\text{cm})$이다.
물의 부피를 V cm^{3}라 하면
$V=\dfrac{1}{3}\pi r^2h=\dfrac{1}{3}\pi\times\left(\dfrac{3}{4}t\right)^2\times\dfrac{3}{2}t=\dfrac{9}{32}\pi t^3$
$\therefore \dfrac{dV}{dt}=\dfrac{27}{32}\pi t^2$

한편, 수면의 높이가 12 cm가 되는 시각은
$\dfrac{3}{2}t=12 \quad \therefore t=8$

따라서 $t=8$일 때의 물의 부피의 변화율은
$\dfrac{27}{32}\pi\times 8^2=\dfrac{27}{32}\pi\times 64=54\pi\,(\text{cm}^3/\text{s})$

30 답 14

$\displaystyle\lim_{x\to\infty}\dfrac{f(x)-x^3}{x^2+1}=2$와 같이 수렴하기 위해서는 분모와 분자
의 차수가 같아야 하고 분자의 최고차항의 계수가 2이어야
한다.
즉, $f(x)-x^3=2x^2+ax+b$ (단, a, b는 상수)이므로
$f(x)=x^3+2x^2+ax+b$ … Ⅰ
$\displaystyle\lim_{x\to-1}\dfrac{f(x)}{x+1}=5$와 같이 수렴하고 $\displaystyle\lim_{x\to-1}(x+1)=0$이므로
$\displaystyle\lim_{x\to-1}f(x)=0$이어야 한다.
즉, $f(-1)=0 \cdots$ ㉠이므로
$f(-1)=-1+2-a+b=0$
$\therefore b=a-1 \cdots$ ㉡
$\displaystyle\lim_{x\to-1}\dfrac{f(x)}{x+1}=\lim_{x\to-1}\dfrac{f(x)-f(-1)}{x-(-1)} \;(\because ㉠)$
$\qquad\qquad =f'(-1)=5$
$f'(x)=3x^2+4x+a$에서
$f'(-1)=3-4+a=5 \quad \therefore a=6$

$a=6$을 ㉡에 대입하면
$b=6-1=5$ … Ⅱ
따라서 $f(x)=x^3+2x^2+6x+5$이므로
$f(1)=1+2+6+5=14$ … Ⅲ

[채점 기준표]

Ⅰ	$\displaystyle\lim_{x\to\infty}\dfrac{f(x)-x^3}{x^2+1}=2$를 이용하여 $f(x)$의 식을 세운다.	40%
Ⅱ	$\displaystyle\lim_{x\to-1}\dfrac{f(x)}{x+1}=5$를 이용하여 $f(-1)$, $f'(-1)$의 값을 찾아 a, b의 값을 각각 구한다.	40%
Ⅲ	$f(1)$의 값을 구한다.	20%

31 답 $y=-5x+6$

$f(x)=x^3-6x^2+7x-2$라 하면
$f'(x)=3x^2-12x+7=3(x-2)^2-5$
이차함수 $f'(x)$는 $x=2$일 때 최솟값 -5를 가지므로
$x=2$일 때 접선의 기울기가 -5로 최소가 된다. … Ⅰ
이때, $x=2$일 때 $f(2)=8-24+14-2=-4$이므로
접점의 좌표는 $(2, -4)$이다. … Ⅱ
따라서 구하는 접선의 방정식은
$y+4=-5(x-2) \quad \therefore y=-5x+6$ … Ⅲ

[채점 기준표]

Ⅰ	도함수를 구하여 접선의 기울기가 최소인 x의 값과 그때의 최솟값을 구한다.	40%
Ⅱ	접선의 기울기가 최소일 때의 접점의 좌표를 구한다.	40%
Ⅲ	접선의 방정식을 구한다.	20%

Ⅲ 적분

[개념 CHECK + 연산 연습] pp. 100~101

01 답 부정적분

02 답 피적분함수

03 답 적분상수

04 답 $f(x)+C$

05 답 ×
$F'(x)=f(x)$일 때, 함수 $F(x)$는 $f(x)$의 부정적분이다.

06 답 ×
$\int f(x)\,dx=F(x)+C$ (단, C는 적분상수)

07 답 ○

08 답 ×
$\int\left\{\dfrac{d}{dx}f(x)\right\}dx=f(x)+C$ (단, C는 적분상수)
$\dfrac{d}{dx}\left\{\int f(x)\,dx\right\}=f(x)$
$\therefore \int\left\{\dfrac{d}{dx}f(x)\right\}dx\neq\dfrac{d}{dx}\left\{\int f(x)\,dx\right\}$

09 답 ○

10 답 ○

11 답 ×

12 답 ○

13 답 $\dfrac{1}{2}x^4+C$ (단, C는 적분상수)

14 답 $4x+C$ (단, C는 적분상수)

15 답 $-\dfrac{1}{3}x^9+C$ (단, C는 적분상수)

16 답 $\dfrac{1}{2}x^2+C$ (단, C는 적분상수)

17 답 $f(x)=2x+3$
$f(x)=(x^2+3x+C)'$
$\therefore f(x)=2x+3$

18 답 $f(x)=3x^2+2x$
$f(x)=(x^3+x^2+C)'$
$\therefore f(x)=3x^2+2x$

19 답 $f(x)=x^3-6x^2-1$
$f(x)=\left(\dfrac{1}{4}x^4-2x^3-x+C\right)'$
$\therefore f(x)=x^3-6x^2-1$

20 답 $4x$
$\dfrac{d}{dx}\left\{\int f(x)\,dx\right\}=f(x)$이므로
$\dfrac{d}{dx}\left\{\int 4x\,dx\right\}=4x$

21 답 $5x^4$

22 답 x^2+C (단, C는 적분상수)
$\int\left\{\dfrac{d}{dx}f(x)\right\}dx=f(x)+C$이므로
$\int\left\{\dfrac{d}{dx}x^2\right\}dx=x^2+C$ (단, C는 적분상수)

23 답 x^9+C (단, C는 적분상수)

24 답 ①
$f(x)=(x^3-2x+C)'=3x^2-2$

25 답 ①
$f(x)+1=\left(\dfrac{1}{4}x^4-\dfrac{3}{2}x^2+C\right)'=x^3-3x$이므로
$f(x)=x^3-3x-1$
$\therefore f(1)=1-3-1=-3$

26 답 ③
$F(x)=2x^4+x^2-5$라 하면 함수 $f(x)$의 부정적분 중 하나가 $F(x)$이므로
$f(x)=F'(x)=8x^3+2x$
$\therefore f\left(\dfrac{1}{2}\right)=8\times\dfrac{1}{8}+2\times\dfrac{1}{2}=2$

27 답 ⑤
$h(x)=\{f(x)g(x)\}'=f'(x)g(x)+f(x)g'(x)$
이때, $f(x)=3x^2,\ g(x)=4x-5$에서
$f'(x)=6x,\ g'(x)=4$
$\therefore h(x)=6x\times(4x-5)+3x^2\times 4$
$\qquad\quad=24x^2-30x+12x^2=36x^2-30x$
$\therefore h(1)=36-30=6$

28 답 ②

$$f(x)=\frac{d}{dx}\left\{\int(x^4-2x^3+3x^2)\,dx\right\}$$
$$=x^4-2x^3+3x^2$$
$$\therefore f(2)=16-16+12=12$$

29 답 ④

$$\frac{d}{dx}\left\{\int(ax^3+3x^2+x-b)\,dx\right\}=2x^3+cx^2+x+9\text{에서}$$
$$ax^3+3x^2+x-b=2x^3+cx^2+x+9$$

모든 실수 x에 대하여 위의 등식이 성립하므로 항등식의
성질에 의해

$$a=2,\ b=-9,\ c=3$$
$$\therefore a-b+c=2-(-9)+3=14$$

30 답 ②

$$f(x)=\int\left\{\frac{d}{dx}(2x^3-x^2+5x)\right\}dx$$
$$=2x^3-x^2+5x+C\ (\text{단, }C\text{는 적분상수})$$

이고, $f(1)=5$이므로

$$f(1)=2-1+5+C=5$$
$$\therefore C=-1$$

즉, $f(x)=2x^3-x^2+5x-1$이므로

$$f(0)=-1$$

> **TIP**
>
> 미분과 적분이 서로 역연산의 관계이기 때문에 미분과 적분이
> 만나면 당연히 원상태로 돌아온다. 이때, 순서가 중요하다. 즉,
>
> $$\int\left\{\frac{d}{dx}f(x)\right\}dx=f(x)+C\ (C\text{는 적분상수})\ \cdots\ \text{㉠}$$
>
> $$\frac{d}{dx}\left\{\int f(x)\,dx\right\}=f(x)\ \cdots\ \text{㉡}$$
>
> 에서 적분상수의 차이가 생긴다.
> ㉠은 미분을 먼저 하고 적분을 하기 때문에 적분상수가 생기
> 는 것이고, ㉡은 적분을 먼저 하면 적분상수가 생기지만 뒤에
> 미분을 하기 때문에 상수의 미분이 0이므로 상수가 없어지게
> 되는 것이다.
> 미분과 적분이 같이 있을 때, 적분을 나중에 하면 적분상수가
> 생긴다는 사실을 기억하자.
> '먼저 적분을 하고 나중에 미분을 하면
> ⇒ 원래의 식'
> '먼저 미분을 하고 나중에 적분을 하면
> ⇒ (원래의 식)$+C$ (단, C는 적분상수)'

31 답 ④

주어진 등식의 좌변은

$$\log_x\left(\frac{d}{dx}\int x^5\,dx\right)=\log_x x^5=5$$

이므로 주어진 등식은

$$5=x^2-3x+7,\ x^2-3x+2=0$$
$$(x-1)(x-2)=0$$
$$\therefore x=2\ (\because x\neq1)$$

32 답 ⑤

$$\lim_{h\to0}\frac{f(1+2h)-f(1)}{h}=\lim_{h\to0}\frac{f(1+2h)-f(1)}{2h}\times2$$
$$=2f'(1)$$

$f(x)=\int(x^2+4x+3)\,dx$의 양변을 x에 대하여 미분하면

$$f'(x)=x^2+4x+3$$
$$\therefore 2f'(1)=2\times(1+4+3)=16$$

33 답 ③

$$\lim_{x\to1}\frac{f(x)-f(1)}{x-1}=f'(1)$$

$f(x)=\int(3x^2-5)\,dx$의 양변을 x에 대하여 미분하면

$$f'(x)=3x^2-5$$
$$\therefore f'(1)=3-5=-2$$

34 답 ②

$$F(x)=\frac{d}{dx}\left\{\int(x-1)f(x)\,dx\right\}$$
$$=(x-1)f(x)$$
$$=(x-1)(-3x^3+4x)$$

이므로

$$F(-1)=(-2)\times(3-4)=2$$

35 답 ③

$$f(x)=\frac{d}{dx}\left\{\int(-2x^2+8x+a)\,dx\right\}$$
$$=-2x^2+8x+a$$
$$=-2(x-2)^2+8+a$$

이때, 함수 $f(x)$는 $x=2$일 때 최댓값 9를 가지므로

$$8+a=9\qquad\therefore a=1$$

36 답 ⑤

$$F(x)=\int\left\{\frac{d}{dx}f(x)\right\}dx$$
$$=f(x)+C$$
$$=10x^{10}-9x^9+\cdots+2x^2-x+C\ (\text{단, }C\text{는 적분상수})$$

이때, $F(0)=10$이므로 $C=10$
따라서 $F(x)=10x^{10}-9x^9+\cdots+2x^2-x+10$이므로

$$F(1)=10-9+\cdots+2-1+10$$
$$=1+1+1+1+1+10=15$$

01 답 $n+1,\ n+1$

02 답 x

03 답 $\displaystyle\int x^3\,dx$

04 답 $2,\ \displaystyle\int 4\,dx$

05 답 $\times$

$$\int 3\,dx = 3x + C$$

06 답 ○

07 답 ○

$$\int (x+2)\,dx + \int (x-2)\,dx$$
$$= \int \{(x+2)+(x-2)\}\,dx$$
$$= \int 2x\,dx$$

08 답 $\times$

09 답 $2x+C$ (단, C는 적분상수)

10 답 $\dfrac{1}{4}x^4+C$ (단, C는 적분상수)

11 답 $\dfrac{1}{8}x^8+C$ (단, C는 적분상수)

12 답 $\dfrac{1}{11}x^{11}+C$ (단, C는 적분상수)

13 답 x^4+C (단, C는 적분상수)

14 답 x^5+C (단, C는 적분상수)

15 답 $3x^2+3x+C$ (단, C는 적분상수)

16 답 $\dfrac{1}{3}x^3+x+C$ (단, C는 적분상수)

17 답 $\dfrac{1}{4}x^4-\dfrac{1}{2}x^2+C$ (단, C는 적분상수)

18 답 $-\dfrac{1}{5}x^5+\dfrac{1}{3}x^3+C$ (단, C는 적분상수)

19 답 $\dfrac{2}{5}x^5+\dfrac{7}{3}x^3-x+C$ (단, C는 적분상수)

20 답 $\dfrac{2}{3}x^6+x^3+5x+C$ (단, C는 적분상수)

21 답 $-\dfrac{1}{4}x^8+x^6-\dfrac{1}{2}x^2+C$ (단, C는 적분상수)

22 답 $2x^7-\dfrac{5}{2}x^4+2x+C$ (단, C는 적분상수)

유형 연습 [+ 내신 유형] 문제편 pp. 106~109

23 답 ④

C가 적분상수일 때,

① $\displaystyle\int 0\,dx = C$

② $\displaystyle\int dx = \int 1\,dx = x+C$

③ $\displaystyle\int \dfrac{1}{2}x\,dx = \dfrac{1}{2}\times\dfrac{1}{1+1}x^2+C = \dfrac{1}{4}x^2+C$

⑤ $\displaystyle\int \dfrac{1}{6}x^5\,dx = \dfrac{1}{6}\times\dfrac{1}{5+1}x^6+C = \dfrac{1}{36}x^6+C$

24 답 x^2y^3+C (단, C는 적분상수)

dy는 y에 대하여 적분한다는 뜻이므로 y 이외의 문자는 모두 상수로 생각한다.

$$\therefore \int 3x^2y^2\,dy = 3x^2\int y^2\,dy = 3x^2\times\dfrac{1}{2+1}y^3+C$$
$$= x^2y^3+C \ (단,\ C는\ 적분상수)$$

25 답 ②

$$\int (x+1)^2\,dx - \int (x-1)^2\,dx$$
$$= \int \{(x+1)^2-(x-1)^2\}\,dx$$
$$= \int \{(x^2+2x+1)-(x^2-2x+1)\}\,dx$$
$$= \int 4x\,dx = 2x^2+C \ (단,\ C는\ 적분상수)$$

26 답 ②

$$\int \dfrac{x^3}{x+1}\,dx + \int \dfrac{1}{x+1}\,dx$$
$$= \int \left(\dfrac{x^3}{x+1}+\dfrac{1}{x+1}\right)dx = \int \dfrac{x^3+1}{x+1}\,dx$$
$$= \int \dfrac{(x+1)(x^2-x+1)}{x+1}\,dx = \int (x^2-x+1)\,dx$$
$$= \int x^2\,dx - \int x\,dx + \int dx$$
$$= \dfrac{1}{3}x^3-\dfrac{1}{2}x^2+x+C \ (단,\ C는\ 적분상수)$$

$\int x^2\,dx - \int x\,dx + \int dx$에서 각각의 부정적분을 하면

$\dfrac{1}{3}x^3 + C_1 - \dfrac{1}{2}x^2 + C_2 + x + C_3$

으로 적분상수가 C_1, C_2, C_3의 세 개가 나온다.

그런데 상수끼리의 합은 상수이므로 $C = C_1 + C_2 + C_3$처럼 하나로 통합해서 표현하는 게 일반적이다.

27 답 ⑤

$$\int \frac{1}{x}\,dx + \int \frac{(2x+1)(2x-1)}{x}\,dx$$
$$= \int \frac{1}{x}\,dx + \int \frac{4x^2-1}{x}\,dx$$
$$= \int \frac{1+4x^2-1}{x}\,dx = \int \frac{4x^2}{x}\,dx$$
$$= \int 4x\,dx = 2x^2 + C \ \text{(단, C는 적분상수)}$$

28 답 ⑤

$f'(x) = 4x^3 - 2x + 3$에서
$$f(x) = \int f'(x)\,dx$$
$$= \int (4x^3 - 2x + 3)\,dx$$
$$= x^4 - x^2 + 3x + C \ \text{(단, C는 적분상수)}$$

이때, $f(0) = 1$이므로 $C = 1$

따라서 $f(x) = x^4 - x^2 + 3x + 1$이므로
$$f(2) = 16 - 4 + 6 + 1 = 19$$

29 답 $\dfrac{1}{4}x^4 + \dfrac{1}{3}x^3 - \dfrac{1}{2}x^2 + C$ (단, C는 적분상수)

$f'(x) = 3x^2 + 2x - 1$에서
$$f(x) = \int (3x^2 + 2x - 1)\,dx$$
$$= x^3 + x^2 - x + C_1 \ \text{(단, C_1은 적분상수)}$$

이때, $f(1) = 1$이므로
$$f(1) = 1 + 1 - 1 + C_1 = 1 \qquad \therefore C_1 = 0$$

따라서 $f(x) = x^3 + x^2 - x$이므로
$$\int f(x)\,dx = \int (x^3 + x^2 - x)\,dx$$
$$= \frac{1}{4}x^4 + \frac{1}{3}x^3 - \frac{1}{2}x^2 + C \ \text{(단, C는 적분상수)}$$

30 답 ④

$f'(x) = \begin{cases} x-2 & (x \geq 1) \\ -1 & (x < 1) \end{cases}$ 이므로

$f(x) = \begin{cases} \displaystyle\int (x-2)\,dx & (x \geq 1) \\ \displaystyle\int (-1)\,dx & (x < 1) \end{cases}$

$= \begin{cases} \dfrac{1}{2}x^2 - 2x + C_1 & (x \geq 1) \\ -x + C_2 & (x < 1) \end{cases} \cdots \ \text{㉠}$

(단, C_1, C_2는 적분상수)

이때, $y = f(x)$의 그래프가 점 $(0, 1)$을 지나므로 ㉠에 의해 $C_2 = 1$

또, $y = f(x)$가 연속함수이므로 $x = 1$에서의 극한값과 함숫값이 같아야 한다.

즉, $\displaystyle\lim_{x \to 1+} f(x) = \lim_{x \to 1-} f(x) = f(1)$에서

$$\frac{1}{2} - 2 + C_1 = -1 + 1 \ (\because C_2 = 1)$$

$$\therefore C_1 = \frac{3}{2}$$

따라서 $f(x) = \begin{cases} \dfrac{1}{2}x^2 - 2x + \dfrac{3}{2} & (x \geq 1) \\ -x + 1 & (x < 1) \end{cases}$ 이므로

$$f(2) = 2 - 4 + \frac{3}{2} = -\frac{1}{2}$$

31 답 ⑤

$f'(x) = ax(x-2) = ax^2 - 2ax \ (a > 0)$로 놓을 수 있으므로
$$f(x) = \int f'(x)\,dx$$
$$= \int (ax^2 - 2ax)\,dx$$
$$= \frac{1}{3}ax^3 - ax^2 + C \ \text{(단, C는 적분상수)} \cdots \ \text{㉠}$$

이때, $x = 0$의 좌우에서 $f'(x)$의 부호가 양에서 음으로, $x = 2$의 좌우에서 $f'(x)$의 부호가 음에서 양으로 바뀌므로 함수 $f(x)$는 $x = 0$에서 극댓값 4, $x = 2$에서 극솟값 0을 갖는다.

즉, ㉠에 $x = 0$, $x = 2$를 각각 대입하면
$$f(0) = C = 4, \quad f(2) = \frac{8}{3}a - 4a + C = 0$$

$C = 4$를 $\dfrac{8}{3}a - 4a + C = 0$에 대입하면
$$-\frac{4}{3}a + 4 = 0 \qquad \therefore a = 3$$

따라서 $f(x) = x^3 - 3x^2 + 4$이므로
$$f(1) = 1 - 3 + 4 = 2$$

32 답 16

$f'(x) = ax(x-4) = ax^2 - 4ax \ (a < 0)$로 놓을 수 있으므로
$$f(x) = \int (ax^2 - 4ax)\,dx$$
$$= \frac{a}{3}x^3 - 2ax^2 + C \ \text{(단, C는 적분상수)}$$

이때, $x = 0$의 좌우에서 $f'(x)$의 부호가 음에서 양으로 바뀌므로 함수 $f(x)$는 $x = 0$에서 극솟값 $f(0) = 0$을 갖는다.

즉, $C = 0$이므로
$$f(x) = \frac{a}{3}x^3 - 2ax^2$$

또, $f(2) = 8$이므로
$$f(2) = \frac{8}{3}a - 8a = 8$$

$$-\frac{16}{3}a = 8 \qquad \therefore a = -\frac{3}{2}$$

따라서 $f(x)=-\dfrac{1}{2}x^3+3x^2$이고 $x=4$의 좌우에서 $f'(x)$

의 부호가 양에서 음으로 바뀌므로 $x=4$에서 극댓값을 갖

는다.

$\therefore$ (극댓값)$=f(4)=-32+48=16$

33 답 ⑤

$f'(x)=6x^2+2x-1$이므로

$f(x)=\displaystyle\int f'(x)\,dx=\int (6x^2+2x-1)\,dx$

$\qquad =2x^3+x^2-x+C$ (단, C는 적분상수) $\cdots$ ㉠

이때, 곡선 $y=f(x)$가 점 $(-1,\,3)$을 지나므로 ㉠에

$x=-1$을 대입하면

$f(-1)=-2+1+1+C=3 \qquad \therefore C=3$

따라서 $f(x)=2x^3+x^2-x+3$이므로

$f(1)=2+1-1+3=5$

34 답 ②

$f'(x)=4x+1$이므로

$f(x)=\displaystyle\int (4x+1)\,dx$

$\qquad =2x^2+x+C$ (단, C는 적분상수) $\cdots$ ㉠

한편, 곡선 $y=f(x)$가 점 $(-1,\,-2)$를 지나므로

㉠에 $x=-1$을 대입하면

$f(-1)=2-1+C=-2 \qquad \therefore C=-3$

따라서 방정식 $2x^2+x-3=0$의 모든 근의 합은 이차방정

식의 근과 계수의 관계에 의해 $-\dfrac{1}{2}$이다.

35 답 $-\dfrac{5}{27}$

$f'(x)=3x^2-4x$이므로

$f(x)=\displaystyle\int (3x^2-4x)\,dx$

$\qquad =x^3-2x^2+C$ (단, C는 적분상수) $\cdots$ ㉠

이 곡선이 점 $(1,\,0)$을 지나므로 ㉠에 $x=1$을 대입하면

$f(1)=1-2+C=0 \qquad \therefore C=1$

즉, $f(x)=x^3-2x^2+1$이다.

$f'(x)=3x^2-4x=x(3x-4)$

이때, $x=\dfrac{4}{3}$에서 $f'(x)=0$이고 $x=\dfrac{4}{3}$의 좌우에서 $f'(x)$

의 부호가 음에서 양으로 바뀌므로 함수 $f(x)$는 $x=\dfrac{4}{3}$에

서 극솟값을 갖는다.

$\therefore$ (극솟값)$=f\left(\dfrac{4}{3}\right)=\dfrac{64}{27}-\dfrac{32}{9}+1=-\dfrac{5}{27}$

36 답 ③

$f'(x)=\dfrac{d}{dx}\left\{\displaystyle\int (4ax-3)\,dx\right\}=4ax-3$이고,

점 $(-1,\,2)$에서의 접선의 기울기가 5이므로

$f'(-1)=-4a-3=5 \qquad \therefore a=-2$

즉, $f'(x)=-8x-3$이므로

$f(x)=\displaystyle\int f'(x)\,dx=\int (-8x-3)\,dx$

$\qquad =-4x^2-3x+C$ (단, C는 적분상수) $\cdots$ ㉠

이때, 곡선 $y=f(x)$가 점 $(-1,\,2)$를 지나므로

㉠에 $x=-1$을 대입하면

$f(-1)=-4+3+C=2 \qquad \therefore C=3$

따라서 $f(x)=-4x^2-3x+3$이므로 $f(0)=3$이다.

37 답 33

$f'(x)=\begin{cases}4x-5 & (x\geq 3)\\ 7 & (x<3)\end{cases}$이므로

$f(x)=\begin{cases}\displaystyle\int (4x-5)\,dx & (x\geq 3)\\ \displaystyle\int 7\,dx & (x<3)\end{cases}$

$\qquad =\begin{cases}2x^2-5x+C_1 & (x\geq 3)\\ 7x+C_2 & (x<3)\end{cases}$ (단, $C_1,\,C_2$는 적분상수)

이때, $f(0)=-10$이라 하므로 $C_2=-10$

한편, $f(x)$는 $x=3$에서 미분가능하므로 $x=3$에서 연속이다.

즉, $\displaystyle\lim_{x\to 3+}(2x^2-5x+C_1)=\lim_{x\to 3-}(7x-10)$에서

$18-15+C_1=21-10 \qquad \therefore C_1=8$

따라서 $f(x)=\begin{cases}2x^2-5x+8 & (x\geq 3)\\ 7x-10 & (x<3)\end{cases}$이므로

$f(5)=50-25+8=33$

> **[함수의 연속]** 심플 정리
>
> 함수 $f(x)$가 다음과 같은 세 조건
> (i) $f(a)$가 정의되어 있다.
> (ii) $\displaystyle\lim_{x\to a}f(x)$가 존재한다. 즉, $\displaystyle\lim_{x\to a-}f(x)=\lim_{x\to a+}f(x)$
> (iii) $\displaystyle\lim_{x\to a}f(x)=f(a)$
> 를 모두 만족시킬 때, $x=a$에서 연속이라고 한다.

38 답 ③

$f'(x)=\begin{cases}3 & (x\geq 1)\\ 2x+1 & (x<1)\end{cases}$이므로

$f(x)=\begin{cases}\displaystyle\int 3\,dx & (x\geq 1)\\ \displaystyle\int (2x+1)\,dx & (x<1)\end{cases}$

$\qquad =\begin{cases}3x+C_1 & (x\geq 1)\\ x^2+x+C_2 & (x<1)\end{cases}$ (단, $C_1,\,C_2$는 적분상수)

$f(2)=3$이므로 $6+C_1=3 \qquad \therefore C_1=-3$

한편, $f(x)$는 $x=1$에서 미분가능하므로 $x=1$에서 연속이다.

즉, $\displaystyle\lim_{x\to 1+}f(x)=\lim_{x\to 1-}f(x)$에서

$3-3=1+1+C_2 \qquad \therefore C_2=-2$

따라서 $f(x)=\begin{cases}3x-3 & (x\geq 1)\\ x^2+x-2 & (x<1)\end{cases}$이므로 $f(0)=-2$이다.

39 답 9

$f'(x)=|x-1|+1$에 대하여

$x\geq 1$일 때, $x-1\geq 0$이므로

$f'(x)=|x-1|+1=x-1+1=x$

$x<1$일 때, $x-1<0$이므로

$f'(x)=|x-1|+1=-x+1+1=-x+2$

즉, $f'(x)=\begin{cases} x & (x\geq 1) \\ -x+2 & (x<1) \end{cases}$ 이므로

$$f(x)=\begin{cases} \displaystyle\int x\,dx & (x\geq 1) \\ \displaystyle\int (-x+2)\,dx & (x<1) \end{cases}$$

$$=\begin{cases} \dfrac{1}{2}x^2+C_1 & (x\geq 1) \\ -\dfrac{1}{2}x^2+2x+C_2 & (x<1) \end{cases}$$

$$(단,\ C_1,\ C_2는\ 적분상수)$$

이때, $f(0)=1$이므로 $C_2=1$

또, $f(x)$는 연속함수이므로

$\displaystyle\lim_{x\to 1+}f(x)=\lim_{x\to 1-}f(x)$에서

$\dfrac{1}{2}+C_1=-\dfrac{1}{2}+2+1$ $\therefore C_1=2$

따라서 $f(x)=\begin{cases} \dfrac{1}{2}x^2+2 & (x\geq 1) \\ -\dfrac{1}{2}x^2+2x+1 & (x<1) \end{cases}$ 이므로

$f(2)-f(-2)=(2+2)-(-2-4+1)=9$

40 답 ④

$f(x)$가 $x=-1$, $x=2$에서 극값을 가지므로

$f'(-1)=f'(2)=0$

즉, 인수정리에 의해 $f'(x)$는 $x+1$, $x-2$를 인수로 가진다.

또, $f'(x)$는 이차항의 계수가 3인 이차함수이므로

$f'(x)=3(x+1)(x-2)=3x^2-3x-6 \cdots \bigcirc$

$\therefore f(x)=\displaystyle\int (3x^2-3x-6)\,dx$

$\qquad =x^3-\dfrac{3}{2}x^2-6x+C\ (단,\ C는\ 적분상수)$

이때, $\bigcirc$에서 함수 $f(x)$의 증가와 감소를 표로 나타내면 다음과 같다.

x	$\cdots$	-1	$\cdots$	2	$\cdots$
$f'(x)$	$+$	0	$-$	0	$+$
$f(x)$	↗	극대	↘	극소	↗

즉, $f(x)$는 $x=2$에서 극솟값 -4를 가지므로

$f(2)=8-6-12+C=-4$

$\therefore C=6$

따라서 $f(x)=x^3-\dfrac{3}{2}x^2-6x+6$이므로

$f(1)=1-\dfrac{3}{2}-6+6=-\dfrac{1}{2}$

41 답 ②

$f(x)=\displaystyle\int f'(x)\,dx=\int (3x^2-7x+2)\,dx$

$\qquad =x^3-\dfrac{7}{2}x^2+2x+C\ (단,\ C는\ 적분상수)$

또, $f'(x)=3x^2-7x+2=(3x-1)(x-2)$이므로

$f'(x)=0$에서

$(3x-1)(x-2)=0$ $\therefore x=\dfrac{1}{3}$ 또는 $x=2$

즉, 함수 $f(x)$의 증가와 감소를 표로 나타내면 다음과 같다.

x	$\cdots$	$\dfrac{1}{3}$	$\cdots$	2	$\cdots$
$f'(x)$	$+$	0	$-$	0	$+$
$f(x)$	↗	극대	↘	극소	↗

함수 $f(x)$는 $x=2$일 때 극솟값 $-\dfrac{3}{2}$을 가지므로

$f(2)=8-14+4+C=-\dfrac{3}{2}$ $\therefore C=\dfrac{1}{2}$

따라서 $f(x)=x^3-\dfrac{7}{2}x^2+2x+\dfrac{1}{2}$이므로 $f(x)$의 극댓값은

$f\left(\dfrac{1}{3}\right)=\dfrac{1}{27}-\dfrac{7}{18}+\dfrac{2}{3}+\dfrac{1}{2}=\dfrac{22}{27}$

42 답 $\dfrac{1}{6}$

$F(x)=\displaystyle\int f(x)\,dx=\int (x^2-3x+2)\,dx$

$\qquad =\dfrac{1}{3}x^3-\dfrac{3}{2}x^2+2x+C\ (단,\ C는\ 적분상수)$

이때, $F(x)=\displaystyle\int f(x)\,dx$이므로

$F'(x)=f(x)=x^2-3x+2=(x-1)(x-2)$

$F'(x)=0$에서

$(x-1)(x-2)=0$ $\therefore x=1$ 또는 $x=2$

함수 $F(x)$의 증가와 감소를 표로 나타내면 다음과 같다.

x	$\cdots$	1	$\cdots$	2	$\cdots$
$F'(x)$	$+$	0	$-$	0	$+$
$F(x)$	↗	극대	↘	극소	↗

$F(x)$는 $x=1$에서 극댓값, $x=2$에서 극솟값을 갖는다.

따라서 극댓값과 극솟값의 차는

$F(1)-F(2)=\left(\dfrac{1}{3}-\dfrac{3}{2}+2+C\right)-\left(\dfrac{8}{3}-6+4+C\right)$

$\qquad =\dfrac{1}{6}$

43 답 ⑤

$\displaystyle\lim_{x\to a}\dfrac{f(x)-f(a)}{x-a}=4a^3-6a^2+3$에서

$f'(a)=4a^3-6a^2+3$

$\therefore f(a)=\displaystyle\int (4a^3-6a^2+3)\,da$

$\qquad =a^4-2a^3+3a+C\ (단,\ C는\ 적분상수)$

이때, $f(1)=0$이므로
$$f(1)=1-2+3+C=0 \qquad \therefore C=-2$$
따라서 $f(x)=x^4-2x^3+3x-2$이므로
$$f(-1)=1+2-3-2=-2$$

44 답 ④

$$\lim_{h\to 0}\frac{f(x+3h)-f(x-h)}{h}$$
$$=\lim_{h\to 0}\frac{f(x+3h)-f(x)+f(x)-f(x-h)}{h}$$
$$=\lim_{h\to 0}\frac{f(x+3h)-f(x)}{3h}\times 3+\lim_{h\to 0}\frac{f(x-h)-f(x)}{-h}$$
$$=3f'(x)+f'(x)=4f'(x)$$
즉, $4f'(x)=12x^2-8x+4$이므로
$$f'(x)=3x^2-2x+1$$
$$\therefore f(x)=\int f'(x)\,dx=\int (3x^2-2x+1)\,dx$$
$$=x^3-x^2+x+C \text{ (단, }C\text{는 적분상수)}$$
이때, $f(1)=5$이므로
$$1-1+1+C=5 \qquad \therefore C=4$$
따라서 $f(x)=x^3-x^2+x+4$이므로
$$f(3)=27-9+3+4=25$$

45 답 ③

$\Delta y=-4(\Delta x)^2+(kx-1)\Delta x$이므로
$$f'(x)=\lim_{\Delta x\to 0}\frac{\Delta y}{\Delta x}=\lim_{\Delta x\to 0}\frac{-4(\Delta x)^2+(kx-1)\Delta x}{\Delta x}$$
$$=\lim_{\Delta x\to 0}(-4\Delta x+kx-1)$$
$$=kx-1$$
$$\therefore f(x)=\int (kx-1)\,dx$$
$$=\frac{k}{2}x^2-x+C \text{ (단, }C\text{는 적분상수)}$$
이때, $f(0)=1,\ f(1)=2$이므로
$$f(0)=C=1$$
$$f(1)=\frac{k}{2}-1+C=\frac{k}{2}-1+1=2$$
$$\frac{k}{2}=2 \qquad \therefore k=4$$
따라서 $f(x)=2x^2-x+1$이므로
$$f(2)=8-2+1=7$$

46 답 1

다항함수 $f(x)$의 한 부정적분이 $F(x)$이므로
$$F'(x)=f(x)$$
$F(x)=xf(x)-x^4+x^2+2$의 양변을 x에 대하여 미분하면
$$f(x)=f(x)+xf'(x)-4x^3+2x$$
$$xf'(x)=4x^3-2x$$
$$\therefore f'(x)=4x^2-2$$

$$\therefore f(x)=\int f'(x)\,dx=\int (4x^2-2)\,dx$$
$$=\frac{4}{3}x^3-2x+C \text{ (단, }C\text{는 적분상수)}$$
이때, $f(0)=\frac{5}{3}$이므로 $C=\frac{5}{3}$
따라서 $f(x)=\frac{4}{3}x^3-2x+\frac{5}{3}$이므로
$$f(1)=\frac{4}{3}-2+\frac{5}{3}=1$$

47 답 ②

다항함수 $f(x)$의 한 부정적분이 $F(x)$이므로
$$F'(x)=f(x)$$
$(x+4)f(x)-F(x)=x^2+8x$의 양변을 x에 대하여
미분하면
$$f(x)+(x+4)f'(x)-f(x)=2x+8$$
$$(x+4)f'(x)=2(x+4) \qquad \therefore f'(x)=2$$
$$\therefore f(x)=\int f'(x)\,dx=\int 2\,dx$$
$$=2x+C \text{ (단, }C\text{는 적분상수)}$$
따라서 $f(x)$가 될 수 있는 것은 ② $2x-1$이다.

48 답 ⑤

$$F(x)=\int f(x)\,dx=\int (4x-3)\,dx$$
$$=2x^2-3x+C \text{ (단, }C\text{는 적분상수)}$$
이때, 모든 실수 x에 대하여 $F(x)>0$, 즉 이차부등식
$2x^2-3x+C>0$이 성립하려면 이차방정식
$2x^2-3x+C=0$의 판별식을 D라 할 때, $D<0$이어야
하므로
$$D=(-3)^2-8C<0 \qquad \therefore C>\frac{9}{8}$$
따라서 $F(0)=C$이므로 선택지 중 $F(0)$의 값이 될 수 있
는 것은 ⑤ $\frac{5}{4}$이다.

49 답 2

이차함수 $f(x)$의 한 부정적분이 $F(x)$이므로
$$F'(x)=f(x)$$
$F(x)=xf(x)+2x^3-3x^2$의 양변을 x에 대하여 미분하면
$$f(x)=f(x)+xf'(x)+6x^2-6x$$
$$xf'(x)=-6x^2+6x \qquad \therefore f'(x)=-6x+6$$
$$\therefore f(x)=\int (-6x+6)\,dx$$
$$=-3x^2+6x+C \text{ (단, }C\text{는 적분상수)}$$
이때, $f(0)=3$이므로 $C=3$
$$\therefore f(x)=-3x^2+6x+3$$
따라서 방정식 $f(x)=0$의 모든 근의 합은 이차방정식의
근과 계수의 관계에 의해 $-\dfrac{6}{-3}=2$이다.

01　답 ④

$F(x)=xf(x)-\dfrac{1}{3}x^3$의 양변을 x에 대하여 미분하면

$f(x)=f(x)+xf'(x)-x^2\,(\because F'(x)=f(x))$

$xf'(x)=x^2$　$\therefore f'(x)=x$

이때, $f(x)=\displaystyle\int x\,dx=\dfrac{1}{2}x^2+C$ (단, C는 적분상수)이고,

$f(0)=1$이라 하므로

$f(0)=C=1$

따라서 $f(x)=\dfrac{1}{2}x^2+1$이므로

$f(3)=\dfrac{9}{2}+1=\dfrac{11}{2}$

02　답 63

$\dfrac{d}{dx}\left\{\displaystyle\int xf(x)\,dx\right\}=x^6+x^5+x^4+x^3+x^2+x$에서

$xf(x)=x^6+x^5+x^4+x^3+x^2+x$

따라서 $f(x)=x^5+x^4+x^3+x^2+x+1$이므로

$f(2)=2^5+2^4+2^3+2^2+2+1=63$

03　답 ②

$\dfrac{d}{dx}\left\{\displaystyle\int f(x)\,dx\right\}-\displaystyle\int\left\{\dfrac{d}{dx}g(x)\right\}dx$

$=f(x)-\{g(x)+C_1\}=1$ (단, C_1은 적분상수)

이므로

$f(x)=g(x)+C_1+1=g(x)+C$ (단, C는 적분상수)

이때, $f(0)=0$이므로 $C=-g(0)$이다.

$\therefore f(x)=g(x)-g(0)$

ㄱ. $g(0)=0$이면 $f(x)=g(x)$이다. (참)

ㄴ. $f(x)=g(x)-g(0)$의 양변을 x에 대하여 미분하면
　　$f'(x)=g'(x)$이므로 $f'(a)=g'(a)$인 a가 적어도 하나
　　존재한다. (참)

ㄷ. $f(x)=g(x)-g(0)$이므로 $g(0)$의 값을 1로 단정할
　　수는 없다. (거짓)

따라서 옳은 것은 ㄱ, ㄴ이다.

04　답 ④

> 함수 $f(x)$가　함수의 합, 차의 부정적분의 성질을 이용하여 하나의 적분으로 묶자.
>
> $$f(x)=\int\left(\dfrac{1}{2}x^3+2x+1\right)dx-\int\left(\dfrac{1}{2}x^3+x\right)dx$$
>
> 이고 $f(0)=1$일 때, $f(4)$의 값은?
>
> ① $\dfrac{23}{2}$　　② 12　　③ $\dfrac{25}{2}$
>
> ④ 13　　⑤ $\dfrac{27}{2}$

1st　$\displaystyle\int g(x)\,dx-\int h(x)\,dx=\int\{g(x)-h(x)\}\,dx$임을 이용해 식을 정리해.

$f(x)=\displaystyle\int\left(\dfrac{1}{2}x^3+2x+1\right)dx-\int\left(\dfrac{1}{2}x^3+x\right)dx$

$=\displaystyle\int\left\{\dfrac{1}{2}x^3+2x+1-\left(\dfrac{1}{2}x^3+x\right)\right\}dx$

$=\displaystyle\int(x+1)\,dx$

> n이 양의 정수일 때
> $\displaystyle\int x^n\,dx=\dfrac{1}{n+1}x^{n+1}+C$
> (단, C는 적분상수)

$=\dfrac{1}{2}x^2+x+C$ (단, C는 적분상수)

이때, $f(0)=1$이라 하므로

$f(0)=C=1$

따라서 $f(x)=\dfrac{1}{2}x^2+x+1$이므로

$f(4)=8+4+1=13$

05　답 ③

$f(x)=\displaystyle\int(1+2x+3x^2+\cdots+nx^{n-1})\,dx$

$=x+x^2+x^3+\cdots+x^n+C$ (단, C는 적분상수)

이때, $f(0)=1$이므로 $C=1$

따라서 $f(x)=1+x+x^2+x^3+\cdots+x^n$이므로

$f(1)=\underbrace{1+1+1^2+1^3+\cdots+1^n}_{n개}$

$=n+1$

06　답 ③

$f(x)+\displaystyle\int xf(x)\,dx=\dfrac{1}{4}x^4-\dfrac{1}{3}x^3+\dfrac{3}{2}x^2-x$의 양변을

x에 대하여 미분하면

$f'(x)+xf(x)=x^3-x^2+3x-1\;\cdots\;\bigcirc$

이때, $f(x)$를 n차함수 (단, n은 자연수)라고 하면 $xf(x)$는

$(n+1)$차함수이고, ㉠의 양변의 차수가 같아야 하므로

$n+1=3$　$\therefore n=2$

즉, $f(x)$가 이차함수이므로

$f(x)=ax^2+bx+c\,(a\neq0,\ a,\ b,\ c는 상수)$

로 놓을 수 있다.

$f(x)=ax^2+bx+c$에서 $f'(x)=2ax+b$이므로

이것을 ㉠에 대입하면

$2ax+b+x(ax^2+bx+c)=x^3-x^2+3x-1$

$\therefore ax^3+bx^2+(2a+c)x+b=x^3-x^2+3x-1$

위의 식이 모든 실수 x에 대하여 성립하므로 항등식의 성질에 의해

$a=1,\ b=-1,\ 2a+c=3$

$\therefore a=1,\ b=-1,\ c=1$

따라서 $f(x)=x^2-x+1$이므로

$f(-3)=9+3+1=13$

07 답 $f(x)=x^3-\dfrac{3}{2}x^2-4x+9$

$f'(x)=3x^2-3x-4$에서

$$f(x)=\int(3x^2-3x-4)\,dx$$
$$=x^3-\frac{3}{2}x^2-4x+C\ (단,\ C는\ 적분상수)\cdots ㉠$$

이때, $y=f(x)$의 그래프와 직선 $y=2x-1$의 접점의 좌표를 $(\alpha,\ \beta)$라 하면 접점에서의 접선의 기울기는 2이므로

$f'(\alpha)=2$

$3\alpha^2-3\alpha-4=2,\ 3\alpha^2-3\alpha-6=0$

$3(\alpha^2-\alpha-2)=0,\ 3(\alpha-2)(\alpha+1)=0$

이때, 접점이 제1사분면 위에 있으므로 $\alpha>0$

$\therefore\ \alpha=2$

점 $(\alpha,\ \beta)$가 직선 $y=2x-1$ 위의 점이므로 $\beta=2\alpha-1$

$\alpha=2$를 위 식에 대입하면

$\beta=4-1=3$

즉, 점 $(2,\ 3)$의 좌푯값을 ㉠에 대입하면

$f(2)=8-6-8+C=3\qquad \therefore\ C=9$

$\therefore\ f(x)=x^3-\dfrac{3}{2}x^2-4x+9$

08 답 ①

$$F(x)=\int xf'(x)\,dx-\int f(x)\,dx$$
$$=\int\{xf'(x)+f(x)\}\,dx$$
$$=\int\left[\frac{d}{dx}\{xf(x)\}\right]dx$$
$$=xf(x)+C\ (단,\ C는\ 적분상수)$$

즉, $F(x)=x\times\dfrac{2x-1}{x}+C=2x-1+C$이고

$F(1)=2$이므로

$2=2-1+C\qquad \therefore\ C=1$

따라서 $F(x)=2x$이므로

$F(5)=2\times5=10$

09 답 ③

곡선 $y=f(x)$ 위의 점 $(x,\ f(x))$에서의 접선의 기울기가 $6(x-1)^2$이므로

$$f(x)=\int 6(x-1)^2dx=6\int(x^2-2x+1)dx$$
$$=6\left(\frac{1}{3}x^3-x^2+x\right)+C$$
$$=2x^3-6x^2+6x+C\ (단,\ C는\ 적분상수)$$

이때, $f(2)=1$이므로

$f(2)=16-24+12+C=1$

$\therefore\ C=-3$

따라서 $f(x)=2x^3-6x^2+6x-3$이므로

$f(0)=-3$

10 답 ④

$\dfrac{d}{dx}\{f(x)+g(x)\}=4$에서 양변을 적분하면

$$\int\left[\frac{d}{dx}\{f(x)+g(x)\}\right]dx=\int 4\,dx$$

$\therefore\ f(x)+g(x)=4x+C_1\ (단,\ C_1은\ 적분상수)\cdots ㉠$

또, $\dfrac{d}{dx}\{f(x)g(x)\}=6x+5$에서 양변을 적분하면

$$\int\left[\frac{d}{dx}\{f(x)g(x)\}\right]dx=\int(6x+5)\,dx$$

$\therefore\ f(x)g(x)=3x^2+5x+C_2\ (단,\ C_2는\ 적분상수)\cdots ㉡$

이때, $f(0)=2,\ g(0)=-1$이므로 ㉠, ㉡에 각각 $x=0$을 대입하면

$f(0)+g(0)=1=C_1,\ f(0)g(0)=-2=C_2$

즉, $f(x)g(x)=3x^2+5x-2=(x+2)(3x-1)$이고

$f(x)+g(x)=4x+1=(x+2)+(3x-1)$이므로

$$\begin{cases}f(x)=x+2\\g(x)=3x-1\end{cases}\text{또는}\begin{cases}f(x)=3x-1\\g(x)=x+2\end{cases}$$

그런데 $f(0)=2,\ g(0)=-1$이므로

$f(x)=x+2,\ g(x)=3x-1$

$\therefore\ f(1)-g(-1)=3-(-4)=7$

11 답 ③

$f(x+y)=f(x)+f(y)-xy-8\cdots ㉠$에

$x=0,\ y=0$을 대입하면

$f(0)=f(0)+f(0)-8\qquad \therefore\ f(0)=8\cdots ㉡$

$$f'(x)=\lim_{h\to0}\frac{f(x+h)-f(x)}{h}$$
$$=\lim_{h\to0}\frac{f(x)+f(h)-xh-8-f(x)}{h}\ (\because ㉠)$$
$$=\lim_{h\to0}\frac{f(h)-8-xh}{h}$$
$$=\lim_{h\to0}\frac{f(h)-f(0)}{h-0}-\lim_{h\to0}\frac{xh}{h}\ (\because ㉡)$$
$$=f'(0)-x=-x+5\ (\because f'(0)=5)$$

$$\therefore\ f(x)=\int f'(x)\,dx=\int(-x+5)\,dx$$
$$=-\frac{1}{2}x^2+5x+C\ (단,\ C는\ 적분상수)$$

㉡에 의해 $C=8$

따라서 $f(x)=-\dfrac{1}{2}x^2+5x+8$이므로

$f(4)=-8+20+8=20$

TIP

$f(x+y)=f(x)+f(y)+k$ 꼴의 식이 주어지면 함수 $f(x)$는 다음의 순서로 구한다.

(i) $x=0,\ y=0$을 대입하여 $f(0)$의 값을 구한다.

(ii) 도함수의 정의를 이용하여 $f'(x)$를 구한다.

$$\Rightarrow f'(x)=\lim_{h\to0}\frac{f(x+h)-f(x)}{h}$$

(iii) $f'(x)$의 부정적분을 구하고, $f(0)$의 값을 대입하여 적분상수를 구한다.

12 답 ④

삼차함수 $y=f(x)$의 도함수 $y=f'(x)$의 그래프가 그림과 같다. $f'(-1)=f'(1)=0$이고 함수 $f(x)$의 극댓값이 4, 극솟값이 0일 때, $f(3)$의 값은? 삼차함수를 미분하면 이차함수이므로 그래프를 이용하여 $f'(x)$의 식부터 구해.

① 14 ② 16 ③ 18 ④ 20 ⑤ 22

1st 극대, 극소가 되는 x의 값부터 찾자.

삼차함수 $f(x)$의 도함수 $f'(x)$는 이차함수이고 $f'(-1)=f'(1)=0$이므로 → 이차함수 $f'(x)$의 그래프가 아래로 볼록이야.

$f'(x)=a(x+1)(x-1)\,(a>0)$이라 하자. → $f'(-1)=0$, $f'(1)=0$이므로 $f'(x)$는 $x+1$과 $x-1$을 인수로 가져.

$f'(x)=0$에서 $x=-1$ 또는 $x=1$이므로 함수 $f(x)$의 증가와 감소를 표로 나타내면 다음과 같다.

x	$\cdots$	-1	$\cdots$	1	$\cdots$
$f'(x)$	$+$	0	$-$	0	$+$
$f(x)$	↗	극대	↘	극소	↗

즉, 함수 $f(x)$는 $x=-1$에서 극댓값 4, $x=1$에서 극솟값 0을 갖는다.

2nd $f'(x)$를 적분하여 $f(x)$를 구한 후 조건을 적용해.

$$f(x)=\int a(x+1)(x-1)\,dx=\int a(x^2-1)\,dx$$
$$=a\left(\frac{x^3}{3}-x\right)+C \text{ (단, } C\text{는 적분상수)}$$

이므로

$$f(-1)=a\left(-\frac{1}{3}+1\right)+C=4 \quad \therefore \frac{2}{3}a+C=4 \cdots \text{㉠}$$

$$f(1)=a\left(\frac{1}{3}-1\right)+C=0 \quad \therefore -\frac{2}{3}a+C=0 \cdots \text{㉡}$$

㉠, ㉡을 연립하면 $a=3$, $C=2$이므로 → ㉠−㉡을 하면 $\frac{4}{3}a=4$ ∴ $a=3$

$$f(x)=x^3-3x+2$$
$a=3$을 ㉠에 대입하면 $2+C=4$ ∴ $C=2$

$$\therefore f(3)=27-9+2=20$$

TIP

다항함수 $f(x)$의 극값은 $f'(x)=0$이 되는 x의 값을 구하면 대부분 알 수 있다. 하지만 $f'(x)=0$인 x의 값에서 반드시 극대, 극소를 갖는 것은 아니다. $f'(x)=0$이 되는 점의 좌우에서 $f'(x)$의 부호가 바뀌어야 한다. 그래서 극대, 극소는 증가와 감소를 나타내는 표를 그려서 확인해야 하는 것이다.

13 답 ③

$$f(x)=\int f'(x)\,dx=\int 3(x+2)(x-1)\,dx$$
$$=\int (3x^2+3x-6)\,dx$$
$$=x^3+\frac{3}{2}x^2-6x+C \text{ (단, } C\text{는 적분상수)}$$

한편, $f'(x)=0$에서

$$3(x+2)(x-1)=0 \quad \therefore x=-2 \text{ 또는 } x=1$$

함수 $f(x)$의 증가와 감소를 표로 나타내면 다음과 같다.

x	$\cdots$	-2	$\cdots$	1	$\cdots$
$f'(x)$	$+$	0	$-$	0	$+$
$f(x)$	↗	극대	↘	극소	↗

함수 $f(x)$는 $x=-2$에서 극대이고, 극댓값은

$$f(-2)=-8+6+12+C=C+10$$

또, 함수 $f(x)$는 $x=1$에서 극소이고, 극솟값은

$$f(1)=1+\frac{3}{2}-6+C=C-\frac{7}{2}$$

그런데 삼차함수 $y=f(x)$의 그래프가 x축에 접하므로 극댓값 또는 극솟값이 0이어야 한다.

즉, $f(-2)f(1)=0$이므로

$$(C+10)\left(C-\frac{7}{2}\right)=0 \quad \therefore C=-10 \text{ 또는 } C=\frac{7}{2}$$

이때, $f(0)=C>0$이므로 $C=\frac{7}{2}$

따라서 $f(x)=x^3+\frac{3}{2}x^2-6x+\frac{7}{2}$이므로

$$f(-1)=-1+\frac{3}{2}+6+\frac{7}{2}=10$$

14 답 ⑤

주어진 $y=f'(x)$의 그래프에서

$$f'(x)=\begin{cases} -1 & (x>2) \\ 2x & (-2<x\leq 2) \\ 1 & (x\leq -2) \end{cases}$$

이므로 $f(x)=\int f'(x)\,dx$를 적용하면

$$f(x)=\begin{cases} -x+C_1 & (x>2) \\ x^2+C_2 & (-2<x\leq 2) \\ x+C_3 & (x\leq -2) \end{cases}$$

(단, C_1, C_2, C_3은 적분상수)

이때, $f(0)=0$이므로 $C_2=0$

한편, $f(x)$는 연속함수이므로 $x=2$에서 연속이다.

$\lim\limits_{x\to 2} f(x)=f(2)$에서

$$-2+C_1=4+C_2, \quad -2+C_1=4 \ (\because C_2=0)$$
$$\therefore C_1=6$$

또, $f(x)$는 $x=-2$에서 연속이어야 하므로

$\lim\limits_{x\to -2} f(x)=f(-2)$에서

$$-2+C_3=4+C_2, \quad -2+C_3=4 \ (\because C_2=0)$$
$$\therefore C_3=6$$

$$\therefore f(x)=\begin{cases} -x+6 & (x>2) \\ x^2 & (-2<x\leq 2) \\ x+6 & (x\leq -2) \end{cases}$$

따라서 함수 $y=f(x)$의 그래프를 그리면 다음과 같다.

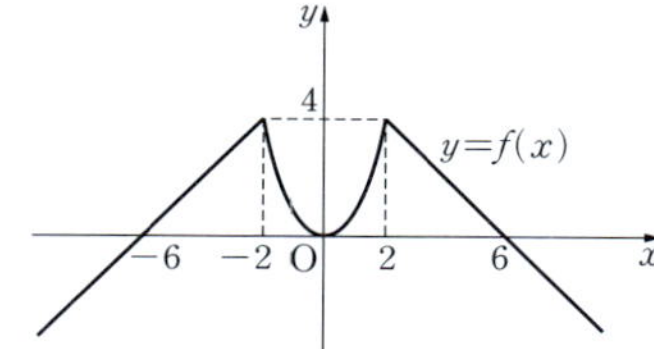

ㄱ. 함수 $f(x)$는 $x=-2$와 $x=2$인 점에서 극댓값을 가지
　　므로 극댓값이 2개 존재한다. (참)

ㄴ. $f(2)=2^2=4$ (참)

ㄷ. $f(6)=f(-6)=0$ (참)

따라서 옳은 것은 ㄱ, ㄴ, ㄷ이다.

함수 $f(x)$가 $x=a$를 포함하는 어떤 열린구간에 속하는 모든
x에 대하여
(1) $f(a) \geq f(x)$이면 함수 $f(x)$는 $x=a$에서 극대
(2) $f(a) \leq f(x)$이면 함수 $f(x)$는 $x=a$에서 극소
라고 한다.
대부분 극값을 찾을 때, $f'(a)=0$이 되는 $x=a$의 값을 찾으
려고 하지만 $f'(a)=0$인 점 이외에도 극값을 가질 수 있다.
그 대표적인 예가 위의 그림에서 $x=-2$, $x=2$에서와 같은
뾰족점이다. 뾰족점에서는 미분불가능하나 극값을 가질 수 있
으므로 극값의 정의를 반드시 정리해두도록 하자.

15 답 -1

조건 (가)에 의하여 $f'(x)$는 최고차항의 계수가 2인 일차
식이므로

$f'(x)=2x+a$ (단, a는 상수) $\cdots$ ㉠　　$\cdots$ Ⅰ

한편, 조건 (나)에 의하여 $x \longrightarrow 3$일 때, 극한값이 존재하고
(분모) $\longrightarrow 0$이므로 (분자) $\longrightarrow 0$이어야 한다.

즉, $\displaystyle\lim_{x \to 3} f(x)=0$이므로 $f(3)=0$ $\cdots$ ㉡

$\therefore \displaystyle\lim_{x \to 3} \frac{f(x)}{x-3}=\lim_{x \to 3} \frac{f(x)-f(3)}{x-3}=f'(3)=7$

㉠에서 $f'(3)=6+a=7$이므로 $a=1$

$\therefore f'(x)=2x+1$　　$\cdots$ Ⅱ

$f(x)=\displaystyle\int f'(x)\,dx=\int (2x+1)\,dx$

$\qquad =x^2+x+C$ (단, C는 적분상수)

이므로 ㉡에 의해

$f(3)=9+3+C=0$　　$\therefore C=-12$

$\therefore f(x)=x^2+x-12$　　$\cdots$ Ⅲ

따라서 방정식 $x^2+x-12=0$의 모든 근의 합은 이차방정
식의 근과 계수의 관계에 의하여 -1이다.　　$\cdots$ Ⅳ

[채점 기준표]

Ⅰ	조건 (가)를 이용하여 $f'(x)$가 일차식임을 찾는다.	20%
Ⅱ	조건 (나)를 이용하여 $f'(x)$를 구한다.	30%
Ⅲ	$f(x)$를 구한다.	30%
Ⅳ	근과 계수의 관계를 이용하여 방정식 $f(x)=0$의 모든 근의 합을 구한다.	20%

정적분

[개념 CHECK + 연산 연습] pp. 112～113

01 답 $F(b)-F(a)$, 정적분

02 답 $f(x)$

03 답 $\displaystyle\int_c^b f(x)\,dx$

04 답 ×

05 답 ○

$\displaystyle\int_a^x f(t)\,dt=x^2+2x$이므로

$\dfrac{d}{dx}\left\{\displaystyle\int_a^x f(t)\,dt\right\}=\dfrac{d}{dx}(x^2+2x)$

$\therefore f(x)=2x+2$

06 답 ×

정적분 $\displaystyle\int_a^b f(x)\,dx$에서 x 대신에 다른 문자를 사용하여
나타내어도 그 값은 변하지 않는다.

즉, $\displaystyle\int_a^b f(x)\,dx=\int_a^b f(t)\,dt=\int_a^b f(y)\,dy$이다.

07 답 1

$\displaystyle\int_0^1 dx=\Big[\,x\,\Big]_0^1=1-0=1$

08 답 $\dfrac{3}{2}$

$\displaystyle\int_1^2 x\,dx=\left[\dfrac{1}{2}x^2\right]_1^2=2-\dfrac{1}{2}=\dfrac{3}{2}$

09 답 $\dfrac{7}{3}$

$\displaystyle\int_1^2 x^2\,dx=\left[\dfrac{1}{3}x^3\right]_1^2=\dfrac{8}{3}-\dfrac{1}{3}=\dfrac{7}{3}$

10 답 0

11 답 x^2+4x

12 답 $-4x^3+x-1$

13 답 $f(x)=3x^2$

$\displaystyle\int_4^x f(t)\,dt=x^3+2$의 양변을 x에 대하여 미분하면

$f(x)=3x^2$

14 답 $f(x)=-8x^3+1$

$\displaystyle\int_{-1}^x f(t)\,dt=-2x^4+x+5$의 양변을 x에 대하여 미분하면

$f(x)=-8x^3+1$

15 답 $\dfrac{5}{2}$

$$\int_0^1 (-x+3)\,dx = \left[-\dfrac{1}{2}x^2 + 3x \right]_0^1 = -\dfrac{1}{2} + 3 = \dfrac{5}{2}$$

16 답 2

$$\int_0^1 (3x^2+2x)\,dx = \left[x^3 + x^2 \right]_0^1 = 1 + 1 = 2$$

17 답 $\dfrac{1}{2}$

$$\int_{-1}^0 (4x^3-3x)\,dx = \left[x^4 - \dfrac{3}{2}x^2 \right]_{-1}^0$$
$$= 0 - \left(1 - \dfrac{3}{2} \right) = \dfrac{1}{2}$$

18 답 $\dfrac{4}{3}$

$$\int_1^2 (x+1)(x-1)\,dx = \int_1^2 (x^2-1)\,dx$$
$$= \left[\dfrac{1}{3}x^3 - x \right]_1^2$$
$$= \left(\dfrac{8}{3} - 2 \right) - \left(\dfrac{1}{3} - 1 \right) = \dfrac{4}{3}$$

19 답 $\dfrac{19}{4}$

$$\int_1^2 (x+1)(x^2-x+1)\,dx$$
$$= \int_1^2 (x^3+1)\,dx = \left[\dfrac{1}{4}x^4 + x \right]_1^2$$
$$= (4+2) - \left(\dfrac{1}{4} + 1 \right) = \dfrac{19}{4}$$

20 답 10

$$\int_2^0 (-6x+1)\,dx = \left[-3x^2 + x \right]_2^0 = 0 - (-12+2) = 10$$

다른 풀이

$$\int_2^0 (-6x+1)\,dx = -\int_0^2 (-6x+1)\,dx$$
$$= \int_0^2 (6x-1)\,dx = \left[3x^2 - x \right]_0^2$$
$$= 12 - 2 = 10$$

21 답 -6

$$\int_1^0 (9x^2-4x+5)\,dx = \left[3x^3 - 2x^2 + 5x \right]_1^0$$
$$= 0 - (3-2+5) = -6$$

다른 풀이

$$\int_1^0 (9x^2-4x+5)\,dx = -\int_0^1 (9x^2-4x+5)\,dx$$
$$= \int_0^1 (-9x^2+4x-5)\,dx$$
$$= \left[-3x^3 + 2x^2 - 5x \right]_0^1$$
$$= -3 + 2 - 5 = -6$$

22 답 $\dfrac{27}{2}$

$$\int_0^1 (x^2+x)\,dx + \int_1^3 (x^2+x)\,dx$$
$$= \int_0^3 (x^2+x)\,dx = \left[\dfrac{1}{3}x^3 + \dfrac{1}{2}x^2 \right]_0^3$$
$$= 9 + \dfrac{9}{2} = \dfrac{27}{2}$$

23 답 ②

$$\int_0^k (4x+1)\,dx = \left[2x^2 + x \right]_0^k = 2k^2 + k$$
즉, $2k^2+k=3$에서
$$2k^2+k-3=0,\ (2k+3)(k-1)=0$$
$$\therefore k=1\ (\because k>0)$$

24 답 ③

$$\int_a^a f(x)\,dx = 0,\ \int_a^b f(x)\,dx = -\int_b^a f(x)\,dx \text{이므로}$$
$$\int_1^1 (-x)\,dx - \int_1^0 (2x-1)\,dx$$
$$= 0 + \int_0^1 (2x-1)\,dx$$
$$= \left[x^2 - x \right]_0^1 = 1 - 1 = 0$$

25 답 ③

$$\int_0^1 f(x)\,dx = \int_0^1 (6x^2-4ax)\,dx$$
$$= \left[2x^3 - 2ax^2 \right]_0^1$$
$$= 2 - 2a$$
이때, $f(-1)=6+4a$이므로
$$\int_0^1 f(x)\,dx = f(-1) \text{에서}$$
$$2-2a=6+4a \qquad \therefore a=-\dfrac{2}{3}$$

26 답 ⑤

$$\int_{-1}^k (-2x+6)\,dx = \left[-x^2 + 6x \right]_{-1}^k$$
$$= -k^2 + 6k - (-1-6)$$
$$= -k^2 + 6k + 7$$
$$= -(k-3)^2 + 16$$
따라서 주어진 정적분의 값은 $k=3$일 때 최댓값 16을 가지므로
$$\alpha=3,\ \beta=16$$
$$\therefore \alpha+\beta=3+16=19$$

27 답 ③

곡선 $y=f(x)$ 위의 점 $(x, f(x))$에서의 접선의 기울기가
$f'(x)=6x^2-2x-1$이므로
$$f(x)=\int f'(x)\,dx=\int(6x^2-2x-1)\,dx$$
$$=2x^3-x^2-x+C\ (\text{단},\ C\text{는 적분상수})$$
이때, $f(1)=3$이므로
$$2-1-1+C=3 \qquad \therefore C=3$$
따라서 $f(x)=2x^3-x^2-x+3$이므로
$$\int_0^1 f(x)\,dx=\int_0^1(2x^3-x^2-x+3)\,dx$$
$$=\left[\frac{1}{2}x^4-\frac{1}{3}x^3-\frac{1}{2}x^2+3x\right]_0^1$$
$$=\frac{1}{2}-\frac{1}{3}-\frac{1}{2}+3=\frac{8}{3}$$

28 답 ②

$$\int_0^1(4x^3+ax^2+2)\,dx=\left[x^4+\frac{a}{3}x^3+2x\right]_0^1$$
$$=3+\frac{a}{3}$$
따라서 $3+\dfrac{a}{3}=0$이므로
$$\frac{a}{3}=-3 \qquad \therefore a=-9$$

29 답 ③

$$\int_{-1}^1(x+1)^2dx-\int_{-1}^1(x-1)^2dx$$
$$=\int_{-1}^1\{(x+1)^2-(x-1)^2\}\,dx$$
$$=\int_{-1}^1\{(x^2+2x+1)-(x^2-2x+1)\}\,dx$$
$$=\int_{-1}^1 4x\,dx=\left[2x^2\right]_{-1}^1=2-2=0$$

30 답 ⑤

$$\int_0^1\frac{x^3}{x-1}dx+\int_1^0\frac{1}{t-1}dt$$
$$=\int_0^1\frac{x^3}{x-1}dx+\int_1^0\frac{1}{x-1}dx$$
$$=\int_0^1\frac{x^3}{x-1}dx-\int_0^1\frac{1}{x-1}dx$$
$$=\int_0^1\frac{x^3-1}{x-1}dx$$
$$=\int_0^1\frac{(x-1)(x^2+x+1)}{x-1}dx$$
$$=\int_0^1(x^2+x+1)\,dx$$
$$=\left[\frac{1}{3}x^3+\frac{1}{2}x^2+x\right]_0^1$$
$$=\frac{1}{3}+\frac{1}{2}+1=\frac{11}{6}$$

31 답 48

$\displaystyle\int_a^c f(x)\,dx+\int_c^b f(x)\,dx=\int_a^b f(x)\,dx$를 이용하여 식을
간단히 하자.
$$\int_1^2(3x^2-2x)\,dx+\int_2^3(3x^2-2x)\,dx+\int_3^4(3x^2-2x)\,dx$$
$$=\int_1^3(3x^2-2x)\,dx+\int_3^4(3x^2-2x)\,dx$$
$$=\int_1^4(3x^2-2x)\,dx$$
$$=\left[x^3-x^2\right]_1^4=(64-16)-(1-1)=48$$

32 답 ②

$$\int_1^3\{2f'(x)+4x\}\,dx$$
$$=\left[2f(x)+2x^2\right]_1^3$$
$$=2f(3)+18-2f(1)-2$$
$$=-14+18-2f(1)-2\ (\because f(3)=-7)$$
$$=4$$
$$2f(1)=-2 \qquad \therefore f(1)=-1$$
이때, $f(0)=0$인 이차함수 $f(x)$를
$$f(x)=ax^2+bx\ (\text{단},\ a,\ b\text{는 상수},\ a\neq0)$$
라 하면 $f(3)=-7$이므로
$$f(3)=9a+3b=-7 \cdots \text{㉠}$$
$$f(1)=a+b=-1 \cdots \text{㉡}$$
㉠, ㉡을 연립하여 풀면 $a=-\dfrac{2}{3},\ b=-\dfrac{1}{3}$

따라서 $f(x)=-\dfrac{2}{3}x^2-\dfrac{1}{3}x$이므로
$$f(-1)=-\frac{2}{3}+\frac{1}{3}=-\frac{1}{3}$$

[다른 풀이]

$f(0)=0$인 이차함수 $f(x)$를
$$f(x)=ax^2+bx\ (a\neq0,\ a,\ b\text{는 상수})$$라 하면
$f(3)=-7$이므로
$$9a+3b=-7 \cdots \text{㉢}$$
이때, $f'(x)=2ax+b$이므로
$$\int_1^3\{2f'(x)+4x\}\,dx=\int_1^3\{4(a+1)x+2b\}\,dx$$
$$=\left[2(a+1)x^2+2bx\right]_1^3$$
$$=18(a+1)+6b-2(a+1)-2b$$
$$=16a+4b+16=4$$
$$\therefore 4a+b=-3 \cdots \text{㉣}$$
㉢, ㉣을 연립하여 풀면 $a=-\dfrac{2}{3},\ b=-\dfrac{1}{3}$
따라서 $f(x)=-\dfrac{2}{3}x^2-\dfrac{1}{3}x$이므로
$$f(-1)=-\frac{2}{3}+\frac{1}{3}=-\frac{1}{3}$$

33 답 ⑤

함수 $f(x)=\begin{cases} 2x+3 & (x\geq 1) \\ x^2+4 & (x<1) \end{cases}$ 이므로

$$\int_0^2 f(x)\,dx = \int_0^1 (x^2+4)\,dx + \int_1^2 (2x+3)\,dx$$
$$= \left[\frac{1}{3}x^3+4x\right]_0^1 + \left[x^2+3x\right]_1^2$$
$$= \left(\frac{1}{3}+4\right)+(4+6)-(1+3)$$
$$= \frac{31}{3}$$

34 답 ⑤

$$f(x)=\begin{cases} 0 & (|x|>2) \\ x+2 & (|x|\leq 2) \end{cases}$$
$$=\begin{cases} 0 & (x<-2 \text{ 또는 } x>2) \\ x+2 & (-2\leq x\leq 2) \end{cases}$$

에서 x 대신 $x-1$을 대입하면

$$f(x-1)=\begin{cases} 0 & (x<-1 \text{ 또는 } x>3) \\ x+1 & (-1\leq x\leq 3) \end{cases} \text{ 이므로}$$

$$\int_{-2}^1 f(x-1)\,dx = \int_{-2}^{-1} 0\,dx + \int_{-1}^1 (x+1)\,dx$$
$$= 0 + \left[\frac{1}{2}x^2+x\right]_{-1}^1$$
$$= \frac{1}{2}+1-\left(\frac{1}{2}-1\right)=2$$

> **TIP**
> $f(x)$가 주어지고 $f(x-1)$, $f(x+2)$의 식을 구할 때에는 x 대신에 각각 $x-1$, $x+2$를 대입하면 된다.
> 이때, 중요한 것은 x의 값의 범위 또한 똑같이 $x-1$, $x+2$를 대입하여 정리해야 한다는 것이다.

35 답 ③

주어진 그림에서 $f(x)=\begin{cases} 4 & (x\geq 0) \\ 4x+4 & (x<0) \end{cases}$ 이므로

$$\int_{-2}^3 f(x)\,dx = \int_{-2}^0 (4x+4)\,dx + \int_0^3 4\,dx$$
$$= \left[2x^2+4x\right]_{-2}^0 + \left[4x\right]_0^3$$
$$= -(8-8)+12=12$$

36 답 ③

주어진 그림에서 $f'(x)=\begin{cases} -x+2 & (x\geq 1) \\ x & (x<1) \end{cases}$ 이고,

$f(2)-f(0)=\int_0^2 f'(x)\,dx$ 이므로

$$\int_0^2 f'(x)\,dx = \int_0^1 x\,dx + \int_1^2 (-x+2)\,dx$$
$$= \left[\frac{1}{2}x^2\right]_0^1 + \left[-\frac{1}{2}x^2+2x\right]_1^2$$
$$= \frac{1}{2}+(-2+4)-\left(-\frac{1}{2}+2\right)$$
$$= 1$$

37 답 ④

절댓값이 0이 되는 $x=1$을 기준으로 구간을 나누면

$$|x-1|=\begin{cases} 1-x & (x<1) \\ x-1 & (x\geq 1) \end{cases}$$

$$\therefore \int_0^3 |x-1|\,dx$$
$$= \int_0^1 (1-x)\,dx + \int_1^3 (x-1)\,dx$$
$$= \left[x-\frac{1}{2}x^2\right]_0^1 + \left[\frac{1}{2}x^2-x\right]_1^3$$
$$= \left(1-\frac{1}{2}\right)+\left(\frac{9}{2}-3\right)-\left(\frac{1}{2}-1\right)=\frac{5}{2}$$

38 답 ②

절댓값이 0이 되는 $x=0$을 기준으로 구간을 나누면

$$|x|=\begin{cases} -x & (x<0) \\ x & (x\geq 0) \end{cases}$$

$$\therefore \int_{-2}^1 4|x|\,dx = \int_{-2}^0 (-4x)\,dx + \int_0^1 4x\,dx$$
$$= \left[-2x^2\right]_{-2}^0 + \left[2x^2\right]_0^1$$
$$= 8+2=10$$

39 답 ①

절댓값이 0이 되는 $x=0$, $x=1$을 기준으로 구간을 나누면

$$|x(x-1)|=|x^2-x|=\begin{cases} x^2-x & (x<0) \\ x-x^2 & (0\leq x<1) \\ x^2-x & (x\geq 1) \end{cases}$$

$$\therefore \int_{-1}^1 |x(x-1)|\,dx$$
$$= \int_{-1}^0 (x^2-x)\,dx + \int_0^1 (x-x^2)\,dx$$
$$= \left[\frac{1}{3}x^3-\frac{1}{2}x^2\right]_{-1}^0 + \left[\frac{1}{2}x^2-\frac{1}{3}x^3\right]_0^1$$
$$= -\left(-\frac{1}{3}-\frac{1}{2}\right)+\left(\frac{1}{2}-\frac{1}{3}\right)=1$$

40 답 1

$$|x^2-4|=\begin{cases} x^2-4 & (x<-2) \\ -x^2+4 & (-2\leq x<2) \\ x^2-4 & (x\geq 2) \end{cases}$$

이므로

$$\int_1^3 \frac{|x^2-4|}{x+2}\,dx$$
$$= \int_1^2 \frac{-x^2+4}{x+2}\,dx + \int_2^3 \frac{x^2-4}{x+2}\,dx$$
$$= \int_1^2 \frac{-(x+2)(x-2)}{x+2}\,dx + \int_2^3 \frac{(x+2)(x-2)}{x+2}\,dx$$
$$= \int_1^2 (-x+2)\,dx + \int_2^3 (x-2)\,dx$$
$$= \left[-\frac{1}{2}x^2+2x\right]_1^2 + \left[\frac{1}{2}x^2-2x\right]_2^3$$
$$= -2+4-\left(-\frac{1}{2}+2\right)+\frac{9}{2}-6-(2-4)$$
$$= 1$$

41 답 ①

$$|2x-4|=\begin{cases}-2x+4 & (x<2)\\2x-4 & (x\geq2)\end{cases}$$

이때, $a>2$이므로

$$\int_0^a|2x-4|\,dx=\int_0^2(-2x+4)\,dx+\int_2^a(2x-4)\,dx$$
$$=\Big[-x^2+4x\Big]_0^2+\Big[x^2-4x\Big]_2^a$$
$$=-4+8+a^2-4a-(4-8)$$
$$=a^2-4a+8$$

즉, $a^2-4a+8=5$이므로

$a^2-4a+3=0$, $(a-1)(a-3)=0$

$\therefore a=3\,(\because a>2)$

42 답 ①

$f(x)=|x|+|x-1|$에서

(i) $x<0$일 때

$\quad f(x)=-x-(x-1)=-2x+1$

(ii) $0\leq x<1$일 때

$\quad f(x)=x-(x-1)=1$

(iii) $x\geq1$일 때

$\quad f(x)=x+(x-1)=2x-1$

(i)~(iii)에서 함수 $y=f(x)$의
그래프는 그림과 같으므로 함수
$f(x)$의 최솟값은 1이다.

따라서 $m=1$이므로

$$\int_0^m f(x)\,dx=\int_0^1 f(x)\,dx$$
$$=\int_0^1 1\,dx=\Big[x\Big]_0^1=1$$

43 답 ①

$$\int_{-2}^2(x-2)(x^2+2x+4)\,dx$$
$$=\int_{-2}^2(x^3-8)\,dx$$
$$=\int_{-2}^2 x^3\,dx-\int_{-2}^2 8\,dx$$
$$=-2\int_0^2 8\,dx$$

$(\because y=x^3$은 원점에 대하여 대칭, $y=8$은 y축에 대하여 대칭)

$$=-2\Big[8x\Big]_0^2=-32$$

TIP

정적분의 성질 중 $\int_{-a}^a f(x)\,dx$는 피적분함수 $f(x)$가 원점에 대하여 대칭인 함수 (기함수) 또는 y축에 대하여 대칭인 함수 (우함수)인 경우 다음과 같이 계산하면 편리하다.

(1) $f(x)$가 기함수이면 $\int_{-a}^a f(x)\,dx=0$

(2) $f(x)$가 우함수이면 $\int_{-a}^a f(x)\,dx=2\int_0^a f(x)\,dx$

44 답 ①

$$\int_{-1}^1 x(1-x)^2\,dx$$
$$=\int_{-1}^1(x^3-2x^2+x)\,dx$$
$$=2\int_0^1(-2x^2)\,dx\left(\because\int_{-1}^1(x^3+x)\,dx=0\right)$$
$$=2\Big[-\frac{2}{3}x^3\Big]_0^1=-\frac{4}{3}$$

45 답 11

$f(x)$가 일차함수이므로
$f(x)=ax+b$ (단, a, b는 상수, $a\neq0$)라 놓자.

먼저 $\int_{-1}^1 f(x)\,dx=4$이므로

$$\int_{-1}^1 f(x)\,dx=\int_{-1}^1(ax+b)\,dx$$
$$=2\int_0^1 b\,dx=2\Big[bx\Big]_0^1=2b=4$$

$\therefore b=2$

또, $\int_{-1}^1 xf(x)\,dx=6$이므로

$$\int_{-1}^1 xf(x)\,dx=\int_{-1}^1 x(ax+b)\,dx$$
$$=\int_{-1}^1(ax^2+bx)\,dx$$
$$=2\int_0^1 ax^2\,dx=2\Big[\frac{a}{3}x^3\Big]_0^1=\frac{2}{3}a=6$$

$\therefore a=9$

따라서 $f(x)=9x+2$이므로
$f(1)=9+2=11$

46 답 ③

$$\int_{-1}^1(1+2x+3x^2+\cdots+20x^{19})\,dx$$
$$=2\int_0^1(1+3x^2+5x^4+\cdots+19x^{18})\,dx$$
$$=2\Big[x+x^3+x^5+\cdots+x^{19}\Big]_0^1$$
$$=2\times\underbrace{(1+1+\cdots+1)}_{10개}=2\times10=20$$

47 답 ②

$f(-x)=-f(x)$이므로 함수 $f(x)$는 원점에 대하여 대칭
인 함수 (기함수)이다. 즉,

$$\int_{-2}^2(x^2+x+1)f(x)\,dx$$
$$=\int_{-2}^2(x^2+1)f(x)\,dx+\int_{-2}^2 xf(x)\,dx$$
$$=0+2\int_0^2 xf(x)\,dx=8$$

$\quad(\because(x^2+1)f(x)$는 기함수, $xf(x)$는 우함수)

$$\therefore\int_0^2 xf(x)\,dx=4$$

48 답 ①

(기함수)×(기함수)=(우함수),
(우함수)×(기함수)=(기함수)이고

x^3은 기함수이므로 $\int_{-3}^{3} x^3 f(x)\,dx=0$을 만족시키려면

$f(x)$는 우함수이어야 한다.

따라서 [보기]의 함수 중 우함수인 것은 ㄱ이다.

49 답 ②

$\int_{0}^{2} f(t)\,dt=k$ (k는 상수)로 놓으면 $f(x)=2x+k$

$\int_{0}^{2} f(t)\,dt=\int_{0}^{2}(2t+k)\,dt=\left[t^2+kt\right]_{0}^{2}=4+2k=k$

$\therefore k=-4$

따라서 $f(x)=2x-4$이므로

$f(1)=2-4=-2$

50 답 ①

$f(x)=4x^3+\int_{0}^{1} xf(t)\,dt=4x^3+x\int_{0}^{1} f(t)\,dt$

에서 $\int_{0}^{1} f(t)\,dt=k$ (k는 상수)로 놓으면

$f(x)=4x^3+kx$

$\int_{0}^{1}(4t^3+kt)\,dt=\left[t^4+\frac{k}{2}t^2\right]_{0}^{1}=1+\frac{k}{2}=k$

$\therefore k=2$

따라서 $f(x)=4x^3+2x$이므로

$f(-1)=-4-2=-6$

51 답 ②

$f(x)=6x^2-4x-\int_{0}^{1} f(t)\,dt$에서

$\int_{0}^{1} f(t)\,dt=k$ (k는 상수)로 놓으면

$f(x)=6x^2-4x-k$이므로

$\int_{0}^{1} f(t)\,dt=\int_{0}^{1}(6t^2-4t-k)\,dt$

$\qquad\qquad=\left[2t^3-2t^2-kt\right]_{0}^{1}=2-2-k=k$

$2k=0 \qquad \therefore k=0$

$\therefore f(x)=6x^2-4x$

방정식 $f(x)=g(x)$의 해를 구하면

$6x^2-4x=3x^2-x+6,\ 3(x^2-x-2)=0$

$3(x+1)(x-2)=0 \qquad \therefore x=-1$ 또는 $x=2$

따라서 방정식 $f(x)=g(x)$의 양의 실근은 $x=2$이다.

52 답 ②

$f(x)=x^2-\int_{0}^{1} xf(t)\,dt+\int_{0}^{2} f(t)\,dt$를 만족시키는 이차

함수 $f(x)$가 $f(x)=x^2+ax+b$ (단, a, b는 상수)라 하므로

$a=-\int_{0}^{1} f(t)\,dt,\ b=\int_{0}^{2} f(t)\,dt$

$a=-\int_{0}^{1} f(t)\,dt$

$\quad=-\int_{0}^{1}(t^2+at+b)\,dt$

$\quad=-\left[\frac{1}{3}t^3+\frac{1}{2}at^2+bt\right]_{0}^{1}$

$\quad=-\left(\frac{1}{3}+\frac{1}{2}a+b\right)$

$a=-\frac{1}{3}-\frac{1}{2}a-b \qquad \therefore \frac{3}{2}a+b=-\frac{1}{3} \cdots ㉠$

$b=\int_{0}^{2} f(t)\,dt$

$\quad=\int_{0}^{2}(t^2+at+b)\,dt$

$\quad=\left[\frac{1}{3}t^3+\frac{1}{2}at^2+bt\right]_{0}^{2}$

$\quad=\frac{8}{3}+2a+2b$

$b=\frac{8}{3}+2a+2b \qquad \therefore 2a+b=-\frac{8}{3} \cdots ㉡$

㉠, ㉡을 연립하여 풀면 $a=-\frac{14}{3},\ b=\frac{20}{3}$

$\therefore a+b=-\frac{14}{3}+\frac{20}{3}=2$

53 답 ④

$\int_{1}^{x} f(t)\,dt=x^3-2ax^2+a$의 양변을 x에 대하여 미분하면

$f(x)=3x^2-4ax$

또, $\int_{1}^{x} f(t)\,dt=x^3-2ax^2+a$에 $x=1$을 대입하면

$\int_{1}^{1} f(t)\,dt=1-2a+a$

$1-a=0 \qquad \therefore a=1$

따라서 $f(x)=3x^2-4x$이므로

$f(2)=12-8=4$

54 답 ④

$f(x)=\int_{3}^{x+1} 3t^2\,dt$의 양변을 x에 대하여 미분하면

$f'(x)=3(x+1)^2$

$\therefore \int_{0}^{1} f'(x)\,dx=\int_{0}^{1} 3(x+1)^2\,dx$

$\qquad\qquad=3\int_{0}^{1}(x^2+2x+1)\,dx$

$\qquad\qquad=3\left[\frac{1}{3}x^3+x^2+x\right]_{0}^{1}$

$\qquad\qquad=3\times\left(\frac{1}{3}+1+1\right)=7$

55 답 ③

$\int_a^x f(t)\,dt = x^2 + ax - 18$의 양변을 x에 대하여 미분하면
$$f(x) = 2x + a$$
또, $\int_a^x f(t)\,dt = x^2 + ax - 18$의 양변에 $x=a$를 대입하면
$$\int_a^a f(t)\,dt = a^2 + a^2 - 18$$
$$2a^2 - 18 = 0,\ a^2 = 9 \qquad \therefore a = 3\ (\because a > 0)$$
따라서 $f(x) = 2x + 3$이므로
$$f(3) = 6 + 3 = 9$$

56 답 ④

$xf(x) = \dfrac{2}{3}x^3 + \int_0^x f(t)\,dt$의 양변을 x에 대하여 미분하면
$$f(x) + xf'(x) = 2x^2 + f(x)$$
$$xf'(x) = 2x^2 \qquad \therefore f'(x) = 2x$$
$$\therefore f(x) = \int f'(x)\,dx$$
$$= \int 2x\,dx = x^2 + C\ (\text{단, } C\text{는 적분상수})$$
이때, $f(0) = -1$이므로 $C = -1$에서 $f(x) = x^2 - 1$
$$\therefore f(3) = 9 - 1 = 8$$

57 답 ⑤

$\int_1^x (x-t)f(t)\,dt = x^4 - 2x^2 + 1$에서
$$x\int_1^x f(t)\,dt - \int_1^x tf(t)\,dt = x^4 - 2x^2 + 1 \cdots ㉠$$
㉠의 양변을 x에 대하여 미분하면
$$\int_1^x f(t)\,dt + xf(x) - xf(x) = 4x^3 - 4x$$
$$\therefore \int_1^x f(t)\,dt = 4x^3 - 4x \cdots ㉡$$
따라서 ㉡의 양변을 x에 대하여 미분하면
$$f(x) = 12x^2 - 4$$

58 답 ③

$\int_2^x (x^2 - t^2)f(t)\,dt = -x^4 + ax^2 - 16$에서
$$x^2\int_2^x f(t)\,dt - \int_2^x t^2 f(t)\,dt = -x^4 + ax^2 - 16 \cdots ㉠$$
㉠의 양변을 x에 대하여 미분하면
$$2x\int_2^x f(t)\,dt + x^2 f(x) - x^2 f(x) = -4x^3 + 2ax$$
$$2x\int_2^x f(t)\,dt = -4x^3 + 2ax$$
$$\therefore \int_2^x f(t)\,dt = -2x^2 + a$$
위 식에 $x=2$를 대입하면
$$\int_2^2 f(t)\,dt = -8 + a = 0$$
$$\therefore a = 8$$

59 답 ⑤

$f(x) = \int_{-4}^x (kt^2 - 4t - 1)\,dt$의 양변을 x에 대하여 미분하면
$$f'(x) = kx^2 - 4x + 1$$
이때, $x=1$에서 극솟값을 가지므로 $f'(1) = 0$
$$f'(1) = k - 4 + 1 = 0$$
$$\therefore k = 3$$

60 답 ①

$f(x) = \int_2^x (t^2 - 4t + 3)\,dt$의 양변을 x에 대하여 미분하면
$$f'(x) = x^2 - 4x + 3 = (x-1)(x-3)$$
$f'(x) = 0$에서
$$(x-1)(x-3) = 0 \qquad \therefore x = 1\ \text{또는}\ x = 3$$
함수 $f(x)$의 증가와 감소를 표로 나타내면 다음과 같다.

x	$\cdots$	1	$\cdots$	3	$\cdots$
$f'(x)$	$+$	0	$-$	0	$+$
$f(x)$	↗	극대	↘	극소	↗

즉, 함수 $f(x)$는 $x=1$에서 극댓값 $f(1)$을 갖는다.
$$f(1) = \int_2^1 (t^2 - 4t + 3)\,dt$$
$$= \left[\frac{1}{3}t^3 - 2t^2 + 3t\right]_2^1$$
$$= \left(\frac{1}{3} - 2 + 3\right) - \left(\frac{8}{3} - 8 + 6\right) = \frac{2}{3}$$
$$\therefore b = \frac{2}{3}$$
따라서 $a = 1,\ b = \dfrac{2}{3}$이므로
$$a + b = 1 + \frac{2}{3} = \frac{5}{3}$$

61 답 ⑤

$f(x) = \int_0^x (t-1)(t-2)\,dt$의 양변을 x에 대하여 미분하면
$$f'(x) = (x-1)(x-2)$$
$f'(x) = 0$에서
$$(x-1)(x-2) = 0 \qquad \therefore x = 1\ \text{또는}\ x = 2$$
함수 $f(x)$의 증가와 감소를 표로 나타내면 다음과 같다.

x	$\cdots$	1	$\cdots$	2	$\cdots$
$f'(x)$	$+$	0	$-$	0	$+$
$f(x)$	↗	극대	↘	극소	↗

따라서 $x=1$일 때 극댓값, $x=2$일 때 극솟값을 가지므로 모든 극값의 합은
$$f(1) + f(2) = \int_0^1 (t^2 - 3t + 2)\,dt + \int_0^2 (t^2 - 3t + 2)\,dt$$
$$= \left[\frac{1}{3}t^3 - \frac{3}{2}t^2 + 2t\right]_0^1 + \left[\frac{1}{3}t^3 - \frac{3}{2}t^2 + 2t\right]_0^2$$
$$= \left(\frac{1}{3} - \frac{3}{2} + 2\right) + \left(\frac{8}{3} - 6 + 4\right) = \frac{3}{2}$$

62 답 ③

$f(x)=\displaystyle\int_0^x (3t^2+at+b)\,dt$의 양변을 x에 대하여 미분하면

$f'(x)=3x^2+ax+b$

함수 $f(x)$가 $x=2$에서 극솟값을 가지므로 $f'(2)=0$에서

$12+2a+b=0$ $\therefore 2a+b=-12\ \cdots\ \bigcirc$

한편, $f(x)$는 $x=2$에서 극솟값 -10을 가지므로

$$f(2)=\int_0^2 (3t^2+at+b)\,dt$$
$$=\left[t^3+\frac{1}{2}at^2+bt\right]_0^2$$
$$=8+2a+2b=-10$$

$\therefore a+b=-9\ \cdots\ \bigcirc$

$\bigcirc$, $\bigcirc$을 연립하여 풀면 $a=-3,\ b=-6$

$\therefore a-b=-3-(-6)=3$

63 답 $\dfrac{32}{3}$

주어진 그래프로부터 이차함수 $f(x)$를

$f(x)=ax(x-4)$ ($a<0$인 상수)로 놓을 수 있다.

이때, $f(2)=4$이므로

$f(2)=2a\times(-2)=4$ $\therefore a=-1$

$\therefore f(x)=-x(x-4)$

한편, $F(x)=\displaystyle\int_0^x f(t)\,dt$의 양변을 x에 대하여 미분하면

$F'(x)=f(x)=-x(x-4)$

이때, $F(x)$의 증가와 감소를 표로 나타내면 다음과 같다.

x	$\cdots$	0	$\cdots$	4	$\cdots$
$F'(x)$	$-$	0	$+$	0	$-$
$F(x)$	$\searrow$	극소	$\nearrow$	극대	$\searrow$

따라서 함수 $F(x)$의 극댓값은 $F(4)$이므로

$$F(4)=\int_0^4 f(t)\,dt$$
$$=\int_0^4 (-t^2+4t)\,dt$$
$$=\left[-\frac{1}{3}t^3+2t^2\right]_0^4$$
$$=-\frac{64}{3}+32=\frac{32}{3}$$

64 답 3

주어진 등식에서 $\displaystyle\int_0^1 f(t)\,dt=k$ (k는 상수)라 하면

$f(x)=-3x^2+3kx$

즉, $\displaystyle\int_0^1 (-3t^2+3kt)\,dt=k$이므로

$\left[-t^3+\dfrac{3}{2}kt^2\right]_0^1=-1+\dfrac{3}{2}k=k$

$\therefore k=2$

$\therefore f(x)=-3x^2+6x=-3(x-1)^2+3$

따라서 함수 $f(x)$의 최댓값은 3이다.

65 답 ③

$f(x)=\displaystyle\int_0^x (|t|-2)\,dt$의 양변을 x에 대하여 미분하면

$f'(x)=|x|-2$

$1\le x\le 4$에서 $f'(x)=0$으로 하는 x의 값은 $x=2$이므로

함수 $f(x)$의 증가와 감소를 표로 나타내면 다음과 같다.

x	1	$\cdots$	2	$\cdots$	4
$f'(x)$	$-$	$-$	0	$+$	$+$
$f(x)$		$\searrow$	극소	$\nearrow$	

즉, 함수 $f(x)$는 $x=2$에서 극소이면서 최소이므로 구하는 최솟값은

$$f(2)=\int_0^2 (|t|-2)\,dt$$
$$=\int_0^2 (t-2)\,dt=\left[\frac{1}{2}t^2-2t\right]_0^2$$
$$=2-4=-2$$

66 답 ④

절댓값이 0이 되는 $x=a$를 기준으로 구간을 나누면

$$x|x-a|=\begin{cases} x(x-a) & (x\ge a) \\ x(a-x) & (x<a) \end{cases}$$

$0\le a\le 1$이므로

$$\int_0^1 x|x-a|\,dx$$
$$=\int_0^a x(a-x)\,dx+\int_a^1 x(x-a)\,dx$$
$$=\int_0^a (ax-x^2)\,dx+\int_a^1 (x^2-ax)\,dx$$
$$=\left[\frac{1}{2}ax^2-\frac{1}{3}x^3\right]_0^a+\left[\frac{1}{3}x^3-\frac{1}{2}ax^2\right]_a^1$$
$$=\left(\frac{1}{2}a^3-\frac{1}{3}a^3\right)+\left(\frac{1}{3}-\frac{1}{2}a\right)-\left(\frac{1}{3}a^3-\frac{1}{2}a^3\right)$$
$$=\frac{1}{3}a^3-\frac{1}{2}a+\frac{1}{3}$$

이때, $f(a)=\dfrac{1}{3}a^3-\dfrac{1}{2}a+\dfrac{1}{3}$로 놓으면

$f'(a)=a^2-\dfrac{1}{2}$

$f'(a)=0$에서

$a^2-\dfrac{1}{2}=0$ $\therefore a=\dfrac{1}{\sqrt{2}}$ ($\because 0\le a\le 1$)

함수 $f(a)$의 증가와 감소를 표로 나타내면 다음과 같다.

a	0	$\cdots$	$\dfrac{1}{\sqrt{2}}$	$\cdots$	1
$f'(a)$	$-$	$-$	0	$+$	$+$
$f(a)$	$\dfrac{1}{3}$	$\searrow$	극소	$\nearrow$	$\dfrac{1}{6}$

즉, 함수 $f(a)$는 $a=\dfrac{1}{\sqrt{2}}$일 때 극소이면서 최소이므로

$a=\dfrac{1}{\sqrt{2}}=\dfrac{\sqrt{2}}{2}$일 때, $\displaystyle\int_0^1 x|x-a|\,dx$의 값이 최소가 된다.

67 답 ①

$f(x)$의 한 부정적분을 $F(x)$라 하면

$$\int_0^x f(t)\,dt=\Big[F(t)\Big]_0^x=F(x)-F(0)$$

$$\therefore \lim_{x\to 0}\frac{1}{x}\int_0^x f(t)\,dt=\lim_{x\to 0}\frac{F(x)-F(0)}{x-0}$$

$$=F'(0)=f(0)$$

즉, $f(x)=x^3-x^2+1$이므로

$$f(0)=1$$

68 답 ③

$f(x)$의 한 부정적분을 $F(x)$라 하면

$$\int_1^x f(t)\,dt=\Big[F(t)\Big]_1^x$$

$$=F(x)-F(1)$$

$$\therefore \lim_{x\to 1}\frac{1}{x-1}\int_1^x f(t)\,dt=\lim_{x\to 1}\frac{F(x)-F(1)}{x-1}$$

$$=F'(1)=f(1)$$

즉, $f(x)=x^3-4x^2+5x-2$이므로

$$f(1)=1-4+5-2=0$$

69 답 2

$f(x)=x^2+3x-2$라 하고, $f(x)$의 한 부정적분을 $F(x)$라 하면

$$\lim_{x\to 2}\frac{1}{x^2-4}\int_2^x (t^2+3t-2)\,dt$$

$$=\lim_{x\to 2}\frac{F(x)-F(2)}{x^2-4}$$

$$=\lim_{x\to 2}\frac{F(x)-F(2)}{(x-2)(x+2)}$$

$$=\lim_{x\to 2}\left\{\frac{F(x)-F(2)}{x-2}\times\frac{1}{x+2}\right\}$$

$$=\frac{1}{4}F'(2)=\frac{1}{4}f(2)$$

$$=\frac{1}{4}\times(4+6-2)=2$$

70 답 ③

$$\lim_{x\to 0}\frac{1}{x}\int_0^x f'(t)\,dt=\lim_{x\to 0}\frac{f(x)-f(0)}{x-0}=f'(0)$$

이때, $f(x)=\int_0^x (2t^2+t+3)\,dt$의 양변을 x에 대하여 미분하면

$$f'(x)=2x^2+x+3$$

$$\therefore f'(0)=3$$

71 답 ①

$f(x)=2x^3+x^2-x-4$의 한 부정적분을 $F(x)$라 하면

$$\int_1^{x^2} f(t)\,dt=\Big[F(t)\Big]_1^{x^2}=F(x^2)-F(1)$$

$$\therefore \lim_{x\to 1}\frac{1}{x-1}\int_1^{x^2} f(t)\,dt$$

$$=\lim_{x\to 1}\frac{F(x^2)-F(1)}{x-1}$$

$$=\lim_{x\to 1}\left\{\frac{F(x^2)-F(1)}{x^2-1}\times(x+1)\right\}$$

$$=2F'(1)=2f(1)$$

$$=2\times(2+1-1-4)=-4$$

72 답 ⑤

$f(x)$의 한 부정적분을 $F(x)$라 하면

$$\lim_{x\to 0}\frac{1}{x}\int_0^x f(t)\,dt=\lim_{x\to 0}\frac{F(x)-F(0)}{x}$$

$$=F'(0)=f(0)=3$$

이므로 $f(0)=b=3$

$$\lim_{x\to -1}\frac{1}{x+1}\int_{-1}^x f(t)\,dt=\lim_{x\to -1}\frac{F(x)-F(-1)}{x-(-1)}$$

$$=F'(-1)=f(-1)=4$$

이므로

$$f(-1)=a-1+3=4$$

$$\therefore a=2$$

따라서 $f(x)=2x^2+x+3$이므로

$$f(1)=2+1+3=6$$

73 답 ④

$f(x)=x^3-2x+3$으로 놓고 $f(x)$의 한 부정적분을 $F(x)$라 하면

$$\lim_{h\to 0}\frac{1}{h}\int_{2-h}^{2+3h}(x^3-2x+3)\,dx$$

$$=\lim_{h\to 0}\frac{1}{h}\int_{2-h}^{2+3h}f(x)\,dx$$

$$=\lim_{h\to 0}\frac{F(2+3h)-F(2-h)}{h}$$

$$=\lim_{h\to 0}\frac{F(2+3h)-F(2)+F(2)-F(2-h)}{h}$$

$$=\lim_{h\to 0}\left\{\frac{F(2+3h)-F(2)}{3h}\times 3\right\}$$

$$\qquad\qquad +\lim_{h\to 0}\frac{F(2-h)-F(2)}{-h}$$

$$=3F'(2)+F'(2)$$

$$=4F'(2)=4f(2)$$

$$=4\times(8-4+3)=28$$

74 답 ②

먼저 $f(1-x)=f(1+x)$에서 함수 $y=f(x)$의 그래프는 직선 $x=1$에 대하여 대칭이다.

즉, $x=1$에서 $x=1+2=3$까지의 정적분의 값과 $x=1-2=-1$에서 $x=1$까지의 정적분의 값이 같다.

따라서 $\int_{-1}^{1} f(x)\,dx=2$이므로

$$\int_1^3 f(x)\,dx=\int_{-1}^1 f(x)\,dx=2$$

함수 $f(x)$가 $x=a$에 대하여 대칭이면 실수 k에 대하여
$$\int_{a-k}^{a} f(x)\,dx=\int_{a}^{a+k} f(x)\,dx$$
가 성립한다.

75 답 1

조건 (나)에서 $\int_{0}^{a} tf(t)\,dt=k$ (k는 상수)로 놓으면
$$\int_{0}^{x} f(t)\,dt=\frac{3}{2}kx^2$$
위 식의 양변을 x에 대하여 미분하면
$$f(x)=3kx \ \cdots \ \boxed{\odot}$$
조건 (가)에서
$$\int_{0}^{1} f(t)\,dt=\int_{0}^{1} 3kt\,dt=\left[\frac{3}{2}kt^2\right]_{0}^{1}=\frac{3}{2}k=1$$
$$\therefore k=\frac{2}{3}$$

$k=\frac{2}{3}$를 $\boxed{\odot}$에 대입하면 $f(x)=2x$
$$k=\int_{0}^{a} tf(t)\,dt=\int_{0}^{a} 2t^2\,dt=\left[\frac{2}{3}t^3\right]_{0}^{a}$$
$$=\frac{2}{3}a^3=\frac{2}{3}$$
$$a^3=1 \qquad \therefore a=1$$

76 답 ⑤

조건 (가)에서 $f(-x)=f(x)$이므로 함수 $f(x)$는 y축에 대하여 대칭인 함수이다.

즉, $\int_{0}^{2} f(x)\,dx=16$이므로 $\int_{-2}^{0} f(x)\,dx=16$이다.

또, 조건 (나)에서 $f(x)=f(x+4)$이므로
$$\int_{0}^{2} f(x)\,dx=\int_{0-4}^{2-4} f(x)\,dx=\int_{-4}^{-2} f(x)\,dx=16$$
$$\therefore \int_{-4}^{8} f(x)\,dx$$
$$=\int_{-4}^{0} f(x)\,dx+\int_{0}^{4} f(x)\,dx+\int_{4}^{8} f(x)\,dx$$
$$=\int_{-4}^{0} f(x)\,dx+\int_{-4}^{0} f(x)\,dx+\int_{-4}^{0} f(x)\,dx$$

$f(-x)=f(x)$ 이용 $f(x)=f(x+4)$ 이용
$$=3\int_{-4}^{0} f(x)\,dx$$
$$=3\left(\int_{-4}^{-2} f(x)\,dx+\int_{-2}^{0} f(x)\,dx\right)$$
$$=3\times(16+16)=96$$

함수 $f(x)$에서 정의역에 속하는 모든 실수 x에 대하여 $f(x+k)=f(x)$가 성립하면
① $\int_{a}^{b} f(x)\,dx=\int_{a+k}^{b+k} f(x)\,dx$
② $\int_{a}^{a+k} f(x)\,dx=\int_{b}^{b+k} f(x)\,dx$

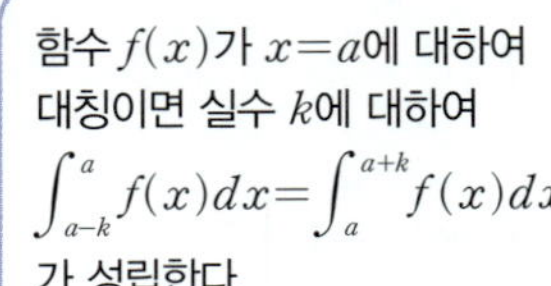
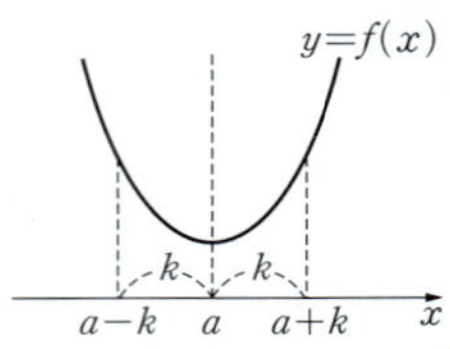

> **연습 문제 [M]**   [기출 ＋ 기출 변형] ▶● 문제편 pp. 122〜123

01 답 ④

함수 $f(x)=2x^3-6ax$에 대하여
$$\int_{0}^{2} f(x)\,dx=\int_{0}^{2}(2x^3-6ax)\,dx$$
$$=\left[\frac{1}{2}x^4-3ax^2\right]_{0}^{2}=8-12a$$
이때, $f(1)=2-6a$이므로
$$8-12a=2-6a$$
$$6a=6 \qquad \therefore a=1$$

02 답 ⑤

$$\int_{0}^{7} f(x)\,dx=\int_{0}^{4} f(x)\,dx+\int_{4}^{3} f(x)\,dx+\int_{3}^{7} f(x)\,dx$$
$$=2+1+4=7$$

$\int_{a}^{c} f(x)\,dx+\int_{c}^{b} f(x)\,dx=\int_{a}^{b} f(x)\,dx$를 적용할 때, c의 값은 a와 b의 값의 크기와 상관없다.
즉, $a\leq c\leq b$일 필요는 없다.
$$\int_{0}^{7} f(x)\,dx=\int_{0}^{4} f(x)\,dx+\int_{4}^{3} f(x)\,dx+\int_{3}^{7} f(x)\,dx$$
처럼 적분구간이 계속 이어지기만 하면 된다.

03 답 ②

함수 $f(x)=\int_{1}^{x}(t-2)(t-3)\,dt$에 대하여 $f'(4)$의 값은? 양변을 x에 대하여 미분해. $\frac{d}{dx}\left\{\int_{a}^{x} f(t)\,dt\right\}=f(x)$임을 이용하는 거야.
① 1 　② 2 　③ 3
④ 4 　⑤ 5

1st $\dfrac{d}{dx}\left\{\int_{a}^{x} f(t)\,dt\right\}=f(x)$를 이용하기 위해 양변을 미분하자.

$f(x)=\int_{1}^{x}(t-2)(t-3)\,dt$의 양변을 x에 대하여 미분하면
$$f'(x)=(x-2)(x-3)$$
'적분하고 미분하면 원상태가 돌아온다.'
$\Rightarrow \dfrac{d}{dx}\left\{\int_{a}^{x} f(t)\,dt\right\}=f(x)$
$$\therefore f'(4)=2\times1=2$$

04 답 ④

주어진 그림에서
$$f(x)=\begin{cases}\dfrac{3}{2}x & (x<2)\\[2mm] 3 & (x\geq2)\end{cases}$$ 이므로

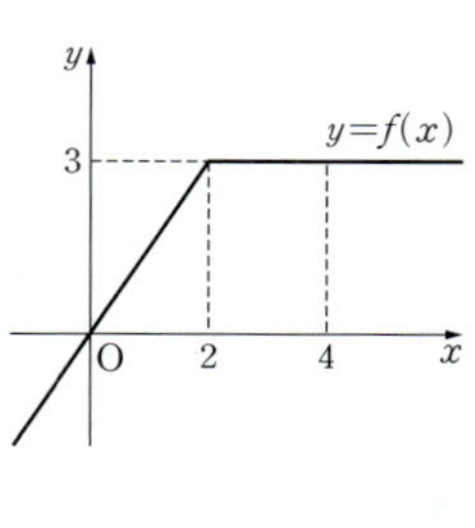

$$\int_{0}^{4} xf(x)\,dx$$
$$=\int_{0}^{2} xf(x)\,dx+\int_{2}^{4} xf(x)\,dx$$
$$=\int_{0}^{2} \frac{3}{2}x^2\,dx+\int_{2}^{4} 3x\,dx$$
$$=\left[\frac{1}{2}x^3\right]_{0}^{2}+\left[\frac{3}{2}x^2\right]_{2}^{4}=4+(24-6)=22$$

05 답 ④

$$\int_{-2}^{1}(x^3+6x^2+2x-3)\,dx-\int_{2}^{1}(x^3+6x^2+2x-3)\,dx$$

$$=\int_{-2}^{1}(x^3+6x^2+2x-3)\,dx+\int_{1}^{2}(x^3+6x^2+2x-3)\,dx$$

$$=\int_{-2}^{2}(x^3+6x^2+2x-3)\,dx$$

$$=\int_{-2}^{2}(x^3+2x)\,dx+\int_{-2}^{2}(6x^2-3)\,dx$$

$$=0+2\int_{0}^{2}(6x^2-3)\,dx$$

$$=2\Big[2x^3-3x\Big]_{0}^{2}$$

$$=2\times(16-6)=20$$

06 답 9

> x에 대한 방정식 $\displaystyle\int_{0}^{x}|t-1|\,dt=x$의 양수인 실근이
>
> $m+n\sqrt{2}$일 때, m^3+n^3의 값을 구하시오.
>
> $x<1$이면 $t-1<0$이지? 그리고 $x\geq1$ (단, m, n은 유리수이다.) 이면 적분구간을 0부터 1까지, 1부터 x까지로 나누어서 생각해야 해.

1st $x=1$을 기준으로 구간을 나누어 적분하자.

(ⅰ) $x<1$일 때

$\displaystyle\int_{0}^{x}|t-1|\,dt=x$에서

$\displaystyle\int_{0}^{x}(-t+1)\,dt=x$이므로

$-\dfrac{1}{2}x^2+x=x,\ x^2=0 \qquad \therefore x=0$

(ⅱ) $x\geq1$일 때

$\displaystyle\int_{0}^{x}|t-1|\,dt=x$에서

$\displaystyle\int_{0}^{1}(-t+1)\,dt+\int_{1}^{x}(t-1)\,dt=x$

↳ $x>1$이면 구간 $[0,1]$에서 $t-1<0$이고, 구간 $[1,x]$에서 $t-1>0$이므로 $\displaystyle\int_{0}^{x}|t-1|\,dt=\int_{0}^{1}\{-(t-1)\}\,dt+\int_{1}^{x}(t-1)\,dt$가 되는 거야.

$\Big[-\dfrac{1}{2}t^2+t\Big]_{0}^{1}+\Big[\dfrac{1}{2}t^2-t\Big]_{1}^{x}=x$

$-\dfrac{1}{2}+1+\dfrac{1}{2}x^2-x-\Big(\dfrac{1}{2}-1\Big)=x$

$\dfrac{1}{2}x^2-2x+1=0,\ x^2-4x+2=0$

↳ 이차방정식의 근의 공식을 이용해 구한 거야.

$\therefore x=2+\sqrt{2}\ (\because x\geq1)$

2nd 양수인 실근을 구하여 m, n을 구하면 되겠지?

(ⅰ), (ⅱ)에 의해 양수인 실근은 $x=2+\sqrt{2}$이므로

$m=2,\ n=1$이다.

$\therefore m^3+n^3=2^3+1^3=9$

07 답 ②

$f(-x)=f(x)$에서 $f(x)$는 y축에 대하여 대칭이므로

$x^3f(x)$, $xf(x)$는 모두 원점에 대하여 대칭이다.

$$\therefore \int_{-3}^{3}(x^3-4x+7)f(x)\,dx$$

$$=\int_{-3}^{3}x^3f(x)\,dx-4\int_{-3}^{3}xf(x)\,dx+7\int_{-3}^{3}f(x)\,dx$$

$$=0+7\int_{-3}^{3}f(x)\,dx$$

$$=14\int_{0}^{3}f(x)\,dx=14\times2=28$$

> **심플 정리**
>
> **[특수한 함수]**
>
> (1) $f(x)=f(x+a)$: 주기가 a인 주기함수
>
> (2) $f(a+x)=f(a-x)$: $x=a$에 대하여 대칭인 함수
>
> (3) $f(x)=f(-x)$: y축에 대하여 대칭인 함수 (우함수)
>
> (4) $f(x)=-f(-x)$: 원점에 대하여 대칭인 함수 (기함수)

08 답 ①

$xf(x)=3x^4-2x^3+\displaystyle\int_{2}^{x}f(t)\,dt \cdots\ ㉠$

㉠의 양변에 $x=2$를 대입하면

$2f(2)=48-16+\displaystyle\int_{2}^{2}f(t)\,dt$

$2f(2)=32\ \Big(\because \displaystyle\int_{a}^{a}f(t)\,dt=0\Big)$

$\therefore f(2)=16 \cdots\ ㉡$

또, ㉠의 양변을 x에 대하여 미분하면

$f(x)+xf'(x)=12x^3-6x^2+f(x)$

$xf'(x)=12x^3-6x^2$

$\therefore f'(x)=12x^2-6x$

$f(x)=\displaystyle\int f'(x)\,dx=\int(12x^2-6x)\,dx$

$\qquad=4x^3-3x^2+C$ (단, C는 적분상수)

여기에 $x=2$를 대입하면

$f(2)=32-12+C=16\ (\because ㉡)$

$\therefore C=-4$

따라서 $f(x)=4x^3-3x^2-4$이므로

$f(-1)=-4-3-4=-11$

09 답 ③

$A=\displaystyle\lim_{h\to0}\dfrac{f(1+2h)-f(1)}{h}$

$\quad=\displaystyle\lim_{h\to0}\Big\{\dfrac{f(1+2h)-f(1)}{2h}\times2\Big\}$

$\quad=2f'(1)$

한편, $f(x)=\displaystyle\int_{1}^{x}(3t^2-2t+1)\,dt$에 $x=1$을 대입하면

$f(1)=\displaystyle\int_{1}^{1}(3t^2-2t+1)\,dt=0 \cdots\ ㉠$

이므로

$B=\displaystyle\lim_{x\to1}\dfrac{f(x)}{x-1}=\lim_{x\to1}\dfrac{f(x)-f(1)}{x-1}\ (\because ㉠)$

$\quad=f'(1)$

이때, $f(x)=\int_1^x (3t^2-2t+1)\,dt$의 양변을 x에 대하여 미분하면

$f'(x)=3x^2-2x+1$

$\therefore f'(1)=3-2+1=2$

따라서 $A=2f'(1)=4,\ B=f'(1)=2$이므로

$A+B=4+2=6$

10 답 ⑤

$f(x)=\int_0^x (t^2+at+b)\,dt$의 양변을 x에 대하여 미분하면

$f'(x)=x^2+ax+b$

이때, 함수 $f(x)$가 $x=-3$에서 극댓값 9를 가지므로

$f'(-3)=0,\ f(-3)=9$

$f'(-3)=0$에서

$9-3a+b=0 \qquad \therefore\ 3a-b=9 \cdots \ \bigcirc$

$f(-3)=9$에서

$f(-3)=\int_0^{-3} (t^2+at+b)\,dt$

$\qquad =\left[\dfrac{1}{3}t^3+\dfrac{1}{2}at^2+bt\right]_0^{-3}$

$\qquad =-9+\dfrac{9}{2}a-3b=9$

$\therefore\ 3a-2b=12 \cdots \ \bigcirc\!\!\bigcirc$

$\bigcirc,\ \bigcirc\!\!\bigcirc$을 연립하여 풀면 $a=2,\ b=-3$

$\therefore\ f'(x)=x^2+2x-3=(x+3)(x-1)$

즉, $f'(x)=0$에서

$(x+3)(x-1)=0 \qquad \therefore\ x=-3$ 또는 $x=1$

함수 $f(x)$의 증가와 감소를 표로 나타내면 다음과 같다.

x	$\cdots$	-3	$\cdots$	1	$\cdots$
$f'(x)$	$+$	0	$-$	0	$+$
$f(x)$	$\nearrow$	극대	$\searrow$	극소	$\nearrow$

따라서 함수 $f(x)$는 $x=1$에서 극소이므로 구하는 극솟값은

$f(1)=\int_0^1 (t^2+2t-3)\,dt$

$\qquad =\left[\dfrac{1}{3}t^3+t^2-3t\right]_0^1$

$\qquad =\dfrac{1}{3}+1-3=-\dfrac{5}{3}$

11 답 ⑤

함수 $y=f(x+1)$의 그래프는 $y=f(x)$의 그래프를 x축의
방향으로 -1만큼 평행이동시킨 것이므로

$\int_0^1 f(x+1)\,dx=\int_{0+1}^{1+1} f(x)\,dx=\int_1^2 f(x)\,dx$

또, 함수 $f(x)$가 모든 실수 x에 대하여

$f(x)=f(x+3)$을 만족시키므로

$\int_1^2 f(x)\,dx=\int_{1+3}^{2+3} f(x)\,dx=\int_4^5 f(x)\,dx$

12 답 40

1st $f(x)$가 우함수인지 기함수인지 파악하자.

조건 (가)에서 함수 $f(x)$는 우함수이다.

이때, 조건 (다)에서 $2x$는 기함수, 3은 우함수이므로

$2xf(x)$는 기함수, $3f(x)$는 우함수이다.

즉, $\int_{-1}^1 (2x+3)f(x)\,dx=15$에서 〔(기함수)×(우함수)=(기함수), (우함수)×(우함수)=(우함수)임을 적용한 거야.

$\int_{-1}^1 (2x+3)f(x)\,dx$

$=\int_{-1}^1 2xf(x)\,dx+\int_{-1}^1 3f(x)\,dx$

$=0+3\int_{-1}^1 f(x)\,dx=15$

$\therefore\ \int_{-1}^1 f(x)\,dx=5$

2nd $f(x)$의 주기성을 이용하여 적분구간을 적절히 변형해보자.

한편, 조건 (나)에 의해 $f(x)$는 주기가 2인 함수이므로

모든 실수 x에 대하여 $f(x)=f(x+a)$가 성립하는 함수는 주기가 a인
주기함수를 의미해. 즉, 함수 $f(x)$의 값이 주기 2씩 계속 반복된다는 거야.

$\int_{-5}^{-3} f(x)\,dx=\int_{-3}^{-1} f(x)\,dx=\int_{-1}^1 f(x)\,dx$

$\qquad =\int_1^3 f(x)\,dx=\cdots=5$

$\therefore\ \int_{-6}^{10} f(x)\,dx$

$=\int_{-6}^{-5} f(x)\,dx+\int_{-5}^{-3} f(x)\,dx$

$\quad +\int_{-3}^{-1} f(x)\,dx+\int_{-1}^1 f(x)\,dx+\int_1^3 f(x)\,dx$

$\quad +\int_3^5 f(x)\,dx+\int_5^7 f(x)\,dx+\int_7^9 f(x)\,dx$

$\qquad\qquad\qquad\qquad +\int_9^{10} f(x)\,dx$

$=\int_{-6}^{-5} f(x)\,dx+7\int_{-1}^1 f(x)\,dx+\int_9^{10} f(x)\,dx$

$=\int_{10}^{11} f(x)\,dx+7\int_{-1}^1 f(x)\,dx+\int_9^{10} f(x)\,dx$

$=7\int_{-1}^1 f(x)\,dx+\int_9^{11} f(x)\,dx$

$=8\int_{-1}^1 f(x)\,dx=8\times5=40$

$\int_{-6}^{-5} f(x)\,dx=\int_{-6+2\times8}^{-5+2\times8} f(x)\,dx$
$\qquad\qquad =\int_{10}^{11} f(x)\,dx$

$\int_{9-2\times5}^{11-2\times5} f(x)\,dx$
$\qquad =\int_{-1}^1 f(x)\,dx$

함수 $y=f(x)$가 임의의 실수 x에 대하여
$$f(x+p)=f(x) \ (p\text{는 0이 아닌 실수})$$
일 때, 정수 n에 대하여 다음이 성립한다.

(1) $\displaystyle\int_{a+np}^{b+np} f(x)\,dx=\int_a^b f(x)\,dx$

(2) $\displaystyle\int_a^{a+np} f(x)\,dx=n\int_0^p f(x)\,dx$

13 답 $\dfrac{4}{3}$

$f(x)$의 한 부정적분을 $F(x)$라고 하자.

$$\lim_{x\to1}\frac{\displaystyle\int_1^x f(t)\,dt}{x-1}=\lim_{x\to1}\frac{F(x)-F(1)}{x-1}$$
$$=F'(1)=f(1)$$

이므로

$$1+a+b=1 \qquad \therefore a+b=0 \cdots \text{㉠} \qquad \cdots\ \text{Ⅰ}$$

$$\int_0^1 f(x)\,dx=\int_0^1 (x^2+ax+b)\,dx$$
$$=\left[\frac{1}{3}x^3+\frac{1}{2}ax^2+bx\right]_0^1$$
$$=\frac{1}{3}+\frac{1}{2}a+b=0$$

$$\therefore \frac{1}{2}a+b=-\frac{1}{3} \cdots \text{㉡} \qquad \cdots\ \text{Ⅱ}$$

㉠, ㉡을 연립하면

$$a=\frac{2}{3},\ b=-\frac{2}{3}$$

$$\therefore a-b=\frac{2}{3}-\left(-\frac{2}{3}\right)=\frac{4}{3} \qquad \cdots\ \text{Ⅲ}$$

[채점 기준표]

Ⅰ	정적분과 미분계수의 정의를 이용하여 a, b 사이의 관계식을 구한다.	40%
Ⅱ	정적분의 계산을 하여 a, b 사이의 또 다른 관계식을 구한다.	40%
Ⅲ	a, b의 값을 구해 $a-b$의 값을 구한다.	20%

01 답 $\displaystyle\int_a^b |f(x)|\,dx$

02 답 $\displaystyle\int_a^b |f(x)-g(x)|\,dx$

03 답 $\displaystyle\int_a^b v(t)\,dt,\ \int_a^b |v(t)|\,dt$

04 답 ×

05 답 ○

06 답 ×

07 답 $\dfrac{4}{3}$

구하는 넓이는

$$\int_{-1}^1 |-x^2+1|\,dx$$
$$=\int_{-1}^1 (-x^2+1)\,dx$$
$$=\left[-\frac{1}{3}x^3+x\right]_{-1}^1$$
$$=\left(-\frac{1}{3}+1\right)-\left(\frac{1}{3}-1\right)=\frac{4}{3}$$

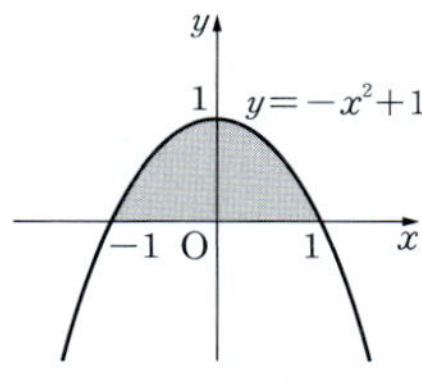

08 답 $\dfrac{4}{3}$

구하는 넓이는

$$\int_0^2 |-x(x-2)|\,dx$$
$$=\int_0^2 \{-x(x-2)\}\,dx$$
$$=\int_0^2 (-x^2+2x)\,dx$$
$$=\left[-\frac{1}{3}x^3+x^2\right]_0^2$$
$$=-\frac{8}{3}+4=\frac{4}{3}$$

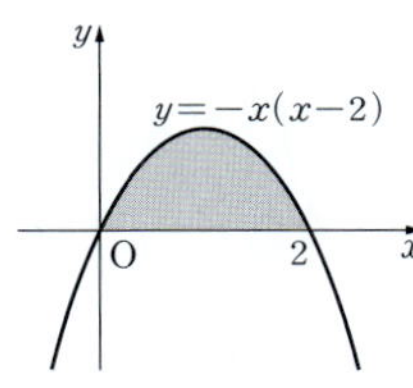

09 답 $\dfrac{1}{6}$

구하는 넓이는

$$\int_0^1 |x(x-1)|\,dx$$
$$=\int_0^1 \{-x(x-1)\}\,dx$$
$$=\int_0^1 (-x^2+x)\,dx$$
$$=\left[-\frac{1}{3}x^3+\frac{1}{2}x^2\right]_0^1$$
$$=-\frac{1}{3}+\frac{1}{2}=\frac{1}{6}$$

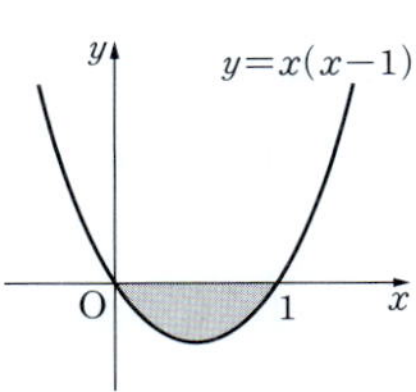

10 답 $\dfrac{125}{6}$

구하는 넓이는

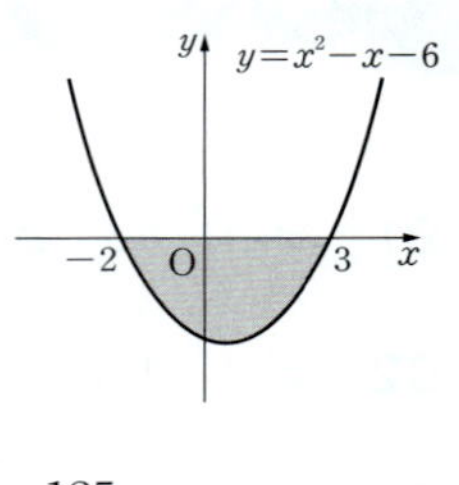

$$\int_{-2}^{3} |x^2-x-6|\,dx$$

$$=\int_{-2}^{3}(-x^2+x+6)\,dx$$

$$=\left[-\dfrac{1}{3}x^3+\dfrac{1}{2}x^2+6x\right]_{-2}^{3}$$

$$=\left(-9+\dfrac{9}{2}+18\right)-\left(\dfrac{8}{3}+2-12\right)=\dfrac{125}{6}$$

11 답 $\dfrac{1}{6}$

구하는 넓이는

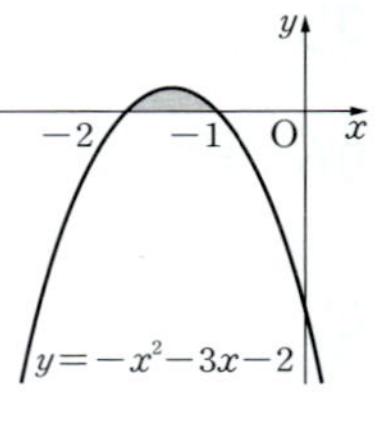

$$\int_{-2}^{-1}|-x^2-3x-2|\,dx$$

$$=\int_{-2}^{-1}(-x^2-3x-2)\,dx$$

$$=\left[-\dfrac{1}{3}x^3-\dfrac{3}{2}x^2-2x\right]_{-2}^{-1}$$

$$=\left(\dfrac{1}{3}-\dfrac{3}{2}+2\right)-\left(\dfrac{8}{3}-6+4\right)=\dfrac{1}{6}$$

12 답 $\dfrac{7}{3}$

구하는 넓이는

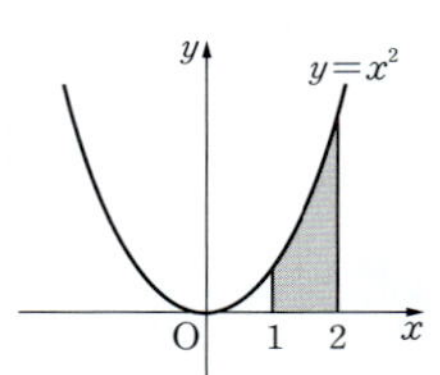

$$\int_{1}^{2}x^2dx=\left[\dfrac{1}{3}x^3\right]_{1}^{2}=\dfrac{8}{3}-\dfrac{1}{3}=\dfrac{7}{3}$$

13 답 2

구하는 넓이는

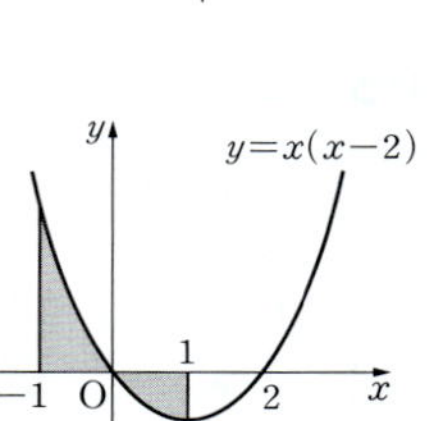

$$\int_{-1}^{0}x(x-2)\,dx$$

$$\qquad+\int_{0}^{1}\{-x(x-2)\}\,dx$$

$$=\int_{-1}^{0}(x^2-2x)\,dx+\int_{0}^{1}(-x^2+2x)\,dx$$

$$=\left[\dfrac{1}{3}x^3-x^2\right]_{-1}^{0}+\left[-\dfrac{1}{3}x^3+x^2\right]_{0}^{1}$$

$$=-\left(-\dfrac{1}{3}-1\right)+\left(-\dfrac{1}{3}+1\right)=2$$

14 답 $\dfrac{9}{2}$

곡선과 직선의 교점의 x좌표를 구하면

$$x^2=x+2,\ x^2-x-2=0$$

$$(x+1)(x-2)=0$$

$$\therefore\ x=-1 \text{ 또는 } x=2$$

따라서 구하는 넓이 S는

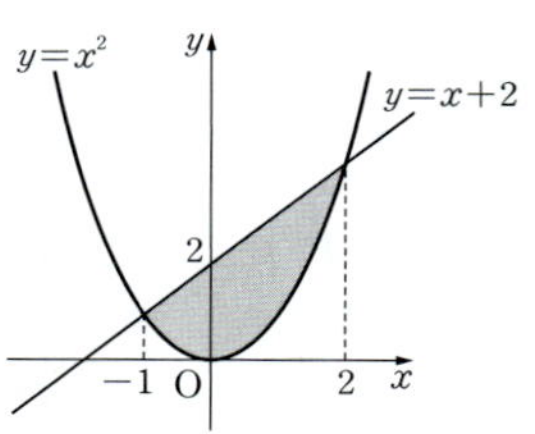

$$S=\int_{-1}^{2}(x+2-x^2)\,dx$$

$$=\left[\dfrac{1}{2}x^2+2x-\dfrac{1}{3}x^3\right]_{-1}^{2}$$

$$=\left(2+4-\dfrac{8}{3}\right)-\left(\dfrac{1}{2}-2+\dfrac{1}{3}\right)=\dfrac{9}{2}$$

15 답 $\dfrac{32}{3}$

곡선과 직선의 교점의 x좌표를 구하면

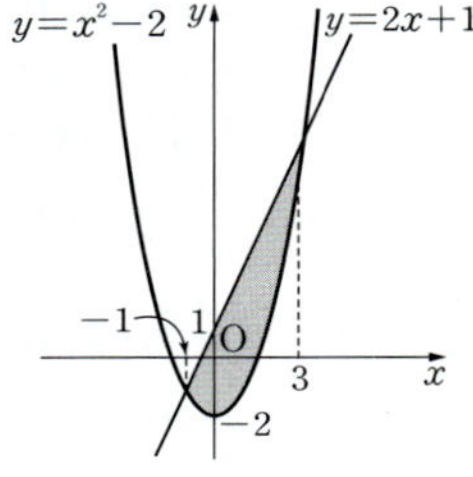

$$x^2-2=2x+1$$

$$x^2-2x-3=0$$

$$(x+1)(x-3)=0$$

$$\therefore\ x=-1 \text{ 또는 } x=3$$

따라서 구하는 넓이 S는

$$S=\int_{-1}^{3}(2x+1-x^2+2)\,dx$$

$$=\int_{-1}^{3}(-x^2+2x+3)\,dx$$

$$=\left[-\dfrac{1}{3}x^3+x^2+3x\right]_{-1}^{3}$$

$$=(-9+9+9)-\left(\dfrac{1}{3}+1-3\right)=\dfrac{32}{3}$$

16 답 $\dfrac{8}{3}$

두 곡선의 교점의 x좌표를 구하면

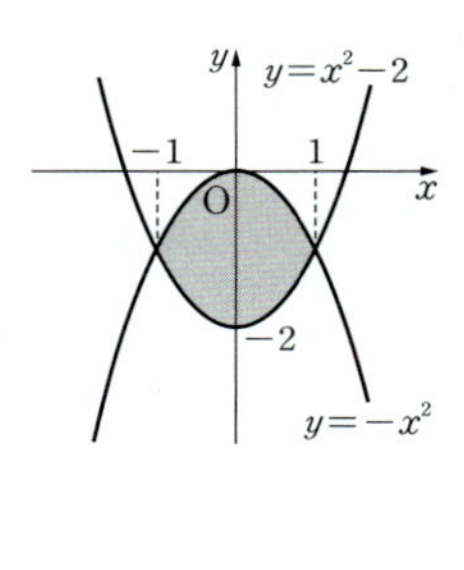

$$-x^2=x^2-2,\ 2x^2=2$$

$$x^2=1 \qquad \therefore\ x=\pm1$$

따라서 구하는 넓이 S는

$$S=\int_{-1}^{1}(-x^2-x^2+2)\,dx$$

$$=2\int_{-1}^{1}(-x^2+1)\,dx$$

$$=2\left[-\dfrac{1}{3}x^3+x\right]_{-1}^{1}$$

$$=2\times\left\{\left(-\dfrac{1}{3}+1\right)-\left(\dfrac{1}{3}-1\right)\right\}=\dfrac{8}{3}$$

17 답 9

두 곡선의 교점의 x좌표를 구하면

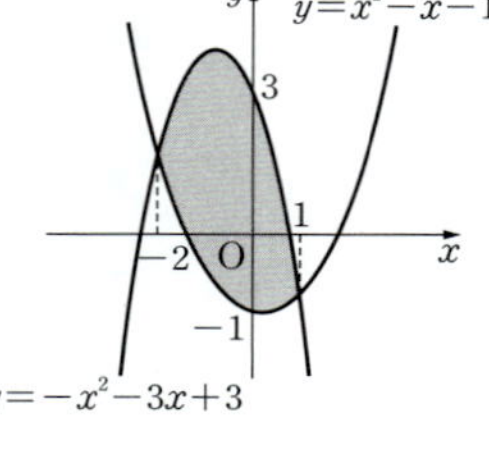

$$x^2-x-1=-x^2-3x+3$$

$$2x^2+2x-4=0$$

$$2(x^2+x-2)=0$$

$$2(x+2)(x-1)=0$$

$$\therefore\ x=-2 \text{ 또는 } x=1$$

따라서 구하는 넓이 S는

$$S=\int_{-2}^{1}(-x^2-3x+3-x^2+x+1)\,dx$$

$$=\int_{-2}^{1}(-2x^2-2x+4)\,dx$$

$$=\left[-\dfrac{2}{3}x^3-x^2+4x\right]_{-2}^{1}$$

$$=\left(-\dfrac{2}{3}-1+4\right)-\left(\dfrac{16}{3}-4-8\right)=9$$

정적분을 넓이로 착각하기도 한다. 적분구간에서 함수의 그래프가 x축 위에 있을 때는 정적분과 넓이가 같지만 함수의 그래프가 x축 아래에 있을 경우는 정적분과 넓이가 같지 않다. 그래서 함수의 그래프와 x축으로 둘러싸인 부분의 넓이를 구할 때에는 먼저 좌표평면 위에 함수의 그래프를 그린 후 x축 아래에 있는 부분의 넓이는 함수식에 '$-$'를 붙여서 정적분을 해야 한다.

18 답 $-\dfrac{4}{3}$

$$0+\int_0^2 (t^2-2t)\,dt=\left[\frac{1}{3}t^3-t^2\right]_0^2=\frac{8}{3}-4=-\frac{4}{3}$$

19 답 $\dfrac{2}{3}$

$$\int_1^3 (t^2-2t)\,dt=\left[\frac{1}{3}t^3-t^2\right]_1^3=9-9-\left(\frac{1}{3}-1\right)=\frac{2}{3}$$

20 답 2

$$\int_1^3 |t^2-2t|\,dt=\int_1^2 (-t^2+2t)\,dt+\int_2^3 (t^2-2t)\,dt$$
$$=\left[-\frac{1}{3}t^3+t^2\right]_1^2+\left[\frac{1}{3}t^3-t^2\right]_2^3$$
$$=-\frac{8}{3}+4-\left(-\frac{1}{3}+1\right)+9-9-\left(\frac{8}{3}-4\right)$$
$$=2$$

21 답 -2

$$2+\int_0^2 (2t-4)\,dt=2+\left[t^2-4t\right]_0^2=2+4-8=-2$$

22 답 -3

$$\int_0^3 (2t-4)\,dt=\left[t^2-4t\right]_0^3=9-12=-3$$

23 답 5

$$\int_0^3 |2t-4|\,dt=\int_0^2 (-2t+4)\,dt+\int_2^3 (2t-4)\,dt$$
$$=\left[-t^2+4t\right]_0^2+\left[t^2-4t\right]_2^3$$
$$=-4+8+9-12-(4-8)=5$$

> **유형 연습** [+ 내신 유형] ● 문제편 pp. 126~133

24 답 ②

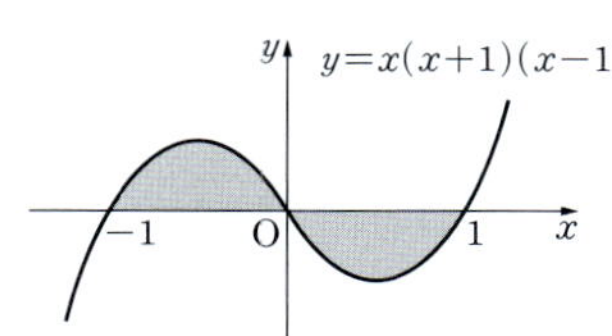

구하는 도형의 넓이 S는

$$S=\int_{-1}^1 |x(x+1)(x-1)|\,dx$$
$$=\int_{-1}^0 x(x+1)(x-1)\,dx+\int_0^1 \{-x(x+1)(x-1)\}\,dx$$
$$=\int_{-1}^0 (x^3-x)\,dx+\int_0^1 (x-x^3)\,dx$$
$$=\left[\frac{1}{4}x^4-\frac{1}{2}x^2\right]_{-1}^0+\left[\frac{1}{2}x^2-\frac{1}{4}x^4\right]_0^1$$
$$=-\left(\frac{1}{4}-\frac{1}{2}\right)+\frac{1}{2}-\frac{1}{4}=\frac{1}{2}$$

25 답 ④

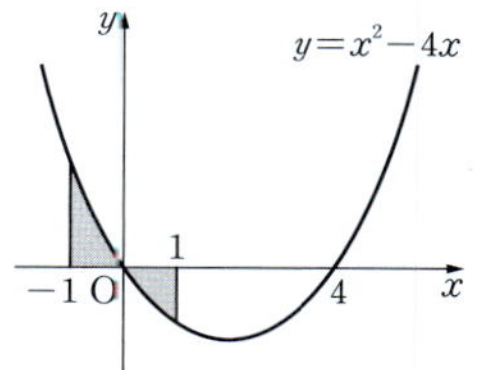

그림에서 구하는 도형의 넓이 S는

$$S=\int_{-1}^0 (x^2-4x)\,dx+\int_0^1 \{-(x^2-4x)\}\,dx$$
$$=\left[\frac{x^3}{3}-2x^2\right]_{-1}^0+\left[-\frac{x^3}{3}+2x^2\right]_0^1$$
$$=-\left(-\frac{1}{3}-2\right)+\left(-\frac{1}{3}+2\right)=4$$

26 답 ④

그림에서 구하는 넓이는

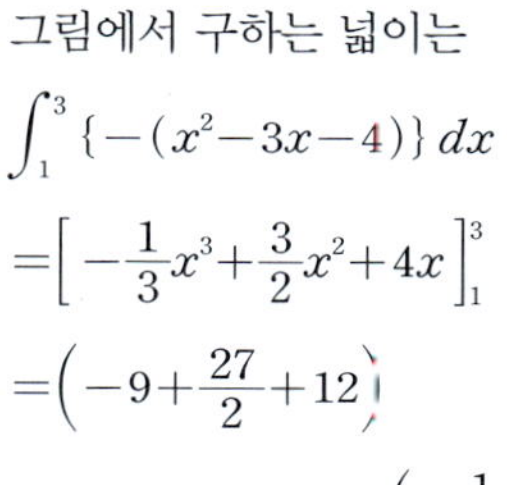

$$\int_1^3 \{-(x^2-3x-4)\}\,dx$$
$$=\left[-\frac{1}{3}x^3+\frac{3}{2}x^2+4x\right]_1^3$$
$$=\left(-9+\frac{27}{2}+12\right)$$
$$-\left(-\frac{1}{3}+\frac{3}{2}+4\right)=\frac{34}{3}$$

27 답 ④

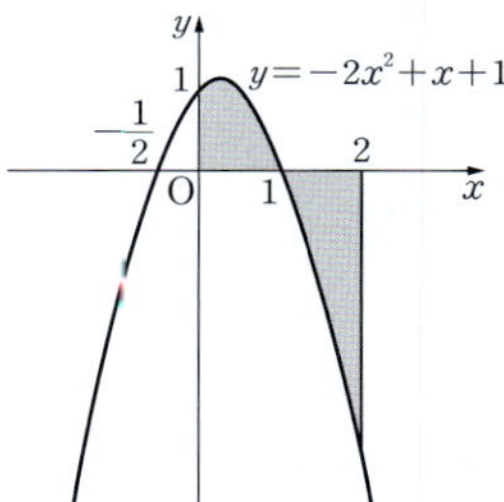

그림에서 구하는 도형의 넓이는

$$\int_0^1 (-2x^2+x+1)\,dx+\int_1^2 \{-(-2x^2+x+1)\}\,dx$$
$$=\int_0^1 (-2x^2+x+1)\,dx+\int_1^2 (2x^2-x-1)\,dx$$
$$=\left[-\frac{2}{3}x^3+\frac{1}{2}x^2+x\right]_0^1+\left[\frac{2}{3}x^3-\frac{1}{2}x^2-x\right]_1^2$$
$$=\left(-\frac{2}{3}+\frac{1}{2}+1\right)+\left(\frac{16}{3}-2-2\right)-\left(\frac{2}{3}-\frac{1}{2}-1\right)$$
$$=3$$

28 답 ③

네 직선 $x=0$, $x=1$, $y=0$, $y=1$로 둘러싸인 정사각형의 넓이는 1이다.

$$S_2=\int_0^1 x^2\,dx=\left[\frac{1}{3}x^3\right]_0^1=\frac{1}{3}$$

따라서 $S_1=1-S_2=\frac{2}{3}$이므로

$$S_1:S_2=\frac{2}{3}:\frac{1}{3}=2:1$$

29 답 ②

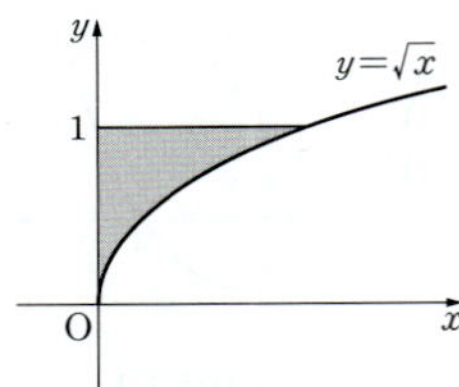

$y=\sqrt{x}$에서 $x=y^2$이므로 구하는 도형의 넓이 S는

$$S=\int_0^1 y^2\,dy=\left[\frac{1}{3}y^3\right]_0^1=\frac{1}{3}$$

30 답 ④

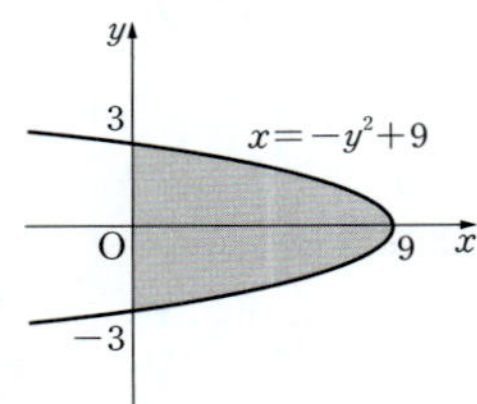

구하는 도형의 넓이를 S라 하면

$$S=\int_{-3}^3 (-y^2+9)\,dy$$
$$=2\int_0^3 (-y^2+9)\,dy$$
$$=2\left[-\frac{1}{3}y^3+9y\right]_0^3$$
$$=2\times(-9+27)=36$$

31 답 3

구하는 도형의 넓이는

$$\int_0^a y(y-a)^2\,dy$$
$$=\int_0^a (y^3-2ay^2+a^2y)\,dy$$
$$=\left[\frac{1}{4}y^4-\frac{2}{3}ay^3+\frac{1}{2}a^2y^2\right]_0^a$$
$$=\frac{1}{4}a^4-\frac{2}{3}a^4+\frac{1}{2}a^4=\frac{1}{12}a^4$$

이때, 주어진 곡선과 y축으로 둘러싸인 도형의 넓이가 $\frac{27}{4}$이므로

$$\frac{1}{12}a^4=\frac{27}{4}, \quad a^4=81$$
$$\therefore a=3 \ (\because a>0)$$

32 답 ②

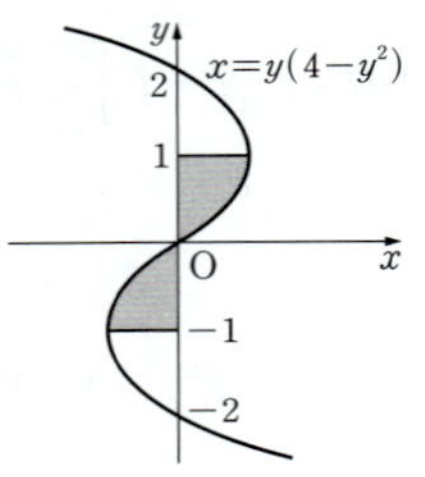

구하는 도형의 넓이는

$$\int_{-1}^0 (y^3-4y)\,dy+\int_0^1 (4y-y^3)\,dy$$
$$=2\int_0^1 (4y-y^3)\,dy=2\times\left[2y^2-\frac{1}{4}y^4\right]_0^1$$
$$=2\times\left(2-\frac{1}{4}\right)=\frac{7}{2}$$

33 답 3

그림에서 구하는 도형의 넓이는

$$\int_{-k}^0 \{-(y^2+ky)\}\,dy$$
$$\qquad+\int_0^1 (y^2+ky)\,dy$$
$$=\int_{-k}^0 (-y^2-ky)\,dy$$
$$\qquad+\int_0^1 (y^2+ky)\,dy$$
$$=\left[-\frac{1}{3}y^3-\frac{k}{2}y^2\right]_{-k}^0+\left[\frac{1}{3}y^3+\frac{k}{2}y^2\right]_0^1$$
$$=-\left(\frac{1}{3}k^3-\frac{1}{2}k^3\right)+\frac{1}{3}+\frac{1}{2}k$$
$$=\frac{1}{6}k^3+\frac{1}{2}k+\frac{1}{3}=\frac{19}{3}$$
$$k^3+3k-36=0$$
$$(k-3)(k^2+3k+12)=0$$
$$\therefore k=3$$

$$
\begin{array}{r|rrrr}
3 & 1 & 0 & 3 & -36 \\
  &   & 3 & 9 & 36 \\
\hline
  & 1 & 3 & 12 & 0
\end{array}
$$

34 답 ③

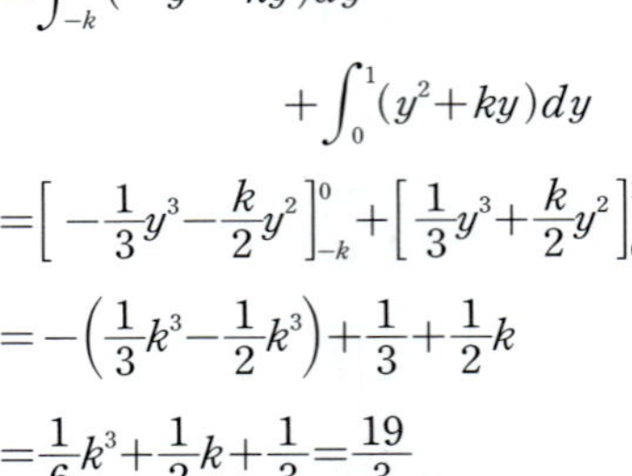

곡선 $y=-x^2+2$와 직선 $y=-x$의 교점의 x좌표를 구하면

$$-x^2+2=-x$$
$$x^2-x-2=0$$
$$(x+1)(x-2)=0$$
$$\therefore x=-1 \text{ 또는 } x=2$$

따라서 구하는 도형의 넓이 S는

$$S=\int_{-1}^2 \{(-x^2+2)-(-x)\}\,dx$$
$$=\int_{-1}^2 (-x^2+x+2)\,dx$$
$$=\left[-\frac{1}{3}x^3+\frac{1}{2}x^2+2x\right]_{-1}^2$$
$$=-\frac{8}{3}+2+4-\left(\frac{1}{3}+\frac{1}{2}-2\right)=\frac{9}{2}$$

곡선과 직선으로 둘러싸인 도형의 넓이를 구할 때, 특수한 경우에서 넓이를 간단히 구할 수 있는 공식이 있다.
곡선 $y=ax^2+bx+c\,(a\neq0)$와 직선 $y=mx+n$의 교점의 x좌표를 α, $\beta\,(\alpha<\beta)$라고 하면 곡선과 직선으로 둘러싸인 도형의 넓이는 $\dfrac{|a|(\beta-\alpha)^3}{6}$으로 구해진다.
공식을 기억해서 써먹는 것도 중요하지만 해설과 같이 일반적으로 구하는 방법을 알고 있는 게 더 안전하다.

35 답 ②

곡선 $y=-x^2+6x$와 직선 $y=2x$의 교점의 x좌표를 구하면
$$-x^2+6x=2x$$
$$x^2-4x=0$$
$$x(x-4)=0$$
$$\therefore x=0 \text{ 또는 } x=4$$

따라서 구하는 도형의 넓이 S는
$$S=\int_0^4\{(-x^2+6x)-2x\}\,dx$$
$$=\int_0^4(-x^2+4x)\,dx$$
$$=\left[-\frac{1}{3}x^3+2x^2\right]_0^4$$
$$=-\frac{64}{3}+32=\frac{32}{3}$$

다른 풀이

34번의 TIP 에서 제시한 공식을 이용해 넓이를 구해보자.
주어진 곡선과 직선의 교점의 x좌표가 0, 4이므로
$$(구하는 도형의 넓이)=\frac{|-1|\times(4-0)^3}{6}$$
$$=\frac{64}{6}=\frac{32}{3}$$

36 답 ①

곡선 $y=x^2-2x+2$와 직선 $y=x$의 교점의 x좌표를 구하면
$$x^2-2x+2=x$$
$$x^2-3x+2=0$$
$$(x-1)(x-2)=0$$
$$\therefore x=1 \text{ 또는 } x=2$$

따라서 구하는 도형의 넓이 S는
$$S=\int_1^2\{x-(x^2-2x+2)\}\,dx$$
$$=\int_1^2(-x^2+3x-2)\,dx$$
$$=\left[-\frac{1}{3}x^3+\frac{3}{2}x^2-2x\right]_1^2$$
$$=\left(-\frac{8}{3}+6-4\right)-\left(-\frac{1}{3}+\frac{3}{2}-2\right)$$
$$=\frac{1}{6}$$

37 답 ③

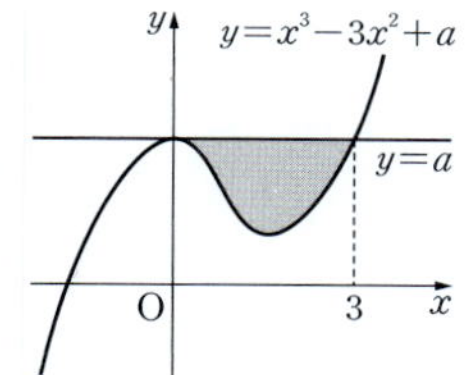

곡선 $y=x^3-3x^2+a$와 직선 $y=a$의 교점의 x좌표를 구하면
$$x^3-3x^2+a=a$$
$$x^3-3x^2=0$$
$$x^2(x-3)=0$$
$$\therefore x=0 \text{ 또는 } x=3$$

따라서 구하는 도형의 넓이 S는
$$S=\int_0^3\{a-(x^3-3x^2+a)\}\,dx$$
$$=\int_0^3(-x^3+3x^2)\,dx$$
$$=\left[-\frac{1}{4}x^4+x^3\right]_0^3=-\frac{81}{4}+27=\frac{27}{4}$$

38 답 ①

$$y=|x(x-2)|=\begin{cases}x(x-2) & (x\leq0 \text{ 또는 } x\geq2)\\ -x(x-2) & (0<x<2)\end{cases}$$

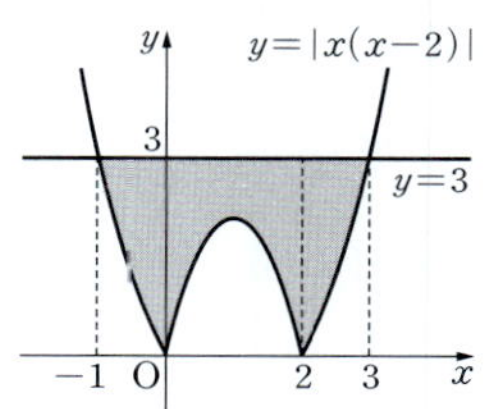

따라서 그림에서 구하는 도형의 넓이는
$$\int_{-1}^0(3-x^2+2x)\,dx+\int_0^2(3+x^2-2x)\,dx$$
$$+\int_2^3(3-x^2+2x)\,dx$$
$$=\left[3x-\frac{1}{3}x^3+x^2\right]_{-1}^0+\left[3x+\frac{1}{3}x^3-x^2\right]_0^2$$
$$+\left[3x-\frac{1}{3}x^3+x^2\right]_2^3$$
$$=-\left(-3+\frac{1}{3}+1\right)+\left(6+\frac{8}{3}-4\right)+(9-9+9)$$
$$-\left(6-\frac{8}{3}+4\right)$$
$$=8$$

39 답 ④

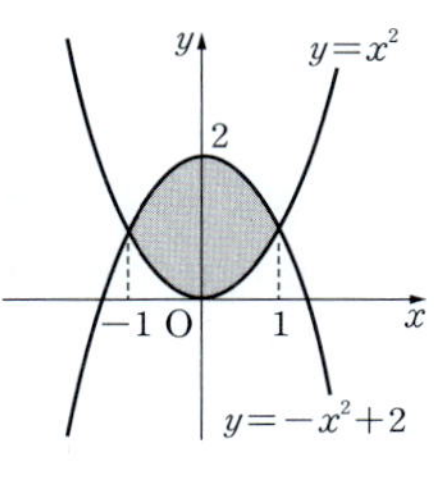

두 곡선 $y=x^2$, $y=-x^2+2$의 교점의 x좌표를 구하면
$$x^2=-x^2+2, \quad x^2=1$$
$$\therefore x=-1 \text{ 또는 } x=1$$

따라서 구하는 도형의 넓이는
$$\int_{-1}^1\{(-x^2+2)-x^2\}\,dx$$
$$=\int_{-1}^1(-2x^2+2)\,dx=2\int_0^1(-2x^2+2)\,dx$$
$$=2\left[-\frac{2}{3}x^3+2x\right]_0^1=2\times\left(-\frac{2}{3}+2\right)=\frac{8}{3}$$

40 답 ④

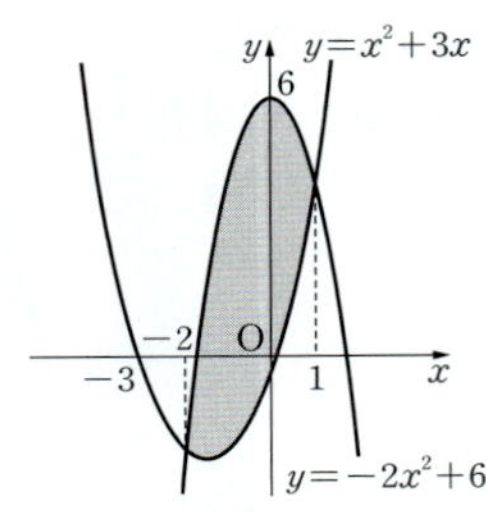

두 곡선 $y=x^2+3x$, $y=-2x^2+6$의 교점의 x좌표를 구하면

$x^2+3x=-2x^2+6$

$3x^2+3x-6=0$

$3(x+2)(x-1)=0$

$\therefore x=-2$ 또는 $x=1$

따라서 구하는 도형의 넓이는

$\int_{-2}^{1}\{(-2x^2+6)-(x^2+3x)\}\,dx$

$=\int_{-2}^{1}(-3x^2-3x+6)\,dx$

$=\left[-x^3-\dfrac{3}{2}x^2+6x\right]_{-2}^{1}$

$=\left(-1-\dfrac{3}{2}+6\right)-(8-6-12)=\dfrac{27}{2}$

41 답 ①

곡선 $y=-x^2$을 x축에 대하여 대칭이동하면

$y=x^2$

이 곡선을 x축의 방향으로 3만큼, y축의 방향으로 -9만큼 평행이동하면

$y=(x-3)^2-9=x^2-6x$ $\qquad \therefore f(x)=x^2-6x$

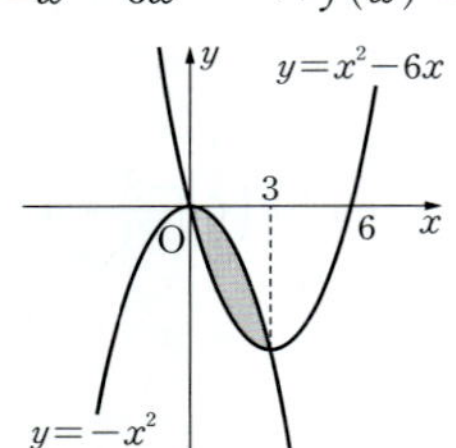

이때, 두 곡선 $y=-x^2$, $y=x^2-6x$의 교점의 x좌표를 구하면

$-x^2=x^2-6x,\ 2x^2-6x=0$

$2x(x-3)=0$

$\therefore x=0$ 또는 $x=3$

따라서 구하는 도형의 넓이는

$\int_{0}^{3}\{-x^2-(x^2-6x)\}\,dx$

$=\int_{0}^{3}(-2x^2+6x)\,dx$

$=\left[-\dfrac{2}{3}x^3+3x^2\right]_{0}^{3}$

$=-18+27=9$

42 답 ①

두 곡선 $y=x^3-x^2$, $y=-x^2+x$의 교점의 x좌표를 구하면

$x^3-x^2=-x^2+x,\ x^3-x=0$

$x(x+1)(x-1)=0$

$\therefore x=-1$ 또는 $x=0$

또는 $x=1$

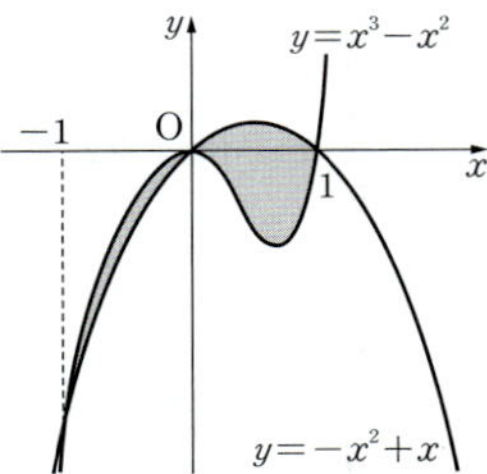

따라서 구하는 도형의 넓이는

$\int_{-1}^{0}\{(x^3-x^2)-(-x^2+x)\}\,dx$

$\qquad\qquad +\int_{0}^{1}\{(-x^2+x)-(x^3-x^2)\}\,dx$

$=\int_{-1}^{0}(x^3-x)\,dx+\int_{0}^{1}(-x^3+x)\,dx$

$=\left[\dfrac{1}{4}x^4-\dfrac{1}{2}x^2\right]_{-1}^{0}+\left[-\dfrac{1}{4}x^4+\dfrac{1}{2}x^2\right]_{0}^{1}$

$=-\left(\dfrac{1}{4}-\dfrac{1}{2}\right)+\left(-\dfrac{1}{4}+\dfrac{1}{2}\right)=\dfrac{1}{2}$

43 답 ④

두 곡선 $y=x(x+1)(x-1)=x^3-x$,

$y=x^2-1=(x+1)(x-1)$의 교점의 x좌표를 구하면

$x(x+1)(x-1)=(x+1)(x-1)$

$(x-1)^2(x+1)=0$

$\therefore x=-1$ 또는 $x=1$

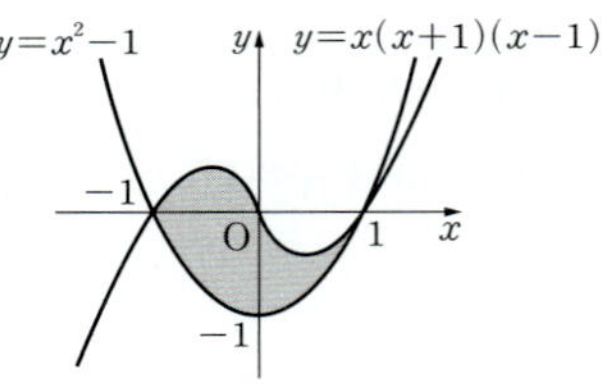

따라서 구하는 도형의 넓이는

$\int_{-1}^{1}\{(x^3-x)-(x^2-1)\}\,dx$

$=\int_{-1}^{1}(x^3-x^2-x+1)\,dx$

$=\int_{-1}^{1}(x^3-x)\,dx+\int_{-1}^{1}(-x^2+1)\,dx$

$=0+2\int_{0}^{1}(-x^2+1)\,dx$

$=2\left[-\dfrac{1}{3}x^3+x\right]_{0}^{1}$

$=2\times\left(-\dfrac{1}{3}+1\right)=\dfrac{4}{3}$

정적분의 성질 중 $\int_{-a}^{a} f(x)\,dx$는 피적분함수 $f(x)$가 원점에 대하여 대칭인 함수 (기함수) 또는 y축에 대하여 대칭인 함수 (우함수)인 경우 다음과 같이 계산하면 편리하다.

(1) $f(x)$가 기함수이면 $\int_{-a}^{a} f(x)\,dx=0$

(2) $f(x)$가 우함수이면 $\int_{-a}^{a} f(x)\,dx=2\int_{0}^{a} f(x)\,dx$

44 답 ②

$y=2x^2+1$에서 $y'=4x$

이때, 곡선 위의 점 $(1,\ 3)$에서의 접선의 기울기는

$4\times 1=4$이므로 접선의 방정식은

$y-3=4(x-1)$

$\therefore y=4x-1$

따라서 구하는 도형의 넓이는

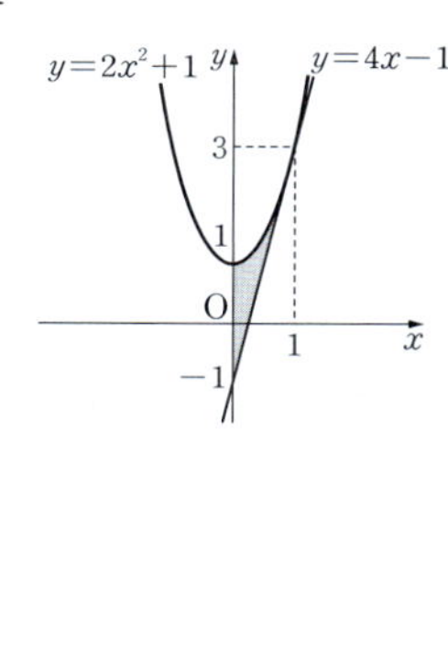

$\int_{0}^{1}\{(2x^2+1)-(4x-1)\}\,dx$

$=\int_{0}^{1}(2x^2-4x+2)\,dx$

$=\left[\dfrac{2}{3}x^3-2x^2+2x\right]_{0}^{1}$

$=\dfrac{2}{3}-2+2=\dfrac{2}{3}$

곡선 $y=f(x)$ 위의 점 $\mathrm{P}(a,\ f(a))$에서의 접선의 방정식은 $y-f(a)=f'(a)(x-a)$임을 이용하여 접선의 방정식을 구하자.

45 답 ④

$y=-x^3$에서 $y'=-3x^2$

이때, 곡선 위의 점 $(1,\ -1)$에서의 접선의 기울기는

$-3\times 1^2=-3$이므로 접선의 방정식은

$y+1=-3(x-1)$

$\therefore y=-3x+2$

곡선 $y=-x^3$과 직선 $y=-3x+2$의 교점의 x좌표를 구하면

$-x^3=-3x+2$

$x^3-3x+2=0$

$(x+2)(x-1)^2=0$

$\therefore x=-2$ 또는 $x=1$

따라서 구하는 도형의 넓이는

$\int_{-2}^{1}\{(-3x+2)-(-x^3)\}\,dx$

$=\int_{-2}^{1}(x^3-3x+2)\,dx$

$=\left[\dfrac{1}{4}x^4-\dfrac{3}{2}x^2+2x\right]_{-2}^{1}$

$=\left(\dfrac{1}{4}-\dfrac{3}{2}+2\right)-(4-6-4)=\dfrac{27}{4}$

46 답 ③

$y=x^2$에서 $y'=2x$

접점의 좌표를 $(t,\ t^2)$이라 하면 이 점에서의 접선의 기울기는 $2t$이므로 접선의 방정식은 $y-t^2=2t(x-t)$ $\cdots$ ㉠

이 접선이 점 $(1,\ -3)$을 지나므로

$-3-t^2=2t(1-t)$

$t^2-2t-3=0$

$(t+1)(t-3)=0$

$\therefore t=-1$ 또는 $t=3$

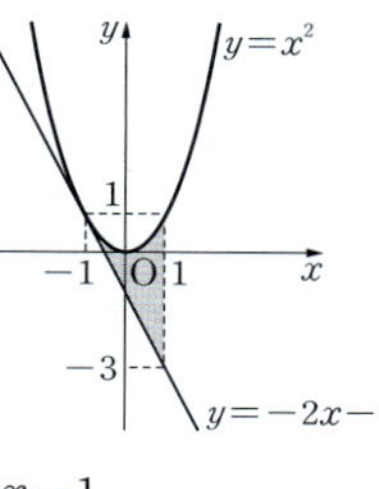

(ⅰ) $t=-1$일 때

㉠에 의해 접선의 방정식은

$y-1=-2(x+1)$ $\qquad \therefore y=-2x-1$

(ⅱ) $t=3$일 때

㉠에 의해 접선의 방정식은

$y-9=6(x-3)$

$\therefore y=6x-9$

따라서 구하는 도형의 넓이는

$\int_{-1}^{1}\{x^2-(-2x-1)\}\,dx$

$\qquad +\int_{1}^{3}\{x^2-(6x-9)\}\,dx$

$=\int_{-1}^{1}(x^2+2x+1)\,dx+\int_{1}^{3}(x^2-6x+9)\,dx$

$=2\int_{0}^{1}(x^2+1)\,dx+\int_{1}^{3}(x^2-6x+9)\,dx$

$=2\left[\dfrac{1}{3}x^3+x\right]_{0}^{1}+\left[\dfrac{1}{3}x^3-3x^2+9x\right]_{1}^{3}$

$=2\times\left(\dfrac{1}{3}+1\right)+(9-27+27)-\left(\dfrac{1}{3}-3+9\right)$

$=\dfrac{16}{3}$

47 답 ②

$y=x^2-4$에서 $y'=2x$

이때, 이 곡선 위의 점 $(t,\ t^2-4)$에서의 접선의 기울기는 $2t$이므로 접선의 방정식은

$y-(t^2-4)=2t(x-t)$

$\therefore y=2tx-t^2-4$

즉, 구하는 도형의 넓이는

$\int_{0}^{2}\{(x^2-4)-(2tx-t^2-4)\}\,dx$

$=\int_{0}^{2}(x^2-2tx+t^2)\,dx$

$=\left[\dfrac{1}{3}x^3-tx^2+t^2x\right]_{0}^{2}$

$=2t^2-4t+\dfrac{8}{3}=2(t-1)^2+\dfrac{2}{3}\ (0<t<2)$

따라서 $t=1$일 때 넓이의 최솟값은 $\dfrac{2}{3}$이다.

48 답 ①

두 곡선 $y=f(x)$와 $y=g(x)$
는 직선 $y=x$에 대하여 대칭
이므로 두 곡선 $y=f(x)$와
$y=g(x)$의 교점의 x좌표는
곡선 $y=f(x)$와 직선 $y=x$
의 교점의 x좌표와 같다.

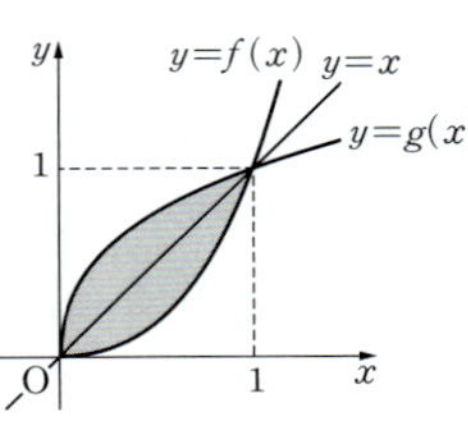

이때, $x^2=x$에서
$$x(x-1)=0 \quad \therefore x=0 \text{ 또는 } x=1$$
따라서 두 곡선으로 둘러싸인 도형의 넓이는
$$2\int_0^1 (x-x^2)\,dx=2\left[\frac{1}{2}x^2-\frac{1}{3}x^3\right]_0^1$$
$$=2\times\left(\frac{1}{2}-\frac{1}{3}\right)=\frac{1}{3}$$

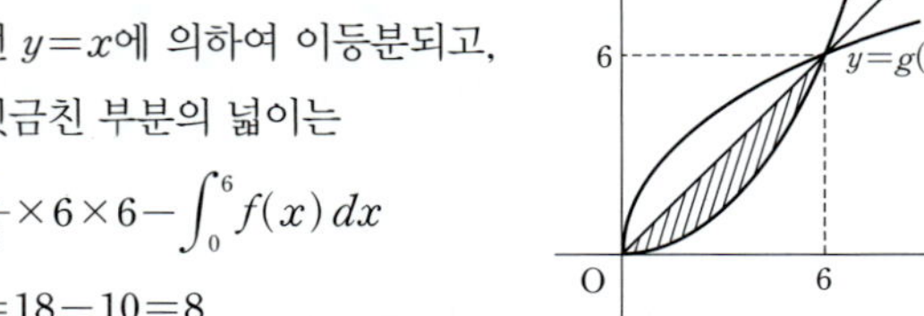

49 답 ③

함수 $y=g(x)$의 그래프는 함
수 $f(x)=x^2+1$의 그래프와 직
선 $y=x$에 대하여 대칭이므로
그림에서 어두운 두 부분의 넓
이가 같다.

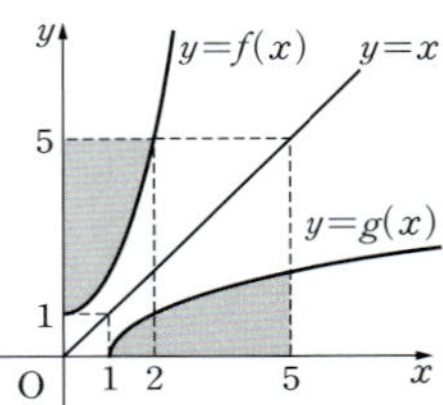

한편, $x^2+1=5$에서
$$x^2=4 \quad \therefore x=2\ (\because x\geq 0)$$
따라서 구하는 넓이는 두 직선 $x=2$, $y=5$와 x축 및 y축
으로 둘러싸인 직사각형의 넓이에서 곡선 $y=f(x)$와 직선
$x=2$, x축 및 y축으로 둘러싸인 도형의 넓이를 빼면 되므로
$$\int_1^5 g(x)\,dx=2\times 5-\int_0^2 (x^2+1)\,dx$$
$$=10-\left[\frac{1}{3}x^3+x\right]_0^2=10-\left(\frac{8}{3}+2\right)=\frac{16}{3}$$

50 답 ①

그림과 같이 구하는 넓이는 직
선 $y=x$에 의하여 이등분되고,
빗금친 부분의 넓이는
$$\frac{1}{2}\times 6\times 6-\int_0^6 f(x)\,dx$$
$$=18-10=8$$
따라서 구하는 넓이는 빗금친 부분의 넓이의 2배이므로
$2\times 8=16$이다.

51 답 ②

$f(x)=x^3+1(x\geq 0)$과 역함수 $g(x)$는 직선 $y=x$에 대하
여 대칭이므로 그림에서 B 부분의 넓이와 C 부분의 넓이
가 같다.

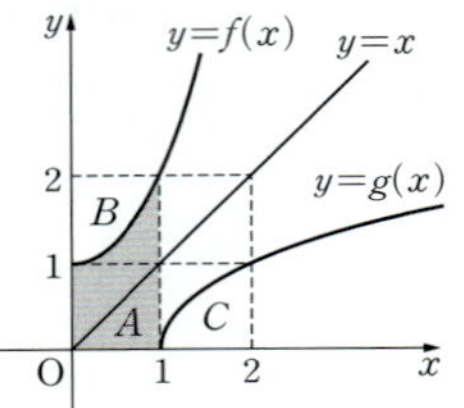

$$\therefore \int_0^1 f(x)\,dx+\int_1^2 g(x)\,dx$$
$$=(A \text{ 부분의 넓이})+(C \text{ 부분의 넓이})$$
$$=(A \text{ 부분의 넓이})+(B \text{ 부분의 넓이})$$
$$=1\times 2=2$$

52 답 ④

$f(1)=1$, $f(5)=5$인 연속함수 $f(x)$와 그 역함수 $g(x)$의
그래프 개형이 다음과 같다고 하자.

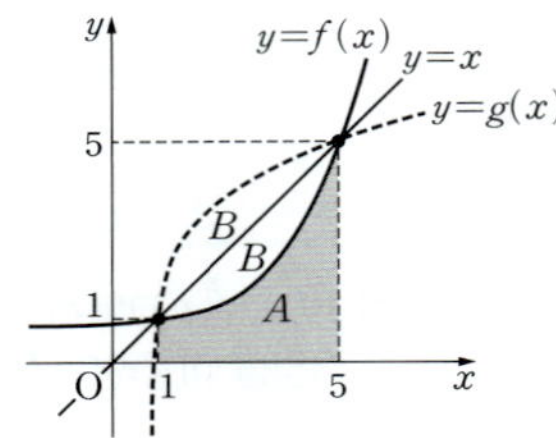

곡선 $y=f(x)$와 직선 $y=x$로 둘러싸인 부분의 넓이를
B라 하면 $\int_1^5 f(x)\,dx=A$이므로
$$A+B=\frac{1}{2}\times(1+5)\times 4=12 \cdots \ominus$$
또, $\int_1^5 g(x)\,dx=A+2B$이고
조건에서 $\int_1^5 g(x)\,dx=k-A$라 하므로
$$A+2B=k-A,\ 2(A+B)=k$$
$$\therefore k=24\ (\because \ominus)$$

53 답 ③

이차함수 $y=x^2-(k+2)x+2k$의 그래프가 x축과 만나
는 점의 x좌표를 구하자.
$$x^2-(k+2)x+2k=0$$
$$(x-k)(x-2)=0 \quad \therefore x=k \text{ 또는 } x=2$$

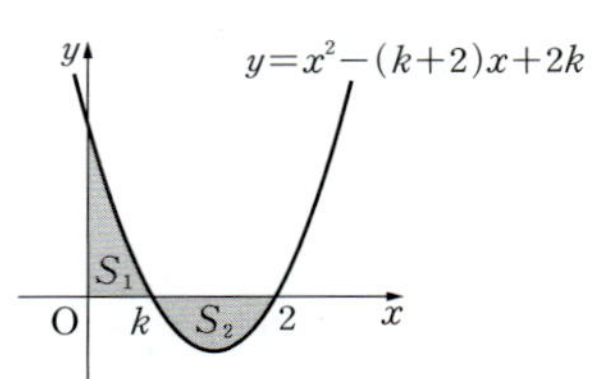

이때, $S_1=S_2$, 즉 $S_1-S_2=0$이므로

$$\int_0^2 \{x^2-(k+2)x+2k\}\,dx$$

$$=\left[\frac{1}{3}x^3-\frac{k+2}{2}x^2+2kx\right]_0^2$$

$$=\frac{8}{3}-2(k+2)+4k=0$$

$$2k-\frac{4}{3}=0 \qquad \therefore k=\frac{2}{3}$$

54 답 ③

이차함수 $y=3x^2-6x$의 그래프가 x축과 만나는 점의 x좌표를 구하면

$3x^2-6x=0$, $3x(x-2)=0$ $\qquad \therefore x=0$ 또는 $x=2$

두 부분 A, B의 넓이가 서로 같으므로

$$\int_0^a (3x^2-6x)\,dx=\left[x^3-3x^2\right]_0^a=a^3-3a^2=0$$

$$a^2(a-3)=0 \qquad \therefore a=3\,(\because a>2)$$

55 답 ⑤

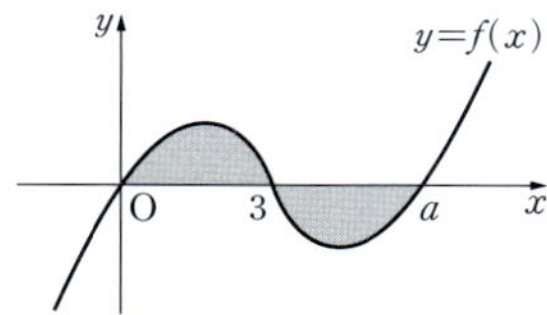

$a>3$이고, 함수 $f(x)=x(x-3)(x-a)$의 그래프와 x축으로 둘러싸인 두 도형의 넓이가 서로 같으므로

$$\int_0^a x(x-3)(x-a)\,dx$$

$$=\int_0^a \{x^3-(a+3)x^2+3ax\}\,dx$$

$$=\left[\frac{1}{4}x^4-\frac{a+3}{3}x^3+\frac{3}{2}ax^2\right]_0^a$$

$$=\frac{1}{4}a^4-\frac{a+3}{3}a^3+\frac{3}{2}a^3$$

$$=-\frac{1}{12}a^4+\frac{1}{2}a^3=-\frac{1}{12}a^3(a-6)=0$$

$$\therefore a=6\,(\because a>3)$$

따라서 $f(x)=x(x-3)(x-6)$이므로

$$f(2)=2\times(-1)\times(-4)=8$$

56 답 ③

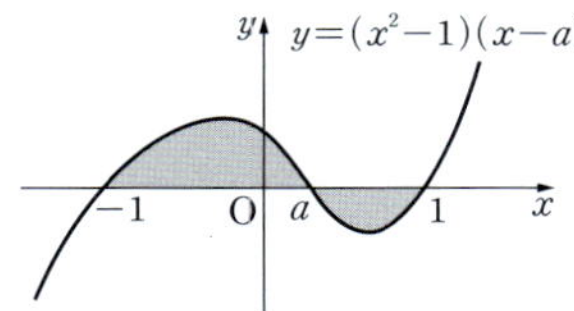

곡선 $y=(x^2-1)(x-a)$와 x축으로 둘러싸인 두 도형의 넓이의 합을 $S(a)$라 하고 정적분을 이용하여 $S(a)$를 구하자.

$$S(a)=\int_{-1}^a (x^2-1)(x-a)\,dx+\int_a^1 \{-(x^2-1)(x-a)\}\,dx$$

$$=\int_{-1}^a (x^3-ax^2-x+a)\,dx-\int_a^1 (x^3-ax^2-x+a)\,dx$$

$$=\left[\frac{1}{4}x^4-\frac{a}{3}x^3-\frac{1}{2}x^2+ax\right]_{-1}^a$$

$$\qquad -\left[\frac{1}{4}x^4-\frac{a}{3}x^3-\frac{1}{2}x^2+ax\right]_a^1$$

$$=-\frac{1}{12}a^4+\frac{1}{2}a^2+\frac{2}{3}a+\frac{1}{4}$$

$$\qquad -\left(\frac{1}{12}a^4-\frac{1}{2}a^2+\frac{2}{3}a-\frac{1}{4}\right)$$

$$=-\frac{1}{6}a^4+a^2+\frac{1}{2}$$

$S(a)=-\frac{1}{6}a^4+a^2+\frac{1}{2}$에서

$$S'(a)=-\frac{2}{3}a^3+2a=-\frac{2}{3}a(a^2-3)$$

$S'(a)=0$에서

$$-\frac{2}{3}a(a^2-3)=0 \qquad \therefore a=0\,(\because -1<a<1)$$

함수 $S(a)$의 증가와 감소를 표로 나타내면 다음과 같다.

a	(-1)	$\cdots$	0	$\cdots$	(1)
$S'(a)$		$-$	0	$+$	
$S(a)$		$\searrow$	극소	$\nearrow$	

따라서 함수 $S(a)$는 $a=0$일 때 극소이면서 최소이므로 주어진 두 도형의 넓이의 합이 최소가 되도록 하는 a의 값은 0이다.

57 답 ②

(색칠한 부분의 넓이)

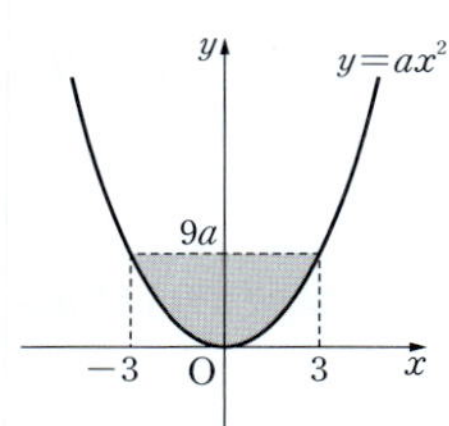

$$=6\times 9a-\int_{-3}^3 ax^2\,dx$$

$$=54a-2\int_0^3 ax^2\,dx$$

$$=54a-2\left[\frac{a}{3}x^3\right]_0^3$$

$$=54a-2\times 9a=36a$$

이 값이 54라 하므로

$$36a=54 \qquad \therefore a=\frac{3}{2}$$

58 답 ④

곡선 $y=-x^2+x$와 직선 $y=mx$의 교점의 x좌표를 구하자.

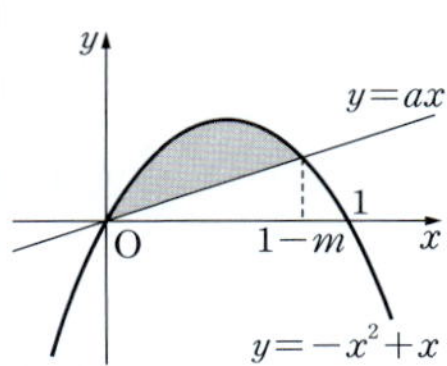

$-x^2+x=mx$에서

$$x^2+(m-1)x=0$$

$$x(x+m-1)=0$$

$$\therefore x=0 \text{ 또는 } x=1-m$$

따라서 그림의 어두운 부분의 넓이는
$$\int_0^{1-m}\{(-x^2+x)-mx\}\,dx$$
$$=\int_0^{1-m}\{-x^2+(1-m)x\}\,dx$$
$$=\left[-\frac{1}{3}x^3+\frac{1-m}{2}x^2\right]_0^{1-m}$$
$$=-\frac{1}{3}(1-m)^3+\frac{1}{2}(1-m)^3=\frac{1}{6}(1-m)^3$$
한편, 곡선 $y=-x^2+x$와 x축으로 둘러싸인 도형의 넓이는
$$\int_0^1(-x^2+x)\,dx=\left[-\frac{1}{3}x^3+\frac{1}{2}x^2\right]_0^1=-\frac{1}{3}+\frac{1}{2}=\frac{1}{6}$$
곡선 $y=-x^2+x$와 x축으로 둘러싸인 도형의 넓이가 직선 $y=mx$에 의하여 이등분된다고 하므로
$$\frac{1}{6}(1-m)^3=\frac{1}{2}\times\frac{1}{6}\qquad\therefore\ (1-m)^3=\frac{1}{2}$$

59 답 ②
$$\int_0^5(12-2t)\,dt=\left[12t-t^2\right]_0^5=60-25=35$$

60 답 ①
$$\int_1^2(3t^2-4t+7)\,dt=\left[t^3-2t^2+7t\right]_1^2$$
$$=(8-8+14)-(1-2+7)$$
$$=8$$

61 답 ③
점 P가 다시 원점으로 돌아올 때의 위치는 0이고, 이때의 시각을 $t=\alpha$라 하면
$$\int_0^\alpha(t^2-6t)\,dt=\left[\frac{1}{3}t^3-3t^2\right]_0^\alpha$$
$$=\frac{1}{3}\alpha^3-3\alpha^2=\frac{1}{3}\alpha^2(\alpha-9)=0$$
$$\therefore\ \alpha=9\ (\because\ \alpha>0)$$

62 답 ①
물체를 쏘아 올린 후 t초가 지나는 순간의 지상으로부터의 물체의 높이를 $h(t)\,\mathrm{m}$라 하면
$$h(t)=h(0)+\int_0^t v(t)\,dt$$
지상으로부터 20 m의 높이에서 쏘아 올렸으므로 $t=0$일 때 물체의 높이는 $h(0)=20$이다.
$$\therefore\ h(t)=20+\int_0^t(49-9.8t)\,dt$$
$$=20+\left[49t-4.9t^2\right]_0^t$$
$$=20+49t-4.9t^2$$
$t=10$일 때의 지상으로부터의 물체의 높이는 $h(10)$이므로
$$h(10)=20+49\times10-4.9\times10^2$$
$$=20+490-490=20(\mathrm{m})$$

63 답 ②
A 지점의 위치를 0이라 하면 x초 후의 이 물체의 위치는
$$\int_0^x(3+2t)\,dt=\left[3t+t^2\right]_0^x=3x+x^2$$
A 지점에서 B 지점까지의 거리가 28 m이므로
$$x^2+3x=28,\ x^2+3x-28=0$$
$$(x+7)(x-4)=0\qquad\therefore\ x=4\ (\because\ x\geq0)$$

64 답 ①
두 점 P, Q가 t초 후 같은 위치에 있어야 하므로
$$\int_0^t 2t(3-t)(6-t)\,dt=\int_0^t 7t(4-t)\,dt$$
$$\int_0^t(2t^3-18t^2+36t)\,dt=\int_0^t(28t-7t^2)\,dt$$
$$\int_0^t(2t^3-18t^2+36t)\,dt-\int_0^t(28t-7t^2)\,dt=0$$
$$\int_0^t\{(2t^3-18t^2+36t)-(28t-7t^2)\}\,dt=0$$
$$\int_0^t(2t^3-11t^2+8t)\,dt=\left[\frac{1}{2}t^4-\frac{11}{3}t^3+4t^2\right]_0^t$$
$$=\frac{1}{2}t^4-\frac{11}{3}t^3+4t^2$$
$$=\frac{1}{6}t^2(3t^2-22t+24)$$
$$=\frac{1}{6}t^2(3t-4)(t-6)=0$$
$$\therefore\ t=0\ \text{또는}\ t=\frac{4}{3}\ \text{또는}\ t=6$$
따라서 움직이기 시작하여 두 점 P, Q가 두 번째로 만나는 것은 출발한 지 6초 후이다.

65 답 ②
$t=a$일 때 원점에 다시 돌아온다고 하면 이때의 위치는 0이므로
$$\int_0^a(-3t^2+6t)\,dt=\left[-t^3+3t^2\right]_0^a$$
$$=-a^3+3a^2=0$$
$$a^2(a-3)=0\qquad\therefore\ a=3$$
따라서 $t=0$에서 $t=3$까지 점 P가 움직인 거리는
$$\int_0^3|-3t^2+6t|\,dt=\int_0^2(-3t^2+6t)\,dt+\int_2^3(3t^2-6t)\,dt$$
$$=\left[-t^3+3t^2\right]_0^2+\left[t^3-3t^2\right]_2^3$$
$$=(-8+12)+(27-27)-(8-12)$$
$$=8$$

66 답 ③
시각 $t=4$에서 점 P의 운동 방향이 바뀌므로 $v(4)=0$이다.
$$v(4)=40-4a=0$$
$$4a=40\qquad\therefore\ a=10$$

따라서 $v(t)=40-10t$이므로 점 P가 시각 $t=0$에서 $t=6$까지 움직인 거리는

$$\int_0^6 |40-10t|\,dt$$
$$=\int_0^4 (40-10t)\,dt+\int_4^6 (10t-40)\,dt$$
$$=\Big[40t-5t^2\Big]_0^4+\Big[5t^2-40t\Big]_4^6$$
$$=(160-80)+(180-240)-(80-160)$$
$$=100$$

67 답 ④

$f(t)=t^3-3t^2-9t+2$로 놓으면
속도는 $f'(t)$이므로
$$f'(t)=3t^2-6t-9=3(t^2-2t-3)$$
$$=3(t+1)(t-3)$$
$f'(x)=0$에서 $t=3$ $(\because t\geq0)$
즉, 점 P의 운동 방향이 바뀌는 시각은 $t=3$이다.
따라서 $t=0$부터 $t=5$까지 움직인 거리는
$$\int_0^5 |3(t+1)(t-3)|\,dt$$
$$=-\int_0^3 3(t+1)(t-3)\,dt+\int_3^5 3(t+1)(t-3)\,dt$$
$$=-\int_0^3 (3t^2-6t-9)\,dt+\int_3^5 (3t^2-6t-9)\,dt$$
$$=-\Big[t^3-3t^2-9t\Big]_0^3+\Big[t^3-3t^2-9t\Big]_3^5$$
$$=-(27-27-27)+(125-75-45)-(27-27-27)$$
$$=59$$

68 답 ①

정지할 때의 속도가 0이므로 $v(t)=0$일 때의 시각 t를 구하면
$$v(t)=60-6t=0 \qquad \therefore t=10$$
따라서 기차가 10초 동안 움직인 거리는
$$\int_0^{10} |60-6t|\,dt=\int_0^{10} (60-6t)\,dt$$
$$=\Big[60t-3t^2\Big]_0^{10}$$
$$=600-300=300\,(\mathrm{m})$$

69 답 ①

점 P가 시각 $t=0$에서 시각 $t=3$까지 움직인 거리는 속도 $v(t)$의 그래프와 t축 및 두 직선 $t=0$, $t=3$으로 둘러싸인 도형의 넓이와 같으므로
$$\int_0^3 |v(t)|\,dt=\frac{1}{2}\times2\times1+\frac{1}{2}\times1\times1=\frac{3}{2}$$

$v(t)=\begin{cases} t & (0\leq t\leq1) \\ -t+2 & (1\leq t\leq3) \end{cases}$ 이므로 출발한 후 3초 동안 움직인 거리는
$$\int_0^3 |v(t)|\,dt$$
$$=\int_0^2 v(t)\,dt+\int_2^3 \{-v(t)\}\,dt$$
$$=\int_0^1 t\,dt+\int_1^2 (-t+2)\,dt+\int_2^3 (t-2)\,dt$$
$$=\Big[\frac{1}{2}t^2\Big]_0^1+\Big[-\frac{1}{2}t^2+2t\Big]_1^2+\Big[\frac{1}{2}t^2-2t\Big]_2^3$$
$$=\frac{1}{2}+(-2+4)-\Big(-\frac{1}{2}+2\Big)+\Big(\frac{9}{2}-6\Big)-(2-4)=\frac{3}{2}$$

70 답 ③

점 P가 시각 $t=0$에서 $t=5$까지 움직인 거리는 속도 $v(t)$의 그래프와 t축으로 둘러싸인 도형의 넓이와 같으므로
$$\frac{1}{2}\times2\times1+\frac{1}{2}\times(1+3)\times1=3$$

71 답 ②

$t=t_1$일 때 원점을 첫 번째로 통과한다면 이때의 위치가 0이면 된다. 즉, $\int_0^{t_1} v(t)\,dt=0$이어야 한다.

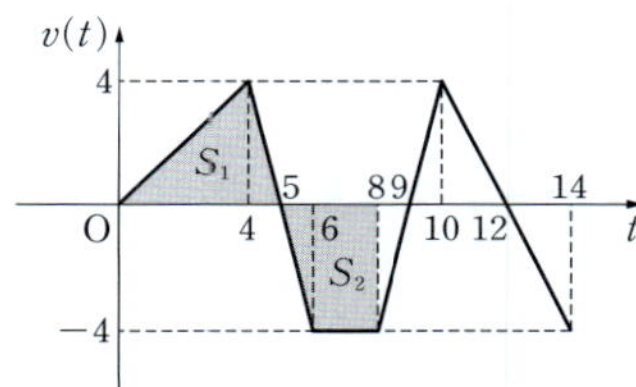

그림에서 S_1, S_2의 넓이를 각각 구하면
$$S_1=\frac{1}{2}\times5\times4=10, \quad S_2=\frac{1}{2}\times(3+2)\times4=10$$
즉, $t=8$일 때, $S_1=S_2$에서 $\int_0^8 v(t)=S_1-S_2=0$이므로 이때 첫 번째로 원점을 통과한다.

72 답 ①

이차함수의 그래프와 t축의 교점의 t좌표가 1, 2이므로
$v(t)=a(t-1)(t-2)\,(a>0)$라 하면 $v(0)=4$에서
$$2a=4 \qquad \therefore a=2$$
$$\therefore v(t)=2(t-1)(t-2)=2t^2-6t+4$$
이때, 점 P가 출발할 때의 운동 방향에 대하여 반대 방향으로 움직인 시간은 $t=1$부터 $t=2$까지이므로 점 P가 $t=1$부터 $t=2$까지 움직인 거리는
$$\int_1^2 \{-(2t^2-6t+4)\}\,dt$$
$$=\Big[-\frac{2}{3}t^3+3t^2-4t\Big]_1^2$$
$$=\Big(-\frac{16}{3}+12-8\Big)-\Big(-\frac{2}{3}+3-4\Big)=\frac{1}{3}$$

73 답 ④

ㄱ. 점 P가 처음으로 정지하는 시각 t는 $v(t)=0$이 되는
  첫 번째 t의 값이므로 $t=4$이다.
  즉, 출발 후 $t=4$일 때까지 움직인 거리는 $t=0$부터
  $t=4$까지 속도 $v(t)$의 그래프와 t축으로 둘러싸인 도형
  의 넓이와 같으므로 $\frac{1}{2}\times(4+2)\times2=6$이다. (거짓)

ㄴ. $t=4$, $t=6$의 좌우에서 $v(t)$의 부호가 바뀌므로 점 P
  는 운동 방향을 두 번 바꿨다. (참)

ㄷ. 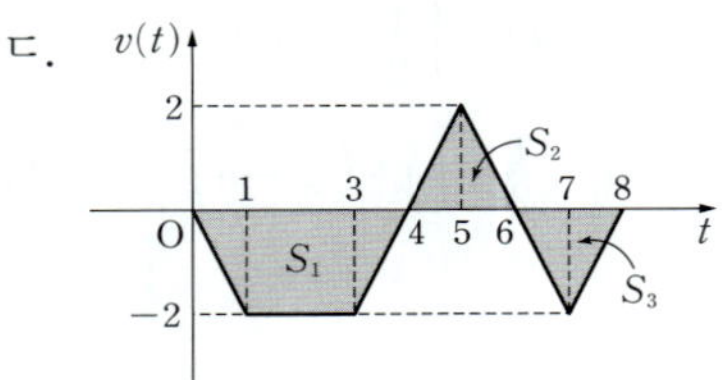

그림에서 $v(t)$의 그래프와 t축으로 둘러싸인 부분의
넓이를 각각 S_1, S_2, S_3이라 하면

$$S_1=\frac{1}{2}\times(4+2)\times2=6$$

$$S_2=\frac{1}{2}\times2\times2=2$$

$$S_3=\frac{1}{2}\times2\times2=2$$

이때,

$$\int_0^4 v(t)\,dt=-S_1=-6<0$$

$$\int_0^6 v(t)\,dt=-S_1+S_2=-6+2=-4<0$$

$$\int_0^8 v(t)\,dt=-S_1+S_2-S_3=-6+2-2=-6<0$$

에서 $0\leq t\leq8$일 때 $\int_0^t v(t)\,dt=0$이 되도록 하는 t의
값이 없으므로 점 P는 출발하고 나서 다시 원점을 통과
하지 않는다. (참)
따라서 옳은 것은 ㄴ, ㄷ이다.

01 답 ③

곡선 $y=-x^2+ax$가 x축과 만나
는 점의 x좌표를 구하면
$$-x^2+ax=0$$
$$-x(x-a)=0$$
$$\therefore x=0 \text{ 또는 } x=a$$
곡선 $y=-x^2+ax$와 x축으로 둘러싸인 도형의 넓이는

$$\int_0^a(-x^2+ax)\,dx=\left[-\frac{1}{3}x^3+\frac{1}{2}ax^2\right]_0^a$$
$$=-\frac{a^3}{3}+\frac{a^3}{2}=\frac{a^3}{6}$$

즉, $\frac{a^3}{6}=\frac{9}{2}$이므로
$$a^3=27 \qquad \therefore a=3$$

02 답 ②

곡선 $y=x^2-4$가 x축과 만나는 점의 x좌표를 구하면
$$x^2-4=0, \ (x+2)(x-2)=0$$
$$\therefore x=-2 \text{ 또는 } x=2$$
따라서 곡선 $y=x^2-4$와 x축 및
직선 $x=3$으로 둘러싸인 두 도형
의 넓이의 합은

$$\int_{-2}^2\{-(x^2-4)\}\,dx+\int_2^3(x^2-4)\,dx$$
$$=2\int_0^2(4-x^2)\,dx+\int_2^3(x^2-4)\,dx$$
$$=2\left[4x-\frac{1}{3}x^3\right]_0^2+\left[\frac{1}{3}x^3-4x\right]_2^3$$
$$=2\times\left(8-\frac{8}{3}\right)+(9-12)-\left(\frac{8}{3}-8\right)$$
$$=13$$

03 답 ③

곡선 $y=-x^2+5x$와 직선 $y=x$
의 교점의 x좌표를 구하면
$$-x^2+5x=x$$
$$x^2-4x=0, \ x(x-4)=0$$
$$\therefore x=0 \text{ 또는 } x=4$$
따라서 곡선 $y=-x^2+5x$와 직선 $y=x$로 둘러싸인 도형의
넓이는

$$\int_0^4\{(-x^2+5x)-x\}\,dx=\int_0^4(-x^2+4x)\,dx$$
$$=\left[-\frac{1}{3}x^3+2x^2\right]_0^4$$
$$=-\frac{64}{3}+32=\frac{32}{3}$$

04 답 ①

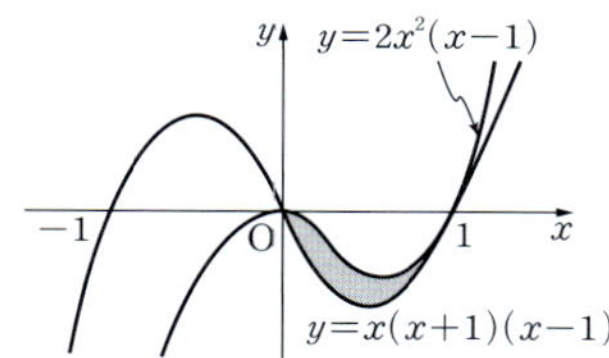

곡선 $y=2x^2(x-1)$과 곡선 $y=x(x+1)(x-1)$의 교점
의 x좌표를 구하면
$$2x^2(x-1)=x(x+1)(x-1)$$
$$2x^2(x-1)-x(x+1)(x-1)=0$$
$$x(x-1)\{2x-(x+1)\}=0$$
$$x(x-1)^2=0$$
$$\therefore x=0 \ \text{또는} \ x=1$$
따라서 두 곡선 $y=2x^2(x-1)$과 $y=x(x+1)(x-1)$로
둘러싸인 도형의 넓이는
$$\int_0^1 \{2x^2(x-1)-x(x+1)(x-1)\}\,dx$$
$$=\int_0^1 (x^3-2x^2+x)\,dx$$
$$=\left[\frac{1}{4}x^4-\frac{2}{3}x^3+\frac{1}{2}x^2\right]_0^1$$
$$=\frac{1}{4}-\frac{2}{3}+\frac{1}{2}=\frac{1}{12}$$

05 답 ②

(i) [그림 1]에서
$$S_1=\int_1^2 \{-(x^2-2x)\}\,dx$$
$$=\int_1^2 (-x^2+2x)\,dx$$
$$=\left[-\frac{1}{3}x^3+x^2\right]_1^2$$
$$=-\frac{8}{3}+4-\left(-\frac{1}{3}+1\right)$$
$$=\frac{2}{3}$$

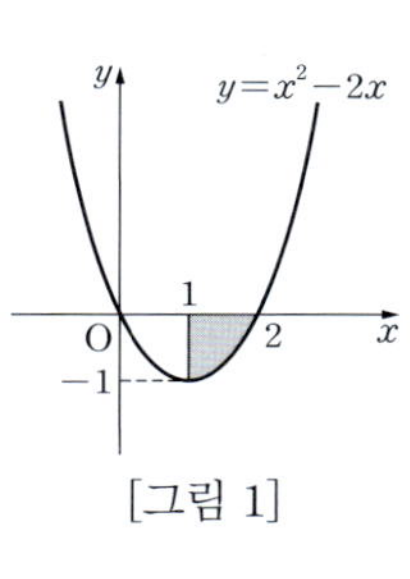

[그림 1]

(ii) 곡선 $y=x^2$과 직선 $y=x+2$의 교점의 x좌표를 구하면
$$x^2=x+2, \ x^2-x-2=0$$
$$(x+1)(x-2)=0$$
$$\therefore x=-1 \ \text{또는} \ x=2$$
[그림 2]에서
$$S_2=\int_{-1}^2 \{(x+2)-x^2\}\,dx$$
$$=\int_{-1}^2 (-x^2+x+2)\,dx$$
$$=\left[-\frac{1}{3}x^3+\frac{1}{2}x^2+2x\right]_{-1}^2$$
$$=-\frac{8}{3}+2+4-\left(\frac{1}{3}+\frac{1}{2}-2\right)=\frac{9}{2}$$
$$\therefore S_1+S_2=\frac{2}{3}+\frac{9}{2}=\frac{31}{6}$$

[그림 2]

06 답 ④

곡선 $y=x^3-2x^2+k$와 직선 $y=k$로 둘러싸인 부분의
넓이는? (단, k는 상수이다.)

① $\frac{1}{3}$　　　② $\frac{2}{3}$　　　③ 1

④ $\frac{4}{3}$　　　⑤ $\frac{5}{3}$

1st 삼차함수의 그래프의 개형을 그리자.

$f(x)=x^3-2x^2+k$라 놓으면
$$f'(x)=3x^2-4x=x(3x-4)$$
$f'(x)=0$에서

$$x(3x-4)=0 \qquad \therefore x=0 \ \text{또는} \ x=\frac{4}{3}$$
함수 $f(x)$의 증가와 감소를 표로 나타내면 다음과 같다.

x	$\cdots$	0	$\cdots$	$\frac{4}{3}$	$\cdots$
$f'(x)$		$+$	0	$-$	0	$+$
$f(x)$	$\nearrow$	극대 (k)	$\searrow$	극소 $\left(-\frac{32}{27}+k\right)$	$\nearrow$

삼차함수 $y=f(x)$의 그래
프의 개형은 그림과 같다.

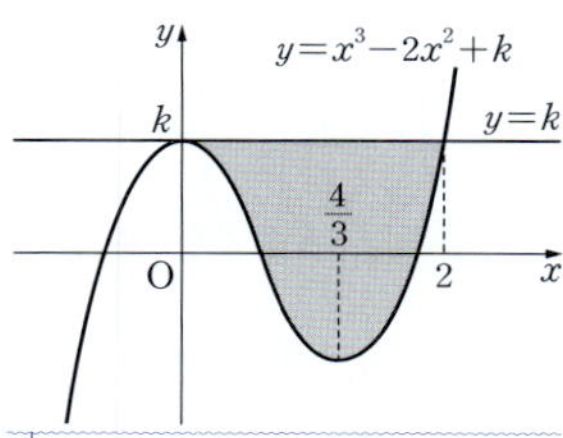

2nd 삼차함수의 그래프와 직선 $y=k$의 교점을 구하고, 구하는 넓
이를 계산하자.

$x^3-2x^2+k=k$에서
$$x^3-2x^2=0, \ x^2(x-2)=0$$
$$\therefore x=0 \ \text{또는} \ x=2$$
따라서 구하는 넓이는
$$\int_0^2 (k-x^3+2x^2-k)\,dx$$
$$=\left[-\frac{1}{4}x^4+\frac{2}{3}x^3\right]_0^2$$

$$=-4+\frac{16}{3}=\frac{4}{3}$$

07 답 12

함수 $f(x)=x^2+2 \ (x\geq0)$의 역
함수가 $g(x)$이므로 $y=f(x)$의
그래프와 $y=g(x)$의 그래프는
직선 $y=x$에 대하여 대칭이다.
즉, 그림에서 $A=B$이므로

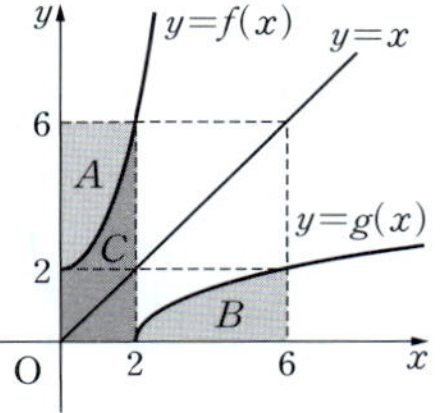

$$\int_0^2 f(x)\,dx+\int_2^6 g(x)\,dx=C+B=C+A$$
$$=2\times6=12$$

08 답 ③

$y=x^2-2px+p^2-p=(x-p)^2-p$

이므로 주어진 곡선은 직선 $x=p$에 대하여 대칭이다.

즉, A 부분의 넓이와 B 부분의 넓이의 비가 $1:2$이므로

그림에서 빗금친 부분의 넓이는 A 부분의 넓이와 같다.

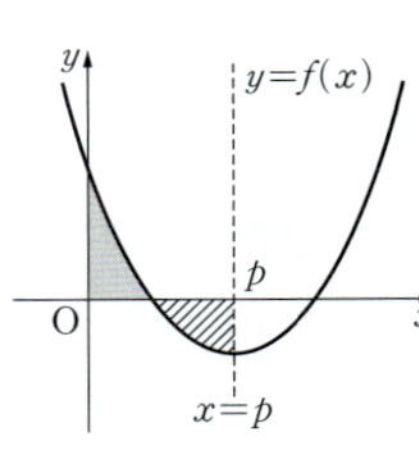

$$\int_0^p (x^2-2px+p^2-p)\,dx$$
$$=\left[\frac{1}{3}x^3-px^2+(p^2-p)x\right]_0^p$$
$$=\frac{1}{3}p^3-p^3+p^3-p^2$$
$$=\frac{1}{3}p^2(p-3)=0$$
$$\therefore p=3\ (\because p>0)$$

09 답 ④

$y=\frac{1}{2}x^2+2$에서 $y'=x$이고 점 $(2,\,4)$에서의 접선의 기울기는 2이므로 접선의 방정식은

$$y-4=2(x-2) \qquad \therefore y=2x$$

따라서 구하는 도형의 넓이는

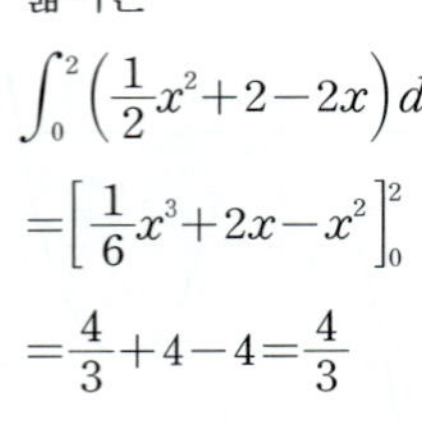

$$\int_0^2 \left(\frac{1}{2}x^2+2-2x\right)dx$$
$$=\left[\frac{1}{6}x^3+2x-x^2\right]_0^2$$
$$=\frac{4}{3}+4-4=\frac{4}{3}$$

10 답 ⑤

출발 후 $t=4$일 때의 점 P의 위치는

$$\int_0^4 (-3t+9)\,dt=\left[-\frac{3}{2}t^2+9t\right]_0^4=-24+36=12$$

출발 후 $t=4$까지 점 P가 움직인 거리는

$$\int_0^4 |-3t+9|\,dt=\int_0^3 (-3t+9)\,dt+\int_3^4 (3t-9)\,dt$$
$$=\left[-\frac{3}{2}t^2+9t\right]_0^3+\left[\frac{3}{2}t^2-9t\right]_3^4$$
$$=-\frac{27}{2}+27+(24-36)-\left(\frac{27}{2}-27\right)$$
$$=15$$

따라서 $a=12$, $b=15$이므로 $a+b=12+15=27$

11 답 7

시각 $t=6$일 때 점 P의 위치가 원점이 되려면

$$\int_0^6 v(t)\,dt=0$$이어야 한다.

$$\int_0^6 v(t)\,dt=\int_0^2 (-3t^2)\,dt+\int_2^6 \{a(t-2)-12\}\,dt$$
$$=\left[-t^3\right]_0^2+\left[\frac{1}{2}at^2-2at-12t\right]_2^6$$
$$=-8+(18a-12a-72)-(2a-4a-24)$$
$$=8a-56=0 \qquad \therefore a=7$$

12 답 ③

$3\,\mathrm{km}$를 달릴 때까지 걸린 시간을 x분이라 하자.

$$\int_0^x \left|\frac{1}{4}t+\frac{5}{4}\right|\,dt=3$$에서

$t\geq 0$일 때, $\frac{1}{4}t+\frac{5}{4}>0$이므로

$$\int_0^x \left(\frac{1}{4}t+\frac{5}{4}\right)dt=3$$
$$\left[\frac{1}{8}t^2+\frac{5}{4}t\right]_0^x=3$$
$$\frac{1}{8}x^2+\frac{5}{4}x=3,\ x^2+10x-24=0$$
$$(x-2)(x+12)=0 \qquad \therefore x=2\ (\because x\geq 0)$$

즉, 2분 후의 속도는

$$v(2)=\frac{1}{4}\times 2+\frac{5}{4}=\frac{7}{4}(\mathrm{km/분})$$

로 일정하다.

따라서 출발 후 6분 동안 열차가 달린 거리는 2분 동안 달린 거리 $3\,\mathrm{km}$와 4분 동안 $\frac{7}{4}\,\mathrm{km/분}$의 속력으로 달린 거리의 합이고, 4분 동안 달린 거리는 $4\times\frac{7}{4}=7(\mathrm{km})$이므로 출발 후 6분 동안 열차가 달린 거리는 $3+7=10(\mathrm{km})$이다.

13 답 3

점 P가 이동한 거리는 $\int_0^5 |v(t)|\,dt$이므로 속도 $v(t)$의 그래프와 x축으로 둘러싸인 부분의 넓이와 같다.

$$\therefore (\text{이동한 거리})=\frac{1}{2}\times(4+1)\times 1+\frac{1}{2}\times 1\times 1=3$$

14 답 64

원점을 동시에 출발하여 수직선 위를 움직이는 두 점 P, Q의 시각 $t\ (0\leq t\leq 8)$에서의 속도가 각각 $2t^2-8t$, t^3-10t^2+24t이다. **두 점 P, Q 사이의 거리의 최댓값**을 구하시오.

1st 속도를 적분하면 위치가 됨을 이용하자.

$f(t)=2t^2-8t$, $g(t)=t^3-10t^2+24t$라 하자.

x초 후의 두 점 P, Q 사이의 거리는 다음과 같이 나타낼 수 있다.

$$\left|\int_0^x f(t)\,dt-\int_0^x g(t)\,dt\right|=\left|\int_0^x \{f(t)-g(t)\}\,dt\right|$$

두 점 P, Q 중 어떤 것이 앞에 있는지 모르므로 거리를 구할 때는 절댓값으로 나타내야 해.

 거리의 최댓값을 구하려면 절댓값 안의 함수를 정하고 미분하여

증가와 감소를 표로 나타내자.

$h(x)=\int_0^x \{f(t)-g(t)\}\,dt$라 놓으면

$h'(x)=f(x)-g(x)\qquad \frac{d}{dx}\left\{\int_a^x F(x)\,dx\right\}=F(x)$

$\qquad\quad =(2x^2-8x)-(x^3-10x^2+24x)$

$\qquad\quad =-x^3+12x^2-32x$

$\qquad\quad =-x(x^2-12x+32)$

$\qquad\quad =-x(x-4)(x-8)$

$h'(x)=0$에서

$-x(x-4)(x-8)=0$

$\therefore x=0$ 또는 $x=4$ 또는 $x=8$

$0\le x\le 8$에서 함수 $h(x)$의 증가와 감소를 표로 나타내면
다음과 같다.

x	0	$\cdots$	4	$\cdots$	8
$h'(x)$	0	$-$	0	$+$	0
$h(x)$	0	$\searrow$	극소 $h(4)$	$\nearrow$	$h(8)$

$h(x)=\int_0^x \{(2t^2-8t)-(t^3-10t^2+24t)\}\,dt$

$\qquad =\int_0^x (-t^3+12t^2-32t)\,dt$ $h(x)=\int_0^x \{f(t)-g(t)\}\,dt$에 $f(t)=2t^2-8t$, $g(t)=t^3-10t^2+24t$를 대입한 거야.

$\qquad =-\frac{1}{4}x^4+4x^3-16x^2$

$x=4$일 때,

$|h(4)|=\left|-\frac{1}{4}\times 4^4+4\times 4^3-16\times 4^2\right|=64$

$x=8$일 때,

$|h(8)|=\left|-\frac{1}{4}\times 8^4+4\times 8^3-16\times 8^2\right|=0$

따라서 $|h(x)|$는 $x=4$에서 최댓값 64를 가지므로 두 점
P, Q 사이의 거리의 최댓값은 64이다.

증가와 감소를 나타낸 표에서는 극소이면서 최소이지만, 구하는 것은 $|h(x)|$이므로 $x=4$에서 최댓값을 갖게 되는 거야.

15 답 $\dfrac{1}{6}$

함수 $f(x)=x^3-2x^2+2x$의
역함수를 $g(x)$라 하므로 두 곡선
$y=f(x)$와 $y=g(x)$는 직선
$y=x$에 대하여 대칭이다. $\cdots$ Ⅰ

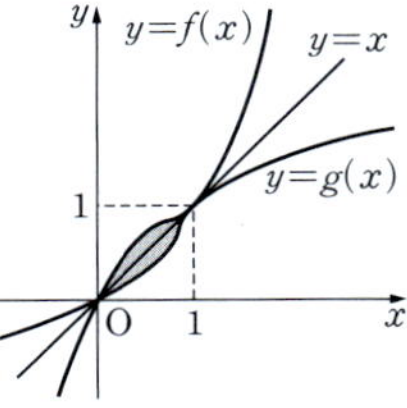

따라서 구하는 도형의 넓이는 곡선
$y=f(x)$와 직선 $y=x$로 둘러싸인
도형의 넓이의 2배와 같다. $\cdots$ Ⅱ

이때, $x^3-2x^2+2x=x$에서

$x^3-2x^2+x=0$

$x(x^2-2x+1)=0$

$x(x-1)^2=0$

$\therefore x=0$ 또는 $x=1$

따라서 구하는 도형의 넓이를 S라 하면

$S=2\int_0^1 \{(x^3-2x^2+2x)-x\}\,dx$

$\quad =2\int_0^1 (x^3-2x^2+x)\,dx$

$\quad =2\left[\frac{1}{4}x^4-\frac{2}{3}x^3+\frac{1}{2}x^2\right]_0^1$

$\quad =2\times\left(\frac{1}{4}-\frac{2}{3}+\frac{1}{2}\right)$

$\quad =\frac{1}{6}$ $\qquad\cdots$ Ⅲ

[채점 기준표]

Ⅰ	역함수 관계에 있는 두 곡선은 직선 $y=x$에 대하여 대칭임을 안다.	20%
Ⅱ	두 곡선으로 둘러싸인 부분은 곡선 $y=f(x)$와 직선 $y=x$로 둘러싸인 도형의 넓이의 2배와 같음을 안다.	30%
Ⅲ	도형의 넓이를 구한다.	50%

심플 정리

[역함수의 그래프와 넓이]

함수 $y=f(x)$와 그 역함수 $y=f^{-1}(x)$의 그래프는 직선 $y=x$에 대하여 대칭이므로 함수 $y=f(x)$와 그 역함수 $y=f^{-1}(x)$의 그래프의 교점의 x좌표가 α, β일 때, 두 곡선으로 둘러싸인 도형의 넓이 S는

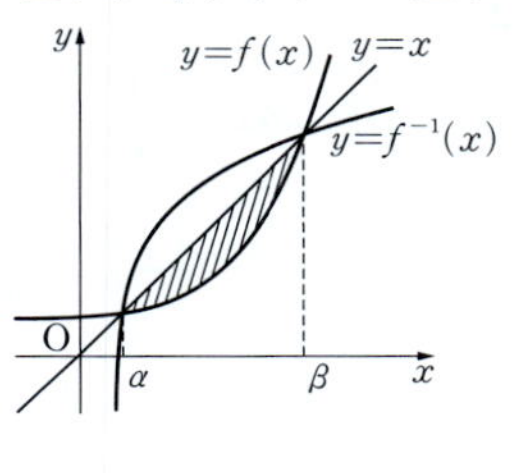

$S=\int_\alpha^\beta |f(x)-f^{-1}(x)|\,dx$

$\quad =2\int_\alpha^\beta |x-f(x)|\,dx$

01 답 ④

$\int (x-1)f(x)\,dx=x^3-x^2-x+C$ 의 양변을 x에 대하여 미분하면

$(x-1)f(x)=3x^2-2x-1=(3x+1)(x-1)$

따라서 $f(x)=3x+1$이므로

$f(1)=3+1=4$

02 답 ③

$f(x)=\int \left\{ \dfrac{d}{dx}(x^3-2x^2+3x) \right\} dx$

$\qquad =x^3-2x^2+3x+C$ (단, C는 적분상수)

이때, $f(0)=1$이므로 $C=1$

따라서 $f(x)=x^3-2x^2+3x+1$이므로

$f(2)=8-8+6+1=7$

03 답 ④

① $\int_0^1 x\,dx=\left[\dfrac{1}{2}x^2 \right]_0^1=\dfrac{1}{2}$

② $\int_0^{\frac{1}{2}} dx=\left[x \right]_0^{\frac{1}{2}}=\dfrac{1}{2}$

③ $-\int_1^0 t\,dt=\int_0^1 t\,dt=\left[\dfrac{1}{2}t^2 \right]_0^1=\dfrac{1}{2}$

④ $\int_{-1}^0 x\,dx=\left[\dfrac{1}{2}x^2 \right]_{-1}^0=-\dfrac{1}{2}$

⑤ $\int_2^3 (x-2)\,dx=\left[\dfrac{1}{2}x^2-2x \right]_2^3$

$\qquad\qquad\qquad =\left(\dfrac{9}{2}-6 \right)-(2-4)=\dfrac{1}{2}$

04 답 ⑤

$f(x)=\int \dfrac{x^3-27}{x^2+3x+9}\,dx-\int \dfrac{x^3+27}{x^2-3x+9}\,dx$

$\qquad =\int \dfrac{(x-3)(x^2+3x+9)}{x^2+3x+9}\,dx$

$\qquad\qquad\qquad -\int \dfrac{(x+3)(x^2-3x+9)}{x^2-3x+9}\,dx$

$\qquad =\int (x-3)\,dx-\int (x+3)\,dx$

$\qquad =\int \{(x-3)-(x+3)\}\,dx$

$\qquad =\int (-6)\,dx=-6x+C$ (단, C는 적분상수)

이때, $f(0)=6$이므로 $C=6$

따라서 $f(x)=-6x+6$이므로

$f(-2)=12+6=18$

05 답 ⑤

함수 $f(x)=|x|$에 대하여 $|x|=\begin{cases} x & (x\geq 0) \\ -x & (x<0) \end{cases}$

$\therefore \int_0^3 f(x)\,dx-\int_1^3 f(x)\,dx+\int_{-2}^0 f(x)\,dx$

$\quad =\int_{-2}^0 f(x)\,dx+\int_0^3 f(x)\,dx+\int_3^1 f(x)\,dx$

$\quad =\int_{-2}^0 (-x)\,dx+\int_0^1 x\,dx$

$\quad =\left[-\dfrac{x^2}{2} \right]_{-2}^0+\left[\dfrac{x^2}{2} \right]_0^1=2+\dfrac{1}{2}=\dfrac{5}{2}$

06 답 ④

$|2x-1|=\begin{cases} 2x-1 & \left(x\geq \dfrac{1}{2}\right) \\ 1-2x & \left(x<\dfrac{1}{2}\right) \end{cases}$

$\therefore \int_0^2 |2x-1|\,dx$

$\quad =\int_0^{\frac{1}{2}} (1-2x)\,dx+\int_{\frac{1}{2}}^2 (2x-1)\,dx$

$\quad =\left[x-x^2 \right]_0^{\frac{1}{2}}+\left[x^2-x \right]_{\frac{1}{2}}^2$

$\quad =\dfrac{1}{2}-\dfrac{1}{4}+4-2-\left(\dfrac{1}{4}-\dfrac{1}{2} \right)=\dfrac{5}{2}$

07 답 132

모든 실수 x에 대하여 함수 $f(x)$는 다음 조건을 만족시킨다. ▶식을 변형해보면 $\int_{12}^x f(t)\,dt=-x^3+x^2+x\int_0^1 f(t)\,dt$ 이지?

이제 x에 얼마를 대입하면 $\int_0^1 f(t)\,dt$의 값이 구해질지 결정해.

$$\int_{12}^x f(t)\,dt=-x^3+x^2+\int_0^1 xf(t)\,dt$$

$\int_0^1 f(x)\,dx$의 값을 구하시오.

1st $\int_a^a f(t)\,dt=0$임을 이용해.

$\int_{12}^x f(t)\,dt=-x^3+x^2+\int_0^1 xf(t)\,dt$ 의 양변에 $x=12$를

대입하면 $\int_{12}^{12} f(t)\,dt=0$이므로 ▶위끝과 아래끝이 같은 정적분의 값은 0이야.

$-12^3+12^2+\int_0^1 12f(t)\,dt=0$

$-12^3+12^2+12\int_0^1 f(t)\,dt=0$

$-12^2+12+\int_0^1 f(t)\,dt=0$

$\therefore \int_0^1 f(x)\,dx=\int_0^1 f(t)\,dt=144-12=132$

다른 풀이

$\int_{12}^x f(t)\,dt=-x^3+x^2+\int_0^1 xf(t)\,dt$

$\qquad\qquad =-x^3+x^2+x\int_0^1 f(t)\,dt$

$\int_0^1 f(t)\,dt=A$라 하고 위 등식의 양변을 x에 대하여 미분

하면 $f(x)=-3x^2+2x+A$ $\quad\dfrac{d}{dx}\left\{\int_a^x f(t)\,dt\right\}=f(x)$

이것을 $\int_{12}^x f(t)\,dt=-x^3+x^2+Ax$에 대입하면

$$\int_{12}^x (-3t^2+2t+A)\,dt$$

$$=\Big[-t^3+t^2+At\Big]_{12}^x$$

$$=-x^3+x^2+Ax-(-12^3+12^2+12A)$$

$$=-x^3+x^2+Ax-12(-132+A)$$

$$=-x^3+x^2+Ax$$

$\quad\quad\quad\quad\quad -(-12^3+12^2+12A)$
$\quad\quad\quad\quad\quad =-12(-12^2+12+A)$
$\quad\quad\quad\quad\quad =-12(-144+12+A)$
$\quad\quad\quad\quad\quad =-12(-132+A)$

모든 실수 x에 대하여 위의 등식이 성립해야 하므로

$$-132+A=0 \qquad \therefore A=132$$

따라서 $\int_0^1 f(x)\,dx=\int_0^1 f(t)\,dt=132$이다.

08 답 ③

점 $(a,\,f(a))$에서의 접선의 기울기가 $3a^2-4a$라 하므로
$f'(x)=3x^2-4x$이다.

$$f(x)=\int (3x^2-4x)\,dx$$

$$=x^3-2x^2+C \ (단, \ C는 \ 적분상수) \cdots \ \bigcirc$$

곡선 $y=f(x)$가 점 $(1,\,2)$를 지나므로 $f(1)=2$

$\bigcirc$에 $x=1$을 대입하면

$$f(1)=1-2+C=2 \qquad \therefore C=3$$

$$\therefore f(x)=x^3-2x^2+3$$

① $f(-2)=-8-8+3=-13\neq13$

② $f(-1)=-1-2+3=0\neq2$

④ $f(2)=8-8+3=3\neq7$

⑤ $f(3)=27-18+3=12\neq11$

따라서 이 곡선 위의 점인 것은 ③ $(0,\,3)$이다.

09 답 ③

함수 $f(x)=x^3-2x^2+6x-5$의 한 부정적분을
$F(x)$라 하자.

$$\int_1^x f(t)\,dt=\Big[F(x)\Big]_1^x=F(x)-F(1)$$이므로

$$\lim_{x\to1}\frac{1}{x-1}\int_1^x f(t)\,dt=\lim_{x\to1}\frac{F(x)-F(1)}{x-1}$$

$$=F'(1)=f(1)$$

$$=1-2+6-5=0$$

10 답 ⑤

$f(x)$가 연속함수이므로 $x=2$에서도 연속이어야 한다.

즉, $\lim\limits_{x\to2}f(x)=f(2)$에서

$$2+a=4-2\times2 \qquad \therefore a=-2$$

따라서 $f(x)=\begin{cases} x-2 & (x\geq2) \\ 4-2x & (x<2) \end{cases}$이므로

$$\int_{-2}^3 f(x)\,dx=\int_{-2}^2 f(x)\,dx+\int_2^3 f(x)\,dx$$

$$=\int_{-2}^2 (4-2x)\,dx+\int_2^3 (x-2)\,dx$$

$$=\Big[4x-x^2\Big]_{-2}^2+\Big[\frac{1}{2}x^2-2x\Big]_2^3$$

$$=(8-4)-(-8-4)+\Big(\frac{9}{2}-6\Big)-(2-4)$$

$$=\frac{33}{2}$$

11 답 9

함수 $y=4x^3-12x^2$의 그래프를 y축의 방향으로 k만큼

평행이동한 그래프를 나타내는 함수를 $y=f(x)$라 하

자. $\int_0^3 f(x)\,dx=0$을 만족시키는 상수 k의 값을 구하

시오.

1st $y=F(x)$의 그래프를 x축의 방향으로 m만큼, y축의 방향으

로 n만큼 평행이동한 그래프를 나타내는 식은

$y-n=F(x-m)$임을 이용해.

함수 $y=4x^3-12x^2$의 그래프를 y축의 방향으로 k만큼 평

행이동한 그래프를 나타내는 함수의 식은

$$y-k=4x^3-12x^2 \qquad \therefore y=4x^3-12x^2+k$$

[평행이동]

(1) 점의 평행이동

점 $(x,\,y)$를 x축의 방향으로 m만큼, y축의 방향으로 n만큼
평행이동한 점은 $(x+m,\,y+n)$

(2) 도형의 평행이동

도형 $y=F(x)$를 x축의 방향으로 m만큼, y축의 방향으로 n만큼
평행이동한 도형은 $y-n=F(x-m)$

즉, $f(x)=4x^3-12x^2+k$이므로

$$\int_0^3 f(x)\,dx=\int_0^3 (4x^3-12x^2+k)\,dx$$

$$=\Big[x^4-4x^3+kx\Big]_0^3$$

$$=81-108+3k$$

$$=-27+3k=0$$

$$\therefore k=9$$

12 답 ②

두 부분 A, B의 넓이를 각각 S_1, S_2라 할 때, 두 부분의
넓이가 서로 같으므로

$$\int_0^a (x^2-2x)\,dx=-S_1+S_2=0$$

$$\Big[\frac{1}{3}x^3-x^2\Big]_0^a=0$$

$$\frac{1}{3}a^3-a^2=0, \ \frac{1}{3}a^2(a-3)=0$$

$$\therefore a=3 \ (\because \ a>2)$$

Ⅲ
대단원

13 답 ②

$$\int_0^6 f(x)\,dx$$

$$=\int_0^1 f(x)\,dx+\int_1^2 f(x)\,dx+\cdots+\int_5^6 f(x)\,dx$$

$$=(2\cdot0+1)+(2\cdot1+1)+(2\cdot2+1)+\cdots+(2\cdot5+1)$$

$$=1+3+5+\cdots+11=36$$

14 답 ③

$y=\sqrt{x-1}+1$에서

$\sqrt{x-1}=y-1,\ x-1=(y-1)^2$

$\therefore x=(y-1)^2+1=y^2-2y+2$

한편, $y=\sqrt{x-1}+1$에서

$x=1$일 때 $y=1$, $x=2$일 때

$y=2$이므로 그림에서 곡선

$x=y^2-2y+2$와 직선 $y=1$,

$y=2$ 및 y축으로 둘러싸인 도

형의 넓이 T는

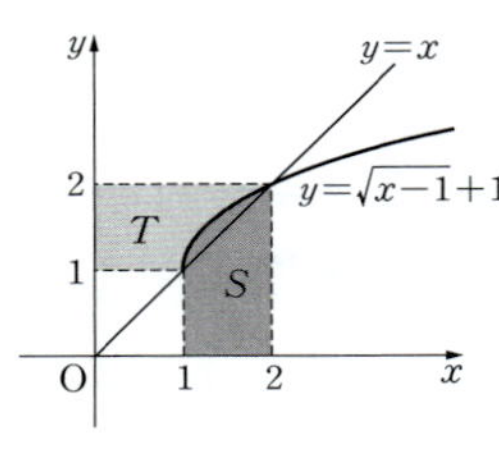

$$T=\int_1^2 (y^2-2y+2)\,dy=\left[\frac{1}{3}y^3-y^2+2y\right]_1^2$$

$$=\left(\frac{8}{3}-4+4\right)-\left(\frac{1}{3}-1+2\right)=\frac{4}{3}$$

따라서 그림에서 구하는 도형의 넓이 S는

$$S=2\times2-T-(1\times1)=4-\frac{4}{3}-1=\frac{5}{3}$$

15 답 ②

함수 $f(x)$를
$$f(x)=\begin{cases}2x+2 & (x<0)\\ -x^2+2x+2 & (x\geq0)\end{cases}$$
라 하자. 양의 실수 a에 대하여 $\int_{-a}^{a} f(x)\,dx$의 최댓값
은?

구간에 따라 함수가 다르니까 먼저 구간을 나누어 정적분
값을 계산하자.

① 5　　② $\dfrac{16}{3}$　　③ $\dfrac{17}{3}$　　④ 6　　⑤ $\dfrac{19}{3}$

1st 구간에 따라 함수가 다르므로 구간을 나누어 정적분 값을 계산
하자.

$g(a)=\int_{-a}^{a} f(x)\,dx$라 하자.　$\int_a^c f(x)\,dx=\int_a^b f(x)\,dx+\int_b^c f(x)\,dx$

함수 $f(x)=\begin{cases}2x+2 & (x<0)\\ -x^2+2x+2 & (x\geq0)\end{cases}$ 라 하므로

$$g(a)=\int_{-a}^0 (2x+2)\,dx+\int_0^a (-x^2+2x+2)\,dx$$

$$=\left[x^2+2x\right]_{-a}^0+\left[-\frac{1}{3}x^3+x^2+2x\right]_0^a$$

$$=-a^2+2a-\frac{1}{3}a^3+a^2+2a$$

$$=-\frac{1}{3}a^3+4a$$

2nd $a>0$에서 함수 $g(a)$의 최댓값을 구하자.

$g'(a)=-a^2+4$

$\qquad=-(a+2)(a-2)$

$g'(a)=0$에서

$-(a+2)(a-2)=0$

$\therefore a=-2$ 또는 $a=2$

a가 양의 실수이므로 $a>0$에서 함수 $g(a)$의 증가와 감소
를 표로 나타내면 다음과 같다.

a	(0)	$\cdots$	2	$\cdots$
$g'(a)$		$+$	0	$-$
$g(a)$		↗	극대	↘

따라서 $g(a)=\int_{-a}^{a} f(x)\,dx$는 $a=2$에서 극대이면서 최대

이므로 최댓값은　주어진 구간에서 극값이 하나 존재할 때, (극솟값)=(최솟값),
(극댓값)=(최댓값)을 이용하면 구간의 양 끝점에서의
함숫값을 구하지 않아도 최댓값 또는 최솟값을 구할 수 있어.

$$g(2)=-\frac{8}{3}+8=\frac{16}{3}$$

16 답 ③

도함수 $f'(x)$는 이차함수이고, x축과 만나는 점의 x좌표
가 -1, 1이므로

$f'(x)=a(x+1)(x-1)$

$\qquad=ax^2-a\ (a>0)$

로 놓으면

$$f(x)=\int f'(x)\,dx$$

$$=\int (ax^2-a)\,dx$$

$$=\frac{a}{3}x^3-ax+C\ (단,\ C는\ 적분상수)\ \cdots\ ㉠$$

이때, $f'(x)=0$에서 $x=-1$, 1이므로 함수 $f(x)$의 증가
와 감소를 표로 나타내면 다음과 같다.

x	$\cdots$	-1	$\cdots$	1	$\cdots$
$f'(x)$	$+$	0	$-$	0	$+$
$f(x)$	↗	극대	↘	극소	↗

즉, $f(x)$는 $x=-1$에서 극댓값을 갖고, $x=1$에서 극솟값
을 갖는다.

$f(x)$의 극댓값과 극솟값의 합이 6이라 하므로

$f(-1)+f(1)=6$

$-\dfrac{a}{3}+a+C+\dfrac{a}{3}-a+C=6\ (\because\ ㉠)$

$2C=6\qquad \therefore C=3$

또, $f(1)=\dfrac{5}{3}$이므로

$f(1)=\dfrac{a}{3}-a+3=\dfrac{5}{3}\qquad \therefore a=2$

따라서 $f(x)=\dfrac{2}{3}x^3-2x+3$이므로

$f(3)=18-6+3=15$

17 답 14 m

$$v(t)=\begin{cases} t & (0\le t<3) \\ 3 & (3\le t<8) \\ 12-t & (8\le t\le 12) \end{cases}$$

이고 마을버스가 정지할 때 $v=0$이므로

$12-t=0$에서 $t=12$

즉, 6초 후부터 12초까지 마을버스가 움직인 거리는

$$\int_6^8 3\,dt+\int_8^{12}(12-t)\,dt$$

$$=\Big[3t\Big]_6^8+\Big[12t-\frac{1}{2}t^2\Big]_8^{12}$$

$$=(24-18)+(144-72)-(96-32)=14\,(\text{m})$$

> **[속도와 움직인 거리]** 심플 정리
>
> (1) 수직선 위를 움직이는 점 P의 시각 t에서의 속도가 $v(t)$
> 일 때, 시각 $t=a$에서 $t=b$까지 점 P가 움직인 거리 s는
> $$\Rightarrow s=\int_a^b |v(t)|\,dt$$
> (2) 움직이는 물체가 정지하거나 운동 방향을 바꿀 때,
> (속도)$=0$이다.

18 답 ⑤

> 함수 $f(x)=x(x+2)(x+4)$에 대하여 함수
> $$g(x)=\int_2^x f(t)\,dt\text{는 }x=\alpha\text{에서 극댓값을 갖는다. }g(\alpha)$$
> 의 값은?
> 극댓값을 구하려면 먼저 어떤 점에서 함수가 극대가 되는지부터 찾아야 하지? 즉, $g'(\alpha)=0$이니까 $g(x)$를 미분해 봐.
>
> 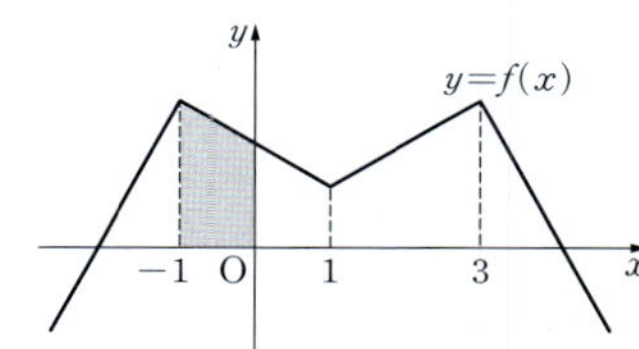
>
>
> ① -28 ② -29 ③ -30 ④ -31 ⑤ -32

1st $\dfrac{d}{dx}\Big\{\int f(x)\,dx\Big\}=f(x)$를 이용하자.

$g(x)=\int_2^x f(t)\,dt$에서 양변을 x에 대하여 미분하면

$g'(x)=f(x)$ ▷ $\dfrac{d}{dx}\Big\{\int_a^x f(t)\,dt\Big\}=f(x)$임을 이용한 거야.

$g'(x)=f(x)=0$을 만족하는 x를 구하면

$x(x+2)(x+4)=0$

$\therefore x=-4$ 또는 $x=-2$ 또는 $x=0$
> 주어진 $f(x)$의 그래프를 이용하여 $g(x)$의 증가, 감소를 파악할 수도 있어.

함수 $g(x)$의 증가와 감소를 표로 나타내면 다음과 같다.

x	$\cdots$	-4	$\cdots$	-2	$\cdots$	0	$\cdots$
$g'(x)$	$-$	0	$+$	0	$-$	0	$+$
$g(x)$	↘	극소	↗	극대	↘	극소	↗

따라서 $x=-2$에서 함수 $g(x)$는 극댓값을 가지므로
$\alpha=-2$이다.

2nd $\displaystyle\int_{-a}^a (\text{기함수})\,dx=0,\ \int_{-a}^a(\text{우함수})\,dx=2\int_0^a(\text{우함수})\,dx$임을 적용해.

$$\therefore g(-2)=\int_2^{-2}f(t)\,dt=\int_2^{-2}t(t+2)(t+4)\,dt$$

$$=\int_2^{-2}(t^3+6t^2+8t)\,dt$$

$$=-\int_{-2}^2(t^3+6t^2+8t)\,dt$$

$$=-2\int_0^2 6t^2\,dt$$

$$=-2\Big[2t^3\Big]_0^2$$

$$=-2\times16=-32$$

> $t^3,8t$는 원점에 대하여 대칭이고 $6t^2$은 y축에 대하여 대칭이므로
> $$\int_{-2}^2(t^3+8t)\,dt=0,$$
> $$\int_{-2}^2 6t^2\,dt=2\int_0^2 6t^2\,dt$$
> 가 되는 거야.

> **TIP**
>
> 정적분의 성질 중 $\displaystyle\int_{-a}^a f(x)\,dx$는 피적분함수 $f(x)$가 원점에
> 대하여 대칭인 함수 (기함수) 또는 y축에 대하여 대칭인 함수
> (우함수)인 경우 다음과 같이 계산하면 편리하다.
> (1) $f(x)$가 기함수이면 $\displaystyle\int_{-a}^a f(x)\,dx=0$
> (2) $f(x)$가 우함수이면 $\displaystyle\int_{-a}^a f(x)\,dx=2\int_0^a f(x)\,dx$

19 답 ②

조건 (가)에서 $f(1+x)=f(1-x)$이므로 $y=f(x)$는
$x=1$에 대하여 대칭이다.

함수 $y=f(x)$의 그래프의 개형이 그림과 같다고 하자.

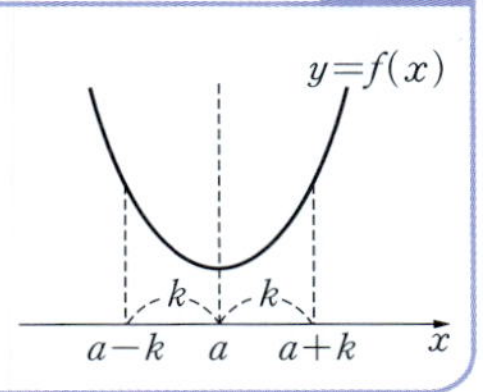

$\displaystyle\int_0^1 f(x)\,dx=k$라 하면 $\displaystyle\int_{-1}^0 f(x)\,dx=1$이므로

$$\int_1^3 f(x)\,dx=\int_{-1}^1 f(x)\,dx$$

$$=\int_{-1}^0 f(x)\,dx+\int_0^1 f(x)\,dx=1+k$$

이때, 조건 (나)에서 $\displaystyle\int_0^3 f(x)\,dx=5$이므로

$$\int_0^3 f(x)\,dx=\int_0^1 f(x)\,dx+\int_1^3 f(x)\,dx$$

$$=k+1+k=2k+1$$

즉, $2k+1=5$이므로

$2k=4$ $\therefore k=2$

$$\therefore \int_0^1 f(x)\,dx=2$$

> **TIP**
>
> 함수 $f(x)$가 $x=a$에 대하여
> 대칭이면 실수 k에 대하여
> $$\int_{a-k}^a f(x)\,dx=\int_a^{a+k}f(x)\,dx$$
> 가 성립한다.
> $y=f(x)$
> $a-k$ a $a+k$ x

20 답 ④

$\displaystyle\int_1^x (x-t)f(t)\,dt = ax^3+6x+b$ 에서

$\displaystyle x\int_1^x f(t)\,dt - \int_1^x tf(t)\,dt = ax^3+6x+b \cdots \bigcirc$

㉠의 양변을 x에 대하여 미분하면

$\displaystyle\int_1^x f(t)\,dt + xf(x) - xf(x) = 3ax^2+6$

$\therefore \displaystyle\int_1^x f(t)\,dt = 3ax^2+6$

위 식에 $x=1$을 대입하면

$\displaystyle\int_1^1 f(t)\,dt = 3a+6=0 \qquad \therefore a=-2$

또, ㉠에 $x=1$을 대입하면

$\displaystyle\int_1^1 f(t)\,dt - \int_1^1 tf(t)\,dt = a+6+b$

$-2+6+b=0 \qquad \therefore b=-4$

$\therefore ab = (-2)\times(-4)=8$

21 답 ④

> 두 곡선 $y=x^4-x^3$, $y=-x^4+x$로 둘러싸인 도형의 넓이가 곡선 $y=ax(1-x)$에 의하여 이등분될 때, 상수 a의 값은? (단, $0<a<1$)
>
> 두 곡선 $y=x^4-x^3$, $y=-x^4+x$로 둘러싸인 도형의 넓이를 구해봐.
> 구한 넓이의 $\frac{1}{2}$이 두 곡선 $y=-x^4+x$, $y=ax(1-x)$로 둘러싸인 부분의 넓이야.
>
> ① $\dfrac{1}{4}$ ② $\dfrac{3}{8}$ ③ $\dfrac{5}{8}$ ④ $\dfrac{3}{4}$ ⑤ $\dfrac{7}{8}$

1st 두 곡선 $y=x^4-x^3$, $y=-x^4+x$로 둘러싸인 도형의 넓이부터 구해.

두 곡선 $y=x^4-x^3$, $y=-x^4+x$로 둘러싸인 도형의 넓이는

$\displaystyle\int_0^1 \{(-x^4+x)-(x^4-x^3)\}\,dx$

$= \displaystyle\int_0^1 (-2x^4+x^3+x)\,dx$ → 곡선 $y=-x^4+x$가 곡선 $y=x^4-x^3$보다 위쪽에 있어.

$= \left[-\dfrac{2}{5}x^5 + \dfrac{1}{4}x^4 + \dfrac{1}{2}x^2 \right]_0^1$

$= -\dfrac{2}{5} + \dfrac{1}{4} + \dfrac{1}{2} = \dfrac{7}{20}$

2nd 두 곡선 $y=-x^4+x$, $y=ax(1-x)$로 둘러싸인 도형의 넓이를 구하자.

두 곡선 $y=-x^4+x$, $y=ax(1-x)$로 둘러싸인 도형의 넓이는 두 곡선 $y=x^4-x^3$, $y=-x^4+x$로 둘러싸인 도형의 넓이의 $\dfrac{1}{2}$, 즉 $\dfrac{1}{2}\times\dfrac{7}{20}=\dfrac{7}{40}$이다.

$\displaystyle\int_0^1 \{(-x^4+x)-ax(1-x)\}\,dx$

$= \displaystyle\int_0^1 \{-x^4+ax^2+(1-a)x\}\,dx$

$= \left[-\dfrac{1}{5}x^5 + \dfrac{a}{3}x^3 + \dfrac{1-a}{2}x^2 \right]_0^1$

$= -\dfrac{1}{5} + \dfrac{a}{3} + \dfrac{1-a}{2}$

$= \dfrac{3}{10} - \dfrac{a}{6} = \dfrac{7}{40}$

$\dfrac{a}{6} = \dfrac{1}{8} \qquad \therefore a = \dfrac{3}{4}$

22 답 $\dfrac{25}{12}$

그림에서 $f'(x)=2x$이므로

$f(x) = \displaystyle\int f'(x)\,dx$

$\qquad = \displaystyle\int 2x\,dx = x^2 + C$ (단, C는 적분상수)

이때, $f(0)=2$라 하므로 $C=2$

$\therefore f(x) = x^2+2$

$F(x) = \displaystyle\int_0^1 f(x-t)\,dt = \int_0^1 \{(x-t)^2+2\}\,dt$

$\qquad = \displaystyle\int_0^1 (x^2-2tx+t^2+2)\,dt$

$\qquad = \left[x^2 t - t^2 x + \dfrac{t^3}{3} + 2t \right]_0^1$

$\qquad = x^2 - x + \dfrac{7}{3} = \left(x-\dfrac{1}{2}\right)^2 + \dfrac{25}{12}$

따라서 함수 $F(x)$는 $x=\dfrac{1}{2}$일 때, 최솟값 $\dfrac{25}{12}$를 갖는다.

23 답 ④

곡선 $y=4x-x^2$과 직선 $y=x$의 교점의 x좌표를 구하면

$4x-x^2=x, \ x^2-3x=0$

$x(x-3)=0 \qquad \therefore x=0$ 또는 $x=3$

즉, 그림의 A 부분의 넓이 S_1은

$S_1 = \displaystyle\int_0^3 \{(4x-x^2)-x\}\,dx$

$\quad = \displaystyle\int_0^3 (3x-x^2)\,dx$

$\quad = \left[\dfrac{3}{2}x^2 - \dfrac{1}{3}x^3 \right]_0^3$

$\quad = \dfrac{27}{2} - 9 = \dfrac{9}{2}$

또, 그림의 B 부분의 넓이 S_2는

$S_2 = \displaystyle\int_3^4 \{x-(4x-x^2)\}\,dx$

$\quad = \displaystyle\int_3^4 (x^2-3x)\,dx$

$\quad = \left[\dfrac{1}{3}x^3 - \dfrac{3}{2}x^2 \right]_3^4$

$\quad = \left(\dfrac{64}{3}-24\right) - \left(9-\dfrac{27}{2}\right) = \dfrac{11}{6}$

$\therefore S_1 - S_2 = \dfrac{9}{2} - \dfrac{11}{6} = \dfrac{8}{3}$

24 답 ②

> 모든 실수 x에 대하여 함수 $f(x)$는 다음 조건을 만족
> 시킨다.
>
> > (가) $f(x+2)=f(x)$ $f(x+p)=f(x)$이면 $f(x)$는 주기가
> > p인 함수임을 적용해.
> > (나) $f(x)=|x|$ $(-1\le x<1)$
>
> 함수 $g(x)=\displaystyle\int_{-2}^{x}f(t)dt$라 할 때, 실수 a에 대하여
> $\underline{g(a+4)-g(a)}$의 값은?   함수 $g(x)$의 정의대로 x 대신에 $a+1$,
> a를 대입하여 식을 정리해 보자.
>
> 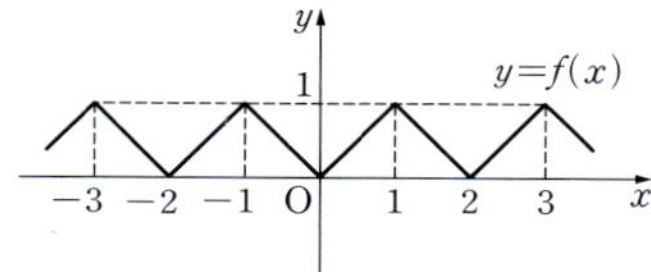
>
> ① 1   ②2   ③ 3
> ④ 4   ⑤ 5

1st $\displaystyle\int_{a}^{c}f(x)dx+\int_{c}^{b}f(x)dx=\int_{a}^{b}f(x)dx$를 적절히 이용하자.

$g(a+4)-g(a)$

$=\displaystyle\int_{-2}^{a+4}f(t)dt-\int_{-2}^{a}f(t)dt$

$=\displaystyle\int_{-2}^{a+4}f(t)dt+\int_{a}^{-2}f(t)dt$

$=\displaystyle\int_{a}^{-2}f(t)dt+\int_{-2}^{a+4}f(t)dt$

$=\displaystyle\int_{a}^{a+4}f(t)dt$

2nd 함수 $f(x)$가 주기함수임을 적용해.

조건 (가)에 의하여 함수 $f(x)$는 주기가 2인 주기함수이므로

$\displaystyle\int_{a}^{a+4}f(t)dt=\int_{0}^{4}f(t)dt$ $\int_{a}^{a+4}f(t)dt$에서 a는 실수이므로 a 대신
                       정수가 들어가도 성립해야 해. 즉, $a=0$을 대입하면
$\quad=2\displaystyle\int_{0}^{2}f(t)dt$ $\int_{a}^{a+4}f(t)dt=\int_{0}^{4}f(t)dt$이 성립하게 되는 거지.

$\quad=2\times\left(\dfrac{1}{2}\times2\times1\right)=2$ 주어진 그래프에 의해 $\int_{0}^{2}f(t)dt$는
                         밑변의 길이가 2이고 높이가 1인
                         삼각형의 넓이와 같아.

25 답 ②

> 수직선 위를 움직이는 두 점 P, Q가 있다. 점 P는 점
> A(5)를 출발하여 시각 t에서의 속도가 $3t^2-2$이고,
> 점 Q는 점 B(k)를 출발하여 시각 t에서의 속도가 1이
> 다. 두 점 P, Q가 동시에 출발한 후 2번 만나도록 하는
> 정수 k의 값은? (단, $k\ne5$)   두 점이 만날 때 움직인 거리가 같을까?
>   위치가 같을까? 이것부터 결정한 후 속도를
>   적분하여 해결해.
> ① 2   ②4   ③ 6
> ④ 8   ⑤ 10

1st (위치)=(처음 위치)+$\displaystyle\int_{t_0}^{t}$(속도)$dt$임을 적용하자.

시각 t에서의 두 점 P, Q의 위치를 각각 x_P, x_Q라 하면

$x_P=5+\displaystyle\int_{0}^{t}(3t^2-2)dt=t^3-2t+5$

$x_Q=k+\displaystyle\int_{0}^{t}1dt=t+k$

이때, 두 점 P, Q가 출발한 후 만나려면 $t>0$에서
$x_P=x_Q$이어야 하므로
$t^3-2t+5=t+k$, 즉 $t^3-3t+5=k$이어야 한다.

2nd 두 번 만나려면 극선 $y=t^3-3t+5$와 직선 $y=k$가 서로 다른
      두 점에서 만나야 함을 이용해.

$f(t)=t^3-3t+5$라 하면
$f'(t)=3t^2-3=3(t+1)(t-1)$이므로 $t>0$에서
함수 $f(t)$의 그래프는 그림과 같다.

$f'(t)=0$에서 $t=-1$, 1이므로 $t>0$에서 증가와 감소를 표로 나타내면 다음과 같아.

t	(0)	$\cdots$	1	$\cdots$
$f'(t)$		$-$	0	$+$
$f(t)$		$\searrow$	극소	$\nearrow$

따라서 $x=1$에서 극솟값 $f(1)=1-3+5=3$을 갖고, 또 $f(0)=5$이므로 그래프를
그리면 그림과 같게 되는 거지.

따라서 직선 $y=k$와 곡선 $y=f(t)$가   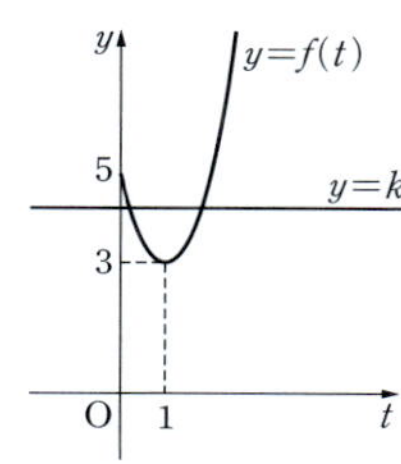
$t>0$에서 서로 다른 두 점에서 만나
기 위한 k의 값의 범위는 $3<k<5$
이므로 정수 $k=4$이다.

26 답 36

$\displaystyle\lim_{h\to0}\frac{f(1+h)-f(1-h)}{h}$

$=\displaystyle\lim_{h\to0}\frac{f(1+h)-f(1)-f(1-h)+f(1)}{h}$

$=\displaystyle\lim_{h\to0}\frac{f(1+h)-f(1)}{h}+\lim_{h\to0}\frac{f(1-h)-f(1)}{-h}$

$=f'(1)+f'(1)=2f'(1)$ $\cdots$ Ⅰ

한편, $f(x)=\displaystyle\int(x+2)(x^2-x+6)dx$의 양변을 x에

대하여 미분하면

$f'(x)=(x+2)(x^2-x+6)$ $\cdots$ Ⅱ

$\therefore f'(1)=3\times6=18$

따라서 구하는 값은 $2f'(1)=2\times18=36$이다. $\cdots$ Ⅲ

[채점 기준표]

Ⅰ	$\displaystyle\lim_{h\to0}\frac{f(1+h)-f(1-h)}{h}$ 를 미분계수에 대한 식으로 정리한다.	50%
Ⅱ	$\displaystyle\int(x+2)(x^2-x+6)dx$의 양변을 x에 대하여 미분한다.	30%
Ⅲ	답을 구한다.	20%

조건 (나)에서 $f'(x)=\begin{cases} 3x^2 & (x<1) \\ -2 & (x\geq 1) \end{cases}$ 이므로

$x<1$일 때,

$f(x)=\displaystyle\int 3x^2\,dx=x^3+C_1$ (단, C_1은 적분상수)

$x\geq 1$일 때,

$f(x)=\displaystyle\int (-2)\,dx=-2x+C_2$ (단, C_2는 적분상수)

$$\cdots \text{ I}$$

이때, 조건 (가)에서 $f(0)=1$이므로 $C_1=1$

또한, 조건 (다)에서 함수 $f(x)$는 $x=1$에서 연속이므로

$\displaystyle\lim_{x\to 1-} f(x)=\lim_{x\to 1+} f(x)=f(1)$

$\displaystyle\lim_{x\to 1-} (x^3+1)=\lim_{x\to 1+} (-2x+C_2)=-2+C_2$

$1+1=-2+C_2 \qquad \therefore C_2=4$

즉, $f(x)=\begin{cases} x^3+1 & (x<1) \\ -2x+4 & (x\geq 1) \end{cases}$ 이므로 함수 $y=f(x)$의 그

래프는 그림과 같다.

$$\cdots \text{ II}$$

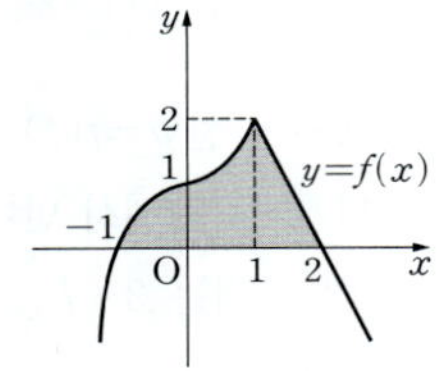

따라서 함수 $y=f(x)$의 그래프와 x축으로 둘러싸인 부분

의 넓이는

$\displaystyle\int_{-1}^{1}(x^3+1)\,dx+\int_{1}^{2}(-2x+4)\,dx$

$=\left[\dfrac{1}{4}x^4+x\right]_{-1}^{1}+\left[-x^2+4x\right]_{1}^{2}$

$=\dfrac{1}{4}+1-\left(\dfrac{1}{4}-1\right)+(-4+8)-(-1+4)$

$=3$

$$\cdots \text{ III}$$

[채점 기준표]

I	부정적분을 이용하여 $f(x)$의 식을 구한다.	30%
II	주어진 조건을 이용하여 $f(x)$의 식을 완성하고 그 래프를 그린다.	40%
III	$y=f(x)$의 그래프와 x축으로 둘러싸인 부분의 넓이를 구한다.	30%

판매량 **1**위, 만족도 **1**위, 추천도서 **1**위!!

쉬운 개념 이해와 정확한 연산력을 키운다!!

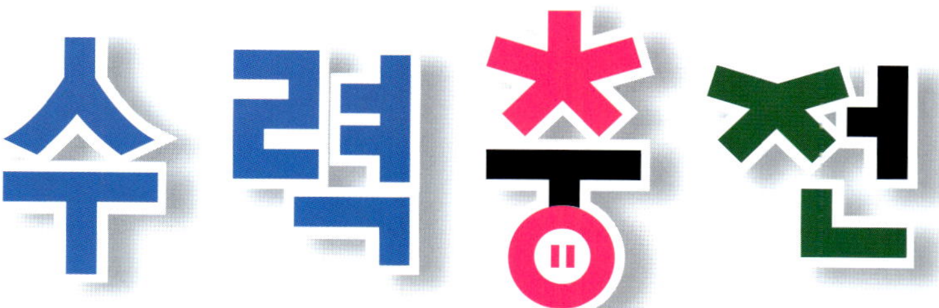

✱ 수력충전이 꼭 필요한 학생들

- 계산력이 약해서 시험에서 실수가 잦은 학생
- 개념 이해가 어려워 자신감이 없는 학생
- 부족한 단원을 빠르게 보충하려는 학생
- 스스로 원리를 터득하기 원하는 학생
- 수학의 전체적인 흐름을 잡기 원하는 학생
- 선행 학습을 하고 싶은 학생

1 쉬운 개념 이해와 다양한 문제의 풀이를 따라가면서 수학의 연산 원리를 이해하는 교재!!

2 매일매일 반복하는 연산학습으로 기본 개념을 자연스럽고 완벽하게 이해하는 교재!!

3 단원별, 유형별 다양한 문제 접근 방법으로 부족한 부분의 문제를 집중 학습할 수 있는 교재!!

수력충전	수력충전 개념 총정리	수력충전 스타트	수력충전	수력충전
초등 수학 1-1, 2 / 초등 수학 2-1, 2 초등 수학 3-1, 2 / 초등 수학 4-1, 2 초등 수학 5-1, 2 / 초등 수학 6-1, 2	중등 수학 개념 총정리 초등 수학 개념 총정리	중등 수학 1 (상), (하) 중등 수학 2 (상), (하) 중등 수학 3 (상), (하)	중등 수학 1 (상), (하) 중등 수학 2 (상), (하) 중등 수학 3 (상), (하)	고등 수학 (상), (하) 수학 I / 수학 II / 확률과 통계 미적분 / 기하

학교 시험+수능 1등급을 위한 고품격 유형서!

[일등급 수학 고등 시리즈]
수학(상), 수학(하)
수학Ⅰ, 수학Ⅱ, 확률과 통계
미적분, 기하

수학적 사고력을 단계적으로 상승시켜주는 상위권 필수 훈련서!!

1 학교 시험, 모의고사 필수 개념 총정리

학교 시험에 자주 출제되고, 수능 기본에 꼭 필요한 개념을
이해가 쉽도록 야무지게 총정리 했습니다. 개념 순서대로
기본 ⇒ 핵심 ⇒ 실전 ⇒ 도전 유형 순으로 공부를 하면
개념뿐만 아니라 유형까지 자연스럽게 완성됩니다.

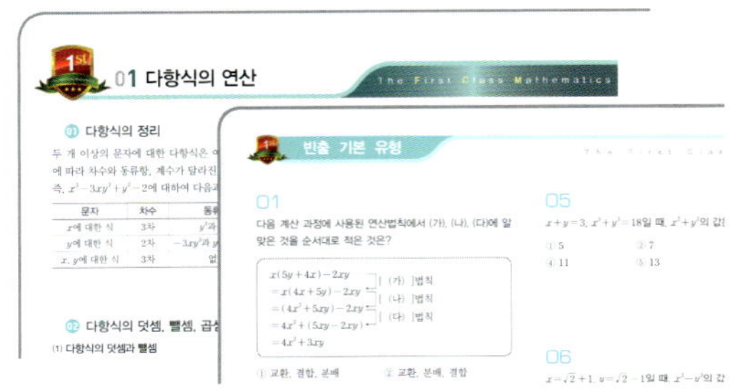

2 일등급 핵심 유형과 실전 유형을 1:1로 배치

학교 시험+수능 일등급 핵심 유형을 유사 문제나 좀 더
확장된 문제에서 개념을 어떻게 적용하는지 익힐 수 있도록
핵심 유형과 실전 유형을 1:1로 배치하였습니다.
그래서 핵심 유형을 완전히 마스터할 수 있습니다.

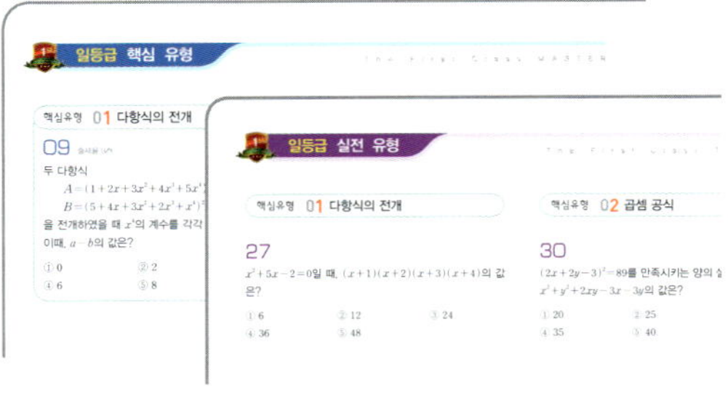

3 사고력을 키우는 최고의 명품 고난도 문제

개념과 유형을 종합적으로 판단해야 하는 고난도 문제를
풀어가면 수학적 사고력 향상에 큰 도움이 될 것입니다.
또한, 고난도 기출 문제를 엄선 구성하여 개념과 유형을
실전에 어떻게 적용하고 활용하는지 알 수 있습니다.

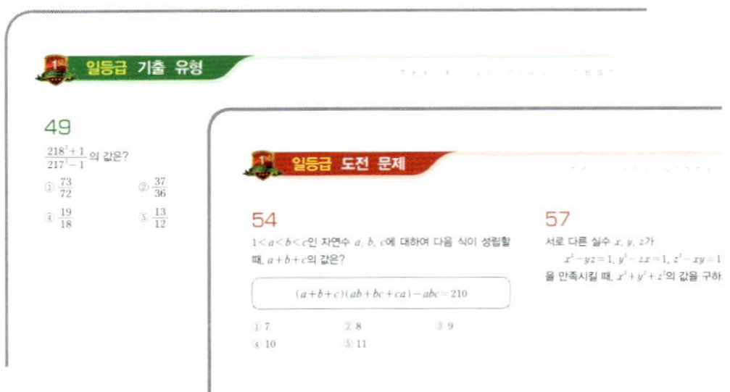

개념＋연산＋ 쉬운 기출 유형으로
심플하게 고등 수학을 마스터한다!!

심플 자이스토리

고등 수학(상), 고등 수학(하)
수학Ⅰ, 수학Ⅱ
확률과 통계, 미적분

① 쉽게 이해되는 꼼꼼한 개념 정리

수학은 수많은 개념의 총체적인 모임입니다. 그래서 수학을 쉽게 하려면 개념 사이의 관계와 흐름을 제대로 잡고 있어야 합니다. 심플 자이스토리는 개념을 심플하게 구성해 개념 사이의 흐름을 알 수 있도록 하였습니다. 또, 이런 개념 사이의 관계와 흐름을 잘 잡을 수 있도록 독특한 어드바이스들이 있습니다.

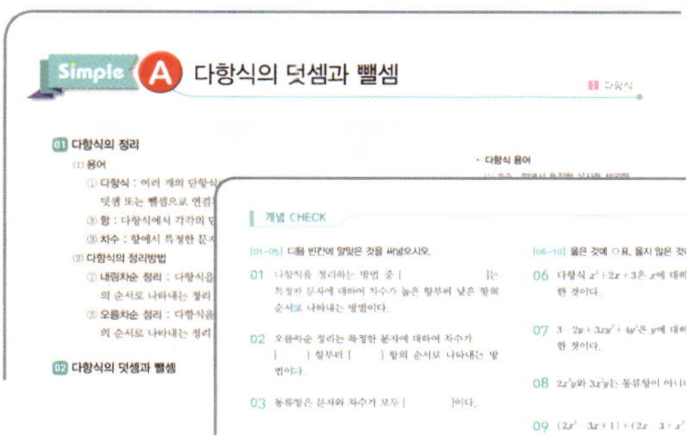

② 개념을 적용시키는 연산 훈련 강화

수학의 기본기는 연산입니다. 연산이 쉽다고 소홀히 하면 쉬운 문제를 틀리는 경우가 있습니다. 심플 자이스토리는 개념을 배운 후 바로 적용하도록 연산 문제를 배치하여 연산 근육을 강화시키도록 하였습니다. 연산 실력이 탄탄하면 어떤 문제도 실수로 틀리지 않습니다.

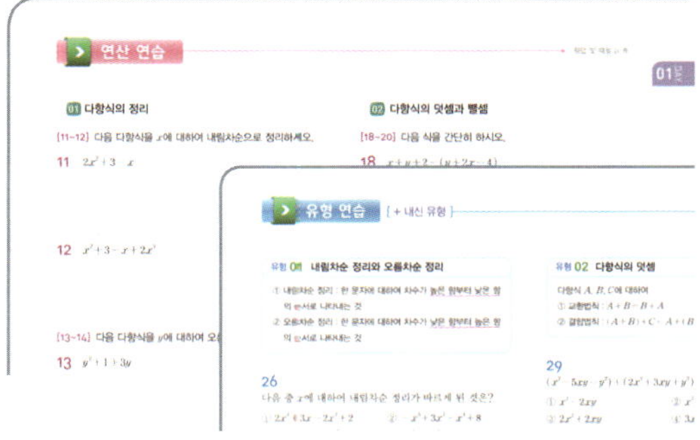

③ 내신+수능에 꼭 필요한 쉬운 기출 유형 총정리

수학은 학교 시험이나 수능에 자주 출제되는 패턴이 있습니다. 그 패턴에 익숙해지도록 공부하면 점수를 얻기 쉬워집니다. 이런 패턴을 유형이라고 합니다. 학교 시험과 수능에서 나오는 쉬운 기출 유형을 분석하여 쉽게 풀어갈 수 있도록 문제를 구성하였습니다.

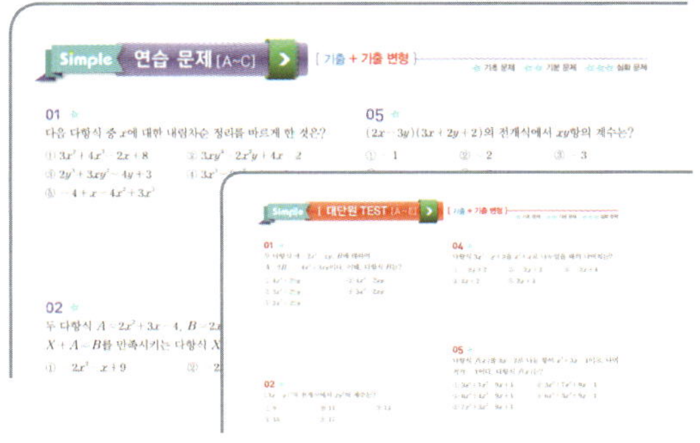

No. 1 생각의 순서를 만들어주는 책

문제 해결이 어려운 이유는 문제 해결에 실마리가 되는 생각의 순서가 잡혀 있지 않았기 때문입니다. 이 교재는 문제 해결에 필요한 생각의 순서를 쉽게 단계적으로 잡아줍니다.

No. 2 개념의 적용 원리를 깨우치는 책

수학을 잘 하기 위해서는 개념을 잘 활용할 수 있어야 합니다. 이 교재는 어떤 문제든 적절하게 개념을 이용할 수 있도록 해주는 비법이 들어있습니다.

No. 3 문제를 분석하는 힘을 키우는 책

문제를 해결하기 위해서는 문제를 분석하는 작업이 필요합니다. 이 교재는 문제 하나를 제대로 분석하면서 2~3가지의 개념을 동시에 확장해서 적용하였습니다.

No. 4 나선형 학습으로 개념이 쉽게 익숙해지는 책

문제를 풀면서 실력이 성장하고 있다는 것을 스스로 느낄 수 있도록 나선형 반복 학습 체계를 구성하였습니다. 문제를 풀면서 실력이 성장하고 있다는 것을 스스로 느낄 수 있도록 나선형 반복 학습 체계를 구성하였습니다.